中国人事科学研究院
·学术文库·

可持续治理能力建设探索

国际行政科学学会暨国际行政院校联合会2016年联合大会论文集

Exploration on Building Capacity for Sustainable Development

A Collection of 2016 IIAS-IASIA Joint Congress Conference Papers

中国人事科学研究院　编译

中国社会科学出版社

图书在版编目（CIP）数据

可持续治理能力建设探索：国际行政科学学会暨国际行政院校联合会2016年联合大会论文集／中国人事科学研究院编译．—北京：中国社会科学出版社，2018.12

ISBN 978－7－5203－3758－8

Ⅰ.①可…　Ⅱ.①中…　Ⅲ.①国家—行政管理—世界—文集　Ⅳ.①D523－53

中国版本图书馆CIP数据核字(2018)第285449号

出 版 人　赵剑英
责任编辑　孔继萍
责任校对　闫　萃
责任印制　李寡寡

出　　版　中国社会科学出版社
社　　址　北京鼓楼西大街甲158号
邮　　编　100720
网　　址　http://www.csspw.cn
发 行 部　010－84083685
门 市 部　010－84029450
经　　销　新华书店及其他书店

印刷装订　北京明恒达印务有限公司
版　　次　2018年12月第1版
印　　次　2018年12月第1次印刷

开　　本　710×1000　1/16
印　　张　44.5
插　　页　2
字　　数　727千字
定　　价　158.00元

编译委员会

主　　　任：余兴安

副　主　任：柳学智

主　译　审：熊　缨

主要编译人员：孙　涛　张　毅　夏志强　蓝志勇

陈　涛　吕守军　翟校义　潘晓娟

吕　芳　韩志明　刘　颖　王欣红

李　倩　宋瑞芝　陈叶盛　孙春晖

王冬芳　王　伊　何天纯

编务人员：王　伊　何天纯　柏玉林

目　　录

一　大会致辞

二　主题报告

三　学术论文

前言

2016年9月19—23日，国际行政科学学会暨国际行政院校联合会2016年联合大会在成都召开。会议由人力资源和社会保障部、国家行政学院共同主办，中国人事科学研究院、四川大学、成都市人民政府承办，中国行政管理学会、中国行政体制改革研究会、中国机构编制管理研究会协办。

国际行政科学学会暨国际行政院校联合会2016年联合大会是国际行政科学领域规格最高、最具学术影响力的盛会。来自50多个国家、地区和国际组织的500余名专家学者和政府官员共聚一堂，围绕“可持续治理能力建设”这一主题，进行了广泛的交流和研讨。会议期间还举办了洲际行政论坛、中国专场会、金砖国家专场会、联合国专场会、OECD专场会等百余场专题学术活动和平行研讨会，均取得了良好的学术效果，广受国内外公共行政学界同行好评。

为充分发挥联合大会的重要影响，促进公共行政领域理论与实践的国际交流，作为会议的主承办单位，也是国际行政科学学会中国秘书处所在地，中国人事科学研究院精选了会议发言材料和一批大会投稿论文，并组织专家进行翻译，形成了这部论文选集。选集共分为三个部分：第一部分为大会致辞稿，包括开、闭幕式致辞及主旨发言；第二部分为专场会文稿，包括洲际行政论坛、中国专场会上的发言；第三部分为学术论文，围绕大会主题和“可持续治理的战略愿景与优先事项”“建设现代化法律、机构和组织治理体系”“开发公共服务领域的人力资源和财力资源能力”以及“开放议题”四个分议题展开论述。各国专家学者围绕会议主题，从多元治理、领导力提升、公共政策的可持续性、人力资源可持续发展等不同的视角进行了深入的研讨和交流，对各国公共行政改革及治理创新与发展面临的问题和挑战进行了多视角的反思与解读。通过实例分析，论证了各国不同的治理模式及实践路径，并就公共行政如何应对可持续治理能力建设面临的突出挑战，如何提升公共行政理论研究水平，如何改进升级教育与培训的质量，如何推动实现联合国可持续发展目标等提出了很多具有现实针对性的理论观点。

党的十九大报告提出，要坚持和平发展道路，推动构建人类命运共同体，促进全球治理体系变革。当今时代，世界多极化、经济全球化、社会信息化深入推进，各国之间交往更加密切。应对当前世界经济的复杂形势和公共治理面临的风险挑战，不仅需要各国政府不懈努力，也需要国际社会通力合作，共同推进全球治理创新。“可持续治理能力建设”这一研究主题，契合国际社会广泛关切，对于交流治理经验、推动共建国际治理新秩序，具有参考价值。

编译一部国际学术会议论文集，当然并不表明我们认同所有论文作者所持的具体观点，而是旨在为广大读者特别是我国行政科学研究领域的同行们提供一部参考文献，同时也有意借此将有关论题的研究引向深入。至于对此项编译工作，所有的良好建议与批评意见，都是我们乐于接受的。

余兴安

2018年1月

一

大会致辞

中国人力资源和社会保障部部长尹蔚民在开幕式上的致辞

2016 年 9 月 20 日

尊敬的国际行政科学学会主席布卡先生、总干事罗瑞坦先生，国际行政院校联合会主席德·弗里斯先生，各位专家学者，女士们、先生们，朋友们：

大家好！今天，国际行政科学学会暨国际行政院校联合会 2016 年联合大会在美丽的天府之城——中国成都开幕了。在此，我谨代表中国政府，对大会的召开表示热烈祝贺！对远道而来的各国嘉宾和各界朋友表示诚挚欢迎！

国际行政科学学会和国际行政院校联合会，分别是世界行政科学领域规模最大和世界行政院校系统层次最高的学术组织。多年来，两大学术组织致力于促进行政科学发展、推动政府管理改革，在加强行政管理人才教育培训、提高公共机构管理能力、推动全球公共治理方面做出了很大努力和积极贡献，受到了国际社会和各国政府的好评。两大学术组织长期注重加强与中国有关方面的交流合作，对中国行政体制改革提出了许多有价值的意见、建议。借此机会，我代表中国政府表示衷心的感谢！

当今时代，世界多极化、经济全球化、社会信息化深入推进，各国之间交往更加密切。应对当前世界经济的复杂形势和公共治理面临的风险挑战，不仅需要各国政府不懈努力，也需要国际社会通力合作，共同推进全球治理创新。在刚刚结束的二十国集团领导人杭州峰会上，习近平主席提出建设包容型世界经济的主张，全面阐述了中国平等、开放、合作、共享的全球经济治理观，倡议共同构建公正高效的全球金融治理格局、开放透明的全球贸易和投资治理格局、绿色低碳的全球能源治理格局和包容联动的全球发展治理格局。李克强总理在第十一届亚欧首脑会议上提出，要深化团结协作意识，推动国际秩序和全球治理体系朝着更加公正合理的方向发展。此次大会以“建设可持续的治理能力”为主题，契合了国际社会广泛关切，对于交流治理经验、推动共建国际治理新秩序，具有重要意义。

女士们、先生们，朋友们！

中国的政府管理已有数千年的历史，形成了独特的治理理念、制度和智慧。特别是改革开放以来，中国政府高度重视国家治理体系建设，不断提升治理能力，强调制度具有根本性、全局性、稳定性和长期性。中共十八大以来，习近平主席提出了一系列治国理政的新思想、新理念、新举措，提出了国家治理体系和治理能力现代化的目标。在政府改革方面，大力推进以转变政府职能为核心的行政体制改革，把简政放权、放管结合、优化服务作为改革的“先手棋”，先后推出一系列改革举措，极大激发了市场活力和增长动力，有效改善了投资和营商环境，也彰显了中国政府持续推进国家治理体系变革的勇气和决心。“十三五”时期，中国正处于全面建成小康社会的决胜阶段。我们将坚持“创新、协调、绿色、开放、共享”的发展理念，着力推进供给侧结构性改革，把“放管服”等重点领域改革推向纵深，不断创新行政管理方式，推进“互联网 + 政务服务”，努力建设法治政府、创新政府、廉洁政府和服务型政府。

女士们、先生们，朋友们！

完善国家治理、改进全球治理，关系各国发展、人民福祉和社会稳定，需要国际社会齐心协力。国际行政科学学会和国际行政院校联合会，作为具有广泛影响力的学术交流平台，在这方面承担着重要责任，应当发挥更积极的作用。为此，我提出以下几点倡议：

第一，坚持服务发展。和平与发展仍然是当今世界的主题。当前，全球经济增长不稳定、不确定因素增多，资源环境承载压力加大，可持续治理成为各国政府面临的重大课题。希望国际行政学界围绕这一主题加强研究，多出建设性成果，推动提升政府治理能力，充分激发市场活力，为经济社会发展增添新的动力。

第二，推动学术创新。应对不断发展变化的新形势，传统的政府管理思维和方式已经难以适应，亟需创新治理理念、改进管理手段、完善治理体系。希望国际行政学界坚持务实创新，紧紧围绕政府治理面临的新问题、新挑战，不断做出新的理论回答，为各国政府加强治理、破解难题提供思想“活水”与理论依据。

第三，加强交流合作。世界各国面临的治理问题，既有各自的特殊性，也有一定的普遍性。每个国家的治理实践都能够为可持续治理提供鲜活的案例和经验。希望国际行政科学学会和国际行政院校联合会，更好地发挥桥梁和纽带作用，促进各成员单位加强交流互鉴，增进协同合作，努力为推进各国政府治理做出新贡献。

女士们、先生们，朋友们!

中国古语有云：明者因时而变，知者随事而制。展望未来，政府治理和全球治理的创新和发展已经成为时代发展的必然要求。让我们携起手来，不断深化治理创新研究，加强交流合作，为推动形成可持续的全球治理能力，造福世界各国人民，做出不懈的努力!

最后，预祝大会取得圆满成功!

谢谢大家!

国际行政学学会主席吉尔特·布卡在开幕式上的致辞

2016 年 9 月 20 日

尊敬的各位来宾：

国际行政科学学会暨国际行政院校联合会 2016 年联合大会主题为“建设可持续治理能力”，同时涉及 17 个可持续发展目标。

本次大会的主题也是一项工作任务，它包含四个关键词：

建设：建设指的是针对公共部门的投资。投资和花费是对等的。从这个角度上讲，建设是指旨在维持、拓展和重建治理体系的投资。这是一项积极主动的工作。

能力：建设能力，不仅指人力和财力资源，同样指基础设施和数据统计；能力建设就是保证所有资源的和谐和稳定；能力链中最弱的部分决定了整个链条的能力。

可持续：建设可持续发展能力。可持续性指尊重并认识“净利润”“人”和“地球”的三重底线。我们亟须改变当前的模式和文化。传统模式规定了利益的概念，然后将社会和生态利益从中去除，得到净利润。这是一个很糟糕的模式，从根本上讲是不可持续的，因为它会削弱发展力，使得可持续增长无法实现并得到维持。而在良好的模式下，净利润可以增加社会收益，绿色收益也能够增加经济效益。这需要正确的文化氛围、合适的循环链条和有效的协调机制。

治理：建设可持续的治理能力。这里我们可以指企业治理、控股治理、公共服务治理、超结构治理和宏观系统治理。同样地，链条的强度取决于它最弱的一环。

本次会议分成三个部分，由蓝志勇教授担任总报告人。第一部分关于可持续治理的战略愿景与优先事项，由来自巴西的普皮姆·德·奥利维拉（Puppim de Oliveira）教授任报告人。第二部分关于建设现代化法律、机构和组织治理体系，由来自英国的保罗·乔伊斯（Paul Joyce）教授任报告人。第三部分关于开发公共服务的人力和财力资源能力，由来自日本的大山耕辅（Kosuke Oyama）教授任报告人。另外，还有一个公开征集的论文分享环节，由来自南非的罗伯特·卡梅伦（Robert Cameron）教授作为该环节的报告人。

当然还有国际行政院校联合会的优秀工作组，包括经济发展与合作组织工作组、主办国工作组、联合国公共行政专家委员会工作组以及区域开发银行工作组。

关键问题在于，我们能否在2030年前实现17个可持续发展目标?

针对这个问题目前有不同的看法。有些悲观主义者认为这是无法实现的，其他一些犬儒派则将结果部分归结于以下原因：千年发展目标并不算是真正的可持续发展目标。但也有一些乐观主义、意志主义科学家想要尝试一下这个目标，他们几乎把这作为一个假设，但也更多地作为未来的一项发展议程，“我们将会在2030年前实现所有17个可持续发展目标”。

本次大会旨在做出改变，提供问题解决方案。我们的会议将会是成功的，因为我们有合适的议题、参会人、论文和工作组，以及选择成都作为会议的举办地。

成都因辣而闻名。我相信我们的大会也将是“有滋有味”的。所谓“有滋有味”的会议，是要结合科技和创新、学术的严谨性和相关性。

祝所有人都能尽情享受这个“有滋有味”的成都大会!

国际行政院校联合会主席
米歇尔·德·弗里斯
在开幕式上的致辞

2016 年 9 月 20 日

女士们、先生们，尊敬的来宾，亲爱的地方组委会成员们：

很高兴来到成都，参加国际行政科学学会暨国际行政院校联合会 2016 年联合大会。这对我来说具有十分特殊的意义，并非因为这是我第一次来成都，而在于这是我最后一次以国际行政院校联合会主席身份参加大会。因此，我希望并且期待大家能协助主办方，举办一场出色而富有成果的大会。

我不止一次说过，此类国际会议有三大主要功能。首先，交流思想并讨论最前沿的研究。其次，建立人际网络，便利国际合作，深化国际比较研究。第三点也很重要，就是不时地微笑和开怀大笑。

我们应当感谢地方组织人员，感谢他们出色的筹备工作。没有我们中国东道主的组织，就不会有这次大会的成功举办。

大会的成功需要大家、需要我们所有人的努力。本次大会聚焦一个严肃的问题，即可持续治理能力建设。我们国际行政院校联合会的任务宣言中就包括了加强能力建设这一点。一些机构和一些层级的政府特别需要加强能力建设，通过提供集体产品和服务解决集体问题。我们的任务是在全世界加强行政管理能力建设，发展出色的公共行政管理教育和培训，实行、讨论并传播关于治理和行政管理的学术前沿研究和最佳实践。

政府现有实现目标的手段和成功实现目标之间仍存在一定差距，我们并不认为能够消除这一差距。但是我们可以研究如何避免这种差距导致无效或不合理的政策制定和实施。问题是，为有效、高效、合理、合法、可持续地发展相关公共政策，是否有其他创新的办法？如果有，这些办法是否有用？这可能涉及社会合作伙伴的参与，涉及共同产出，或涉及相互借鉴，或涉及用证据告诉决策者什么是有用的、什么是无用的。

女士们、先生们，在没有达到预期效果的情况下，人们往往倾向于指责政府。然而，很难回答的一个问题是如何做会更好、更有效、更高效、更合理、更合法。本次大会就将呈现对于这一问题的研究。针对这一问题，我们收到了来自全世界的300多篇论文。参会人员分别来自亚洲、大洋洲、非洲、北美洲、拉丁美洲和欧洲。

本次联合大会的确是一场国际盛会。希望大家能共同努力，使大会取得圆满成功。我们的东道主为组织本次会议做了大量工作。本次会议能否与众不同、影响深远，为全世界的可持续发展贡献微薄之力，就看我们所有人了！

谢谢大家！

联合国助理秘书长雷尼·芒第尔在开幕式上的致辞

2016 年 9 月 20 日

尊敬的中国人力资源和社会保障部部长尹蔚民先生，
国际行政科学学会主席吉尔特·布卡先生，
国际行政院校联合会主席米歇尔·德·弗里斯先生，
各位阁下，
女士们、先生们：

感谢中国人力资源和社会保障部、国际行政科学学会、国际行政院校联合会和中国国家行政学院邀请我参加此次的国际行政科学学会暨国际行政院校联合会 2016 年联合大会。

一年前，联合国成员国一致通过了《2030 年可持续发展议程》（以下简称“2030 年议程”）。2016 年，世界各国开始落实以 17 项可持续发展目标为核心，具有变革性的“2030 年议程”。

7 月举行的联合国可持续发展高级别政治论坛（HLPF）所开展的探讨显示，许多国家已经开始努力落实这一议程。世界各地区的国家均已参与到界定各国优先领域和行动计划的进程当中。

世界各国领导人致力于在 2030 年前“改变我们的世界”。可持续发展目标是远大的目标。因此，各方对于落实“2030 年议程”有着强烈的紧迫感。

我们在二十国集团领导人杭州峰会上感受到了相同的紧迫感。祝贺此次峰会在中国卓越的领导下取得了圆满的成功。二十国集团为支持可持续发展目标制定的行动计划对“2030 年议程”愿景的实现将产生重要影响。

政府行动和公共行政是实现可持续发展目标的基础。各国需要将所有领域内的可持续发展目标与本国的国情相结合。它们需要采取与本国社会、政治和经济现实相适应的雄心勃勃的应对措施。没有哪一种措施能够做到放之四海而皆准。

“2030 年议程”还呼吁各国重新审视福利计划并思考如何才能确保惠及每一个人。

可持续发展目标的实现在很大程度上将取决于各国的表现。推动并实现我们所期望的变革需要政治领袖们接受“2030 年议程”提出的愿景。他们需要发动人们，让人们凭借自身的想象、信念和力量去实现这一愿景。为了实现可持续发展目标，人们、社会以及公共服务机构还必须乐于并致力于议程的落实。他们必须接受改变。

女士们、先生们：

我们如何才能确保公共行政部门已做好准备采取实现所有国家一年前提出的雄心勃勃的目标所需的诸多具有挑战性的行动？

我们希望国际行政科学学会、国际行政院校联合会以及众多其他机构能够思考这一问题。你们在公共行政分析和实践领域做出了重大贡献。

今天，我们呼吁大家为落实这一就人类未来做出诸多承诺的议程而努力。我们需要依靠你们的真知灼见来克服这些挑战。

“2030 年议程”能否得到落实显然取决于每个国家。联合国将在落实议程的进程中持续发挥自身的作用。经济和社会事务部也将致力于履行这一责任。

谢谢！

四川大学校长谢和平在开幕式上的致辞

2016 年 9 月 20 日

尊敬的各位领导、各位来宾，女士们、先生们，朋友们:

今天，我们相聚在美丽的天府之都，隆重举行国际行政科学学会暨国际行政院校联合会 2016 年联合大会。作为大会承办方之一四川大学的校长，我深感荣幸和自豪。首先，我谨代表四川大学全体师生员工，向出席大会的各位领导、各位嘉宾，表示热烈的欢迎！向本次大会的召开，表示衷心的祝贺！

三年一度的国际行政科学学会暨国际行政院校联合会联合大会（IIAS-IASIA 联合大会)，是由全球公共行政领域规模最大、层次最高的国际学术组织——国际行政科学学会与国际行政院校联合会发起的国际性会议，也是公共行政科学领域规格最高、最具影响力的学术盛会。2015 年 6 月，中国代表团成功获得了本次联合大会在华的举办权，四川大学也有幸在迎来 120 周年校庆之际与中国人事科学研究院、成都市人民政府共同承办本次大会。这是四川大学全体师生员工共同的骄傲，更是学校全面加快推进世界一流大学建设的难得机遇。

创办于 1896 年的四川大学，是中国布局在国家西部的高水平研究型综合大学，是目前中国高校中历史最悠久、学科最齐全、规模最大的大学之一，再过 9 天，就将迎来四川大学 120 周年校庆。长期以来，我们一直大力推动高端国际化发展战略，致力于参与国际学术最前沿的探索，特别是在公共行政科学方面取得了较快发展，在城乡统筹、社会发展以及人事管理等公共行政领域的研究也非常具有西部特色和国际影响，在支持四川省灾后重建、成都市服务型政府建设等方面更是提供了大量重要的政策咨询，得到了国家和地方政府的高度认可，有效发挥了政府“智库”作用。此次“IIAS-IASIA 联合大会”把四川大学作为承办方之一，不仅充分体现了国际行政科学界对四川大学的信任与期待，更表明四川大学公共行政相关学科领域进入了一个新的发展阶段。

本次“IIAS-IASIA 联合大会”会聚了来自欧盟、金砖五国、北美和亚非拉等国家的500余名专家、学者及政府官员。大会将围绕“可持续治理能力建设”这一主题，共同研讨国家及区域治理能力和水平的提升，探索建立更加有效的全球治理机制。大会还将举行洲际行政论坛、中国专场会、金砖国家专场会、联合国专场会、OECD 专场会等重大专题活动，共同分享公共行政学科领域的新理念、新成果和新趋势。我们相信，本次“IIAS-IASIA 联合大会”的成功召开，必将成为促进国内外公共行政科学合作与交流的重要平台，必将成为公共行政最新成果应用于国家及地方政府治理的有效渠道，必将成为展示中国四川成都建设发展成就，体现治理能力现代化的重要窗口，必将推动世界公共行政科学迈入一个崭新的时代。

各位来宾，女士们、先生们，秋日的蓉城多彩而亮丽，具有120年悠久办学历史的四川大学更是生机盎然。站在历史的新起点，我们热切期待着与世界各国同仁携手合作，共同为促进公共行政科学发展做出不懈努力，共同为推动全球可持续发展做出新的更大贡献！最后，预祝大会取得圆满成功！祝愿各位嘉宾、各位朋友在成都度过美好的时光！祝愿在古朴中焕发活力的四川大学给各位留下难忘的回忆！

谢谢大家！

中国人力资源和社会保障部副部长张义珍在闭幕式上的致辞

2016 年 9 月 23 日

尊敬的国际行政科学学会布卡主席、国际行政院校联合会德·弗里斯主席，女士们、先生们：

国际行政科学学会暨国际行政院校联合会 2016 年联合大会在中国成都隆重举行，历时五天时间，来自 50 多个国家、地区及国际组织的 500 多名专家学者和改革实践者共聚一堂，交流学术观点，共同研究问题，这是国际公共行政学术领域的一件盛事。在此，我谨代表中国人力资源和社会保障部对会议的圆满成功表示热烈的祝贺！对与中国人事科学研究院共同承办此次大会的四川大学和成都市人民政府表示衷心的感谢！

本次大会的主题“可持续治理能力建设”是各国政府管理及全球治理中共同关注的问题，三个分议题也契合推动治理体系与治理能力建设的需要。会议期间，国际公共行政学术领域的专家学者就会议主题进行了广泛而深入的交流与讨论，提出了许多富有建设性的学术观点，对于深化治理体系研究、推动治理实践无疑具有启发意义。我国学者积极参加会议，既更加深入地了解了国际行政学术领域的研究动态，也为推动治理能力建设贡献了中国智慧，对于加强我国公共行政科学研究、深化国际学术交流必将产生重要影响。

中国人力资源和社会保障部非常重视此次大会的举办。尹蔚民部长出席大会并发表致辞，介绍了习近平主席关于建设包容型世界经济的主张，和中国政府坚持“创新、协调、绿色、开放、共享”的发展理念，着力推进供给侧结构性改革，不断创新行政管理方式，努力建设法治政府、创新政府、廉洁政府和服务型政府，提出了对推动行政科学事业发展具有指导意义的倡议。孔昌生副部长围绕“建设面向未来的可持续治理能力”做了主旨报告，回顾了中国改革开放以来的伟大成就，阐述了新形势下加强可持续治理能力建设的理解和主张。我部所属研究机构中国人事科学研究院不仅与四川大学、成都市人民政府共同承办此次大会，其专家们也积极参与到会议的学术讨论之中，增进了与国际同行的友谊与合作。

中国改革开放30多年，也是治理变革实践探索的30多年。期间，以职能转变为核心推动机构改革、行政审批制度改革和权力清单制度改革，以提高政府绩效为核心推动行政效能建设和行政服务中心建设，以公共服务能力提升为核心推动社会政策创新和基本公共服务均等化，中国政府治理体系不断完善，治理能力不断提升。

中国全面建成小康社会，实现“两个一百年”的奋斗目标，迫切需要完善国家治理体系。共同构建公正高效的全球金融治理格局、开放透明的全球贸易和投资治理格局、绿色低碳的全球能源治理格局和包容联动的全球发展治理格局，迫切需要加强国家间的通力合作，共同推进全球治理创新。

多年来，作为在国际行政科学领域具有重要影响力的学术组织，国际行政科学学会和国际行政院校联合会在加强可持续治理能力建设理论研究及治理人才培养方面，发挥了重要作用。本次会议中各方广泛交流，进一步深化了对可持续治理能力的认识，必将推动国家治理理论研究的深入和实践的创新。

女士们、先生们，国际行政科学学会暨国际行政院校联合会2016年联合大会的圆满召开，标志着在两个学术组织推动下的行政科学研究进入一个新的历史阶段。我们衷心希望世界各国的公共行政学界与政府部门、各类社会组织携起手来，用我们的智慧和勇气把大会取得的丰硕成果与各国的治理能力建设有机地结合起来，在可持续发展中再实践、再创新，为世界和谐发展和共同繁荣做出更大的贡献！

会议即将结束，我们热忱地欢迎各位外国朋友会后在中国多走走、多看看，领略中国的大好河山，感受中国改革开放所带来的变化和中国人民的真诚与热情。

最后，真诚地祝愿国际行政科学学会与国际行政院校联合会在未来的发展中不断取得新的成就！

谢谢大家！

国家行政学院副院长陈立在闭幕式上的致辞

2016 年 9 月 23 日

尊敬的国际行政科学学会主席布卡先生，

尊敬的国际行政院校联合会主席米歇尔先生，

尊敬的国际行政科学学会总干事罗瑞坦先生，

尊敬的张义珍副部长，

尊敬的各位嘉宾：

大家下午好！国际行政科学学会暨国际行政院校联合会 2016 年联合大会圆满完成各项议程，即将落下帷幕。

在短短 5 天的时间里，来自不同国家、具有不同文化背景的代表们，围绕公共行政教育与培训，公共部门伦理与文化，公共部门改革，地方政府治理与发展，性别、多元性与公平性，公共部门领导力与治理，公共政策、政策制定和实施，公共部门人力资源管理，公共行政的国际范畴等议题进行了坦诚、热烈并且富有建设性的交流与探讨，就公共行政如何应对可持续治理能力建设面临的突出挑战，如何提升公共行政理论研究水平、改进教育培训的质量，推动实现联合国可持续发展目标等，进行了卓有成效的理论思考和实践总结，取得了预期成果。

作为主办方之一，我谨代表中国国家行政学院，衷心感谢国际行政科学学会、国际行政院校联合会的信任与支持，衷心感谢各位代表的倾力参与，衷心感谢相关办会单位以及全体志愿者和工作人员的辛勤付出！

国家行政学院长期致力于政府治理能力的教学、研究和咨询工作，真诚欢迎各位到国家行政学院访问，开展更深层次的交流与合作。

中国国家主席习近平曾指出，“人类只有一个地球，各国共处一个世界。共同发展是持续发展的重要基础，符合各国人民长远利益和根本利益”。让我们共同努力，为更好推进国际公共行政教育与培训事业、提高全球公共行政理论创新水平、探索构建可持续治理能力做出新的贡献！

谢谢大家！

国际行政科学学会主席吉尔特·布卡在闭幕式上的致辞

2016 年 9 月 23 日

尊敬的各位来宾：

请允许我对本次会议的主办方中国国家人力资源和社会保障部、中国国家行政学院，承办方中国人事科学研究院、四川大学、成都市人民政府，以及协办单位中国行政管理学会、中国行政体制改革研究会、中国机构编制管理研究会和四川省人力资源和社会保障厅表示诚挚的感谢！

这是一场占尽天时、地利、人和的盛会。许多与会者也纷纷表示这次大会正如同成都的美食——“有滋有味”。

本次会议期间，我们始终围绕同一个主题，即在 2030 年前实现 17 个可持续发展目标。根据卡尔·波普尔的逻辑，即便你没见过黑天鹅，你也不能说“所有的天鹅都是白色的”。而我们在成都已经见过了黑天鹅。同理，除非我们看到可持续发展目标一步步实现，否则我们就不能说这些目标遥不可及。在成都，我们发现我们有机会能够实现这些目标。我们来到成都，见证了从千年发展目标向可持续发展目标的转变和实现。

为此，国际行政科学学会和国际行政院校联合会希望能够身体力行，同各位一道提升可持续治理能力。同时，我们需要制定科学的策略，力争在 2030 年前实现 17 个可持续发展目标，这将是我们持续关注的重点。

不管是现在，还是在接下来的几年，国际行政科学学会和国际行政院校联合会都将继续为此做出自己的贡献，我们的公共行政网络也将为之不懈努力。

感谢各位报告人所做的精彩报告！感谢在座的各位和论文提交者！感谢成都！

国际行政院校联合会新任主席
比亚诺·卡瓦尔康
在闭幕式上的致辞

2016 年 9 月 23 日

尊敬的张部长：

国际行政院校联合会（IASIA）执委会最近选举我为主席。国际行政院校联合会是国际行政科学学会（IIAS）的学术分支机构，也是国际行政科学学会庞大且不断发展的大家庭区域计划的参与单位。

非常感谢各位执委以及各位所代表机构的信任！

我还想说，能有机会在中国成都以国际行政院校联合会主席身份对尊敬的主办方、承办方以及参会人员做简短的就职演讲，我深感愉快和感激。此次国际行政科学学会暨国际行政院校联合会 2016 年联合大会是历史性的，意义重大。

说历史性，是因为会议举办之际，中国正处于一个标志性时刻。成都很好地代表了中国，不仅显示出世界上一大文明的丰富遗产，而且反映出中国正成功经历重大变革和发展的特殊时期。

意义重大是因为，会议就一个关键主题分享观点，这一主题也反映在中国近期在经济、社会和行政改革等方面所做的努力中。

我深知，国际行政院校联合会主席这一职位极具挑战，需要响应执委会和各会员要求并对其负责。我将尽我所能履行职责，严格服务于我们崇高机构的法定使命、目标和规章。你们的信任、期望、积极合作，包括你们的批评，将给予我最大的鼓励，为全世界共同致力于公共行政管理教育和实践而努力。说实话，我从之前在国际行政院校联合会的工作和人际交往中学到了很多，但我也必须承认，我从杰出的制度建设和组织建设从业人员身上吸取了经验、获得了建议。我对米歇尔·德·弗里斯作为国际行政院校联合会主席在学术和管理方面做出的贡献表示崇敬。有必要重申的是，在很多情况下，尽管我有自身的局限性，但我将我未来的努力视为米歇尔·德·弗里斯杰出工作的延伸。我可能采用一种较为温和的巴西里约风格，而不会请求休息片刻抽支烟。

我的首要任务将包括：

1. 发掘国际行政科学学会、国际行政院校联合会以及国际行政科学学会地区性组织之间可能存在的协同效应；

2. 在会议和工作组的设置和实施等方面提高学术水平，以及进一步推动学术成果的发表；

3. 发展机构会员和战略合作伙伴；

4. 改善我们的认证能力和认证结果；

5. 加强我们在活动的计划、监督、评估和筹资方面的努力。

为此，从现在起，我希望执委会能提供积极支持，支持成本较高的布鲁塞尔员工，支持三位职能部门副主席的直接协作。他们是计划部的雷迪、地区与国际合作部的梅雷迪思·纽曼以及出版部的尤拉伊·内梅克。

本次闭幕式可以说是有史以来最成功、最激动人心的。谢谢大家的信任！

国际行政科学学会总干事罗莱特·罗瑞坦在闭幕式上的致辞

2016 年 9 月 23 日

尊敬的张部长、大会主办方国际行政科学学会副主席余兴安先生和承办方中国人事科学研究院的各位同事，
亲爱的罗中枢书记及四川地方组委会，
亲爱的国际行政科学学会主席，
亲爱的国际行政院校联合会主席，
各位亲爱的参会人员、同事们、朋友们：

经过 5 天集中而富有成果的交流，国际行政科学学会暨国际行政院校联合会 2016 年联合大会即将在著名的天府之国——成都落下帷幕。

过去 5 天，我们通过国际行政科学学会研讨会的三个分支、国际行政科学学会合作伙伴座谈会以及国际行政院校联合会工作组会，就“可持续治理能力建设”这一主题进行了丰富的交流和讨论。这一主题关系到联合国 2030 年可持续发展目标议程框架下的全球挑战。

我们交流讨论了 17 个可持续发展目标，这些目标将影响联合国各会员国今后 15 年的决策。此外还讨论了培训和能力建设等关键因素，它们能支持各级政府将可持续发展目标转化为国家和地方发展规划和战略，建立监控、审核框架，并将新的议程转变为改革行动。

从业人员和决策者在不同政策平台上开展交流与讨论。学者与从业人员围绕三大分议题讨论了可持续发展目标的可行性；可持续治理和指标，

以及如何通过发展自然资源、财政资源、人力资源和文化资源优化治理能力建设，帮助实现联合国可持续发展目标。

通过同行评议认证项目，改进公共行政管理教育培训的重要性也是讨论的一个重点。认证委员会专场会在认证程序方面为我们提供了丰富信息。

在主办国专场会上，我们有幸聆听了中国治理改革的进展和规划，讨论了这些改革的重要性和前景。

本次大会的组织堪称完美。主办方与地方承办方进行了深入的交流与讨论，通力做好本次大会的组织工作。

在学术方面，我要感谢总报告人蓝志勇教授和报告人团队：普皮姆·德·奥利维拉、保罗·乔伊斯、大山耕辅、罗伯特·卡梅伦以及国际行政院校联合会工作组的所有联席组长。

我衷心感谢国际行政科学学会和国际行政院校联合会的主席——吉尔特·布卡教授和米歇尔·德·弗里斯，感谢他们分别领导国际行政科学学会及其各单位和国际行政院校联合会整个活动的协调工作。

我想衷心感谢大会的承办方，特别是四川大学校长谢和平院士领导的地方组委会极其出色的团队，感谢他们的热忱和完美的组织工作。

感谢这个美妙国家的热情欢迎，感谢这座美丽的城市，也感谢你们的热情款待！

谢谢！

二

主题报告

建设面向未来的可持续治理能力

中国人力资源和社会保障部副部长　孔昌生

尊敬的大会主席，女士们、先生们：

大家上午好！金秋九月，丹桂飘香，来自 40 多个国家的 500 多名学者、政府官员会聚一堂，回顾公共行政领域的历史启迪，共谋可持续治理能力建设的战略良策，推动实现 21 世纪全球可持续治理的发展目标，是一件令人高兴、值得期待的事情。1996 年，中国承办了国际行政科学学会第三届年会，大会的主题是“二十一世纪公共行政的新挑战——提高效率、简政放权”，也是近 500 名专家、学者和政府高级官员出席会议。时光荏苒、岁月不居，二十年后的今天，学会的成员们再次在中国相聚，我谨代表中国政府人力资源和社会保障部向与会的所有朋友表示热烈欢迎！

一　世界的变革及中国的发展

当今，世界正发生着深刻变革。2007 年之前，世界经济经历了较长时期的快速增长与繁荣。国际金融危机爆发后，世界经济进入大调整、大转型时代，新兴经济体成为世界经济增长新引擎，各国在经济发展中的相互依存和利益交融日益增强，全球经济治理机制变革加速推进。以信息化和工业化融合为基本特征的新一轮科技革命和产业变革，正驱动着社会生产力变革以及社会经济运行效率提升。

历经三十余年的改革开放，中国的经济发展和各项社会事业取得举世瞩目的伟大成就。

（一）经济发展大跨越，综合国力实现历史性巨变

1978 年至 2015 年，中国国内生产总值年均增长 9.8%，高于同期世界 2.8% 左右的年均增速，对世界经济增长的贡献率超过 1/4。经济发展的全面性、协调性和可持续性不断提升。新型城镇化稳步推进，2015 年城镇化率达到 56.1%。国家财政实力明显增强，2015 年公共财政支出超过 17 万亿元人民币，城乡社区事务、医疗卫生、交通运输、教育、社会保障和就业支出得到较好保障。

（二）对外开放向纵深推进，高水平开放格局形成

中国货物进出口总额居世界第一位，服务贸易取得长足发展。利用外资规模跃居世界第一。进入 21 世纪以来，中国“走出去”战略加快实施。自 2013 年始，中国年对外投资额均超过 1000 亿美元。近年来，积极推进丝绸之路经济带和 21 世纪海上丝绸之路合作建设，参与境外基础设施建设和产能合作，在铁路、电力、通信、油气等领域对外合作取得重要成果。

（三）民生事业大幅改善，发展成果普惠人民

中国政府坚持公平、包容、共享发展，不断加强就业、收入分配、社会保障、住房等保障和改善民生的制度安排，全力推进基本公共服务均等化。高度重视就业工作，以改革促进大众创业、万众创新，在经济增速放缓的背景下就业总量不降反升。覆盖城乡的社会保障体系基本建成，截至 2015 年年末，基本养老保险覆盖率超过 80%，医疗保险覆盖率超过 95%。

（四）社会事业全面进步，公共服务均等化水平提高

中国政府不断加大社会事业投入，科、教、文、卫、体等各项社会事业全面进步。2015 年，小学学龄儿童净入学率达到 99.88%，高等教育毛入学率达到 40.0%。探月工程、载人深潜、卫星应用、超级计算等重大科研项目取得新突破。实施国民健康行动计划，居民健康状况持续改善，婴儿死亡率、孕产妇死亡率等指标均提前实现联合国千年发展目标。

成绩的取得来之不易。改革开放以来，中国经济社会发展经受住了各种重大挑战和考验，成功实现了从高度集中的计划经济体制到充满活力的社会主义市场经济体制、从相对封闭到全方位开放的伟大历史转折，经济繁荣、社会稳定。这一切是中国共产党坚强领导的结果，是中国政府统揽全局、把握大势、科学决策的结果，是中国人民共同努力、积极探索、顽强拼搏的结果。

二 改革开放以来中国行政改革的伟大成就

中国在大改革、大开放中经济增长与社会事业协调发展，得益于行政体制的不断改革与完善，得益于中国重大治理改革的不断推进，得益于政府治理能力的持续提升。

改革开放后进行的中国行政改革，是对行政体制的性质、特点、目标和任务不断深化认识和逐步推进的探索过程，形成了丰硕的改革成果。

（一）转变政府职能，创新行政管理方式

转变政府职能，是贯穿于中国行政改革历程的一条主线。从“政企分开”到“简政放权”，政府职能向创造良好发展环境、提供优质公共服务、维护社会公平正义转变，市场配置资源的决定性作用明显增强，新型宏观调控体系逐步健全，公共服务职能不断加强。2013 年以来，加快推进行政审批制度改革，2013—2015 年，国务院部门共取消和下放行政审批 618 项。放权的同时，创新并加强事中事后监管，建立了政府部门权责清单制度。采用现代信息技术，简化行政程序，将发展规划、市场监管、政策引导、信息服务等多种管理方式和手段相结合，行政管理方式更加科学化、人性化、简便化。

（二）改革政府组织结构，优化行政管理体系

改革开放以来，先后进行了多次大的政府组织机构改革，根据经济社会发展变化的需要，科学划分、合理界定政府各部门职能，进一步理顺行政组织纵向、横向之间的关系，健全部门间协调配合机制。通过合理调整机构设置，优化人员结构，实现职能与机构相匹配、任务与人员编制相匹

配，建立了以宏观调控部门、市场监管部门、社会管理和公共服务部门为主体的政府机构框架，机构设置和职责体系趋于合理。

（三）实行政府绩效管理，加强行政问责

中国地方政府于20世纪80年代开始探索政府绩效评估，与目标考核责任制、社会服务承诺制、领导干部考核等相结合，形成了各种模式和做法。政府绩效评估已经成为政府管理的常态化运行机制，绩效管理制度化建设逐步完善，科学化程度得到很大提升，公众参与政府绩效评估的范围与途径扩大。行政问责的制度框架体系基本建立，各级官员的责任意识和公众的监督意识、社会舆论的问责意识都得到显著增强。

（四）推进法治政府建设，促进依法行政

建设法治政府是改革开放以来中国行政改革的重大成就，其中一个突出标志是政府逐步实现了从全能政府向有限政府、从重在管制向重在服务转变。《行政许可法》等一系列法律、法规的颁布实施，使中国法治政府的法律制度框架基本建立。2004年，中国政府发布《全面推进依法行政实施纲要》；去年（2015年）又颁布了《法治政府建设实施纲要（2015—2020年）》。法治政府建设步伐加快，行政权力运行和行政行为实施的法制化、规范化、公开化程度大幅提高。

（五）加强公务员队伍建设，提升行政能力

公务员队伍是政府管理的主体，其素质和能力直接影响政府的执行力和公信力。从1993年《国家公务员暂行条例》颁布，到2006年《中华人民共和国公务员法》实施，再到相关配套法规体系确立，公务员凡进必考机制、竞争择优机制、分类管理机制、培养开发机制、激励保障机制和监督约束机制基本建立，公务员队伍整体素质和能力明显提高，为进一步健全中国特色社会主义行政体制奠定了坚实基础。

（六）建设廉洁政府，推进反腐倡廉

改革开放以来，尤其是进入21世纪以来，中国政府坚持不懈地推进廉洁政府建设，在加强制度建设、强化对领导干部的监督、治理商业贿

赂、惩处腐败分子等方面取得重要进展。国务院每年召开廉政工作会议，对政府系统的反腐败和廉政建设做出部署。各地区、各部门都把反腐败和廉政建设纳入经济社会发展总体规划，寓于各项改革和重要政策措施之中。此外，积极开展反腐败国际交流与合作，通过机制创新，建设廉洁政府。

2013 年，中国首次将“推进国家治理体系和治理能力现代化”作为全面深化改革的总目标，这既是为了应对日益严重的治理挑战，也是对改革开放以来改革成功经验的总结。当前的行政改革围绕这一总目标，不断推进依法治国，扩大公共参与，强调科学决策，改善公共服务，强化政府责任，不断提升发展的效率、效能、公正性和可持续性。

三　中国及世界面临的新形势

当前，中国及世界的发展面临新的形势。中国经济发展进入新常态，世界局势正发生深刻变化，全球治理格局围绕可持续发展主题加速重构，可持续治理能力建设日显紧迫。

（一）经济增长压力加大

世界经济处在危机后的深度调整期，呈现低增长、不平衡、多风险的特征。发达经济体总需求不足和长期增长率不高现象并存，新兴经济体总体增长率下滑趋势难以得到有效遏制。

中国经济进入与过去三十多年高速增长期不同的新阶段，经济从高速增长转变为中高速增长，经济发展有待从要素驱动、投资驱动转向创新驱动。新常态也伴随着新矛盾、新问题，一些潜在风险渐渐浮出水面，要求改革和发展的重心从以往的以追求 GDP 增长为主转移到结构转型和体制改革。

以信息技术为主导的新一代科技革命正在加速催生全新的行业与经济模式，各国虽处在工业化、城市化和现代化的不同发展阶段，但在寻找经济增长的新动力方面都面临新的严峻形势和挑战。

（二）环境保护形势异常严峻

随着经济全球化的迅速扩张，生态破坏、环境污染等全球性环境问题日渐严重，实现可持续发展面临的挑战依然严峻。

气候变暖、臭氧层破坏等问题引发全球性公共危机；水资源的短缺影响世界上40%的人口，可能引发地区局势紧张和冲突；空气污染、荒漠化等问题日趋恶化，影响着人类的生活。

地球生态资源的消耗以及人类污染的增加，使人类为健康和福祉付出的代价日益增加。如何促进环境保护，实现绿色发展，解决战略性资源和能源供需矛盾，成为摆在世界各国面前的重大挑战。

（三）社会诉求和思潮日益多元

当前，各国普遍面临内部各阶层利益诉求日趋多元化的形势，对公共管理和公共服务提出了更高要求，亟须调整政策、创新机制，适应变化了的新形势。

从全球范围看，社会思潮和文化结构多元化，各种思潮层出不穷，极端主义影响上升，以保护主义、孤立主义为代表的“逆全球化”思潮抬头，各种非经济因素影响加剧，地区冲突增多，地缘政治风险上升，迫切需要国际社会通过全球治理来实现和平、繁荣和发展，增进人类的共同利益。

（四）技术变革加剧管理风险

全球科技创新正加速推进，成为重塑世界格局、创造人类未来的主导力量。在治理领域，现代化的加速发展和技术进步带来社会力量不断壮大，多元化的社会组织形态使管理风险增加，社会管理难度加大，对可持续治理带来了新的挑战，也要求各国政府采取新的治理思路。

在新技术和新媒体的影响下，政府如何进行信息技术风险管理，如何适应信息技术和社交媒体的发展，并利用这些技术手段向公民提供更加有效的公共服务、改进政府与企业及社会的关系等问题，是各国在理论研究和实践探索中需要关注的焦点。

四　对可持续治理能力建设的理解和主张

2015年9月25日，联合国发展峰会通过《2030年可持续发展议程》，规划了未来 15 年各国发展的指导原则、17 个可持续发展目标和 169 个具体目标，其核心是推进经济、社会和环境的可持续发展，确保经济效率与社会公平、经济增长与环境保护、经济福利与人文关怀之间的平衡。本次大会以“可持续治理能力建设”为主题，既反映了学界和实践者对全球公共管理改革的认识更加丰富、深刻，也要求我们从各自的改革实践出发推动可持续治理能力建设，与时俱进，实现可持续发展目标。

（一）可持续治理能力建设主要内容

治理是国家事务的合作管理，其目的是维护社会秩序，增进公共利益。从核心内涵上看，可持续治理意味着联结市场与政府、公共部门与私营部门、民族国家与国际社会采取联合行动，确保经济增长与社会公平、正义、协调发展。

可持续发展，是就业和收入增加的发展，是质量效益提高和节能环保的发展，也是符合经济规律、社会规律和自然规律的科学发展。可持续治理能力建设的主要内容应包括：

——明确可持续治理的愿景和战略重点，以联合国可持续发展目标为引导，平衡人类需求与资源可持续性之间的关系；

——建设法治化、制度化的现代治理体系，内部形成统一的既分权分利又分工负责的多级治理结构，外部实现多元主体有序的协同治理；

——增强公共部门人力资源和财政资源的能力，加大基础设施、公用事业以及通信网络等物质投入，增加在不同社会主体间再分配的财政投入，提升个体用于服务国家和社会的知识、技能、态度等人力资本投入。

（二）可持续治理能力建设的基本精神和要点

可持续治理能力建设应遵循“多元、合作、互动、持续”的基本精神。实现可持续发展目标，要求政府管理从一元到多元、从集权到分权、从封闭到开放、从静态到动态、从管制到服务，进行多层面的政治互动。

当然，处于不同发展阶段的国家，可持续治理能力建设的着力点可能有所不同，但都应遵循以下基本要点：

一是明确治理能力建设的要求。在联合国确立的可持续发展目标下，发展任务涉及的领域有所增加，所要求的治理能力也相应拓展，需要在公共服务多中心供给机制中发展能够协调多主体的治理领导力。

二是强化政府治理责任。政府作为实现可持续发展目标的保障者、公共资金与信息的提供者、公共服务的监管者、公共责任的最终责任人必须始终在位。

三是合理配置治理资源。要提供更好的服务和实现可持续治理，就必须对治理资源的汲取能力和配置方式进行考虑和设计。治理资源的汲取能力的改善和配置方式的优化，本身就是创新公共服务与推进可持续治理的过程。

（三）关于可持续治理能力建设的五点主张

女士们、先生们，朋友们，新一轮历史变革开启，压力与挑战并存。未来可持续治理能力提升的新动力源于改革，只有坚持改革、勇于创新，才能最终走上坦途。在此，对于可持续治理能力建设，我提出以下几点主张：

第一，肩负责任，形成可持续发展价值认同。可持续发展是我们对人类未来必须担负的责任和义务，在实现可持续发展目标中既要以制度规范行为体系，更要凝聚价值共识。

第二，直面挑战，坚持增量发展的治理道路。在当下多元、异质、利益分化、冲突加剧的复杂社会环境下，反思并回应我们面对的问题和危机，坚持走增量改革的可持续发展道路，不断形成能够协调社会冲突、容纳持续社会变迁的新的治理结构。

第三，增强参与，探索可持续治理新机制。鼓励不同社会主体在解决不同类型的治理问题上发挥主导作用，只要有利于“促进公平正义、增进人类福祉”的新观念和新实践都值得重视，探索建立与社会分工、合作的多中心治理，推动可持续发展目标的实现。

第四，立足国情，借鉴可持续治理优秀经验。面对全球性挑战，各国应该在相互借鉴中实现共同发展。既立足于本国国情，又及时总结治理改革创新做法、学习和借鉴国外政府治理和社会治理的好经验，推动国家之间可持续治理能力建设相互促进，形成良性互动循环。

第五，加强合作，建立全球可持续治理新秩序。牢固树立人类命运共同体意识，坚持开放、包容、合作、共赢，在世界各国互相尊重与合作的基础上，完善全球治理结构，更好地反映全球经济发展现实、适应实现可持续发展目标的需要。

中国愿同各国加强沟通，为增强可持续治理能力不断努力。衷心希望各位嘉宾踊跃参与，广泛对话，深入交流，我们坚信，有梦想、有追求、有奋斗，一切美好愿景都会成为现实。

祝国际行政科学学会暨国际行政院校联合会 2016 年联合大会圆满成功!

祝各位来宾在中国度过愉快而美好的时光!

谢谢大家!

服务国家的现状与展望：挑战、能力、任务

法国国家行政学院院长　娜塔莉·卢瓦索

我今天演讲的主题是服务国家的现状与展望，在我个人看来，无论是对于公共行政、公共行政相关人士，还是公共政策培养和科研机构，这都是一个核心问题。我的演讲分为三个部分：一是为国家服务在现在和未来所面临的挑战；二是公共行政机构所承担的使命的变迁；三是随着改革带来的公共服务使命所涉及的范围和形式的改变，公共行政界人士在应对这些变化时所必须具备的能力。

本文意在探讨公共政策与公共服务对可持续性发展与人力资源发展的作用，可持续发展至关重要，但在能力建设方面也存在很多挑战。

一　公共行政负责人面临的公共政策挑战

可持续治理与能力建设对于公共行政来说究竟意味着什么?

要想回答这个问题，首先应该列举一下目前公共行政负责人所面临的公共政策挑战，这些挑战涉及公共管理的时效问题，特别是公共政策的可持续性。

（一）公共政策的可持续性

可以以法国公共政策的可持续性所面临的三种具体的挑战为例，从整

体上论述公共政策的可持续性。

首先以应对全球变暖为例，这是全人类共同的使命。而且这已经正式成为各国政府的工作重点，比如，去年十二月《巴黎协定》的达成以及不久前中国和美国对该协定的批准。全球气候变暖是人类活动的结果，其变化趋势的显现有着几十年的时间延迟。应对气候变暖产生的影响并遏制气温的升高，这需要相关各方长期不懈的努力。如果没有坚定持久的共同行动，全球气候变暖的不良后果将继续泛滥。

面对这一挑战，公共行政部门应该发挥什么样的作用？而对人力资源的发展又会有何影响呢？这样做的目的重点在于提升《巴黎协定》签约各国实施并完成各自在自主贡献文件中所承诺的目标的能力，比如，预防某些情况的出现，以及妥善处理气候变暖所造成的某些后果。这主要涉及自然灾害的预防与处理，比如台风、干旱、暴雨等自然灾害影响的频率不断增加，强度也不断增大。因此需要评估其危险系数，并且采取预防和应对措施以及建立相应的救援行动和物资调度方案等。这些工作都需要在人力资源和多样性的职能方面具备相应的手段来完成，同时也更需要具备未雨绸缪的能力。

同样，为了实施能源转型等政策，也需要相关人员具备能够进行思考、帮助和评估既定目标和成果的能力，还要有能够灵活运用知识和不断进取的能力。对于政府机构而言，现在迫切需要做的就是对人民负责。正如政治哲学家皮埃尔·罗桑瓦隆谈到公共政策时曾言：“如果我们没有能力去改变世界，就不应为世界的改变承担责任。”所以，他提出了“面向未来”的承诺性责任观。如同广大行政干部在行政部门内实施公共政策所担负的责任一样，领导的责任就是在实施公共政策的同时，保持自我的前瞻能力，以便各项公共政策能够可持续地实行下去，使得各项公共政策能够可持续地发挥作用，同时还要考虑财政的负担能力。这就意味着为了完成公共服务任务并取得预期目标，需要持续不间断地采取必要的措施，使用必要的技术。频繁的政治变动违逆长期公共政策的实施，面对这种情况，应当强调公共政策的持久性、连续性和恒常性。

（二）人口变化

关于各国长期稳定执行公共政策的另一个挑战就是：未来50年可预见的人口变化。人口变化会大大影响行政单位现在和将来政策实施的效力。

如今在法国，公职人员的平均年龄大于私有部门（前者平均年龄42.8岁，而后者却是40.6岁）。2013年，50岁及以上的公职人员的增长速度是整体公职人员的4倍（前者是+2.9%，后者是+0.7%），而30岁以下的公职人员数量却降低了0.1%。公职人员的老龄化意味着国家人力资源老龄化，可以预计，这会对国家财政支出产生不利影响，进而有损国库。而在公职人员社保方面，到2030年之前，参保人数将会明显减少，从2014年的205万人降低至2030年的190万人。可以告诉大家这样一个信息：2014年法国公职人员支出已经占到了国家预算的41.2%，不仅是公职人员出现了老龄化的趋势，法国公共服务的使用者也在老化，随之产生的是其需求与期待的改变。

如果最新的人口变化趋势不改变，那么到2060年，法国本土人口数量将达到7360万人，即比2007年要多出1180万人。单是60岁以上的人口数量就将增加1000万人。到2060年，法国将有1/3人口是超过60岁的。整个欧盟的情况也是如此，甚至有些国家的情况还会更严重，例如德国。这些变化都会产生相应的后果。到2050年，当欧洲75岁以上的女性达到女性比例的20%时，我们应该采取什么样的公共政策，提供什么样的公共服务呢？我知道中国也在面临同样的问题，而且中国人口基数还更大。在当今社会，这会引起劳动人口和其他人口比例变化，会存在依赖状况。这是容量和数量的问题，当然也是社会成本和需求资金的问题。就欧盟而言，到2080年，整个欧盟的老年人口将达到1.5亿人，而现今，老年人口数量已达到9400万人。

二 公共行政机构所承担的使命变迁

因为受气候变化和能源转型影响，需制定新的公共裁决机制，要使新数字经济发展在资金和社会方面可持续，只有发明和实施适当的数字化调节手段。此外，还应该重申自由竞争原则，更加重视个人信息的保护并让互联网巨头们承担相应的社会责任。我们能放任苹果、谷歌、亚马逊和Facebook 等公共主体既不承担后果也不考虑公众利益吗？在全球化、数字化和公民新要求的共同影响下，传统的公共行政行业也发生着深刻的变化。沟通方式的数字化也为简政放权、无纸化办公（税务、户籍登记等）开拓了新的前景，在线服务越来越多，实体窗口越来越少，公共数据逐渐公开，总结的经验也能共同分享。

规范经济活动的要求和保护公民的需求与深刻变化的要素是相互关联的。很明显，这就是全球化的现象，因为如今没有任何一个公共政策的制定可以脱离国际环境，或者说不会对国际环境产生影响。确定国内进口税率就是在参与国际竞争时以便能够吸引外资企业的投资。一个国家对外国投资的吸引力就在于其税收水平及基础设施和公共服务水平，这些都是公共政策涉及的领域，由于其社会范围太过广泛，因此必须要把国家行政体系的资源和权能调动起来。

另外，公民们不愿再继续做“被治理人”。这是全球公民的共同心声，从老牌民主国家到新兴国家的公民都是如此：由于政治制度逐渐老化，新的中产阶级、新的一代兴起，公共政策再难以满足所有人的期待。人们并不是要求减少公共政策，而是要求出台优质的、焕然一新的和成本较低的公共政策。国家将不再垄断整体利益。因此，每个人通过“参与社会”和充分行使公民权利来决定共同利益。

当然，以上所列举的情况在全球范围内并不是完全一致的，但是我们可以借助这些例证来处理在维持公共政策模式中所出现的问题，如在现今的发达国家中，随着公民的期待水平提高，公众参与的需求也在不断增加。

无论是对于政府还是公民而言，公共政策的实施范围、实施力度、实施成本等，以及该政策的长期性和应对挑战的力度，都是一个开放式的问题。同样的问题也涉及公职人员的能力、知识和技能，要应对未来的挑战，履行新的使命，这一切都不可或缺。

三 公共行政人士在应对变化时所必须具备的能力

如何向国家提供保证持续发展公共政策所必要的人力资源和各项能力(知识、专业技术和社交能力)？根据发展的需要，他们要具备发展的眼光，要懂得实现既有经验的价值开发。

为了制定和实施公共政策，需要对人力资源进行深刻和大幅度的变革，同时在必要时，一定要确保动员足够多在某些领域和不断变革的方面具有相关素质和能力的人才。这就是公共部门领导和培训政府机关领导、干部和普通公职人员的机构所面对的化圆为方问题。除此之外，还有一个问题，就是能否在体制内找到并调动这些能力，特别是通过设立专门公共部门加以实现，或者是当某些公共使命与职能不能委托于社会团体或私有部门的时候。

无论如何作为培训机构的负责人，在深刻变化的世界中，我们唯一能够确认的，就是我们未来传授给学生的技能会与我们如今所认知的大为不同。因此可以说，可持续发展和可持续治理是公权机构的目标，但是使培训可持续的想法本身就带有矛盾性。可以肯定的是，下一代公务人员的技能与我们所经历的会有很大差异，而他们过去所接受的培训则未必适应新的情况。

对于企业是如此，对公职部门亦是如此。去年在比利时发表的一份研究报告显示，2030 年的职业中，有 60% 是目前还不存在的。虽然这一比例相当惊人，也足够令人兴奋，但是我们应该想到的是，到 2030 年也会有相当多的职业将不复存在，而我们今天也许正在从事这些将在未来的时间里日渐衰落的职业。面对这种转变的同时，我们应该保证无法适应这种变化的其他人的正常生活，使得这种转变具有积极性。这也是公共行政部门的职能，但是很多部门还没有给予这一问题足够的重视。

我们通常把高级公务员按照其具备的能力定义为三个类型：公共政策的构思、执行和评估。因为这种明确划分，这三方面都取得了实质性的进步。

现在是简政的时候了。简政，也就是在还没有出现明显的混乱前，让每个公共主体负责一个级别的决策，如国家、地区、省、市、镇，这样的划分可使每个公共主体各司其职。虽然诉讼不断增多，但是律师们却不会抱怨。这是一个不好的征兆。

当混乱堆叠的标准文本令人忧心忡忡时，简政将会很受欢迎。简政，换言之就是减少法规，不再繁琐。例如，企业对公共政策的指责减少，频率降低。企业对公共政策不满的原因并不是政府制定的政策，而是这些政策的多变性和不可预测性。如果企业主想投资，他应该要了解税收、社保和环境相关的法规，因为这些法规不仅仅是在接下来的几个月内，而是在几年内都将影响该企业的经营活动。简政也可以确保一项已通过的规范能够有效地被执行，值得注意的是，实施政令的颁布要迅速，其颁布的时间应该在政策公告后、结果评估前，这样公民才能知道运用了哪条规定以及运用后所产生的影响。

前欧盟委员会主席雅克·德罗尔几天之前在会上曾向法国媒体表示，欧盟的成就在于：其已成为推动环境保护、应对全球气候变暖、维护卫生健康、保护消费者权益、消除贫困和促进人权规制标准制定方面的世界领袖。但是也有人认为，这些并不是值得庆祝的成就和值得效仿的范例，而应该被视作官僚主义和技术官僚化严重的源泉，为了确保短期内经济效益，应该消除这两大因素。

这是一个悖论。当前我们所面临的挑战是建立稳定、安全、可读且可实施的规范体系，这一挑战很复杂，不能用从各处听来的口号总结归纳。但是，设计一项公共政策不应该局限于规则的制定，还应该明确设计者和实施者。群策群力，将合作伙伴、广大公民、行政人员、专家学者的经验汇集起来，不再“闭门造车”，要深入基层，这也是现今广大人民的期待。我们现在拥有的工具，公共效用调查、协商磋商等，有时也会有一些局限性。

在一些公众意见非常不统一的项目，比如建设机场、水坝、污染工业企业或高风险工业企业等大型基础设施，只是单纯地强调所有的做法是否符合法定程序是不够的，因为一部分民众不赞同，也不遵守相关程序。这就需要我们找到新的全民参与方式，这也是为整体利益服务最基本的使命。这是个政治问题，同时也是行政问题。这个问题目前已经出现了，需要全新的国家和全新的公民来解决。借助其他的措施，发扬高尚的行为，遏制与整体利益相悖的行为。行为科学开始在我们称作引导的这一方面崭露头角，例如，善于引导个体做出选择，把自己的能力变成最有利于集体的能力。如今，我们发现了一些有价值的结论并运用于课堂教学，虽然其中有些论断因强调公民意愿而可能具有操纵特性，也因此而显得不稳定。

从窗口人员到大区区长，从教学助手到大学区区长，从负责接收签证文件的使馆小职员到大使，所有的公职人员都是以服务公众为使命。缺乏可执行性的认识只是幻想，爱迪生早已预言到了。政策说话，行政管理人员行动，应以此为准则。还应该明确公共政策的作用范围和执行者的职权。从这个观点来说，国家应不断地对矛盾的指令做出回应。

首先谈谈第一个认识，这个议题不断出现在政治辩论中，而且占据越来越重要的位置：我们想要更多的国家干预还是更少的？快速浏览一下各种超自由化主张的论文，我们就会看到，答案是要更少的。应该承认的是，全体或至少大多数公民都希望医院、幼儿园、大学、法官、警察的数量减少……让我们换一个严肃的话题。他们对于国家管理活动的需求不如以下活动强烈：应对恐怖主义，实行青年教育并处理随之而来的工作，以及通过越来越多的外交活动来保卫我们的国家，这些政策均取得公民的一致认可，因此我们不能想象没有国家的情形，也不能想象国家的作用减弱后所带来的后果。

除了国家，摆在政府面前的其他问题，也并不容易解决，比如，就业形势、住房问题，还有职业培训，因为法国的相关公共政策缺乏效率，导致公民对此类问题相当不满。从政治和社会角度看，国家是否应该在这些领域放权？我们是否准备好选择那些可以运作的政策和工具，因为选择就意味着放弃其他？为此，是否有足够的政治协商？是否可以让国家尝试新的举措和工具？为了探索新的干预模式并观察其效果，是否可以允许一项新政有犯错误的空间？“创业国家”的概念就是为此而产生的，目前，这个概念还处于假想阶段，我们应当在这种尝试中走得更远。

作为国家公仆，我们吸取了这样的教训：从今以后，要不断地审视自己，是否是以最少的投入给予国家最大的回报。因为预算减少，公务人员人数减少，国家经济困难，在社会转型和支持地方政府方面，国家是有所亏欠的。这样的趋势长期延续，其结果就是对公民服务的质量开始下降。诚然，此种情况并不普遍。关于规模经济，有些地方还是做得很好。虽然有些行政机关仍有足够的人手，但与所匹配的预算未必相应，而且质量也不能与数量画等号。但是，随着行政人员逐步减少，一些分散的服务点出现了“新瓶装老酒”的情况，例如，稽查走私的部门。公民的不满是由于国家缺乏资金和人力等资源去完成应该完成的使命：向地方和有关单位放权往往是不完善的，而且还会造成各方面混乱，引发公民失望情绪的情况。有些人又开始怀念旧制度。但是，国家无法包管天下。国家的能力现在反而越来越弱，面对选择时只能一拖再拖。

评估公共政策的效率、绩效和合理性是我们应为公民做的最基本的事。为此，我们已经具备了条件：有监察部门、检查部门，各种汇报机制和各种任务。议会还可以进一步完善对执法机关的监督。对个人与集体做绩效评估，总结经验和教训，这对于企业或是公共行政部门而言都并非是轻而易举的。然而，这还是一个快速扩展的新领域，其变化日新月异。

那么，培养未来的公务员已经成为一个不可能完成的任务吗？

最后，我将向大家介绍法国国家行政学院如何培养公职干部，使其在复杂环境下，并在其未来充满不定数的情况下，学会管理公共事务。

首先把我们的学生送往基层，完成三次基层实习后，组织学生进行经验总结汇报工作，这样做的目的一是可以掌控实地培训情况，二是可以得出有价值的论断。在他们整个的学习期间，我校还经常进行国际对标，以学习国外成功的经验，吸取其失败的教训。绝不闭门造车。向前辈虚心求教，通过与合作伙伴，如与设计师、程序员、预言家、研究人员等这些具备其他能力和持有不同视角的人一起工作，可以提出不同的改进方案供大家商讨，这有助于学生培养新的能力。强调发展与引导变革有关的管理能力。总的来说，不要指望我们会教授解决问题的“完美答案”，而是要学习向优秀的人提出有价值的问题。

除此之外，我们还要求学生不能脱离实际，要参与社团组织服务他人（比如，每周要有半天的时间参加社团组织的帮助弱势群体的活动）。由此可见，我们已采取了各种革新，同时，我们也坚信：培养正确的公共服务价值观、建立职业道德自律，这都是保证学生未来能够表现出专业性和忠诚于整体利益的要素。公共服务应持续不变地遵循中立、廉洁、机会平等三大准则。从这方面看，让学生们完全恪守法国国家行政学院的口号“服务国家，但不屈从”，这对我们来说比以往任何时候都更有必要。

大力简政放权　促进我国经济社会持续健康发展

中央机构编制委员会办公室副主任　何建中

各位专家学者，女士们、先生们：

大家好！

十分高兴在金秋时节来到有“天府之国”美誉的四川成都，参加国际行政科学学会暨国际行政院校联合会2016年联合大会。按照洲际行政论坛的主题和大会安排，我很荣幸受邀，就我国当前正在进行的简政放权情况向各位做一个介绍。

中国共产党的十八大以来，以习近平同志为总书记的党中央对深化行政体制改革、加快政府职能转变提出了明确要求，强调要处理好政府与市场的关系，使市场在资源配置中起决定性作用和更好发挥政府作用。新一届中央政府成立伊始，开门办的第一件大事就是把简政放权作为“先手棋”“当头炮”来积极推进行政体制改革和政府职能转变。通过简政放权，放开市场这只“看不见的手”，用好政府这只“看得见的手”，激发市场主体创造活力和增强经济发展内生动力。可以说，简政放权抓住了行政体制改革和经济体制改革的关键，具有牵一发而动全身的重要意义和作用。

简政放权是我国这一轮行政体制改革的重要任务，是推动当前我国经济社会发展的战略举措，内涵明了而又丰富。简言之，一个是“减”，即最大限度地减少对企业生产经营活动的审批，减少涉及企业、社会组织和公民的资质资格许可和认定，解决长期以来政府管得过多、伸手过长的问题。一个是“放”，即把面大量广、地方实施更方便有效的审批事项下放给地方，更好地发挥地方政府贴近基层、就近管理的优势，提高行政效率。一个是“转”，即在“减”和“放”的基础上，进一步转变政府管理方式，把工作重点放到加强和改善宏观管理、强化事中/事后监管上，全面正确地履行好政府职能。三年多来，简政放权成效十分明显。一是分9批取消和下放国务院部门行政审批事项共618项，提前实现了本届中央政府承诺的减少行政审批事项1/3的目标。彻底终结了非行政许可审批事项这一审批类别，砍掉了大部分行政审批中介服务事项。连续两次修订政府核准投资项目目录，中央层面核准的项目数量累计减少约76%。个人和企业资质资格认定事项压减44%。二是地方各级政府认真贯彻中央决策部署，积极承接上级下放的事权，同时做好本级简政放权工作，多数省份减少了50%左右的行政审批事项，有的达到70%。三是对保留的行政审批事项实行规范管理，通过推行集中审批、并联审批、流程再造、在线办理、一站式服务等，不断减少审批环节，压缩办理时限，更好地方便企业和群众办事。四是开展商事制度改革，进一步降低市场准入和运行的门槛。工商登记实行“先照后证”，前置审批精简85%，注册资本由实缴改为认缴，全面实施“三证合一、一照一码”。加大减税和普遍性降费力度，取消、停征、减免一大批行政事业性收费和政府性基金，减轻了企业负担。五是积极探索事中、事后监管的办法，包括建立权责清单制度、市场准入负面清单制度，推行“双随机、一公开”监管，健全市场主体诚信档案、行业黑名单制度，实行跨部门、跨行业综合执法等，使市场和社会既充满活力又规范有序。

通过这一系列改革，有效地促进了我国经济社会持续健康发展。从经济增长速度看，近些年我国经济运行始终保持在合理区间，2013年国内生产总值增长7.7%，2014年增长7.3%，2015年增长6.9%，增长速度在世界主要经济体中位居前列。从新增市场主体看，市场主体持续快速增长，2013年全国新登记注册企业增长27.6%，2014年增长45.9%，2015年增长21.6%，平均每天新增1.2万户。从新生劳动力就业看，我国城镇新增就业连续三年超过1300万人，2013年新增城镇就业1310万人，2014年新增1322万人，2015年新增1312万人。同时，简政放权还大大改善了我国营商环境，根据世界银行发布的营商环境报告，近两年我国内地营商便利度在全球排名每年提升6个位次。这些成效充分显示了简政放权这项改革的巨大威力和市场的无限潜力。

简政放权的丰富实践和取得的成效为我国经济社会发展探索了新的经验。在国家治理体系和治理能力方面，通过简政放权，进一步破除制约我国经济社会发展的体制机制障碍，推动了上层建筑不断与经济基础的相适应，促进了国家治理体系和治理能力的现代化。在政府自身建设方面，通过简政放权，进一步转变政府职能和管理方式，厘清政府与市场、政府与社会的边界，更好地发挥了政府作用，推动了法治政府、创新政府、廉洁政府和服务型政府的建设。在市场主体和群众期望方面，通过简政放权，进一步降低制度性交易成本，有力地改善了营商环境，极大激发了大众创业、万众创新的热情，不断解放和发展了社会生产力。

简政放权之所以能够取得这些成效和经验，我认为主要有四点原因。第一，党中央、国务院高度重视，加强顶层设计，统筹谋划，精心部署，着力推进。各部门和各级地方政府认真贯彻中央要求，积极作为，攻坚克难。上下同欲者胜，这是最重要的一点。第二，坚持问题导向，回应社会关切。从企业和群众反映最突出的问题入手，明确改革重点，有针对性地出台改革政策，把企业和群众满意不满意作为检验简政放权成效的根本标准。第三，开门搞改革，广泛动员社会力量的参与，在政策措施出台前充分听取各方面的意见和建议，引入第三方力量对改革进行评估，把政府部门“端菜”转变为更多地由群众“点菜”。第四，注重吸收学术界理论研究成果，积极借鉴其他国家的有益经验与做法。

随着简政放权的不断推进，改革领域在不断拓展，一些不足和新的问题也不断显现。对此，党中央、国务院高度重视，要求认真回顾总结三年多来大力简政放权和探索事中、事后监管的实践，在此基础上，再把优化服务纳入其中，协同推进简政放权、放管结合、优化服务，形成“放管服”改革的新局面。从之前的“先手棋”“当头炮”，到如今的“组合拳”，改革更加具有系统性、整体性和协同性。今年5月，国务院专门召开会议，部署在更大范围、更深层次上深化“放管服”改革。概括来讲，在简政放权上，要求把该放的权力彻底放出去，把改革后企业申请开办的时间压缩了多少、项目审批提速了多少、群众办事方便了多少，作为衡量改革成效的具体标准。在加强监管上，要求创新监管模式，通过实施公正监管、推进综合监管和探索审慎监管，提高政府监管的针对性、有效性。在优化服务上，要求完善基本公共服务体系，推广政府和社会资本合作模式，运用“互联网+政务服务”，让企业和群众办事更方便、更快捷、更有效率。

贯彻落实这些改革，任务十分艰巨繁重，还有许多工作要做。我认为，在当前应当更加注重搞好三个方面的结合。其一，更加注重与供给侧结构性改革相结合。供给侧结构性改革是我国适应和引领经济发展新常态的重大任务。两个月前，也是在成都召开的G20财政部长和央行行长会议，达成了一个共识，即各国要实现强劲、可持续、平衡和包容性增长，必须实施货币、财政和结构性改革等政策。推动我国的供给侧结构性改革，需要继续加大简政放权力度，最大限度给市场主体松绑减负，大力营造公平竞争的市场环境，进一步降低制度性交易成本。其二，更加注重与法治建设相结合。简政放权不仅涉及政府职能、部门职责重新配置，也直接涉及法律关系、权力关系的调整。因此，在推进改革的同时要及时修改完善相关法律、法规，使之与简政放权要求相适应，并把被实践证明行之有效的改革成果通过法的形式巩固和确定下来，充分发挥法治对改革的引领和规范作用。其三，更加注重与深化行政体制改革相结合。简政放权就像一把利剑，把传统行政体制中深层次的弊端和问题挑露了出来，应以此为契机进一步深化改革，不失时机地理顺部门间职责，调整和优化组织结构，创新政府管理方式，明晰中央与地方事权关系，逐步建立起具有中国特色的行政管理体制。

最后，我谨代表中央机构编制委员会办公室祝大会取得圆满成功！祝各位专家学者在华期间工作顺利、身体健康！

谢谢大家！

深化行政管理体制改革　推进政府治理能力现代化建设

中国机构编制管理研究会会长　黄文平

尊敬的国际行政科学学会布卡主席、国际行政院校联合会弗里斯主席，尊敬的各位专家学者，女士们、先生们：

大家上午好！

非常高兴在金秋时节来到成都市，参加国际行政科学学会暨国际行政院校联合会 2016 年联合大会。今天主办国专场会议的主题是“治理改革的中国探索”，来自中国和许多国家公共行政实践领域和学界的专家学者，围绕中国治理改革的实践探索和现状，讨论治理改革在中国未来发展中的作用，展望中国治理改革的前景。下面，结合这次会议主题，我简要介绍一下中国行政管理体制改革的总体情况，谈谈个人认识和体会，与大家相互学习和交流探讨。

一　中国改革开放历程的回顾

中国在 1978 年开始推进改革开放，我们在回顾这一艰难曲折的历程时，会有以下几个印象：一是以经济体制改革为牵引。改革逐步向科技、教育、文化、卫生体制等领域推进，也推动着行政管理体制改革和政府职能转变。二是从松绑放权让利开始。在农村、企业、城市、经济特区等领域进行各类简政放权改革试点探索，经过总结经验教训，在整体上推进改革。为适应建立社会主义市场经济体制的要求，通过转变政府职能和简政放权，推动政府由微观管理向宏观管理、由直接管理向间接管理、由部门管理向行业管理转变，推动政企分开、政事分开、政资分开、政社分开，推动管理向治理转变。三是中国政府机构改革的主线是转变政府职能。从精简机构开始，逐步调整部门职能总体配置，撤销专业经济部门，重点加强监督、经济调节部门，改革计划、投资、财政、金融管理体制，实现党政机关与所办经济实体及直接管理企业的脱钩，把政府的社会经济管理职能和国有资产所有者职能分离，把政府的公共行政管理职能和企业经营者职能分离，强化政府的宏观调控和监督管理职能，强化政府的社会管理和公共服务职能，探索实行职能有机统一的大部门体制，把大力简政放权与强化宏观管理和事后监管有机结合起来。加强中央政府宏观调控职责和能力，加强地方政府公共服务、市场监管、社会管理、环境保护等职责。通过七次集中的行政管理体制改革、政府机构改革和全面深化改革的部署，政府职能转变成为贯穿改革过程的主线。四是摸着石头过河和顶层设计相结合，重点突破和整体推进相促进。在改革试点探索过程中，坚持一切从实际出发，在重点突破后，注意总结地方、基层的成功做法，借鉴国外有益经验，经过中共中央全体会议的研究形成各项改革的顶层设计，各地方、各部门按照改革的顶层设计蓝图整体推进改革进程，各级领导班子接力实施以取得成效。五是行政管理体制改革是推进治理改革的重要环节。这项改革在中国改革开放和现代化建设中居于重要的战略地位。中国共产党的十八届二中、三中、四中和五中全会都对深化行政管理体制改革，推进国家治理体系和治理能力现代化建设，提出了一系列新的重要论述，进一步明确了行政管理体制改革的指导思想、基本原则和主要任务。在改革实践中，贯彻落实这些新精神、新要求，需要加强统筹谋划和顶层设计，注重改革的系统性、整体性、协同性，同时抓住关键环节和领域，实施重点突破，不断把改革推向深入。近年来，中国主动适应经济社会发展新常态，按照围绕使市场在资源配置中起决定性作用和更好发挥政府作用的基本要求，不断深化行政管理体制改革和政府机构改革，持续推进简政放权、放管结合、优化服务，加快法治政府和服务型政府建设，提高行政效能，激发市场活力和社会创造力，为中国改革开放和经济社会持续健康发展提供有力的体制机制保障。

二 转变政府职能是行政管理体制改革的核心

行政管理体制改革关系上层建筑的调整和完善，是全面深化改革的重要内容。以转变政府职能为核心，形成有利于经济社会发展的体制机制，是中国深化行政管理体制改革的重要做法。改革开放以来，中国先后在1982年、1988年、1993年、1998年、2003年、2008年、2013年进行了七次较为集中的行政管理体制改革。通过渐进式的改革，政府管理职能逐步从微观管理向宏观管理转变，经济调节和市场监管不断完善；政府社会管理职能逐步加强，公共服务能力不断提高，逐步形成和完善有利于服务创新、协调、绿色、开放、共享发展的体制机制，保障全面建成小康社会。尤其重要的是，中国共产党的十八大以来，党中央、国务院毫不动摇坚持和发展中国特色社会主义，勇于实践、善于创新，形成了一系列治国理政新理念、新思想、新战略，为在新的历史条件深化改革开放、加快推进社会主义现代化提供了科学理论指导和行动指南。

中国共产党的十八届二中全会审议通过了《国务院机构改革和职能转变方案》，强调以更大力度，在更广范围、更高层次上加快国务院机构职能转变，重在向市场、社会放权，减少对微观事务的干预，深入推进政企分开、政事分开、政社分开，同时改善和加强宏观管理，严格事后监管，努力做到不该管的不管、不干预，该管的切实管住、管好。十八届三中全会提出完善和发展中国特色社会主义制度、推进国家治理体系和治理能力现代化的全面深化改革总目标，提出必须妥善处理好政府和市场的关系，使市场在资源配置中起决定性作用和更好发挥政府作用。十八届四中全会提出加快建设职能科学、权责法定、执法严明、公开公正、廉洁高效、守法诚信的法治政府，强调要依法全面履行政府职能。十八届五中全会提出深化行政管理体制改革，进一步转变政府职能，持续推进简政放权、放管结合、优化服务，提高政府效能，激发市场活力和社会创造力。

为贯彻这些新精神、新要求，2013年开始了新一轮行政管理体制改革。这次改革在转变政府职能、优化组织机构、完善运行机制等方面取得了重要进展。其中在强化政府职能转变方面，主要体现在三个方面：一是紧紧抓住转变职能这个核心，切实落实转变职能的各项要求。以职能转变开局，把深化行政审批制度改革作为重点，大力推进简政放权，国务院组织动员各方力量，加快推进政府职能转变，着力清理、规范行政审批。三年多来，改革取得明显成效，激发了企业和市场的活力。二是着力理顺部门职责关系，切实解决职责交叉问题。坚持一件事情原则上由一个部门管理，明确各部门的职责边界，确需多个部门管理的事项，明确牵头部门，分清主次责任和主办、协办关系，建立健全相关部门间的协调配合机制。三是按照“以责定权、权责对等”的原则，进一步明确和强化部门责任，建立健全政府责任体系。

下一阶段的行政管理体制改革，继续坚持转变政府职能这个核心，既要改善政府经济调节，严格市场监管，也要改变“重管理、轻服务，重审批、轻监管”的观念和方式。在改善经济调节方面，重点研究如何增强宏观调控的预见性和有效性；如何更多地运用法律手段和经济手段，减少行政手段的干预，通过信息发布、预测预警影响市场，充分发挥市场在资源配置中的决定性作用和更好地发挥政府作用。在严格监管方面，重点研究如何科学合理界定监管范围，转变监管理念，加强事中、事后监管；如何进一步创新监管机制和监管方式，推进综合执法和大数据监管，运用市场、信用、法治等手段加强协同监管，加强社会监督，提高监管效能。在加强社会管理和公共服务方面，一是研究政府部门在就业、教育、医疗、住房、收入分配、社会保障、安全生产等方面如何准确定位，包括政府的主要职责，管理范围和幅度，部门之间的职责关系，以及各行业制定的政策和制度，提高科学决策能力和管理水平。二是研究如何构建政府与社会的新的关系模式。研究政府如何调整管理的边界，在进一步强化政府在社会管理和公共服务方面应承担的职能的基础上，如何从制度上切实发挥公民和社会组织的作用，鼓励和引导社会力量依法有序参与社会管理和公共服务。

三　探索职能有机统一的大部门体制

大部门体制是以职能有机统一为特征的行政管理体制改革模式，涉及调整政府组织结构、转变职能、理顺职责关系和完善运行机制等。中国共产党的十七届二中全会提出，按照精简统一效能的原则和决策权、执行权、监督权既相互制约又相互协调的要求，紧紧围绕职能转变和理顺职责关系，进一步优化政府组织结构，规范机构设置，探索实行职能有机统一的大部门体制，完善行政运行机制。中国共产党的十八大提出，稳步推进大部门制改革，健全部门职责体系。2013 年的行政管理体制改革，在以往改革的基础上，紧紧围绕转变职能和理顺职责关系，稳步推进大部门制改革，在中央层面，实行铁路政企分开，整合加强卫生和计划生育、食品药品、新闻出版和广播电影电视、海洋、能源管理机构。对一些职能相近的部门进行了整合，实行综合设置，理顺部门职责关系，解决了一些长期存在的职能交叉、权责重叠等问题。在地方层面，各地方政府与国务院机构改革相衔接，对卫生和计划生育、食品药品、新闻出版和广播电影电视等机构进行了调整整合。有的地方在落实中央改革要求的基础上，进一步加大了机构整合力度，实践探索在市场监管、文化管理等多个领域推进大部门体制。

大部门体制最早是由市场经济比较成熟的国家探索的体制模式，我们的实践探索尚处于起步阶段，理论研究、政策储备和模式设计还不是很成熟，建立符合中国特色行政管理体制的大部门体制，需要进一步结合我国国情和管理实际，不断实践探索和经验总结。在探索实行大部门体制过程中，有几个问题可以进一步深入研究。一是在大部门内部如何建立完善协调机制，切实促进合理分工和运转协调。二是对大部门的约束和监督问题，实现决策的科学化、民主化和法制化。三是在部门间协调上，确保决策权、执行权和监督权既相互制约又相互协调。

四　全面推行政府部门权力和责任清单制度

建立政府部门权力和责任清单制度，是中国共产党的十八届三中、四中全会部署的重要改革任务，是国家治理体系和治理能力现代化建设的重要举措，对于加强和改进中国共产党的领导、巩固党的执政基础具有重要意义，对于提高依法执政水平、深化行政管理体制改革，建立法治政府、创新政府、廉洁政府和服务型政府具有重要的推动作用。

从推进权力和责任清单制度的必要性来讲，我个人理解有两方面的考虑：一是推行权力和责任清单制度是深化“简政放权、放管结合、优化服务”改革的重要基础性工作。在减权放权的同时，要以刚性的制度来管权限权，建立权力和责任清单，就是把政府部门实施的权力和责任事项以及实施依据、行使主体、运行流程等，以清单形式列明，进一步厘清政府与市场、政府与企业、政府与社会的权责边界，从制度层面巩固已有改革成果。但也要看到，简政放权已经进入攻坚期、深水区，有必要通过建立权力和责任清单制度对政府部门的权力和责任事项进行全面梳理和分析，找到深化改革新的突破口，为改革增添新的内生动力。此外，权力和责任清单制度已经成为推进相关改革的重要抓手。比如，在《推进城市执法体制改革、改进城市管理工作的指导意见》中明确提出，要依法建立城市管理和综合执法部门的权力和责任清单，向社会公开职能职责、执法依据、处罚标准、运行流程、监督途径和问责机制。在有关国有企业改革的指导意见中也提出要建立监管权力清单和责任清单。

二是推行权力和责任清单制度也是建设法治政府的重要内容。到2020年基本建成法治政府，是中国全面建成小康社会的重要目标。《法治政府建设实施纲要（2015—2020年）》明确提出，要大力推行权力清单、责任清单、负面清单制度。政府职能、法律依据、实施主体、职责权限、管理流程、监督方式等，都要逐一厘清并向社会公开，这是中国推动依法全面正确履行政府职能的重要举措。通过推行权力和责任清单制度，进一步强化对权力运行的制约和监督，用法治手段给政府权力划定边界，加快形成边界清晰、分工合理、权责一致、运转高效、依法保障的政府职能体系。

近年来，按照中央部署，这项制度建设由地方政府先行先试，因地制宜，做了大量探索，形成了各具特色的清单编制模式，积累了有益经验。2015年3月，在总结地方经验的基础上，中共中央办公厅、国务院办公厅印发了《关于推行地方各级政府工作部门权力清单制度的指导意见》，对全面推进地方政府权力和责任清单工作做出了安排部署。截至目前，全国31个省（自治区、直辖市）全部公布了省级政府部门权力清单和责任清单，权力和责任清单制度的成效正在逐步显现。一是摸清了家底，全面掌握了地方政府部门手中到底有哪些权力，哪些该干、哪些不该干。二是政府职能瘦了身，多数省级政府部门行政职权削减了一半左右。三是理顺了职责关系，对部门交叉事项，明确了各自职责权限和分工。四是扎紧了制度笼子，规范了政府权力运行，并置于社会监督的“阳光”之下。应该说，地方政府权力和责任清单编制工作取得了良好的社会效应，为国务院部门开展权力和责任清单编制探索了路径，积累了经验。但与地方政府相比，国务院部门承担了大量宏观管理职能，在职责定位和工作重点等方面与地方不尽相同，比如制定产业发展规划、行业标准制定等，这些都关系到全局性工作。因此，在国务院部门开展权力和责任清单编制，需要稳妥审慎推进，先行试点，探索积累经验，形成比较成熟的工作思路和模式后，再全面推开。根据《国务院部门权力和责任清单编制试点方案》的部署和要求，今年确定了在发展改革委等7个国务院部门开展权力和责任清单编制试点，目前试点的各项工作正在积极有序推进。

建立权力和责任清单制度，强化了对部门权力的制约和监督，是中国深化行政管理体制改革和政府管理的一个重要制度创新。下一阶段，完善权力和责任清单制度，需要在重点研究以下四个方面的问题上持续推进：一是坚持问题导向和目标导向，即结合权力和责任清单工作，研究如何进一步转变政府职能，精简一批不属于行政审批的其他权责事项，同时，加强政府的事中/事后监管，防止出现责任空白；二是结合权力和责任清单，研究如何进一步完善行政决策和运行机制，优化工作流程，方便群众办事，真正发挥权力和责任清单制度的最大实效；三是研究建立权力和责任清单的动态调整机制，根据情况变化不断拓展权力和责任清单的范围和领域，对权力和责任清单内容进行及时调整和丰富完善，同时利用大数据等现代信息科技手段，强化权力和责任清单制度的后续应用，让行政权力阳光透明、高效地运行；四是统筹研究权力和责任清单与部门“三定”规定之间的关系。“三定”规定，即各级政府印发的部门主要职责内设机构和人员编制规定，对部门的职能定位和主要职责做了整体性的规定，这是部门具体权力责任事项的重要来源和依据；权力和责任清单又进一步明晰和细化了“三定”规定的职责事项。因此，结合权力和责任清单编制工作，需要研究如何进一步完善部门“三定”规定，做好相互衔接。同时，根据权力和责任清单，相应调整优化机构设置和人员编制，切实提高行政效能。

此外，中国的治理改革还包括了深化行政执法体制改革、中央与地方政府的事权划分、探索省直接管理县的体制、完善环境保护管理体制等内容，这些方面的研究和探讨也是有意义的，由于时间关系，我在此就不一一介绍了。

以上是我结合过去的工作实践和日常研究，简要介绍了中国治理改革的一些情况和几点体会，希望能对大家深入了解中国行政管理体制改革情况有所帮助。中国机构编制管理研究会作为对中国行政管理体制改革理论和实践问题进行全局性、战略性、对策性研究的全国性非营利研究团体，愿意进一步加强与国际行政科学学会的联系与合作，共同推动行政科学理论与实践的发展。

最后，预祝这次联合大会取得圆满成功！祝各位专家学者在华期间工作顺利、身体安康！

谢谢大家！

以“一核三治”为架构 推进基层治理体系和治理能力现代化

成都市人民政府副市长 刘宏葆

尊敬的各国行政学院院长、学者：

我谨代表成都市政府对各位莅临表示热烈欢迎，预祝本次研讨会圆满成功，预祝各位朋友在成都度过一段美好时光！

成都是中国国家中心城市，下辖 20 个区（市）县，常住人口超过 1600 万人，土地总面积 1.43 万平方公里。成都历史悠久，文化灿烂，建城 2300 多年，名称未变、城址未变，拥有都江堰、武侯祠、杜甫草堂、金沙遗址等名胜古迹，是首批国家历史文化名城、中国最佳旅游城市。欢迎大家多看看、多走走，相信各位会喜欢这座充满魅力的城市！

基层治理是基层政府的重要工作。作为中国的特大中心城市之一，我们直面各种挑战和压力，积极探索以“一核三治”为架构的基层治理体系和治理能力现代化。今天我就这个问题与各位进行交流。

一 建立健全基层治理组织运行机制

第一，发挥党组织基层治理的核心作用。中国共产党的领导贯穿基层治理全过程，是中国特色社会主义取得成功的基本经验。通过理顺基层各种权力主体关系，推进各主体有序参与基层治理，促进党的领导方式从包办型向核心型、从指令型向服务型转变，使党组织从事无巨细的直接管理中解脱出来，将时间和精力用在想大事、定方向、管规则、重引导、强监督和自身建设上。成都按照城乡统筹、建设统筹、产业统筹、公共服务统筹、社会治理统筹的原则，先后出台一系列制度，推进“三分离、两完善、一加强”，构建起以党组织为领导核心的基层治理机制。明晰了乡村两级职责权限，促进了乡镇政府职能转型、服务下沉，村级自治组织回归自治功能，完善了村（社区）公共服务和社会管理分类供给、经费保障、统筹建设、民主管理和人才队伍建设五大机制。

第二，培育多元共治的基层治理主体。完善党委领导、政府主导、社会协同、公众参与、法治保障的社会治理体制，明确基层党组织、基层政府、自治组织、集体经济组织、社会组织等治理主体间的关系。人大代表联系群众收集意见和建议，政协开展基层治理专题协商，司法机关以诉讼调解、社区矫正、以案说法等形式参与基层治理。建立村（社区）党组织、村（居）委会、驻区单位、社会组织、物业服务组织、业主委员会、农村集体经济组织、农民合作组织等联系协商会议制度，有效突破基层治理“上面管不着、下面难自治、服务不到位”难题。

第三，完善基层治理绩效考核体系。把基层治理成效作为衡量干部工作实绩的重要内容，纳入政绩考核指标体系，建立健全领导班子及其成员年度述职述法、述责述廉制度。加强对权力运行的制约和监督，明晰权力边界、防控廉政风险，构建决策科学、执行坚决、监督有力、惩治有效的权力运行体系。调查显示，群众对成都城乡基层治理工作的满意度在84%以上，问卷统计80%以上的受访对象从基层治理中受益。

二　发挥法治在基层治理中的保障作用

第一，坚持法治刚性约束。强化规则意识，倡导契约精神，促进社会公平正义。根据实施规划，制定各年度、各部门、各地区的法治建设推进要点，确定各部门的工作重点和要求，量化考核，细化为分值，年末对推进实施情况进行考核。

第二，健全法律制度。全面建立党委政府法律顾问制度，制定实施重大行政决策程序规定，以党委政府带头学法、用法、尊法引领社会的法律遵守。坚持系统治理、依法治理、综合治理、源头治理，发挥法治的引领和保障作用，运用法治思维和法治方式深入推进平安成都建设，提高社会治理法治化水平。

第三，强化权益保障。健全依法维护群众权益和化解纠纷机制，强化法律在维护群众权益、化解社会矛盾中的权威地位，引导和支持人们理性表达诉求、依法维护权益。

第四，建设普惠型法律服务体系。实现村（社区）法律服务全覆盖，建立“一小时法律援助服务圈”，2015 年有 3000 多个村（社区）组织实施“法治大讲堂进村（社区）‘7 +3’计划”。推进“社区（村）法律之家”规范化建设，为基层治理制定标准和规范。用量化、规范、标准、评估、考核等一系列可操作、可定性、可定量的数据分值，助推法治在基层治理中的引领作用，使基层治理看得见、摸得着、用得上、可推广。

三　发挥群众自治在基层治理中的基础作用

第一，建立群众自治的组织架构。成都以“还权、赋能、归位”为着力点，成立村（居）民议事会，使村（居）民自治的决策权、执行权和监督权相互分离又相互协调。保证议事会的民意基础，议事会成员直接选举产生。强化代表性，实行结构席位制。强调议事会的公信力，村干部不超过 50%，每个成员有固定联系户。落实监督权，选举 5—7 人组成监督委员会。全市（不含简阳）有村（居）民议事会成员近 9 万人、村民小组议事会成员 17 万余人、监督委员会成员 1.5 万人。

第二，建立自治事项的准入制度。制定自治组织依法自治事项清单、依法协助政府主要事项清单、可购买服务事项清单和负面事项清单。村（居）民议事会研究决定经济社会发展项目、村级社会管理和公共服务项目、财务收支项目等事项。

第三，建立自治资金的保障制度。按照“公益性服务政府承担，福利性服务适度补贴，经营性服务推向市场”的改革思路，财政每年为每个村（社区）提供不少于 40 万元的服务群众专项经费。5 年来，全市共投入服务群众专项经费 45 亿多元、融资 4.45 亿元，实施各类项目 96597 个，“干什么、怎么干、干到什么程度”交由群众决定，形成了“有钱办事”和“民主议事”的常态化推进机制。

四 发挥德治在基层治理中的教化作用

第一，汲取中华传统文化中的道德精华。中国传统文化非常注重道德的教化功能，道德理念是传统文化的核心。《礼记·大学》强调道德修养是安身立命的根本，是“修身、齐家、治国、平天下”的基础。孔子的“为政以德”的德政观点，孟子的“以德服人者，中心悦而诚服也”的仁政观点；管仲的“国有四维，礼义廉耻，四维不张，国乃灭亡”的社会道德标准，都是中国传统文化的主流思想。中国共产党诞生于伦理道德的国度，一向重视党员干部的道德建设和道德修养，将传统道德和时代道德有机结合，确立了崇高的道德理想和信念宗旨，产生了强大的凝聚力、感召力、影响力。

第二，汲取地方优秀历史文化。成都是一座具有深厚传统文化底蕴的古老城市，1800 年前，蜀汉丞相诸葛亮治理蜀国取得的成效彪炳史册，有许多值得我们汲取的宝贵经验。

第三，注重法治和德治有机结合。把法治教育纳入精神文明创建内容，弘扬中华民族优秀传统文化，增强法治的道德底蕴，培育社会公德、职业道德、家庭美德、个人品德，弘扬公序良俗。引导全民自觉履行法定义务、社会责任、家庭责任。

第四，创新德治教育方式。成都以“道德讲堂”活动为载体，开展道德教育和道德评议。结合“百姓故事会”活动，在全市机关、学校、企业、社区、村镇、窗口行业、新市民学校和市级以上文明单位广泛设立“道德讲堂”，建成七大类基层讲堂近 3500 个，实现村、社区全覆盖，取得了良好效果。

五 成都基层治理取得的实效

第一，推动了经济发展。2015 年 9 月，美国经济智库米尔肯研究所（Milken Institute）“中国最佳表现城市”报告显示，成都经济表现指标超越北京、上海和深圳等一线、二线城市，位居全国大型城市第一。2015 年实现地区生产总值（GDP）10801.2 亿元，比上年增长 7.9%。

第二，促进了社会和谐。随着依法治市的全面落实，矛盾纠纷解决进入法治程序，信访闹访案件数量减少，司法案件数量增加，社会呈现日趋稳定态势。公安系统构筑起更加完善高效的动态化、立体化社会治安防控体系。2015 年交通事故比上年下降 10.6%，社会治安获全市公共服务满意度测评综合排名第二，满意度达到 87.08%，群众安全感显著提升。

第三，改善了民生福祉。有效的基层治理使民生改善取得了实效。2015 年成都空气质量达标天数 214 天，集中式饮用水水源地水质达标率 100%。2015 年城镇居民人均可支配收入 33476 元，比上年增长 8.0%；农村居民人均可支配收入 17690 元，比上年增长 9.6%。2015 年末全市参加城镇居民基本养老保险人数 570.8 万人，参加城镇基本医疗保险人数 620.8 万人，征地农民参加养老医疗保险人数 125.8 万人。全年 3.4 万城镇居民得到政府最低生活保障，比上年减少 1631 人；10.9 万农村居民得到政府最低生活保障，比上年减少 4556 人；保障资金投入 5.5 亿元，其中农村 3.8 亿元，比上年增加 3351 万元。

第四，加快了改革创新。我市正按照中央、省委的部署要求，编制完善《成都市推进全面创新改革试验实施方案》，明确了 8 个方面、26 项改革任务。行政审批制度改革着力推进，综合执法试点稳步开展，双创工作扎实有效，司法改革依法实施，这些改革激发了创新活力，完善了投资环境。2015 年年末，落户成都的境外世界 500 强企业 199 家，驻蓉外国领事机构 15 家。2015 年组织实施科技计划项目 3366 项，年内新上科技项目 2423 项，共申请专利 77538 件，专利授权 44852 件。

各位嘉宾，成都基层治理探索是中国特色社会主义的实践，近年来取得了较好成绩，但也存在不少问题，热忱欢迎各位提出宝贵意见和建议，真诚希望借鉴、学习各国基层治理方面的成功经验。

谢谢各位！

共享发展:中国可持续的民生保障治理新机制

中国人事科学研究院研究员　吴江

【摘　要】中国社会治理其内涵和本质是以构建和谐社会为宗旨、以保障和改善民生为重点、公平合理地配置社会资源和社会机会。保障和改善民生的重要目标就是解决好人民最关心、最直接、最现实的利益问题，在学有所教、劳有所得、病有所医、老有所养、住有所居上持续取得新进展，努力让人民过上更好生活。如何建立一个符合中国国情和可持续的民生保障治理模式，中国政府提出了共享发展的民生保障治理模式。共享发展作为当前中国社会治理形态的战略性指引，是实现社会主义公平正义的根本。这一模式回答了新常态下民生保障面临的主要矛盾和现实问题，实现了对传统社会治理理论的发展和突破，是提高人民物质文化生活水平的科学指南。

一　共享发展是民生保障的核心价值

共享发展的本质是解决社会公平正义问题。其理念的内涵有五个方面：一、共享是全民共享。这是就共享的覆盖面而言的。共享发展是人人享有、各得其所，不是少数人共享、一部分人共享；二、共享是全面共享。这是就共享的内容而言的。共享发展就要共享国家经济、政治、文化、社会、生态各方面建设成果，全面保障人民在各方面的合法权益；

三、共享是共建共享。这是就共享的实现途径而言的。共建才能共享，共建的过程也是共享的过程。要充分发扬民主，广泛汇聚民智，最大程度激发民力，形成人人参与、人人尽力、人人都有成就感的生动局面；四、共享是渐进共享。这是就共享发展的推进进程而言的。共享发展必将有一个从低级到高级、从不均衡到均衡的过程，即使达到很高的水平也会有差别。要立足国情、立足经济社会发展水平来思考设计共享政策；五、共享是公平共享。共享的核心是实现社会的公平正义，建立以权利公平、机会公平、规则公平为主要内容的社会公平保障体系，创造更加公平正义的社会环境，不断消除各种有违公平正义的现象。

落实共享发展理念，归结起来就是两个层面的事。一是充分调动人民群众的积极性、主动性、创造性，举全民之力推进中国特色社会主义事业，不断把“蛋糕”做大。二是把不断做大的“蛋糕”分好，让社会主义制度的优越性得到更充分体现，让人民群众有更多获得感。要扩大中等收入阶层，逐步形成橄榄型分配格局。特别要加大对困难群众的帮扶力度，坚决打赢农村贫困人口脱贫攻坚战。落实共享发展是一门大学问，要做好从顶层设计到“最后一公里”落地的工作，在实践中不断取得新成效。

改革开放以来，我国社会建设、民生事业取得巨大成就，总体上较好地解决了温饱问题，但从全面建成小康社会的目标要求看，民生事业的基本问题和矛盾依然突出。主要表现在：一是改革初期的收入不均问题持续累积，贫富差距依然存在并有所扩大；二是随着经济社会发展和人民群众物质生活的改善，城乡人民对生活质量、个人权利、人生价值、生命尊严等方面的新需求也在持续增长；三是经济发展新常态的背景与人民群众日益增长的需求之间的矛盾更加突出。我国经济面临整体增速下行压力、经济结构的淘汰调整、经济增长动力由投资向消费的转换、资源环境约束趋紧等情况，社会民众需求与对现实经济发展期待出现落差，民生改善和保障的难度增加。正是在上述现实问题的大背景下，中国政府提出了共享发展的创新理念，这是对社会主义共同富裕思想在民生领域的创新发展和继承升华，丰富了人民共享的内容和范畴，明晰了民生建设的道路图景，夯实了社会公平的保障体系。解决了“改革发展为了谁、依靠谁、成果由谁来享有”这个重大理论问题，表明了全面建成小康不是一部分人的小康，而是全体人民共同迈入小康。

共享发展理念，在指导民生事业发展方向、促进政策的公平正义价值实现方面具有重要现实意义，能够有效促进收入分配更合理、更有序。收入分配是民生之源，是改善民生、实现发展成果由人民共享最重要、最直接的方式。要深化收入分配制度改革，努力实现劳动报酬增长和劳动生产率提高同步，完善市场评价要素贡献并按贡献分配机制，健全以税收、社会保障、转移支付为主要手段的再分配调节机制。公民享有基本公共服务的均等化，是改革发展成果由人民共享的重要形式。民生共享发展，需要在供给面上进一步扩宽基本公共服务均等化的内容，在基本民生性服务、公益基础性服务、公共安全性服务等领域，为社会成员提供基本的、与经济社会发展水平相适应的服务，保障机会均等、结果大体均等、人人享有基本生存权和发展权。

二 实现经济与民生的良性循环是民生保障的重要前提

一直以来，我国的社会民生保障水平不高，主要面临两方面的困境。一是主观方面，政府对民生建设重视不足，各地方把社会发展简单化为增加国内生产总值，一味在增长率上进行攀比，以国内生产总值增长率论英雄。二是客观方面，社会治理的主体角色单一、作用有限，政府给予财政扶持的能力和功效十分有限，福利支出压力将逐渐加重；而市场经济在平衡民生供给和需求方面的功能被扭曲，经济增长在促进民生建设中的作用发挥受到抑制。

中国政府提出抓民生也是抓发展，民生是做好经济社会发展工作的“指南针”。需求决定供给，转型时期，民生消费需求的激发和创新，才是破解经济发展面临结构不合理、产能过剩、需求不足、有效供给不足难题的药方。兼顾民生和经济的发展，才能实现健康、持续的增长。有关民生的公共服务供给具有正外部性，有利于经济环境的改善和经济发展。当老百姓不再为基本的生活保障担忧的时候，才能更积极地投入到生产、创业和创新当中。而经济发展才是提升政府财力、提高公共服务供给水平、改善人民生活质量的根基。

实现良性循环，必然要求民生和经济发展要实现同步增长。经济发展要平衡民生消费和生产投入的关系，努力推动居民收入增长和经济增长同步、劳动报酬提高和劳动生产率提高同步。同时，民生建设过程中要实现居民收入在国民收入分配中的比重和劳动报酬在初次分配中的比重同步提高，处理好政府、企业、居民三者分配关系。

经济与民生的良性循环理念，准确把握住了新常态下民生治理的主体和动力，突破了社会福利体系建设中公平与效率的困境，也有效兼顾了公民权从生存型向发展型的转变。

经济发展与民生保障具有互生共赢效应，发展社会事业、做好保障和改善民生工作，是扩大需求、拉动增长的重要动力。通过强化民生领域建设，深化教育、医疗和社会保障体系改革，健全市场经济中根据劳动、管理、技术、资本等要素贡献分配的激励机制，增加中等收入者数量，发挥中等收入群体在消费市场中的支撑作用，也将有利于实现健康、持续、稳定的经济增长局面。同时，就业是民生之本，就业问题的解决根本上依赖于经济的增长，经济新常态下的民生建设，需要经济增长为就业这一民生首要短板提供有力支撑。中国共产党的十八届五中全会提出“实现国内生产总值和城乡居民人均收入的翻番目标”，这表明未来五年城乡居民人均收入的增长要快于政府收入的增长，快于企业收入的增长。分配更多向居民倾斜，体现了坚持居民收入增长和经济增长同步的民生经济观。

三　社会政策要托底是民生保障的长久根基

新形势下经济新常态和经济结构调整，又给民生建设带来了新的挑战。我国仍面临民生治理如何重新定位、如何创新发展，以及选择何种社会政策模式的现实问题。

中国政府提出“社会政策要托底，就是要守住民生底线”。宏观政策要稳，微观政策要活，社会政策要托底，要用社会政策托底经济政策，为宏观、微观经济政策执行创造条件。要从实际出发，集中力量做好普惠性、基础性、兜底性民生建设，不断提高公共服务共建能力和共享水平，满足老百姓多样化的民生需求，织密扎牢托底的民生“保障网”，确保人民群众安居乐业、社会秩序安定有序。

保障低收入群众的基本生活，是保障和改善民生的首要任务，是促进社会和谐的重要基础，集中体现了习近平同志关于“底线思维”的重要思想和关于社会政策要托底的基本要求。我们必须牢牢守住保障困难群众基本生活和基本权益这一底线，帮助困难群众解决实际问题。

健全困难群众基本保障体系。进一步完善政策、健全工作机制，扎实做好困难群众和困难家庭高校毕业生的就业援助工作。对有特殊困难的离校未就业高校毕业生实行全程就业服务，免费提供职业技能培训、就业岗位培训、职业介绍、职业指导等公共就业创业服务。重点针对零就业家庭、残疾人、低保对象和破产企业失业职工等，通过政府投资开发公益性岗位和开展就业援助行动，帮助他们尽快实现就业。

确保各项基本社会保障待遇及时足额兑现。构建完备的服务网络，提高服务水平，确保基本养老金、失业保险金按时足额发放，确保医疗保险、工伤保险、生育保险待遇依规及时支付。解决好转制企业职工安置和结构调整中产生的部分群众生活困难问题，切实保障失业人员的基本生活。不断提高社会保险基金运行质量和监管水平，确保基金完整安全。

健全城乡社会救助体系。加强城乡最低生活保障、农村特困户救助、灾民救助工作，加强医疗、教育、住房、司法等专项救助工作，保障城乡困难群众基本生活。

加快推进和完善大病保险制度。坚持低水平起步，合理确定筹资水平、待遇支付、合规范围等政策，建立和完善重特大疾病保障机制，努力减轻老百姓大病就医的负担，基本消除在基本保障范围内因经济原因看不起病的现象。

稳妥慎重做好最低工资标准调整工作。以保障劳动者及其家庭成员基本生活为底线，兼顾企业的人工成本承受能力，把握好调整幅度和节奏，研究探索科学合理的最低工资标准确定和调整机制。

切实解决好因拖欠工资等事件引发的劳动者权益保障问题。加大劳动保障领域突出违法问题的整治，深入开展工资支付情况专项检查，实行劳动保障监察执法与刑事司法联动，健全治理机制，切实维护劳动者的合法权益。

四 补齐短板，是民生保障的重中之重

当前，我国经济社会发展步入了新的阶段，已经进入由中等收入国家向高收入国家迈进的阶段。在新的起点上，社会的主要矛盾、发展战略都发生了变化。实现社会协调发展，就要找出短板，在补齐短板上多用力。要通过补齐短板挖掘发展潜力、增强发展后劲。习近平主席指出，当前要“一手抓结构性改革，一手抓补齐民生短板”，明确提出民生建设是短板，必须要补齐这个短板。

补齐民生短板，蕴含了解决民生差距扩大问题的精准理念和方法。市场规律必然产生发展的差异问题、资源分配的不公平问题，由此导致的贫困人口、特殊群体等短板，必须也只有靠政府来弥补。但如何防止“短—补短—短”的反复和周期性循环，是实现均衡发展、促进社会公平的难题。在补齐民生短板问题上，中国政府强调综合、精准的施政理念。打赢脱贫攻坚战，必须实施精准扶贫、精准脱贫，要针对贫困人口的特点，通过产业扶持、转移就业、易地搬迁、社保政策兜底等多种举措扶贫脱贫，这其中蕴含了丰富的“精准补短”“综合补短”思想，是政府在“补短”问题上的思想创新和理论创新。

补齐民生短板重在补齐贫困的短板、补齐农村和弱势群体的短板、补齐城乡基本公共服务的短板。据有关方面统计，按照人均年收入2300元的国家扶贫标准，目前，我国农村扶贫对象还有7000多万人，城镇低保等各类困难群众也有2000多万人。如果参考国际标准，贫困人口的数量还要更多一些。没有贫困地区的小康，没有贫困人口的脱贫，就没有全面建成小康社会。新时期脱贫攻坚的目标集中到一点，就是到2020年在现行标准下确保农村贫困人口实现脱贫，确保贫困县全部脱贫摘帽。脱贫攻坚已经到了啃硬骨头、攻坚拔寨的冲刺阶段，必须以更大的决心、更明确的思路、更精准的举措，加大力度、加快速度、加紧进度，众志成城实现脱贫攻坚目标，决不能落下一个贫困地区、一个贫困群众。

脱贫攻坚贵在精准，重在精准，成败之举在于精准。要解决好“扶持谁”的问题，确保把真正的贫困人口弄清楚，把贫困程度、致贫原因等搞清楚，找对“穷根”，明确靶向，做到扶真贫、真扶贫，做到因户施

策、因人施策。要解决好“谁来扶”的问题，进一步完善中央统筹、地方政府抓落实的扶贫开发工作机制，健全东西部协作和党政机关、部队、人民团体、国有企业定点扶贫机制，做到分工明确、责任清晰、任务到人、考核到位。要解决好“怎么扶”的问题，按照贫困地区和贫困人口的具体情况，实施“五个一批”工程，即发展生产脱贫一批、易地搬迁脱贫一批、生态补偿脱贫一批、发展教育脱贫一批、社会保障兜底一批。要解决好“如何退”的问题，加快建立反映客观实际的贫困县、贫困户退出机制，努力做到精准脱贫。把革命老区、民族地区、边疆地区、集中连片贫困地区作为脱贫攻坚重点，支持贫困地区加快发展。

补齐民生短板还要建立和完善基本民生和基本公共服务的公平保障体系，增加低收入劳动者收入，扩大中等收入者比重，努力缩小城乡、区域、行业收入分配差距，逐步形成橄榄型分配格局。补齐民生短板，将民生领域的各个短板和薄弱环节看作一个相互联系的整体，是促进民生建设有序发展的治理理念和施政策略。

五 有效引导社会预期，是民生保障的科学决策方法

社会预期是一定经济社会环境下，社会行为主体基于自身利益考虑，根据已有或当前的信息、经验，对未来的形势变化所做的主观判断和估计，进而形成行为选择的决策。当前，随着广大群众对生活的期待不断提升，需求产生多样化、多层次特征，个体基于旧有观念、过高的发展前景预期、过低的风险承受能力而产生偏误性预期，并通过社会传导机制，影响整个社会经济系统的运行。为此，中国政府提出“更加注重引导社会预期”的政策思想。改善民生只能根据经济发展和财力状况逐步提高人民生活水平，做那些现实条件下可以做到的事情。决不能开空头支票，也要防止把胃口吊得过高，否则结果只会适得其反，就有可能落入“中等收入陷阱”。

合理的社会预期要求民生保障与社会风险承受能力相匹配。要在适当满足未来一个阶段内民生需求的同时，兼顾社会风险承受能力，使社会预期维持在合理范围内。合理社会预期的形成需要正确的舆论引导。民众的

长期预期和认识，往往具有较大的非理性和不确定性。社会中的不良信息和非理性预期，在社会传导机制和叠加效应下，会影响整体宏观经济的运行，导致社会不稳定。引导舆论形成合理社会预期，是改善民生、形成良好经济氛围的有效保障。合理预期要求新常态下民生建设应按步骤、分阶段、渐进性地推进。观念上应当明确民生建设不是毕其功于一役，保障和改善民生是一项长期工作，没有终点站，只有连续不断的新起点，因此需要我们在原有生活需求和社会保障的基础上，坚持求增量和累积式的推进理念。

在经济新常态以及人口老龄化、新型城镇化加快推进的背景下，我国的社会保障水平的确定，需要合理把握改革力度和进度，根据经济社会发展基本情况以及个人、企业和财政等方面的承受能力，以满足人民群众基本需求为目标，合理确定社会保障项目和水平。同时，政策措施的出台与实施需要加强政策解读宣传，正确有效引导社会舆论，把政策讲透彻，增进社会共识，为推动改革发展营造良好社会环境。

六 全民共建共享体制是民生保障的制度变革

民生问题的复杂性、民生需求的多样性和社会价值的多维共享性，导致民生治理领域内的问题日益呈现出复杂、多样且动态的特征。面对复杂、多样、动态的现代化社会，无论是政府、市场还是社会领域都无法单方面解决复杂的民生问题和满足多样化的社会需求。复杂性隐含对参与主体多元化的需求，回应复杂的民生问题需要由包括政府在内的公共机构、企业、市场组织、社会组织、民间团体、社区乃至公众个人等共同参与。然而，相比治理的复杂对象和层出不穷的问题，可供使用的治理资源，无论是人、财、物还是信息都是有限的。在社会治理实践中，信息不对称问题一直是令人困扰的治理难题。我国食品安全行业多、小、散、乱、差的状况之所以增加了监管的困难，根本原因在于食品安全信息不对称，从而造成政策实施中的空白。研究表明，通过引入其他政府机构、消费者及其他团体参与食品安全治理过程，有助于减小信息方面的劣势。可见，现代社会治理的复杂性是构建全民共建共享体制的基本原因。无论是“共建”还是“共享”，最重要的意义在于过程的参与，即通过参与实现过程共建，通过参与实现过程共享。从一定意义上说，全民共建共享，本质上是全民在社会治理的全过程、全流程参与。也就是说，不同领域内的主体和力量，基于各自的领域、角色和诉求，为追求社会的公共利益，共同参与到社会治理过程中，承担不同的权责分工并发挥独特的功能，这构成了共建共享的主旨意义。

然而，在全民共建共享治理格局中，尽管政府、社会和市场中的所有主体和各种力量是一种“合作共治”关系，但是地位、权责与作用并不相等。由此引出了构建全民共建共享格局特别需要关注的平衡问题。一方面，政府是社会治理的天然主角，享有天然的公共强制力，具有无可比拟的优势；另一方面，社会治理问题的复杂、多样且动态的特性又需要相对弱势的社会、市场和公众的参与，并发挥积极的功用。维持这种非对等的合作关系与互动局面需要高超的平衡术。可以想见，它只能是一种动态的、波动式的、长期均衡的平衡。在这个过程中，最重要的是认识到，达成平衡的关键在于构建激励机制。激励健全与否直接关系到全民参与的积极性以及共建共享机制的有效性和持久性。因此，健全激励机制是构建全民共建共享格局的关键因素。

一是建立重大公共事务全民参与的全链条机制。建立健全依法决策机制，把公众参与、专家论证、风险评估、合法性审查、集体讨论决定确定为重大行政决策法定程序，确保决策制度科学、程序正当、过程公开、责任明确。二是建立重大民生治理难题全民参与的全覆盖机制。在人民群众关注度高、涉及切身利益的重大社会问题的治理中，须从出台（事前）、执行和监督（事中）、评估（事后）的全链条，发动社会和群众连续性和系统性的有效参与，改变以往解决社会治理难题由政府部门单向管理，大包大揽反而出力不讨好、效果不明显的局面。三是健全全民组织化参与民生治理的渠道、平台和网络体系。积极开展全民参与民生治理的平台建设，拓展全民参与渠道，加强组织化引导，构建全民参与社会治理的网格化体系。四是健全全民参与民生治理动力的利益引导机制。以利益导向为主，形成全民参与的驱动机制。五是建立全民参与民生治理的立体化宣传动员机制。广泛运用报纸、电台、电视等传统媒体和微博、微信、网站等新网络媒体的宣传平台，深入普及全民参与的理念。六是建立全民参与民生治理的统筹协同机制。全民共建共享的民生治理格局是一项系统工程，政府各部门的积极统筹、协同配合至关重要。激发各相关部门的协同配合，最重要的是建立全民共建共享格局的考评制度。根据参与事务的不同目标，制定全民参与共建共享的考核评价办法，形成可操作性的考核指标，发挥指挥棒和风向标的功能。

三

学术论文

IIAS 分议题一：可持续治理的战略愿景与优先事项

可持续治理与减少不平等：中国“三支一扶”计划的效果与经验

中国人事科学研究院法制与绩效研究室原副主任
张　敏

在千年发展目标基本实现的基础上，2015 年 9 月 25 日，联合国发展峰会通过《变革我们的世界——2030 年可持续发展议程》，规划了未来 15 年各国发展的指导原则、17 个可持续发展目标和 169 个具体目标，其核心是推进经济、社会和环境的可持续发展，确保经济效率与社会公平、经济增长与环境保护、经济福利与人文关怀之间的平衡。联合国千年发展目标进程主要关注削减贫困问题，而可持续发展目标强调消除贫困概念的同时，更突出了可持续发展的理念，强调要平衡推进经济、社会和环境三大领域的发展，强调发展是一个由经济、社会和环境三个层面协同增效的过程。因此，该议程抛弃了传统的片面追求经济增长的模式，转向实现包容性发展和绿色发展新理念。在可持续发展目标的指引下，世界各国从各自的改革实践出发推动可持续治理能力建设，与时俱进，实现可持续发展。

作为世界上最大的发展中国家，中国改革开放三十多年来，坚持发展为第一要务，率先实现联合国千年发展目标，实现了经济增长与社会事业协调发展。在减少不平等、实现包容性发展方面，中国政府不仅进行了总体规划，也采取了行之有效的措施和计划，大学生服务基层的“三支一扶”计划就是其中之一。本文关注“三支一扶”计划实施十年来的发展情况，特别是第二轮计划对于减少贫困和不平等、推动教育卫生等公共服务普惠性与均等性的实现以及增进基层民众发展资产产生的影响，分析这一实践模式对于建设可持续发展的公共服务系统的价值，讨论其经验在发展中国家传播与复制的可能性。

一 理论框架与研究设计

（一）理论框架

1. 新公共治理与公共价值回归

在过去的三十多年间，新公共管理在公共组织改革框架中成为了主导性概念（Pollitt and Bouckaert，2004）。在政府赤字越发受政治及媒体关注的全球背景下，新公共管理一直传播与追求公共组织的绩效，尤其是与效率相关的价值。但是，公共组织只考虑经济和财政维度而丧失行动目的，在公共服务质量（Diefenbach，2009）和公共部门工作条件（Abord de Chatillon and Desmarais，2012）方面也产生了消极后果。学者们对这一运动及其推崇的管理实践提出了诸多批评，批评的核心是其使用纯管理的方法去解决根本的政治问题（Bao et al.，2013）。在当今公共服务提供日益碎片化以及日益在组织间运作的情况下，单纯强调公共管理过程（传统公共行政所强调的）或组织内的管理（新公共管理所强调的）已经变得不可能，这二者被整合到强调组织之间关系治理或跨部门治理，以及强调公共服务提供系统效能的新公共治理范式中（Osborne，2013）。

随之而来的是公共部门价值成为新公共治理的核心（Osborne，2006），公共部门价值的重要性日益提升。公共价值是对造福大众的公共行动所创建“价值”的评价（Nabatchi，2012），是公共政策的中心目标。坚持此观点的学者们认为公共利益（Chevallier，2008）、官僚精神（Du Gay，2000）或者公共服务动机（Perry and Wise，1990）概念复兴，是公共目标和价值的回归（Chanut，2015）；他们主张公共行动的使命在于提升公共利益，而不仅仅以效率和问责性为目标。

2. 可持续治理与政府责任

进入21世纪，全球化、城镇化以及高新技术的发展使得治理过程变得极为复杂，对资源的可持续性以及社会治理中公共部门的能力带来压力。新问题、新挑战呼唤新的解决措施。各国通过聚焦可持续治理能力建设的愿景、战略以及方法来直面当下多元、异质、利益分化、冲突加剧的社会挑战，联结市场与政府、公共部门与私营部门、民族国家与国际社会采取联合行动，逐渐走向多元共治与合作治理。

从一元到多元、从集权到分权、从封闭到开放、从静态到动态、从管制到服务的多层次政治互动中，如何实现多元主体有序的协同治理，如何完善制度以及组织体系以确保治理效率、效能、公正和可持续性，是多元治理的核心问题（Robinson，2015）。以政府为主体和为主导的治理，仍然是实现可持续发展目标关键所在。政府作为实现发展目标的保障者，既要坚持走增量改革的可持续发展道路，形成能够协调社会冲突、容纳持续社会变迁的新的治理结构；作为公共资源的提供者、公共责任的实践者，更要确保责任履行始终在位。

（二）研究设计

在研究方法上，本文采取文献调查、实地观察、深度访谈等方法，把实证研究与理论探讨、历史追踪与现实思考、案例研究与深入访谈等贯穿整个研究过程，并使之融为一体。

文献研究中，一方面查阅学术界近年来关于可持续发展、治理方面的研究文献，包括著作、论文、研讨会发言等，作为调查和研究的理论准备；另一方面收集了“三支一扶”计划的文件、公告等材料，用以对计划发展情况做出分析。采用实地观察的方式进行研究，对地方“三支一扶”计划的实施进行多次参与式的观察，获取一手研究材料。在文献和实地观察的基础上，与各级计划管理者和参与项目的大学生进行了多层次访谈，并有针对性地进行深度访谈。

二　“三支一扶”计划运行分析

（一）政策缘起

随着中国经济体制改革的深化和经济结构的战略性调整，一方面高校毕业生就业面临一些困难和问题，另一方面广大基层特别是西部地区、艰苦边远地区和艰苦行业，以及广大农村还存在人才匮乏的状况。

为此，2005 年 6 月，中共中央办公厅、国务院办公厅出台《关于引导和鼓励高校毕业生面向基层就业的意见》（以下简称《意见》）（中办发〔2005〕18 号），《意见》第九条提出“实施高校毕业生到农村服务计划”，要求“从2005 年起连续5 年，每年招募2 万名左右高校毕业生，主要安排到乡镇开展支教、支农、支医和扶贫工作，时间一般为 2—3 年，工作期间给予一定生活补贴”。

2006 年 2 月，为贯彻落实《意见》，中央组织部、人事部、教育部、财政部、农业部、卫生部、国务院扶贫办、共青团中央决定，联合组织开展高校毕业生到农村基层从事支教、支农、支医和扶贫工作，简称“三支一扶”计划，为期五年。

第一轮计划实施结束后，结合贯彻落实《国家人才发展中长期规划（2010—2020）》，2011 年 4 月，八部门再次决定，联合组织实施新一轮为期五年的“三支一扶”计划。

（二）机制设定

1. “三支一扶”计划的性质

“三支一扶”计划是在充分发挥市场配置高校毕业生人才资源的基础上，有组织、有计划地引导和鼓励高校毕业生面向基层就业工作的政策安排，是政府对人才资源的宏观调控。“三支一扶”计划安排到农村中小学、医疗卫生机构和农技推广服务机构工作的高校毕业生，其生活补贴由财政安排专项经费予以支付，建立的是与社会主义市场经济体制相适应的高校毕业生面向基层就业的长效机制。

2. “三支一扶”计划的目标

通过对相关文件的分析可以发现，“三支一扶”计划设计之初就明确了积极引导和鼓励高校毕业生面向基层就业的三大目标：一是拓展高校毕业生的就业渠道，引导大学生树立正确的世界观、人生观和价值观，自觉地把个人理想同国家与社会的需要紧密结合起来，促进高校毕业生就业和青年人才健康成长；二是改善广大农村教育、医疗卫生、现代农业技术推广等方面的人才短缺的状况，改善基层人才队伍的结构，培养心向基层、服务基层、扎根基层的青年人才队伍；三是促进城乡和区域经济的协调发展，推动构建社会主义和谐社会和巩固党的执政地位。

3. “三支一扶”计划的运行机制

一是以人岗相适为目标建立招录机制。各地“三支一扶”计划开展中，在申报岗位计划前，对用人单位进行摸底调查，根据基层公共服务机构的实际用人需求，加强岗位预测和征集。截至目前，大多数地方已经建立了基于机构两年空编预测和年初制订招募计划的岗位征集模式，并在此基础上形成了具体的岗位确定机制。同时，各地“三支一扶”办公室联合相关部门制定招募实施方案，专门开发了“三支一扶”网上报名管理系统，实现统一公告、统一网上报名、统一缴费和资格初审的一站式服务，提高招募行为规范性。部分地区紧密结合基层公共服务机构实际岗位需求、志愿者的所学专业和具体服务意向，实行岗位互选制；有的地区确立了同等条件下涉医、涉农专业人员优先的原则。

二是形成公共服务能力培养机制。各地“三支一扶”计划实施中，按照“谁用人、谁受益、谁负责”原则，发挥基层公共服务机构人才培养的主体责任和关键作用。学校、乡镇卫生院、农业服务站等用人机构积极组织开展上岗培训、定期培训、专项培训并认真落实“导师制”和“一对一”结对帮扶制度。大多数地方的公共服务机构因地、因事制宜，大胆使用“三支一扶”大学生，着力提高服务基层的水平和能力，强化在公共服务岗位上成长成才。

三是服务考核评价机制。“三支一扶”大学生人员分散在各类基层公共服务机构，管理难度较大，加强日常管理与考核是关键。各地结合实际建立了月报制度、面谈制度，对“三支一扶”大学生的请销假、离岗、辞退等事项进行规范。公共服务机构越来越重视将“三支一扶”大学生平时考核、季度考核、年终考核和服务期满考核有机结合，建立绩效考核奖励机制，促进服务质量提升。

四是建设期满基层就业的职业发展机制。各地有效落实《关于统筹实施引导高校毕业生到农村基层服务项目工作的通知》（人社部发〔2009〕42 号）等政策，通过落实简化程序直接聘用到基层事业单位政策，强化了基层事业单位招考与“三支一扶”大学生招募的联动机制，吸纳人员的总量呈稳步上升态势，引导大学毕业生服务基层的职业发展模式初步建立。

三 “三支一扶”计划评价与解析

10年来，“三支一扶”计划的实施，拓展了高校毕业生的就业渠道，促进了其就业观念转变，更为重要的是为基层公共服务机构补充了新生力量，缓解了农村基层公共服务组织高素质专业技术人才匮乏的状况，在一定程度上弥合了农村基层公共服务和发展资源匮乏的鸿沟。

（一）现实效果

2006—2010年，第一轮“三支一扶”计划在全国31个省（区、市）和新疆生产建设兵团共选拔14.3万名大学生参加“支农、支教、支医、扶贫”服务；自2011年第二轮计划实施5年来，全国共选拔招募“三支一扶”大学生近14万人到乡镇基层公共服务机构开展服务工作。在当前就业总量压力持续加大、就业结构性矛盾更加突出、就业形势依然严峻的形势下，“三支一扶”计划引导和鼓励高校毕业生面向基层就业和服务，有效地落实了高校毕业生就业政策，成为全方位促进就业的重要手段。

“三支一扶”计划招募数量总体保持稳定，本科及以上学历人员占比逐年上升，分布上重点向中西部地区倾斜，缓解了基层人才匮乏的状况，优化了农村人才队伍结构。各地发挥“三支一扶”计划培养基层青年人才的平台作用，“三支一扶”大学生逐步成长为农村基层一支重要的专业技术人才队伍。

“三支一扶”计划招募大学生到基层乡镇中小学、农技推广服务机构、医疗卫生机构等单位从事两年的志愿服务，为新农村建设注入新的生机和活力。在基层社会管理和公共服务体系建设需求引领下，“三支一扶”计划拓展到农技推广、农村文化建设、社区管理、水利、劳动和社会保障等基层服务岗位，在更广阔的范围内服务地方经济发展，促进社会和谐。

（二）目标实现机理

1. 优化人才资源配置方式，提升基层公共服务可及性

治理资源的汲取能力的改善和配置方式的优化，本身就是创新公共服

务与推进可持续治理的过程。中国当前社会转型中市场机制的不成熟和政府责任的缺失，要求政府不断改进和加强宏观调控。10 年来，“三支一扶”计划实施机制逐步健全完善，在充分发挥市场配置人才资源的基础上，政府加大宏观调控力度、调整调控手段和方法，建立基层紧缺人才供应长效机制。“三支一扶”大学生招募数量总体保持稳定，本科及以上学历人员占比逐年提高，缓解了基层高素质公共服务卫生人才匮乏的状况。天津有 6 所社区卫生院，在“三支一扶”大学生到岗后，第一次有了本科学历的医护人员。随着城乡一体化和公共服务均等化的发展，各地“三支一扶”计划的岗位领域已经突破“支农、支教、支医、扶贫”的初定边界，拓展到社区建设、劳动社保、计生保健、水利服务等多个领域，人才资源配置方式优化与效率提高在公共服务更广泛的领域发挥作用。

2. 建立包容共享的发展机制，增进基层民众发展资产

中国农村基层广大民众特别是边远地区的民众，不仅享受到的公共服务匮乏，更缺乏发展性资源的供给与支持，其发展通常依赖家庭成员、亲属、朋友等提供的闭合性资源。近年来，随着政策宣传、“三支一扶”精神宣讲等活动的深入开展，在相当一部分省（区、市），“三支一扶”计划形成了良好的人才聚集效应；“三支一扶”计划服务岗位超出公共机构范畴，覆盖到基层经济和社会发展的众多领域。“三支一扶”大学生的成长发展示范作用，营造了引导大学生到基层发展的良好氛围，越来越多的“三支一扶”大学生成为新技术、新知识和新意识的倡导者和传播者，一些地区“三支一扶”大学生充分利用自身所学，在科学种植、养殖和设施农业等方面带动农村农民增收；部分服务期满的“三支一扶”大学生勇于自主创业，带领农民创业致富，成为促进农村基层经济社会发展的重要力量。“三支一扶”计划实现了基层资源投入模式上的创新，通过包容共享的发展机制，丰富了农村基层民众的发展资产。

3. 形成分层分权的治理结构，实现政府与市场良性互动的可持续治理

合作共治的社会发展机制要求建立既分权分利又分工负责的多级治理结构。从外部看，“三支一扶”计划的实施，是在充分发挥市场配置人才资源的决定性作用基础上，发挥党和政府宏观管理的职能作用，建立政府与市场有机结合与相互制约的新型人才治理体制和良性互动机制。在政府

治理内部，中央层面成立了全国“三支一扶”工作领导小组成员单位，健全了组织工作机制；地方层面以此为参照，重视优化完善“三支一扶”工作领导体制，部分地区“三支一扶”领导小组成员单位根据项目发展需要增补成员单位，这些机制形成了人才的分权治理模式，责任与权力相统一、相协调，不断推动着可持续发展。

四　“三支一扶”计划实施中的问题与发展对策

（一）面临的难点问题

尽管两轮“三支一扶”计划的实施成效显著，但面对公共服务的新形势、新任务、新要求，亟待解决的关键问题主要表现在以下方面：

1. 紧缺专业人才招募不足，无法完全满足基层公共服务机构的需要

部分地区基层紧缺专业岗位报名不足，导致无法完成招募计划；有些地区招募大学生中护理、药剂等专业占大多数，而基层医疗卫生机构急需的麻醉、临床医学等专业毕业生尚无法满足需求，直接影响人员到岗率。符合基层公共服务岗位需求的人员配置不均衡，岗位要求的专业性与到岗率之间的矛盾凸显。

2. 在岗培训尚显薄弱，存在一定的“重使用、轻培养”现象

各地普遍重视“三支一扶”大学生的岗前培训，但对在岗培训则明显重视不足，影响到了大学生在基层公共服务机构的作用发挥和成长成才。一方面在岗培训时间有限，部分人员达不到专业技术人员继续教育的法定要求。另一方面发展性培训不足，岗位的培训内容与课程体系有待完善。

3. 与基层人才队伍建设需求融合不够，动态调整和统筹管理有待提高

大部分基层公共服务机构反映“三支一扶”计划两年服务期太短，特别是支医类大学生还有一年的见习期，等顺利进入工作状态后却已经服务期满，频繁的人员流动削弱了基层公共服务人才的输送和储备。此外，高校毕业生服务基层各项目在设计上有所区别，实施中基本以单兵突进为主，没有形成合力。“三支一扶”计划岗位结构与基于其他制度下的服务岗位设置的统筹安排不够，岗位设置缺乏与基层人才配置等政策的有效互

动、互补。

（二）优化完善的思路

1. 强化“加强基层公共服务体系建设”的政策目标

将“三支一扶”计划纳入各地基层人才发展统筹规划。在项目实施过程中确保连续和稳定性，配套政策体系也需要围绕主要的政策目标进行调整。部分岗位服务期限延长为3—5年，并出台更明确具体的期满后政策，以利于基层青年人才的成长和基层公共事业的发展。

2. 适时调整人才资源配置方式和力度

满足基层公共服务需要的人才是紧缺的专业性人才，要求政府在“三支一扶”计划项目管理、工资待遇、服务保障等方面，构建有竞争力的货币补偿机制以及职业发展机制。应进一步完善“三支一扶”计划政策体系，促进基层公共服务人才的定向配置格局和长效机制的发展完善，以人才配置长效机制改善基层公共服务人才队伍年龄、知识结构，更好地促进基层事业的发展。在管理中，实现从重选拔到选拔与培养并重转变。从培训和帮扶等方面入手，注重提升培养实效；整合各项教育资源，采取多样的培训方式，落实专项培训经费，规定培训学时要求；实行分层和分类培训，将培训情况作为基层公共服务机构负责人的考核项目；完善结对帮带和帮扶机制，在完善服务机构领导与“三支一扶”大学生结对帮带的基础上，整合各方面的优势资源加强帮扶引导。

3. 在协同治理中突出比较优势

目前，中国大学生面向基层服务项目较为丰富。国家开展项目有“大学生村干部”“西部志愿者”“特岗教师”等。一些具体的公共服务领域也形成了多层次的专门计划，如医疗卫生领域实施了“社区卫生服务机构全科医生执业制度”“住院医师规范化培训”项目等。因此，完善“三支一扶”计划应在各类项目协同发展的基础上，坚持问题导向，进一步明确定位，强化部门协作和政策兼容衔接，形成比较优势。加强“三支一扶”岗位与其他基层项目、部门或系统基层政策安排的互补发展。

五　结果与讨论

新公共治理构建的“服务主导”的理论和方法，将公共政策的执行以及公共服务的提供置于中心。作为新公共治理基础的新问题之一，便是如何维持一个可持续发展的公共服务系统，以拓展公共服务系统的效力和局限。中国“三支一扶”计划的开展，在促进城乡公共服务均等化、推动包容性发展方面取得了积极的效果，这正是联合国2030可持续发展议程之十“减少不平等”的要求和目标。同时，计划运行和实施中，政府在市场配置人才资源失灵的农村基层发挥了宏观调控的职能和作用，确保了治理的效率和效能；各级政府承担了优化人力资源配置的主体责任，公共责任的履行始终在位，是多组织和多元背景下公共服务系统效能拓展的有效实践。

一些发展中国家在减少不平等、提升公共服务均等性和可及性方面也有着迫切的需求。中国“三支一扶”计划的成功经验有一定的启示和参考价值，这些经验复制和传播的关键在于，在项目启动前精准把握和研判资源的供需形势；政策设计之初确定清晰明确的政策目标，保持政策取向“上下”一致、“前后”稳定或连贯；政策实施中，形成动态响应机制，紧紧围绕政策目标，抓住重点问题的解决和关键环节的突破，顺势推动工作，持续优化政策供应模式。

思维导图在中国中高级领导干部培训中的实践探索

国家行政学院副处长、博士研究生　陈涛
中国戏曲学院讲师　王冰

【摘　要】作为先导性、战略性、基础性工程，领导干部培训在提高中高级领导干部的治国理政能力方面发挥着不可替代的作用。从2012年开始，笔者所在团队开始探索将思维导图理念、方法和应用软件引入并推广到领导干部培训中。思维导图有助于学员、教师以及培训管理者更有效地汇聚智慧、呈现智慧、分享智慧、应用智慧，增强培训效果。本文将结合实际，讲解智慧分享VTP模型，介绍思维导图在培训需求调研、培训方案设计、互动教学实施、学习笔记记录等方面的实践案例。思维导图在国家行政学院中高级领导干部培训中的实践探索，将为各国公共管理培训和研究机构提高团体研讨和集体决策的效能提供可操作、可借鉴的实施路径。

【关键词】思维导图；中高级领导干部培训；结构化研讨

一　在干部培训中开展思维导图探索的时代背景

党的十八大以来，治理成为中国政府管理的核心词汇之一。以习近平主席为核心的中国领导集体提出了创新、协调、绿色、开放、共享的新发展理念，决心全面提高领导干部的治国理政能力，推进政府治理现代化。

从总体上看，中国干部队伍素质、能力、作风与治理现代化的要求还有较大的差距[①]，面临“四大考验”[②]“四种危险”[③]。提升政府治理能力，一要提高领导干部的政治能力[④]，贯彻落实习近平主席治国理政新理念、新思想、新战略，保持政治定力，驾驭政治局面，防范政治风险。二要不断提高专业能力，尊重人民主体地位，保证人民广泛参加国家治理和社会治理[⑤]，倾听社会各界的声音，吸纳各方的智慧，提高公共决策的管理效能和经济效益。作为先导性、战略性、基础性工程，干部教育培训在转变领导干部的管理理念方面发挥着不可替代的作用。古人云“以道御术”，就是强调理念的培训不能仅靠知识讲授，而是要将无形的理念蕴含在可操作的方法和工具之中，要让学员在培训中“动起来”，在实践中“用起来”，才能促发领导干部的思考，增加切身感受，掌握支撑理念落地的方法，起到培训成果向实践延伸的效果。

中国的干部教育培训历来担负着宣传贯彻党中央国务院重要精神和重大方针政策、统一认识、强化集体执行力的核心任务，教学方式多以讲授式为主，以达到大量信息宣贯的目的。随着改革不断深入和现代信息技术迅猛发展，以问题为导向的互动教学越来越受到各方面的重视。各级领导期望以干部培训为平台，在教学培训、科学研究、决策咨询三个方面共同发力，了解改革一线的新进展、新动态，把握新问题、新挑战，为推进改革提供新思路、新举措，促进决策层和执行层的智慧有机融合并转化为政府改革实效，使百姓对改革有更深切的获得感。

二　思维导图及其在中国的发展

（一）基于脑科学的思维导图

在每个人的大脑中，约计有1万亿个脑细胞，相互连接呈现出树状放

---

① 习近平讲话“紧紧围绕坚持和发展中国特色社会主义　学习宣传贯彻党的十八大精神”，2012年11月17日。

② 执政考验、改革开放考验、市场经济考验、外部环境考验。

③ 精神懈怠危险、能力不足危险、脱离群众危险、消极腐败危险。

④ 刘云山在中央党校2017年秋季学期开学典礼上的讲话，2017年9月1日，《学习时报》刊载。

⑤ 习近平在庆祝中国共产党成立95周年大会上的讲话，2016年7月1日。

射形态。大脑皮质两边（或叫半脑）的主要智力功能有分开的倾向。两半脑各司其职，但密切配合，共同运作。大多数人的记忆都具有“图画优先”的特点，即更容易记忆由线条、颜色组成的图像所呈现的信息。

思维导图是20世纪60年代由东尼·博赞（Tony Buzan）发明的一种激发大脑潜力的高效工具。它模拟了人脑的特性，一方面发挥逻辑脑（人的左脑）的特长，通过带顺序标号的树状结构来呈现思维的过程；另一方面发掘艺术脑（人的右脑）的潜能，借助可视化手段引发灵感和创造性。由于思维导图综合使用了词汇、数字、逻辑、图形、色彩和空间感等方法进行表达，因此也被称为“脑图”。使用思维导图，一是可以成倍提高学习效率，增强理解和记忆能力；二是促进学习者把主要精力集中在关键的知识点上，以点带面，从而增强使用者的全局思维能力；三是思维导图的可伸缩性顺应了思维层次性与联想性的习惯，可以增强使用者的立体思维能力；四是可以激发右脑，帮助大脑进行全脑思维。

（二）思维导图让笔记更加条理清晰

常见的课堂笔记有顺序记录式、段落记录式和编号记录式等形式（见图1左侧）。这样的记录容易把关键知识点湮没在其他内容中，也不利于呈现发言者的思路及其内在逻辑。如果需要回顾发言人深层次的发言意图，也需要花费较长时间来回忆发言当时的场景，且效果并不理想。而思维导图式的笔记（见图1右侧）可以条分缕析地标出主要观点及其间的逻辑关系，提供了一个能够把思想组织起来并加以深入提炼的中间平台，使得笔记的记录人能从全局考虑，有机整合多位发言人的观点，形成一个逻辑更紧密的篇章结构，促进思维过程向信息整理和文稿写作平稳过渡。

（三）思维导图在中国的发展

思维导图从20世纪80年代引入中国，用以帮助“学习困难学生”，之后广泛应用在商业领域，特别是在企业培训中以提高个人和组织学习效率和创新能力。研究表明，思维导图并不适宜直接应用在学科教学中，因为课程教学强调对知识全面、深入地理解，而不仅仅是记忆的速度（刘濯源，2015）。思维导图强化图像记忆可帮助学生提高知识记忆的效能，但无法加深对知识的理解；发散性联想可打开思维禁锢，推进头脑风暴、进行创新性思考，但增加了对观点归纳整理的难度。学科教学需要强调理解记忆和结构化思考而不是记忆的速度。另外，尽管手绘的思维导图丰富多彩、富有个性，但要花费相当多的精力，让绘画功底较差、不够坚持的人往往望而却步，影响了思维导图的推广。

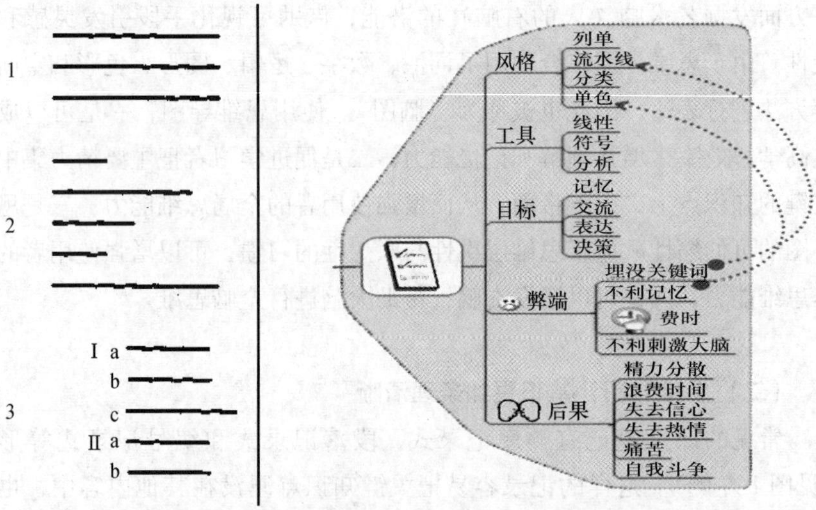

图1 传统笔记风格与思维导图式笔记比较

为了让更多人使用这一高效的思维整理方法，很多专家瞄准思维可视化这一发展方向，引入结构化思维、逻辑思维、辩证思维、批判思维等理念，把思维导图与概念图、逻辑树、问题树等诸多分析模型相结合。同时，随着软件技术的发展，思维导图得以数字化、软件化，较常见的有Xmind、Freemind、MindManger、NovaMind、Mindjet 等台式电脑、移动智能终端的多平台应用软件。

在“干部教育培训 + 互联网”的理念指引下，笔者所在团队从 2012 年开始探索把思维导图引入中高级领导干部培训项目中。思维导图软件大大降低了学习和使用思维导图的门槛，使得这一思维整理工具可以帮助教师、学员和培训管理者更高效地收集、展示、分享观点，提高教学设计和互动教学的效果，更好地实现预期培训目标。

三 中高级领导干部培训中的 VTP 智慧分享模型

智慧是对事物能迅速、灵活、正确地理解和解决的能力①。智慧产生与释放的过程与人脑的思维过程密不可分，而思维最大的敌人是复杂，思考最大的障碍是混乱。灵感（或称智慧点）的迸发是分散的、瞬时的。电话的铃声、不速之客的造访都是打断思路的罪魁祸首。很多伟大的艺术家、科学家为抓住稍纵即逝的灵感，而将其记录在纸巾上、车厢上甚至人的后背上。这从一个侧面佐证了智慧的闪现及智慧的珍贵。资料显示，人脑的思维过程大致可以分为输入、处理、输出三个步骤。

输入是思维的第一个环节。人类通过视觉、听觉、触觉、味觉、嗅觉等感觉系统来感知脑外世界。这一感知过程受到感知环境纯净程度、器官功能发挥程度等条件的限制，脑外信息只能部分地被感觉系统捕捉，再将感知到的信息转换成生物电信号通过神经系统输入大脑。

处理是思维的核心环节。信息进入脑内之后，受到人的信念、规则感、价值观等已有信息处理程式的规制，对感知到的信息进行编排、组合，结合以往经验和人脑“举一反三”的思维本能，形成自己的分析结果。

出于对外界刺激的应激性反应，人们会根据所处的场合、对象等条件，在现有官能约束下，将已经储存在大脑内经过分析的结论以语言、动作等形式输出。这种信息的输出可能存在对部分信息的消除、对已有信息的歪曲、对分析结论的概括等情况。

不难看出，脑外信息经过大脑的处理再输出的三个思维环节中，信息都将由于个体的官能、判断和分析能力等方面的差异被“个性化”地接收、处理和输出，客观地存在信息减损。这也就是有多少莎士比亚的读者就有多少个哈姆雷特的原因。

结合对乔哈里窗（Johari Window）和结构化思维的研究，我们开发了VTP 智慧分享模型，即培训中团队学习的设计和组织需要按照视觉呈现（Visualize）、教学转化（Transform）、实践应用（Practice）的步骤，更充

---

① 《新华字典》第 10 版，商务印书馆 2004 年版。

分地促进教师、学员双方的智慧分享，让智慧看得见、留得下、用得上。

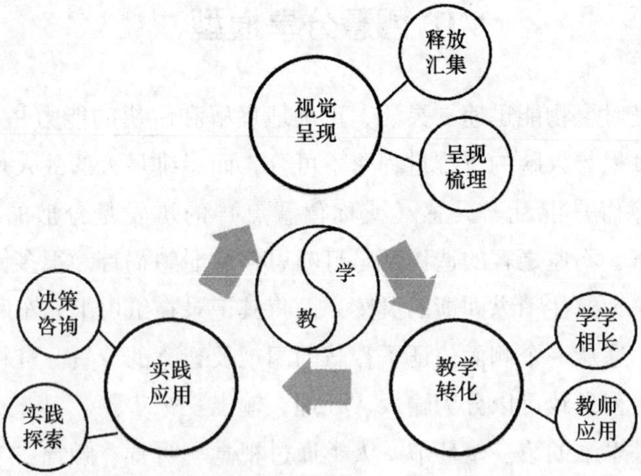

图2 培训中的智慧“三步曲”

（一）视觉呈现

根据人脑思维的三个步骤，首先要促进智慧可视化。在这个阶段，着力发挥互动式教学在培训中的作用，通过结构化研讨、论坛式教学、案例教学等教学组织形式①，调动教师、学员两个方面的积极性，就某一主题进行深入交流，在相互启发中碰撞出更多的火花，此时教师要通过思维导图对学员发表的观点同步记录、同步整理、逐层归纳。记录时可以由催化师（担任教学引导任务的教师）以思维导图的结构将发言要点记录在白板上，也可以由专门的记录人员（具有讲题相关专业知识且能熟练使用电脑的教师）通过思维导图软件进行完整记录并投影到幕布上。课程结束后，再把整理过的研讨观点，以书面形式呈现出来。

（二）教学转化

承载着教学双方重要观点的各种载体（纸质的研讨成果材料、数字的思维导图记录等），将根据需要伴随教师和学员一起进入其他教学环

① 关于结构化研讨、论坛式教学、案例教学等互动教学形式的说明及催化师的角色定位与作用发挥，请参见笔者微信公众号“公共部门领导力教练”内的文章。

节。一方面帮助学员了解其他同学的观点和看法，成为扩大学习团队共知区的有效途径；另一方面也成为教师针对学员关注的重难点问题进行备课、设计实施授课中教学互动环节的重要参考。

（三）实践应用

随着干部队伍素质的不断提高，培训已经从原来的单向传输式逐步转变为现在的讲授与互动并重的模式，更加强调教学相长与学学相长，我们要将学员们闪光的智慧留下来，促进培训成果以教学内容、科研课题、政策咨询报告等形式进入干部教育培训的全流程，再反馈给做相关工作的部门和参加相关培训的学员，供参考、研究、使用。最终根据实际需要，进入工作实践，成为法律法规、方针政策的重要参考依据。

四　思维导图在干部教育培训中的应用案例

在厘清现有信息并进行整理分析时，思维导图都可以助我们一臂之力。下面举几个笔者在不同场景下使用思维导图软件的实例。

（一）在课堂学习时使用思维导图

用思维导图做课堂笔记，可以更准确地把握课程主要框架，领会讲授者所要表达的核心思想。比如，在周文彰教授以“让学习成为习惯”为题的一次发言中，笔者用手机思维导图软件 Mindjet 将关键词现场记录，边记录、边整理、边归纳，形成了一个结构清晰的听课笔记（见图 3）。

（二）在调研会上使用思维导图

在调研座谈时，由于调研对象人数较多、所谈的观点较散，会后需要较长的时间回忆整理，经常会遗漏一些关键信息。如果使用思维导图软件（Xmind）做座谈会记录（见图 4），不仅可以准确记录关键词，还可以利用软件的展开、折叠功能快速查找与当前发言人相关联的信息，再利用软件将信息进行重新整合、梳理。在记录时，可以结合调研提纲，逐个发问、层层推进，并对已获取的信息进行全面性检视。当发现调研提纲以外、需要进一步求证的新情况、新问题时，可以随时追问进行信息补充。

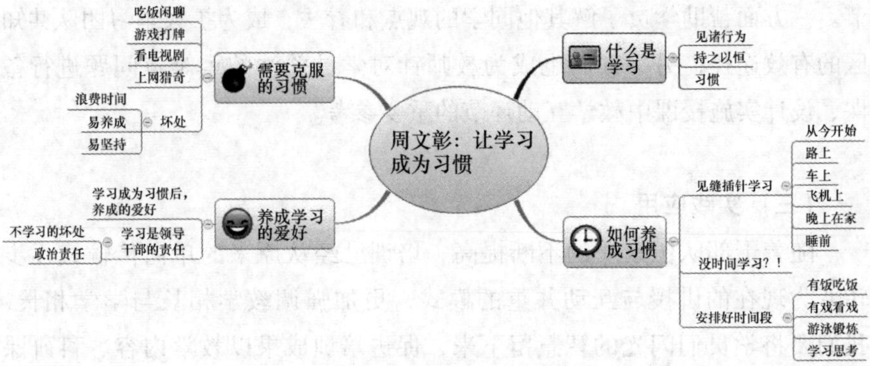

图 3　使用 Mindjet 现场做课堂听课笔记

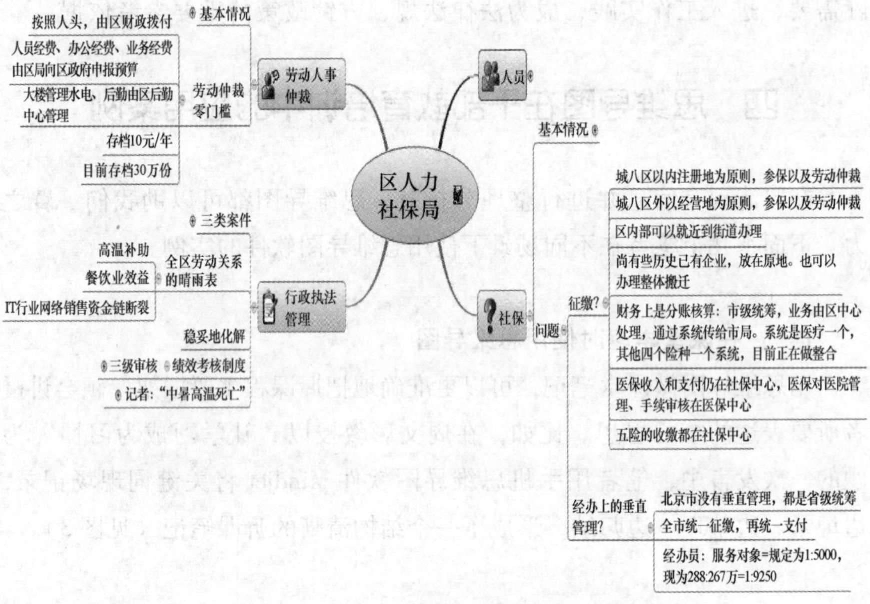

图 4　使用 Xmind 做调研座谈会记录

（三）在培训设计时使用思维导图

在培训设计中，思维导图同样可以发挥重要的作用。比如，在国家行政学院与河北省人民政府共同举办的河北省全面推进新型城镇化暨县城建设领导干部培训班上，我们使用了思维导图作为设计课程的工具。在培训需求分析时，不断明确在有限的培训学时内让学员有所收获的关键点，以问题为导向不断聚焦重点，再设计教学模块、配备相应的课程。在导学中用 PowerPoint 展示了下面这幅学习地图（见图 5），向学员们介绍本次培训的设计思路，即围绕县城建设这一中心任务，从指导思想、政策解读、实践探索、问题研究四个课程模块展开，而在政策解读方面则聚焦在规划、土地、投融资、市容整治、人口转移等几个重点方面，同时采用学员论坛、经验交流、结构化研讨等形式，汇集来自政策制定者、理论研究者、一线实践者等多个视角的观点。在讲解学习地图时，我们使用不同的颜色将课程模块及具体安排的课程进行了对应，帮助学员更清晰地了解本次培训的课程安排，做好学习准备，收到了非常好的效果。

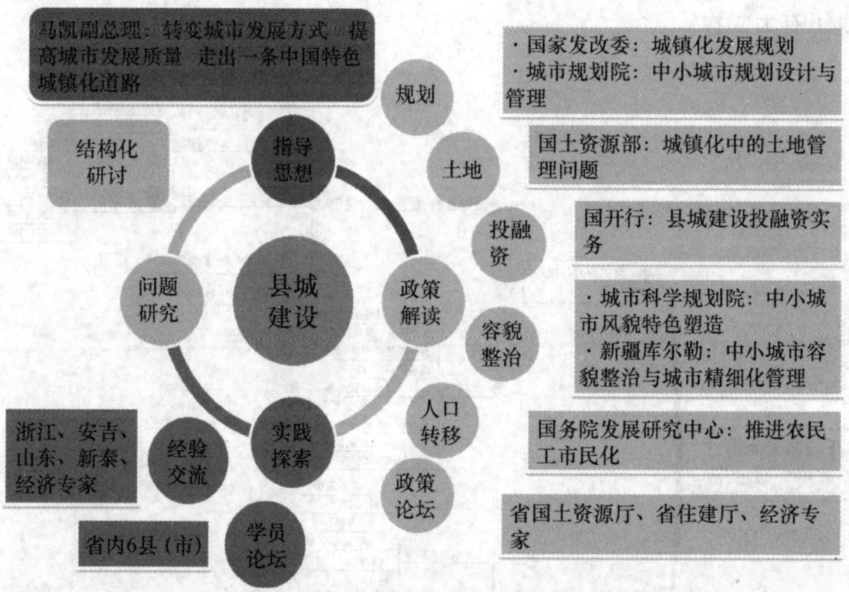

图 5 河北省全面推进新型城镇化暨县城建设领导干部培训班学习地图

（四）在案例教学中使用思维导图

近年来，案例教学越来越受到各方面的高度重视。在中高级领导干部专题研讨班围绕当前重难点问题开发的案例教学中，研讨交流都是一个重要的教学环节，一般占据整个课程近一半的时间。国家行政学院“高端装备制造业发展突破之路”案例教学课，基于对高铁和大飞机两个高端装备制造业发展的长期跟踪研究，从对比两个重大产业发展历程以及当前难点问题导入，教师和学员们共同研究、探讨我国高端装备制造业突破之路，受到学员普遍欢迎。来自政府、企业的学员，围绕主题深入探讨，从不同视角分享很多有价值的观点。我们使用思维导图软件现场记录学员的发言观点，同时将发言要点实时展示在投影上，引导学员对提出的观点进行归纳和整理，增强了课程的吸引力和感染力。在课程回顾总结时，授课教师结合长期的研究成果和思考，对照思维导图中提炼的学员观点进行回顾和点评，传递给学员一个解决问题的分析思路，大大增强了课堂效果。在课程结束时，学员纷纷表示希望复制这个汇集了教师、学员智慧的思维导图，以便于进一步学习消化。同时它也成为教研人员继续研究高端装备制造业发展政策的参考和依据，为培训成果转化为研究成果和工作实践提供了有力支撑。

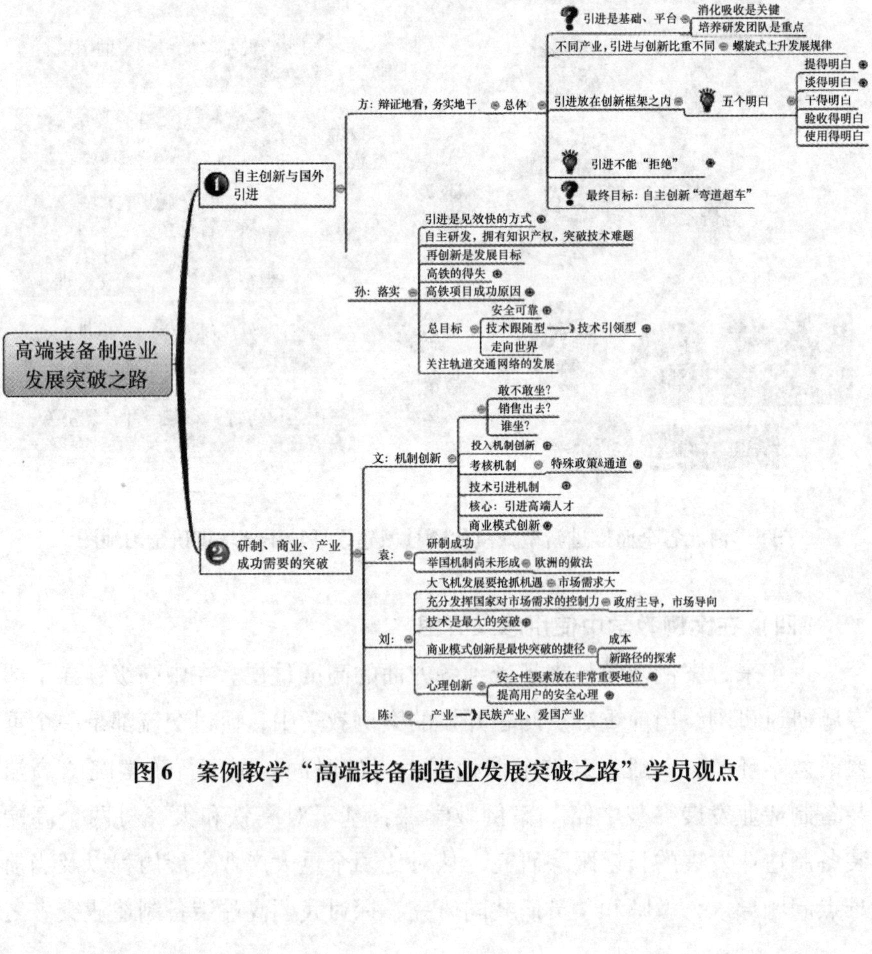

图6 案例教学“高端装备制造业发展突破之路”学员观点

五　思维导图在干部教育培训中的应用价值

（一）提高培训吸引力

如何提高课程吸引力，让领导干部专注于课程一直是干部教育培训的一大难题。在教学中使用思维导图，为破解这一难题做出了积极的探索。利用“思维导图电脑软件＋投影仪”的组合，创造一种新型的教学电子板书形式。思维导图独有的“关键节点＋结构线”的表达方式，使学员的观点得以直观展示在幕布上。学员非常关心教师是否如实、准确地记录了本人观点，以及他或她的观点是否得到了教师和其他同学的肯定，因此会在讨论中保持较高的注意力。思维导图软件内置的分层折叠及图像缩放功能，让学员即便在教室的角落也可以清楚地看到屏幕上的信息，从而摆脱了传统黑板面积限制，能够让更多的学员加入到课堂讨论中。如果教师可以熟练运用催化引导技巧，就能营造更为热烈的交流氛围。

（二）让教学成果整理又准又快

由于信息接收者理解力、发送者表达准确度、传播载体对信息强度的减损等诸多原因，人在接收声音语言信息时会导致对同一信息的不同理解。为了提高理解精确度，有时不得不依靠录音来破解声音的瞬时特性带来的回溯困难。相比而言，在教学中使用思维导图记录学员观点，把每个发言者语音信息转换为文本和图像信息，将其关键信息进行可视化，能够最大限度地减少信息损失。在记录中还能够实时与发言人进行反馈确认，从而大大提高所记录信息的准确性。软件自带的导出功能，可以将思维导图转化成带有大纲模式的 word 文档，与纸质记录相比，免去了誊抄的麻烦，节省了输入电脑中所用的时间。

（三）在研讨中共创解决方案

随着中国改革不断深入，中高级领导干部专题培训班的培训目标逐渐聚焦在交流改革中的重难点问题，推进方针政策落地生效上。培训班交流的主题，并不是有确切答案的良构问题，而是管理决策类问题，需要在科学分析、民主讨论的基础上，寻找最适宜的解决方案。授课教师（或教学团队）将理论模型与现实问题紧密结合，结构化设计教学流程，引领领导干部发挥专业能力强、阅历丰富、经验老到的优势，从多个维度促进学习团队展开深入地研讨交流，碰撞出最佳的分析思路，形成可行的解决方案。在以往教学中，学员发言往往自成体系，难以形成有机的关联。而使用思维导图方法，在同一个脑图中对不同人的观点进行实时展示、分析整理，通过使用结构线、连接线标注关键信息节点的逻辑关系。随着集体分析进程的不断深入，学员观点得以不断讨论、碰撞，这一切过程都被记录在思维导图中。软件化的脑图，可以比 word 文档更便捷地对关键节点进行快速移动，甚至根据需要采用新的结构进行快速整理。通过这一过程得出的解决方案，不再是某一个人冥思苦想的结果，而是集体共创的结晶。由于参加专题培训班的学员都是经过组织筛选、与培训主题（当前重大工作任务）相关岗位的领导干部，因此他们的研讨成果具有非常高的决策参考价值。对于授课教师而言，这也成为把课堂教学成果向科研、政策咨询成果转化的有效途径。

（四）强化领导干部平等参与意识

共同创造的过程是以学员广泛参与和平等分享为基础的。传统研讨中，对发言重要性判断的依据常与发言人职位高低正相关。职位高、经验足、权力大的官员往往在讨论中占主导地位，而职级较低的学员则少有机会陈述自身观点。每个人的发言以“问题—原因—对策”结构自成体系。而使用思维导图呈现观点，主要根据分析问题的思路逻辑而不是发言人地位来区分主次关系。每个学员的意见都被有机整合在一个脑图中，成为树状结构上的枝与叶。随着研讨的深入，参加研讨的教师和学员共同对这些枝叶进行调整归并，把不同层次和不同部门的信息结合起来考虑，不断优化脑图中呈现的分析框架，不断补充实践中需要注意的各方面问题，使得最终的决策（研讨成果）更加科学、全面和可操作。在这一信息不断整合的过程中，平等和开放意识被不断强化。

（五）使用思维导图对教师的能力要求

在中高级领导干部培训中运用思维导图进行课堂板书，对教师的专业能力提出了三个方面的要求：一是要求教师思维敏捷，能够熟练使用电脑，打字速度快，从而能够快速记录学员的观点并实时分析和整理；二是要求教师知识渊博，能够长期跟踪时政热点和前沿理论，具有跨学科研究的能力，从而能够准确提炼学员发言，把握学员发言时所要表达的真正意图；三是要求教师具有较强的亲和力，能够使用催化引导技术启发学员思考，从而促进学员共享智慧、共创方案。教师在使用思维导图记录时，必须保持高度的注意力，才能达到快速、准确、共享的目的。在中高级领导干部培训班的教学实践中，一般要由一个主讲教师和一个记录员组成教学团队。主讲教师负责课程把控，包括讲解背景情况、专业知识和理论框架，提问和与学员互动。记录员负责记录和整理学员和主讲教师在互动时的主要观点，并与主讲教师配合及时调整屏幕展示的内容以引导研讨。

在笔者团队的大力推广下，已经有越来越多的领导干部了解、使用思维导图方法这一整理思维、汇聚智慧、分析问题的高效工具。思维导图在国家行政学院中高级领导干部培训中的实践探索，将为各国公共管理培训和研究机构提高团体研讨和集体决策的效能提供可操作、可借鉴的实施路径。

参考文献

周文彰编：《公务员培训研究》，国家行政学院出版社 2014 年版。

周文彰编：《公务员培训教学研究》，国家行政学院出版社 2016 年版。

[美] 奥尼尔、[美] 马席克：《破解行动学习：行动学习的四大实施路径》，唐长军、郝君帅、曹慧青译，江苏人民出版社 2013 年版。

国家行政学院编：《TM 项目考察报告汇编》，国家行政学院出版社 1998—2005 年版。

[日] 山田雅夫著：《一图胜千言：学会用图表快速表达》，冷婷译，北京联合出版公司 2012 年版。

[澳] 欧文·E. 休斯：《公共管理导论》（第四版），张成福译，中国人民大学出版社 2016 年版。

朱良学：《结构化思维的原理和理论基础》，《科技咨询导报》2007—30。

刘濯源：《思维可视化与教育教学的有效整合》，《中国信息技术教育》2015—21。

Chen Tao，（2010）The Key to Improve China's Civil Servant Competence：Civil Servant Training，Master of Public Policy Thesis，KDI School of Public Policy and Management，Seoul，Korea.

Chen Tao，（2015）From Integration to Creation：Structured Workshop of Senior Executive

Training in China, 2015 Annual Conference of the International Association of Schools and Institutes of Administration.

Healy P. (2001, Oct.), Training and Public Sector Reform, Public administration and development: a journal of the Royal Institute of Public Administration, Vol. 21 No. 4, pp. 309 – 319.

OECD Asian Centre for Public Governance, (2007), Comparative Studies for Better Governance in Asian Countries, OECD Asian Centre for Public Governance.

Rubienska A. (2001, Oct.), Education and training in public administration and development, Public administration and development: a journal of the Royal Institute of Public Administration, Vol. 21 No. 4, pp. 343 – 358.

开展能力建设，实现可持续治理：为南非国家政府学院开发新型教育培训架构

南非西开普大学政府学院　恩娜雅特·哈玛扎

【摘　要】公务员需处理危及社会、经济结构的危机，教育培训的需求应运而生。本文主要探讨南非国家政府学院在这一方面扮演的角色。南非面临的挑战包括减少贫困人口（占总人口的58.6%）、应对气候变化和目前的水资源与能源危机，以及降低高达26.6%的失业率。加之国内教育系统堪忧，2016年第一季度经济增长疲乏，增长率下降1.2%，政府预算赤字不断上涨，目前已达3.2%。

分析当前文献可知，公共服务整体而言并不理想，在规划、执行相关计划和项目时，缺乏应有的效率和成效。公务员在履行职责时，行政、管理和财务能力不佳，更是加剧了上述问题。在此背景下，南非国家政府学院意识到目前尚无满足公务员技能提升所需要的项目，无法使公务员做好准备，迎接可持续治理带来的挑战。相对地，学院认为公务员提升教育与培训仍缺乏足够的架构支撑。

有见及此，本文为开发新型教育培训架构，满足短、中、长期能力建设需求，建设可持续的南非政府提供了理论基础。概述了公共服务面临的普遍问题以及提高国家效率、以专业化为目标的高效可行的方法。本文为公共服务教育培训架构设立了大致的国家情景，列举了南非国家政府学院教育培训架构中现有的调整以及开发新架构的需

求。最后总结了南非继续发展公共服务新型教育培训架构的几个思路，以应对未来的新问题、新挑战。

【关键词】公务员能力建设；可持续治理；教育培训

一 引言及背景

南非国家政府学院是南非政府的国家部门，负责监管南非公务员的专业发展。学院负责公务员整体学习和发展项目，因而肩负着建设专业度高、反应及时、能力过硬的公职人员队伍的责任，这也是建设发展型国家的必然要求（South Africa National School of Government，2016）。学院在国家公务员教育与培训方面采取了新的方式（South Africa National School of Government，2015：17）。新方式基于国家部门招募、留用并发展一批拥有必备技能、知识和态度的高素质公务员的需要，以提供以民为本的卓越服务。学院不仅希望通过此举教育在职公务员，提升他们的能力，而且希望以此为途径，为未来培养一批高素质公务员，以应对未来公共管理领域对治理能力、开放程度、透明程度、问责制度、反应速度、工作效率、工作成效日益提升的要求。

新的方式基于一个事实前提——过去几年，南非公共服务整体表现直接接受来自政府、利益相关方和大众的监督。总统强调国家机构应加强重视（South Africa Department of Performance Monitoring and Evaluation，2013：1－2）。此外，南非在2010年设立国家规划委员会这一国家机构，负责制定国家长期规划。委员会指出，国家机构能力（技能、能力、知识）参差不齐是公共服务良莠不齐的重要原因及国家所面临的主要羁绊（South Africa National Planning Commission，2011：408）。

南非公共服务委员会、公共服务与管理部和表现监测与评估部检查了政府的各类报告，发现政府表现在某些方面有所提升，但整体而言，公共服务仍欠佳，在执行相关项目、计划时缺乏应有的效率和成效。公务员在履行职责过程中表现出行政、管理、财政等方面能力较弱的特点，进一步加剧上述问题。有见及此，对公务员进行持续教育培训，使其能直面伴随发展而生的严峻挑战，显得不可或缺（South Africa Public Service Commission，2016：2；South Africa Auditor General，2015：2－7）。

南非国家政府学院受命负责研发、执行具有现实意义的先进的能力建设项目，保障政府三大领域公务员接受足够的教育培训，具备所需的技能、能力和知识，良好地完成这项政府发展目标。《公共行政管理法案》（2014 年第 14 号法案）也进一步明确了这一使命。在这点上，学院根据授权“向通过相关考试的人员颁发毕业证或其他证书，或确保他们获得认证”。要达到上述要求，学院要与其他学习机构合作，开展高水平能力建设课程。学院还进一步承担了宣扬公共管理价值观和原则、提高国家人力资源素质的责任（South Africa National School of Government，2016）。

南非国家政府学院根据目前及未来国家发展的教育培训需求，着手开发新的教育培训架构。新的架构更直接地为保障在各层级服务的公务员做好基本的准备，也更切合国家公共服务和管理部 2014 年指令。指令规定了全体公务员必须接受的培训，也规定了公务员晋升高级别官员时需要满足的最低学术要求（South Africa Department of Public Service and Administration，2014：3－4）。然而更重要的是，新的架构与现行架构并不相同，现行架构本身存在问题，不足以满足公务员目前及未来的学术、职业发展需求。

本文提出了公共服务教育培训的新模型，以满足南非短、中、长期的国家发展目标。简要总结了公共服务面临的基本问题，也提出了公共服务专业化的方法，以提升国家效率、增强国家效用。本文描述了南非公共教育培训所处的国家背景概况，继而列举了现行架构面临的问题及开发新架构的必要性。最后总结出统一而系统的方法，用以实现对政府三大领域全体公务员的专业教育与培训。

二 南非公共服务面临的普遍问题

南非是一个处于发展初级阶段的民主国家，面临前所未有的社会、经济问题，有可能妨碍国家短、中、长期目标的实现。在国家层面，南非受到一系列危及社会、经济结构的困扰，包括：贫困人口（占总人口的 58.6%）（South Africa，Statistics South Africa，2016a），应对气候变化、水资源和能源危机以及降低高达 26.6% 的失业率（South Africa，Statistics

South Africa，2016b）。加之国内教育系统堪忧，2016 年第一季度经济增长疲乏（下降 1.2%）（South Africa，Statistics South Africa，2016c），政府预算赤字不断上涨，目前已至 3.2%（South Africa，National Treasury，2016）。

以上这些危机以及艾滋病频发、犯罪率居高不下都表明国家出现了许多问题。历史上，南非人民由于种族隔离政策，基本权利得不到保障。如今社会、经济条件已经得到明显提高。尽管如此，住房、用水、公共卫生、医疗保健、基础设施等大部分人民的众多基本需求仍然得不到满足，成为政府面临的问题。要解决上述问题，就要求公务员能一直高效、有效地掌控大量预算，达到一连串法律、政策的复杂要求，与政府其他领域的公务员保持部门间的有效互动，处理社区内因不满公共服务而不断发生、不断升级的抗议活动，并参与专业的决策、计划与执行（Bardill and Hamza，2015：308）。

除了一系列国内问题，公务员还必须解决全球经济、社会、政治等方面的挑战，包括经济全球化、多双边贸易谈判、坚守国际法规规定职责、处理地区安全问题和其他大量的治理任务。在艰苦的国内条件下，公务员还必须完成雄伟的国家建设发展目标，开发必要的国家基础设施，在财政限制下提升社区的社会、经济条件。归根结底，公务员在政府管理、可持续发展和良好的国家治理中扮演着不可或缺的角色。

三　南非公共服务专业化的需求

回顾了上述问题，不难发现公务员处理治理议题、寻找创新方案解决不断发生的问题时承受着巨大的压力。这显然要求全体公务员要具有高水平的专业能力、经验和道德水平，且对于领导的要求更高。南非宪法第 195 节（1996 年第 108 号法案）清楚规定“要提倡并保持高水平的专业职守”，这是公共管理九项基本价值观和原则中首要的一项。但回顾上述提及的材料不难发现，公共服务还远未能达到专业的标准。

南非还深受专业性不足的困扰，比如，公共服务领域的资助普遍缺少正式认证、专业能力和经验，官员工作受到政治影响，对于社区的需求反应不及时，道德素质较低，缺少服务意识，财政不规范、不合规行为日趋严重，公共开支收效甚微、造成浪费（Auditor General of South Africa，2015：5－26；Business Tech，2015；South Africa Department of Cooperative Governance and Traditional Affairs，2009：19）。公众信心日渐下降，对政府不信任，进一步加剧了问题。

巴迪尔和汉姆扎（Bardill and Hamza，2015）进一步认为，“国家基本技能不足，影响了专业度……近几年要吸引、留住符合资质、经验丰富的技术和管理人才非常困难”。进一步来说，公共服务领域长期存在职位空缺，妨碍政府落实竞选期间对社区做出的承诺。技能不足这个问题也在其他因素影响下变得更加严重。比如，缺乏有效的政策和战略帮助初级、中级、高级管理人员进行职业发展和规划。

治理一个现代国家需要众多技能、能力和知识，也要求公务员首先成为公共资源的管理员和公众信任的守护者，保证国家繁荣。更直白地说，只有当公务员的技能与手头的任务相匹配，才能显现其专业性。

高等教育资格证明是专业公共服务的品质保证。但国内迹象表明，很多公务员即便拥有正式学历证书，仍然缺乏必备的经验和实操技能，这从根本上使得他们无法较好地完成任务。公务员是否做好准备，解决“发展国度”大旗下所隐藏的问题？公共服务领域内外对此有着很多争辩和讨论。下一部分将讨论现行公共服务相关的法律、政策框架在多大程度上支持公务员的人力资源发展，并简要列举了当前国家政府学院教育培训架构存在的问题。

四 公共领域教育培训的国家情景

国家持续面临一系列能力方面的挑战。南非公共服务和管理部相应地在2014年11月推出了能力提升必修项目指令、规定培训天数和高级管理服务人员晋升要求，以期营造氛围，鼓励持续按计划进行必要的专业发展（South Africa Department of Public Service and Administration，2014）。根据从公共服务领域广泛收集的反馈意见，指令在2016年4月进行修订。指令的关键是制定了晋升高级管理服务人员要求达到的最低学术或专业要求。指令还同时要求必修的培训课程在2016年4月启动，晋升前的必要资质及要求也将在2020年4月起生效（South Africa Department of Public

Service and Administration，2016）。

为了支持指令的实施，政府在一个月后颁布了《公共行政管理法案》，以普及南非宪法第10章列明的公共行政管理基本价值观和原则，为公务员提供能力提升和培训机会，并将国家政府学院建设成为高层次的教育机构。此外，其他一系列政策、战略和计划文件也都清楚地展现政府对发展南非公务员人力资源能力的重视。其中包括：

◆ 公共服务改革白皮书（South Africa Department of Public Service and Administration，1995）

◆ 公共服务培训教育白皮书（South Africa Department of Public Service and Administration，1997）

◆ 公共服务领域人力资源管理白皮书（South Africa Department of Public Service and Administration，1997）

◆ 技能开发法案（South Africa，1998）

◆ 技能开发征费法案（South Africa，1999）

◆ 公共服务人力资源发展战略（2002—2006）（South Africa Department of Public Service and Administration，2002）

◆ 公共服务战略框架下的人力资源发展——愿景2015（South Africa Department of Public Service and Administration，2007）

◆ 国家发展计划（South Africa National Planning Commission，2011）

纵观法律、政策的整体情况，可知政府已经建立了广泛的政策、法律框架，足以支持公务员技能开发。在这一点上，国家能力整体提升，社会、经济大量积压下来的工作得到处理，取得了可喜的成绩。然而尽管取得了这些成绩，多项公共领域人力资源发展目标仍未实现。

1995年发布的《公共服务改革白皮书》制定了公共领域教育培训法律、政策框架概要，明确公务员教育培训是南非公共服务转型的一部分，有必要对此提供资金支持。为强调公共领域人力资源发展这一议题，公共服务和管理部进一步发布了两项重要的政策文件，分别是1997年7月发布的《公共服务培训教育白皮书》和同年12月发布的《公共服务领域人力资源管理白皮书》。

《公共服务培训教育白皮书》中建立的框架得到一系列战略性政策和立法倡议的扩充。这些政策、倡议都是为了解决种族隔离政策遗留的教育和能力缺失问题，在公共领域乃至全社会提高人力资源发展能力而设定的，其中包括2001年政府发布的国家技能开发战略，以及公共服务和管理部2002年发布的公共服务人力资源发展战略。

公共服务人力资源发展战略（2002—2006）旨在为人力资源发展提供更为统一的方式、方法。战略寻求“通过高质量的技能培训实现人力发展、管理和权力的最大化，从而加快改革和服务产出，造福南非人民”（South Africa Department of Public Service and Administration，2002：4）。其战略目标包括：促使所有公共服务机构着力加强人力资源发展；在公共服务领域制定有效的战略和执行规划；在公共服务产出的关键领域加强能力培养；在公共服务领域实现干预措施的有效管理和协调。

除此之外，政府还修订了《公共服务战略框架下的人力资源发展——愿景2015》，再次强调在公务员队伍中人力资源发展的重要性。当然，从现有战略也可以看出，政府并没有减低其与高校在提供公共领域教育培训方面合作的可能性（South Africa Department of Public Service and Administration，2007：70）。

尽管拥有上述如此详细的政策、法律框架，如何保证公务员在知识基础、技能、能力和风气等方面做好充足准备，解决发展国度所面临的越来越大的挑战？这依然是国家需要面对的问题。包括2012年公共服务与管理部发布的战略计划在内的多份文件都记录了类似的保留意见。战略计划简要说明了总统与公共服务和管理部部长间关于政府工作的协定：

> “政府一切工作都依仗一支专心致志、技能娴熟、任劳任怨的公务员队伍，他们应反应迅速，具有创新精神，愿意承担超出自己工作范围的工作，帮助实现政府目标。”目前，公共服务给人的感觉还没达到应有的专业水平；管理能力尚未达到指令要求；对于优异表现和糟糕表现几乎没有奖惩措施，尚未营造出鼓励突出表现的氛围；腐败问题严重；工作效率低下；公务员取得工资，却没有体现其价值（South Africa Department of Public Service and Administration，2012：1）。

五 南非国家政府学院及其现行的综合管理能力提升项目架构

新建立的国家政府学院（前身为公共行政领导及管理能力学院）致力于保证其战略、活动和运营都与政府战略目标保持一致。学院希望通过任职前和在职期间的发展项目、指导、培训等干预措施以及通过正式的资格认证，帮助公务员个人和政府各部门明显提升。学院希望通过贯彻学习、成长、服务这三个核心价值观念，保证公务员在进入公共服务领域前能基本做好准备。

为了解决上文重点提及的技能不足问题，公共行政领导及管理能力学院前身——南非管理能力提升学院早在2003年便开发了一套多维度的综合管理能力提升项目架构。架构核心包含四个关键领导及管理能力提升项目，项目围绕公共服务两个能力结构所设立。第二层干预措施包括培训后的支持性干预措施，其间公务员将参加各类讨论、研讨会和专题研究组，进一步丰富从培训环节中学到的知识。架构第三层主要为公务员提供轮岗、培训、指导和其他一些干预措施（South Africa National School of Government，2015a：8－10）。

综合管理能力提升项目现有架构是通过推出当时的总统战略领导能力提升项目而成形的。培训干预手段很快便得到扩充，囊括了基础、中级、高级管理能力提升项目。总统战略领导能力提升项目后来改名，成为现在广为人知的执行发展项目。上述每一个项目由全国不同的公立大学进行安排，通过签署协议的方式得以继续。表1（见附录）概述了综合管理能力提升现行模式。

表2（见附录）概括了现有的四个项目及每一个项目学术准入要求和可申请的职位级别。表2还说明了2003年左右项目刚推出时，学生最初可以获得的学分，每所执行项目的大学所奖励的学分后来已经调整。

整体架构设计最初体现在当时（2002—2006）的人力资源发展战略中，技能开发立法教育培训需求后来才明确。每一个项目的准入要求实质上是根据公务员薪酬等级和最低学术要求而定的。表3（见附录）更加详细地描述了综合管理能力提升项目架构的情况，简要说明了每一个项目的主要内容。

考虑到南非管理能力提升学院能力有限，并根据《公共服务培训教育白皮书》的精神，当时的南非管理能力提升学院和后来的公共行政领导及管理能力学院和不同公立大学签订合作协议，开展上述这些项目。根据对2003财年到2015财年项目参与情况的分析可知，共有76328名公务员参加了中级、高级管理能力提升项目，这个数字对比公共服务整体体量而言少得可怜。其中38903名公务员参加了中级管理能力提升项目，37425名参加了高级管理能力提升项目。公立大学继续与南非国家政府学院签约，执行这些项目。目前，项目主要针对国家和省一级的政府部门，因而南非国家政府学院只能满足6.3%的公务员教育培训需求（South Africa National School of Government，2015b：11）。

六 现行综合管理能力提升项目架构面临的问题

领导和管理能力提升系列项目自约13年前设立到现在，政府部门一直积极参与。几乎所有部门都不定期派公务员参与项目。国家政府学院报告指出：

> 数据显示，项目为管理人员的职业发展增值，与他们的发展需求相匹配。这也说明有必要复查、更新课程内容，确保课程保持高质量的产出（South Africa National School of Government，2015b：11）。

当时，项目架构被宣传为“为所有公共服务领导者、管理者设计的综合、统一的职业发展框架”。然而，南非国家政府学院报告对此提出质疑，认为“综合管理能力提升项目架构存在缺陷”[①]。报告进一步指出，“是时候复查中级、高级管理能力提升项目，相关工作应包括对综合管理能力提升项目架构的复查”。执行管理发展项目也有严重的不足。下面将

---

① 《国家政府学院关于综合管理能力提升项目架构中中级、高级项目的复查报告》，2015年，第17页。

简述目前架构在概念和实际操作中存在的问题（South Africa National School of Government，2015a：17）。

（一）和国家人力资源战略框架及国家公共服务和管理部法令不一致

整体架构在与现行人力资源发展战略保持一致方面有所不足。人力资源发展战略对于培训的特殊性质和公务员应对国内、国际问题时缺乏应有的技能、能力和知识等情况直言不讳。战略还提出，国家政府学院是政府官方的教育培训机构，应该通过与高校及继续教育培训学院的合作，形成、维护公共管理资格认定的国家方法及标准，保证能力建设项目的价值和通用程度。

现行的架构违背了国家发展计划中呼吁建立一个有能力的发展国度的观点。计划呼吁公务员应该有职业路径规划，呼吁用长远的目光看待培训和管理，借此重点发展专业技能（South Africa National Planning Commission，2011：408－409）。再次，架构与国家公共服务和管理部的法令不一致。法令倡导公共领域专业化，方式、方法更加直接。这样便要求晋升高级管理层前，公务员就要达到最低准入（专业学历）标准，从而保证全部人员都能基本做好准备。在这一点上，南非国家政府学院提供的系列项目都达不到要求。

（二）治理范式失信

南非国家政府学院目前提供的领导力、管理能力系列课程的方式、方法有一个明显的缺口。目前的系列课程还植根于新公共管理理论（NPM）的范式，而该范式代替了此前的马克斯·韦伯的理论和公共管理的官僚模式。新公共管理理论范式于20世纪90年代传入南非，国家民主也在那个时期诞生。这一范式像“海啸”一般席卷全球许多国家。政府寄予厚望，希望利用这一范式变革处境艰难的国家，改造政府无力满足人们对于高效、有效的公共服务日益增长的需求。这一范式假设将企业精神注入公共服务，认为将私人领域的想法运用到公共领域，将更好地为人民提供公共服务。更深一层，范式认为人民应该受到“顾客”般的对待，公务员应该更加自主、谨慎，才能更好地负起责任（Minogue，1998：27；Haynes，2003：9－11；Rhodes，2003：211）。

然而，全球公共管理研究人员和施行人员已经不再信任新公共管理理论（Singh，2003：116－119）。尽管如此，目前项目的内容还继续宣讲新公共管理理论范式。参加南非国家政府学院项目的公务员被反复灌输这样的范式，使管理系统也广泛地失去信誉。

（三）现行架构在运作方面的问题

从运作的角度来看，培训干预手段存在并将继续面临严重的问题。有人认为国家政府学院提供的培训在解决技能不足的现状时缺乏战略。国家政府学院承认其培训项目有不同的侧重点，而非统一集中研究如何加强队伍和制度建设（South Africa National School of Government，2014：6）。几个明显的运作问题包括项目与国家学历框架不统一、不融合。国家学历框架是南非国内记录个人学习程度（技能、知识、能力）的系统，全国普遍承认。

其他的问题还包括课程、项目给出的学分不统一，导致学习路径不详细、不明确，模块重叠、相互复制，能力框架内列出的课程内容与过时的课程内容存在差异。这些都将在下文进一步说明。

1. 国家学历框架及课程学分不统一

对于现行架构其中一项主要职责是架构中的项目能够得到南非学历框架的认证。究其本质，从培训项目中得到的学分并不享受“国家货币”的通用待遇。换言之，学员只能在接受培训的高校或者其他参与项目的学校进行学分互换。其次，即便所有高校提供相同的培训项目，培训内容大抵相同，但每一所高校给的学分不统一。再次，国家学历框架提供了系统的方法，可以逐级学习，但国家政府学院的项目就没有这种连贯性。

2. 项目学术发展停滞（课程对等、衔接较差）

上述培训项目可以授予正式学历，但有别于国家学历框架5—8级的发展路径。更重要的是，系列项目缺少系统的方法，无法保证学生拥有合适的“基础材料”，能够在完成某个国家学历框架级别的项目后，继续升读下一级（比如，从5级升到6级）。这导致培训课程一定程度上显得分散。上述运作的问题都是因为学校的学分机制各不相同，为了授予学分，要将大学本身的内容添加到国家政府学院的课程内容里。

3. 大学入学竞争激烈

学生成功完成国家政府学院短期课程项目后，仍需要达到学校具体的入学标准，并且需要和其他学生竞争获得资格。尽管成功完成国家政府学院的短期课程，但没有高校能够保证公务员被正式的大学项目所录取。这说明公共领域教育培训的供给不均等，缺少战略协调。

4. 课程模块重叠、相互复制

第五章提及的多份报告中都记载了国家政府学院提供咨询过程。中级、高级管理能力提升项目的课程内容有好几处重复或者相互复制。

七　开发新型架构的途径

为了解决上述提到的问题，充分考虑内阁法令制定了公务员晋升高级管理人员需达到的最低要求，本文建议国家政府学院采用新的教育培训架构，从根本上更替现行架构，将领导、管理能力提升短期课程项目替换为一系列目标明确、结构分明的专业发展学历课程，并与南非学历机构保持一致。南非学历机构是高等教育部指定监督国家学历架构在全国发展情况的机构。

大多数南非高等学校提供公共管理领域正式学历课程，作者通过不断和南非公务员交流获悉，高校提供的这些项目太偏重理论研究，并不能满足实际工作中的需求。本科生阶段问题更加突出。国家政府学院认为本科生公共管理学历教育过于宽泛，和公务员专业工作环境下的需求离得很远。

为建立新的架构，国家应该推出公共服务特定的证书，以此为手段发展公共管理能力。专业证书只是整体框架的一个方面，让公务员取得证书有四个方面的用意：第一，国家正式承认公务员贯穿职业生涯的学习行为；第二，填补公务员群体中能力和知识的缺口；第三，以成本效益好的方式解决公务员教育培训问题；第四，专业证书最终会形成鼓励学习的氛围，为公务员提供一条明确的职业途径。

为了应对上述教育培训面临的问题，政府的重点尤其是国家政府学院的重点应该放在根据公务员职业需求发展专业的教育。以职业需求为根本的教育一般称为职业教育，得到政府和公务员的青睐。专业教育可以帮助公务员在执行公务时表现得更加老练、游刃有余。这样同时能保证教育全面、严谨，满足政府能力建设的需求。公务员的专业能力提升将采用快捷、高效的方式，开发人的才能，同时也不会减损学习的质量。

考虑到南非学历机构的框架设定了所有学生系统的教育路径，建议南非公共服务在框架的基础上，量身设计一系列专业证书。框架提供了10个级别，设置了不同的教育培训标准，涵盖中学（1—4级）到大学和高等教育（5—10级）。表4（见附录）概括了从第1级开始的南非学历机构框架（第1级就是中学毕业水平）。框架分成10级，公共服务应该重点开发从第5级（大学和高等教育级别）到第8级（公共服务和管理部法令设定的基准水平）的证书。表5（见附录）是南非学历机构等级具体内容（5—8级），设定了每种证书的要求和特点，也介绍了设计的基础。

量身定做一系列证书时，应该要打好基础，支持公务员学术、职业的发展路径。如果适用，现行的能力提升干预手段可以支持有关设计，其中包括所有新招录的公务员都必须完成的初任必修项目，还可以通过“及时”短期学习系列项目实现。公务员不时需要这个系列项目解决当下的不足。这样一来，新架构为公务员提供了更加精简、垂直的学术和专业发展路径。

八　结论

考虑到南非面临严重的社会经济问题，如果国家希望公务员能够足够熟练地解决大量复杂问题，这就必须要求国家重新审视目前的教育培训架构。政府方面需要迅速地反应和转变战略，解决公务员能力缺失的问题。这牵涉到对新型公共服务教育培训架构的概念、设计和发展进行桌面推演，同时应了解公共服务的内容、治理公共服务教育培训的政策、法律框架。这需要回顾公共服务能力框架、其他有关文件和目前公务员教育培训的趋势。政府需要通过咨询国内国家政府学院、国家公共服务和管理部、公立大学等利益相关方，保证开发出最好的公共服务教育培训架构。

附录

表1　　现行综合管理能力提升模式

Competency Frameworks	能力结构
Foundation Management Development Program	基础管理能力提升项目
Emerging Management Development Program	中级管理能力提升项目
Advance Management Development Program	高级管理能力提升项目
Executive Leadership & Management Development Programs	执行领导能力和管理能力提升项目
Residential Management Development Programs	居住管理能力提升项目
Post Training Support	培训后支持
DG Sabbaticals	大学教师休假学期
Colloquiums	讨论会
Indabas	部族代表会议
Workshops	专题研究组
Just-in-time Interventions	及时干预措施
Seminars	研讨会
Back Home Interventions	在家干预措施
Rotation	轮岗
Job Enlargement	扩大工作
Coaching	训练
Job Enrichment	充实工作
Mentoring	指导
Skills Development Legislation	技能开发立法
HRD VALUE STREAM	人力资源发展价值流
HRD Strategies	人力资源发展策略

表 2 概括了现有的四个项目及每一个项目学术准入要求和可申请的职位级别，还说明了 2003 年左右项目刚推出时，学生最初可以获得的学分。

表 2　　　　现行综合管理能力提升项目

<table>
<tr><td>行政发展项目（EDP）
准入：13—16级
*3年高等教育证书
或相同学历</td><td colspan="5">ELD组合</td><td>—能力证书
—目前正在重新考虑授予何种证书</td><td></td></tr>
<tr><td>高级管理能力提升项目（AMDP）
准入：9—12级
*12年级学历</td><td rowspan="3">思考技能</td><td rowspan="3">沟通</td><td rowspan="3">个人特长</td><td rowspan="3">资源管理</td><td rowspan="3">以客为本和顾客服务</td><td>—能力证书
—92学分
—研究生项目录取
—（需达到大学准入要求）</td><td rowspan="2">快速追踪</td></tr>
<tr><td>中级管理能力提升项目（EMDP）
准入：6—8级
*12年级学历</td><td>—能力证书
—92学分中的36分
—荣誉学历项目录取
—（需达到大学准入要求）</td></tr>
<tr><td>基础管理能力提升项目（FMDP）
准入：3—5级
*国家学历框架四级，有基本读写能力</td><td>—能力证书
—国家学历框架四级的15分（正等待PSETA授予证书）</td><td></td></tr>
<tr><td colspan="8">指导能力培训组合</td></tr>
</table>

表 3 更加详细地描述了综合管理能力提升项目架构的情况，简要说明了每一个项目的主要内容。

表3　　　　　现行综合管理能力提升项目架构

国家学历框架四级	国家学历框架五级	国家学历框架七级	国家学历框架八级、九级	
基础管理能力提升项目模块	中级管理能力提升项目模块	高级管理能力提升项目模块	执行管理能力提升项目模块	国家学历框架八级
· 运用自己及团队的知识，设计一个提高表现的计划（三级—5学分） · 描述、运用部门的管理功能（四级—10学分）	· 自我管理 · 管理概况 · 公共管理 · 顾客关怀 · 组织交流的有效性 · 质量保证 · 人员管理 · 财务管理 · 项目管理	· 战略管理 · 知识管理 · 公共政策与公共问责 · 公共财务管理 · 项目管理 · 加强服务产出 · 通过领导能力得到结果 · 人员及表现管理 · 回答公共服务问题	· 战略规划及管理 · 金融管理及预算 · 战略人力资源管理 · 实现良好治理的领导能力 · 政策制定及执行 · 项目计划管理	
			研究生执行领导能力短期课程证书（119学分）	
			· 沟通及关注民众的战略 · 引领改变 · 公共领域SMS研究方法 · 国际环境下的南非经济	国家学历框架九级

表4展示了国家学历框架10个级别中1级到10级的情况。

表4　　　　　国家学历框架级别

高校国家学历框架		
国家学历框架级别	学历类别	学校水平
研究生学历		
10	博士学位	高校研究生水平
9	硕士学位	
8	荣誉学士学位	
8	研究生学历证书	

续表

本科生学历		
7	学士学位	本科大学及高等教育水平
7	高级学历证书	
6	学历证书	
6	高级证书	
5	普通高级证书	
高中学历		
4	国家高中学历证书	高中毕业水平
3	高中 11 年级	高中水平
2	高中 10 年级	
1	高中 9 年级	

表 5 是南非学历机构等级具体内容（第 5 级到第 8 级），设定了每个证书的目的和特点，也介绍了设计的基础。

表 5　　　　南非学历机构级别说明

第 8 级　高级证书
· 公共服务和管理部法令设定的基准水平
第 7 级　高级学历证书
· 提供高强度、集中、适用的专业课程，让学士学位毕业生做好职业、专业的准备或掌握相关的专长，满足职业市场特定职业的需求 · 深入、系统地了解专业领域当下的思想、实践、理论和方法论，特别适合继续进行专业发展 · 丰富对特定学术领域理论、方法论、时间的知识和理解，发展尚未形成的能力，承担、选择、运用合适的方法和技能解决复杂的理论或时间问题和任务，让学生做好准备迎接研究生阶段的学习
第 6 级　高级证书
· 证书主要基于职业或行业所需 · 强调精选的通用原则、更细致的程序及其应用以及技术转移 · 为学生提供特定领域或学科坚实的知识基础，让学生能够在具体的职业、专业情境下运用知识和技能，使其做好准备，接受更加专业、更高强度的学习 · 获得证书后，基本都准备走向劳动力市场的具体岗位 · 高级证书项目包括融合工作的学习（WIL）元素

续表

第5级　普通高级证书
·证书主要基于职业或行业所需
·为继续攻读本科提供基本的入门知识、认知和概念工具及实践技能
·强调精选的通用原则、更细致的程序及其应用
·证书证明持证者掌握了特定领域或职业的高等教育基础知识和能力，可以在岗位上运用这些知识和能力
·普通高级证书包括模拟工作经验或者融合工作的学习（WIL）元素

参考文献

Auditor-General of South Africa. 2015. Media Release-Auditor-general reports slightly improved audit results for national and provincial government, but cautions about the slow pace in addressing internal control deficiencies. （Online）. Pretoria. URL：https：//www. agsa. co. za/Portals/0/PFMA/201415/National% 20Release% 20FN. pdf（Accessed 25 July 2016）.

Bardill，J. E. and Hamza，E. 2015. Towards professionalization. In Reddy，P. S. and de vries，M. （eds. ）. Quo Vadis? Local Governance and Development in South Africa post 1994. Bruxelles：Bruylant.

Business Tech. 2015. 10 corruption scandals that rocked South Africa. （Online）. URL：http：//businesstech. co. za/news/general/99074/10 – corruption – scandals – that – rocked – south – africa/（Accessed 26 July 2016）.

Chipkin，I. and Lipietz，B.，2012. Transforming South Africa's racial bureaucracy：New Public Management and public sector reform in contemporary South Africa. PARI Long Essays/Number 1. Johannesburg：Public Affairs Research Institute.

Haynes，P. 2003. Managing The Public Service-Managing Complexity in the Public Services. Berkshire：Open University Press.

Minogue，M. 1998. Changing the State：Concepts and Practices in the Reform of the Public Sector，Beyond the New Public Management. In Minogue，M. Polidano，C. and Hulme，D（eds. ）Cheltenham，United Kingdom：Edward Elgar Publishing Limited.

Rhodes，R. A. W. 2002. The New Governance-Governing without government. In Osborne S. P. （ed. ）. Public Management-Critical Perspectives Volume 11，Routledge：London，pp. 23 – 42.

Singh，A. 2003. Questioning the New Public Management. In Public Administration Review. Volume 63, Issue 1. Hoboken, U. S. A, John Wiley and Sons, pp. 116 – 119.

South Africa. Department of Public Service and Administration, 1995. White Paper on the Transformation of the Public Service. Pretoria: Government Printer.

South Africa, 1996. Constitution of the Republic of South Africa, Act 108 of 1996. Pretoria: Government Printer.

South Africa. Department of Public Service and Administration, 1997. White Paper on Public Service Training and Education. Pretoria: Government Printer.

South Africa. Department of Public Service and Administration, 1997. White Paper on Human Resource Management in the Public Service. Pretoria: Government Printer.

South Africa, 1998. Skills Development Act, Act 97 of 1998. Pretoria: Government Printer.

South Africa, 1999. Skills Development Levies Act, Act 11 of 1999. Pretoria: Government Printer.

South Africa. Department of Public Service and Administration, 2002. The Human Resource Development Strategy for the Public Service, 2002 – 2006. Pretoria: Department of Public Service and Administration.

South Africa. Department of Public Service and Administration, 2007. The Human Resource Development for the Public Service Strategic Framework-Vision 2015. Pretoria: Department of Public Service and Administration.

South Africa. Department of Cooperative Governance and Traditional Affairs, 2009. State of Local Government in South Africa: Overview Report. Pretoria: Department of Cooperative Government and Traditional Affairs.

South Africa. National Planning Commission, 2011. National Development Plan 2030, Our Future-Make it Work. Pretoria: The Presidency.

South Africa. Department of Public Service and Administration, 2012. Strategic Plan 2012 – 2015. Pretoria: Department of Public Service and Administration.

South Africa. Department of Performance Monitoring and Evaluation, 2013. Press Statement: Results of 2012/13 Management Performance Assessments of National and Provincial Departments. Pretoria: The Presidency.

South Africa. Department of Public Service and Administration, 2014. Directive on Compulsory Capacity Development Mandatory Training Days and Minimum Entry Requirements for SMS. Pretoria: Department of Public Service and Administration.

South Africa. National School of Government, 2014. Prospectus 2014/15. Pretoria: National School of Government.

South Africa，2014. Public Administration Management Act，Act 11 of 2014. Pretoria：Government Printer.

South Africa. National School of Government，2015. Report on the Review of the IMDP Structure Focusing on EMDP and AMDP. Pretoria.

South Africa. National School of Government，2015a. Report on the Review of the IMDP Structure Focussing on EMDP and AMDP（Pre-Design Phase）. Pretoria：Zora Incorporated.

South Africa. National School of Government，2015b. Curriculum Concept：National School of Government's Management and Leadership Programme. Pretoria：National School of Government.

South Africa. National School of Government，2016.（Online）. Pretoria. URL：http：//www. thensg. gov. za/mandate/（Accessed 25 July 2016）.

德国难民危机带来的公共行政挑战

施派尔德国管理学大学名誉博士、教授
安得亚斯·科努尔

【摘　要】2015 年，至少 110 万难民抵达德国，其中绝大多数未取得合法身份。这些难民大多来自叙利亚，部分来自阿富汗、巴尔干半岛、巴基斯坦等国家和地区，也有越来越多的难民来自北非（马格里布地区）。其中，共计约 47.67 万难民同时申请了政治庇护，超过了 1992 年南斯拉夫内战时期的历史峰值。其中一半以上的难民是 2015 年最后四个月入境的。德国总理默克尔在 2015 年 8 月 31 日召开的夏季政府例行新闻发布会上表示，德国不会将叙利亚移民拒之门外。尽管国会无人支持默克尔总理提出的移民政策宣言（“我们能办到！”[①]），但这一政策事实上中止了欧盟法律中关于其成员国之间庇护政策（2013 年都柏林协定 3 号）的实施，也将德国基本法第十六条第二款的有关规定束之高阁。在那之后，入境难民人数猛增，有时甚至日均超过 1 万人。入境难民日益增多这一局面一直持续至 2016 年 4 月，马其顿关闭其与希腊边界，同时欧盟与土耳其就难民危机达成协议。史无前例的难民入境问题给德国的经济、财政、政治、社会文化及法律等方方面面带来了深刻的影响。本文将主要阐释德国难民危机带来的诸多公共行政挑战。

【关键词】难民危机；公共行政

① 原文：Wir schaffen das（German）we will cope（English）！

一 引言

2015年，约110万难民和避难者[①]入境德国及其他欧盟国家。人数之多，前所未见，且混乱频频。为避免入境集中区域（如匈牙利布达佩斯）的特定边境通道和火车站发生人道主义危机，包括德国、瑞典在内的部分欧盟成员国，以及位于主要中转路线上的若干巴尔干半岛国家（和地区），在一段时间内[②]向特定难民（主要来自叙利亚、阿富汗和伊拉克）开放了边境。然而，面对日益增多的难民，另外一些欧盟成员国，如匈牙利和奥地利，以及非欧盟成员国马其顿（和奥地利共同）采取了颇有争议的做法。他们在边境搭建栅栏，派重兵把守，封锁边界，试图控制人流，维护公共秩序，以有效把控本国出入境局面。比如，马其顿便封锁了其与欧盟成员国希腊的边境，阻止那些本已入境欧盟的难民试图经由巴尔干半岛，以中转至其他更有吸引力的北部欧盟国家。

此外，诸如丹麦和瑞典等欧盟成员国也搁置了申根协定，抑或同时限制难民获得多项社会福利，从而使本国不再是难民的心仪之地。最终，土耳其与欧盟于2016年3月18日就如何解决难民危机达成协定。虽然这项协定备受争议[③]，但它大幅减少了4月以后由巴尔干半岛入境欧盟的新难民人数（经由地中海中部抵达意大利的海上线路是第二主要路线，且危

① “难民”一词已被滥用。德国决策者和媒体误用“难民”一词囊括所有，因此才有了所谓的“难民危机”一说。事实上，难民指代一种特殊的移民群体。难民和其他移民主要（但不限于此）的区别在于是否有被认可的合法身份。难民需要从法律上同避难者以及诸如蓝卡移民等其他形式的移民做出区分。这一重要的区分通常被媒体和政治家忽略了。

② 以德国为例，2015年8月31日，德国总理安吉拉·默克尔在夏季政府例行新闻发布会上宣布，即使欧盟法律不允许，德国大门也会向叙利亚难民敞开，且即日生效。她的这一决定并未经过辩论，也未通过德国议会讨论决定。在某种程度上，这一政治决策过程十分令人震惊。打个比方，如果维和任务需要德国出兵，那么事前必须经过德国联邦议会的同意，这是联邦宪法法院1994年7月12日做出的重要决定。

③ 具体可参见 Collett，Elisabeth（2016），The Paradox of the EU-Turkey Refugee Deal，Washington D. C.（http：//www. migrationpolicy. org. news/paradox – eu – turkey – refugee – deal）；N. U.（2016），Erdoğan droht mit Scheitern des Flüchtlingsabkommens，Die Zeit Online，May 24th，2016（http：//www. zeit. de/politik/ausland/2016 – 05/eu – tuerkeiabkommen – fluechtlinge – recep – tayyip – erdogan – visafreiheit）.

险系数大大增加。尽管如此，由此线路入境的难民数仍旧再次上升。这很可能与巴尔干半岛入境欧盟的西部线路封闭有关）[①]。协议规定，自2016年3月20日起，任何一名经由土耳其入境希腊的非常规（即未取得有效文件、非法）入境者，均须无条件遣返土耳其。同时，欧盟同意：每遣返一名此类非法移民，欧盟相应安置一名土耳其境内的叙利亚（战争）难民；向土耳其提供60亿欧元的财政援助以帮助其解决难民危机；加速土耳其居民进入欧盟的签证自由化进程。

此次难民危机关乎政治、经济、法律、社会、文化等各个方面。本文将大体分析危机的相关背景情况，并在此基础上，详细阐释施派尔市——一个拥有约5万常住居民的德国中型城市、目前已容纳600名主要来自叙利亚和中东地区的难民的城市——在面临此次难民危机时会遇到怎样的公共行政挑战。

二 难民危机——事实与数据

（一）难民相关数据以及无国籍记录的情况

2015年年底，德国政府预计全年已有110万难民和避难者进入德国境内[②]，这一数字是2014年的5倍。由于缺少可涵盖整个欧盟统一数据的登记系统，直至今日仍无准确的数据。目前唯一的欧盟数据库——欧盟指纹登记系统于2003年投入运行，避难者和非合法入境人员须在入境地登记指纹（选择入境地登记是遵从第一次接触原则，以避免他们在多个欧盟国家重复登记）。然而考虑到越境人数巨大，以及系统数据并未与多数欧盟国家的内部登记系统自动同步，很多边境工作人员并未使用此系统。大部分难民是2015年最后四个月入境德国的，因为8月底德国总理

---

① 2012年和2014年，地中海中部路线曾十分受欢迎。当时很多难民试图通过穿越意属地中海岛屿兰佩杜萨岛一再到达与其接近的突尼斯进而入境欧盟。请参见国际移民组织（IOM）的全球移民数据分析中心（GMDAC）（2016），The Central Mediterranean route：Deadlier than ever（地中海中部路线：前所未有的死亡之旅），Data Briefing Series，Issue No. 3，2016年6月，柏林。（https：//publications. iom. int/system/files/pdf/gmdac_ data_ briefing_ series_ issue3. pdf）.

② http：//www. faz. net/aktuell/politik/fluechtlingskrise/deutschland – 476 – 649 – asylantraege – im – jahr – 2015 – 14000143. html.

安吉拉·默克尔公开表示，不论欧盟法律和德国基本法如何规定，德国不会将叙利亚移民拒之门外（显然默克尔总理做出这一决定前仅同联邦内政部长商议，并未事先同德国议会商议）。事实上，默克尔总理的著名宣言（“我们能办到!”）已经中止了欧盟法律中关于其成员国之间庇护政策（特别是2013年都柏林协定3号）的实施，也将德国基本法第十六条第二款中在德避难权的有关规定束之高阁。随后，进入德国的难民数猛增，有时甚至日均超过1万人（其他欧盟成员国及巴尔干地区的部分非欧盟成员国不仅没有阻拦难民入境欧盟，反而积极将难民转移至德国）。截至2016年3月，会聚至德国的难民数仍未减少，哪怕是2016年1月，面对凌冽的寒冬，仍然有6万难民抵达德国。

申根国家之间人口能够自由流动，所以此时此刻究竟有多少难民滞留德国仍然是未知数。2015年，共计约47.67万人正式申请政治避难，相比2014年的27.38万人申请大幅增加，甚至超过了1992年南斯拉夫内战时期的历史峰值。官方申请人数较低的原因尚不明确。一种解释是，许多难民继续迁移至其他申根国家，特别是斯堪的纳维亚半岛国家，已取得当地的难民庇护资格。还有一种解释是，在德国递交申请的等待时间过长。由于待处理的申请太多，且申请核准机构——德国联邦移民和难民办公室和德国联邦内政部管理下的区域代理机构缺少相应的材料，每提供一个难民缺位要花费六个月之久。

在整个欧盟范围内，非法入境的难民总数仍然居于高位。据欧洲国际边界合作管理署统计，2015年，仅巴尔干半岛西部地区（阿尔巴尼亚、波斯尼亚和黑塞哥维那、科索沃、马其顿共和国、黑山共和国、塞尔维亚）非法越境即达到208.13万人次，相较2013年的4万人次和2014年的6.6万人次均有所上升。[①] 整个欧盟范围没有公开可获得的可靠数据，甚至连估计数都没有。

这些难民主要（自己声称）是来自叙利亚的战争难民，还有很多来自阿富汗、伊朗、伊拉克、巴基斯坦、巴尔干半岛（主要是阿尔巴尼亚、科索沃、塞尔维亚、波斯尼亚和黑塞哥维那）。现在，有越来越多的难民

---

① 见欧洲国际边界合作管理署（2016），巴尔干半岛西部。2016年度风险分析，华沙，第33页。（http：//frontex. europa. eu/assets/Publications/Risk Analysis/WB_ ARA_ 2016. pdf）.

来自北非（马格里布地区、苏丹）、东非（厄立特里亚、索马里）和撒哈拉以南非洲地区（尼日利亚）。

绝大多数入境德国的难民没有护照或其他可以证明自身身份或国籍的有效证件（2016 年 1 月的数据为 77%[①]），因此对任何一个欧盟成员国而言，核实并采集其真实国籍和合法身份这两项重要的信息都非常困难。比如国籍，国籍意味着至关重要的法律背景，某个难民的国籍很大程度上决定了是否允许其入境；其合法身份是难民还是避难者也一样（会相应影响其是否能获得/被拒绝在欧盟短暂停留的合法权利）。基于以上原因，想方设法进行文件造假和口头篡改国籍——对入境审查机关撒谎称自己是某国国籍的行为也就不足为奇了。根据前文中提到的欧洲国际边界合作管理署的数据，仅巴尔干半岛西部地区的非法越境情况便足以说明问题的复杂程度。[②] 2015 年，该区域内已查明的非法入境者共计 208.1366 万人，其中 77.9235 万入境人员的国籍无法得到证实。2014 年无法证实身份的入境人员只有 234 例（2013 年这一数字为 42），2015 年大约是 2014 年的 3329 倍之多。相应而言，国籍无法证实者占总非法入境人数的比例为 37%，其次是叙利亚人为 34%，阿富汗人为 15%。

（二）难民主要迁徙路线

难民入境欧盟主要有两条路线，一条经由巴尔干半岛地区，一条经由中部地中海地区（见图 1、图 2）。

尽管经由巴尔干半岛入境欧盟需要穿越多国，花费更多陆路时间，但是这条路线比中部地中海路线要安全得多。它的海上路程很短，从土耳其本土出发到希腊爱琴海东部群岛（如科斯岛）只需乘船数公里，因而海上溺水风险大大降低。相较而言，中部地中海路线需要长途跋涉，横跨地中海的开放海域。专门的人口贩子没有足够的适航的船舶，为了单程赚得

① 见 N. N.（2016），Großteil der Flüchtlinge kommt ohne Ausweispapiere，Handelsblatt Online，2016 年 2 月 24 日。（http：//www.handelsblatt.com/politik/deutschland/fluechtlingskrise－grossteil－derfluechtlinge－kommt－ohne－ausweispapiere/13008574.html）.

② 见欧洲国际边界管理局 Frontex（2016），第 33 页——显然，难民普遍无法提供相应文件，也带来了严重的安全隐患，本文暂不涉及。

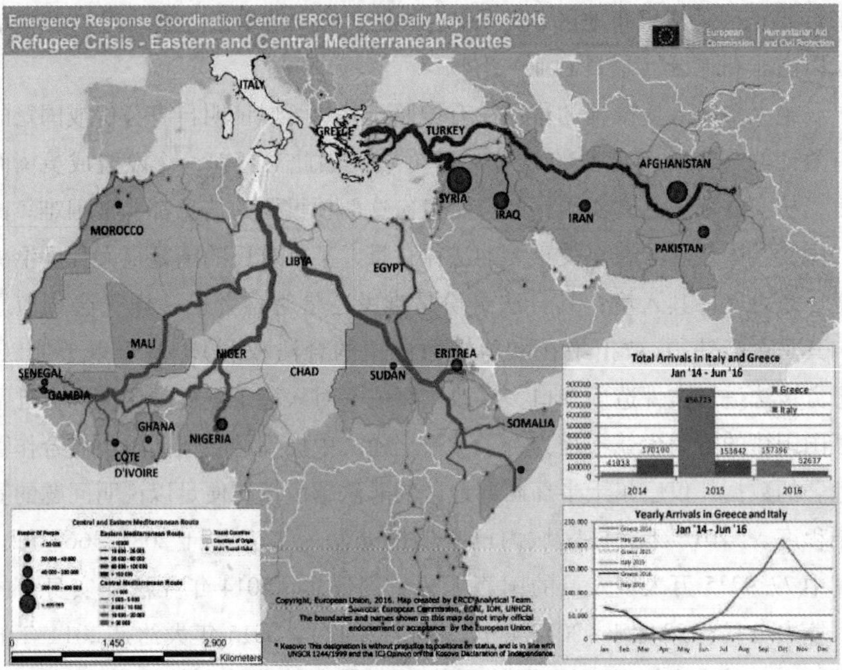

图1　难民入境欧盟的主要线路

来源：欧盟委员会（2016），欧洲难民危机，布鲁塞尔（http：//ec. europa. eu/echo/refugee - crisis_ en）。

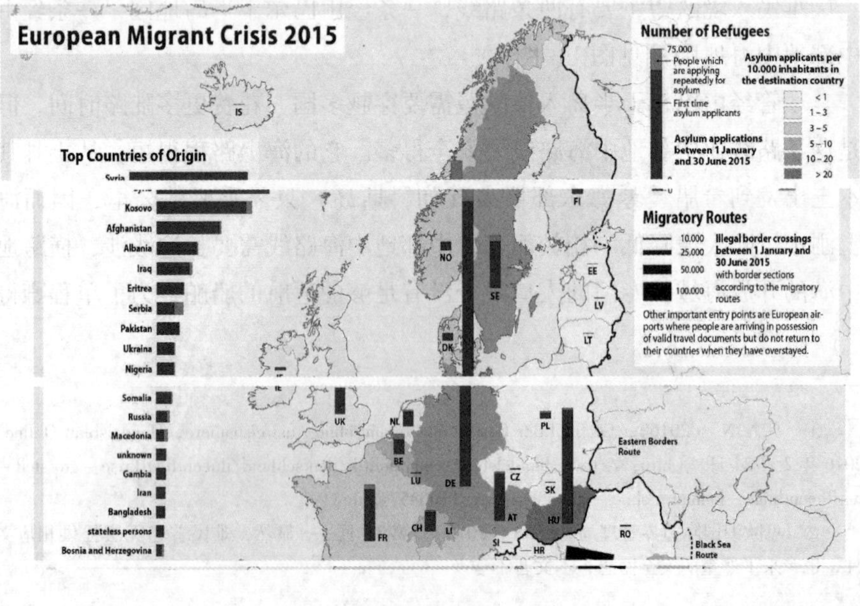

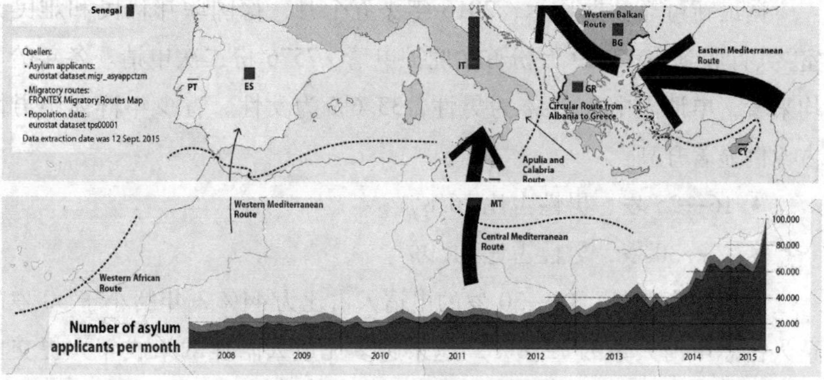

图2　迁移路线，难民数量，避难申请

来源：维基百科（2016），欧洲迁徙危机（基于欧盟统计局的数据）（http：//en. wikipedia. org/wiki/European_ migrant_ crisis）。

更多，他们通常把每船都塞满人。据全球移民数据分析中心①估计，2016年头五个月，迁徙中每23个难民就有1个人溺水身亡，数以万计的难民命丧途中。

（三）在德难民的社会经济结构

基于前文提到的数据收集难题，下文并不能完全反映近年来德国难民群体的社会经济特征。但是，这些情况能帮助我们较好地了解当前以及未来一段时间内，哪些领域面临公共行政挑战。

1. 性别和年龄构成

目前，这方面可靠数据仅涵盖从正式渠道申请在德政治庇护的难民。鉴于2014年和2015年两年的相应数值差距不大②，因而可以合理假设在性别和年龄结构这两项社会经济指标方面趋势相对稳定。

---

① 见国际移民组织IOM。全球移民数据分析中心GMDAC（2016），第1页。

② 见Bundesamt für Migration und Flüchtlinge（2015），Das Bundesamt in Zahlen 2014。Asyl，Migration und Integration，Nürnberg，第22页。（https：//www. bamf. de/SharedDocs/Anlagen/DE/Publikationen/Broschueren/bundesamtin－zahlen－2014. pdf？_ _ blob＝publicationFile）；Bundesamt für Migration und Flüchtlinge（2016），Das Bundesamt in Zahlen 2015。Asyl，Nürnberg，第19页。（http：//www. bamf. de/SharedDocs/Anlagen/DE/Publikationen/Broschueren/bundesamtin－zahlen－2015－asyl. pdf？_ _ blob＝publicationFile）.

据最新可靠数据显示，2016 年头五个月，德国联邦移民和难民办公室[①]共计收到30.2209 万份首次庇护申请，7576 份二次申请。各年龄层平均来看，申请人中66.4%为男性，33.6%为女性。青少年群体中男性所占比例显著升高：

- 16—25 岁，男性占比76.8%；
- 25—30 岁，男性占比71.9%。

值得注意的是，16—30 岁的申请人占比为44%；年龄小于30 岁的申请人占总申请人数的72.8%，越来越多无成人陪伴的未成年人提交申请（2015 年，约1.44 万“定锚儿童”登记申请避难）；18 岁以下递交申请的人数占总申请人数的33.4%。总体而言，无论是平均年龄还是中位年龄，避难申请人都要比德国常住人口少很多。

2. 宗教

2015 年，十大主要难民输出国中，穆斯林占首次递交申请的难民总数的76.1%。就整体申请情况来看，73.1%的申请人为穆斯林。申请人数次多的为基督徒，在首次递交申请的难民总数中占比为10.8%，在总体申请人数中占比为13.8%。第三多的是雅兹迪族，他们占比分别为5.0%和4.2%（Bundesamt für Migration und Flüchtlinge，2016）[②]。

3. 文化程度

（1）德国联邦移民和难民办公室会定期调研难民的文化程度，特别是语言水平[③]。他们在难民首次申请时，以自愿为原则，收集相关数据。申请人填写的成绩和水平无须提供相关的证明材料。从方法看，存在一个

---

① 下文数据详情见 Bundesamt für Migration und Flüchtlinge（2016），Aktuelle Zahlenzu Asyl. Ausgabe Mai 2016，Nürnberg，第 7 页。（http：//www. bamf. de/SharedDocs/Anlagen/DE/Downloads/Infothek/Statistik/Asyl/aktuelle－zahlen－zu－asyl－mai－2016. pdf? _ _ blob = publicationFile）.

② 详情见 Bundesamt für Migration und Flüchtlinge（2016），Das Bundesamt in Zahlen 2015。Asyl，Nürnberg，第 22 页。（http：//www. bamf. de/SharedDocs/Anlagen/DE/Publikationen/Broschueren/bundesamtin－zahlen－2015－asyl. pdf? _ _ blob = publicationFile）.

③ 数据来源于 Bundesamt für Migration und Flüchtlinge（2016），Asylerstantragssteller in Deutschland im Jahr 2015。Sozialstruktur，Qualifikationsniveau und Berufstätigkeit. BAMF-Kurzanalyse Ausgabe 3/2016，Nürnberg（http：//www. bamf. de/SharedDocs/Anlagen/DE/Publikationen/Kurzanalysen/kurzanalyse3_ sozial－komponenten. pdf? _ _ blob = publicationFile）.

严重的问题，这一文化程度指标并没有对接欧洲资格认证框架，而欧盟资格认证框架是博洛尼亚宣言中推进教育标准一体化进程的基石。另外，文化程度指标也没有接轨德国劳动力市场的用人要求。因此，难民在他国获取的某种资格与德国相应的资格是否等同还有待评估。语言能力上，所谓的能力水平只是基于签证官的主观判断，并没有参考欧洲语言共同框架设定的统一标准。此外，书面语和口语水平没有区分对待。综上，难民的文盲程度尚未可知。

（2）正式文凭及职业资质。整体上，不论庇护申请者的原始国籍，18.4%的申请者表示自己完成了高等教育（大学或相应程度）；完成文法学校、初中和小学教育的比例分别为21.7%、29.7%和23%；6.6%的申请者表示未接受过任何教育（其他情况为0.5%）。但各国情况相差很大。叙利亚人和伊朗人完成高等教育的比例明显高于平均水平（叙利亚：男性27.8%，女性23.8%；伊朗：男性30.8%，女性45.9%），两国文法学校毕业的难民比例也高于其他国家（叙利亚：男性26.9%，女性25.4%；伊朗：男性44.7%，女性37.2%）。

难民在本国所从事的最后一份工作的行业数据更多样（样本量为14.2534万人）。35%的避难申请人在其本国并没有参与任何经济活动，这在某种程度上契合了上文所提到的避难申请人大多为未成年人的情况。伊朗人（82%）和巴基斯坦人（79%）的就业率最高，远高于其他国家；同时数据显示，来自巴尔干半岛地区的避难申请人的就业率大大高于平均水平（塞尔维亚：39%；马其顿：41%；科索沃：53%）。

整体而言，大多数申请人以前在手工作坊里干活（13%），也有助理/私企单位职员（10%），还有5%的申请人是教师。同样地，不同国家情况不同且差异巨大。避难申请人中，5%的伊朗人、4%的叙利亚人做过工程方面的工作，从事艺术、医疗、行政工作的比例也差不多。但是35%的厄立特里亚申请人的职业背景是军人、雇佣兵或职业运动员。

（3）语言能力。根据最新调查（包括2015年数据，样本量为9.7747万人），阿拉伯语、阿尔巴尼亚语、达里语/波斯语是避难申请人使用频率最高的三种母语。平均来看，28.1%的申请人声称会英语，会德语的只有1.8%。但是，跟整体的文化水平一样，语言能力与申请人的原始国籍关系密切，不同原始国籍的申请人之间差异巨大。以英语为例，具备英语能力的申请人在该国总申请人中占比最多的依次是叙利亚人（41%）、科索沃人（31.4%）、伊朗人（31.4%）和厄立特里亚人（28.9%）；相反，占比最低的依次是马其顿人（2.0%）、塞尔维亚人（3.4%）和巴基斯坦人（4.9%）。

若比较申请人的德语能力，科索沃地区的难民崭露头角，19.5%的申请人会说德语，远超其他国家或地区；其次是伊朗（3.0%）和塞尔维亚（1.9%）。其他国家或地区的申请人都低于1.8%的平均值（叙利亚：1.1%；阿富汗：0.6%；伊拉克：0.4%）。

（四）行政处置及难民的合法地位

不同于美国、加拿大、澳大利亚和新西兰等国，德国没有明确的、劳动力市场导向的移民政策。目前，基于欧洲单一市场的四项基本原则——劳动力自由流通原则[①]，欧盟成员国的国民可在德国享受在本国的同等待遇（包括生活福利）；非欧盟成员国的高层次人才可通过申请德国蓝卡（尽管成功率不高）获得短期居留许可；还有家庭团聚移民。除了上述情况，并没有劳动力指向的移民政策。

但是，基于道义的非法移民规定十分普遍（包括有关的国际法律法规，如《日内瓦难民公约》和《欧洲人权公约》）。德国有关的最著名的法规是德国宪法——德国基本法的第16条（a）。[②] 该条款规定，一个人的基本权利，非本国国民也可适用。该条款赋予本国受到迫害的人以政治避难权（视申请人所在国的情况决定暂时停留或永久居留）［基本法第16条a（1）］。但是该条文也提到，来自欧盟国家或“其他的安定的第三国”，即来自《日内瓦难民公约》和《欧洲人权公约》批约国的外国人不得引用避难权，也不存在（暂时的）停留权。这里提到的“其他的安定的第三国”由代表德国16个州的联邦议会和联邦委员会通过法律程序确定。

---

① 但是，无经济能力的欧盟国成员的公民，如靠退休金维持或接受社会救济的公民，其在欧盟成员国之间的自由流动受接收国限制。

② https://www.bundestag.de/blob/284870/ce0d03414872b427e57fccb703634dcd/basic_law-data.pdf.

目前，已被确认为“安定第三国”的国家包括，所有欧盟成员国、阿尔巴尼亚、波斯尼亚和黑塞哥维那、加纳、科索沃、马其顿共和国、黑山共和国、塞内加尔和塞尔维亚。根据庇护程序条例中所确定的对基本法第16条（a）的实施细则，来自这些国家的申请人，“无论其所在来源国国家的整体情势如何，如若不能提供让人信服的其在该国面临政治迫害的确凿证据或事实，则以证据不足以证明其庇护申请为由，拒绝为其提供庇护”。[①] 但是，即使最终被判定为证据不足，每一份申请都需经联邦移民和难民办公室审核。而在德国，每审核1份申请，平均需花费5个月（若审核巴基斯坦人，平均15个月）[②]。挪威审核来自“安定第三国”的庇护申请平均花费48小时，瑞士审核巴尔干半岛民众的申请也仅需48小时。[③] 审核过程中，申请人可获得多种物质或非物质的生活福利[④]，包括生活补贴（成人139欧元/月，夫妇129欧元/人/月，未成年人的生活津贴按年龄大小发放84—95欧元/月），接待中心还为申请人提供免费食宿。若申请人得以转移到中心外的居住地，还会收到额外补助金（单身成年人：219欧元/月，夫妇：194欧元/人/月，未成年人：133—198欧元/人/月），供其衣、食、住、取暖、购买家居家具用品等花销。人们普遍认为，福利好、避难的平均审核时间又长，这是目前还有大量来自“安定第三国”的难民申请避难的主要原因。特别是对来自巴尔干半岛地区的难民而言，当地的工资、福利水平远远低于德国和其他欧盟国家所设定的难民补助标准，尽管拒签率高达90%，他们仍然选择避难。

在欧盟层面，欧委会于1999年在芬兰坦佩雷达成一致意见，同意

---

① https：//www. gesetze - im - internet. de/englisch_ asylvfg/englisch_ asylvfg. html#p0288.

② 详见N. N. （2015），Knapp 356. 000 unbearbeitete Asyanträge im Bamf，DIE ZEIT ONLINE，2015年12月7日。（http：//www. zeit. de/politik/deutschland/2015 - 12/asylbamf - verwaltung - ueberforderung - asylantraege）.

③ 详见Leubecher，Marcel （2015），So wird die Dauer von Asylverfahren verschleiert，DIE WELT ONLINE，2015年8月25日。（http：//www. welt. de/politik/deutschland/article145595071/So - wird - die - Dauer - von - Asylverfahren - verschleiert. html）.

④ 详见http：//www. merkur. de/politik/fluechtlinge - was - bekommen - sie - in - deutschland-faktencheck - 5565086. html。

建立统一的欧盟避难体系。[①] 这主要考虑到申根协定的大背景下，签约国之间无须护照验证即可实现人员的自由流动，催生了“庇护投机”现象——避难者利用欧盟各国之间福利待遇不平衡以及执法程序的不一致[②]（特别是拒绝避难申请后，各国对申请者的处理方式有所不同，如驱逐或包容）——需建立统一体系加以阻止。简言之，即难民和避难者需在其入境的第一个欧盟成员国登记，并由该国处理其申请（这就是所谓的都柏林协定）。相应地，每个欧盟成员国都有权将不遵守此项规定的外国人遣送回其入境欧盟的第一接触国。直至 2015 年八九月，德国总理默克尔宣称暂停此协定，叙利亚难民可直接在德国登记入境，至此，都柏林协定土崩瓦解。其后，欧盟内部提议在其成员国之间建立一个公平的（再）分配难民的定额制，重建都柏林协定，最终因为维谢格拉德四国甚至英、法的强烈反对，以失败告终。

然而，这一欧盟避难体系自其运行初始便有一个缺陷——缺少一个将欧盟范围内的避难申请情况对欧盟成员国当局公开的中央数据库。因此，避难者用别名在多个欧盟成员国申请庇护，以尽可能多地申请到各国的福利保障的情况十分常见。德国也有此类问题。德有关部门（主要是边境警察和接待中心员工）并没有在与避难者和难民第一次接触时收集其个人信息，如指纹信息，而只有在接受此避难者的申请时，才会收集相关信息。但是，庇护申请人数众多，在包括首都柏林在内的一些地区，特别是 2015 年年底冬天，申请待处理高峰期长达 6 个月之久。为解决这一问题，德国近期通过了数据交换执行法案。

三 行政挑战概述

前文所提到的信息恰恰指明了目前公共行政的薄弱环节以及有待加强改进的主要方向。

---

① 详见 Luft，Stefan（2016），Die Flüchtlingskrise. Ursachen，Konflikte，Folgen，Munich，pp. 45ff。

② 见 Ettel，Anja/Zschäpitz，Volker（2015），So großzügig ist Deutschland zu Flüchtlingen wirklich，DIE WELT ONLINE，2015 年 9 月 24 日。（http：//www. welt. de/wirtschaft/article146786866/So – grosszuegig – ist – Deutschland – zu – Fluechtlingen – wirklich. html）.

当务之急是加强改进所有边境地区的登记管理。假设申根协定仍然有效，则此任务主要落在与第三国接壤的欧盟成员国的肩上。结合当前难民（人贩子）选择的主要避难路线，希腊、意大利、西班牙负担最重。其次是保加利亚和罗马尼亚（如若选择经由黑海路线，替代中部地中海和爱琴海路线）。申根条约执行的前提条件是欧盟外部边界需要有统一的严格管控。但是，执行情况并不乐观，边境管理不协调且漏洞百出。欧洲边境管理局不应自我定位为欧盟外部边境管理的主力军，因为人员规模仅有344人，无法支撑其完成这一重任。相反，它应以促进和加强欧盟成员国各国的边境警察的合作为己任。结合当前的既有事实，毫不夸张地说，欧盟各成员国忽视了严格的边境管理体制的重要性。只有基于合理设计并严格执行的边境管理体制，申根协议才能有效运作，都柏林协定才能落到实处。而事实恰恰相反，若干欧盟南部成员国如希腊和意大利，不包括西班牙（西班牙已建立有效的边界管控体系），反而非法协助避难者前往欧盟北部成员国。这些成员国——至少包括德国和奥地利（尽管不包括匈牙利）并没有在行政上做好准备，应对如此大规模未有效登记的难民入境。

单就德国本土情况而言，德国国内避难者登记体制几近土崩瓦解。在德国申请避难登记需两步。第一步是所谓的简易EASY登记（EASY是德语避难申请者首次登记的首字母缩写，这一登记将无成人陪伴的未成年难民群体排除在外，因为他们申请的特殊支持需单独的法律程序审批）。此次登记并不收集任何具体的个人数据，只记录国籍、性别、家庭成员数（以免申请人举家入境）。随后会根据柯尼希泰恩制度（Königsteiner Schlüssel）在德国16个州中分配庇护申请人（Königsteiner Schlüssel本意指德国财税平衡体制中基于税收和人口的分配方式）。收集并在EASY系统中录入一名避难者的数据大概需要20分钟。跨境人员人数众多，若在德国边境登记所有入境难民的信息，不具有可操作性。因此，避难者需于一周内在指定的接待中心的EASY系统中登记注册。由于从入境处至接待中心并无人监管，有一定数量的避难者途中“蒸发”了。目前还不清楚这些人的行踪，不知他们是去了欧盟其他成员国还是藏身他处另谋出路了。还有很多避难者拒绝登记，他们知道自己一旦登记，三个月内他们都被禁止离开指定区域。此外，还有一些人在多处登记，便于将来用不同的身份申请庇护（以获得更多社会福利）。

第二步是正式登记。一旦避难者在其所分配区域的联邦移民和难民局正式递交避难申请，登记程序便正式启动。在此期间，避难者需提交所有的个人相关信息。由于联邦移民和难民局长期缺少工作人员，避难者在EASY系统中登记至正式提交避难申请往往需花费6个月之久。今年，通过招聘法学院学生做临时工，同时返聘已退休公务员的方式，工作人员有所增多。但是，6个月的平均时间往往容易让人忽略实际差异。来自高辨识率国家（如叙利亚和伊朗）的避难者所需申请时间短，流程顺畅。而相反，有些避难者要花费更长的等待时间，他们的情况十分“复杂”。显然约77%的难民无身份证明并不会促使政府加快审批进度。目前，申请正式避难的人数仍然远远低于在EASY登记的人数。其中40万的人数差距表明，自2015年夏季以来，进入德国避难的具体人数及真实的国籍信息仍然有待核实。

毋庸置疑，大量未登记人员游离在体制之外，会带来严重的社会治安问题。近来在比利时、法国，甚至近期在德国的多起恐怖袭击事件就说明了问题。此外，如若当前不解决此问题，之后关于难民融合的行政规划将难上加难。

除了国境边检警察以及联邦移民和难民边境管理署的工作人员，其他行政人员也面临巨大压力。在所有的公共行政领域，特别是州和市政府面临巨大考验，因为它们需要向难民尽快尽早地提供基本的人权保障（基本的居住、医疗、社会福利），并且要保质保量。此外，为了保证难民更好地融入德国社会，政府还需为其提供相关领域的服务保障，如语言课程、文化训练、法律培训、幼儿园和基础教育服务等。同样地，假使难民人数维持在当前的增长水平，已有避难者人数众多、培训课程持续时间长、市政府预算紧张，再加上有资质的公务员（如语言教师）匮乏，这些已成为公共行政的瓶颈，而且这些问题在5—10年内无法解决。此外，公共行政人员的巨大工作压力还有一个严重的副作用。由于公务员缺口较大，他们对本地居民的服务质量不如从前——至少当地人感觉不如从前。根据对参加施派尔德国管理大学某研讨会的德国政府高级官员短期非正式调研发现，他们肩负的难民相关的工作量占据了他们平日工作时间的15%—45%，但实际上，这些工作在他们的职位描述中只占不到5%的时间份额。加班能部分解决问题，然而一旦脱离危急时刻，加班不可能是常态。从政治的角度来看，这非常令人担忧。若当地人形成一种有失偏颇的观念，认为难民或避难者得到了行政官员给予的某些敏感的特殊待遇，如廉价房产和便宜的医疗条件，那么，当地的低收入家庭及未得到有关社会保障的当地人会油然而生反难民、反移民的立场。这些情绪、立场可能会被激进派政党利用，以达到某种极端政治目的。

四　未来展望

本文简要概述了德国以及若干其他欧盟国家当前所面临的“难民危机”带来的公共行政挑战。如前所述，应对这场危机，有短期、中期的解决方案。德国政府在其政治立场上仍然不愿意放弃“欢迎文化”，这是总理默克尔决定打开边境、接纳叙利亚和其他国家难民的深层原因。欧盟成员国内部提供给难民的福利待遇存在巨大差异，特别是德国、瑞典、丹麦待遇诱人，成为拉动难民前往这些国家的逻辑上的经济驱动力。各成员国未按申根协定有效管控申根区域的外部边界、德国政府事实上中止执行都柏林协定，是导致大量难民和避难者涌入德国的主要原因。其结果可以作为教科书案例，它展示了政府决策失败是如何削弱公共行政机构为地方公民、合法难民和避难者提供公共服务的能力。这同时也暴露出德国多层级政府体制的系统弱点，特别是由联邦政府独立决策，州和城市及其管理机构承担后果，两者权责事实上不一致的问题表现出来。好在吃一堑、长一智，发现了问题，是学习和改进的第一步。

论贫困和社会发展对拉丁美洲国家和平、安全和体制稳定的影响（以哥伦比亚、委内瑞拉、阿根廷和巴西为例）

巴西瓦莱—里奥—杜斯锡努斯大学教授、
校长　E. 瓦雷拉·巴里奥斯

【摘　要】本文分析了哥伦比亚社会公共政策所经历的转型。在哥伦比亚，社会公共政策由共和国总统制定，着力点是重点支出和原则补贴。福利救助制度帮助拉丁美洲国家有效实现减贫，但同时也会碰到许多问题，这些问题是政治现实和相应机制带来的，比如政治团体数量增加、市政部门和地方当局对相对自主权的限制、物品和社会服务的商品化以及公共政策的实施等。公共政策虽然旨在减少贫困，但由于社会问题对包容性提出了新的要求（性别、残疾、种族多元以及多元性取向），这就需要国家对之进行多重干预。

【关键词】社会公共政策；社会保障；拉丁美洲

一　引言

本文以拉丁美洲为研究重点，分析了哥伦比亚社会政策实施的经验和教训。通过一些国家在纠正社会不平等以及改善很大比例人口处于极度贫困情况等方面的公共政策的重新配置来审视社会政策。社会政策的概念包括多个方面，如全面、持续的教育体系，公共卫生的包容模型设计，住房政策和社会廉租房，参与经济活动的包容性社会，就业和确保可持续发展的资源，以及国家福利保护网的相应功能。从这些方面考虑，配套政策和“对抗”政策已实施数十年，目的是缓解极度贫困和社会排斥现象，具体表现为在宪法规定的社会契约和融入社会方面产生有益的结果。这些互补的行动被列入“社会保障政策”（Gorsh et al.，2009；Ortiz，2007）。

本文重点从公共政策的视角进行分析。众所周知，主导趋势领域的文献从以公共经济领域为中心，围绕覆盖面、成本、效用和支出分配效率原则进行发散。我们将在本文中谈论以上内容，但这些原则并不是讨论的重点。一方面，本文侧重解释遴选、合法性以及所谓社会保障政策社会动员的动力，比如，政府使用的政治手段。大多数拉美国家的总统制下，共和国总统负责指挥公共资源流通；另一方面，文本分析将侧重分析从政策设计到实施以来，政治联盟形成以加强中央权力的方式。同时，本文将梳理市场、资本积累和再生产过程中的逻辑，人们关注和消减极端贫困的模式，以及公共政策如何服务社会保障。

在现行调节模式兴起前的国家模式中，公共政策的目标广泛，都针对恒定的公共组织结构，这就要求行政机构必须具有高度稳定性。此类政府机构以部门为基础，以职能进行划分，承担社会需求和国家合法行动等公共政策的挑战，以上叙述以“（福利国家）国家保障”为哲学基础。

在拉丁美洲，产生了混合发展模式以及公私合营的社会保障制度。在拉丁美洲多地，教育领域（小学和中学教育）是公共政策的重中之重，秉行义务教育或免费原则，包括增加留校机制、学校提供早餐和营养加餐等，目的是明确家庭和社区在学校健康管理方面的作用。此外，许多国家在新自由主义哲学的指导下提供公立教育，这是扩大教育覆盖面的一种做法。众所周知，这一机制通过各种类型和因素评估人均教育费用，使资源分配进入私营领域，扩大教育覆盖面。

在拉丁美洲20世纪最后20多年里，社会保障方案和重点社会支出在多边机构设定的方案下通过。最有名的是“国家团结互助计划”，由墨西哥革命制度党提出，由国家行动党后的两届政府继续执行。一如哥伦比亚的国家重建计划和后续项目，这一全国性的计划旨在解决以下问题：提供社会保护，特别是通过补贴和补偿对农村人口进行保护，对边缘化的城市人口采取相应措施。

在委内瑞拉，这一类型的方案是由雨果·查韦斯（Hugo Chavez）政府启动的，具体以社会主义思想为指导。在这种情况下，公共资源主要来自石油，查韦斯政府设立了多个委内瑞拉国家统一政党网络。在查韦斯政权巩固的过程中，可以说这是拉丁美洲面向弱势群体所有方案中最具政治色彩的方案。阿根廷也有类似的项目，前后经历了不同的政府，在基尔什内（Kirchner）遗孀克里斯蒂娜·费尔南德斯（Cristina Fernandez）政府下该项目持续了很久，通过庇隆主义重振并重新诠释历史悠久的社会福利救助机制。这也许是拉美民粹主义最深远的做法，即由利益集团、新兴精英和本国新庇隆主义政治为首的政治阶层恢复和重建社会福利救助机制。

我们还发现厄瓜多尔、秘鲁和智利也有类似项目，尽管政治化程度相对较低。在巴西，这些团结互助方案也有悠久的传统。众所周知，在路易斯·伊格纳西奥·卢拉·达席尔瓦（Luis Ignacio Lula da Silva）执政年代，具有社会主义根源的工人领袖迅速上升，社会救助计划在政治上和传统的多边主义机构完全不同。在其总统任期内，主要的政策口号是“巴西无饥饿”，重点是为弱势群体、适龄儿童和老人提供营养。方案目标宏大，其中大部分已经完成，比如，在大型城市和广袤的周边地带，特别是巴西北部和东北部等边缘地带建立住所。

拉美还设立了许多公共机构服务，用于满足社会对于援助方案新的需求，积极寻求融入社会，以及设立公共政策（例如性别和多样性政策），克服不平等和社会排斥。在公共政策领域，该政策十分新颖，这意味着重新配置和重新设计组织结构，无论是任务的组成部分，还是私营部门的协调，或是市场新的条款和逻辑。同样，推出了一系列优先方案，特别是在行政部门，对同一或是不同部门的支出进行分化，用以实现社会公共政策宏大的目标。简单地说，哥伦比亚采用的模式具有全局性，带有福利救助性质，在改革和市场化自由的背景下，旨在实现团结互助，不仅适用于传统领域（资本主义的全球扩张），而且也适用于公共产品的商品化。

二　重点困境：从社会支出的辅从性到商品化

大多数社会的新干预方案以“重点公共支出”为理论基础，向社会最弱势或最受排斥群体提供社会保障。这是政府开支合理的逻辑，基于公共社会融资的结构性限制，整合考虑了稀缺公共收入的分配效率和经济效益。政治管理学认为，公共资源是不足且有限的，其益处应当实现最大化，非弱势群体和一定程度上能够自给自足的人并不包含在内。

补偿性公共政策的设计主要解决社会排斥和社会极端边缘化问题，前提是工作、经济和就业之间存在界线。这种界线符合福利国家的程序和国际协定，通过两方或三方的社会保险建立，而社会保险又以社保制度下劳方（工人和雇员）工资总额和原始工资收入为基础。此外，对于法律规定的由于资方（雇主或企业，包括国有企业或行政企业）的补贴，亦可以共同为社会公共开支提供资金。这就是由退休体系、职业风险保险、失业预防储蓄（Cesantías，失业补偿金）组成和由劳资双方共同负担的传统公共健康系统。

哥伦比亚曾一度采取这样的体系，即在某一时期，第三方参与者（同社会保障的劳资双方不同）参与制度设计，为公共支出提供资金。因为劳方承担的社保经费不足，第三方参与者（国家）用社保补偿为公共支出提供资金。社会政策亦有差异化方案，集中在未正式参加工作的所谓弱势群体或高风险群体。

一些学者对此提出警告（Beck，2004；Laïdi，2006），认为这种区别不是小事，实际上相当于宏观过渡，与覆盖大多数人的正规经济保障体系不同，重点强化临时工和劳工条件。市场全球化对劳动世界带来极大影响，促进了外包和转包发展，这往往消除了资方和劳方之间的正式劳动关系，或国家和雇员间的劳动关系，加强非正规工作模式，减少合作、社会保障和社会保险以及经典福利国家的组织。重点公共支出政策既不寻求解决这些缺陷，也不寻求整合外包工作，而是通过制定补偿这一群体的公共政策来解决，通过追查家谱、土地规划和人口地域段来确定人口中最贫穷和最弱势的群体，我们可以称之为极端或绝对贫困群体。

正如我们所知，在拉丁美洲，非正规经济催生了所谓的“点滴贷”

高利贷，这意味着非法贷款人的巨额利润，非正规生产者和贸易商在银行向这些非法团体迅速转移收入。这种做法在所谓的经济犯罪领域很常见，称为“影子”行为，非法放贷者和银行从业者以黑帮的逻辑，设法控制城市和市场中的非正规经济，以及包括小额信贷和高利贷在内的其他违法集资手段。

从这个意义上说，人们承认这将在很大程度上将数量巨大、无法自给自足的群众纳入保障体系，不可忽视的是，这一群体规模占到消费者很大一部分，同样，商品、物资和服务流通（包括金融服务）也占很大比重。其中也有政府行为，比如信贷方面——向穷人提供直接援助，更增添了消灭边缘化群体资本网络“影子”的理由（Lock，2003），由于正规经济无法整合这些广大地区，高利贷、非法犯罪团伙得以获利。

重点支出理论有两个基本概念，这两个概念以社会福利和人的发展为哲学基础，两者诚然是对立的，但很多时候具有互补性。一方面，政府和社会实时的干预支出可以斧正重大不平等，弥补自然灾害（洪水、干旱、饥荒）带来的冲击，缓解经济危机引起的流离失所，降低政治冲突（如内战、恐怖主义等）的影响，经济、政治体制无法将这些人纳入正规经济活动中，道德上不归咎于项目受益人。在这样的条件下，政策就变成了福利救助，给予不同类型的目标人群以不同的物质资源，使其成为社会重建和融入社会的出发点。因此，福利救助不应单纯被看作目标，而应被看作一种策略，一种制定行动纲领的策略，在干预过程中能够让这些人积极参与，成为独立的主体，实现自给自足和自我负责。

我们发现这种二分法的另一个极端，是福利救助不追求社会融合，但会改变受益群体——政策强化民心，加强行政政治治理。这些政策使得功能动态符合市场逻辑、团体效益和企业部门的逻辑，后者也是福利救助中的经济受益者。在拉丁美洲，国家公共政策的福利救助模式有着悠久的传统，但归根结底，在公民意识、人的尊严方面有负面影响，而且影响了自由民主的机制和形式，以及基于公民身份产生的代表权和选举权。

社会公共产品的供应日益商业化，意味着理论构想和分析模型的诸多方面基于管理学，目的是提高公共事务的效率和组织效用。从这个意义上说，管理学的主流观点，不管是私营还是公立，尤其是运用新公共管理的方式，在其实际性质中发现了社会和政治权利，因为权力总是施加于社会，特别是在组织内部并且是从组织开始实施的。一旦权力被构建，就在组织内部得以实施（内部关系）。从竞争的角度来看，权力能够击败竞争对手、控制市场、对公共政策决策施压，在一般情况下影响与环境有关组织的共同利益。在此背景下，我们可以理解创新、适应、外部对抗计划、与现行制度体系规则相悖的争端，后者能够影响行业利益。

这种权力关系是依赖/独立的辩证资源配置。因此，这种依赖可以细分成以下三种情况：

a）交换（商品和服务可以在市场上自由买卖），但自由交换形成独立和依赖的循环，举例而言，面对供应商或者本身就是商品和服务的供应商的情况；

b）分配，与交换不同，分配并不包括支付、价格和市场干预，在管理学上也出现了物流和有组织的结构，在组织内部依据功能分配任务；

c）划拨，相当于准赠予。划拨是给予某人某件物品，但与交换和分配不同的是，合作、分配、互惠和交换原则都不适用于划拨，划拨并不是基于互惠合作的原则。划拨带有隐含的自由裁量权概念，因为资源是在自由的基础上进行分配。划拨形成单方面让渡的方式，接受者对捐赠者不负有义务。这是双方自由的行为，但会建立起依赖关系，从更广义的角度说，形成互相依赖的关系。

分配和划拨不属于市场范畴，这两者也互不相同。准确地说，分配对应行政程序以及报告结构，是机构组织或是控股公司中的商品和服务的串联供给。除了传统的企业，在合作结构控股公司或者产生分配机制的企业集团，赢得地位变得越来越重要。一些分配机制会形成特定交易中的混合体制，比如特许经营。划拨来自组织外部，而非内部，也不是源于商品交易。划拨是一种资源传送的方法，形式多样，具体有经济补贴和赔偿等，与补贴不同的是，划拨允许存在二级价格，降低交易成本。

这种类型的划拨符合自然国家合法的功能，由于划拨基于权力关系，从根本而言，既与市场关系、交易和供需者之间的互惠性无关，也与物流过程的结构与商品生产服务无关，但国家同组织、公司、企业和利益集团建立起划拨关系。

从这一理论的角度来看，这两个对立的原动力（无条件捐赠和社会支出的商品化）确实错综复杂、互为相关。基于官僚行政机构中公共职能的垄断模型，大量的资源和社会服务属于专门的职业官僚机构（比如，公共医疗和教育体系旨在提升社会包容和服务免费化），旧式福利国家以此为特征，人们看到公共健康和教育商品化转变过程中持续、上升以及复杂的变化。重点支出对于改变接受免费公共服务和社会服务的中产阶级和上流社会非常有必要。正如总统、部长、高级政要和专家声称，政策需要改变从政府财政支出（尽管有限）中获益的大部分仍然是上层或中层群体，而最贫穷的人仍处于边缘这一现象。大量专家甚至是多边机构认为，这与重新定义了整个拉美大陆的公共政策的整体宏观趋势相符。

三　最近数十年哥伦比亚的经验

哥伦比亚重点支出和社会保障计划的历史可以追溯到 20 世纪 70 年代，并与尝试制定公共政策、重建农村社会结构的政策息息相关。哥伦比亚主要面临两种社会情况：一种是城市现代化，随着经济增长，四五个主要城市出现了城市化、都市扩张和财富集中等现象，同时从工业的角度来说，不同类型的服务业、机构和社会基础设施潜力上升；另一种是农村的边缘化，反过来，可以用 20 世纪 50 年代以来动摇国家的地方性暴力的物质基础来解释。

社会排斥和边缘化导致产生地缘政治悖论，哥伦比亚在传统上有过比当前国家更广阔的疆域。亚马孙、奥里诺科河、马格达莱纳中部、乔科省和安第斯山脉林业工人，始终置身于现代化发展之外，属于所谓的“野生殖民地边界”。因此，这种情形有利于游击队扩张。游击队历史悠久，与哥伦比亚革命武装力量——人民军和民族解放军不同，游击队受到卡斯特罗的启发。就最近而言，在过去的 20 年或 25 年里，我们看到农村出现了由军阀推动的反击游击队，毒贩与国家安全部队有着千丝万缕的联系，根据正式记录的内容来看，与军队有着密切关系。

1970 年以来，第三世界国家通过联合国粮农组织和世界银行设计构想的农村综合发展项目已在哥伦比亚实施，寻求通过公共资源分配，运用不同策略，让农村实现发展：一方面，保证农村经济融入城市和国际市场，同时保证这些领主、半自给自足的生产基地进行更新和改造；另一方面，支持科学技术发展，以咨询、种子银行、机构附加等形式寻求实现农业革命。虽然付诸努力，也取得了一些成果，但总的来说是公共政策失败的案例，原因是它基于自上而下的模式，即没有政治认可。在农村社区，这一项目已经从相对正统的官方机构转移到以农业部的权力下放机构。

第二阶段，在总结先前经验的基础上，于1984年推出国家恢复计划，由国家计划部和共和国总统共同制定。该计划针对社会边缘化、社会排斥和非法人属地，这可能会引起政治暴力，在全国许多地区引起战争经济的犯罪，具体表现为走私毒品、矿产、武器和许多其他所谓“灰色资本主义”的非法物品等因为社会排斥而产生的现状。国家恢复计划被认为能够促进和平、整合农村，是构建国家性和机构性、公民性的重要组成部分。

1991年哥伦比亚颁布新宪法，对两党百年政治体系彻底进行制度设计修订，产生了广泛结合公民权利的方案，承认哥伦比亚是一个多民族、多文化的国家。同时，还引入针对土著少数民族、非裔哥伦比亚人社区的政策，并且形成了制度设计上的转变，以更为包容和平等的方式为现代化开辟了道路。

20世纪90年代，在1991年宪法改革的基础上，引入了内容涵盖广泛的方案和社会政策结构调整的改革。最重要的改革或为1993年颁布的第100号法律，该法律改变了卫生系统、劳工保障、养老金体系以及社会保险。在商品化的制度设计下，公司大型集团运营商缴费型制度进入商业领域，将受益人的出资额记录在案。另外，同时建立了全面医疗机构供应卫生服务，尽管两者间并没有明确的界线，大部分医疗诊所和医院的医疗服务管控严格。为了配合这一点，政府出台了补助性制度，公共支出的重点领域是针对被社会排斥和最脆弱的人群。在教育领域则引入了市场规则，显著扩大教育资源供应，使高质量的教育成为精英、城市中产阶级、大城市中心和地区追求的事业，这一现象伴随着基础公共教育（中小学）质量的上升而大幅下降。在住房方面，国有企业运作公共住房政策（政府机关部门负责在全国不同地区配置并且实施宏大的住房计划）的政策已被废除，以打开房地产市场的需求。从逻辑上讲，人们会认为房地产开发商、建筑公司以及一般情况下的建筑行业，必须拥有应对这些需求的能力，推动资本积累和再生。事实上，建立在平等和重点支出基础上的补贴制度，要用先进的融资模式或非正式的住房建设整合来实现。然而，这种所谓"入侵式"自建岌岌可危，城市扩张带超过了建筑行业制度设计能解决此等需求，并在城市中扩大住所的构想。

哥伦比亚社会政策行动的第四方面是，注意贫困和极端边缘化。这一概念基于正规就业和对家庭的保护，推出相关政府机构和总统方案——集中公共资源、集中支出。这一方案还寻求对各类型的国家干预形成关键而系统的影响。乌里韦—贝莱斯（Uribe-Vélez）政府（2002—2010）可能采用了最激进的方式推行福利救助模式。在乌里韦政府（2002—2010）期间，"社区委员会"机制得以实施。政府团队在负责人的带领下进行每周访查，旨在满足本地与全国各地的利益攸关方。这些计划通过国会、市长、州长、地方领袖和商界精英之手，使资源的划拨惠及最贫穷的群体。很大程度上，虽然社区委员会去掉了资源分配等功能，但在增强政府合法性、统一实施计划方面却是成功的。相比较而言，类似以加强国家的政权为目的的社会援助管理机构模式，正如秘鲁总统藤森（Fujimori），或者是民粹主义的拉美左翼领导人，比如玻利维亚的埃沃·莫拉莱斯（Evo Morales）、委内瑞拉的雨果·查韦斯（Hugo Chavez）、厄瓜多尔的拉斐尔·科雷亚（Rafael Correa）和尼加拉瓜的丹尼尔·奥尔特加（Daniel Ortega）等人在当选总统后所推行的方案。

2010年，乌里韦寻求连任，但最终胡安·曼努埃尔·桑托斯（Juan Manuel Santos）当选总统。与乌里韦的做法不同，桑托斯采取了相反做法。通过建立社会繁荣部的制度设计，使社会保障政策出现了大幅变化，最大的改动是试图设计出集中、纳入受益人生产经济活动的方案。事实上，受益人与银行的比重、部门性的生产项目、小额贷款、提升中小企业竞争力的创业政策、集群配置、生产线安排等，似乎都采取了修正的做法，到目前为止效果是非常有限的，和之前的模式相比并没有显著的区别。

因此，总统福利救助制度是一种合法且强有力的政治工具。在哥伦比亚，如同拉丁美洲许多国家一样，收入分配极不平等，重点支出逐步产生政治利益，最贫困阶层无法大量纳入正规经济。相反，哥伦比亚的中产阶级并没有不断上升（这可以由关于现代化和经济发展的正统理论来解释），我们看到哥伦比亚税收采取融资经济模式，倾向于在城市中心和中产阶级日益富裕的少数群体中集中财富、土地和收入，这会延续甚至加剧社会边缘化和社会排斥的问题。

四　结论

拉丁美洲的总统福利救助制度旨在引导消除贫困，保护社会最脆弱群体，由国家行政机关执行相关政策。在许多地方制度设计中，城乡地方政府负责地区发展水平，而中央政府握有大部分决策权。这说明社会政策，特别是集中支出的社会政策，都含有巨大的政治利益。

就整体而言，20世纪拉丁美洲发生了人口大迁移。农村人口转向城市中心和大都市地区，对于地方当局的接纳和整合能力带来了巨大挑战。当时占主导的放权思想，被认为接近这种类型的属地政府和公民意识的公共行动。出于对国家政府及其行政机关，如国会和司法系统本身的考虑，福利救助制度被选中。该制度的三大方面包括社会公共政策机制的构成观念、定义以及配置。

公共政策的转型过程，即从福利国家转向公共产品商品化，必定涉及领地行动。在这种主流逻辑下，领地实现社会公共产品供应的商品化。行政改革和组织减少（裁员），导致出现公共服务外包，或者地方政府或省级当局通过所谓的“第三部门”或是社会团体的公司或组织（包括非政府组织、宗教协会、有组织的社区）推动社会公共产品自我管理；消减并改革共同参与的话语体系和社区赋权。

在这场辩论中，一个需要突出的方面，是企业的本质和商业管理的重点。这些方案、项目和公共支出，通过招标、机构间协议、计划合同和其他方式进行分配，分配公共资源相对较高的开支，包括与国际合作方签订合同。因此，策略的衍生使得“贫穷管理”变得有利可图。许多针对穷人的货币补偿计划，符合所谓的“人口银行比重”机制，即非正规经济现金或实物支付的过渡，转向证券行业，并将最贫穷的群体纳入金融和银行系统，包括对日益增加的最弱势群体提供小额信贷。

然而，重点支出在所有这些捐赠项目中，视其主张的行话而言是否受到条件限制，不解决发展中的问题，从道德上来说，也不解决平等的主流价值观。约瑟夫·斯蒂格利茨（Joseph Stiglitz，2002）、阿马蒂亚·塞恩（Amartya Sen，2010）和约翰·罗斯（John Rawls，2002）认为，推进良好生活和良好社会理念的根本出发点，始于承认公民权利，通过自由对话承认国家权力及其项目的不对称。然而，这在哥伦比亚公共社会保障政策的配置中一直缺乏，作为政策评估讨论的核心内容之一，在未来必须将这一点考虑在内。

参考文献

BECK, U. (2004), *Poder y contrapoder en la era global*, Barcelona, Paidós.

COBOS, J. M. (2011), *Presidencialismo y pobreza en Colombia*, 1990 - 2010, Bogotá, Pontificia Universidad Javeriana-Maestría en Estudios Políticos.

CONGRESO DE COLOMBIA (1997), *Ley* 387: Por la cual se adoptan medidas para la prevención del desplazamiento forzado; la atención, protección, consolidación y estabilización socioeconómica de losdesplazados internos por la violencia en la República de Colombia, Bogotá.

CORONADO, S. (2010), *Política social* 2002 - 2010. *Pocos avances, grandes interrogantes*, Bogotá, Centro de Investigación y Educación Popular-Programa por la Paz. *La reinvención de las políticas públicas de asistencia y protección social BARATARIA. Revista Castellano-Manchega de Ciencias Sociales*, N°15, pp. 273 - 285, 2013, ISSN: 1575 - 0825285.

DEPARTAMENTO NACIONAL DE PLANEACIÓN (2000), *Documento Conpes* 3081: *Plan Colombia. Red de apoyo social: Programas de subsidios condicionados y capacitación laboral de jóvenes desempleados de bajos recursos*, Bogotá, DNP.

FUNDACIÓN FORO NACIONAL POR COLOMBIA (2012), *El programa Familias en Acción en Colombia: Focalización territorial, relaciones intergubernamentales, organización, participación y enfoque de género* (Resumen Ejecutivo), Bogotá, Fundación Foro.

GROSH, M., et al. (2009), *Políticas de protección social eficaces*, Bogotá, Banco Mundial-Mayols.

LACABANA, M. y MAINGRON, T. (1997), "La focalización: políticas sociales 'estructuralmente ajustadas'". *Cuadernos del CENDES* (34), Caracas, Universidad Central de Venezuela-Centro de Estudios del Desarrollo, pp. 193 - 218.

LAÏDI, Z. (2006), *La gran perturbación*, Roma, Flammarion.

LOCKE, P. (2003), "Transformaciones de la guerra: hacia la dominación de la violencia reguladora", Cartagena, *Foro Social Mundial*, 17 de junio.

LÓPEZ MONTAÑO, C. (2008), "¿Tenemos la política social que el país necesita?",

Documento No. 1767, *Revista Semana*, http: //www. semana. com/documents/Doc - 1767_ 2008106. pdf, Consulta: 27/06/2012.

NÚÑEZ, M. J. (2009), "Incidencia del gasto público social en la distribución del ingreso, la pobreza y la indigencia". *Serie Archivos de Economía*, Documento 359, Banco de la República.

OCAMPO, J. A. (2008), "Las concepciones de la política social: universalismo versus focalización". *Revista Nueva Sociedad* (215), Buenos Aires (Argentina), Fundación Friedrich Ebert (FES), pp. 36 - 61.

ORTIZ, I. (2007), *Política social*, Nueva York, Naciones Unidas DAES.

RENTERÍA, C. (2008), *Avances y retos de la política social en Colombia*, Bogotá, DNP.

UNDP-UNEP (2009), *Mainstreaming poverty-Environment linkages into development planning. A handbook for practitioners*, disponible en www. unpei. org.

VARELA, B. E. (2008), *Burocratización y modos de gestión en los servicios públicos*, Bogotá, ECOE Ediciones-Universidad del Valle-Universidad Libre, Seccional Cali. (2006), "Instituciones y poder organizado-Una mirada crítica sobre la conexión de las teorías administrativas con la perspectiva política". *Revista Cuadernos de Administración* (36/37), Santiago de Cali, Universidad del Valle, pp. 520 - 589. (2003), "La mercantilización de lo público". *Revista Instituciones y Desarrollo* (14/15), Barcelona, IIG, pp. 359 - 385.

ZICCARDI, A. (2008), "Pobreza y exclusión social en las ciudades del Siglo XXI", en: A. Ziccardi (comp.), *Procesos de urbanización de la pobreza y nuevas formas de exclusión social. Los retos de las políticas sociales de las ciudades latinoamericanas del siglo XXI.* Bogotá, Siglo del Hombre Editores-Clacso Corp, pp. 9 - 33.

IIAS 分议题二：

建设现代化法律、机构和组织治理体系

德国的市民参与和游戏化

——让市民从参与中感受到乐趣

施派尔德国管理学大学讲师　卡伊·马瑟

施派尔德国管理学大学讲师　琳达·莫里

一　引言：关于市民参与的讨论

一篇一年前的新闻报道讲到了两位德国较大城市的市长对市民参与的评论（FAZ，19.02.2015）[①]。他们的主要批评观点有：

（1）损害社会资本。相反的立场看似是不可调和的。侵略性的竞选运动和非客观的讨论对决策造成深刻负面影响。

（2）由于只有社会特殊群体参与，低参与率导致决策的合法性有限。少数人主导着多数人的意见。

（3）很多市民团体由只接受他们自己意见的心怀不满的人士组成。

（4）诸如市议会等当选代表团体被剥夺权力。

本文集中总结了德国近期有关市民参与的讨论。直接民主和市民参与的倡议者运用相同的观点但得出了相反的结果。社会各组成部分能实现更高参与度，问题也能够以一种更加客观的方式解决（通过协商机制）。谁对谁错还是两者都错？本文第二部分主要解决这个问题。本文第三部分分

---

① http：//www.faz.net/aktuell/politik/inland/gruende－gegen－direkte－demokratie－auf－kommunaler－ebene－13432408.html.

析“游戏化”能如何帮助克服“参与困境”。

二 市民参与

（一）（德国）参与困境1：可能性越多，人们的需求越多，参与率越低

1. 1968年以来的德国参与热潮

作为对“1968”事件的回应，西德出现了第一次“参与热潮”。“1968”事件以后，抗议活动和运动（市民团体）在全国各地开展得如火如荼。越来越多的国会和市议会决策遭到质疑。市民要求拥有更多的参与权。由此，各种听证、咨询程序和权利被吸纳到传统的政治和行政程序当中（比如规划审批和授权）。感觉就像当时发生了一场“参与革命”（Geißel，2008；Vetter，2008；Masser，2010）。该领域的近期发展情况如下：

（1）联邦层面及16个联邦州当中的11个联邦州推出《信息自由法》（2006ff.）。根据法律规定，每一个人能够在没有先决条件的情况下要求官方信息（文件）。

（2）指定最新的行政程序法修正案（2013）。当某项计划或项目可能会对第三方造成实质影响时，相关负责机构必须告知受影响的公众。早期应运用非传统（协商）参与工具。受影响的公众应该在任何决策前拥有对计划进行反映和反馈的机会，以便设想不同的可能性（Masser & Ritter & Ziekow，2014：1ff.）。

自20世纪90年代早期开始，聚焦市民共同决策的第二波参与机会或者说参与的“新浪潮”出现了。

（3）市民可以参与市级和联邦州级层面的立法提案和公投，但有不同的法定人数（请愿者和选民参入）和许可条件，例如，预算问题就不允许公民的参与。

（4）直接选举（有时也撤销）市长（所有的联邦州）和县长（地区行政官员）（除巴登—符腾堡州以外的所有非市级州）。

（5）在部分联邦州，市民拥有通过选择特定候选人来影响市议会人员的机会（底层试图获取选举名单/对个别人的比例选举制和多数选举制同时存在，非常复杂）。

除了那些合法构建的参与机会，还存在一些扩展到所有层面的非正式参与机会（Gabriel and Kersting，2014：44），旨在通过这些机会让市民参与到政治决策当中来提高市民的参与度。

尤其是对市长和县长的直接选举并没有产生预期的成功。投票率低，通常低于50%；第二轮投票的投票率更是尤为低①。不仅如此，勃兰登堡州的有些县长选举结果因为参与率太低（低于15%）而无效②。因此，针对地区长官的直接选举尤为遭到质疑③。看起来人们是根据选举对他们（个人的）重要性来决定是否投票的（Lückemeier，2012）。

2. 重要问题和决策影响之间的差距："所有的投票人去哪了呢?"

克雷格和威特（Klages and Vetter，2013）对德国政治和人民之间日益加大的鸿沟进行了分析。自1945年以来从德国的投票率情况可以看出投票率的显著下降，尤其是在市级层面。州特别是联邦层面选民投票率有周期性的波动，但相对稳定。自20世纪90年代开始，投票水平与图1所描述的（不同政治层级的）重要性顺序完美契合。联邦州层面的选举选民投票率最高，其次是州级层面。地方和市级层面的选民投票率则遭遇严重下滑（这在更大范围内影响欧洲议会选举）。

市级选民投票率大幅下滑正值参与机会被大力引入市级层面，部分引入州级层面，但完全没有引入联邦层面（第二次参与浪潮），这是巧合吗?

自从人们拥有了直接投票的机会（直接选举他们的市长），尤其是拥有了通过全民公投来决定选举结果的能力（黑森州自1992年在市级层面开展全民公投），选举投票率便下滑严重。似乎人们越能对（政治）决策产生直接影响，执政党和执政官员的重要性就越小。另外，联邦选举似乎享有很高的重要性，但人们没有直接的影响力。在德国，人们不能直接选举州级和联邦级的官员。不仅如此，联邦州级的全民公投是不可行的。

---

① 参见 http：//www. statistik - mv. de/cms2/STAM_ prod/STAM/de/start/_ Landeswahllei - ter/Landeswahlleiter/kommunalwahlen/Direktwahlen/index. jsp [accessed 28 April 2015]。

② 参见 http：//www. wahlen. brandenburg. de/sixcms/detail. php/bb1. c. 191073. de [accessed 28 April 2015]。

③ 参见 http：//www. sr - online. de/sronline/nachrichten/politik _ wirtschaft/buergermeister _ wah - len_ luckas_ parteien100 ~ print. html [accessed 28 April 2015]。

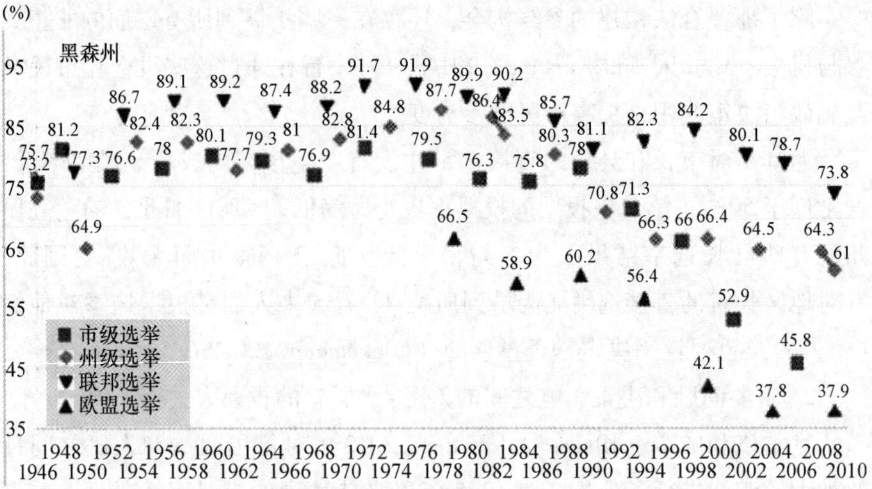

图1 黑森州1946—2010年各级政府的选举投票率①，百分比

希望拥有更多政治参与机会的德国民众当中将近有80%的人显然并没有参与选举，尤其是在市级层面。不仅如此，其中60%的人虽然宣称他们愿意参加选举以及其他的参与过程，但实际上他们并没有参与市级选举（我们随后再讨论这个有趣的话题）。仅提供选举是否不够充分——比如人们希望对社区问题有更多具体影响？

近期德国许多城镇都开展参与性预算活动②。参与性预算背后的基本理念是：预算决定了市议程当中最为重要的安排（Bertelsmann-Stiftung，2004）。因此，参与性预算活动似乎成为共同建设政治、行政和市民社区生活的秘密武器。然而，这件武器第一次并没有击中目标。12年前，有人第一次提出向当地政府引入参与性预算。只有6个城市（相对较少）率先引入了参与性预算。对该项目的州级资助刚一结束，6个城市中就有4个立刻结束了这一项目。市级官员给出的放弃项目的理由值得注意：

（1）只有20人参加了城镇参与性预算的信息会。付出了（很多）努力，结果却很不理想。

① 来源：州选举主任，可参见 www. wahlen. hessen. de [accessed 2 April 2015]。

② 以下网站 buergerhaushalt. org/en 监督德国的参与性预算活动。

（2）参与性预算的成功可谓昙花一现。很快就只有“常见的怀疑派”（专业的活动家，“政策呆子”）出现。

（3）“没钱：如果没有机会将市民的愿望和需求付诸实践，那么你就不应该去问他们。”对参与性预算的财政支持不充足。

回顾过往，似乎绝大多数最初版本的参与性预算手段都聚焦于信息的传递。政治家们和（与预算事宜相关的）公务员们借此机会向公众解释和传达公共预算涉及的复杂事宜（以及公务员每天开展工作的艰辛）。据称，人们并不想在他们的休闲时间接受有关预算的说教。不仅如此，市民对预算的影响非常不清晰或者说根本不了解。图 2 表明在 2010 年左右开始发生变化。

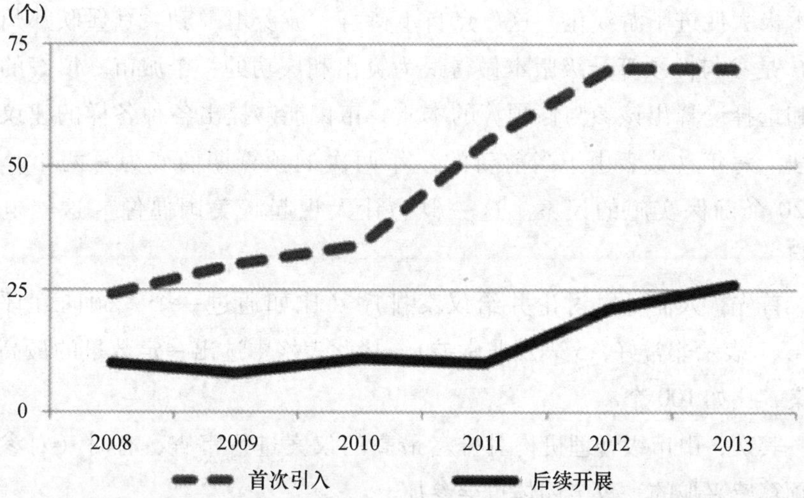

图 2　2008—2013 年德国引入和继续沿用参与性预算的城市数量

数据来源：《德国参与性预算现状报告》①。

自 2008 年至 2011 年，所有新引入参与性预算的城市并没有在第二年继续该项目；还有一些城市沿用了参与性预算，但是相应地同年退出的城市数量也更多。然而，只有大概 10 个城市在一段时间内持续开展了参与

---

① 参见 http：//www. buergerhaushalt. org/en/statusberichte。The website monitors the development of BP in Ger-many permanently.

性预算项目。自2011年开始，继续参与性预算项目的城市数量从10个（2011）上升到26个（2013）。尽管放弃继续参与性预算项目的城市数量与此同时也在上升（由于有更多的城市引入或尝试参与性预算项目），但一个虽然弱势但明显的趋势已经显现出来，即更多的城市将参与性预算作为城市规划的一项常规内容（尽管与德国近2000城市相比，26是一个很小的数字）。

乍一看来，出现转变的原因可归结为网络2.0时代的发展①。越来越多的城市运用网络2.0应用来开展其参与性预算项目。另外，网络2.0已经得到了诸如弗莱堡和汉堡这样非常雄心勃勃并较复杂的参与性预算参与者的使用（见表1）。网络2.0的运用似乎并不足以使得参与性预算蓬勃发展。事实上，简单化和游戏化似乎才是成功的关键。网络2.0技术极大促进了游戏化，这一点自不待言。波茨坦（勃兰登堡联邦州首府）是参与性预算升级版本做得最为突出和成功的一个城市。议案的提出和选择诠释出该参与性预算的本质。市民能够提出各种各样的建议和想法。每年（或者由于当前新的一年两次的预算期而变为每两年）选出20个确保实施的议案。这一概念让人想起《美国偶像》这档电视节目。

首先，人们可以讨论并给议案排序（比如通过一个“倾向性评估表”，1表示非常好，5表示非常差）。从此表格中选出一定数量的最高分议案，比如100个。

其次，由市级管理机构对排名最高的议案进行审查，有时（对参与性预算感兴趣的）议会团体也会参加。

再次，通过第二步审查程序的议案有时还会经历另一轮挑选：保留下来为数不多的议案将在网上（附有邮件调查）进行第三次排名，每一位市民都能对议案进行投票。

最后，市议会或镇议会将对最后留下的议案（20个）进行决策。

然而，依然只有一小部分市民对参与性预算感兴趣。目前结果最好的勃兰登堡首府波茨坦也只有5%的合格选民参与其中。

① 对此的清晰阐述参见Masser，K.，Pistoia，A. und Ph. Nitzsche，2013。

表1　　　　　　参与性预算的投票率，不同参与方法

参与者数量		绝对数量			选民占比/%		
		“面对面”			“面对面”		
城市	年份	在线访谈			在线访谈		
弗莱堡	2009/10	206	1861	2575	0.13	1.22	1.68
汉堡	2009	—	552	—	—	0.04	—
麻昌—海勒斯多夫	2007	50	—	—	0.02	—	—
波茨坦	2011	195	1720	3455	0.16	1.38	2.76
特里尔	2011	—	2322	—	—	2.90	—

来源：Masser&Pistoia&Nitzsche（2013）。

如果我们观察一下黑森州自引入参与性预算项目后的市级投票率就会发现，人们的参与情况具有很大的波动性，最高达到80%。

1993—2013年黑森州全民公投的平均投票率为50%，与黑森州市级选举的投票率大致相当。1994年，投票率最高超过75%，最低接近25%。2002年，参与情况普遍很好；而1999年、2005年和2013年，参与情况则非常糟糕。2013年，黑森州有431个市。自1995年起黑森州只有不到10个城市举行过全民公投。瑞士为防止参与率过低的情形，所有的公投都在（4个固定的）日期联合执行。在德国，公投和选举活动或其他公投在相同的日期执行相当少见。因此，相较瑞士而言，德国的参与率波动更大，因为当只有一项公投举行时（各级政府均开展若干公投），参与率更多取决于某位选民对某个主题的关注程度（Masser & Mory，2014：11）。黑森州全民投票的投票率（非常低）展示出相同的模式。81%的参与率似乎是上限。一般说来，投票率差别很大①。

初步总结一下，我们对德国的参与情况可作如下阐述：

（1）有大约20%的人确实想要参加；

（2）绝大多数人只在这件事看起来意义重大或者与他们的切身利益

① 来源：州选举主任，可参见 http：//www.wahlen.hessen.de/irj/Wahlen_ Inter - net？cid = 1cf3c4ce36580e81f03f670ddf1edf78［accessed 2 April 2015］。

相关（比如与他们的财产相关）时才会变得积极并采取行动。

总之，参与困境是显而易见的。人们想要决定哪些事情与这些事情是否能够得到许可存在差异。政治精英（政党）不愿意给予人们在（联邦）州级层面更多的影响力。但绝大多数人认为，最为重要的决策都是联邦政府层面做出的。然而，绝大多数参与权与地方规划相关。没有决策权，难怪人们放弃现有参与权的同时又要求更多权利。

（二）（德国）参与困境2：“你不能总是得到你想要的……但是你得到了你需要的吗？”

在过去的一个世纪，在所有的经合组织国家都发生了一种社会价值观的转变，克雷格（Klages，2001）将这种转变总结为“从一个人职责的履行和服从转变为自我表达和发展”。

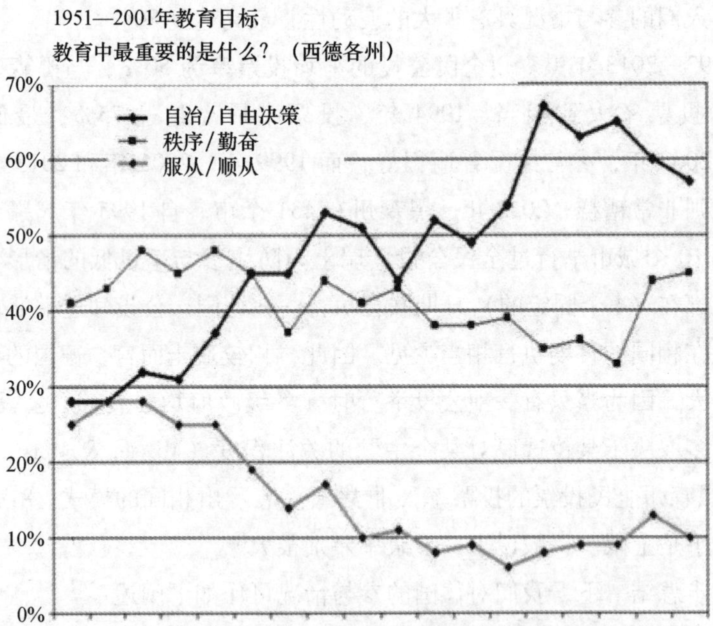

图3 1951—2001年德国人教育目标的变化①

① 图3是基于德国最著名的民意调查机构EMNID自1995年到2001年对德国人年度代表性样本的调查（Masser and Mory，2014）。

然而，对社会价值观改变的普遍信任根植于对个体独立和个人行动机会的需求，从而引发对个人事务产生影响的事件的（共同）决策的需求（Klages & Vetter，2013：18）。对任务、承诺和动机的接受建立在观点、思想、价值观和信念的基础上。

1. 市民参与的经济性：政治参与不是（自我实现的）第一选择

基于对市民的代表性调查，曼海姆市在2013年编制了一份《民主调查》（Van Deth & Schmitt-Beck & Odrakiewicz，2013）。德国公共行政研究所在2014年代表吉森市也做过一个类似的调查①。这两个调查都包含有关公民道德的问题（如图4所示）。受访者可以对一系列美德进行评价，并按照"非常重要"到"完全不重要"的顺序对其排序。

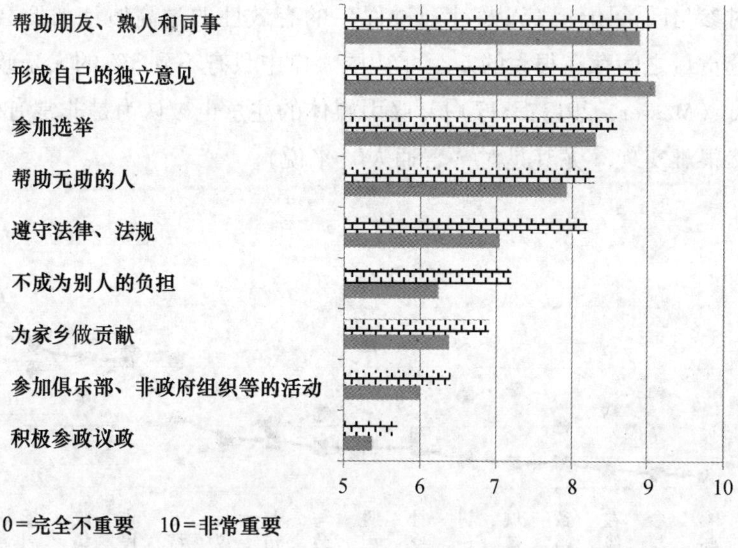

图4　公民道德评价（德国城市的两份民主调查），平均量（算术平均值）

显然，在人们看来，政治活动或政治参与不如参加选举重要。这与我们在前文中的发现是一致的（Ewen & Gabriel & Ziekow，2013：102）。人

① 曼海姆市是一个大都市（莱茵—内卡）的区域中心，常住居民大约为31.5万人。吉森市是一座大学城，常住人口约8万人。

们主要参与选举或全民公投，但在很大程度上没有参与到更加高强度和耗时的参与措施中。很多关于价值观和自愿参与的研究表明，只有极少数市民愿意在政治领域进行志愿工作（Klages & Masser，2009：38ff）。与其他活动相比，比如宗教或体育，政治志愿活动通常相当耗时。

根据我们实证调查的发现（市民调查），市民参与存在两大（也可以说是三大）主要决定因素：

（1）有效的参与工具，也就是结果在多大程度上具有约束力以及我能造成多大影响力。

（2）参与的成本：

A. 时间要求；

B. 所造成的不便，比如来自同伴的压力，对付政治激进分子的不确定性。

对参与政治团体（以及计划过程）的有效性的过高估计与低会员数量和低贡量之间存在很大的差距［德国人口中只有不到3%的人是政治团体成员（Masser，2013：317）］。吸引媒体的注意也被认为是非常有效的，但显然很难实现（尤其是对“普通人”来说）。

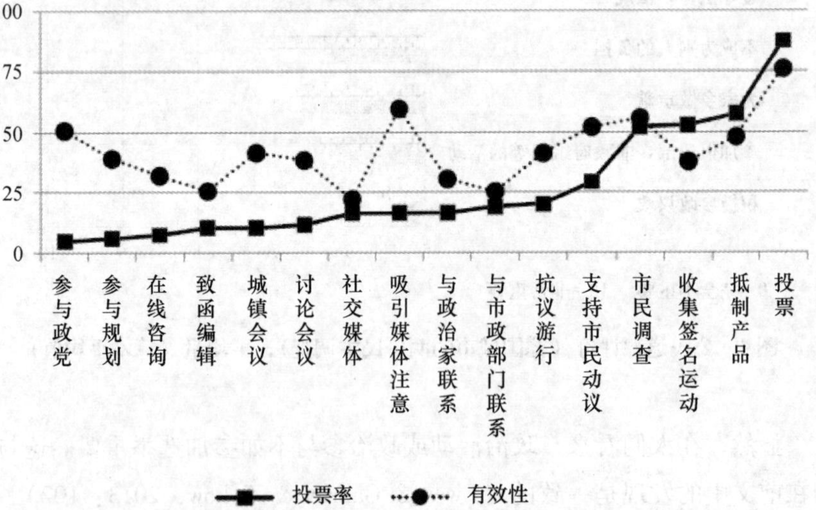

图5　参与工具的投票率和有效性，2014年吉森市民主调查，百分比

如图5所示，最受欢迎的参与形式（市民调查、收集签名、抵制产品和投票）也是非常有效的方式，且显然不需要花太多时间并适合每一个人（没有对较高学历或义务提出要求）。这也同样适用于非常受欢迎的全民公投（Klages & Masser，2009：51）。市民参与的成功，也就是参与者的数量似乎取决于市民的成本—收益分析。

1. 选择性功利主义和政治激进主义：不同行为和不同期望

施派尔德国公共行政研究机构开展的市民调查由两个独立的要素构成。核心要素是一个指定人群的随机抽样。此外，还有一个对所有人开放的在线调查。后一个群体会通过人们对调查主题的兴趣而自动招募受访者①。结果发现不同群体之间存在巨大的差异，比如公开调查组一般年龄偏大，由男性主导并拥有较高的学历。不仅如此，这些人一般行动更加自愿，对政治也更感兴趣（Klages & Masser，2009）。

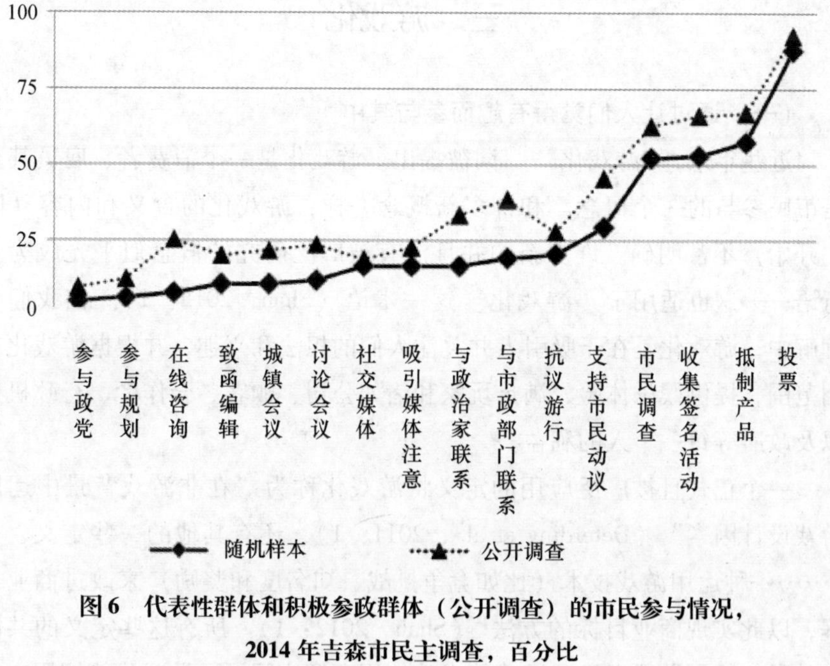

图6 代表性群体和积极参政群体（公开调查）的市民参与情况，2014年吉森市民主调查，百分比

① 施拜尔市民小组在好几个研究报告中都有记录（由GRIP出版），可从如下网站上查看并下载：http：//www. foev - speyer. de/publikationen/pubdb. asp? reihen_ id =1。

图6显示，参与率更高的公开调查群体在在线咨询、与政治家联系、与市政部门联系、市民调查和收集签名活动方面都表现得更加积极。

在代议民主制中，市民参与政治积极分子群体的经济性似乎并没有优势可言。这些人花了大量的时间和精力在诸如在线论坛、市民动议等事情上，但他们并没有比其他市民拥有更多权力。收益（决策）和成本不匹配，因此缺乏效益。换句话说，除非拥有权力，否则参与政治志愿活动的成本效率比很糟糕。这或许就能解释为什么德国的政治积极分子对其国家的政治制度不满意。但绝大多数人都是受益的。因为高成本效益（占用的时间和要付出的努力少而影响相当大），政府和行政部门以及市民之间的劳动分工和通过选举和公投所拥有的产生重大影响的机会似乎非常有吸引力。因此，德国的政治制度似乎符合绝大多数人民的需求。毫无疑问，绝大多数人都期望能在不明显增加付出的情况下拥有更大影响力。

三　游戏化

（一）通过让人们觉得有趣而参与其中

近些年来，“游戏化”一词被提出。游戏化是一个消费者、雇员甚至是市民参与的一个概念。和许多新概念一样，游戏化的含义和内容（刚一开始）不甚明确。许多新的并且没有被广泛研究的概念似乎先成为流行语——这也适用于“游戏化”这一术语（Shah，2012：1）。在我们的理解中，游戏化是在于吸引人并关注人们的想法和兴趣，并根据游戏化应用范围，提供娱乐体验，满足玩家和诸如公司、顾客、合作者、行政机构以及政府等每一个人的利益。

一个正式且被广泛应用的定义将游戏化称为“在非游戏背景中运用游戏设计因素”（Deterding et al.，2011：1），还有其他的一些定义，如“……一种运用游戏技术（比如竞争挑战、知名度和奖励）来改进商业过程，以此实现商业目标的方法”（Shah，2012：1）。所有这些定义的共同点就是，运用游戏思维和游戏技术让使用者解决问题。游戏化能够用来提高用户参与度、投资回报率、数据质量、及时性和学习能力。游戏技术包括为完成任务的用户提供奖励，促进竞争以及从根本上让任务变得像游戏。

正如第二种定义所指出的，游戏化项目由如下4个主要因素构成（Shah，2012）：

（1）目标。首先，识别商业目标很关键，只有如此才能了解机构努力的方向。这些方向可能包括提高采用率，鼓励雇员学习，提高品牌认知度以及缩短进程等。

（2）使命。使命是商业目标的分解，是一套为实现商业目标的相关任务。它能有不同的层次，玩家完成每一层次或任务均可获得奖励。

（3）游戏构成要素。游戏过程操作性部分的游戏构成要素可以展示为徽章、关卡、挑战、得分排行榜以及玩家。

（4）精心的设计。有效和恰当的设计是游戏过程最为重要的部分之一。在这方面，易于使用和直观设计是游戏过程获得整体成功的关键。

所以为了获得成功，以玩家为中心的游戏设计应具备了解玩家、识别商业目标和使命、理解人类行为动机和应用技术等特点。在私营部门（有时也可以在公共部门）可以找到很好的例子。

（二）私营部门如何玩游戏

视频游戏产业高度促进了游戏化的发展。因此，当谈及私营部门尤其是软件行业的游戏化时，这个巨大的产业充当着思想引领者的角色。作为时下最流行的《惊爆美式橄榄球》视频游戏的制造商，EA Games 的游戏开发者遵循这样一项规则：不能在7分钟内给用户带来直观愉悦体验的游戏软件必死无疑。

当SAP在多年前开始重新思考其软件开发方法时，公司从视频游戏产业中找到了灵感。在这方面，雇员提出了这些问题：这是否意味着我们可以设计出类似“杀戮地带3”的界面来进行差旅费报销？回答是“并不一定”，但视频游戏机制和内在动机背后的一般思路是非常类似的。视频游戏意味着大商机，SAP由此得出结论认为，企业软件开发者一定能够从上述“杀戮地带3”等游戏给玩家带来的情感联系中获得灵感，该游戏在北美发行第一周就卖出超过50万套。

在本文第二部分下的第二点当中，我们解释了一个游戏秀概念，（例如《美国偶像》）是如何复苏和挽救德国的参与性预算项目。上文提及的SAP公司正是运用相同的概念改进其产品（软件）。两者的方法惊人地相似：为改进现有的软件并提高功能性，出现了一个叫“消费者连接”的程序。用户（消费者）被鼓励在 SAP 消费者影响平台上发布改进要求和其他建议。这些要求和建议会在相关消费者群体或特定利益群体中进行讨论，以实现“与尽可能多的消费者合作并取得一个基于消费者需求的建议储备排序（将建议传达给 SAP 研发部评估）”。“玩家”扮演不同的角色：1）“提要求的人”提交和描述他们的想法；2）订阅者，他们对想法“进行投票”，从而帮助把想法按照优先顺序排列，使其有资格进入公司的储备意见评估（每个要求最少有 5 名订阅者）；3）跟进者，他们要了解想法的进程并对其进行评论（消费者获得有关某个想法是否予以实施以及怎样实施的反馈，或者想法无法在当前项目实施的理由。通过筛选的改进意见通过服务包和加强包等方式提供）。因此，“消费者连接”可主要用来：

- 提交改进要求；
- 对提交的改进要求进行讨论和订阅；
- 跟踪与他们相关的改进要求进展情况；
- 声明他们是否想要实施改进，如果是，具体包括哪些改进。

公司报告称，消费者要求造成将近 400 项产品提升，全球范围内超过 6500 名消费者使用了改进后的产品。消费者和市民具有相同的职能：前一种情况下是对他们所使用软件的改进；后一种情况下则是对公共政策和项目的评估和发展。在两种情况下，我们都看到制度从其环境中得到反馈和回应的概念。用演化的术语来讲，我们可以说这是智能适应的一种方式。然而，真正让人惊叹的是这三种相同的角色：1）负责“设置默认值”和游戏规则的推进者；2）（一小部分）积极使用者、顾客或市民，他们提出要求和建议，并参与到对这些要求和建议的讨论之中；3）绝大多数“感兴趣的观众”，他们对“所有这些事情”投赞成或反对票（竖起大拇指或大拇指朝下）。看起来似乎这三个群体是民主政治和客户导向的永恒组成部分。我们发现他们沿袭了雅典古希腊人的轨迹：1）协助政府机构；2）特殊的市民检察官——主动行动并随后反击；3）政体：大拇指朝上或大拇指朝下（在古罗马的“面包与马戏”游戏中得到实际运用）。

然而，我们从 SAP 的消费者关系战略以及德国参与性预算项目进展情况可以得知，人们对参与复杂的细节不感兴趣，比如，制定预算或开发一款软件（项目编码），而只对产出和结果感兴趣。不仅如此，不同用户/市民群体之间对想要获得的问题解决方式有不同的需求。然而，如果手段和方法带有娱乐、悬念等因素，消费者参与和市民参与似乎会更加成功。自由的民主选举不仅公平和公正，它们还意味着能给民众带来很多的娱乐性和悬念。美国预选就是很好的例子：谁会成为候选人？即便只是预选，也会有一系列的主要政党电视辩论赛以及大量的媒体关注。

另一种游戏化的方式是（群体）挑战赛。在“Bankathon”挑战赛期间，最优秀的新设计开发金融产品得到了奖励①。参赛小组必须在 30 小时内形成对金融行业数字化的创新性想法。最佳解决方案得到嘉奖，以及 SAP 提供的创业指导。

（三）公共部门如何玩游戏

尽管私立部门已经将游戏化用于商业目的，但是公共部门似乎才刚开始探索如何利用游戏化服务于其自身的目的和需要。然而，公共部门也有一些为促进市民参与而利用游戏化的典型案例和初步尝试，其中一个便是德国路德维希港市“北方”高架公路的翻修项目（如图 7 所示）。德国路德维希港市的“北方”高架公路（穿过莱茵河）建于 1970—1980 年，现在需要进行一次彻底的翻修。它是一条贯穿城市中心且穿越莱茵河的国家级高速公路（见图 8）。

此项建设工程将对路德维希港整个城市以及所在的地区产生重大的影响②。建设期将接近 10 年，成本总计约 3 亿欧元。市政当局决定尽早让民众介入。就像德国另一个类似的案例（A 6 翻修工程）的情况，民众提出了四种不同的规划方案，包括一种主张对高架公路进行完全重建，两种主张部分重建，还有一种是在地面上修一条全新的“普通”公路。各种提议被放在市政厅会议和网上供民众了解，并做出了具体的

① 比如可参见 https：//www. bankathon. net/#results_ menu。

② 有关这项工程和这条路的详细信息，参见 http：//www. ludwigshafen. de/nachhaltig/city - west/。

图7　路德维希港的“北方”高架公路，通过操纵杆来模拟四种场景的开车通行

说明：

1. 建设期将会持续多久？（最理想的情况下8年，最糟糕的情况下12年）

2. 花费将是多少？（最少2.7亿欧元，最多3.3亿欧元）

3. 噪声和废气排放情况会如何？

4. 与每一种提议相关的未来城市发展有哪些可能性？

该项目最为突出的特点就是市政厅会议和网上有对所有这四种方案的可视3D视频①。因此，每一位市民都能够在可视化的新公路上模拟驾驶②。在权衡利弊以后，每个人能够给出他们对这四种方案的偏好。市民还可以在一个在线咨询平台对每一种方案和整个工程做出点评并相互讨论。最后，参与者可以给这四个选项中的一个投票。在绝大多数方面（成本、城市发展的可能性等），每四个参与者中有三个选择在地面修一条新公路。市议会在原则上承担着决策的责任。然而，背离绝大多数市民的明确意愿来做决策似乎是不可能的。超过1万人参加了市政厅会议以及在线咨询。即便有一个市民团体仍偏好于重建高架公路（尤其当交通流量和停车空间成为首要考虑的目标时），选择地面公路的决策也是不容置疑的。抵制市民的动议将没有胜利的可能。

① 参与过程的最终报告可参见 http：//www. ludwigshafen. de/fileadmin/Websites/Stadt_ Ludwigshafen/Nachhaltig/City_ West/Buergerbeteiligung/LU_ Auswertungsbericht_ Stand20140317_ final. pdf。

② 可参见 https：//ludwigshafen - diskutiert. de/。

路德维希港“北方”高架公路的例子指出，在具有（潜在）冲突目标的情况下，市民的早期介入是准备不充分的。不仅如此，还应对通过游戏化方式让（相对）大量市民广泛参与决策加以注意，例如，路德维希港案例。这个案例表明，拥有好玩因素的简单参与方法和程序以及一个明确的结果对于实现总体目标是非常有帮助的。此外，可视化（3D 动画）可以帮助将复杂的规划诠释给普通市民。

当前有各种各样的规划软件都可供（专家）使用。不管你是想设计一所新房子还是一个花园，在 3D 模拟的帮助下，一切都能够被描画和设定在“游戏场景”中。

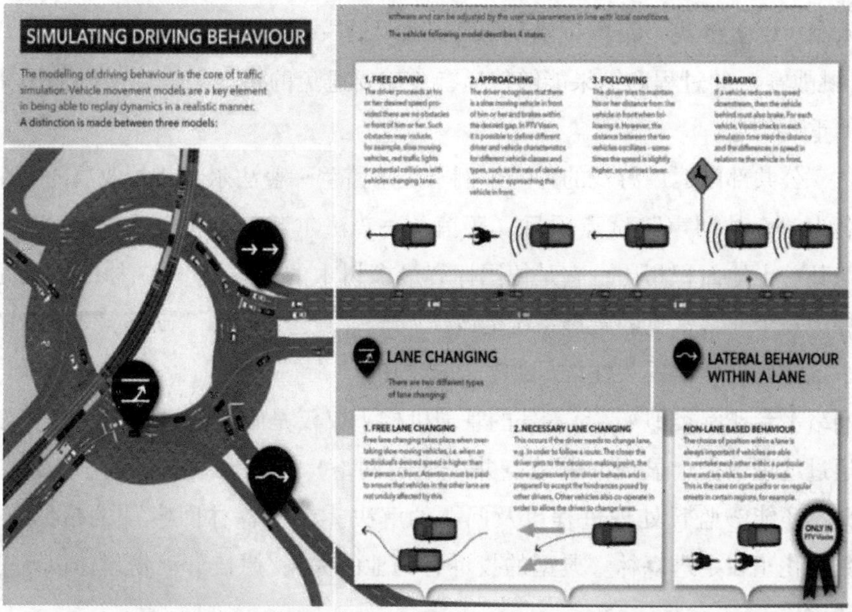

图 8　“PTV vissim 交通模拟”规划软件示例

在合适软件的帮助下，可以通过多玩家在线游戏的形式，将市民融合到大规模工程项目的规划当中（见图 8）。规划的任务将会是确定游戏的恰当背景，比如，明确一条公路的可能路径，一家工厂的位置，最小或期望的容量等。因此，游戏化改变了信息的呈现方式。经典的（长篇）书面文本、大量表格（或图形）以及施工图纸并不适合向市民传递能够被理解的信息。例如，政务信息必须被翻译成（数字的）可视化信息并被压缩成图片/视频和重要的指标。这种转化信息是开发游戏的基础。

路德维希港获胜方案最受赞许的特点之一便是对城市发展机会的提升，尤其是有了开发新建筑或绿色走廊的自由空间。另外，3D 动画中只有模糊的多维数据集和潜在解决办法，未来如何仍然不可预知。过去（比如20 世纪60 年代和70 年代）城市发展规划的很多案例都没有得到期望的结果。相反，却形成了现代社会很多重大社会热点。游戏化可被用来确定各种城市未来发展方法的风险和潜力。正如在棉花糖挑战赛[①]中，各团体均能实际缔造城市发展。每一个群体都拥有相同的资源并面临同样的限制。网页游戏“帝国锻造”[②] 已经加入了一个非常有趣的情节。游戏（挑战赛）的过程和结果能够传递有关需要避免的错误和需要鼓励的因素的重要信息。

公共部门运用游戏的另一个例子是莱茵兰—普法尔茨州林业局的一个名为“森林回声”试点项目（莱茵兰—普法尔茨森林覆盖率达到42%，与其总土地面积相比，它是德国拥有最多树木的地方）。“森林回声”是德国一个非常常见的管理系统的改编版本——这个名为“缺陷报告者”的系统主要处理市民关注的问题，与英国的“街道报修”（Fix My Street）网络平台非常类似[③]。负责任的管理机构不仅仅是收集投诉信息，还可以通过地理数据，显现问题地点并（通过网络）展示在公众面前。不仅如此，还能够监督处理进程以及问题的解决。在“森林回声”的帮助下，数字化正在走进森林。典型的投诉有倒地的大树/树枝、动物尸体以及非法砍伐。

该项目发起后不久，人们就发现这个项目获得了巨大的成功，但只局限在四个试点地区当中的一个。这四个试点城市分别是特里尔（西北）、美因茨（东北）、凯泽斯劳滕（中部）和哈尔特（中部/东部）。2016 年

① http：//marshmallowchallenge. com/Welcome. html.

② https：//en. forgeofempires. com/.

③ https：//www. fixmystreet. com/：Fix My Street 是一个允许市民在地图的帮助下，通知当地管理机构他们在他们周围所发现的有待解决的问题（街灯破碎、路面坑槽、街道不安全等）。

初，人们很快就发现一个项目地区［凯泽斯劳滕（K 城）］获得了最多的关注。这是很出乎预料的。下面这张来自 2016 年 1 月 5 日的地图（见图 9）向我们展示了公众对 K 城林业厅（30 个实际案例中有 26 个与 K 城相关）的关注。在 K 城地区，森林对民众来说格外重要，因此当地的报纸对“森林回声”进行报道并形成加倍效应。如此一来，即便当局没有意图将“森林回声”作为一个游戏来让民众参与，但实际上它达到了这样的效果。

几乎所有的游戏都要依赖悬念和足够（数量）的受众。首先，“缺陷报告人”根据悬念发布报告，并且大家都能观察事情的进展。“森林回声”运用交通灯颜色来表明进展情况：1）即将发生/未经确认（红色）；2）处理中（黄色）；3）已解决（绿色）。在 K 城，林业局似乎都在各地快速解决所有民众上报的问题。他们知道有很多人在关注事态进展并因此受到高度激励。相反，在哈尔特地区，两件上报问题中有一件被拖到一个多月后才开始着手处理。

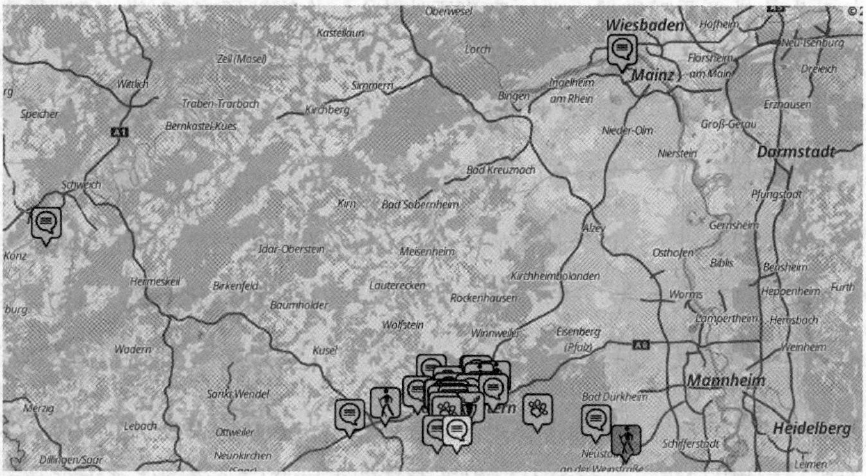

图 9 报告的空间分布

由于 K 城所取得的巨大“成功”以及极少的投诉和报告，其他三个地区似乎（在游戏中）失去了兴趣。这有点像一支队伍在联赛中年复一年地以 10∶0 获胜。失败者失去了兴趣，随后观众也兴趣索然。

无独有偶的是，这个项目也变成了某种游戏。因此，现在的问题是责任部门（政府部门）能够重启项目。也就是说，重新塑造游戏的背景和规则，让所有四个项目地区再次加入。不仅如此，通过游戏化思考，可能很多其他问题，例如组织内的改组或者制度影响分析等均能得到处理。

四 结论

根据社会价值观的（不断）转变，人们希望参与到政治事务的（共同）决策当中。社会价值观的转变解释了为什么绝大多数德国人要求得到更多影响政治决策的机会。与此同时，（德国）人民对于政治家和政党相当地不信任。因此，绝大多数（德国）人不愿意被牵扯到政治决策过程当中。一般说来，人们接受一小部分精英政治家和官僚来处理复杂且耗时的政府和行政事务。绝大多数时候，市民和政府与行政机构之间的劳动分工运行良好。大多数人（65%—75%）希望被告知（所有的）公共事务，为的是必要时进行干预（充当否决人）。此外，还有10%—15%的人希望能够像国会和地方议会那样永久地参与到政治决策当中。游戏化能够充当满足现代多元社会不同群体需求的一个工具，参与预算和大规模基建项目就是很好的例子：

(1)（当选的）政体、公职官员和行业专家：他们仍然掌控大局，承担决策者的职责。然而，他们的角色发生了变化，即市民参政成为决策准备和实际行动的一部分。游戏化是让市民参与进来的便利手段。通过定义“游戏”的背景和规则，官员不会失去他们的决策（合法）功能。相反，如果利用得当，通过从市民处获得有关计划可能或实际偏离情况的反馈，如果参与人员足够多，通过合法性的提升，市民参政将巩固官员对政治决策执行过程的控制。（政治上）积极参与的市民群体：该群体绝大多数都是收入和受教育程度高出平均水平的男性成员和近期退休人员。这些人既没有当选也没有任命，他们要求代表人民发声。游戏化为这个群体提供了一个在公共事务中积极参与并发挥重要（但耗时）作用的机会。他们能参与的公共事务包括寻找和讨论公共投资、节约预算以及监测基础设施项目的多种可行方案等。在游戏化的帮助下，对市级政策项目进行监测和阐述是有可能的。不同背景和条件下模拟（不同）项目的机会和风险变得清晰可见。正如在私人企业中质量管理的案例，游戏化在“消费者”的帮助下具有成为改进公共产品工具的潜能。

（2）大多数的“市民”：一方面，这个群体不想成为当面提意见的政治积极参与者。另一方面，人们想要拥有关于所有重大公共事务的信息，并且必要时拥有共同决策的权力。因此，各种类型的投票程序非常适合满足这一需求。即便只是对一个提案或一种观点给出“喜欢”或“不喜欢”的意见。要是能对不同解决方案和公共事务（公共投资、基础设施、储蓄等）的优劣势给出评价则更好不过。总之，大多数人通过投票程序来参与，但没有决策权。同时，人们也不必花很多时间。

在积极市民群体的帮助下，各种不同公共事务和解决办法是有可能获得进展的。设定目标、规则和框架是政治官员和行业专家的必然任务。大多数的民众则负责判断（通过游戏开发出来的）不同解决办法的优缺点。游戏（以及游戏化）最关键的特点是它不是真的，它可以帮助制定真实的决策，但仍然为政治领域留下决策的空间。

参考文献

Bertelsmann-Stiftung und Innenministerium Nordrhein-Westfalen（2014）：Kommunaler Bürgerhaushalt：Ein Leitfaden für die Praxis，available from：http：//www. google. de/se－arch？ sourceid = navclient & hl = de & ie = UTF－8 & rlz = 1T4DBDE_ deDE277DE301 & q = Bertels－mann－Stiftung + und + Innenministerium + Nordrhein－Westfalen% 2c + Kommuna－ler + B% c3% bcrgerhaushalt% 3a + Ein + Leitfaden + f% c3% bcr + die + Praxis［accessed 02 May 2015］.

Deterding，S.，Dixon，D.，Khaled，R.，& Nacke，L.（2011）. From game design elements to gamefulness：Defining“Gamification”. Proceedings from MindTrek'11. Tampere，Finland：ACM.

Ewen，Christoph/Gabriel，Oscar W. / Ziekow，Jan（2013）：Bürgerdialog bei der Infrastruktur-planung：Erwartungen und Wirklichkeit. Was man aus dem Runden Tisch Pumpspeicherwerk Atdorf lernen kann，Baden-Baden：Nomos.

Gabriel，Oscar W. / Faden-Kuhne，Kristina（2011）：Auswertungen einer Befragung vor dem Volksentscheid zu Stuttgart 21（Ergebnisse einer repräsentativen Erhebung，durchgeführt von Infratest dimap），available from：http：//www. bertelsmann－stiftung. de/fileadmin/fi - les/BSt/Presse/imported/downloads/xcms_ bst_ dms_ 35291_ 35356_ 2. pdf [accessed 09 May 2015] .

Gabriel, Oscar W. /Kersting, Norbert (2014): Politisches Engagement in deutschen Kommunen. Strukturen und Wirkungen auf die politischen Einstellungen von Bürgerschaft, Politik und Ver-waltung, in: Bertelsmann Stiftung/Staatsministerium Baden-Württemberg (Hrsg.): Partizipa-tion im Wandel. Unsere Demokratie zwischen Wählen, Mitmachen und Entscheiden, Gütersloh 2014, pp. 43 - 181.

Geißel, Brigitte (2008): Wozu Demokratisierung der Demokratie? -Kriterien zur Bewertung partizipativer Arrangements, in: Vetter, Angelika (ed.): Erfolgsbedingungen lokaler Bürgerbe-teiligung, Wiesbaden, pp. 29 - 49.

German Federal Agency for Civic Education, available from: http: //www. bpb. de/poli - tik/grundfragen/parteien - in - deutschland/42226/zahlen - und - fakten accessed 09 May 2015] [ac - cessed 09 May 2015] .

Hessisches Statistisches Landesamt (Statistische Berichte) (2011): Die Kommunalwahlen am 27. März 2011. Endgültige Ergebnisse der Gemeindewahlen und der Kreiswahlen (Kennziffer: 27B VII 3 - 2 - 5j/11), p. 6. , available from: https: //www. destatis. de/GP-Statistik/servlets/. . . /BVII3 - 2_ 5j11. pdf; jsessionid. . . [accessed 09 May 2015] .

Kaufmann, Bruno/Büchi, Rolf/Braun-Binder, Nadja (2005): Guidebook to Direct Democracy, Bern: Graf-Lehmann AG.

Klages, Helmut (2001): Werte und Wertewandel, in: Schäfers, Bernhard/Zapf, Wolfgang (Hgg.): Handwörterbuch zur Gesellschaft Deutschlands, 2. Auflage, Opladen, pp. 726 - 738.

Klages, Helmut und Masser, Kai (2009): Das "Speyerer Bürgerpanel" als Element beteiligungsbasierter Demokratie auf der lokalen Ebene. Die Bürgerbefragung "Unser Nürtingen-unsere Werte" 2008 als Beispiel, Speyer: Deutsches Forschungsinstitut für öffentliche Ver-waltung, Speyerer Forschungsberichte 261.

Klages, Helmut/Vetter, Angelika (2013): Bürgerbeteiligung auf kommunaler Ebene. Perspek-tiven für eine systematische und verstetigte Gestaltung. Modernisierung des öffentlichen Sek-tors, Berlin 2013.

Kubicek, Herbert/Lippa, Barbara/Koop, Alexander (2011): Erfolgreich beteiligt? Nutzen und Erfolgsfaktoren internetgestützter Bürgerbeteiligung-Eine empirische Analyse von 12 Fall-beispielen, Gütersloh 2011.

Lehrke. Jesse P. / Masser, Kai (2015, forthcoming): Leviathan 2.0: Reinforcing the Social Con-tract by Open Security，Paper to be presented at the 2015 IIAS Congress Rio de Janeiro，Brazil，22 to 26 June 2015.

Lückemeier，Peter，not dated，Die Direktwahl von Bürgermeistern in Hessen-Fünf Erfahrungen-Reihe „ Kommunalpolitik " der Konrad Adenauer Stiftung，Materialien für die Arbeit vor Ort Nr. 5，available from：http：//www. kas. de/wf/doc/kas_ 3515 - 544 - 1 - 30. pdf? 040615164903 [accessed 28 April 2015].

Masser，Kai/Ritter，Tobias/Ziekow，Jan （2014）：Erweiterte Bürgerbeteiligung bei Großpro-jekten in Baden-Württemberg. Abschätzung der Auswirkungen der Verwaltungsvorschrift "Bürgerdialog" und des "Leitfadens für eine neue Planungskultur" der Landesregierung，Spey-erer Forschungsberichte 275.

Masser，Kai/Mory，Linda（2014）：Citizens' participation：Is citizens' participation killing ele-cion turnouts-disillusionment with politics or a normal adaptation to the societal value change?，research paper presented at the 2014 EGPA Annual Conference，Speyer，Germany 10 - 28. 12 September 2014，available from：http：//conference. iias - iisa. org/uk/ConferenceCalendarDe - tail. awp? P1 = 3 & P2 = 78 [accessed 12 May 2015].

Masser，Kai/Pistoia，Adriano/Nitzsche，Phillip（2013）：Bürgerbeteiligung im Web. 2. 0. Po-tentiale und Risiken webgestützter Bürgerhaushalte，Wiesbaden：Springer，partly also available from：http：//www. buergerhaushalt. org/en/article/participatory - budgeting - its - critics - see - it [ac - cessed 12 May 2015].

Nanz，Patrizia/Kamlage，Jan-Hendrick （2013）：Entwicklungen der partizipativen Demokratie in Europa，in：Bürgerbeteiligung in Deutschland und Europa，Zeitschrift für Gemeinschafts-kunde，Geschichte，Deutsch，Geographie，Kunst und Wirtschaft，Heft 65 - 2013，Stuttgart：Lan - deszentrale für politische Bildung Baden - Württemberg.

Nicholson，S. （2012）：A User-Centered Theoretical Framework for Meaningful Gamification. Paper Presented at Games + Learning + Society 8. 0，Madison，WI，available at：http：//www. qui - lageo. com/wp - content/uploads/2013/07/Framework - for - Meaningful - Gamifications. pdf，ac - cessed：12/30/2015.

SAP（2011）：The Gamification of SAP，available at：http：//scn. sap. com/peo - ple/tim. clark/blog/2011/03/04/the - gamification - of - sap，accessed：12/30/2015.

Shah，A. （2012）：Gamification：It's all About Processes，in：Cognizant，May 2012，available at：http：//www. cognizant. com/InsightsWhitepapers/Gamification - Its - All - About - Processes. pdf，accessed：12/30/2015.

Van Deth，J. W. / Schmitt-Beck，R. / Odrakiewicz，S. （2013）：Demokratie in Mannheim. Ergeb-nisse des ersten Demokratie Audits Mannheim，Stadt Mannheim.

Vetter，Angelika（2008）：Institutionen und lokale Wahlen：Wo bleiben die Wähler?，in：Vetter，A. （ed.），Erfolgsbedingungen lokaler Bürgerbeteiligung，Wiesbaden：Springer，pp. 49 –72.

公共部门结构改变如何影响总体生产力

——以意大利为例

意大利罗马第三大学　埃内斯托·洛伦佐·费里

意大利罗马第二大学　洛伦佐·卡本

意大利总理办公室　马西莫·盖里

意大利罗马第二大学　加纳瑞·崔娃

【摘　要】本研究旨在测算政府生产力的提高对意大利经济体的微观影响。本文的贡献主要有两方面。首先，界定了大量指标以获取公共部门效率的情况。其次，针对公共部门的效率，本文运用意大利经济体的一个结构性宏观经济模型来分析公共部门效率结构性变化（比如一次性提高10%）对宏观经济的影响。我们的模拟仿真表明，长期来看，高效的公共部门会显著提高总出口的水平、速度和增长率。

【关键词】公共部门效率；总体生产力；经济增长

一　引言

近日，国家政策制定者及国家组织逐渐对“提高公共部门生产力有助于提升总体经济绩效、刺激经济长远增长”这一观点达成共识（Atkinson，2005；UK Office of National Statistics，2009；OECD，2010）。[①] 根据桑希尔的研究（Thornhill，2006），我们归纳了三个主要原因来解释公共部门生产力的重要性。第一，公共部门通常是主要雇主。第二，公共部门是经济服务，尤其是商业服务（影响投入成本）和社会服务（影响劳动力质量）的主要提供者。第三，公共部门是税收资源的主要消费者。因此在许多国家，制定旨在提高公共部门生产力的改革方案时，这些论据会成为中心议题。

通常，公共部门生产力的提高可以通过三个途径来提升宏观经济效益。

1. 提高总体生产力。高效的公共部门（例如，更好地运用信息和通信技术以使流程数字化或提升所提供生产性服务的质量）能对创业活动施加积极影响，因为这通常会降低私营部门的成本。显然，公共部门和私营部门间的互补性越强，对这种结构性变化产生的总产出的影响也会越强。而且，更高效地提供所有服务不是影响生产力本身——而是直接影响人类资金积累（教育和卫生保健）和社会福利（由政府提供或民法规定的一般服务）——必然会促进总体绩效的提高，进而提高私营部门的生产力。

2. 减少亏损和债务。一个更有效率和高产的公共部门可减少公共开支，促进财政稳固，提高财政增长率。它能够节约成本，进而减少赤字和潜在的税收，改善国家的财政状况，带来宏观经济效益。而且，可持续的财政平衡有助于减少家庭和私营部门的不确定性，促进投资和国民生产总值的增长。2009 年，意大利政府总支出占国内生产总值的 50% 以上，略高于经合组织 46% 的平均值。在过去 15 年中，意大利政府总支出超出财政收入，尽管由于政府采取措施，两者间的差距在 20 世纪 90 年代后期一度消失过，但是自 2000 年以来仍然继续存在。减少公共支出可以降低未来政府通过增加税收以支付赤字和债务的必要性，缓解额外的付息压力，而额外的付息压力在过去的 5—7 年里始终占据着国内生产总值的 5% 。

3. 减少与政府交易的时间和资金成本。公共部门效率的提高可以节

① 在本文中，我们把政府产出的所有范围都划入公共部门，当提到“生产率”和“效率”时，两者是指同一概念。

省公民和企业家与政府打交道的时间和成本（电子政务、信息和通信技术业务的改善）。它也可以通过向家庭和私营部门开放生产性资源催生经济活动。最后，公共部门所提供服务质量的提高可以降低公民和公司的成本。

4. 改善政府治理以在所有政策部门取得更好的成果。公共部门生产力和效率越高，公民对政府的信任度就会越高。这可以降低家庭和企业的交易成本，提高其对政府的遵从度。而且，公共管理的质量影响其制定、采纳和实施公共部门中结构改革的能力（例如教育和卫生），这对经济增长会产生积极影响。大多数实证研究在法治、减少腐败、官僚效率方面验证了制度和治理质量的重要性（近似于一个综合指标）。然而，经合组织国家日益将治理视为一种政治和社会企业家精神，在这种精神指导下，国家和公共部门通过促进与公民社会和其他私利团体的合作与伙伴关系来实现治理。考夫南等（Kaufmann et al.，2009）使用狭义上的治理概念，证实了一个持续提高其治理、法治有效性或者有效抑制腐败的国家，从长远来看有望实现人均收入的显著增加。

毋庸赘言，一旦理解了公共部门在经济活动中发挥的作用，量化改革方案的影响对政策制定者如何更有效地分配稀缺资源至关重要。显然，影响大小取决于参与的公共部门组织对激励机制改革的反应强烈度。

尽管这很重要，但人们对公共部门生产力与长期经济增长间的关系分析偏少，且对其运作机制的学术研究仍然非常有限。本文的目的是部分弥补这一不足。我们的贡献主要体现在两方面。首先，我们定义了一组新的公共部门绩效指标。其次，我们使用意大利经济体的结构性宏观经济模型来测算公共部门综合改革方案，如 2009 年意大利政府采用的改革方案的影响。本文结构如下：下一部分对研究公共部门生产力的现有文献进行简单评述，为公共部门生产力与长远的人均国内生产总值增长率间的因果关系提供概念框架。为简明扼要起见，讨论将主要围绕文献进行。在第三部分，我们分析数据并给出模型。第四部分总结论文的主要结论。

二　文献回顾

博伊尔（Boyle，2006）为测算公共服务生产力的国际经验方面提供了一种系统视角，有关衡量公共部门生产力的尝试可分为如下几种。

1. 国家和部门生产率测算项目。近年来，各个国家在国家和部门层面上都参与了生产率测算倡议，其中英国被视作国际性测算公共服务生产率工作的领导者。阿特金森（Atkinson，2005）在他为英国做的报告中强调了一些用于测算出口、进口和生产率的原则，其中最关键的一点是，他强烈建议原则上出口增长措施理应将质量改变考虑在内。在部门层次上，英国测算生产率的解释性例证主要围绕医疗、教育和地方政府三个方面。英国国家统计办公室（Office for National Statistics，2006）制定了三种不同的国民医疗服务测算。第一种测算基于目前出口的国民核算估值。第二种测算明确地将阿特金森（Atkinson，2005）评论中强调的建议纳入了考虑范围。在第二种测算中，为了改善国民医疗服务质量而对出口进行调整。在第三种测算中，国民医疗服务出口的价值由于实际经济收益增长而得以调整，这反映了一个事实，即医疗在一个不断成长壮大且日益高产的经济体中变得更加有价值了。基于不同的评价依据会得出不同的结果。因此，被称为“三角测算”的程序得以被采用，以根据其他确凿性证据验证生产力估值。班克斯（Banks，2005）给出针对澳大利亚教育部门生产力的测算值。马丁和包法利德（Martin & Bovaird，2005）对英国地方政府的绩效改革进行了评估。豪布利斯、古铁雷斯和麦克莱恩（Haubrich，D.；Gutierrez，R.；and McLean，I.；2006）用面板数据分析来区分相对高效和低效的机构。

2. 全国性经济衰退提供的例证。在总体水平上对行政效率和绩效进行国际性比较的研究只有一小部分。

阿丰索、舒克内希特和坦子（Afonso，A.；Schuknecht，L.；and Tanzi，V.；2005）测算了23个经合组织工业化国家公共部门的绩效和效率。他们制定了测算公共部门绩效（他们将其定义为公共部门活动的产出）和效率（他们将之称作资源利用的结果）的指标，且发现样本中不同国家间存在微妙的差异。他们的主要成果显示，小规模的公共部门往往有更好的产出。研究发现公共部门的规模与效率、生产力指标呈负相关关系，表明公共支出较高的，边际产品则减少。

阿托尼斯等人（Antonis et al.，2008）提出一种鲁棒法以测算19个经合组织国家在1980—2000年间相关公共支出的效率。基于对政府支出的功能性分类，他们将总体公共支出分解为单独账户，并且使用一种半参数方法来得出相关效率分数（包括单独账户也包括总体公共支出）。测算表明，个别国家特征在决定公共部门效率方面不如治理重要。巴拉格尔—柯等人（Balaguer-Coll et al.，2007）的研究结果与此类似，他们运用非参数方法论来研究西班牙城市中地方政府的效率及其主要的解释变量。

阿丰索、舒克内希特和坦子（Afonso & Schuknecht & Tanzi，2005）进行了欧盟新成员国与新兴市场的公共部门效率比较研究。研究发现，新兴欧盟成员国间的支出效率，尤其是在与亚洲顶尖的新兴市场集团作比较时表现出极大不同。实证分析表明，更高的收入、公务员能力和教育水平及产权安全似乎有助于预防公共部门中的低效率。

与既有的研究贡献——公共部门的产出在总体水平上得以测算——不同，大量研究调查了具体的社会成果，尤其是卫生医疗、教育与针对这些部门的公共支出间的联系。例如，阿丰索和圣阿宾（Afonso & St. Aubyn，2005）运用了非参数方法，基于30个经合组织国家样本，来测算政府在教育和卫生方面的支出效率。

3. 基于组织和“自下而上”的生产力测算。已被验证的上述生产力测算本质上是部门性的或国家性的，常常由一种“自上而下”的视角驱动。需要重点指出的是，在更微观层面上，公共部门的生产力测算也可以发生在组织层面以及“自下而上”或用户视角中。随着其商业数据库的发展，世界银行（World Bank Group，2006）在涉及测算规制影响的方面时采用了这种方式。商业数据库中的纳税、获得许可证和创业三个指标与公共管理质量和生产力测算密切联系。例如，世界银行界定了三个关键指标用以测算政府开展业务项目的绩效。用“自下而上”的方式测算生产力的另一个例证是由普特南做的一项有关意大利地方政府制度绩效的研究。

4. 公共部门的生产力测算。众所周知，解决公共部门生产力问题的主要障碍是测算的困难。在许多国家，公共部门生产力已被认为是国民指标的一种，因为测算出来的公共部门输出价值与输入的总体价值等同。近年来在严密审查下，这种惯例日益显现，且伴随着日益增长的担忧，即国民账户是否代表了一种监督公共部门有效性［普里查德（Pritchard，2002）］的适当方式。为充分理解和追踪公共部门中生产力提升的机会，更好的测算方式是必要的。不幸的是，由于缺乏质量数据、价格数据以及预测生产力所必需的输出数据数量，测算政府生产力是困难的。大量的政府生产是在市场外进行的，这意味着没有价格数据输出。有些研究指出，缺乏竞争和代理主体问题是挫伤公共部门生产力的主要原因。例如，巴特尔和哈里森（Bartel & Harrison，1999）使用1981—1995年印度尼西亚制造业公司的面板数据解释了公共部门低效率的原因，假设公共部门企业由于机构类型问题或其运营环境而效率不高，如预算软约束或竞争障碍。他们的实证结果证实了这些假设。另外，政府产出通常是无形的，如外交或协商，这使得测算十分困难。因此，政府生产力通常被认为是一体的，因为产出被设置为等于投入。尽管测算生产力存在困难，但是考虑到劳动力在意大利公共产品消费中占比50%以上，改善总体政府劳动生产力可能对政府产出以及大型宏观经济产生极大影响。就2009年在意大利公共生产过程中的投入使用而言，雇员（劳动力）补偿在总体产品花销中占比超过了50%，资本占比约9%，商品外包或从私营部门购买（商品）占比40%。与其他经合组织国家相比，意大利较少依赖劳动力，较少依赖外包或者从私营部门购买商品。生产技术（如上所述）变革引起的生产力提高可以通过一个转变得以呈现，即广义上的政府购买了更多的产品和服务。因此，面临的挑战是实现可替代估值，该估值基于一定情境中的输出测算，而这种情境是：存在提供集体服务；大多数情况下，提供给个人的服务不存在市场交易［博伊尔（Boyle，2006）］。此处的理念是通过将成果纳入生产力测算来考虑产出的质量（例如测算健康状况改善而不是病人被治愈的人数或者测算教育状况的变化而不是教授课程的数量）。

三　模拟

本文的其余部分测试了一个假设，即在其他条件不变的情况下，公共部门效率的提升可以提高人均变量的长期增长率。[①] 值得注意的是，政策

---

① 一个主要旨在强调经济机制作用的理论阐述，附录A.1在模型中所使用的简约形式正是基于此。

制定者可以采取不同的方式来改变（例如通过加强对公务员的“行政问责”理念，或通过加强反腐败法）。这些多样的政策很难衡量，只关注其中的一种可能会产生误导。在理论层面，一些研究贡献说明，从长远来看，公共部门生产力的提高使得人均国内生产总值的均衡增长率显著上升（Futagami & Morita & Shibata，1993；Glomm & Ravikumar，1997；Turnovsky，2000）。该结果的动机是显而易见的。公共部门生产力（外源性）增加的即时效应是提高（初始）公共资本增长率。这意味着在转型之初，公共和私人资本的比例也提高了。对公共部门生产力的结构性改革也提高了私人资本的净收益率，从而引发了从消费转向储蓄、私人资本和人均国内生产总值的增长率。

在介绍实证分析的主要特征之前，以下段落提出了将意大利公共部门改革作为案例研究，以便测试公共部门效率对增长的影响的观点。应当注意的是，为了进行模拟，我们摒弃了此种改革计划可以在公共部门中引发对生产力冲击这一假设。

（一）意大利公共部门改革：案例研究

行政改革是过去三十年中历届意大利政府做出的重要承诺之一。从20世纪90年代开始，意大利公共部门的架构实际上已经经过大幅修改：大量部门已经根据同类任务重组，新的组织体（机构、政府国土局等）以及长期在私营部门（以及盎格鲁撒克逊行政系统）中通用的管理方法和劳工关系，尽管经过调整（Bassanini，2009），都已被纳入公共部门架构中。

由于这一努力，意大利公共行政部门已经能够为数字化管理提供必要的手段，从电子文件到数字签名，收费服务的网络化和电子身份证的试用。自我认证的成功使2000年电子政务计划中概述的迅速实现证书和激进数字化和重新设计行政管理工作看到了希望。最后，引入监管影响测算意味着大幅削减了繁文缛节。

近期（2009年10月以及之后的2014年6月），公共部门的进一步全面改革方案（以下简称IPSR）获得通过。这两个计划旨在使民事审判更有效力，使国家官僚体制现代化，提高向私营部门提供的公共服务的质量和标准（更透明、更快、更可靠的回应，减少旷工）。①

进一步全面改革方案的目标（特别是参照2009年计划）也是将“行政问责”的理念引入意大利公共行政。由于行政部门的工作测算取决于其单位成果，方案为公共管理者的责任定义了新的界限。责任与管理者根据独立机构批准的效率和效能指标测算下属的能力有关。②

本节的重点是描绘进一步全面改革方案实施的主要机制和流程。

方案的主要目标是改善公共行政工作的组织结构，并通过选择性的激励分配措施来提高政府服务的质量，这种分配措施主要基于对公共部门绩效的系统测算。支持这一改革方式的假设可以参考期望理论（Vroom，1964；Bonner & Sprinkle，2002），该理论指出，个人会因货币激励产生提高绩效的动机。因此，为公务员提供货币激励有助于提高公共组织的整体绩效。在这种简单但限制性的奖励/惩罚机制中，向公务员提供货币激励是一种有用的治理手段，应有助于刺激私营部门的生产力提升（Ferlie，1992）。毋庸赘言，作为整体的公共部门是否能从这种个人奖励计划中受益，将主要取决于事后测算程序的具体情况和有效性（OECD，2010）。

根据这个一般框架，进一步全面改革方案建立在以下几个主要原则上。

1. 透明度和诚信。所谓的“透明运作”涉及全面披露有关公共行政的数据和数字，以确保能见度，并向私营部门提供控制和保护工具，使其更加了解公共行政运作的内在机制。③

2. 绩效测算。进一步全面改革方案设立了两个新机构来测算公务

---

① 所有这些努力显然已受到出口/声音/忠诚度范式的影响［见希尔曼（Hirschman，1970）］。一方面，新的机遇和权利与新的市场型机制（出口）一起被授予公民/消费者（声音），这种新的市场型机制作为一套以多样方式或从多种供应商获得同等权利的可能性而得以制定。另一方面，通过自上而下的绩效管理和能力开发，范式的反馈机制使“能者”承诺成为忠诚的维护者。

② 这个独立机构叫作西维特，目前正在高效运作。

③ 披露数据包括关于诉讼、投标、测算、缺席、财团和国家持股公司的报酬、顾问和外部自由职业者的转让。省、市级公共行政案例中有关公务员轮岗任务、借调、薪金、履历、电子邮件地址以及经理和秘书联系的信息。公共行政授权参与工会活动（借调、“请假缺席”与下班时间）的公务员的请假信息或选举公职活动也必须在网上公布。

员的绩效：独立绩效测算单位和国家透明度与诚信测算委员会。前者将被任命为主管部门，以确保绩效管理周期的正确实施。后者是一个独立机构，其任务是制定指导方针，监督执行情况并确保业绩管理周期的透明度。

3. 管理责任。进一步全面改革方案为公共管理者的职责定义了新的界限。管理者实际上要对任何违反与测算过程有关的程序和分配激励措施的行为负责，如果不履行其义务，特别是在人力资源方面，会受到经济制裁。明显是由于其缺乏适当的监督而导致的任何无效率的生产力，高级官员要接受问责。如果要测算和激励员工，高级官员就必须监督他们。流动程序也必须符合目标和透明标准，最终决定由经理做出。

4. 精英和奖励。为了实施精英制，进一步全面改革方案引入了经济和职业激励的新选择机制，以奖励最有价值和技术娴熟的员工，鼓励其履行职责，遏制玩忽职守之风。除其他事项外，该制度预设了创新年度奖，基于绩效的加薪以及获得高级别培训、专业成长和执行高级别任务的机会。①

5. 监督公共合同。为了防止腐败，进一步全面改革方案压制公共合同监督机构，并将其权力授予2014年成立的反腐败机构。

显然，正如经合组织（OECD，2010）所指出的那样，量化这种干预措施对于公共部门绩效的影响是非常困难的。事实上，进一步全面改革方案潜在的宏观经济影响的大小取决于这一改革在多大程度上影响到公共部门和私营部门的生产率和效率。此外，其有效性将取决于实施情况，目前仍在实施阶段。关于具体公共行政改革在提高效率和生产力方面的有效性实证很少。此外，目前几乎没有证据证明哪种公共行政改革确实对改善公共部门绩效起作用，特别是哪些改革会带来效率和生产力的提高。这给测算意大利改革影响宏观经济收益程度带来困难。缺乏证据是因为政府缺少进行测算的资源；缺乏可以作为衡量进展基准的改革前的绩效衡量；测算公共部门效率的复杂性以及将影响效率的特定制度改革与其他外部影响因素区分开的问题［克里斯汀等（Curristine et al.，2007）］。在经合组织国

---

① 在这一层面上，巴萨尼尼指出“设计奖惩并不容易，这会使政治阶级刻意地表现良好（或至少遵循改革法）。众所周知，为政治制度构建有效的职责是公共法中最艰巨的任务之一”。

家过去几十年实行的公共行政或管理改革中，经验证据表明，有三个制度因素（Van Dooren et al.，2007）可以改善公共部门绩效：

1. 政治权力下放和对地方政府的支出责任；

2. 提高员工满意度和积极性的人力资源管理实践；

3. 业务规模增加（特别是在教育和卫生部门）。

在这三个制度因素中，进一步全面改革方案的主要目标在于专门通过对人力资源管理实践的各种改革来提高员工满意度和积极性。另外，意大利采取了一系列举措，在中央和地方一级推行“财政联邦制”，改革教育制度。意大利政府应将以上措施与公共行政改革中的系列措施并举考虑，以测算其提高公共部门绩效的努力程度。

意大利改革预期的潜在经济影响的大小取决于私营部门的连锁效应的大小，以及公共行政改革在多大程度上影响政策部门的生产力和效率。进一步全面改革方案主要而不仅仅针对占政府总支出约8%的公共行政（一般公共服务）。但是，整个“改革‘一揽子’计划”（2009—2014）（尤其是新组织劳动管理）适用于政府一般活动的一切功能和程序，不限于“一般公共服务”领域。实际上，改革方案涉及公共部门（实际上是整个范围）所进行的广泛的活动，并且可能对各部门的生产力产生深刻的外部效应，如教育、卫生等。此外，如上所述，改革可能会对私营部门（家庭和企业）的供给和需求产生影响，这可能会在减少政府支出和提高政府生产力所带来的利益之外产生积极效益。其他成本削减来自对公共行政人员流动量的严格定量限制政策。①

如前所述，改革会对卫生、教育、公共秩序和安全等方面产生影响。“一般公共服务”职能，连同这三项职能，占政府总支出的36%左右。如果我们考虑到总支出扣除公共债务和社会保障利息支付后，这一比例上升到约70%。最后，在这些改革有助于降低债务水平的情况下，它们也可能影响利息支出。

因此在随后的分析中，我们遵循谨慎的策略，以测算公共部门绩效增加的潜在宏观经济影响。我们并不试图测算改革引起的意大利公共部门绩

---

① 一些非官方测算指出，在未来的5年公共部门将裁掉约50万名员工。目前，公职人员约为360万人。

效提高（幅度）有多大。在公共部门绩效给定的情况下，我们假设这种绩效的提高可能包含在一个较大区间内，即5%—50%。我们所做的是测算数量既定的公共部门绩效提高带来的宏观经济影响。同时，在这一过程中，我们致力于改良当前正在使用的公共部门绩效指标。下一段介绍了我们的实证策略和方法。

（二）方法

本文采用的方法论基于这样的假设：意大利的公共部门改革及其实施决定了公共部门产出的增加——这一部门中生产力的连续举措，反过来又提高了总体经济效率。更具体地说，所提出的模拟结果测算了既定规模的公共部门结果改革（结构改革）对综合多因素生产力的影响，并通过该杠杆测算其对总体产出产生的影响。

对公共部门效率特定外生增长的宏观经济影响进行定量测算，需要对现实世界经济体系进行建模，这一体系在传播机制和渠道（杠杆）两方面对这些联系进行了精确界定。正如第1节所讨论的那样，这些联系揭示了一组复杂的交互和反馈（相对容易理解），但将这些交互和反馈转化为关于现实世界经济中这一集合的操作说明则不宜理解。尤其是在我们要求这些操作陈述是经验证明的情况下。此外，在理论框架中，我们需要足够的统计学对应变量。正如我们将在3.3节中看到的，即使这种匹配也不是一个简单的过程。

我们使用意大利经济的动态随机结构模型来应对所有这些问题。[①] 我们将这里的“结构”定义为：一种聚焦于供给侧，但与需求侧相互作用的综合非线性联立方程组的测算模型。[②] 与通常的框架不同，我们的模型从经济系统的生产关系中获取国内生产总值，这由两个方程式组成，即全要素生产率和生产函数。供应方块经过认真建模，内生全要素生产率被定义为索洛剩余，体现了我们模型的新颖性。[③] 全要素生产率方程

① 见附录A.2。

② 这意味着供应决定GDP。

③ 通常，在生产函数框架内，TEP被视为一种外部变量，即技术参数。根据我们的研究，该程序引起了逻辑和技术问题。首先，它重复引入了一种外部潜在产出水平的形式或者通过外源性指数取得了一种内源性输入水平；其次，产生了测算问题（共线性和前后矛盾性）。

以劳动力市场制度、工资议价规则、法律、政治和教育制度、核心基础设施、历史和文化因素等结构/制度因素的作用为中心。该模型的特点是全要素生产率部分递归子系统、生产和要素需求功能。事实上，全要素生产率方程是分块递归的，也就是没有内生变量解释全要素生产率，而其他变量则是同时存在的（在其他条件都不变的情况下，投入需求受到总需求的影响），其他块的方程式（价格和工资、政府等）则决定模型的名义变量。需求方以相当标准的方式制定，税收政策变量在其中起着关键作用。模型结构包括私人消费、投资、进出口行为方程。由于我们估计生产要素块、劳动力和资本存量取决于总需求、个体价格和税收政策变量，投资需求是由资本估计存量的变化率驱动的。私人消费严格遵循生命周期假说的理论结构，取决于可支配收入、财政财富和人口年龄结构。出口由实际汇率和全球需求决定，进口流量取决于进口商品和服务的相对价格以及总需求。供需不匹配是通过库存的增减来解决的。

如前所述，该模型的新颖性取决于终结系统的方式。我们明确地模拟需求因素影响供应构成部分的方式，该方式反过来决定国内生产总值。模型中的大多数行为方程已经使用协整技术进行了估计，这使得短期动态变化在很大程度上取决于数据，同时确保模型的长期结果与经济理论相一致。结果，马尔默基于短期工资和价格刚性，展现了模型在短期内的不平衡特征，同时保持了长期均衡的解决方案。[①] 这些特征提供了一种自然的方式来测试公共部门效率变化的影响，我们主要将这些特征模型化，来证实其对意大利经济整体效率带来的转变。即使我们认为这种冲击基本上是供应冲击，也可能存在潜在的重要需求溢出效应和反馈。加上供应方面的影响，这些溢出效应和反馈可能会影响政府的预算动态，这对我们（和任何）分析都很重要。这就是为什么我们认为使用意大利整体经济的综合模式是处理这个问题的便捷方式。

我们在模拟中使用的模型从技术上说属于考尔斯委员会的传统方法，

---

① 供应块中的其他方程式包括输入需求函数和劳动力市场关系。所有这些等式均简化为一级优化关系的近似值。

但我们更喜欢将其称为动态随机结构模型。因此，尽管这种聚合联立方程组中的所有方程都被谨慎地微观化，但它们保持不受限制的缩减形式，并且没有得出明确的优化过程。

我们知道这种类型的宏观调制模型的优缺点。[①] 尽管本文其余部分将对动态随机结构方法的潜在收益（大多数是预测绩效）进行充分的讨论，但对考尔斯委员会方法的主要批评可以归结为：1）与理性期望理论进行理论对比；2）对模型变量进行内生/外生分割以通过识别条件；3）存在单位根的问题。最后，这些模式并没有规避卢卡斯的批评——市场代理人将现行政策制度考虑在内的观点，因此，如果政策制度发生变化（结构不稳定），一个政策制度的经济参数估值可能是无效的。[②]

当然，我们获得的定量结果取决于我们使用的模型的聚合联立结构与我们模拟的结构变化类型的匹配方式。这种匹配最终取决于模型供应块的属性。我们认为在其他条件都不变的情况下，存在一个内生的主导力量，驱动着经济的供应潜力和动力。这种力量是总体全要素生产率，通过受到新的“政治”经济增长理论启发的功能而被内生化。在其他条件都不变的情况下，在这种内生总体全要素生产率下，每个工人的产出都会受到影响。这两个方程，一个多因素生产函数和一个生产函数，形成一种很好的形式因果关系。因为前者是因果秩序0，因变量（全要素生产率）仅由完整模型中外生的变量来解释，而后者在其他条件都不变的情况下则作为对（估计的）全要素生产率的解释。当然，在这个其他条件都不变的情况中包括受同时结构聚合模型影响的变量。但是，在我们进行的模拟实验中，所有这些变量都没有得到任何外生变

① 有关考尔斯委员会方法的详细论述参见费尔（Fair，1994）、法费罗（Favero，2001）、瓦拉德卡尼（Valadkhani，2004）的论述。

② 就这一点而言，我们同意泰勒（Taylor，1993）的观点，即如果卢卡斯批评是以适当、极端意义来看待的，那么没有可行的结构建模是可能的，即使是唯一的结构性（据称不变的政策干预）参数是效用和生产函数的“深”参数。如果我们用实证关系及分配一些一级条件，那么对于市场参与者将政策制度考虑在内的批评将仍然会对我们造成困扰。因为，如果我们缺乏关于我们正在试图建立的关系和其来源的真实知识，那么假设错误的特定一级条件会产生误导性的政策规定。一种特别指定的简化模型和结构模型对于适应新政策制度的代理人做出了无理的具体假设。正如卡瓦列罗（Caballero，2010）所言：“卢卡斯批评是很有根据的，但是对于许多（大多数）政策问题，我们尚未找到解决方案。”

化。我们对这种结构施加的唯一冲击是影响公共部门的效率，这是模型中的一个外生变量。在这方面，我们的模拟是一种重新运行的历史演练。在介绍这一设计（第3.4节）之前，重要的是要解释在我们模拟对意大利经济体人为地施加结构变化时，一些重要的统计问题如何出现，以及我们如何解决这些问题。这是我们在下一节中将要阐述的内容。

（三）测算问题

目前，政府非市场化产出的不尽如人意和过度简化的措施是导致统计方法可能无法可靠地核算国民经济的一个方面。恰当测算政府活动会对有记载的经济增长速度造成显著差异。时鉴于公共行政和一般公共部门在不同的经济体中形成了一个大型且并非不变的部门，该问题在国家经济绩效的国际化比较中有着至关重要的作用。由于缺乏关于产出质量、价格和数量的数据，衡量政府生产力是困难的，因为政府的大量生产活动发生在市场之外，而且政府的产出通常是无形的。

在下文中，我们提出了意大利经济的政府效能——绩效综合指标(PI，简称绩效指标)，其结果是通过增长预算的通常程序得出的政府全要素生产率（全要素生产率G）的加权平均数，以及政府效能总结指标(OI)。我们的目标是紧随有关此问题的近期研究贡献，对公共部门的绩效进行持续、有力的测算，以克服基于国家预算方法的不足。[①]

此复合指标采用以下形式：

$$PI = \alpha \cdot TFPG + (1-\alpha) \cdot OI \text{ 与 } \alpha \in (0,\ 1)$$

为了找出用于结合生产力测算和间接成果指标权重α的值，在结构模型的TFP方程的测算中，我们通过最小化附着于PI的系数变异性展开引导分析。[②] TFPG数据来自欧盟KLEMS项目，并使用ISTAT的投入产出

---

① 见阿特金森（Atkinson，2005）、阿丰索、舒克内希特和坦子（Afonso & Schuknecht & Tanzi，2005）。

② 引导分析已初始化为0.7—0.3。我们最终选择的值为0.4，这是最小化估计系数的变异性的值。有关模型方程的详细描述，请参见该模型。

框架，以当前价格和不变价格计算获得。[①] 从欧盟 KLEMS 数据库可以得出以下各行业的 TFPG（以增值为基础）的估算，即“公共行政、国防和义务社会保障”“教育”“卫生与社会工作”以及上述三部门的整合部门，即“公共管理、教育和卫生”部门。根据本文的目的，“政府”一词广义上指包纳所有提供公共服务的机构。就意大利而言，由于公共就业在“教育”和“卫生与社会工作”领域中显著存在，后者在总体上似乎对公共部门进行了更准确的测算。

值得注意的是，计算 TFPG 的方法出现了一些问题。第一个缺点是政府产出的实际当前价值，因为从它是免费提供或提供价格在经济意义上无效两方面来看，它属于非市场产出。在意大利，如同在其他许多国家一样，政府部门的产出是通过价值增值被认为等于投入总额的方法来衡量的。[②]

显然，投入等于产出的方法具有误导性，并且，这实际上也体现了我们的无知。计算 TFPG 更为重要的是用于实施从当前值向公共服务涉及的行业常数值转型的方法。既然我们知道使用“最近的代理市场价格”来贬低政府现行的活动价值是一项艰巨的任务，可能会有误差的风险，因此我们应该谨慎地使用 TFPG。

即使这些缺点引发了对政府生产率来自通常的增长预算含义的疑问，但我们认为，为了测算由于公共部门产出增加产生的宏观经济影响，在某种程度上对与国民账户有关的政府效率定量衡量是必要的。与总体经济的全要素生产模式相比，1980—2005 年 TFPG 的较高波动性证明了我们所持的谨慎态度是正确的。无论如何，公共部门生产力的最近趋势（自 2000 年起）支持了 2010 年世界经合组织增长计划（OECD，2010）中提到的证据，据称意大利的生产力绩效在过去几年一直较差，经合组织国家上半

① 欧盟 KLEMS 项目，作为第六个框架计划第 8 项“政策支持和预期科学技术需求”的一部分，由欧盟委员会研究总局资助。方法学工作由格罗宁根增长和发展中心（GGDC）进行协调。由于这个项目，数据库自 1970 年以来提供了可比较的时间序列生产率统计数据，31 个国家分为 32 个行业和总体。

② 事实上，ISTAT 并没有对公共行政部门和整个公共部门的总体生产总值进行估计。公布的“教育”和“卫生”行业总体生产总值的估计仅考虑私营企业生产的服务，不包括公共部门的就业。

年的收入差距已经扩大。

虽然衡量政府产出的新的或不同的直接措施是可取的（但还远未实现），但我们采取了一种较为雄心勃勃的做法，即建立政府部门“结果”测算。这种方法是基于制定综合指标以回应私营经济中公共部门提高生产率和质量的间接影响而提出的。换言之，这种方法旨在衡量公共劳动投入的“经济有效性”，并提供对私营部门成本经济可持续性的测算。

因此，我们根据以下五个比率（R）的加权平均值构建了健全的政府有效性总结指标（OI）：

$$OI = (w/3) \cdot R1 + (w/3) \cdot R2 + (w/3) \cdot R3 + [(1-w)/2] \cdot R4 + [(1-w)/2] \cdot R5$$

条件：

R1 是超过公共部门岗位的私营部门净可支配收入（员工净补偿加上私营部门的混合收入）；

R2 是超过公共部门岗位的私营部门人均净收入（自雇人员和员工，不包括公共部门收入）；

R3 是超过公共部门岗位的私营部门真正的私人劳动力“影子”生产率（实际增加值除以员工）；

R4 是私营部门的自营职业除以在“其他服务”中的自营职业活动；

R5 是私营部门的附加值除以“其他服务活动”的附加值；

w 是私人与公共部门的劳动生产率的比例，它被用作权重。

从广义上讲，这些指标的选择可以通过测算公共部门绩效的五个标准来进行合理化：公共活动的“国家宏观经济有效性”，公共服务的“部门效率/效能”，公共部门中薪酬政策的“财务可持续性”，私营部门和公共部门之间的收入“福利效应”和“分配公平”。

间接指标 R1、R2 和 R3 主要体现了公共部门中工资和就业演变的“财务可持续性”。[①] 此外，私营部门的可支配收入（净社会贡献）的增长（总的和人均的）可以被视作分别间接显示“国家宏观经济效益”和

① 由于它们的向上斜率可以解释为与意大利公共部门的活动和就业（及其报酬）一致的宏观经济增长。

公共部门的“社会福利效应”。R3 指标可以在私人和公共收入之间的长期“分配公平”方面进行合理化，同时作为一种积极的公共部门“福利效应”，由于商业部门的实际生产力与工资和薪金的增长具有高度相关性，因此实际生产力本身就是经济政策的目标。

我们考虑到对于指标 R4 和 R5，公共行政部门的边界是 ISTAT 行业占主导的“其他服务活动”，其中包括公共部门、教育、卫生以及其他允许私营企业经营的其他社会服务。最后两个指标可以根据希尔曼范式来解释（Hirschman，1970）。更具体地说，在这种情况下，“退出”选项由消费者用私人服务代替政府的行为触发。“退出”选择可以用以解释主要由地方和中央政府独家提供的教育、卫生和其他社会服务等服务行业的私人供应不断增加的原因。（私人）自营职业劳动力单位的份额不断增加，或在教育和卫生等行业中增加的附加值（但不计算在内）可以理解为私营部门满足消费者能力日益增加的一个信号。换句话说，这些比例与公共部门应对和满足消费者日益增长的需求的能力有关。需求方的这种信号效应似乎对于解释这个混合行业的演变很重要，因为它描述了不包括强制社会服务在内的公共和私营部门之间的竞争。私营和公共服务部门一直能够在教育和卫生行业产生产品创新。

用于计算总结指标的权重（w）的原理与促使消费者在教育和卫生行业的私人和公共社会服务之间进行选择所需的一般经济状况有关。私营部门的劳动生产率在公共部门方面的增长越多，政府对私人服务的“退出”选择就越多。其原因在于考虑到消费者的“退出”选择与生活水平高度相关，进而与劳动力的真实生产力水平相关。①

自 20 世纪 90 年代末以来，OI 指数（见图 1）显示，意大利整个经济体系的政府生产力大幅度停滞。这种相似性也可以从 PI 指数中看到（见图 2）。

---

①　我们知道（按照原则），有一些可能的替代方案来模拟政府效率总结指标。然而，这是在我们掌握的数据基础上能提供的最好的范式。从计量经济学的角度来看，如果我们单独估计 PI 方程，则可能会出现明显的内生性问题，因为子指标（R1 - R5）的性质可能与误差项相关。相反，由于我们将 PI 包含在总体 TEP 方程的回归集中，所以内生性问题不大可能出现。

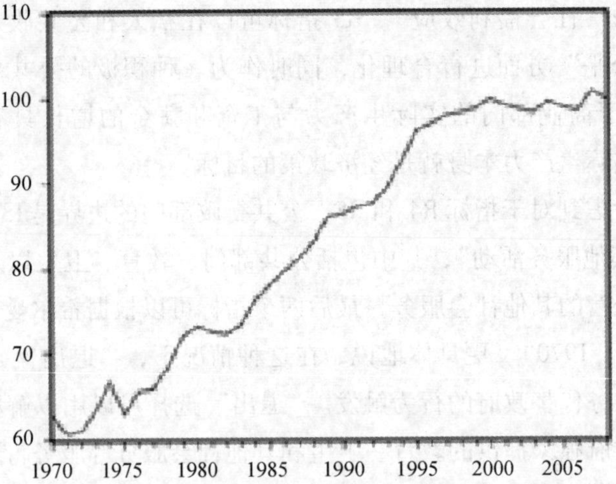

图1 政府成果指标（OI）

来源：本研究统计。

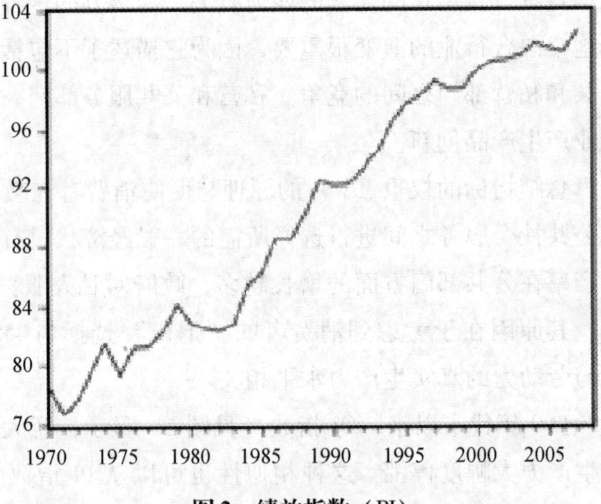

图2 绩效指数（PI）

来源：本研究统计。

（四）设计

我们进行的模拟是一种重新运行的历史演练。我们在初期模拟了对公共部门的绩效综合指数的一次性结构调整。我们首先模拟不同大小的调整，以测算实验的范围和界限。然后，我们选择一个合理的维度来进行这个调整。假设公共部门的绩效指数（PI）“保守的”增加10%，就能取得呈现的结果。值得注意的是，尽管改变的维度很重要，但这并不是测算这些结果所必需的。当然，结构变化越大，人均GDP“历史兼容平衡路径”的增长越多。此处“历史兼容平衡路径”一词有一层简单含义：在模拟阶段之初，公共部门的绩效一对一增加10%，如果只有这一历史的一个事件发生变化，那么GDP的增长和GDP的增长率与意大利经济的有效历史相符。冲击之后，PI指数在新的较高水平下保持静止且不改变（不遵循数据中观察到的历史分布）。这就是“历史兼容平衡路径”的意思。在我们理论框架的语境中，我们将该图景看作动态均衡更为贴切的意思表示。

（五）结果

比较两种不同的模拟（见表1），我们获得的结果相对更容易理解：基准控制模拟和结构变化模拟。基准模拟沿袭了意大利经济的历史路径，因为它被我们的结构模型复制（所有外部变量在模拟期间都保持不变）。受干扰的模拟在对PI指数施加一次结构变化后重新运行了这一曲线。

表1　　10%的政府绩效指数冲击（PI）的模拟结果

累积（25年）模拟结果	乘数效应	冲击模型和基准模型间的比较		
		水平（%）	增长率范围（%）	平均复合增长率范围（%）
输出	2.1	5.5	7.5	0.22
就业	13.7	4.3	4.4	0.17
股本	1.2	4.6	7.3	0.19
总需求	2.5	6.1	8	0.25
消费	0.9	2.7	3.9	0.11
投资	3.3	8.3	11.1	0.33
进口	1.9	10.4	22.9	0.41
出口	8.4	29.2	44.9	1.07
相关的ULC		−1.9	−2.8	

我们使用的动态结构模型在样本中的拟合和预测模拟精度方面表现出相当强劲的性能，因此我们的模拟结果的检查可以为中等运行动态提供有趣的借鉴。

产出效应在累积水平和增长率方面都是非常显著的。假设乘数效应为2.1，与结构调整25年后的历史价值相比，产出水平提高5.5%（见图3）。扰乱模拟描述的动态路径显示，在政府生产力提高后的头两年中——这几乎是长期影响的1/3，显示出一个跳跃性的增加，然后是正常的上升趋势。在增长率方面，实际增加值在模拟期结束时在控制和结构调整解决方案之间呈现7.5个百分点的正向差距。

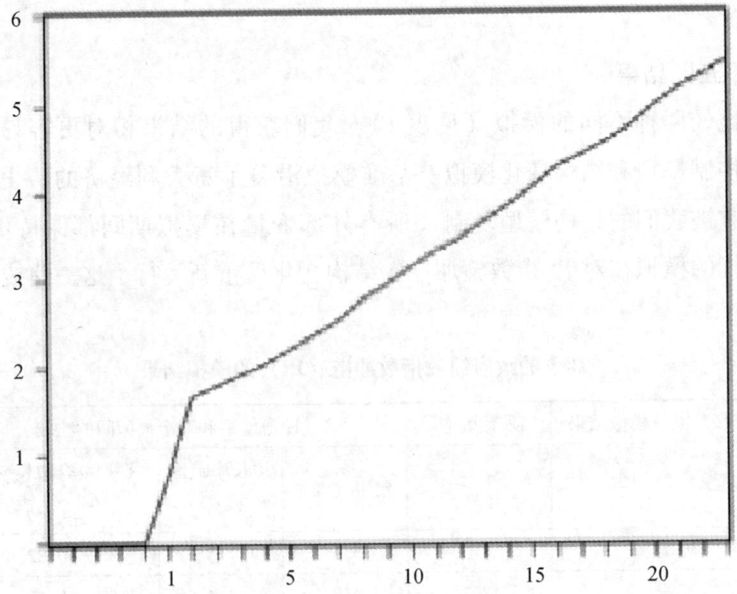

图3　输出的累积结果

注：冲击模型与控制模型之间的百分比差异。

由于结构动态计量经济学模型不包含动态平衡路径的概念，因此将平均复合增长率用作代理是有用的，以将我们的结果与标准内生增长模型的结果进行比较。混乱解决方案的平均复合增长率输出范围比控制性解决方案高出0.22个百分点。这是我们研究的关键结果，因为它给出了理论预测的实证支持，即公共部门的生产力可能是经济增长的杠杆，与一些私营部门的生产力一样重要。

总体产出增长的模拟结果是由于总体系统中生产要素数量，包括资本积累和劳动力数量的增加而造成的。特别是劳动力需求（由政府活动效率提高引发）展现了迄今为止最高的长期乘数效应（13.7），模拟期间增长率为4.4%（相对于历史数值）。对于就业更重要的是达到更高的长期均衡增长率路径（0.17），其动力在受到结构调整后的头几年表现出较强影响（复合增长率的差异达到0.25个百分点），之后逐步下降（0.11个附加百分点）。因此，与历史数值相比，经济体制增加了近100万个额外工作岗位，失业率下降了约2个百分点。较高的长期水平和均衡的就业增长率都涉及员工和自雇人员，这也导致参与率增加了约3%。

资本积累也表现出显著的提高，到达了0.19个百分点的平衡增长路径。这种较高的增长率是公共资本的增加和长期加速器效应造成的私人资本的增加，以及由于资本商品重置成本的变化及对总体需求的正面结构调整共同造成的。加速器效应通过产生总体（公共和私人）资本积累的常规上升趋势（见图4中的右图）而发挥作用。

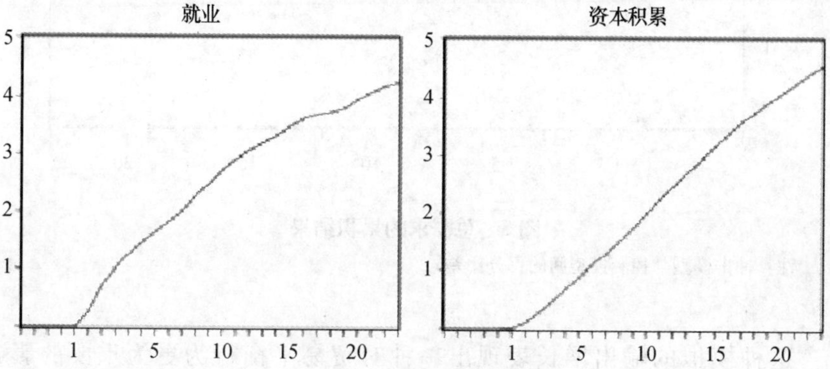

图4 生产要素的累积结果

注：冲击模型与控制模型间的百分比差异。

经济供给方面的这种改善在需求方面有双重影响（见图5）。一方面，它影响总需求、最终消费和固定投资总额的国内组成部分；另一方面，它影响净出口。总体可支配收入的增长主要是由于模拟的就业增长造成的，它以完全不同的方式定量影响私人消费和投资总额，这再次与标准理论结果一致（见图6）。实际上，模拟消费水平远远低于投资（增长水平和增长率），这意味着从消费转向储蓄的转换效应。私人消费的（长期）乘数在总需求的组成部分中是最低的。它也是唯一小于1的乘数。乘数对投资的影响（3.3），加上模拟增长率（8.3%）及新的均衡增长路径（11.1）是私人消费的三倍大。一旦考虑到折旧，这些数字与由模拟产生的资本存量积累相一致。

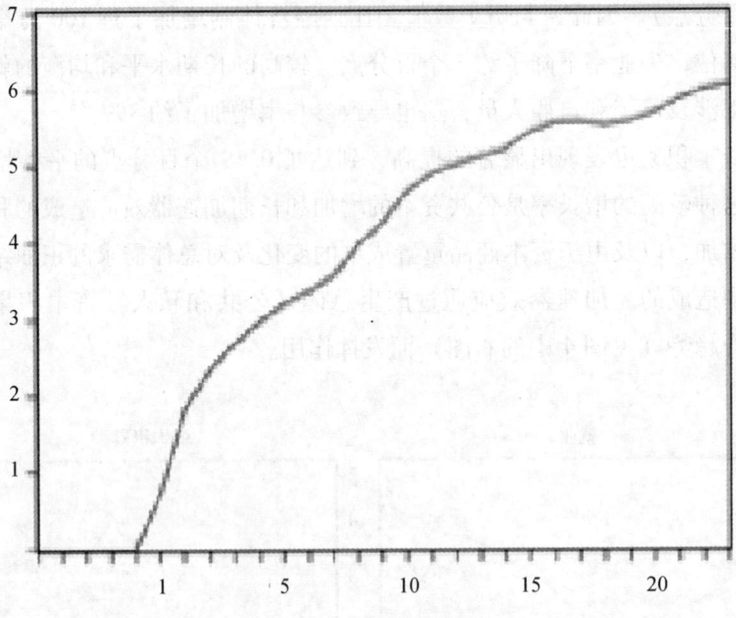

图5　总需求的累积结果

注：冲击模型与控制模型间的百分比差异。

这种模拟的输出增长表现出一种对贸易平衡行为更为重要的影响（见图8）。进出口均显示出模拟期间的剧烈累积变化。由于相对单位劳动力成本衡量的价格竞争力的提高，全要素生产率的外生性增长较少（仅2.8%）引起了出口增长的显著改善。鉴于意大利制造业的出口导向型结构，这两个驱动因素都是重要的。这表明公共部门生产力的提高可能是降低成本的重要原因，可以更好地分配资源和提升意大利企业的竞争力。总需求及其组成部分的动态变化似乎遵循倒U形曲线：在模拟期开始时增长加速，然后衰减到更平滑的速度。

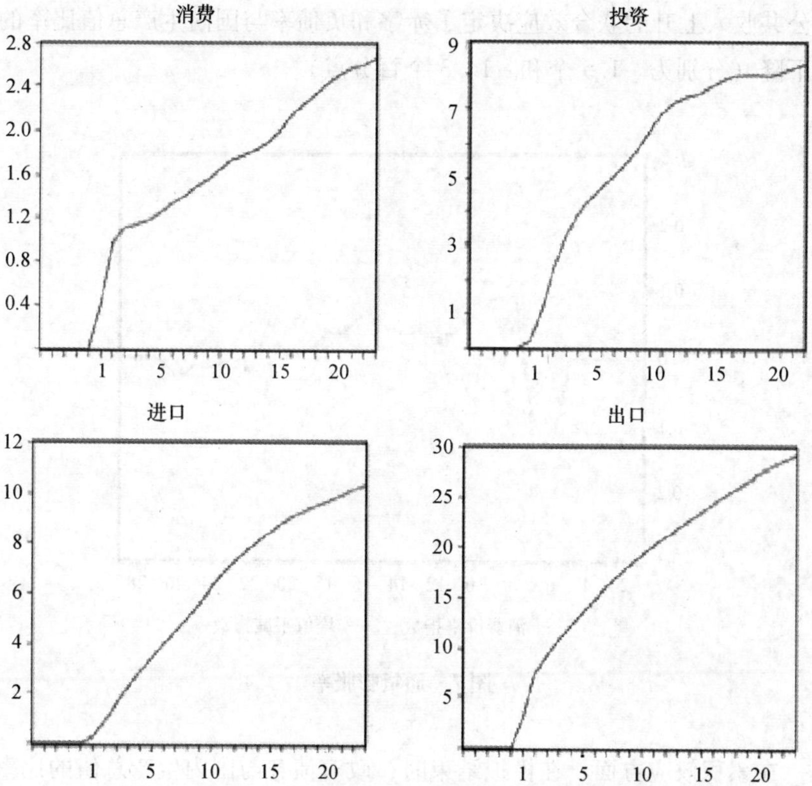

图 6　总需求要素

注：冲击模型与控制模型的百分比差异。

政府生产率高涨产生了积极影响，没有导致价格紧张，这并不奇怪。在结构变化模拟中，平均通货膨胀率就增值平减指数和消费价格指数而言，均略高（0.02 个百分点）。这意味着在模拟期结束时，累积通货膨胀率大于 1 个百分点。此外，由于生产率冲击直接影响供应方面，间接影响总需求方，增值平减指数的通货膨胀率的范围变动幅度高于消费价格指数（见图 7）。

结论性观察涉及这种生产率结构变化对公共账户的影响。公共财政的整合是最重要的间接结果，它是由国内生产总值增长——给定税收率和外部公共支出——和公共预算税收增长的综合效应获得的。在混乱模拟中，公共收入的新的均衡增长率路径相对于实际数据更高（0.18 个百分点）。在模拟期结束时，这导致了 5.6% 的直接和间接税收的累积性增长。产出和公共收入上升的联合效应决定了赤字和负债率与国内生产总值比率的平均下降（分别为 -1.5 个和 -14.3 个百分点）。

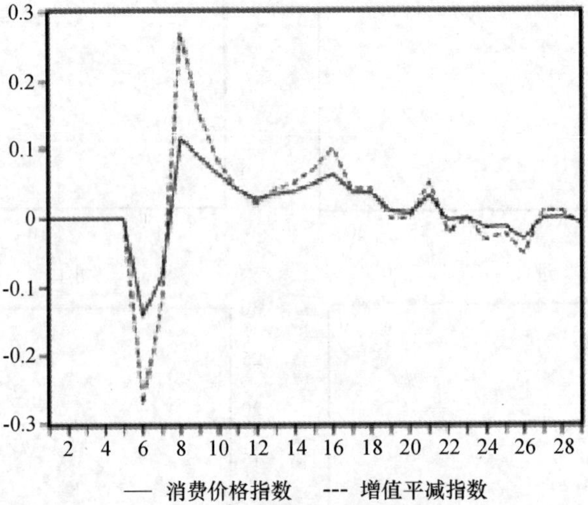

图 7　通货膨胀率

在累积效应方面，在模拟结束时，政府债务与国内生产总值的比率显著下降了 33 个百分点。所有这些结果都支持了公共部门改革可以引发整个经济的良性循环和公共账户重要整合的论调。

表 2　公共财政模拟结果

	基准冲击模型范围
政府赤字/GDP	-1.5%
政府债务/GDP	-14.3%

四　结语

尽管公共部门通常是主要的雇主，是经济体中生产性服务的主要提供者，但是在有关公共部门效率增加如何影响总体经济绩效方面，当前的实证研究并没有提供太多证据（理论支撑）。我们认为这种论据的缺乏主要是因为部分政府活动测算存在困难。然而，一个更有效率的公共部门能使私营部门受益则是很容易理解的。例如，由于民事审判效益的显著改善，国家机构效率提高（如更高的透明度，更快、更权威的回应，减少缺位）及公开提供的其他关键性服务（如卫生和教育）的质量，都对整体经济产生了积极影响。可以直接得出这样的结论：所有这些变革都无疑促进了经济增长。

从理论视角看，几大贡献［如二神轩、森田和柴田（Futagami & Morita & Shibata，1993），格鲁姆等（Glomm & Ravikumar，1997）和托洛维斯基（Turnovsky，2000）］表明，长期来看，公共部门生产力指数（经济结构参数）可能会对人均收入增长率产生积极影响。这些模型下的潜在理念是公共部门的生产力的结构调整增加了私人投资回报的净增长，这是通过从消费转为储蓄、私人资本和人均收入增长率实现的。

在研究成果的基础上，我们试图量化公共部门效率提高产生的影响，其效率提高的原因主要是，在重新运行的历史演习中实行了意大利公共行政的系统改革计划。我们的分析建立在两个主要的假设上。首先，我们假设意大利公共行政改革实际促成了更有成效的公共行政。我们之前提供了几个论据来支撑这个假设。其次，我们假设作为公共部门绩效的代理指标，它是公共部门全要素生产率（由欧盟 KLEMS 项目提供）与政府效能总结指标 OI（从国民账户中获得的 5 个子指标的线性组合）的线性组合。这些指标的优缺点在其他研究中已得到充分研究。

模式测算显示公共部门绩效指数 PI 对于全要素生产率显著的积极影响，同时模拟（实验）也表明绩效指数每增加 10% 都会在累积率和增长率方面对输出产生非常显著的影响。很显然，震荡的大小具有随机性，然而，我们认为生产力转移的维度是更为重要的，而长期来看，对总体宏观经济绩效的积极影响却并不是必不可少的。根据理论文献研究，模拟显示出资本积累的显著增加，它在结构变化后达到较高的平衡增长路径，增长速度较高是由于公共资本的增加以及由公共部门生产率增长引起的私人资本的增加。

参考文献

Antonis, A., Manthos, D. D., and Pantelis, K., 2008, Public Sector efficiency: Leveling the playing field between OECD countries. Unpublished.

Afonso, A., Schuknecht, L., and Tanzi, V., 2005, Public Sector efficiency: An international comparison, Social Choice, vol. 123, pp. 321 – 347.

Afonso, A., Schuknecht, L., and Tanzi, V., 2010, Public Sector efficiency: evidence for new EU member states and emerging markets, Applied Economics, vol. 42 (17), pp. 2147 – 2164.

Afonso, A., St. Aubyn, M., 2005, "Non-parametric approaches to education and health: Expenditure efficiency in OECD countries", *Journal of Applied Economics* 8, pp. 227 – 246.

Atkinson, T., 2005, Atkinson Review: Final Report. Measurement of Government Output and Productivity for the National Accounts, Palgrave MacMillan.

Balaguer-Coll, M. T., Prior, D., Tortosa-Ausina, E., 2007, On the determinants of local government performance: A two-stage nonparametric approach European Economic Review, vol. 51, pp. 425 – 451.

Banks, G., 2005, Comparing School Systems across Australia, address to Australia and New Zealand School of Government (ANZSOG) conference, Schooling in the 21st Century: Unlocking Human Potential', 28 – 29 September, Sydney.

Barro, R., 1990, "Government Spending in a Simple Model of Endogenous Growth", *Journal of Political Economy*, vol. 98, pp. 103 – 125.

Barro, R., and Sala-i-Martin, X., 1992, Public finance in models of economic growth, Review of Economic Studies, vol. 59, pp. 645 – 661.

Barro, R., and Sala-i-Martin, 1995, Economic Growth, McGraw-Hill, Inc.

Bartel, A. P., Harrison, A. E., 1999, Ownership Versus Environment: Why are Public Sector Firms Inefficient?, William Davidson Institute Working Papers Series 257, William Davidson Institute at the University of Michigan.

Bassanini, F., 2009, Twenty years of administrative reform in Italy, Review of economic condition in Italy, vol. 3., pp. 369 – 391.

Bonner, S. E. and Sprinkle, G. B., 2002 The effects of monetary incentives on effort and task performance: Theories, evidence, and a framework for research Accounting, Organizations and Society, 27 (4 – 5), pp. 303 – 345.

Boyle, R., 2006, Measuring Public Sector Productivity: Lessons from International Experience, Committee for Public Management Research Discussion Paper n. 35, Dublin, Institute of Public Administration.

Carbonari, L., Felli, E. L., Gerli, M., Tria, G., 2013, "Public Sector's productivity and macroeconomic performance: the case of the Italian public administration reform", *International Journal of Public Policy*, vol. 9, n. 4/5/6 pp. 306 – 334.

Caballero, R., 2010, Macroeconomics after the Crisis: Time to Deal with the Pretense-of-Knowledge Syndrome, NBER WP n. 16429.

Chari, V. V., and Hopenhayn, H., Vintage Human Capital, 1991, "Growth, and the Diffusion of New Technology", *The Journal of Political Economy*, vol. 99 (6), pp. 1142 – 1165. 22.

Curristine, T., Joumard, I., and Lonti, Z., "Improving Public Sector Efficiency: Challenges and Opportunities", *OECD Journal on Budgeting*, 7 (1), OECD Publishing.

Fair, Ray (1994), Testing Macroeconometric Models, Harvard UP, Cambridge Mass.

Favero, C. A., 2001, Applied Macroeconometrix, Oxford University Press, Oxford.

Feeny, M., and Rogers, S., 2007, Public Sector Efficiency and Small Island Developing States, UN-Wider Research Paper n. 2007/46.

Felli, E. L., and Gerli, M., 2002, Productivity shocks and macroeconomic performance: a simulation exercise in structural econometrics, CREI WP 2002/1.

Felli, E. L., and Padovano, F., 2007, Productive Efficiency and Corporatist Institutions, in Paganetto, L. (ed), The Political Economy of the European Constitution, Ashgate, Aldershot, pp. 49 – 74.

Ferlie, E., 1992, "The Creation and Evaluation of Quasi Markets in the Public sector: A Problem for Strategic Management", *Strategic Management Journal*, vol. 13.

Futagami, K., Morita, Y., and Shibata, A., 1993, "Dynamic Analysis of an Endogenous Growth Model with Public Capital", *The Scandinavian Journal of Economics*, vol. 95 (4), pp. 607 – 625.

Glomm, G., and Ravikumar, B., 1997, "Productive government expenditure and long-run growth", *Journal of Economics Dynamics and Control*, vol. 21, pp. 183 – 2004.

Hall, R. E., 1988, "The Relation between Price and Marginal Cost in U. S. Industry", *Journal of Political Economy* 96 (5), 921 – 947.

Hall, R. E., 1990. Invariance Properties of Solow's Productivity Residual, in Diamond, P. (ed.), Growth, productivity, Unemployment: Essays to celebrate Bob Solow's Birthday, Cambridge, MA: MIT Press, 71 – 112.

Haubrich, D., Gutierrez, R., and McLean, I., 2006, "Three Years of Assessing Local Authorities Through CPA A Research Note on Deprivation and Productivity", paper presented at the National Institute of Economic and Social Research (NIESR) fourth Public Sector Performance Conference, London, 20 January.

Hirschman, A., 1970, Exit, Voice, and Loyalty, Harvard UP, Cambridge Mass.

Kaufmann, D., Kraay, A., and Mastruzzi, M., 2005, Governance Matters IV: Governance Indicators for 1996 - 2004, World Bank Policy Research Working Paper 3630, Washington, DC: The World Bank.

Kaufmann, D., Kraay, A., and Mastruzzi, M., 2009, Governance Matters VIII: Aggregate and Individual Governance Indicators, 1996 - 2008, Policy Research Working Paper 4978, Washington, DC: The World Bank.

Martin, S., and Bovaird, T., 2005, Meta-evaluation of the Local Government Modernisation Agenda: Progress Report on Service Improvement in Local Government, London, Office of the Deputy Prime Minister.

OECD, 2010, Modernising the Public Administration: A Study on Italy, Organization for Economic Cooperation and Development, Paris.

OECD, 2010, Economic Policy Reforms: Going for Growth, Paris. 23.

Pritchard, A., 2002, Measuring Productivity Change in the Provision of Public Services, Economic Trends, n. 582, May, 20 - 32.

Putnam, R. D., 1993, Making Democracy Work. Civic traditions in modern Italy, Princeton, Princeton University Press.

Roeger, W., 1995. Can Imperfect Competition Explain the Difference between Primal and Dual Productivity Measures? Estimates for U. S. Manufacturing. *Journal of Political Economy* 103 (2), 316 - 330.

Taylor, J., 1993, Macroeconomic Policy in a World Economy. From Econometric Design to Practical Operation, W. W. Norton & Co, New York.

Thornhill, D. 2006, Productivity Attainment in a Diverse Public Sector, presentation at Institute of Public Administration seminar on promoting productivity in a diverse PS, Dublin, 21 April.

Turnovsky, S. J., 2000, "Fiscal Policy, Elastic labor Supply, and Endogenous Growth", *Journal of Monetary Economics*, 45, pp. 185210.

Turnovsky, S. J., 2000, Methods of Macroeconomic Dynamics, MIT Press, Cambridge MA, 1995, pp. 535, 2nd Edition 2000, pp. 670.

Office for National Statistics, 2006, Public Service Productivity: Health, London: Office for National Statistics.

UK Office of National Statistics, 2009, labor Inputs in Public Sector Productivity: Methods, Issues and Data, London: Office for National Statistics.

Valadkhani, A., 2004, "History of macroeconometric modelling: lessons from past experience", *Journal of Policy Modeling*, 26, pp. 265 – 281.

Van Dooren, W., Lonti, Z., Sterck, M., and Bouckaert, G., 2007, Institutional Drivers of Efficiency in the Public Sector, GOV/PGC (2007) 16/ANN, OECD Publishing.

Vroom, V. H., 1964, Work and motivation, New York: Wiley.

World Bank Group, 2006, Doing Business: Methodology Starting a Business, Washington, DC: The World Bank.

在促进质变和结构创新过程中的转型管理:比利时弗兰德斯政府的案例

比利时鲁汶大学公共治理学院教授

沃特·凡·阿克

比利时鲁汶大学公共治理学院教授

安妮·凡·亨格尔

比利时鲁汶大学公共治理学院教授

马丁·鲁本斯

【摘　要】 棘手问题需要政府和社会的结构创新;创新是指活动领域、政策、政策制定以及政策供给过程都发生剧烈变化。政府如何才能管理对创新的要求和期望?本文采用转型管理研究路径来探讨比利时弗兰德斯地区政府,通过实施结构性治理创新来直面这种两难境地的尝试。通过所有重要利益相关者的密切参与,这个新结构将聚焦于协调与促进质变,以及从一开始就伴随的激进变革(Government of Flanders,2016)。在本文中,我们将聚焦弗兰德斯政府为了确立这种结构创新所采取的行动,以及既想参与这一过程又想参与最终结构的利益相关者的行动。我们将着重描述这一过程以及行为主体与利益相关者之间的冲突,并探讨在这一过程中出现的问题与冲突。

【关键词】 质变;结构创新;治理;参与;转型管理

一　引言

由政府或市场主体所发起的突破式创新，能够给人们的生活带来巨大影响。这意味着政府需要在一个日益迅猛变化的世界（和市场）中创造稳定，使变革的影响尽可能平稳地着陆。像气候变化或医保制度的可持续性等问题要求政府彻底改变其现有政策，要求制度创新。而当前政策体系的路径依赖造成了严重的问题，通过政策突变引发制度创新是不可能的，这需要逐步地渐进完成。同时，像互联网这样的制度创新及其像优步（Uber）和爱彼迎（Airbnb）这样的应用创新，除了带来许多积极效益和机会之外，还可能在公民和当前市场主体的生活中引起严重混乱，带来副作用（Assink，2006）。更重要的是，它们通常是不可阻挡的。就像政府自己所发起的制度创新一样，这些外部的制度创新也需要被认真对待，从而尽可能地降低它们给社会造成的混乱。

因此，政府被置于两难境地，它们必须支持和发起巨变，同时又需要协调与消除这些制度创新的破坏性后果以创造稳定。这种两难处境是政府在21世纪所面临的最大挑战之一。问题在于政府怎样才能够把创新与稳定同时调和起来。在这个问题上，一个可能的解决办法是转型管理（Rotmans et al.，2001；Kenis，2016）。这个办法涉及为了实施和协调制度创新所采取的规范性的治理形式（Loorbach，2010）。它将灵活性放在最突出的位置，强调创新、实验与学习。而稳定则是通过制定长期政策（超过20—25年）、小型的试点试验以及利益相关者的协商与共有式参与显现出来的（Rotmans，et al.，2001）。

弗兰德斯政府（位于比利时北部、荷语区）自2006年以来采取并强化了一种长远的政策制定方法。从2011年开始，它们还明确地把转型管理作为一项实行制度创新的工具。在2016年，政府提出和采纳了一种治理模式，该模式将会为推动实施新一轮转型管理提供治理结构（Government of Flanders，2016）。本文结合弗兰德斯的案例讨论转型管理的理论基础，该案例显示了转型管理的实施方式。最后还要讨论弗兰德斯在实施和设计转型管理的过程中所遇到的一些最主要的障碍与冲突。弗兰德斯的转型管理办法，在诸如实验、创新政策、创新升级、利益相关者参与以及制度创新等一系列问题上，给未来的（纵向的）研究提供了一个非常有趣和前景广阔的案例。

二　转型管理

人们通常认为公共部门并不是很适合创新。其中一个主要原因是行政受政治领域的影响，而政治领域的影响力范围不会超过下一次选举这样的看法（Bekkers et al.，2011）。这增加了履职压力、把冒险降到了最低程度，而且几乎把作为可行选项的实验和创新排除在了政策制定选项之外（Bekkers et al.，2013）。然而，一个系统的、长远的以及目标导向的视角却能够为创新创造一片沃土（Drucker，1985 in Bekkers et al.，2011）。不过，最近却出现了政府及其各行政部门证明与上述情况相反的例子。恰如荷兰（Van der Brugge & Rotmans，2007；Loorbach et al.，2008；Parto et al.，2007；Van Buuren & Loorbach，2009）、英国（Laes et al.，2014）、德国（同上）以及比利时弗兰德斯（Paredis，2010，2011；Paredis & Block，2015）在几个议题上所实行的那样，转型管理充分体现了德鲁克（Drucker）的观点，即目光长远与创新密切相关。

转型管理理念的基础是应激反应式治理观念，这是对复杂政策问题的线性政策制定模式的回应（Kemp & Loorbach，2006）。这样的问题通常被称为“棘手问题”，其特点是：问题的确切界定和解决办法都具有不确定性，要求、偏好以及价值观相冲突的相关主体构成了一种乱糟糟的局面，并且与其他政策问题有密切关联（Head & Alford，2015）。虽然尚无明确的解决办法，但是很显然制度创新是必不可少的。这种创新被定义为“诸如交通、通信、住房、食物供应等社会职能在履行方式上的大规模转变”（Geels，2004：19）。艾博纳西等人（Abernathy et al.，1983）（引自Osborne & Brown，2005）对私营部门的创新提出了一个有影响的二分法。他们根据创新影响生产系统以及市场的变化情况来给创新分类。在这种分类中，制度创新与所谓的结构创新联系更多，结构创新既会改变生产系统也会改变其所赖以运行的市场。在公共部门的术语中，这将是服务交付以及它们所产生的政策结构的根本性变化。另一种创新实际上也会引起变化，有时甚至是破坏，但是它们并不改变其赖以运行的范式，即整个制度。

这样的问题并不适于依靠传统的治理方法与科学探索制定蓝图的方式予以解决，因为未知数太多（Turnpenny et al.，2009）。制定蓝图的方法在一开始就应设定严格的目标，并遵守这些目标，同时为实现这些目标调整政策（Kemp & Loorbach，2006；Turnpenny et al.，2009）。相反，应激反应式治理方法是出于客观需要。“应激反应”一词源自这样的观点，即规划和评估不仅应该考虑早前提到的目标，还应该考虑目标本身是否还有意义这样的问题。更重要的是，它还考虑到了控制策略和治理本身的基础，由于问题涉及的主体具有复杂性，治理在本质上应该是参与性的（Voβ & Kemp，2006；Beck et al.，2003；Head & Alford，2005）。目标与结构的评估把评估、学习以及长远考虑放到了最突出的位置。这些目标与治理模式的评估——同时二者还要相协调——意味着这不仅是一个通过行动来学习的模式，也是一个边行动边学习的模式（Voβ & Kemp，2006）。转型管理采纳了这种方法中的许多内容，并把这种方法置于一个对长远政策制定而言更为规范的制度框架中（见图1）。

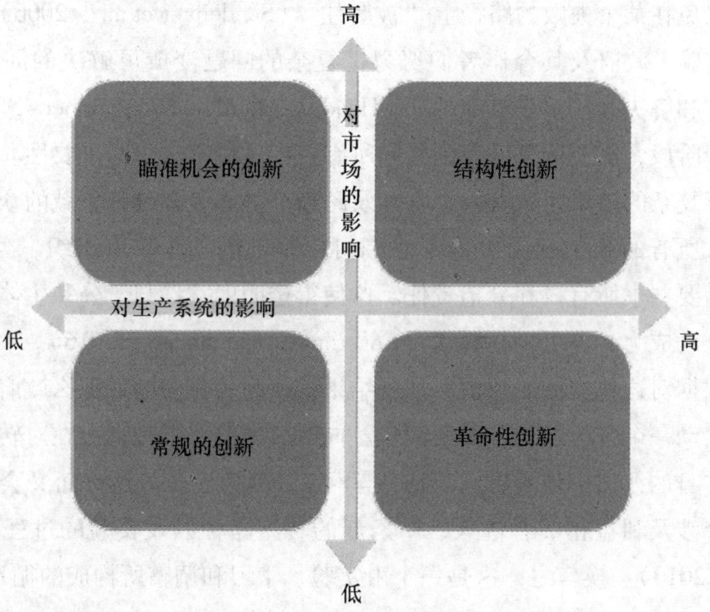

图1　创新影响的类型

转型管理过程始于与利益相关者们一起建构问题。这些利益相关者聚集在所谓的转型区："背景各不相同的领跑者所构成的一个小型网络，其中在某个持续存在的问题及其可能的解决方向上，各种看法本来可能是相互冲突的，随后得到了整合。"（Loorbach，2010：173）其中的一个关键假设是，这个领跑者团体（诸如非政府组织、企业家、社会合作者等）"就危机中的可持续性问题的紧迫性及其必须实现的长远目标达成了共识"（Kemp & Loorbach，2003，in Kenis et al.，2016：3）。在这个意义上说，政府并不"怎么解决棘手的问题，（而是帮助）利益相关者们就该问题的共同理解和共同意义及其可能的解决办法进行协商。这项工作的目标是一致行动，而不是最终的解决办法"（Conklin，2007：5，in Head & Alford，2015）。在某种程度上，利益相关者们会努力就问题的界定达成一致，以便把棘手问题（问题所在及其解决的办法都是未知的）变成复杂的问题（解决的办法是未知的）（Head & Alford，2015；Roberts，2001）。

关于问题界定的讨论最终会走向第二步：对未来转型的共同看法。然后在第三步中，这会成为几种转型路径设计的源头，即转型可以实现的方式。由于不知道哪个路径是最有前途的，会采取设计几个小型实验的方式，以免在某个失败的路径上"被套住"（Sondeijker et al.，2006）。通过这些实验，政府及其合作者们努力把复杂的问题变成可解决的问题（问题所在和解决办法都是已知的）（Head & Alford，2015；Roberts，2001）。在转型阶段，重要的是认识到共同所有权在这种方法中的重要性。转型管理对于复杂的政策问题有效，它涉及跨越许多等级和政策领域的众多行为主体。所有的相关行为主体（它们可以是部委、非政府组织、公司等）都将需要共享所有权和分担责任。这使得透明度、参与、公私主体间的共创与互动成为必不可少的要素（Government of Flanders，2016）。

根据对这些实验的评估，如若结果被认为是正向的，那么政府就可以决定启动一个升级过程，即第四步。同时，实验中的教训会在对转型管理过程本身的评估中被考虑（反应式学习），即第五步。这进而又会重新启动这个涉及利益相关者输入、一条新的转型路径以及实验的过程（Loorbach，2010）。换言之，这是一个由实验、学习和调整所构成的循环过程。然而，被调整的不只是实验或更高层级的政策（Kemp et al.，2007），还有转型目标以及不断被评估和调整的转型管理过程本身（Voβ & Kemp，

2006）。随着一个实验可能被升级为宏观政策制定的样板，转型的目标可能就找到了。或者，如果评估表明目标从一开始就有误，转型也可能到达了一个不同的阶段。其中，不同的主体对于问题建构和未来实验来说是必要的。这个过程一再被重复，这样就会持续地引进和推动一种制度创新，以尽可能有序的方式同时保证稳定性和激进的创新。

转型管理过程中的步骤如图 2 所示。

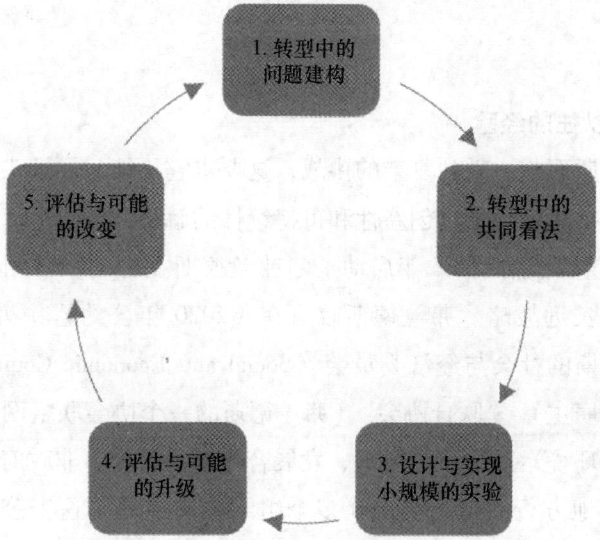

图 2　转型管理步骤的循环

三　弗兰德斯政府的案例

2014 年的第 6 次州改革是比利时联邦化的最新进展。这个过程始于 1970 年，改革把职能从联邦层级逐步转移到了地区层级。因此，地区层级日益引起了政治学和公共部门研究者的兴趣，因为它在更多的政策领域获得了独有的权力。在这个意义上，至少在某些政策领域，弗兰德斯可以被用作国家层级上的政策比较案例，就像荷兰或英国的例子一样。

从 2006 年的“弗兰德斯在行动”计划以及随之而来的 2020 年公约开始，弗兰德斯就一直在关注长远的政策制定（Government of Flanders, 2009）。2011 年，为了使这个长远的观点付诸实践，转型管理作为一种方法被采纳。2014 年的评估催生了“愿景 2050”规划（Government of Flanders，2016）。这个“愿景 2050”展示了弗兰德斯政府认为在未来 35 年里至关重要的七个转型。转型管理被视为一个适当的工具，有助于在这七个领域中引进制度创新。在接下来的部分，首先我们要简短地讨论长远政策制定以及转型管理的以往经验，讨论的重点是，在尝试采用这样一种治理方法的过程中面临的一些问题。然而，更为重要的却是“愿景 2050”的出台以及出现在本文中的治理模式。这为实施中的转型管理提供了一个好范例。

（一）以往的经验

弗兰德斯面临一系列复杂的挑战，这要求它不能只顾埋头执行当前的政策。这些挑战需要更具创新性和可持续性的解决办法。为了应对这些挑战，弗兰德斯政府于 2006 年启动了“弗兰德斯在行动”计划，这是弗兰德斯的一项长远战略。弗兰德斯政府在《2020 年公约》中列出了目标，来自弗兰德斯的社会与经济委员会（Social and Economic Council，SERV，包括工会与雇主）、“联合协会”（弗兰德斯的一个协会联络网，包括诸如社会组织、环境运动、移民组织、发展合作慈善机构、非政府组织以及其他组织）和地方行政部门等 100 多个组织共同签署了这个公约。2009—2014 年联合协议就是围绕“弗兰德斯在行动”和《2020 年公约》的目标而建立的。

2011 年，为了使“弗兰德斯在行动”实现《2020 年公约》中的目标，弗兰德斯政府决定采用转型管理方法。通过与一个高级顾问委员会[①]合作，弗兰德斯政府选定了 13 个转型课题。在过去这些年里，合作关系得以建立起来，创新项目也开展了起来。TRADO 研究中心[②]作为弗兰德斯资助的 21 个政策研究中心之一，还做了有关转型过程的研究，例如，对弗兰德斯首个转型过程——DuWoBo 可持续住房与建设项目的研究（参

① 这个所谓的“智者委员会”是监测上述战略的宣传机构，由学者、公务员、专家以及来自工会、扇形组织和联合协会（弗兰德斯的一个协会联络网）的代表组成。

② 为了支持基于科学研究的政策，弗兰德斯政府资助了许多研究中心，TRADO 是研究转型与可持续发展的政策研究中心。

见“3.4 转型管理中的冲突/挑战”）。

在上届立法机关的最后任期内（2013—2014 年），高级顾问委员会对转型方法以及政策建议（“关于加强‘弗兰德斯在行动’中的转型的战略提议”①）进行了评估。最重要的建议包括：（1）关注制度创新和转型管理方法；（2）鼓励跨不同政策领域的、不同政策层级间的、涵盖不同社会主体（与政府之外的主体合作至关重要）的统一方法；（3）充分调动资源（来自弗兰德斯政府与外部合作者两个方面的）。

总的来说，TRADO 的研究和高级顾问委员会的评估表明，不存在既快又容易的影响制度创新的方法。像 DuWoBo 可持续住房与建设项目这样的创意，就不是一个容易的过程。然而，弗兰德斯政府和当权者可以从诸如 DuWoBo 项目和“弗兰德斯在行动”这样的过程中借鉴经验，并在为“愿景 2050”创建治理模式的过程中参考这些经验。

（二）弗兰德斯迈向“愿景 2050”

1. 政策环境

2014 年，弗兰德斯新一届政府被任命成立了。虽然当前的弗兰德斯政府正致力于一项长远的政策，它们还是决定不再继续执行“弗兰德斯在行动”并通过“愿景 2050”创立一个新的愿景和战略（“弗兰德斯在行动”中有“2020 愿景”）。在 2014—2019 年弗兰德斯联合协议中，弗兰德斯政府承诺了一项长远战略，要加快必要的社会变革，具体包括工业、原材料与能源的使用、流动性与医疗保健等方面。这需要制度创新和重视社会主体、企业家、改革者、非政府组织等社会利益相关者的贡献。这也需要各部委之间、各政策领域与各政策层级之间、各种分配的资源与强有力的转型管理之间的协作。

2. “愿景 2050”的创设过程

弗兰德斯的未来离不开世界其他地方的发展。为了准备这个新的长期愿景，研究人员（使用文献）进行了一项趋势研究，以考察所谓的世界“大趋势”及其与弗兰德斯的联系。大趋势是广泛而深远的革新性发展

---

① http://www.vlaandereninactie.be/sites/default/files/voorstel_van_strategie_voor_de_versterking_van_de_via-transities.pdf.

(Naisbitt，1982)。对大趋势的选择与描述以文献为基础，主要是来自诸如联合国、经合组织以及欧盟委员会等国际公共机构的报告，但是也以少部分愿景研究为基础。这样的趋势分析形成了“愿景2050”文件的第一部分，并讨论了以下趋势：

——人口统计趋势：人口增长、人口的老龄化与年轻化、移民。

——科技趋势：在科学与创新驱动下，技术发展突飞猛进。

——生态趋势：气候变化与自然资源的压力。

——经济趋势：由于技术突破导致的混乱、世界经济中心东移、产业转型、生产者与消费者之间的新型关系。

——政治与行政趋势：变动中的地缘政治关系、政府与机构转型。

——社会趋势：个体化与多样化。

基于这样的趋势分析，弗兰德斯的愿景初步形成。首先，这个愿景是以弗兰德斯通过条约与协议所构成的国际环境为基础的。“欧盟地平线2020”计划[①]是欧盟的十年工作与发展战略。关于欧洲2020战略，弗兰德斯所承担的义务在每年起草“弗兰德斯改革计划”时也有所表达，该计划指明弗兰德斯为了实现5个“欧洲2020”目标所采取的措施。然后，在2016年1月1日，“可持续发展2030年议程”[②] 的17个“可持续发展目标”（SDG）正式开始生效。弗兰德斯在其“愿景2050”中签署了联合国的所有17个可持续发展目标。最后，弗兰德斯可持续发展法令规定，可持续发展是一个包容的、参与的以及协调的过程。该法令还规定，在新一届政府成立之后，需要建立一个弗兰德斯可持续发展战略（VSDO）。目前的弗兰德斯政府决定把第三个可持续发展战略并入“愿景2050”之中。为此，以前的可持续发展战略评估受到了重视。一个由各个政策领域(公共治理与总理府；经济、科学与创新部；环境、自然与能源部；福利、公共健康与家庭部；流通部；农业与渔业部；工作与社会经济部)的政府代表所构成的小组，被指派起草弗兰德斯的长期愿景与战略。

“愿景2050”的第一个版本，于2015年的5月和6月提交给了两次

① http：//ec. europa. eu/europe2020/europe - 2020 - in - a - nutshell/index_ en. htm.

② http：//www. un. org/ga/search/view_ doc. asp？ symbol = A/RES/70/1 & Lang = E.

会议中的利益相关者（共140位与会者）。战略咨询委员会[①]、弗兰德斯城市与自治市协会、弗兰德斯联省协会、"联合协会"（弗兰德斯的协会联络网，包括诸如社会组织、环境运动、移民组织、非政府组织和其他组织）以及代表工会与雇主的组织出席了第一次会议。第二次会议是为合伙人与先驱者（专家、学者、此前的转型或项目中的合伙人等）举行的非正式会议。这些会议的目标是：（1）告知利益相关者内容和过程；（2）通过反馈来自利益相关者的意见建立一个共同愿景；（3）为弗兰德斯布置转型的优先项目（基于趋势分析和文件的第一版）。参与者们提前收到了该文件的第一稿草案，被要求为下述问题做准备：在这份"展望"中是否还缺少基本要素？在你看来，哪些是弗兰德斯最重要的挑战和政策优先选项？在考虑利益相关者意见的基础上，这份愿景得到了修改，而且弗兰德斯政府提出了7个转型目标。2015年9月18日弗兰德斯政府批准了"愿景2050"的第一个版本，随后正式向战略咨询委员会征求意见。

愿景文件原稿的作者们和首席部长的顾问们审阅了这些意见，并根据战略咨询委员会的建议在几个方面对"愿景2050"进行了修改。例如，社会经济方面和包容性社会的理念应受到更多的重视，另一个愿景表述提议也达成了一致。"应对混乱"转型也被取消了，代之以一项新的转型——"智慧生活"。最终，弗兰德斯政府于2016年3月25日批准了"愿景2050：弗兰德斯长远战略"[②]。这份长远战略展示了在未来35年里弗兰德斯政府认为至关重要的7个转型目标：

1. 循环经济：在循环经济中，通过以智慧的方式进行闭合循环，更加有效地使用原材料、能源、水、空间以及食品。自然资源会尽可能地被再利用。为了减少废物和资源消费，智能设计出来的产品以可生物降解和可循环利用的材料为基础，形成智能材料循环的基础。

2. 智慧生活：如果居民80%的日常生活需要可在步行和骑自行车的范围内解决，那么生活就是舒适的。功能的就近化和交织，可以使舒适与便利最大化。新式定制住宅与基础设施必须服务于新的需要；信息与通信

---

① 战略咨询委员会就战略性政策问题向弗兰德斯议会、弗兰德斯政府或个别大臣提出建议，由来自市民社会的代表组成。

② "2050愿景"的英文版即将发布，将来可从www. flanders. be. 网站获取。

技术的最佳使用必须确保建筑、社区和城市的智能化与可持续性。

3. 工业 4.0：弗兰德斯必须力争在工业 4.0 的新技术与新概念领域——如 3D 打印、人工智能、纳米技术、机器人技术以及其他创新方面——成为领先者。这样，弗兰德斯才能增强其竞争力，并在一个迅速变化的世界中保持繁荣。

4. 终身学习与充满活力的终身职业：才华与知识是进步与创新的驱动力。因此，在我们的社会中应该人尽其才。弗兰德斯应该通过满足经济与社会转型对新技能的需求，来促进能力与人才的发展，这样才能使每个人都实现充分发展。

5. 医保与福利：弗兰德斯必须给年轻人提供更多机会、更好的起点以及支持，但是也要通过创新保证老年人的生活质量。我们需要投资一种新型保健模式，这种保健模式是以病人/客户为中心的，并且是根据社会的需要定制的。

6. 交通与流动：弗兰德斯将建设一个更加通畅、更加安全和更加环保的交通运输系统。因此，需要适应趋势的变化和物流系统的创新。为了提高弗兰德斯的交通便利度和降低对环境的影响，必须尽快实现交通与物流方面的技术创新。

7. 能源：弗兰德斯重视向新型能源系统转型，这个新型能源系统具有低碳、可持续、可靠与可负担等特点。该系统具有最大程度的可再生性，并且提供一种现实的能源结构。我们的目标是在所有领域实现能源效益最大化。

（三）治理

为了实施“愿景 2050”和解决这些复杂的政策问题，弗兰德斯政府根据转型管理原则采用了一种新型治理模式。为了实现转型，需要调整治理模式以保障长远道路与促进合作。来自“弗兰德斯在行动”和以往转型（例如 DuWoBo 项目）中的经验也是参考的依据。

新提出的应对转型以转型管理方法为起点。首先，转型过程的基本原则必须受到监督。因此我们必须关注制度创新以及某种制度方法，关注长远视角，让利益相关者参与转型过程，并从实验和创新性倡议中学习经验。本着这些原则，创设了新的治理结构（该治理结构的形象化展示见

图3）

每个转型都会建立转型空间。转型空间代表合作关系、（线上、线下）平台、学习团体和实验，它们是围绕转型而被创立出来的。在这种转型空间中，下述主体发挥了重要作用：转型管理者、主管部长和外部利益相关者。每个转型都会有两位被指派的主管部长。除了主管部长，还在弗兰德斯公共行政部门中任命了转型管理者。转型管理者是转型的一线领导，帮助确定具体办法和转型过程的结构。然而，如前所述，带有共有关系的多主体治理是实现转型的基本条件。管理者的角色既不是领导者也不是创始人。这些角色应该由转型空间所涉及的利益相关者承担。除了来自弗兰德斯公共行政部门的转型管理者，这种治理模式还需要从外部利益相关者中提供一个同类角色来满足这个基本条件。与社会有着基本联系的人，可以作为转型空间的代表。在这种转型空间中，利益相关者能够在转型场所参与问题建构（见图2第1步）。

转型管理者们聚集在转型平台上分享经验与专业知识，并反思转型过程（见图2第5步）。由支持弗兰德斯政府（尤其是首席部长）的公共治理与总理府、弗兰德斯公共行政部门的主任理事会以及转型管理者构成的协调角色，是这个转型平台的组成部分。这个协调小组将会提供有关转型进展情况的年度报告，将同可持续发展专家委员会一起监测长期愿景，并会为转型管理者提供支持。在与政策研究中心的合作中（支持有关转型的研究），他们想要与政府内外的专家以及创新教练共同支持正在发展和实施转型的转型管理者们。这种支持可能包括提供一个实验场所（见图2第3步），审核监管障碍的解决办法（例如“创新协议”[①]）和备选的融资方式，运用预见与设想（De Smedt et al.，2013）以及动作分解（Lourenço et al.，2015）。根据转型管理者的指示，第一步是为每个转型制定一个行动计划（包括时机掌握、资源等）。与利益相关者就每个转型创立共同的愿景至关重要。最后可能会设计出不止一条转型道路（见图2第2步）。

① 参见 https：//ec. europa. eu/research/innovation – deals/index. cfm。

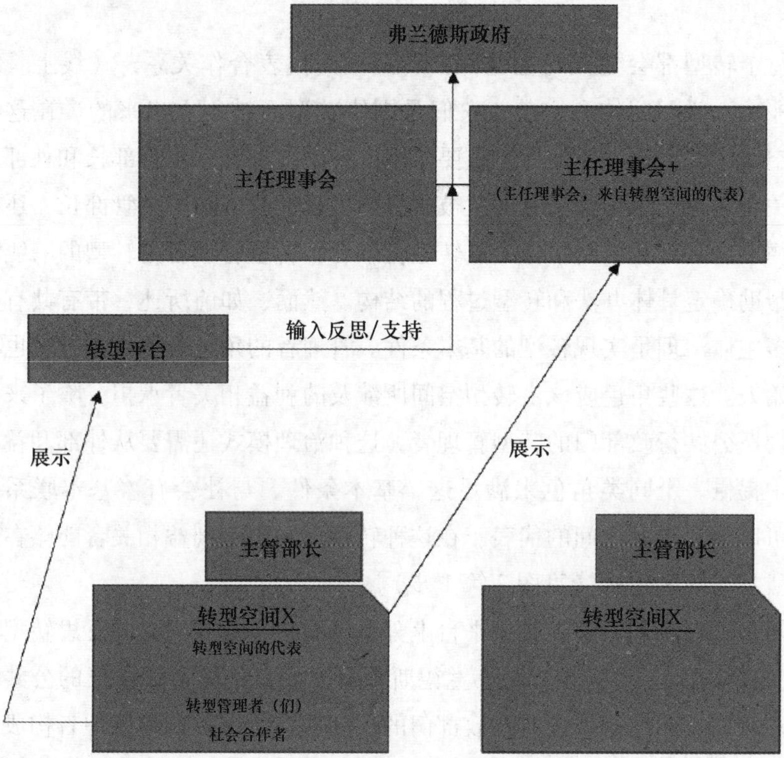

图3 弗兰德斯治理模式

弗兰德斯公共行政部门的主任理事会①也致力于扮演积极的角色。它们负责监督转型的内容与进展情况、长期愿景的连贯性、转型与解决多发问题之间的关系以及未来机遇。每年弗兰德斯公共行政部门的主任理事会将会与转型空间的代表（外部的合作者）一起，召开“主任理事会+”，并提供一份评估意见（见图3）。

每个转型都是不同的，涉及不同的利益相关者和挑战，有着不同的起点（有些转型可以在“弗兰德斯在行动”的经验基础上发展）等。因此，如前所述，制定蓝图的办法将不再有效。在这种治理模式中，弗兰德斯政府打算提供一个框架，但不是针对所有转型的统一结构框架。过于严格的

① 弗兰德斯公共行政部门分为12个政策领域，弗兰德斯公共行政部门的主任理事会由每个政策领域的管理委员会主席组成。这个管理委员会由该政策领域的所有部门和机构的高级官员组成。

形式可能是要禁止的。如上所述，应激反应式治理十分重视核心治理结构。不同的转型在转型空间中需要各种不同的主体，需要一个不同的结构等。这种治理模式使得转型管理者能够在过去经验的基础上进步发展，并为自我解释和灵活性留出空间。

（四）转型管理中的冲突与挑战

1. 关于 DuWoBo 可持续住房与建设项目转型过程的研究

在“针对制度创新的治理：弗兰德斯的可持续性住房与建设”一文中，艾瑞克·帕雷迪斯（Erik Paredis，2015）阐述了弗兰德斯针对制度创新的治理经验，尤其是 DuWoBo 可持续住房与建设项目案例。DuWoBo 项目转型于 2004 年开始、2011 年结束，并且成为“弗兰德斯在行动”的转型成果之一。在下一段落，我们会讨论帕雷迪斯的一些分析结果（Paredis，2015）。

当前，以某种形式的制度创新/转型/转变为目标的政策倡议，通常是在正规论坛之外提出来的。在既有的制度中，无法找到某些政策问题的解决办法，于是，新环境（实验性的政治空间）被创造出来（Hayer，2003）。DuWoBo 项目的情况也是如此，人们在正规论坛之外选择了一条政策发展路径。工作方法上、合作形式上以及在寻求可接受的解决办法方面所具有的某种自由度，似乎是谋求制度创新的必要条件。DuWoBo 项目展示的是在战略与实践合作方面的尝试。在这种情况下，政府是至关重要的一个主体，但是它并不试图主导这个过程，而是支持寻求不同的合作形式。在此，合作是在转型管理理论的非正式指导原则下建立起来的。DuWoBo 项目显示了这样一个实验空间如何能够引起众多不确定性，即各主体不知道转型是怎样进行的，也不知道要遵循哪些规则。为了避免损害转型过程和在各主体间造成更多的误会，有必要承认这一点。

帕雷迪斯（Paredis，2015）还指出，通过像转型管理这样的新方法进行的实验，在转型过程中以及在产生影响的时候遇到困难，并不奇怪或者令人意外。一个重要的问题是，这些经验能否引申出政策学习的形式。

在 DuWoBo 项目 2.0 转型过程中[①]，DuWoBo 项目明确选择了这条道路，似乎已经重新做出了自我界定。

最后，帕雷迪斯（Paredis，2015）提到，这还与政策协调的问题有关。这是制度创新政策面临的另一个挑战。制度创新意味着一种把不同的政策领域、不同的政策层级以及不同的社会主体整合起来的方法。这证明是具有挑战性的，因为在弗兰德斯的政策中，政策分割有着悠久的传统。

2. “愿景 2050”与未来可能的挑战/冲突

在起草“愿景 2050”和制定该治理模式期间产生了一些问题，这些问题也可能成为未来的挑战。

弗兰德斯政府每 5 年选举一次，任命新部长，并出台其他政治选择。然而，长远战略应该超出立法机关以及选举的周期。虽然弗兰德斯现政府决定不再继续执行“弗兰德斯在行动”计划，但仍打算以“弗兰德斯在行动”的经验与转型为基础继续发展。因此，弗兰德斯如今有了一个新的长远战略。为了把这个战略和各种转型过渡到下个任期，就需要强健而灵活的治理和为弗兰德斯当局与社会所共享的所有权。长远政策的设计需要具有灵活性和适应性，必须能够应付社会变革初级阶段所固有的不确定性。

为了创建共享所有权，在转型过程初期的利益相关者至关重要（不过，需要假定利益相关者相信某种转型管理方法），需要能回应人们需求和能负责的治理使人们参与到决策和政策制定、执行、监督以及评估的过程中来（UN，2015）。弗兰德斯政府邀请利益相关者提供对政府有说服力的建议，并就“愿景 2050”草案做出反馈（在两次利益相关者的会议上以及向战略咨询委员会征求意见，如前所引）。在转型过程的这个阶段，弗兰德斯政府必须在它们自己的政治选择（以及它们所做出的授权）与社会的选择之间找到一个平衡点。在这里，转型过程以及所做出的选择的透明度（例如，为何它们的选择与利益相关者的提议不同）非常重要。回顾过去，转型过程的透明度可能会更高。

① DuWoBo2.0 过程始于 2012 年，它重新阐述了未来愿景并使愿景紧跟部门发展的最新形势，修正了 DuWoBo 的管理与结构并给弗兰德斯当前的发展过程做出了重新定位（Paredis，E.，2015）。

转型需要一种跨政策领域的方法。在弗兰德斯，每位部长和每个政策领域都负责一个具体的政策范围并有其自己的议程。这对寻求跨政策领域的解决方法可能是一种阻碍，我们在制定“愿景 2050”及其治理模式的过程中也已经注意到了这一点。例如，在选择转型主题（比如，并非每个政策领域或每个部长都要转型）和为每次转型指派主管部长的过程中。实施转型的一个重要挑战和必要条件是，在弗兰德斯行政管理机构和弗兰德斯政府中尽可能地减少这种“筒仓效应”。

关于资源的讨论与上述情况有联系。无论是在决定一个战略还是在分配人力与资源过程中，都需要一种跨政策领域的办法。在勤俭节约的背景下，给长远政策分配资源在未来一段时期内都将会是挑战。一个可能的解决办法是在（每次转型的）行动计划中考虑财政后果，并为每个转型过程具体分配资源。除此之外，在实施转型管理办法的组织中拥有恰当的能力，将是一个关键的成功因素。也许招聘政策应该据此做出调整。

最后，新的治理结构从来不是在真空中被创造出来的，也不能认为必要的治理能力将很容易获得。让新的制度安排运转起来意味着改革，并且在某种程度上，意味着社会—政治治理的既有做法被“创造性地破坏”（Voβ，Smith & Grin，2009）。初看之下，这种创造性的破坏对有些转型来说似乎是一种损失。它需要大量的说服工作，让每个人（政府、利益相关者等）都接受这种破坏将是一个重大障碍。除此之外，实施这种新治理模式并让转型运转起来，还需要文化转型（Government of Flanders，2016）。转型过程超越了常规政策，因此部长之间、弗兰德斯各行政管理机构的最高管理者之间、各政策领域之间以及与利益相关者之间密切的合作是必要的。

四　结论

本文的主要目的是把弗兰德斯的案例作为研究转型管理的案例进行介绍。因此，本文主要是描述性的，但是考虑到它在将来的比较研究中的潜在意义，这种描述无疑是有价值的。

弗兰德斯是转型管理的一个有趣案例，也是一个能提供丰富经验的案例。在数年里，也许在未来几十年里，它都将会被证明是有趣的。虽然此前关于转型管理的研究聚焦于案例研究，但是一个政府同时在这么多政策领域中选择转型管理方法，据作者所知是独一无二的。这个案例还表明，转型管理既不容易也不能凭空产生。议题、文化以及愿景等方面的冲突构成了转型管理的重要障碍，在这一点上，弗兰德斯将不可能是例外。过去的历史已经表明，筒仓化、利益相关者的利益冲突以及资源限制，在实现转型管理所做的许诺方面存在问题。随着这个治理模式在未来几年里将逐渐成型，转型管理活动的第一次循环也将启动，弗兰德斯的转型管理方法在制度创新与谋求可持续发展的障碍、困难、解决办法以及驱动力等方面，将为我们带来许多启示。

参考文献

Abernathy, W., Clark, K. & Kantow, A. (1983). Industrial Renaissance. Basic Books, New York, USA.

Assink, M. (2006), "Inhibitors of disruptive innovation capability: a conceptual model", *European Journal of Innovation Management*, 9: 2, pp. 215 - 233.

Beck, U., Bonss, W. & Lau, C. (2003). The theory of reflexive modernization: problematic, hypotheses and research programme. Theory, Culture & Society, 20, pp. 1 - 33.

Bekkers, V. J. J. M., Edelenbos, J., & Steijn, B. (2011). Linking Innovation to the Public Sector: Contexts, Concepts and Challenges. In Bekkers, V. J. J. M., Edelenbos, J., & Steijn, B. (Eds.), Innovation in the public sector-Linking capacity and leadership (pp. 3 - 32). Palgrave Macmillan, New York, USA.

Bekkers, V. J. J. M., Tummers, L. G., Stuijfzand, B. G., & Voorberg, W. (2013). Social Innovation in the Public Sector: An integrative framework. LIPSE Working papers (no. 1).

Conklin, J. (2007), "Rethinking wicked problems". *NextD Journal*, 10, pp. 1 - 30.

De Smedt, P., Borch, K. & Fuller, T. (2013). Future Scenarios to Inspire Innovation. Technological Forecasting & Social Change 80, p. 432 - 443.

Drucker, P. (1985). Innovation and Entrepreneurship. Heinemann, London, UK.

Geels, F. W. (2004). Understanding system innovations: a critical literature review and a conceptual synthesis. In Elzen, B., Geels, F. W. & Green, K. (Eds.): System Innovation and the Transition to Sustainability. Theory, Evidence and Policy, pp. 19 -

47. Edward Elgar, Cheltenham, UK.

Government of Flanders (2009). Pact 2020: Een nieuw toekomstpact voor Vlaanderen. 20 doelstellingen. Online, at: http: //www. vlaandereninactie. be/sites/default/files/brochure_ flanders_ in_ action_ 0. pdf.

Government of Flanders (2016). Visie 2050 – Een langetermijnstrategie voor Vlaanderen. Online, at: http: //www. vlaanderen. be/nl/vlaamse – regering/visie – 2050 – een – langetermijnstrategie – voor – vlaanderen.

Hayer, M. (2003). Policy without polity? Policy analysis and the institutional void. Policy Sciences, 36, pp. 175 – 195.

Head, B. W. & Alford, J. (2015). Wicked Problems: Implications for Public Policy and Management. Administration & Society, 47: 6, pp. 711 – 739.

Kenis, A., Bono, F. & Mathijs, E. (2016), "Unravelling the (post –) political in Transition Management: Interrogating Pathways towards Sustainable Change". *Journal of Environmental Policy & Planning*, DOI: 10. 1080/1523908X. 2016. 114167217.

Kemp, R. & Loorbach, D. (2003). Governance for Sustainability through Transition Management. Paper presented at the EAEPE 2003 Conference, Maastricht, The Netherlands.

Kemp, R., & Loorbach, D. (2006). Transition management: A reflexive governance approach. In Voβ, J-P., Bauknecht, D. & Kemp, R. (Eds.): Reflexive Governance for Sustainable Development, pp. 103 – 130. Edward Elgar, Cheltenham, UK.

Kemp, R., Loorbach, D. & Rotmans, J. (2007), "Transition management as a model for managing processes of co-evolution towards sustainable development". *International Journal of Sustainable Development & World Ecology*, 14: 1, pp. 78 – 91.

Laes, E., Gorissen, L., & Nevens, F. (2014). A comparison of energy transition governance in Germany, The Netherlands and the United Kingdom. Sustainability, 6: 3, pp. 1129 – 1152. doi: 10. 3390/su6031129.

Lourenço, J. S., Ciriolo, E., Almedia, S. R. & Troussard, X. (2016). Behavioural insights applied to policy: European Report 2016.

Loorbach, D., Van der Brugge, R. & Taanman, M. (2008), "Governance for the Energy Transition". *International Journal of Environmental Technology and Management*, 9: 2 – 3, pp. 294 – 315.

Loorbach, D. (2010). Transition management for Sustainable Development: A Prescriptive, Complexity-Based Governance Framework. Governance, 23: 1, pp. 161 – 183.

Naisbitt, J. (1982). Megatrends: ten new directions transforming our lives. Warner Books,

New York, USA.

Osborne, S. & Brown, K. (2005). Managing Change and Innovation in Public Service Organizations.

Paredis, E. (2010). Naar een verdere onderbouwing van het Vlaamse beleid voor duurzaamheidstransities. (Working Paper nr. 19).

Paredis, E. (2011). Transition Management as a form of policy innovation. A Case Study of Plan C, a process in sustainable materials management in Flanders. (Working Paper nr. 26).

Paredis, E. (2015). Governance for system innovation: sustainable housing and building in Flanders. OECD case study, Policy Research Centre TRADO, Ghent University, Ghent.

Paredis, E. & Block, T. (2015). Transitiepraktijk van de Vlaamse overhead. Meer dan een schijnbeweging. Vlaams Tijdschrift voor Overheidsmanagement, 1, pp. 11 – 18.

Parto, S., Loorbach, D., Lansink, A. & Kemp, R. (2007). Transitions and Institutional Change: The Case of the Dutch Waste Subsystem. In Parto, S. & Herbert-Copley, B. (Eds.): Industrial Innovation and Environmental Regulation, United Nations University Press, New York, USA. 18.

Pollitt, C. & Bouckaert, G. (2011). Public Management Reform. A comparative analysis: New Public Management, New Public Governance, and the Neo-Weberian state. Third edition. Oxford University Press, Oxford, UK.

Roberts, N. C. (2001). Coping with wicked problems: The case of Afghanistan. In Jones, L., Guthrie, J. & Steane, P. (Eds.): Learning form international public management reform, pp. 353 – 375. Emerald Publishing, London, UK.

Rotmans, J., Kemp, R. & Van Asselt, M. (2001). More evolution than revolution: transition management in public policy. Foresight, 3: 1, pp. 15 – 31.

Sondeijker, S., Geurts, J., Rotmans, J., & Tukker, A. (2006). Imagining sustainability: The added value of transition scenarios in transition management. Foresight, 8: 5, pp. 15 – 30.

Turnpenny, J., Lorenzoni, I. & Jones, M. (2009). Noisy and definitely not normal: responding to wicked issues in the environment, energy and health. Environmental Science & Policy, 12, pp. 347 – 358.

United Nations (2015). Responsive and Accountable Public Governance. World Public Sector Report, ST/ESA/PAD/SER. E/187.

Van Buuren, A. & Loorbach, D. (2009). Policy innovation in isolation? Public Management Review, 11: 3, pp 375 – 392.

Van der Brugge, Rutger, and Roel Van Raak. (2007). Facing the Adaptive Management Challenge: Insights from Transition Management. Ecology and Society, 12: 2: 33.

Voβ, J-P. & Kemp, R. (2006). Sustainability and reflexive governance: introduction. In Voβ, J-P., Bauknecht, D. & Kemp, R. (Eds.): Reflexive Governance for Sustainable Development, pp. 3 – 28. Edward Elgar, Cheltenham, UK.

Voß, J-P., Smith, A. & Grin, J. (2009). Designing long-term policy: rethinking transition management. Policy sciences, 42: 4, pp. 275 – 302.

可持续合作治理与应急管理中组织韧性的来源

韩国成均馆大学

朴亨俊　郑奎进　池艺珠　朴凡俊

【摘　要】应急管理领域的学者通常认为，建立和维护跨组织合作的目的就是要克服组织内部的局限并加强组织能力。这种观点基于这样一种假设，即通过合作，网络型组织可以增强联合能力并尽量减少灾害的影响，从而提高其重整旗鼓和回归正常的能力。为探究跨组织合作对网络化组织应对灾害能力的结构性影响，本研究运用制度化集体行动框架，从批判性的视角分析跨组织合作网络的集体行动问题。本研究采用实证分析验证组织韧性的来源。基于两阶段赫克曼选择模型的研究结果表明，在另外两个行为者之间，居于中心地位的网络化组织往往拥有更高的灾害适应意识。这一发现意味着，具有架桥策略的组织，通过在应急准备和减灾等过程中（如联合应对和恢复计划）确保获得关键资源和信息，能够增强其从灾难性事件中恢复的能力。

【关键词】跨组织合作网络；结构性影响；灾害韧性；两阶段赫克曼选择模型

一　引言

应急管理领域的学者通常认为，建立和维护跨组织合作的目的，就是要克服组织内部的局限并加强组织能力（Waugh，1994；Waugh and Streib，2006；Kapucu et al.，2012）。这种观点基于这样一种假设，即通过合作，组织可以建立联合能力并尽量减少灾害的影响，从而增强其重整旗鼓和回归正常的能力（Jung，2013；Andrew et al.，即将出版）。例如，夸洛特利、拉加德克以及鲍恩（Quarantelli，Lagadec and Boin，2006）强调，基于灾害的性质，跨组织合作已成为应急管理不可或缺的一部分。卓倍克与麦肯泰尔（Drabek and McEntire，2002）也指出，由于应对行动中往往存在资源协调问题，跨部门的多组织合作提供了解决组织能力的线索。根据菲利普斯、尼尔以及韦布（Phillips，Neal and Webb，2012）的观点，在应急管理的所有方面扩大部门间的跨组织合作关系，应该是建立有适应能力的团体的重中之重。

为探究跨组织合作对组织灾害应对能力的影响，本研究采用了制度化集体行动（ICA）框架，该框架可以使我们在组织层面分析集体行动问题。本研究采用实证分析验证组织韧性的来源。基于赫克曼选择模型的研究结果为如下基本观点提供了证据支持，即在另外两个行为者之间，居于中心地位的网络化组织往往具有更高的组织适应意识，因此本研究支持了架桥假说。本研究结果表明，具有架桥策略的组织，通过确保关键资源和信息的获取，能够增强从灾难事件中重整旗鼓的能力。本研究还认为，组织韧性可通过应急准备与减灾等过程（如联合应对和恢复计划）来获得。

本文结构如下：接下来的部分首先要界定韧性这个概念，进而讨论用于确定解释组织韧性因素的理论框架。第三部分介绍研究设计、数据收集过程和分析方法。最后一部分给出研究结果与结论。

二　组织韧性的悖论

在应急管理领域，韧性的概念可以被理解为“从灾害事件中恢复过来的能力”（Norris et al.，2008；NRC，2011）。这一概念包含两层含义，即规划的能力与应对威胁和危害的能力。考克斯与佩里（Cox and Perry，2011：395）将韧性定义为“某一团体应对威胁、存活并恢复的能力，或者更准确地讲，是恢复到一种新常态的能力，这种常态带有由灾难所造成损失和变化的痕迹”。国家研究委员会（NRC，2010）将韧性解释为在灾难发生过程中及结束后，团体持续管理其资源的能力。

就本文的研究目的而言，我们将“组织韧性”这个术语定义为，有着强烈的应急事件管理意愿的组织，为了恢复原状而改善公共资源的实际或潜在能力。本研究遵照安德鲁等人（Andrew et al.，即将出版）的做法，在组织层面探讨韧性，它被界定为“各组织在尽量维持正常运转中进行合作以及跨越行政界线协调关键资源以救助当地社区的能力”。这一定义表明，跨组织合作能够使各组织在灾难中帮助其他组织，同时又能履行其核心功能并应对灾难。与制度化集体行动框架相一致，这个概念的定义也表明，合作以及组织应对灾难的能力取决于各个组织内化协调成本的意愿，这种意愿有助于应对紧急事件时的组织凝聚力（Jung et al.，2013；Andrew and Carr，2013）。通常认为组织凝聚力要求各个组织作为一个集体为灾难做准备，从而尽量维持正常运转。

然而，组织韧性也呈现出一个悖论。例如，安德鲁等人（Andrew et al.，即将出版）曾提出疑问，如果帮助其他组织会危及某一组织自身在灾害期间履行核心功能的能力，进而影响其自身的恢复，那么该组织为何还要为其他组织提供援助。理性的视角会认为，灾害期间资源有限且短缺，任何理性的行为体都会为自身利益最大化考量，不与他者合作，不提供援助。根据制度化集体行动框架，即使社区与组织愿意提供帮助，它们应对灾害影响的能力也要个人、组织和社区之间的合作，并共享有形资源。即便是各个组织比较善于设计能改善它们应对灾害能力的制度，满足集体的偏好往往也要面临很高的合作风险。既然突发事件的特点并不能使这些组织免于灾害的影响，因此各个组织在如何最有效地分配成本方面很难达成一致。个体组织有着强烈的“搭便车”动机，以便不用为集体做出贡献就能获得合作的利益。

地方政府不愿承担责任而拒绝在辖区内接纳疏散人员的情况不乏其例。蒂尔尼、利德尔以及佩里（Tierney，Lindell and Perry，2001）断言，由于缺乏资源调度和风险沟通而导致的功能失灵，地方政府很可能忽视受灾居民。在卡特里娜飓风期间，美国国家公共广播电台（NPR，2005）报道称，新奥尔良市周边的地方政府没有帮助来自新奥尔良的撤离居民，“因为新奥尔良没有为其所遭遇的情形做好准备，而指望我们在毫无准备、毫无通知、毫无联系的情况下疏散其城市”。卡特里娜飓风远超出了新奥尔良自身的应对能力，因此政府并没有能够保护灾民和居民。于是，新月市和格雷特纳镇等邻近城市在飓风期间和过后都持枪拒绝来自新奥尔良的难民。米勒（Miller，2011）也指出，在灾害事件中，美国一些资源不足的小城市和城镇可能不会帮助周边的城市。

这在国际上也不乏其例。2010 年日本地震后，各个地方政府都被压垮了，无力帮助其他社区的灾民（Cho et al.，2013）。这种不愿帮助其他人的现象并不少见。之所以如此，是因为它们没有事先做出承诺和共同的安排以便共同应对灾难（Quarantelli，1983；Dynes，1994）。

根据布鲁诺等人（Bruneau et al.，2003）的研究，本研究使用了组织韧性的四个维度：（1）稳健性；（2）快捷性；（3）资源充足性；（4）富余性。稳健性是指当地社区能够立即克服灾害引起的运转失灵而免于情况恶化的能力。换言之，稳健性就是当地社区在遭受严重破坏的情况下，仍能继续履行其职能（如通过其他机构进行沟通和信息技术支持）的能力。快捷性是指当地社区及时地为灾民提供实际援助以及灾后重建的能力。稳健性与快捷性是当地社区在保证自身功能完整的情况下帮助灾民、缩短恢复时间的关键属性（Kendra & Wachtendorf，2003）。资源充足性是指当地社区有足够的资源满足灾民以及灾后恢复的需要的程度。富余性是指当地社区有足够的能力实现职能要求并帮助灾民及其社团应对灾害的程度。布鲁诺等人（Bruneau et al.，2003）也指出，资源充足性与富余性是当地社区实现充分的稳健性和快捷性的根本途径。

三 制度化集体行动框架

制度化集体行动（ICA）是建基于以行动体为中心的偏好整合（Scharpf，1997）以及奥斯特罗姆（Ostrom）提出的制度化分析与发展框架之上的。然而，制度化分析与发展框架认为共同协议或联合行动是以个人理性为基础的，它被应用于组织层面的集体行动时有局限性。在分析散布在多个政府单位间的权力以及地方或机构层面的集体行动困境时，制度化集体行动框架运用了类似的逻辑。在机构的集体行动困境中，人们认为每个组织都会进行自己的风险评估。各个组织也愿意参与回应和规划。同时，组织可能会遭受高昂的交易成本，从而加剧制度化集体行动困境

(Feiock, 2013)。

制度化集体行动框架为理解集体行动的困境提供了四条基本指导原则:(1) 困境的性质;(2) 政策领域中直接或间接涉及的权力机构;(3) 作为与不作为的潜在风险;(4) 能解释行为者动机的激励因素(Feiock, 2013)。在有关集体行动的文献中,困境的性质被定义为识别出跨组织合作中集体行动存在的问题,其中,各个组织的各自动机有可能导致任何单个组织都不愿看到的、不恰当的集体结果(Ostrom, 2005; Feiock, 2013)。政策领域中直接或间接涉及的权力机构,关注的是通过集体决策确定的工具和目标,集体决策中包括了陷入制度化集体行动困境的所有参与者(Williamson, 1985; Feiock, 2013)。源自作为和不作为的潜在风险和不确定性,与交易成本密切相关,而交易成本则源自管理权、效率、政治代表性以及组织自主权之间的溢出效应(McGinnis, 1999; Feiock, 2009)。最后,组织动机的激励因素表明了一种系统性的方法,例如,监管和监控机制,通过考虑那些阻碍各机构做出协调决策的障碍来解决制度化集体行动困境(Brown and Potoski, 2005; Feiock, 2013)。在制度化集体行动框架内,合作和应对灾害的能力取决于各个组织内化协调成本的意愿,协调成本有助于应急事件响应中的组织凝聚力(Jung et al., 2013; Andrew and Carr, 2013)。组织凝聚力要求各个组织作为一个集体而为灾害做准备,从而尽可能维持正常运转。应急管理中的合作通常被认为是一件"好事",不过,组织要在灾害中获得资源、在灾后有效运转都有着潜在的困难,在这种情况下组织仍愿意合作,其动机常常会令人倍加疑惑。但是问题依然存在:为提高灾后恢复的可能性,它们应该同谁合作?为增强韧性水平,组织可以选择与一个中心行为体合作,从而获得当地无法得到的信息和资源(架桥)。组织也可以和那些相互之间有着紧密联系的其他组织密切合作,从而汇集和共享资源(互联)。这种策略能否产生切实的效果尚不清楚。

四　组织韧性的来源

在就跨组织合作对组织韧性的影响提出一般性假设之前,本研究先提出一个假定的代表跨组织合作的网络结构(见图1)。根据安德鲁和卡尔

（Andrew and Carr，2013）的研究，该网络结构的七个组织共有 10 处关联。这些联系被定义为跨组织合作。

基于互联效应（bonding effect），组织 C（见图 1）的韧性很高。另外，根据架桥效应，组织 E（见图 1）的韧性更高（后面会讨论）。如果一个组织与相互之间有着密切关联的各组织有最多数量的联系，那么该组织的社会位置就会被定义为交往密切度高。若在一个网络中，一个组织与其他任意两个行为体之间的距离均为最短，则该组织有最高的中介度得分（Freeman，1980；Wasserman and Faust，1994）。基于该假定的网络结构，组织 C 的交往密切度得分最高，而组织 E 的中介度得分最高。

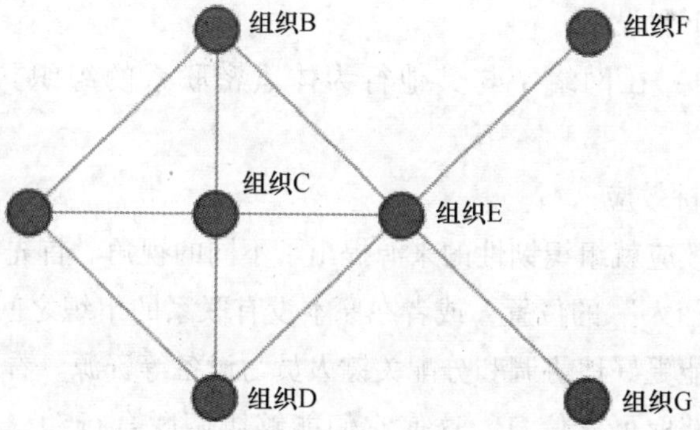

图 1　假定的网络结构

1. 互联效应

嵌入互联结构中的组织合作可以提高组织韧性，原因如下：第一，它为个体组织提供了关联利益，从而能够增强组织间的互信、资源共享和可靠的信息传播（Leonard，2004；Andrew and Carr，2013；Andrew et al.，即将出版）；第二，作为一个紧密联结的群体中的一员的好处，可以通过建立组织信誉和声望来实现。这是因为当有强烈的承诺、义务和责任意识的时候，根据制度化集体行动框架，组织更有可能避免做出违背群体规范的举动。如果互联结构提供互助是可以预期的，那么组织得不到援助的风险也会降到最低。举例来说，一个提供援助的组织可以期待得到别的组织的类似援助，这会提高其应对、恢复能力以及灾后回归正常的能力（Andrew，2010）。

在应急管理的相关文献中，组织间凝聚力会产生频繁的互动，并通过分享业务认知来增进互信（Comfort，2007）。互联效应策略使从事应急管理的组织产生出一种紧密联结的结构（Drabek and McEntire，2002；Robinson，2012）。欧文（Owen，1985）也表明，集体意识越强，社会凝聚力就越强，从而导致了跨地区合作和参与。根据维萨维达（Vasavada，2013）对2001年印度古吉拉特邦地震后的网络结构所进行的研究，在稠密聚集型的结构中，主导性组织对于实现网络层面的结果是最为有效的。这是因为通过密切联结的结构，各种不同类型的组织之间能够产生出互信。西尔维斯（Sylves，2008）也得出了类似的结论，他认为，共享资源的跨组织协议有助于各当地组织有效地应对灾害和灾后恢复。因此，本研究做出如下假设：

假设1：在网络中与其他行为体紧密联系的组织具有更高的组织韧性。

2. 架桥效应

架桥效应就组织韧性的来源提出了不同的视角。首先，如果某个组织处于“看门人”的位置，或者在原本没有联系的组织之间起到桥梁作用，则该组织能更好地协调和分配关键人员与设备等资源。看门人组织被认为能更好地获取可靠信息，这使它们能够协调联合行动（Freeman，1980；Lin，2001；Kapucu，2006；Andrew and Carr，2013）。在制度化集体行动框架中，处于中心位置不仅给组织提供获取信息和资源的机会，而且还赋予了组织分散风险、尽量使组织失败最小化的能力（Andrew，2010）。即便该组织可以通过正式的安排来共享和协调资源，如果在制定和实施该协议的过程中没有产生巨大的交易成本，那么该组织也很难将该协议的结果具体化（Andrew，2009；2010）。因此，组织韧性之所以能够增强，是因为该组织通过与圈外的组织方建立了联系，以策略性的行动分散了风险。

架桥效应可以从下面几个例子中反映出来。例如在美国，根据灾害的性质，要求各组织与州级机构和联邦应急管理局的地区总部等中央行为体互动。这种架构是被有意设计出来的，目的是协调关键信息和资源（Dynes，1974；Kreps，1991；Drabek and McEntire，2002）。在不同级别的政府之间架接桥梁，形成了一种“蜘蛛网”式的应急结构，如果这种协调的效果好，就能够提高组织韧性。夸洛特利、拉加德克与鲍恩（Quarantelli，Lagadec and Boin，2006）以及蔡与金（Choi and Kim，2007）认为，这种结构性桥梁在减轻灾害、应对组织所面临的当代灾害方面起到了重要的作用。这种结构会出现，可能是因为上级政府通过拨款、财政援助以及/或者其他形式的项目所实施的行政授权（Waugh，1993；Sylves，2008）。这个中枢被认为具有协调任务与活动的能力，因而导致了一种有效提高组织韧性的方法。因此，本研究做出如下假设：

假设2：在网络中处于中央行为体位置的组织具有更高的组织韧性。

3. 预先互动效应

积极参加应急管理演习可以提高组织韧性，原因如下：首先，预先达成的提供资源的共同协议，使组织在灾害前就建立了联系（Comfort and Haase，2006）。重要的是建立起共同的目标，这样能减少协调成本。康福特（Comfort，2007）认为互动促进了建立共同认知管理的可能性。

其次，应急管理领域的学者也表明，应急沙盘演练和实操训练表明了组织为共享资源而建立互信的可靠性（Kartez and Lindell，1989；Perry and Lindell，2003；Alexander and Bandiera，2005；Kapucu，Arslan and Demiroz，2010）。在灾害发生前与核心组织进行应急演习，能为组织提供学习经验的机会。预先的经验和频繁的互动使组织在应急反应行动中能够有效地协调和调度资源（Kartez and Lindell，1989；Perry and Lindell，2003）。比如，美国的紧急医疗驻地计划就强调参与高质量医疗灾害演习对真实灾害应对的好处（Alexander and Bandiera，2005）。卡普簇、阿斯兰与德莫拉兹（Kapucu，Arslan and Demiroz，2010）也指出，灾害发生前通过应急演习进行高频次的互动，能够增强应对能力和提高组织韧性。因此，本研究做出如下假设：

假设3：参与应急演习的组织有更高的组织韧性。

五　韩国的应急管理

本实证研究旨在考察韩国的应急准备情况和跨组织合作模式。目前，韩国国家应急管理局是负责开发和协调一个综合性应急管理系统的主要机构。该局成立于2004年，由《紧急与安全管理基本法》授权来落实和开发一个应对各种灾害风险防控的综合性国家应急管理系统。

然而，这个全国应急管理系统因一些原因受到了批评。哈与帕克（Ha and Park，2012）指出，国家级的公共机构被认为扮演领导角色，为较低层级的政府提供指导而不注重地方的偏好。换言之，相较灾害缓解和准备，它们更重视应急响应。根据金与李（Kim and Lee，1998）的研究，中央政府只准备着对人为失误或技术原因造成的灾害采取行动，而忽视自然灾害。国家立法和公共项目也往往更重视垂直网络而非水平关系。因此，不太鼓励与非政府机构、企业以及基于当地社区的组织进行跨组织合作（Ryu and Ahn，2007；Yang，2010）。

在地区层面，有理由认为跨组织合作的模式受到了国家行政规范与结构的影响。比如在省级层面，地区政府通常扮演国家与地方政府中间人的角色。中间人角色一方面将地方的必要信息提交国家应急管理局，以获得协助和紧急援助，另一方面也会对当地的应急行动计划进行确认。这些计划必须与省级政府的应急行动计划相一致。在灾害应对过程中，省级的应急指挥部会协调中央应急与安全指挥部和地方应急指挥中心之间的行动。当灾害应对工作量超出地方政府应对能力的时候，省级政府也会协调联合应对工作。在各自辖区内，它们可以向地方政府发出指示。

在市级层面也有跨组织合作的情况。地方工作为应急响应中的行政责任作了补充，也就是说，跨省的或跨越大城市政治界线的正式协议已经签订了。例如 2012 年 8 月，釜山都市区的江西市与巨济市就签订了双边协议。这份正式协议旨在针对巨济—釜山的桥梁—隧道通道的应急情况建立预警与应对计划。这样的协议在朝鲜半岛的东南部地区并不少见。再看另外一个例子：梁山（市）与釜山气象局在 2008 年 4 月签订了一份双边协议，达成了一项联合气象观测协议。市政府之间也会签订多边协议。例如在 2010 年 8 月，釜山都市区的 14 个地方政府与庆尚南道签订了协议，针对的是应对洛东河洪水引发的紧急情况。在应急管理领域，地方政府也与非政府组织签署协议，如釜山志愿者中心以及釜山的一个非政府组织“好生活运动”的地区分部。

跨组织合作的性质也与实地观察相一致。举例来说，自从实施了《地方自治条例》（1990/1994/1995/1989）、《地方金融条例》（1988）以及 1999 年通过了《促进权力下放条例》以来，地方层面成立了越来越多的非政府组织（Choi and Wright，2004）。尽管中央政府在指导地区事务方面仍起到重要作用，但是随着地方自治扩大到涵盖了公共项目、公共服务，地方政府越来越多地与基于社区的组织和非政府组织进行协调（Choi and Wright，2004）。地方—非政府组织间关系在别的地方也变得日益重要。但更重要的是，根据裴与金（Bae and Kim，2012）以及蔡与怀特（Choi and Wright，2004）的研究，对公民社会的关注实际上动员了地方领导和社区进行自我组织和追求更高的地区自治。

下一部分要考察韩国应急管理实践的模式。尽管合作能提高地区一体化的可能性和范围，但是韩国跨组织合作的模式仍未被充分研究。

六　研究地点、数据与方法

为理解韩国跨组织合作的模式，数据采集是在韩国东南部进行的。东南经济区由釜山、蔚山和庆尚南道组成。它是韩国最重要的工业区，也是全国经济的战略支柱。东南经济区总人口约794万人，地区国内生产总值为2000亿美元（MOPAS，2012）。釜山和蔚山都市主要从事制造业，如汽车和船舶设备工厂。约22%的全国性产业集群位于东南经济区，一些全球性的企业，如三星、LG、现代和起亚都在该区域有自己的工厂（Jung and Jeong，2010）。最近，通过与中国上海、日本福冈等其他亚洲国家和城市的合作，东南经济区扩大了自身的经济影响（Yonhap News，2012）。这些推动区域经济发展的举措激励了地区的利益相关者们进行政府间合作。

然而，东南经济区的地理位置容易遭受自然灾害（如台风、洪水和严重的野火）。根据韩国国家应急管理局（2011b）的报告，从2001年到2010年这10年间，由自然灾害尤其是台风引起的暴雨致使东南经济区地势较低的区域被淹没，造成约40亿美元的经济损失（占韩国经济损失总量的23.7%）。

该地区也是高度分散的。举例来说，在应急恢复过程中，地区政府通常起协调者的作用，但是它们却不负责建立短期计划策略来减轻自然灾害带来的危害（NEMA，2011a；MOPAS，2012）。地方安全管理委员会（The Local Safety Management Committee，LSMC）协调当地的组织，通过直接与MOPAS以及国家应急管理局（NEMA）沟通来传输信息和资源。

同时，地方安全管理委员会（LSMC）只负责勘查灾害隐患和掌管地方的应急管理资金。消防与警察机关的地方总部通常独立于地方政府履行其职责，并通过其在当地的分支机构而有着单独的沟通渠道。

1. 样本选择

数据收集是分两个阶段进行的。第一阶段采用雪球式抽样方法，确定出参与韩国东南经济区应急管理活动的关键组织。在进行正式调查前，先对20个公共组织进行了试点测试（在釜山和蔚山都市区各有5个案例，南庆尚道有10个案例）。

在初始阶段，即2012年7月16日至28日，我们只接触了43个地方政府，随后它们共区分出了在应急响应中经常与之接触的三类其他组织。在第一波调研中，130个组织对调查做出了回应，它们是该地区的43个地方政府（33.1%）、34个消防站（33.3%）、28个警察局（33.3%）以及25个非政府组织（19.2%）。尽管研究者尽了很大努力希望得到地区和国家级机构的响应，但是没有机构同意配合调查。这个过程中总共出现了170个组织，包括国家级、省级、地方级机构以及非政府组织。由于那些完成了调查问卷的组织提到了它们而被纳入最终的网络分析中。

在第二波调研中，约86.1%的组织（112个）维持了这个联系项目，即无论它们是否参加了联合应急管理而与应对灾害的其他组织进行合作。关于组织决策是否参加联合应急管理的数据，是在东南经济区的第一阶段调查中获取的。在第二阶段数据收集中，组织构成如下：共112个组织，其中包括43个地方政府（38.4%）、24个消防站（21.4%）、20个警察局（17.9%）以及25个非政府组织（22.3%）。如表1展示了不同类型组织回答问卷情况的分布。

表1　问卷答复者和被援引的问卷答复者的组织类型

	台风前		台风后	
组织类型	频率	其他被引情况	频率	其他被引情况
国家机构	—	5	—	5
地方机构	—	6	—	6

续表

组织类型	台风前		台风后	
	频率	其他被引情况	频率	其他被引情况
地方政府	43	—	43	—
消防站	34	9	24	19
警察局	28	15	20	23
非政府组织	25	5	25	5
合计	130	40	112	58

2. 测量组织韧性

我们使用了一种复合指标来测量组织韧性：稳健性、快捷性、资源丰富性和富余性（Andrew et al.，即将出版；Bruneau et al.，2003；Kendra & Wachtendorf，2003；Bruneau & Reinhorn，2006）。组织回答调查问卷的情况如表 2 所示。这四项指标的回答由一个 5 分的李克特量表进行评定：0（非常反对）—4（非常同意）。这些回答的取值范围是 0—16。加起来的得分被除以 16，再被乘以 100，进而生成一个组织韧性指数（克朗巴哈系数 $\alpha = 0.784$）。组织韧性系数（CRI）的取值范围为 0—100。

表 2　　组织韧性指数调查问卷

维度①	调查的问题
稳健性	你们认为你们的组织有能力（或已经能够）立即克服灾害所引发的运转失灵吗？
快捷性	用你们所拥有的资源为灾民提供帮助的快捷性该如何打分？
资源丰富性	你们认为你们的组织资源丰富到足以满足灾民及其社区的需要吗？
富余性	你们认为你们的组织有能力在完成常规任务的同时还能帮助灾民及其社区应对灾害吗？

3. 跨组织合作

我们根据调查问卷中的一个问题来确定跨组织合作：“看看下列包括

① 布鲁诺等人（Bruneau et al.，2003）所采用的韧性维度。

中央政府机构、基层组织、利益集团、非政府组织以及地方机构在内的所有类型的组织。请列出你们在紧急情况下为了帮助灾民及其社区而与之合作过的组织。”这个问题是为了找出地方政府在应急管理（准备）领域的合作者而特意设计出来的。为了确定跨组织合作的性质，我们将数据排列为一个定向矩阵，其中 170 个组织的跨组织联系被编码为一个 N×N 矩阵，展示了所有 N 个行为体之间的所有关系。

4. 互联效应

互联效应由紧密度向心性指数来衡量（Wasserman and Faust，1994）。该指数体现了与这样的行为体——其自身又联系着其他可及的行为体——建立互信的重要性（Andrew and Carr，2013）。标准化的紧密度向心性指数在 0—100（Wasserman and Faust，1994）。紧密度指数较低说明一个行为体从其关系网络中获取的资源少，而一个较高的紧密度指数则表明行为体正在从其他行为体那里聚集资源并且/或者与它们有直接或间接的联系。

5. 架桥效应

架桥效应由中介度向心性指数来衡量（Wasserman and Faust，1994）。这种测量方式的理论基础表明了在关系网络中处于中心地位的战略重要性。该指数建基于在某一地区内一个行为体处于其他任意两个行为体之间最短路径的频率。标准化的中介度向心性指数范围为 0—100（Wasserman and Faust，1994）。中介度向心性指数最高，则表明该行为体的影响力和获取信息的权利最大。

6. 预先互动效应

组织的预先互动通过一个调查问题来衡量：“你们的组织是否参加过国家应急管理局组织的全面演习?”这一变量体现的是组织是否投入资源并积极致力于与其他组织的合作。总体来说，只是参加应急项目并不意味着所有行为体都愿意尽力地分享它们的资源或信息。然而，愿意参加全面演习，则说明组织在努力建立信任和互惠关系。该变量的具体操作是，若与其合作方一起参加了全套联合应急管理演习，则被编码为 1，否则编码为 0。表 3 总结了这些控制变量的概念、度量和数据来源。

7. 分析方法：赫克曼选择模型

采用赫克曼选择模型的一个原因是，我们的案例中有 14 个从未加入到联合应急管理关系之中，这有可能导致估算偏差。在分析的第一阶段它们被编码为0，说明这些数据在第二阶段会被删除了。该选择模型为适应系统选择样本一般会有所调整，以纠正选择偏倚（Heckman，1979）。在第一阶段，我们加入了代表诸如人力与财力资源的组织能力变量。我们也加入了一些当地社区的特点，如社会与环境的脆弱性，以及在地方应急管理中的协调者角色。选择公式的第一阶段验证了促使组织愿意参加联合应急管理的因素。

在第二阶段，结果公式对第一阶段选中的组织所认知的组织韧性水平的解释因素进行了分析。此外，第二阶段的结果公式也加入了第一阶段考虑过的变量（组织能力、社区特点、应急管理部门作为协调人的存在）。

表3　　概念、测量与数据来源

变量	概念	测量	数据来源
选择	参与联合应急管理	“1”代表公共组织的确参与了地方的应急管理规划，“0”代表没有参与	2012 SER EM Survey①
结果	组织韧性	主观的组织韧性指数得分	2012 SER EM Survey
全套演练	积极投入	“1”代表一个组织与合作者共同开展了全套的联合应急管理演练，“0”代表开展演练	2012 SER EM Survey
应急管理者总人数	人力资源	应急管理人员的数量	2011年的政府人口普查
公共安全支出	财力资源	公共安全支出总额的记录	2011年的政府财政年报
应急管理	制度资源	“1”代表公共组织有专门的应急管理部门	2012 SER EM Survey
部门老年人口比例	社会脆弱性	65岁以上人口占总人口的比例	2010年的政府人口普查

① 《2012年东南经济区应急管理调查》——审校者。

续表

变量	概念	测量	数据来源
海岸区	环境脆弱性	"1"代表组织位处海岸城市，否则为"0"	2012 SER EM Survey
河畔	环境脆弱性	"1"代表组织位处河岸城市，否则为"0"	2012 SER EM Survey
地方政府	地方应急管理协调者	"1"代表地方政府，否则为"0"	2011 年的政府人口普查

七　结果与讨论

表 4 以对赫克曼选择模型中每个变量的测量展示了描述统计。如表 4 所示，在 2012 年韩国台风过后，约有 112 个组织（86.1 %）参与了联合应急管理。在这 112 个组织中，只有 39 个组织与其合作伙伴一起展开了全套演练。组织韧性指数的平均得分约为 77.26。平均来看，约有 6 名应急管理者当时正在那些参与了地方应急管理的组织中工作。

表 4　　　　　　　　　　描述统计

变量	样本量	平均值	标准差	最小值	最大值
联合应急管理	130	0.891	0.312	0	1
组织韧性指数	112	77.261	12.778	50	100
互联效应（紧密度）	130	8.942	2.334	0	10.01
架桥效应（中介度）	130	4.696	7.169	0	37.82
预先互动效应（全套演练）	130	0.302	0.461	0	1
应急管理者总数	130	6.651	2.439	2	14
公共安全开支	130	14.691	1.046	12.641	17.429
应急管理部门	130	0.488	0.502	0	1
老年人口比例	130	0.145	0.076	0.041	0.308
海岸区	130	0.465	0.501	0	1
河畔	130	0.256	0.438	0	1
地方政府	130	0.636	0.483	0	1

表 5 给出了赫克曼选择模型的结果。在分析的第一阶段赫克曼选择模

型考察了组织决定参加联合应急管理的解释因素；在第二阶段，通过跨组织关系的模式和预先互动效应，考察了组织韧性的水平。130 个组织回答了在台风前进行的第一次调查，其中的 18 个组织在第一阶段的选择中被删除。沃尔德 χ^2 检测（Waldχ^2 test）检验结果表明，不考虑无效假设时，该模型具有统计显著性。在无效假设中，模型中的所有系数都不能解释两个因变量。似然比检验证实了赫克曼选择模型的效用。这表明非随机的选择偏倚不存在。

这些结果证实了架桥效应，在 2012 年韩国台风后，处于中心位置的组织往往会体会到较高水平的组织韧性（$\beta = 0.218$，$p < 0.05$）。也就是说，获得了经纪人的角色就能够在灾害事件之后从其他组织那里获得必要的资源。因此拥有中心位置，可以提高它们在灾害中重整旗鼓的能力。正如安德鲁与卡尔（Andrew and Carr，2013）所强调的那样，该研究结果说明，在一个自组织的应急管理网络中，架桥策略在灾后获取其他组织的人力和财力资源方面发挥了关键作用。这也减少了联合应急响应和恢复行动所带来的不确定性。加入一个集体之后，组织可能会有“搭便车”和从上级政府那里获得好处的动机。源于集体行动困境的合作风险有可能增加执行成本，降低合作成果的水平（Feiock，2013）。基于这一逻辑，该研究结果表明，架桥策略对于克服制度化集体行动困境至关重要，也就是说，在灾害事件发生后，组织应该通过一个中心枢纽来调整其行动。此外，通过占据中心位置，组织就可以减少有可能导致联合应对灾害和恢复失败的合作风险。处于中心位置，组织就可以从合作伙伴那里获得及时的信息和无法估量的资源。

表 5　　　　赫克曼选择模型的分析结果

	系数	标准差
选择公式（参加联合应急管理的可能性）		
2011 年的应急管理人员总数	-0.146**	0.106
2011 年的公共安全开支	0.745***	0.282
2011 年的应急管理部门	0.467	0.519
老年人口比率	0.041	0.027
海岸区	-0.016	0.358

续表

	系数	标准差
河畔	0.114	0.441
地方政府	6.024***	2.521
常数	−12.348**	4.998
结果公式（组织韧性指数）		
互联效应（紧密度）	0.881	0.604
架桥效应（中介度）	0.218**	0.109
预先互动效应（全套演练）	0.676	2.723
2011 年的应急管理人员总数	−0.487	0.727
2011 年的公共安全开支	1.258	1.819
2011 年的应急管理部门	5.388	3.374
老年人口比率	−0.396**	0.177
海岸区	6.508***	2.432
河畔	1.031	2.717
地方政府	4.936*	2.875
常数	60.292*	33.034
样本量（未经审查的）	130（112）	
对数似然值	−475.504	
Waldχ^2检验	32.81***	
独立方程的似然比测试（rho = 0）	1.08*	

注：①我们没有报告选择公式中互联效应、架桥效应以及预先互动效应的系数与标准误差。

② *** $p<0.01$；** $p<0.05$；* $p<0.10$。

互联效应，即与其他行为体密切合作的组织有更高的组织韧性，但这一效应在统计学意义上并不显著。这一假设的理论基础是，某些组织可能会通过参与地方应急管理委员会来作为分享信息和无形资源的工具（Andrew et al.，即将出版）。尽管如此，墨菲（Murphy，2007）和国家研究委员会（NRC，2009）都认为，当组织隶属于一个强有力的合作团体（如消防局、警察局、非政府组织等）时，它们就能够获得必要的资源，因而具有更好的韧性意识。没有实证证据能证明，紧密度向心性指数越高的组织，其在灾后的组织韧性就越高。

从制度化集体行动的视角看，互联效应可以成为组织韧性的来源（Andrew et al.，即将出版），但在韩国的案例中这样的结果并没有被发现。这使我们把注意力转移到另一推测，即组织在灾后必须维持与其他合作方之间的关系。也就是说，地方组织间的持续互动对于占有有价值的资源来说是很重要的。举例来说，地方政府需要战略性加强与其他地方组织的互惠关系，以便为将来的灾害做准备。为了建立一个紧密联结的结构，它们必须制订计划，以减少不确定性并促进组织间的共同利益（Lin，2001；Andrew & Carr，2012）。

这些结果也显示，如果组织参加过全套演练，其与地区内的其他行为体有更多联系的可能性会很高。这一研究结果与其他观察结果相一致（Comfort and Haase，2006；Lubell，2007；Feiock，2013）。该研究结果表明，灾害事件之前建立的互相理解、共同的目标以及积极的投入，能够推动能力建设（Comfort，2007）。尽管联合的全面应急计划与预备演习很少增强组织韧性，但可以认为，持续的互动会建立互信和相互理解，因而减少行为的不确定性。不过，我们没有发现证据能证明，与其他组织一起参与联合的全套演习所带来的预先互动效应，会对组织韧性的认知水平有影响。尽管组织参加全面演习有可能提高其灾后复原的能力，但是研究结果并不显著。

我们还发现，组织韧性与社会和环境的脆弱性有关（Norris et al.，2008）。那些主要服务于65岁以上的老年人口的组织，通常对组织韧性的认知水平比较低。这一发现说明，由于人口的脆弱性，组织从灾害中恢复重建的能力可能会受阻于资源。也就是说，抚养比率，即妇女、儿童和65岁及以上老人的比率——有可能引起灾害应对成本的提高（Cutter et al.，2003）。但令人惊奇的是，环境脆弱性对组织韧性水平有积极影响。可以认为，如果组织地处环境脆弱地区，那么它更有可能预先为灾害做准备。

八　结论

赫克曼选择模型表明，在其他两个行为体之间居于中心地位的组织往往具有更高的组织韧性认知水平。本研究运用该模型考察了互联效应和架桥效应对于跨组织韧性的影响。研究结果表明，采用架桥策略的组织，通过保证关键资源和信息的获取，能够提高其从灾害事件中重整旗鼓的能力。通过应急准备和风险减缓程序，如联合应对和恢复计划，就可以获得这些组织韧性的来源。换言之，在其他组织间占据中心位置的组织，能够获取相关信息和无形资源（Comfort，Boin and Demchak，2010）。

本研究对于政府间合作研究，尤其是对应急管理研究的贡献主要有两点。尽管学者和实际工作者都强调组织韧性的重要性（Kendra and Wachtendorf，2003；NRC，2009；2011；Norris et al.，2008；Cox and Perry，2011；Andrew et al.，即将出版），但是先前的研究都没有充分探究影响组织韧性的跨组织因素。理解组织韧性，使我们通过聚焦于组织调度资源和成功应对不可预知情形的能力，来探索广泛的适应能力。由于资源调度和信息获取都是主要源自跨组织协调，因而社会地位的重要性也有助于我们洞悉组织韧性的来源。从维度的视角来看，本研究填补了韧性概念与测量方法之间的空白。本研究所运用的组织韧性的维度，可以使学者们通过灾害中和灾害后各个方面的适应能力来测量这个概念，这些适应能力包括稳健性、快捷性、资源富足性、富余性。本研究表明，参与合作应急管理的不同组织对上述维度的认知有所不同。为了提高组织韧性，中央、地区以及地方政府应为组织提供互动平台，使它们能够减少不确定性（Andrew et al.，即将出版）。

尽管有上述贡献，本研究还是存在一些不足。第一，整个地区的网络都依赖于以自我为中心的测量。斯考特（Scott，2000）指出，未公布的联系有可能影响不同的网络测量。第二，本研究仅对韩国的一个地区进行了考察，它的结论不能推广到韩国其他地区。尽管有这些局限，我们希望其他研究者可以通过确定地方、地区和国家层面的关键行为体，构建社会地位与组织韧性之间的关系。未来的研究应聚焦于联系的形成，这能够通过使用指数随机图（p^*）模型，解释克服了集体行动障碍的政府间行为的联系的形成，以克服影响集体行动的障碍。更重要的是，为了未来研究的可信性，需要对地方官员进行深度访谈。

参考文献

Andrew, S. A. （2009）. Regional Integration Through Contracting Networks: An Empirical Analysis of Institutional Collection Action Framework. Urban Affairs Review, 44, 378 - 402.

Andrew, S. A. （2010）. Adaptive versus Restrictive Contracts: Can They Resolve Different Risk Problems? In R. C. Feiock and J. Shcholz (Eds.), Self-Organizing Federalism: Collaborative Mechanisms to Mitigate Institutional Collective Action Dilemmas (pp. 91 - 113). New York: Cambridge University Press.

Andrew, S. A. and Carr, J. B. （2012）. Mitigating Uncertainty and Risk in Planning for Regional Preparedness: The Role of Bonding and Bridging Relationships. Urban Studies, Published online before print August 20, 2012, doi: 10. 1177/0042098012455718.

Andrew, S. A. and Kendra, J. M. （2011）. An adaptive governance approach to disaster-related behavioural health services. Disasters, 36 （3）, 514 - 532.

Berardo, R. and Scholz, J. T. （2010）, "Self-Organizing Policy Networks: Risk, Partner Selection, and Cooperation in Estuaries". *American Journal of Political Science*, 54 (3), 632 - 649.

Bogatti, S. , Everett, M. G. , and Freeman, L. （2002）. Ucinet for Windows: Software for Social Network Analysis. Harvard, MA: Analytic Technologies.

Bruneau, M. , Chang, S. E. , Eguchi, R. T. , Lee, G. C. , O'Rourke, T. D. , Reinhorn, A. M. , Shinozuka, M. , Tierney, K. , Wallace, W. A. and von Winterfeldti, D. (2003）. A Framework to Quantitatively Assess and Enhance the Seismic Resilience of Communities. Earthquake Spectra, 19 （4）, 733 - 752.

Bruneau, M. and Reinhorn, A. M. （2006）. Exploring the Concept of Seismic Resilience for Acute Care Facilities. Earthquake Spectra, 23 （1）, 41 - 62.

Burt, R. S. （1992）. Structural Holes: The Social Structure of Competition. Cambridge, MA: Harvard University Press.

Burt, R. S. （1997）. The contingent value of social capital. Administrative Science Quarterly, 42 （2）, 339 - 365.

Chandra, A. , Acosta, J. , Meredith, L. S. , Sanches, K. , Stern, S. , Lori, Uscher-P. , Williams, M. , and Yeung, D. （2010）. Understanding Community Resilience in the Context of National Health Security: A Literature Review.

Choi, S. O. and Brower, R. S. （2006）. When Practice Matters More Than Government Plans: A Network Analysis of Local Emergency Management. Administration and Society,

37 (6), 651 -678.

Choi, S. O. and Kim, B. T. (2007). Power and Cognitive Accuracy in Local Emergency Management Networks. Public Administration Review, 67, 198 -209.

Coreman, J. (1988), "Social capital in the creation of human capital". *American Journal of Sociology*, 94, 95 -120.

Cox, R. S. and Perry, K. M. E. (2011), "Like a Fish Out of Water: Reconsidering Disaster Recovery and the Role of Place and Social Capital in Community Disaster Resilience". *American Journal of Community Psychology*, 48, 395 -411.

Cutter, S. L., Boruff, B. J., and Shirley, W. L. (2003). Social Vulnerability to Environmental Hazards. Social Science Quarterly, 84 (2), 242 -261.

Departement of Homeland Security. (2010). Department of Homeland Security Office of Infrastructure Protection: Field Operations Branch Overview Brief. Washington, DC: Departement of Homeland Security.

Feiock, R. C. (2007), "Rational Choice and Regional Governance". *Journal of Urban Affairs*, 29 (1), 49 -65.

Feiock, R. C. and Scholz, J. T. (Eds.). (2010). Self-Organizing Federalism: Collaborative Mechanisms to Mitigate Institutional Collective Action Dilemmas. Cambridge, MA: Cambridge University Press.

Freeman, L. (1980). The gatekeeper, pair-dependency and structrural centrality. Quality and Quantity, 14, 585 -592.

Guy, Carpenter (2003). Typhoon Maemi Loss Report 2003. Seoul, South Korea: Guy Carpenter and Company.

Jung, K. and Jeong, M. G. (2010). An Analysis on Economic Effect of Urban Collaborative Network for Great-sphere Economic Policy: Focusing on the case of Korean Southeastern Area. Korean Policy Studies Review, 19 (1), 313 -340 (Korean).

Kapucu, N. (2005). Interorganizational Coordination in Dynamic Context: Networks in Emergency Response Management. CONNECTIONS 26 (2), 33 -48.

Kapucu, N. (2006). Interagency Communication Networks during Emergencies: Boundary spanners in multi-agency coordination. American Review of Public Administration, 36 (2), 207 -225.

Kapucu, N. (2011), "Collaborative Governance in International Disasters: Nargis Cyclone in Myanmar and Sichuan Earthquake in China Cases". *International Journal of Emergency Management*, 8 (1), 1 -25.

Kapucu, N., Arslan, T., and Collins, M. L. (2010). Examining Intergovernmental and Interorganizational Response to Catastrophic Disasters: Toward a Network-Centered Approach. Administration and Society, 42 (2), 222 - 247.

Kapucu, N., Hawkins, C. V., and Rivera, F. I. (Eds.). (2012). Disaster Resiliency: Interdisciplinary Perspectives. To Be Published November 19th 2012 by Routledge.

Kendra, J. M. and Wachtendorf, T. (2003). Elements of Resilience After the World Trade Center Disaster: Reconstituting New York City's Emergency Operations Centre. Disasters, 27 (1), 37 - 53.

Kwon, S. W. and Feiock, R. C. (2010). Overcoming the Barriers to Cooperation: Intergovernmental Service Agreements. Public Administration Review, 70 (6), 876 - 884.

Leonard, M. (2004). Bonding and Bridging Social Capital: Reflections from Belfast. Sociology, 38 (5), 927 - 944.

Lin, N. (2001). Social Capital: A Theory of Social Structure and Action. New York: Cambridge University Press.

Longstaff, P. H. (2005). Security, resilience, and communication in unpredictable environments such as terrorism, natural disasters and complex technology. Cambridge, MA: Harvard University and the Center for Information Policy Research.

McLoughlin, D. (1985). A Framework for Integrated Emergency Management. Public Administration Review, 45 (1), 165 - 172.

Murphy, B. (2007). Locating social capital in resilient community-level emergency management. Natural Hazards, 41 (2), 297 - 315.

The Basic Act on Emergency and Safety Management (2004). The Office of Legislation. Retrieved October 22, 2012.

National Emergency Management Agency. (2011a). Disaster Yearbook. Seoul, South Korea: National Emergency Management Agency (Korean).

National Emergency Management Agency. (2011b). Chronological list of disasters. Seoul, South Korea: National Emergency Management Agency (Korean).

National Research Council. (2009). Applications of Social Network Analysis for Building Community Disaster Resilience: Workshop Summary. Washington, DC: National Academies Press.

National Research Council. (2010). Private-Public Sector Collaboration to Enhance Community Disaster Resilience: A Workshop Report. Washington, DC: National Academies Press.

National Research Council. （2011）. Building Community Disaster Resilience through Private-Public Collaboration. Washington, DC: National Academies Press.

Norris, F. H., Stevens, S. P., Pfefferbaum, B., Wyche, K. F., and Pfefferbaum, R. L. (2008), "Community Resilience as a Metaphor, Theory, Set of Capacities, and Strategy for Disaster Readiness." *American Journal of Community Psychology*, 41, 127 – 150.

Scott, J. (2000). Social Network Analysis: A handbook. London: Sage Publications.

Sherrieb, K., Norris, F., and Galea, S. (2010). Measuring Capacities for Community Resilience.. Social Indicators Research, 99 (2), 227 – 247.

Uphoff, N. (2000). Understanding social capital: learning from the analysis and experience of participation. In P. Dasgupta and I. Serageldin (Eds.), Social Capital: A Multifaceted Perspective. Washington, DC: World Bank.

Wasserman, S. and Faust, K. (1994). Social Network Analysis: Methods and Applications. New York: Cambridge University Press.

Waugh, W. (2003). Terrorism, Homeland Security and the National Emergency Management Network. Public Organization Review, 3 (4), 2373 – 385.

组织智慧和公共管理革新

——以芬兰地方政府组织为例

芬兰坦佩雷大学公共管理学院
佩特里·魏尔塔南　J. 斯滕瓦尔
S. 图尔纳斯　K. 科琦拉

【摘　要】对于公共领域组织而言，其智慧的基本要素以分散的知识系统和知情达理的集体为基础。本文尝试参考新公共管理模式及新公共治理模式，探讨公共组织智慧的理论与概念。笔者对芬兰八家市一级组织的发展活动做了实证案例研究。该研究项目在2014年至2016年在芬兰完成。基于研究结果，笔者讨论了公民身份和共同创造的角色、发展活动在地方治理中的角色、绩效监督及问责以及数字化在组织学习中的角色等话题。总而言之，本文强调了公共领域组织的智慧因素大多来自现代系统理论。公共组织的革新似乎取决于情境因素。当拥有某些有利的外部、内部条件时，公共组织的革新便得以实现。

【关键词】组织智慧；公共管理；发展活动；地方政府；知识管理

一　引言

近年来，公共管理研究越发频繁地提到，在公共活动、公共管理当中需要运用更多的智慧管理，并从面上提及需要更多的智慧服务干预和服务生态体系（Stenvall and Virtanen，2015；Virtanen and Vakkuri，2015）。

本文尝试参考新公共管理模式及新公共治理模式，探讨公共组织智慧的理论与概念。为此，笔者集中研究了组织系统思考和组织智慧如何在概念和理论上结合的问题。因而笔者在研究框架中探讨了如何在地方政府组织，尤其是混合型组织（Billis，2010）中构建智慧。研究框架构建在开放的系统框架之上。

为了论证概念、理论的基础，笔者对芬兰八家市一级组织的发展活动做了实证案例研究。研究项目受芬兰工作环境基金、芬兰地方与地区政府协会和八个城市的资助。研究项目重点研究了这些机构的智慧和智慧融入组织的发展与创新过程。研究项目是在2014年至2016年于芬兰坦佩雷大学管理学院完成的。

根据定义，“公共领域组织智慧”的基本要素以分散的知识系统和知情达理的集体为基础，表达出宙卡斯（Tsoukas，2005）的观点，即组织使用的知识资源并非他方给予或寻找发现的，而是在累积、理解知识的过程中创造出来的。知识管理大师野中郁次郎（Nonaka）和竹内弘高（Takeuchi）将这个过程形容为在组织架构中，隐性知识转化为显性知识的机制。当知识转变成组织竞争力资产，学习新知识、抛弃旧观念、构建能力的机制就变成无可估量的优点。因此，组织智慧涉及两个相关却不尽相同的要素：第一个要素是快速适应环境的能力。一个智慧的公共组织能够将需求转变成可以以恰当的方式实施的具体目标。第二个要素是简洁利落的行为方式，涉及组织如何简洁利落地诠释生活经验，如何通过承认其在提供服务过程中担任的主要角色，确定相对服务使用者的位置。

笔者将“智慧管理模式”理解为通过强调更智能的管理方式及以服务对象为本的运行方式，为改革公共管理和公共服务所做的努力——其中部分因为金融危机带来的资源稀缺，部分由社会复杂性及其引起的新社会问题所导致。笔者同时认为，公共干预是创造价值的手段，人们不持偏见地通过共同生产、共同创造参与服务改革（Tuurnas，2016）。新出现的公共管理的系统治理挑战带来变化，这样的变化也是发展过程的基础。比如机器人、人工智能、物联网（智慧联网）、机器学习、大数据、纳米技术，尤其是加剧数字化的社会（Brynjolffson and McAfee，2014；Schneier，

2015）都带来了诸多挑战。总体而言，系统改变并非单纯的经济问题，而是涵盖了广阔的主题，因为这是一系列改变的结果。人类质量和数量在改变，人类知识尤其是人类用来征服自然的知识的存量在改变，决定社会协商激励结构的制度框架也在改变（North，2005）。

本文结构如下：第一部分，笔者在现代系统理论框架内分析了智慧公共组织的定义和理论架构。第二部分，笔者叙述了实证案例研究，并在第三部分从公共领域领导力和管理模式角度讨论了研究发现。第四部分，笔者总结了结论，并提出了未来研究计划。

二 系统理论方法是组织智慧的基础理论

进入新千年以来，公共管理在理念上最重大的变革就是从新公共管理模式转变为新公共治理模式。20 世纪 90 年代，新公共管理理论决定了所有主要经济合作与发展组织国家的公共管理准则。同时，新公共管理模式强调了决策分工、新质量思想、强化服务产出、公共服务私有化，尤其强调生产服务盈利能力的重要性。

因而 20 世纪 90 年代之后，公共领域组织的大背景便彻底改变。执行公共行为的情境变得更加复杂，公共服务变成了多面、多维度的服务系统——或者说公共服务已经纳入了服务的生态系统，这个生态系统由公共服务提供方、私营服务提供方和非政府服务提供方组成。这就引起了多种方法论上的难题。比如，如何测量公共组织绩效、如何提供问责相关的信息。

组织智慧的概念特性和开放度、交互性、复杂性和系统思想有关。在组织领域而言，今天开放的社会包含不同组织系统。比如，切克兰德（Checkland，1980）指出，在管理科学范畴的系统思想作为“还原式自然科学的补充”出现。他认为可以通过“系统活动”去理解为什么管理科学无法遇到的具体问题。因此，虽然还需要再细分地研究才能全面理解组织这个整体系统（各次系统的构造），但开放系统模型和现代系统理论，特别是后者，激发了组织理论和管理实践许多新的定义。

总结来说，笔者认为现代系统理论适用于理解新公共管理模式和新公共治理模式两者在概念和运用层面的差异和区别。笔者认为，从新公共管理模式到新公共治理模式的转变，反映了从封闭的公共管理系统到开放的服务型生态系统的改变。新公共管理模式是一个封闭的系统，尤其关注组织内部的各项程序，并在程序之中强调运作融合。例如，公共服务作为一项程序得到执行，是由多组专业人士和有关机构共同生产的（Billis，2010）。新公共治理模式则强调开放系统的原则，其中包括组织间关系、共同生产和提供公共服务中的共同生产。

今天，公共领域组织和其运作情境都是复杂的实体，这便需要将公共组织当作复杂的（服务）系统来管理。但是，传统公共领域组织理论都不同程度地“离开了大楼”。难怪批评新公共管理模式和新公共治理模式的声音越来越多。

三 案例研究——组织智慧如何运转，与创新精神、公共组织革新有何联系?

本文中的案例研究是一个从2014年至2016年开展的研究项目，研究对象是芬兰地方公共组织。八个城市被选入实证“实验室”。我们全部的实证研究都与这八个中等规模的芬兰城市有关。研究数据包括一项针对核心城市行为体开展的问卷调查结果（回收问卷172份，发出问卷500份，回收率34.4%）和从八个城市16家工作室收集的定性数据。研究项目初步结果已于2016年7月在芬兰发布（Kurkela et al.，2016）。

研究项目目标在于了解实验内容、发展活动以及这些城市组织的智慧。该项研究目的在于调查试验活动如何增长城市组织的智慧，城市组织如何改变实践做法和思考模式，以及城市中开展试验活动可能会遇到的阻碍。

研究中实证表明，要建立创新发展文化，就要在发展理念、合作伙伴、融资机会方面承担风险。然而从发展的角度而言，先行的城市无论普遍经济状况如何，都更新了各自的运作。发展的文化随着时间逐渐形成，而从消费者为主的角度看，融合在城市功能中的发展也是运作更新的必要组成部分。先行城市一个突出的特点就是长期对运作模式进行更新。这要综合考虑决策者（政治家、当地政府官员）、利益集团、消费者和相关个人的因素。勇气、组织韧性都是试验和发展活动中重要的因素。

城市组织中关键人物的敬业精神是提高试验及发展活动水平的先决条件。在一个城市当中，发展的文化同时需要整体项目管理技巧。相信员工至关重要。连贯的领导和管理、员工主导的发展似乎能够影响城市组织的智慧运作模式和领导力的发展。

此外，在发展工作中采用基于信息、消费者为主的方式、方法是地方治理中智慧运行模式的一个突出特点。以消费者为主是一条宝贵的原则，也是讨论发展时的重点。利益集团的参与依旧零星可见，依然可以在合作时提高其参与度。

诸如领导能力、善于调动他人积极性的个人和发现城市组织中改变继而管控、引领变化的能力等因素都对运行的构思和执行产生巨大的影响。以积极的心态来管理改变，对于创造性的发展和改变大有裨益。这便需要激励员工认识到改变是机会，而他们自身在实施改变的过程中扮演重要角色。实证数据证明了员工发展的潜力。不过在实施战略性政策和实践新做法时，员工扮演至关重要的角色。个人作为信息来源的角色也需要进一步加强。

尽管实证结果表明，组织智慧要求组织有未来的定位、改变的能力、有力的领导，要开放、有创意、有组织文化和合作意愿。协作发展需要不同利益群体相互合作，满足不同需求，跨越领域的界限。

问卷结果揭示了成功的管理和人力政策与体现智慧、灵活可变的做法以及协作发展都有关系。阻碍试验和发展活动的因素可能出现在结构上，也可能带有偏见。在发展文化早期阶段的城市面临缺乏利益群体关系、缺乏决策效率、缺乏项目管理能力等阻碍。而当决策者越发怀疑发展意义，偏见的阻碍便形成了。当政治发展趋势发生变化、经济困难的时候，尤其容易出现偏见的阻碍。如果关键人物变了，又或者缺乏资金，对待试验和发展活动的态度也将改变。在更加发达的城市中，阻碍则是出于对以消费者为主的发展模式不甚了解。

四 讨论

基于笔者的研究，几个讨论的话题已经浮出水面：（a）公民身份和共同创造的角色；（b）改革和发展活动在地方治理中的角色；（c）绩效监督及问责问题；（d）在地方政府层面，数字化在组织学习中的角色。

第一，笔者强调的首要观点是，一个智慧的组织会基于某种知识管理实践而决定自己的活动，因而从公民角度来看有个重要的问题，那就是这种需要大量知识、以服务使用者为主的方法会形成什么形式的政治生态和行政机构。智慧的公共组织也会促成服务使用者、公民和居民创造的知识得到承认。同时，对于行政、政治机构的形式和讨论场所，对于在公民与公共管理中公民身份概念的内容而言，这都是一个决定性的条件。

第二，公共组织的更新似乎取决于情境因素。某些有利的条件存在时，就能实现更新。这样的条件包括具有远见卓识的领导、公共组织的韧性（在混乱且复杂的执行环境中承担可控的风险）、对公共干预的政治支持、项目管理技巧、在地方政府层面适应可持续创新的能力、组织的发展声誉、不断铺开的合作网络、融资选项等。笔者也发现，新模式的开发可能引起需要发展解决的新问题，这样一来公共管理发展工作就变成了永动机，这个情况是发展面临的一项挑战。不断的动态发展使个人发展过程和项目的评估变得更为复杂，因为动态的新思想从来无法代替以前的思想，新旧思想反而混为一体。公共管理范畴内的不同诠释影响参与、共同创造的发展模式能否得到合适的体验。因此，更新和发展行动不能视为理所当然，执行方式要体现组织智慧。

第三，公共政策和公共组织范畴的绩效测评无疑是基于理性的思维模式（特别顽固的经济学家）可以治理社会这个假设，这经常忽略了融合在问责制度和程度的测量中的社会机制。此外，先行的绩效评价模式过分依赖实体评价的假设：在明确的组织界限和发展项目中可以检测绩效。基于笔者的调查，在协作网络和特定情境下了解绩效同样重要。情境中，公共领域、私人领域的参与者都为公民、服务使用者和居住者贡献成果。提供公共领域绩效的可靠信息时，解决“多重绩效混乱”的问题是当务之急（Koppell，2005）。笔者感觉绩效还是一个模糊的概念，需要如考佩尔建议那样，从透明度、可信度、可控性、义务和反应速度等不同维度分别描述，从而重新思考。公共组织更新在混乱的执行环境中发生。笔者认为，在这样的公共组织更新范畴内，以组织智慧概念强调合并的绩效管理制度可以提供理论和概念框架——缺乏道德的政策问题尚存，又被不同体制的服务系统处理，在这样的背景下开展绩效测量。

第四，数字化提升了组织之内的联通，降低了分享知识的门槛，这点显而易见。数字化使地方政府层面的实际发展和创新情境得以实现。源于不确定性的知识问题便因为之前没关联的因素组合起来了，或者因为已经有关联的元素以新的方式组合起来而得到解决。因此数字化无疑增加了公共组织的智慧。笔者调查结果可证，知识能力的提升需要以建立制度为基础。这会提高公共组织成员和利益攸关方的能力，更好地安置、发展和利用合适的知识、专业技能和技巧去处理悬而未决的问题；同时，分解复杂性需要将问题重新解构、重新定义，使其变成更熟悉的问题。野中郁次郎和竹内弘高在知识管理经典著作《创新求胜》一书中提出了著名的 SECI 组织学习模式。笔者认为该模式还不足以解释在多家机构组成的发展网络中的组织学习，也不足以解释在以创新为主的服务生态系统中的组织学习。似乎 SECI 模式不能解释为什么头脑能够产生（或者不能产生）想法，该模式也忽略了对这个重要问题的理解（为了通过行动来学习，行动发出者必先知道要观察什么）。而且，SECI 模式认为，在个人头脑里形成的知识阻碍了团体合作、发展活动和创新过程产物等集体行动中产生的概念化知识（Beriter，2002；Stacey，2001；Kaivo-oja et al.，2016）。

五　结论

第一，根据笔者观点，融入公共领域组织的智慧因素很多都来自现代系统理论——和开放的组织系统相关的实体。现代系统理论提供了从理论、概念和实证层面研究公共组织及其发展活动和地方创意网络的工具。

第二，公共组织的更新取决于情境因素。某些有利的外部条件（特别是协作网络和在地方层面的服务生态系统内单个系统当中的交流）存在时，更新就会实现。同时，内部能力也不可或缺。其中融入组织的适应变化能力之中，富有远见卓识的领导力是一个关键因素。这种观点同时认为，地方政府层面的更新、创新过程需要管理，而项目管理技巧的重要性则在这方面显现。

第三，组织智慧因素，尤其是基于服务科学原则、需要大量知识、以服务使用者为主的运行模式（Maglio and Spohrer，2013），显然代表了尝试认识地方政府层面在网络环境或者生态系统当中的公共组织所体验到的不断改变的角色和身份过程中的关键因素。这种混合型组织及其在公共领域的创新网络的出现，使得我们需要重新理解公共领域的领导力和管理。笔者认为，新公共管理模式发展而来的管理做法已经不再适用于当今开放的组织系统了。而且，领导能力、对改变的管理、知识管理、服务设计似乎都是构建新型公共领域服务系统和更新公共领域组织的关键因素。

第四，现行的社会数字化浪潮对地方层面的创新能力和知识管理思想、程序等都带来了各种挑战。笔者从调查中发现，无论哪个经济领域或者哪种组织、哪种网络机构，知识（对发展目的有用）都被广泛视为关键的组织资源。笔者认为，如果对在组织或混合型服务生态系统中如何分享知识、了解不足，将知识资源的价值最大化将举步维艰，甚至沦为空谈。用以在地方政府领域内分析“发展世界”的理论和概念资源如今还很匮乏，这便需要我们重新思考组织学习模式和知识管理概念和理论（尤其是野中郁次郎和竹内弘高的 SECI 模式）。根据我们的研究，未来将进一步探讨知识循环的新构成、探讨数字化社会和混合型组织组合情境下 SECI 模式的新知识维度。

参考文献

Bereiter, Carl (2002), Education and Mind in the Knowledge Age. New Jersey: Lawrence Erlbaum Associates, Billis, David (Ed.) (2010) Hybrid Organizations and the Third Sector. London: Palgrave MacMillan.

Brynjolffson, Erik and McAfee, Andrew (2014), The Second Machine Age. Work, Progress and Prosperity in a Time of Brilliant Technologies.

Checkland, Peter (1980), "The Systems Movement and the 'failure' of Management Science", Cybernetics and Systems 11 (4): 317 - 324.

Kaivo-oja, Jari, Virtanen, Petri, Jalonen, Harri, Stenvall, Jari, and Wallin, Johan (2016), "Future 8 Prospects for the Knowledge-management in the Field of Health", A paper to be presented in the KMO 2016 Conference in Hagen, Germany, in July 2016.

Koppell, Jonathan, G. S. (2005), "Pathologies of Accountability: ICANN and the Challenge of 'Multiple Accountabilities Disorder'", Public Administration Review 65 (1), 94 - 108.

Kurkela, Kaisa, Virtanen, Petri, Stenvall Jari and Tuurnas, Sanna (2016), Äykä kokeilu-ja kehittäistoiminta kunnissa. Kuntien kokeilutoiminta äykkäden kokonaisratkaisujen mahdollistajana. Loppuraportti. (Experiment and development activities in municipalities. Experimenting facilitating integrated intelligent solutions in municipalities. Final report.) Acta No. 263. The Association of Finnish Local and Regional Authorities & University of Tampere. Helsinki 2016.

Maglio, Paul and Spohrer, Jim (2013), "A Service science Perspective on Business Model Innovation", Industrial Marketing Management 42 (5): 665 – 670.

Nonaka, Ikujiro and Takeuchi, Hirotaka (1995), The Knowledge-Creating Company: How Japanese Companies Create the Dynamics of Innovation. Oxford: Oxford University Press.

North, Douglass C. (2005), Understanding the Process of Economic Change. Princeton, New Jersey: Princeton University Press.

Schneier, Bruce (2015), Data and Goliath. The Hidden Battles to Collect Your Data and Control Your World. London: W. W. Norton & Company.

Stacey, Ralph D. (2001), Complex Responsive Processes in Organizations. London & New York: Routldge.

Stenvall, Jari and Virtanen, Petri (2015), "Intelligent Public Organizations?" *Public Organization Review*, published on-line 2. 12. 2015. Public Organiz Rev. DOI 10. 1007/s11115 – 015 – 0331 – 1.

Tsoukas, Haridimos (2005), Complex Knowledge: Studies in Organizational Epistemology. Oxford: Oxford University Press.

Tuurnas, Sanna (2016), The Professional Side of Co-production. Acta Universitatis Tamperensis 2163. Tampere.

Virtanen, Petri and Stenvall, Jari (2014), Äykä julkinen organisaatio. Helsinki: Tietosanoma.

Virtanen, Petri and Vakkuri, Jarmo (2015), "Searching for Organizational Intelligence in the Evolution of Public Sector Performance Management", *The NISPAcee Journal of Public Administration and Policy* 8 (2): 89 – 99.

专业公共行政模板如何适用于不同国情的地缘政体?

加拿大全球研究中心主任
桑迪·阿肯·奥卢库胡

一　引言

将一种专业的公共行政模板适用于不同的地缘政体，而不考虑各自的具体国情，仍将是一件复杂棘手、近乎不可能完成的事。雅米尔·吉瑞赛特（Jreisat，2011；2012）在其《全球化及公共行政比较》一书以及之后于2011年11月/12月一期的《公共行政评论》上发表的“评论——论公共行政的比较：全球化视角”一文中指出：“诸如履责、道德准则以及信息技术应用等话题将日益呈现出全球化的视角，它们将不得不根据每个国家的具体国情进行调整。”

根据吉瑞赛特（Jreisat，2011；2012）的观点，这些具体国情可能会“包括社会价值观、法律规范、政治、国际协议、文化以及经济状况等”。假定一个专业的公共行政应当谋求促进正义、平等和公平。它应当力求成为一股稳定的力量，在处理分歧问题中保持中立原则，并且努力推动合法性、包容性、完整性、责任性、公信力及正当性。正如这位作者在2014年《公共行政时报》上所阐述的，公共管理应当在推进道德、任人唯贤、绩效驱动和讲求成本效益的国家发展的过程中发展和保护强大的民主体制。但是，如果一个地区的大多数人，即使不一定是所有的居民都信奉某一宗教，那么在这一地区又如何去推行“包容性”原则呢？一个“穆斯林世界”或者“伊斯兰共和国”会去宣扬自己拥有一个关怀保护非伊斯兰教徒或者非穆斯林的公共行政吗？当这些少数群体控诉他们所受到的严重且根本性的侮辱时，他们能够获得真正的正义、平等和公平吗？随着中东地区非穆斯林人数的日益缩减，特别是在伊拉克及叙利亚这种大肆对少数群体犯下战争罪行的国家，一个所谓公平公正的公共行政是否只是坐视不管或者徒有其名？

为何在撒哈拉以南的非洲诸如尼日利亚这样拥有着所谓强有力（也可能是永久性错误的）的公共行政的国家，腐败依然如此猖獗？伊拉克甚至是中东地区以及非洲大部分地区的政治环境、社会价值观、准则规范以及文化似乎都支持着“赢者通吃”及“零和博弈”的原则。而没有一个发达的西方民主政体采取这样的做法。一个专业的公共行政应当扮演一个不偏不倚的仲裁者的角色，能够在达成和稳定当代人及后代人的利益中寻求一个平衡点。

二　认清现状的时机已然到来

我们应当去追问一些棘手的问题，并且要严肃地认清现状。在履责方面，为什么当选的美国和加拿大的领导人会提出要进行纳税申报，花费数额庞大的款项时会提前征求同意，并且会解释国家到底获得了多少收入、这些收入会用在哪些方面，并且根据大选时所作的承诺为民众提供各种基础设施，而若是他们只许下了空头支票或并未兑现承诺时，则会被投票出局？

为何西方民主国家的政府在征税方面能如此富有效率，而同样是民主制的发展中国家却任由腐败滋生，限制了经济的发展？为何尼日利亚和加纳的一些领导人会挖空国库、中饱私囊呢？

如果像尼日利亚这样一个产油富国在某个早晨醒来，听到联邦政府下令要豪掷200多亿美元（The Economist，2016）以赢取大选，难道有良知的民众不会质问一下，在这个国家公共行政是否从未真正存在过呢？而那些在尼日利亚、伊拉克及中东一些地区被非法消除的少数群体又会怎样想呢？

在卢旺达臭名昭著的种族灭绝活动中，如果没有中立的公共行政进行可能的干预，那整个国家又怎会中止走向覆灭呢？在道德标准方面，为何加拿大能够保证商业活动不被腐败所侵蚀，而尼日利亚或菲律宾这样的国家就备受腐败的荼毒呢？为什么美国和德国能够在医学和研究领域应用信息技术并且取得突出的成果，而很多南半球国家在发电方面做得不尽如人意，却仍然不去利用信息技术呢？

在认清现状的过程中，本文旨在评估问题和可能的影响，希望能够为以后的研究有所帮助。因此，本文将会对伊拉克的社会价值观及一些法律准则进行简要评估。此外，本文还将评估受教育水平可能带来的影响，以及不同的政治环境在适用专业的公共行政模板时可能产生的影响。同时，本文还会对一些特定的专业公共行政价值观进行评价，并且为在发展中地缘政治国家在实践这些价值观时提供一些合理的建议。

三 评估伊拉克社会价值观及其可能的影响

尽管伊拉克只是中东地区正在经受着动荡的一个国家，但是对其社会价值观的评估将会让我们大致了解该地区正在发生的事情。如表 1 所示是从全球安全（Global Security）网站上获取的，而可能的影响则是由推论而来。

表 1　　伊拉克的社会价值观[*]

价值观	细节	可能的影响
家庭的作用	当今伊拉克社会最重要的社会组织单元，也是居于经济活动中心的相对具有凝聚力的机制。家庭为人们提供保护、食物、居所、收入、名声和荣耀	效忠家庭的观念根深蒂固。家庭或部族荣耀甚至会超越爱国主义。它会推动裙带关系的发展
	伊拉克的家庭是家长制、等级制的（尊崇男性和年长者）。父亲拥有绝对的权威和责任。他需要别人的尊崇及绝对的服从，不接受任何异见。父亲在最初几年一般不负责抚养孩子	对于男性及年长者的顺从超过了对于技能、才华及专业能力的尊崇。专业权威如果被认定为违抗了家庭权威并会带来严重的负面结果时，往往会出于服从长者的考虑而被牺牲

续表

价值观	细节	可能的影响
妇女的角色	妇女应当服从和服侍他们的丈夫，特别是在公共的场合更是如此。受到宗教意识形态和教义的支持，最盛行的道德标准强调与传统的女性观、母性观及两性观相关联的价值观和准则。妇女角色的核心观点就是一个家庭的荣誉同女性的谦卑和忠诚相联系	妇女往往忍辱负重，靠宗教意识形态和教义所支撑，因此她们成为战争中的附带损害的风险也越高。这也反映了非常可怕的性别不平等现象。传统的基于性别的责任划分可能会导致一种不专业的公共服务
男性的角色	男性在伊拉克阿拉伯社会中享有特权，享有几乎一切的权威	在这样一个男性世界里，可能会出现公共行政中角色及责任的性别化，同时可能会牺牲掉社会正义、公平和平等
恋爱与婚姻	传统而言，伊拉克阿拉伯婚姻不只是个人的事情，更大程度是一个家庭和公共的事情。稳固家庭联系及利益已经成为一种机制	朋友和亲缘的力量根深蒂固，而如果要强制人们去同家族内部或宗族内部的人联姻时，要在公共服务中推行开放和包容性原则就会有很大的风险
	丈夫同妻子离婚相对容易，而在丈夫不同意的情况下妻子要求离婚却是非常困难的	这是否意味着女性还是被看作一种所有物，如此女性又怎可能获得政府公职？而离婚的威胁又是否会成为一种操纵公共行政事务的工具呢
	根据种族划分和宗教派别的不同，传统的结婚、离婚、抚养及继承等准则会有所不同	这会使制定一套统一的标准变得不可能，因此又何谈一个专业的公共行政管理呢
孩子的角色	阿拉伯家庭中的等级结构要求孩子必须服从长辈的意见，符合长辈的期许	这可能意味着效忠父亲要超越效忠国家，而这也会超越爱国主义和民族主义，从而会削弱公共管理的作用
	阿拉伯家庭还教导孩子应当重视血缘关系和忠诚	这将导致“狭隘主义”、裙带关系以及中立性和客观性的缺失，从而威胁到公正的公共行政领域

* 来源：“Loyalty”，Global Security。

摘自 http：//www. globalsecurity. org/military/world/iraq/lifestyle. htm。

四 评估伊拉克的一些法律规范及可能的影响(见表2)

探寻在一个尽管存在少数群体，但宗教拥有较高地位并被国家和法律所扶持的国家中，如何开展公共行政也十分必要。一个非穆斯林国家在民主体制之下实行伊斯兰教教法，严格来说就是操控神权政治。那么公共行政又如何能够在不打破现有法律的前提下去发挥其包容性、公平性、客观性及中立性的作用呢?

表2　伊拉克的法律规范

法律规范	细节	可能的影响
法律及宗教	宪法引用伊斯兰教，作为其立法的基本来源，禁止通过那些同“现行法律”相违背的法律	拥有一种会对非信徒进行约束，并且会削弱民主及专业公共行政概念的国家宗教，将会对少数群体本应获得的公正、平等和公平裁决造成严重的影响，而关于追求真正的平等主义的呼声则会越来越大
	伊拉克女性的境况在很大程度上取决于伊斯兰教法的实行情况以及男性宗教的特权情况	实为神权政治而非民主政治，那又如何能够支持妇女在公共行政领域的权威呢? 如果一个女性最有资格胜任公共行政领域的领导职位，那她能否获得尊重并被允许从事这项工作呢
限制要保护人身健康但并未设立专门的法律惩罚家庭暴力	在伊拉克，并没有专门的法律惩戒家庭暴力。宪法第29条禁止各种形式的暴力及家庭虐待。但是，根据刑法（1969）第41条，丈夫拥有惩罚其妻子的合法权利	妻子处境危险，部族及宗教准则高于一切。如果法院无法推翻这种法律，那这样的司法制度又如何能够保障公共行政的专业性呢

续表

法律规范	细节	可能的影响
伊斯兰教教法	在伊拉克的伊斯兰教教法之下，婚内强奸这一概念并未得到认可。的确，除非妻子生病或者有着“迫不得已”的理由，丈夫都有权同妻子发生性关系	这涉及了法律到底保护什么以及保护谁的权利的问题；正义、公平、和平等是否能够实现这一非常重要的问题——在这个事件中，公共行政所推崇的公正、公平、法治何在呢
重新定义强奸	刑法第398条规定，强奸犯可通过娶受害人而免于被指控	这难道不是典型的罪犯被嘉奖而受害者被判无期徒刑的案例吗？在这种环境之下，公平公正的公共行政又能否存在呢
	“名誉”犯罪，即在伊拉克，女性由于做了有损家庭名誉的事而被家庭成员强奸或杀害。在刑法之下，犯了这种罪行，被认定为是“名誉”犯罪的人，只会接受最轻的刑罚	在这种石器时代的做法比现代做法更受欢迎的情况中，是否传递着这样一种信号，专业的公共行政管理一旦被引入，便将会被击垮或者直接被拒之门外

* 来源：Social institutions and gender index。

摘自 http：//www.genderindex.org/country/iraq。

综前所述，宗教因素在伊拉克至关重要。事实上，公开和系统地减少诸如基督徒等宗教少数群体（Lara Logan of CBS of March 22，2015），也可以被描述为公开承认公共行政在伊拉克不过是徒有虚名，或者就是一场彻底失败。

五　评估受教育水平及其影响

要使专业的公共行政能够保证社会平等、保护弱势群体并促进公平正义，公民的受教育水平具有重要的作用。在一个民众受教育程度较高和更加开放的体制下，人们对于理解和遵循一些进步性法律的程度便越高。例如，根据联合国教科文组织的研究，阿富汗“是世界上受教育水平最低的国家，目前成人（15 岁以上）的受教育率大约只有 31%”。事实上，报告还提到“该国两个南部省份的受教育率可能低至 1.6%”。由此可以解读为该国的人口完全不会在意公共行政体系，更不用期望公共行政是否能够促进和保护一些特定的民主价值观了。

根据联合国教科文组织的数据，伊拉克的原本较高的受教育率近年来一直在急剧下降，“文盲非常普遍，将近 30% 的农村人口不会读写”，文盲人口“将近 500 万人”，而将近“22% 的成年人口从未上过学”，“一些地区女性的文盲率高达 47% 以上”。

这一事实的影响非常深远。例如，加拿大和美国是受教育率很高的国家，因此它们的国民素质很高，对于强化和塑造专业公共行政的价值观和美德非常敏感。同时这些公民还随时做好准备，为捍卫专业的公共行政应当履行的基本原则而斗争。如果吉瑞赛特的主张是正确的——“世界上所有地区的所有国家都在努力寻求更为成功的管理方法，从而为民众提供成本更低、质量更好的公共服务”，并且人们认真思考他的关于“公共职位的诸如履责、道德及任人唯贤的特点不应有国界之分”的观点，那么我们可以负责任地说，像伊拉克和阿富汗这样文盲率很高的国家并不可能在上述国家之列。由于受教育水平很低，人们对于专业性的评价定会很少甚至没有，当然也不会有更好的建议或主张。此外，由于缺少必要的制衡，通往现代公共行政的道路也会异常艰辛。诸如税收改革、服务透明、获得机会的开放性及便利性、解决分歧事件的中立性、保护多样化的利益等议题在这样一种低教育率的环境中也就更难以出现了。这就是阿富汗至今仍陷于极大困境的原因所在（Ahmad，2014）。随着组织架构和法律的发展以及迫于形势公共行政所需做出的改变，改革也应当是持续且必要的。这就需要受过教育、有见地的人们能够去挑战现状，保证专业的公共行政能够得其之所。

六　评价政治环境的一些可能影响

“政治环境”是由克里斯夫·普利特和格尔特·鲍格尔特在他们的《公共管理改革：对比分析》一书中指出的重要因素。因此去探究伊拉克及中东、非洲一些地区的政治环境、社会价值观、准则规范及文化状况很有必要。曼宁和帕利森在《国际公共行政改革：对于俄罗斯联邦的影响》一书中提出了在公共行政领域要有“降低成本、制定恰如其分的政策、提高政府作为雇佣者和公共服务提供者的能力”核心目标。如果必须将这些目标迁移适用到不同地区，就非常有必要了解在“现在国家的地域范围之内”的“政治环境”是怎样的。

世界银行（n. d.）指出“伊拉克的经济和安全状况自2014年年中便开始恶化，从而导致了贫困、脆弱性及失业率的增加”，而这一情况在其人均GDP于“2015年萎缩到接近5000美元”后达到了顶峰，其结果是伊拉克的经济增长在“2014年缩水了2.4%”。而如今，“主要归咎于非产油国经济在2014年缩水7%并且预计将在2015年继续缩水7%”，伊拉克疲软的经济增长形势也会更加复杂。

世界银行还确认了“由于石油价格及伊斯兰国危机，加上政局的不稳定，都会进一步压缩私营部门的消费和投资”。在这种情况下，政治的不稳定将导致政治上的权宜之计，从而去牺牲现代公共行政的核心价值观。根据世界银行的报告，尤其在一些严重的安全威胁下，2003年至2015年，已经有约151383个平民被杀害。根据2014年CNN的报道，奥巴马总统指出“逊尼派、什叶派以及库尔德领导人之间存在着根深蒂固的分歧”，并总结道“只要这些分歧继续存在或加剧，那么伊拉克中央政府就很难去指挥伊拉克军队来解决这些威胁”。一个不稳定或者分歧很大的政治环境只会滋生出一个扭曲的公共行政，特别是在道德准则、宗教及意识形态路线上分歧巨大的环境中更是如此。

尽管奥巴马建议建立“一个议程能让逊尼派、什叶派和库尔德人能感受到通过政治进程他们都有机会实现各自的利益的议程”，但他也提到了“巴格达政府并没有能力将手伸向一些部落地区”。也许正如奥巴马所提出的，如果现代公共行政能够早点敲响警钟，也许各方早就被带入了“能让他们感受到自己是统一政府或独立民族国家一分子”的进程之中。

根据世界银行的报告，对于一个“面对持续的安全问题和油价下跌极度脆弱”、“贫困率不断上升，目前已达到22.5%”且“贫困人口已经在2014年底增长了近280万人”的国家而言，要想让现代公共行政在这样的政治环境中发展起来，可谓举步维艰。《卫报》中东版编辑伊恩·布莱克在2015年4月5日的报道中写道，虽然由于宗派纷争引发了无谓的大屠杀，夺去了逊尼派—什叶派分裂阵线上成千上万民众的生命，但他承认“中东地区的宗派纷争总是同夺取权力、资源及领土的战争密不可分”。这似乎给了读者一种暗示，这种政治环境对于现代公共行政可能并不友好。

叙利亚的情况也大体相似，根据BBC（2016）的报道，缘起于2011年3月份的一场支持民主的抗议活动，目前已经演变成为“不止是一场支持或反对阿萨德群体间的斗争”，因为“这场战争在宗教纷争之外已有了弦外之音，使得该国的逊尼派大多数去对抗总统所代表的什叶派支派阿拉维派，并且吸引了地区及国际势力的介入”。政治领域中对于宗派的分裂很有可能也会在公共服务领域同样出现，而这一点在未来可能会对现代公共行政带来致命一击。据BBC报道，“圣战组织伊斯兰国的崛起可能会使分歧进一步加剧”，显然这些都将会剥夺未来公共行政的中立性、包容性、客观性、开放性、合法性、责任性、正当性以及公信力。

在阿富汗，世界银行评论捕捉到了“尽管2014年其经济增长只略微上浮了1.3%并会在2015年预计达到1.5%”，但是“不断恶化的安全环境以及持续的政治不确定性会继续削弱私营部门的信心，从而影响到整个经济活动”。在此情况之下，尽管建立和维护一个现代专业的公共行政对于改善治理确有必要，但却并不具有太大的吸引力。而非洲撒哈拉以南的政治环境也会在构建现代公共行政的过程中持续发挥巨大的作用。例如，尼日利亚是一个人口超过1.7亿人的国家，但是该国碎片化的宗教和种族、分歧巨大的政治派别、根深蒂固的腐败问题已在重新塑造和定义着这个国家的民族精神和价值观。2016年2月2日的《经济学人》杂志报道指出，“2014年，一位备受尊崇的前央行行长在宣布200亿美元被偷窃之后丢掉了饭碗”。这种犯罪行为不应该再在任何一个现代公共行政体制之下出现了。事实上，普华永道的经济学家们“总结称尼日利亚的经济总量在2004年是5130亿美元，但如果其腐败水平能够接近西非邻国加纳的话，其总量将增加22%”。腐败之下，现代公共行政无从生存。

正因为腐败对现代公共行政建立带来了巨大的危险，所以目前尼日利亚总统正在竭尽全力制止腐败造成的危害。

七 确定专业的公共行政价值观

正如安东尼·D. 莫利纳（Anthony D. M.，2015）（见表3）所引用的，这些改编自范德瓦尔与休伯特（van der Wal & Huberts，2008）的行政价值观都有其特定的目的，但这些价值观只有在现在公共行政的土壤上才能真正转化为现实。为了适用这些价值观，本文将会确定现代公共行政中每种价值观的目标。

表3　　行政价值观

价值观	含义	目标
负责	自愿向利益相关方解释和阐述具体的行为做法	为人民负责，清廉行政，接受人民的检查
良善	旨在促进良善避免公民受到伤害的行为	保护、关怀、悲悯人民
共治	行事忠诚，团结同事	为及时、高质量地服务人民创造一个安全的环境，不受年龄或资历的胁迫
勇气	直面恐惧，在个人面对危险时正确行事	赋予举报人权力，让他们敢于揭露丑恶、腐败及违法行为
奉献	行事勤勉、热情、坚韧	提升效力、效率、爱国情怀及公仆心
效力	行事以实现最理想的结果	推进服务的速度及办事质量
效率	以最少的资源实现最理想的结果	消除瓶颈及人为阻碍，提高工作效率
专业性	运用能力、技术及知识行事	给予系统内人员自信心
诚实	真诚行事、遵守诺言	恪守对人民及国家未来的承诺
人性化	尊重他人、同情他人、给人以尊严和尊重	将人民看作人而非物来对待
公正	行事不偏不倚，不对特定个体或群体抱有偏见	让人们相信该系统的中立性
包容性	决策时应充分考虑到公民、访客及其他相关方的利益	不带任何偏见，动员一切可以动员的力量
清廉	行事不带偏见，不掺杂个人利益	可以使该系统不容忍任何的贪赃枉法或个人操纵行为

续表

价值观	含义	目标
创新性	发扬首创精神和创造力，引进新的政策和产品	富有创造力和前瞻性
正直	行事遵循道德价值观和准则	获得最大程度的信任
合法	行事遵循现有法律及法规	公职人员依法行政才能使人民也成为守法公民
服从	行事服从上级的指示	尊重法律而非个人意志
组织利益	行事旨在促进组织利益	时刻心怀祖国
参与	推动积极性高的公民参与到行政政策的制定中	让利益相关者积极地参政
多元化	要满足不同群体的利益诉求	公开承认多元化，积极保护每个公民并给予他们获得各种机会的途径
收益能力	能为组织创造收益	合法地增加公共财富
公共利益	行事以促进公共利益	保护法律及其对人民的影响
可信赖性	行事要具有可持续性、可预见性和可信赖性	始终如一地遵守法律
代表性	始终如一地按照公民价值观行事	代表人民，行事公平公正
有求必应	行事能够符合公民、访客及其他利益相关方的意愿	积极听取人民的呼声
个人利益	提升个人幸福感和专业发展	敬畏法律能够成为必要的智慧，从而做到无私奉献与自我牺牲
服务性	帮助他人，为公民、访客及其他利益相关方提供高质量的服务	将孜孜不倦地服务人民作为工作的准绳
社会正义	促进社会公平正义	依法关怀每一个公民
可持续性	保护并维持自然及环境	使该系统能够保护当代及子孙后代的生存发展环境
透明	行事工作要对公民、访客及其他利益相关方公开可见	保证每个人都能相信这个系统是没有遮掩的，在做着它所应该做的事

改编自 2008 年 van der Wal & Huberts 的行政价值观

［表 3 来自克纳汉（2003）以及 ASPA 道德规范及原则第 I、II 及 IV 节。引用自安托尼 · D. 莫利纳发表在《行政理论与实践》（Anthony

D. M.，2015：49－69）上的《行政的美德：价值观和公共服务实践》一文]

此外，安托尼·D. 莫利纳通过克纳汉分享了经调整改编的公共服务价值观类别，见表4。

表4　　　　　　　　　　公共服务价值观类别

伦理道德	专业	民主	人性
诚实	奉献	参与	良善
正直	效力	回应性	回应性
社会正义	效率	社会正义	人性
正直	专业性	透明	正直
清廉	创新性	包容	包容
勇气	服从	服从	共治
负责	组织利益	负责	
	收益	公共利益	
	可信赖性	代表性	
	服务性	合法性	
		多元化	

[改编自克纳汉（2003），引自安托尼·D. 莫利纳发表在《行政理论及实践》（37：49－69，2015）的《行政的美德：价值观和公共服务实践》一文]

尽管“适用性”的观点被承认，并且其在加拿大和美国很可能十分有效，而在中国、尼日利亚、阿富汗、伊拉克这些国家却不一定同样奏效。最大的问题在于：我们如何恰当地将这些价值观整合起来，去适应不同地方的实际情况，并且能够通过这种方式让世界上所有国家都能分享现代专业的公共行政的良好治理的红利？诸如诚实、正直、勇气、清廉及公正的伦理价值观是否能够被教授或是习得呢？

八　在发展中国家或经济体试验一些改进的价值观（见表5）

本文将探究让一些特定价值观去适应不同区域的可能性，至少是在一些发展中国家及地区适应的可能性。

表5　　在发展中国家或经济体试验一些改进的价值观

价值观	适用	策略
中立	有必要对专业人员进行再教育。要教育广大群众，而不是把所有的压力都抛给公共行政人员。要将所有的利益相关方都纳入决策过程的考虑中。当为利益相关方提高服务时，要尽可能地抛开个体特征，从而做到不失公允	对公职人员进行持续的监察或者进行开除、罚款等适当惩戒并不是那么公平。要更加重视公共部门领导的垂先示范。同样要利用媒体来宣扬榜样的力量
合法性	教育和启蒙人民他们所拥有的权利和责任，赋予他们在一个并不昂贵的保护他们权益的体制内寻求和获得赔偿的权力，如果允许的话，要注意保护他们的身份，引导他们不要采取报复手段解决问题。利用现代科技就能使得该系统不容易违背法律。例如，建立一个技术驱动的体系	司法体系必须接受恰当的培训及严格的监控，从而保证被害人能够顺利进入司法程序，继而获得公正。第四阶层（主流媒体）应当扮演好严于律己而非被动观察者的角色，大胆曝光各种不合法的行为。一个国际化的公职人员不应当仅仅消极地关注现代行政在地缘整体中的形态
包容性	除了公共教化之外，人们应当能够获得反映民怨的渠道，特别要为那些感到自己被排斥在外的人们提供便利。公职人员应当在当地接受训练，在一些情况下，还要参与一些海外交流项目，去学习那些在包容性方面做得非常突出的国家	一个由公众推动的低门槛的公共论坛应当发挥其监督作用，捍卫利益受到侵害的公民的权益
正直	在公共行政中，必须反复不断地进行正直性测试从而确定系统内人员的正直情况。测试应当包含但不限于使用隐秘摄像头来探查两面派的行为。也可以包含使用特勤、正直的监察人员或指派的官员进行突击检查，从而确保工作人员的行为合规	罪犯及叛国者应当作为反面教材被公开严厉地绳之以法。惩戒措施除了包含监禁之外还应包括罚款。在极度腐败的政体内，要抓一些反面典型以儆效尤。应当鼓励国际参与，如联合国的部门或者透明国际组织（Transparency International）的直接参与

续表

价值观	适用	策略
负责	应当建立一个独立并且强有力的机构随时进行审计工作而不预先通知。而审计机构的成员应当包含社会的各个群体，包括一些移民社群，并且要为这些人员提供额外的保障。这个机构的工作成果应当公开在一个网站上，方便人们能够进行了解	有必要邀请当地或国外的审计人员了解相关的书籍资料、法律、行事方式，从而确保公正、公开和负责。对于有过失的工作人员要进行惩戒。对于官员的足够的培训也是必不可少的
公信力	要建立一个能够方便进入的在线交流论坛，让人们感受到政府的公信力，自由地共享各种信息细节，可以不用提及特定的姓名，但是相关事件及背后的人物应当显而易见	对于评论或批评的反馈必须在 48 小时之内做出，否则该官员将被停职检查。反馈不满意的，必须进行进一步的调查
正当性	要依法行事，而在伊斯兰教教法存在的地区，应当保证少数群体的权力和权限	公职人员要接受恰当的培训，而在一些情况下，应当被派往海外一些少数群体得到很好的尊重及保护的发达国家接受培训。同样也应当去教育广大群众
透明	让服务公开、易获得，并且尽可能地让利益相关方及时了解他们的问题或案件的解决情况	利用信息技术让利益相关方获得了解问题、决策和事实的渠道。信息应当对每个人公开。透明国际组织应当能够自由地监控和报告事件的进展情况，在一些情形下，可以提供一些培训项目
多元化	公职人员不应该想当然地认为所有的公民都是完全一样的，在服务的过程中必须充分考虑差异性。事实上，要推进匿名性，让每个人都不会感到不安全或者被不公平地对待	借助信息技术从而减少对身份的区分，这样个体的差异性就会不那么明显了

续表

价值观	适用	策略
公正	使用信息技术应当成为持续恰当地培训公职人员的辅助手段	公职人员应当采取轮岗制度，而利益相关者应当能够获得必要的公共申诉渠道，同时也要设立一个独立的仲裁机构来办理案件
社会正义	公职人员应当接受培训，将社会正义纳入他们的职责之内	培养一批法律援助人员和代讼人去帮助当事人申诉或解决争端

九 结论

吉瑞赛特（Jreisat，2011）呼吁在那些现代公共行政缺失的国家“建立基本的制度能力”是一个很大的进步。阿富汗、伊拉克和叙利亚需要先稳定政局，再着手构建基本的制度能力。这些国家必须努力在不同的宗教和种族之间搭建桥梁，并且要通过大力发展教育去激烈地挑战传统的“赢者通吃”“零和博弈”的观念。它们需要号召每个公民去关注，这种观念可能会对当下及子孙后代带来难以量化的损失。

尽快使用透明化的信息技术也许能够帮助尼日利亚在推动道德的、任人唯贤的、以绩效为导向的及具有成本效益的过程中有力地打击腐败。信息技术的应用可以在利用未开发的资源和最大限度提高生产力方面带来效率和效益，尤其是在电力供应及基础设施建设领域，以及在对可靠的保持延续文化投资方面。发展中国家应当拿出意愿，并且要放低姿态去寻求和接受帮助，但也要公开承认它们需要解决那些可能会对现代公共行政产生造成阻碍的政治环境和社会价值观问题。

参考文献

Ahmad，R.（Dec. 23，2014），“No place to call home：Afghan refugees in dire straits after K-P government's decision”，The Express Tribuneretrieved from：http：//tribune. com. pk/story/811094/no – place – to – call – home – afghan – refugees – in – dire – straits – after – k – p – governments – decision/.

Anthony D. M.（2015），The Virtues of Administration：Values and the Practice of Public

Service. Administrative Theory & Praxis, 37: 49 - 69.

BBC (March 11, 2016), "Syria: The story of the conflict", Accessed via http: //www.bbc. com/news/world - middle - east - 26116868.

Black, I. (April 5, 2015), Sunni-Shia: Why conflict is more political than religious. The Guardian. Retrieved from: https: //www. theguardian. com/world/2015/apr/05/sunni - shia - why - conflict - more - political - than - religious - sectarian - middle - east.

CNN staff (June 19, 2014), "Transcript: Obama's remarks on U. S. response to Iraq crisis", Retrieved from: http: //www. cnn. com/2014/06/19/politics/obama - iraq - transcript/.

Global Security (n. d.), "Loyalty", Retrieved from: http: //www. globalsecurity. org/military/world/iraq/lifestyle. htm.

Jreisat, J. (2012), Globalism and comparative public administration. New York: CRC Press.

Jreisat, J. E. (2011), Commentary-Comparative public administration: A global perspective. Public Administration Review, 71 (6), 834 - 838. http: //onlinelibrary. wiley. com/doi/10. 1111/j. 1540 - 6210. 2011. 02434. x/abstract? deniedAccessCustomisedMessage = &userIsAuthenticated = false.

Logan, L. (March 22, 2015), Iraq's Christians persecuted by ISIS. Accessed via CBS from: http: //www. cbsnews. com/news/iraq - christians - persecuted - by - isis - 60 - minutes/.

Manning, N., & Parison, N. (2004), International public administration reform: Implications for the Russian federation. World Bank Publications.

Pollitt, C., & Bouckaert, G. (2011), Public Management Reform: A comparative analysis-New public management, governance, and the neo-Weberian State (3rd Ed.). Oxford, UK: Oxford University Press.

"Social institutions and gender index" (n. d.). Retrieved from: http: //www. genderindex. org/country/iraq.

The Economist (Feb. 2, 2016), "The $20 - billion hole in Africa's largesteconomy", Accessed via: http: //www. economist. com/news/middle - east - and - africa/21689905 - most - nigerians - live - poverty - millions - would - be - spared - if - officials - stopped.

UNESCO (n. d.), "Enhancement of Literacy in Afghanistan (ELA) program", Accessed via: http: //www. unesco. org/new/en/kabul/education/enhancement - of - literacy - in - afghanistan - ela - program/.

UNESCO (n. d.), "Literacy and Non-Formal Education in Iraq", Accessed via: http: //www. unesco. org/new/en/iraq – office/education/literacy – non – formal – education/.

World Bank (n. d.), Overview of Iraq, Accessed via: http: //www. worldbank. org/en/country/iraq/overview.

World Bank (n. d.), World Bank Overview of Afghanistan, Accessed via: http: //www. worldbank. org/en/country/afghanistan/overview.

以提高透明度作为反腐败的工具

——以意大利为例

意大利比萨大学政治科学院副教授
弗兰切斯卡·努涅斯

【摘　要】 当前的经济危机导致公共部门的金融资源和人力资源大幅削减。因此，政府必须选择如何在不牺牲公众服务质量和数量的前提下，优化公共开支。

由此而论，提高政府机构和政府活动的透明度，增强政府机构和公务人员的公众责任感，预防法治社会中的有组织犯罪和官员腐败现象，具有重要的战略意义。

现有研究表明，在公共机关实施政务透明原则，可以满足公民的三种诉求：1）增加公民对政府职能的参与度；2）帮助公民理解政府决策，同时增强社会群体与政府之间的信任感，进而提高人民的满意度；3）有助于打击对公共机构的有效运营造成严重危害的腐败行为。

政务透明作为防止和打击腐败的重要工具，早在 1997 年经济合作与发展组织大会以及 1997 年 1 月 27 日签署的《反腐败刑法公约》（斯特拉斯堡大会）中就已经得到认可。

同样的概念在《联合国反腐败公约》和 2008 年 11 月 27 日生效的欧洲理事会《官方文件获取公约》中得以重申。公约规定，缔约国需本着政务透明和问责制的原则制定反腐政策。

众所周知，国际层面上用于保障政务透明的工具是基于美国《信息自由法案》中规定的信息普遍获取权限，该法案在1978年和2000年先后在法国和英国得以推行。

《信息自由法案》模式的主要特点是，保障所有公民在无须证明其申请信息访问的理由是否正当的前提下，具有获取政务信息和文件的普遍权限；但与此同时，访问权限也受到“一些特定形式的文件和信息除外”这一法律规定的限制。受法律豁免免于信息公开的案例越多，公众信息获取权限受到的限制自然就越大，对政务透明的推进也越不利。

对意大利而言，政务透明主要是通过要求政府机关对其管辖范围内的数据和信息强制公开而实现的。因此，意大利的政务透明模式从一开始就不同于《信息自由法案》模式。直至最近，意大利才采用了与《信息自由法案》具有部分可比性的一种新模式。

基于对意大利的案例分析，本文旨在回答以下问题：强制政府机关对其管辖范围内的数据和信息进行公开，为推动政务透明做出了哪些贡献？公民的社会活动对意大利将《信息自由法案》纳入其法律体系起到了哪些作用？所面临的主要问题有哪些？已采纳的政务透明模式将如何改善？

这些问题十分重要，因为通过增强公共资源管理的透明度来打击腐败，是改善政府廉政、增强市场竞争力、促进经济发展、倡导社会公正、提升公民对公共机构信任感的基础。

【关键词】 政务透明；反腐败；廉政

一 引言

政务透明的概念最先是在欧洲大陆和英国提出的，主要是为那些牵涉进行政案件的公民提供所需的辩护。但在过去的20年里，随着美国《信息自由法案》在欧洲各国获准实施，政务透明的概念也在逐渐发生变化（Ackerman et al.，2006）。

但值得注意的是，欧盟本身也对公民的文件获取权限持认可态度，这在《欧洲联盟条约》的第15条、《欧洲联盟基本权利宪章》的第42条，以及第 1049/2001 条实施条例中都有所体现。

此外，欧洲委员会在 2008 年批准通过了《官方文件获取公约》，规定缔约国保证“查阅官方文件是每个人的权利，公共部门必须应公众要求，无条件提供自身所持有的官方文件，不得有任何形式的歧视”。公约强调了政务透明可以“促进公共部门践行廉政、提高工作效率、工作有效性以及责任感，从而确立它们活动的合法性”这一理念。

尽管当时只有 14 个国家签署了公约，但这代表着欧洲在通过争取公民的信息访问权而促使政务透明成为民主国家治理过程中一项重要工具的道路上迈出了重要的一步。在这方面，现有文献（Bovens，2002；Sandulli，2007；Tassone，1995；Arena，2006；Vannucci，2013；Police，2015；Fracchia，2015）的研究结果表明公民的知情权有助于：1）保障公民在公共决策中的参与权；2）增强政府机关行为的合法性；3）监控政府行为，防止腐败现象（问责制）。

第三点尤其引起了意大利立法当局的注意，它们最近的干预行动都是基于“反腐斗争必须防治结合”这一认识开展的。

政务透明可以消除任何不端行为和腐败行为得以藏身的灰色地带，因而在腐败防治工作中发挥着至关重要的作用。

意大利立法体系起初是通过强制公共机关进行信息公开而达到政务透明的目的。这就意味着，意大利所采取的模式与《信息自由法案》模式有很大的区别，而且在这个阶段，政务透明这一反腐工具并未得到充分利用。

本文分析了意大利法律体系内政务透明原则的演变，旨在说明要使政务透明在预防腐败方面发挥效用，一方面需要强制公共机关公开信息和数据，另一方面则需要保障所有公民拥有信息访问权限。

公众监督确实有助于减少信息不透明现象，挤压腐败空间。因此，公共机关的网站信息公开义务（2013 年第 33 号法令之规定）与确保公共机关履行义务的首要工具——公民信息访问权限，都至关重要。

上述两个方面的部分内容已经在部长理事会 2016 年 5 月 16 日批准的法令中得到体现，并获得了意大利国家反贪局的高度重视。本文结论部分也提到，意大利国家反贪局已经出台了一系列方案，保障公民充分行使对行政透明的监督权，这说明公民参与在实施政务透明原则中可以发挥重要作用。

二 政务透明是一个反腐斗争工具

政务透明是指公民对公共机关管辖内的信息和数据的广泛访问权限，既可用于评估政府的表现，也可充当有效的反腐工具（Merloni，2013）。

在意大利法律体系内，政务透明既可以保护公民免受政府行为对自身权益的危害，还可保障公共机关的公正性（Police，2009）。下文也会提到，直至2009年第150号法令出台后，政务透明才开始被视为反腐工具。一般来说，公民对政府数据和信息的了解可以促使他们理解并监督政府机关运用法律赋权为公众谋求利益的方法。

从这个层面来看，一方面，公民可以利用政务透明给公共部门施加压力，确保其所作所为符合规定；另一方面，政务透明可以将任何腐败现象都暴露于光天化日之下。

以上两个目标通常可以通过两种方式达成：1）拥有对政府文件和信息的访问权；2）在政府官方网站上将相关数据和信息公开。一旦所有公民都拥有访问权限，便会造成数据和信息的广泛传播。但这并不能确保政务信息完全透明，原因如下：首先，透明原则的实施要依靠公民的主动性。其次，这种情况下的政务透明针对的只是与提出信息访问要求的公民或组织利益相关的数据和文件。最后，无法确保公民会广泛传播其所获取的政府信息和数据。也许对那些提出信息访问要求的公民而言，避免将信息泄露才更符合自身利益。

通过赋予公民信息访问权来提升政务透明程度，有可能会遇到来自公共机构的阻力，因此需要设立一个能够督促公共机关服从信息访问权法律规定的监管机构。例如，法国的行政文件获取委员会和英国的信息委员会在这方面的职权都要高于意大利政务文件管理委员会的权利。

设立上述监管机构是十分必要的，因为在实施信息访问权的过程中，势必会引发提出访问要求的公民与被要求提供数据和文件的公共机构之间的矛盾。在意大利法律体系内，这种矛盾尤其激化，因此信息访问权的实施由行政法院负责。

行政数据和文件的公开是推动信息透明的另一项工具。与简单的信息访问权有所不同，信息公开有助于推动政府活动完全透明化；毕竟在这种情况下，其活动有效与否将完全取决于相关政府机关公布的文件和信息的数量和质量。

只有在政府机关完全公开政务信息，且所提供的文件和信息能够被公众完全理解的前提下，才能保障政务活动的完全透明。

因此在这种情况下，我们不能够让政府机关自主决定所要公开的文件，而是要在鉴别出需要公开的信息之后，强制其在规定时间内予以公开；换句话说，政府公布的信息应当对公民有用。

公民的信息访问权与政务规章和文件的公开在保障政务透明方面具有互补性的作用。虽无法保证强制政府公开的文件能满足所有公民的需求，但可以通过申请信息查阅进行弥补。

三 意大利法律体系政务透明模式的演变：有限的信息访问权限与信息公开义务

意大利1990年第241号法规中第22条保障公民拥有访问政府信息的权限，但并未对该访问权与政务透明之间的关联做出明确规定。但需要指出的是，1990年第241号法规之前的版本中曾指明，信息访问权“是为了保障政务活动的透明性和公正性”，“要将其赋予给有利于维护重大法律事项利益的人”。2005年，该条法规重新修订，摒弃了信息访问权是为了保障政务活动公开透明的说法，进而将其修改为“信息访问权是赋予公民个人的一项权利，包括那些承担着某些公共利益或其他利益的人，他们与法律中的某种情景具有直接、具体和现实的利益关联，且这些利益需要通过对相关文件的访问权限才能实现”。

由此看来，1990年第241号法规之所以对信息访问权进行阐述，是为了根据相关各方的法律地位赋予其相应的权利，使其能够参与政务决策流程或提出反对意见。

换言之，法律只在特定领域保障了对政务文件的获取权限，用以提高政务活动的透明度。这在2005年第195号立法法令颁布后尤为明显。该法令规定，公民对公共机构持有环境信息文件具有知情权。该法令是为2003/4/EC指令中公民对环境信息具有普遍知情权的实施做铺垫，出台了针对以下两方面的措施：

首先，进一步对享有政务文件获取权的各方做出了限制（Sandulli，2013），另外在《电子政务管理准则》[①] 中对政府机构必须通过官方网站向大众公开的内容做出了规定。

随着2005年第195号法令的实施，意大利果断选择了一种不过多依靠公民信息访问权，而是依靠法律向公共机构施加的特定文件和信息强制公开义务来推进政务透明的模式。

尽管之前的法律第26条中已经规定，为保障公民的知情权，政府机构需要将特定文件资料完全公开，但直至互联网的出现，信息公开作为增强政府活动透明度的方式才重获潜力（Bonomo，2012）。

过去的10年中，许多法令条例相继出台，旨在加强公共机构的信息公开义务，丰富披露内容。但由于领导阶层对自身责任认识不足，导致这些法令都未能得到有效实施（Savino，2013）。

《电子政务管理准则》（2005年3月7日第82号法令）旨在确保"数字信息的可获得性、管理、访问、传输、存储和可用性"（第2条，第1节），其实施代表着公共机构的信息公开义务迈出了重要一步。《电子政务管理准则》中规定，公共机构有义务设立官方网站（第53条），并对其必须强制公开的数据和信息做出了说明。从这一方面来看，该准则内容极具前瞻性，对2013年3月14日第33号立法法令（《电子政务管理准则》现行版本中的第54条援引了该法令）中的很多条款都做了预设。

接下来就是2009年3月第15号法规和2009年第150号立法法令（布鲁埃塔法令）的颁布，其中政务透明被定义为"……公民通过包括公共机构在官方网站进行信息公开等方式在内，所获取的全面知情权"，目的是"秉承政务稳定性和公正性的原则，形成多种监督机制"。

由此看来，此立法法令的目的在于为每位公民都提供一个具体的法律地位，使其能够获取公共信息，从而参与到公共机构活动的整体监督机制中。

总体看来，在《电子政务管理准则》和2009年第150号立法法令中，政务透明的原则是在所谓的"开放数据"和由此产生的"开放政府"

---

① 参见2005年3月7日颁布的第82号法令第54条。

等概念中形成的。这两个概念都建立在公民对公共行政数据和信息的知情权有助于他们以积极、合作的态度参与政务活动这一前提基础上。

政务数据和信息的知情权带来的公民参与，使公共机构有机会与公民开展透明的对话交流，反过来可能会有助于改善公共机构的业绩。

总的来说，随着2009年第150号立法法令的实施，公民对政务信息的完全知情权开始与公共机构工作人员的绩效评估挂钩，规定公众必须充分利用与公共机构有关的信息和推进机构履行职能的资源，以便秉承政务稳定性和公正性的原则，形成多种监督机制（2009年第150号立法法令第11条）。

政务透明首先应被看作推动公民参与和健全公共行政的工具。

然而，除了被看作推动公民参与和健全公共行政的工具之外，2009年第150号立法法令中还强化了政务透明作为腐败防治工具的概念，这一概念也成为2013年第33号立法法令中的核心思想。该法令的发布宣告了防治腐败的2012年11月6日第190号授权法规的实施。

四　2013年第33号立法法令包含的举措：政务透明成为反腐工具

如上所述，伴随2013年第33号立法法令的颁布，2012年第190号授权法规开始实施，从此政务透明被赋予了全新的解读方式，其中包括公民对政务文件的访问权可以防止腐败的发生（Police，2009；Natalini，2015；Pajno，2015）。

因此，政务透明不仅适用于行政程序，也可用在公共机构的组织结构中，以减少腐败现象滋生繁衍的灰色地带，从而对公共行政活动产生积极影响。在这方面，2012年第190号法规对1990年第241号法规中关于行政程序的规定进行了一些修正，目的在于公开政务决策流程的方方面面。但问题的关键是，如果让流程负责人负责汇报涉及利益冲突的情况，他们很有可能不接受（Clarich and Mattarella，2012）。

虽然2013年第33号立法法令中第1条以2009年第150号立法法令中第11条的内容为基础，再次对政务透明的概念做出了阐释，规定政务透明是指对“涉及公共机构组织和活动的信息”的完全可获得性，两者的不同之处在于可访问的信息范围不同（Carloni，2013；Simonati，2013）。

在2009年的改革中，信息访问权的目的是要对“秉承政务管理公平性和稳定性的原则”的公共机构实施“广泛的监督”，2013年第33号立法法令规定，信息访问权必须保证能对“公共机构职能的使用和对公共资源的利用”形成广泛的监督。

2013年第33号立法法令将各种法律文件中涉及的有关公开义务的内容重新归纳整理为几个部分，分别对应公共机构本身及其开展的活动（第二部分）、公共资源的使用（第三部分）、业绩水平和提供的服务（第四部分）以及特殊部门（第五部分）。

具体来说，按照2013年第33号立法法令的规定，公共机构必须通过自身官方网站的“透明政务”栏目，履行信息公开义务。用户无须身份验证，便可登录网站，查阅与公共机构本身或其开展的活动相关的信息。

要执行该条法令，还需引入一位专门负责政务透明业务的人员，其核心职能是监督公共机构的信息公开义务履行情况（2013年第33号法令第43条）。

负责政务透明业务的人员，要负责更新“政务透明和廉政建设三年规划”，并将公开义务的延迟履行或不履行情况通报至公共机构的行政和政治管理层、独立评估机构和国家反贪局；若情节较为严重，还要通报至纪检办公室。

如果公共机构不能合规履行信息公开义务的情况，不仅要处罚透明政务的负责人员，还要处置理应提供数据的机构本身及其管理人员，勒令其公开信息。

综上，2013年法令中引入的重大改革就是所谓的“全民信息访问权”。2013年第33号法令第5条明确规定，“现行法规对公共机构施加的文件、信息或数据公开义务，意味着若公共机构未按要求进行披露，所有公民也都享有对此类信息的知情权”。2013年第33号法令将这种访问权限制在那些公共当局本应按要求公开却未公开的文件、信息和数据，极大地鼓励了公共机构遵循政务透明的要求（Galetta，2013）。

该条款旨在保障所有公民在无须提供个人合法或正当信息、无须说明是否要参与行政程序、无须出具具体原因的前提下仍享有对政务信息的访问权。

该法令直接认可了所有公民对政务信息的访问权，包括对与公共当局本身及其投资单位或子公司相关的所有政务文件的访问权。

尽管公民访问权的引入促进了政务透明原则的实施，但国家反贪局指出，2013 年第 33 号法令在实施过程中显现出三类问题（ANAC，2012）：1）难以对不同类型的公共机构（政府机构、公共当局、公共企业等）实施统一的规章制度；2）一些公共机构难以做到与新的规定保持一致；3）法律文件用语模棱两可。

为解决以上问题，部长理事会于 2016 年 5 月 16 日批准通过了一项新的立法令。探讨过意大利采用的政务透明模型与《信息自由法案》体系之间的区别之后，我们将在下文对此法令进行介绍。

五 意大利传统政务透明模式与《信息自由法案》规定下透明体系的区别

2013 年第 33 号法令带来的变革中提出了以下问题：意大利政务透明模式——也被称为“全民信息访问权”——在多大程度上可以与美国和一些欧洲国家采用的《信息自由法案》模式相比较（Mendel，2006）。

首先，应当考虑到根据 2013 年第 33 号法令的规定，公民的信息访问权针对的并非是公共当局管辖范围内的全部信息，这一点与《信息自由法案》模式有着显著差异。

《信息自由法案》模式下，政府机构所掌握的数据和信息被看作社会和公民的共同财产，因此公民享有对公共机构信息的知情权。在这种情况下，知情权是公民基本权利的保障（Savino，2013）。

这与 2013 年第 33 号法令截然不同。2013 年第 33 号法令规定，知情权仅限于“现行法规强制公共机构公开的文件、信息和数据”；对于在此范围之外的其他文件、信息和数据，规定政府机构可自行制定公开标准。

换句话说，意大利体系将公开的权力下放给了政府机构。然而这并不能保障所有公民（除 1990 年第 241 号法律规定的“具有直接、具体和现有”利益的各方之外）的广泛知情权。

因此，意大利透明模式的特点在于义务性（法律对文件和信息的公开做出了强制性规定）和选择性（法律强制规定之外的所有“其他”文件和信息交由公共当局酌情决定是否公开）这两个层面的共存与区别。

意大利透明模式的这两个层面标志着其与《信息自由法案》模式之间具有本质区别。《信息自由法案》模式中对公民访问权限的限制主要是出于维护公共利益（如公共安全、法律、条令、经济和金融政策、国际关系等）或保护私人资料等个人利益、商业利益和产业利益等目的。

相比之下，意大利模式对访问权限的限制不仅数量较多，限制范围也较为广泛，基本涵盖了强制公开义务范围外的所有信息。

在实践方面，《信息自由法案》体系遵循的是文件公开的一般原则，而直到2013年第33号法令的颁布，意大利主要体系遵循的还是一般保密原则，相比之下，公民的信息访问权限只在有限的范围内实施（FOIA，2009）。

在所有不存在具体公开义务和相关访问权限的情况下，优先遵循行政信息和文件的保密原则。

也可以说，尽管2013年第33号法令的实施使意大利在政务透明方面取得了一定进展，但信息访问权或知情权尚未被认定为公民的一项基本权利（Birkinshaw，2006）。

《信息自由法案》体系下公民的知情权针对的是公共机构管辖范围内的全部信息，这也是《信息自由法案》模式与意大利模式相比之下的一项基本差异。

具体来说，《信息自由法案》体系下的信息访问权和强制公开义务共同保障了政务透明和公民的知情权。的确，按照采纳了《信息自由法案》模型的一些法律体系的规定，一旦公民提出了对某些文件的访问要求，公共当局将必须予以公开，由此也扩大了公开义务的范围。

相比之下，在意大利模型中，信息访问权和对公共当局施加的数据和信息强制公开义务并非是相互补充、相辅相成的，而是相互替代的：公民有权访问的文件同样是法律规定需要强制公开的文件。

这样一来，访问权限就被限制在与公开义务相同的领域，留出了既不受信息公开义务约束，又未被访问权限覆盖的政务透明盲区。

在实践中，意大利体系内知情权的应用领域是由立法者来确定的，而在欧洲和国际的《信息自由法案》体系中，公民拥有最基本的知情权，可以自行选择针对哪些领域、哪些信息来行使这项权利。在《信息自由法案》模式中，知情权并不限于立法者所规定的信息公开义务范围内，而是可以在多个方向上延伸使用，从而增强政务透明的有效性。

意大利模式与《信息自由法案》模式之间的差异也会对政务透明在反腐斗争中的有效性产生影响，因为在意大利体系内，对政务数据、组织和文件的知情权既不是完全自由的，也并非对政务活动和组织的所有领域都适用。

六　最新立法举措：朝意大利版《信息自由法案》迈进

如上所述，意大利公民的知情权迄今为止仍被解读为一项获取与申请人诉讼相关文件的权利（1990 年第 241 号法律之规定），或在公共机构拒不履行信息公开义务时而行使的信息访问权（2013 年第 33 号法令规定的全民信息访问权）。

在这两种情况下，公民知情权都是以公民与公共当局发生冲突这一假设为基础的，政务透明更多地被当作监督公共当局活动的工具，而非促进公民参与的工具（Bombardelli，2013）。

与此同时，由于意大利立法者只针对少数领域要求公共当局将其所掌握的信息进行公开，因此，意大利的这种政务透明模式并不能称得上是一种有效的反腐工具。

针对这一问题，意大利国内约 30 个民间团体开始行动，推动意大利立法委员尽快修改政务透明体系中的不足之处，最终演变为意大利《信息自由法案》运动。

这些团体共同发表了一份请愿书，提议将一项新的政务透明法案纳入意大利法律体系，该法案与欧洲国家和国际上采纳的《信息自由法案》体系相当。此次运动从知情权是民主社会中公民的一项基本权利这一假设出发，着重强调要重新审视公民作为政务透明主要负责主体的地位合理性。为此，该运动迫切要求政务透明体系开始转型，不再对公民的信息访问权限做过多的限制，而应使公民对公共机构创建或持有的所有文件、行动、信息、数据或其他任何形式的讯息具有广泛的知情权。此外，公民知情权的相对主体不仅限于公共机构本身，也包括由公共机构和公共服务运营商所有的下属公司。

该运动要求意大利转换为另一种政务透明模式，在这种模式下，公共机构必须迅速回应公民的信息查阅请求；对于公民提出查阅请求三次以上的信息，公共机构必须予以公开；为申请人提供快速、经济的司法和非司法补救措施；若公共机构非法拒绝公民的查阅请求，应受到处罚（Racca，n. d.）。

该倡议已经以法律草案的形式正式成文。值得一提的是，已有部分有关政务透明法律的改善建议得以落实，纳入了部长理事会于2016年5月16日通过的立法法令中。该法令在2015年8月7日第124号法规第7条规定的实施过程中颁布，内容涉及公共机构的重组问题。

具体来说，该法令提出要"重新界定政务透明义务和举措的实施范围，明确定义公开义务，确立对违反政务公开义务现象实施处罚的负责机构"（Galetta，2016）。

综上所述，受《信息自由法案》启发，意大利2016年第97号法令中引入了一种公民对公共数据和文件的访问权限的新形式。

在这种新的访问权限形式下，不管申请人在相关法律情形下是否具有采取行动的合法性，所有公民都对公共机构的数据和文件具有知情权。

因此，新形式的访问权范围要比2013年第33号法令第5条中规定的范围广泛，公民不仅对强制公开的数据和文件有知情权，对不受强制公开要求的数据也有知情权。换言之，公民的知情权不再限定于对其有直接、现有、具体利益的法律情形或文件范围内。

该模型与此前2013年第33号法令中规定的模型之间的本质区别已经在2016年第97号法令的第2条中做出了具体阐释，该条规定政务透明的目的是要保障公民的各项基本权利，具体如下："政务透明是保障个人与集体自由、各项民事权利、政治权利和社会权利的先决条件，它与良好的行政环境相辅相成，有助于实现政务公开，更好地为公民服务"（第1条第2款）。

因此，按照新立法法令中的规定，政务透明不是依靠文件强制公开来实现的，而是要靠扩大公民信息访问权限这一保障知情权的基本工具。

就这样，意大利完成了一场从“知情需求”转为“知情权”的哥白尼式革命（Stato，2016），改革之后的透明模式与欧美国家采取的《信息自由法案》模型便趋于一致了。

七　意大利模式与《信息自由法案》体系：相似性与差异性

毋庸置疑，意大利法律体系已经朝《信息自由法案》模式迈进了一步，2016 年第 97 号法令中第 2 条对知情权的明确陈述即是一例。然而，我们也不得不考虑这一步迈得究竟有多大，只有这样才能了解知情权在实践中能得到多大程度的保障。

改进后的意大利模式与《信息自由法案》在很多方面的相似性都是显而易见的，例如：1）公民无须证明自己查阅公共机构数据或文件请求的合理性；2）政务透明立法不仅适用于公共当局，还适用于司法管辖下由公共部门控制或部分拥有的所有公司、实体和公共经济部门；3）公共部门对公民查阅请求的回应十分迅速（30 日之内）；4）数字资料免费查阅，若需复印件，则只需支付复印费用。

针对最后一点，2016 年 5 月 16 日颁布的立法法令中规定，基于公民信息访问权而非政府机构公开义务的新透明模式在实施过程中不应产生任何额外的公共费用成本。这里需要指出的是，以往的经验对比分析表明，影响如此深远的改革势必会带来高昂的实施成本，而这些成本通常是意大利公共行政机构无法承受的，因此立法者通常会退而求其次，转而又回到依赖于信息公开义务的政务模式。了解这些之后，可以看出，新模式的实施显然需要高度坚定的决心，以及组织层面上充分的努力和严密的监控，这些由国家反贪局全权负责。

以上便是意大利模式向《信息自由法案》迈进过程中有所改善的地方，但与此同时，两种模式之间的差异同样不容忽视，差异可总结为两点：1）用于限制数据和文件查阅权的书面用语比较模糊，留下解读空间的同时也容易引发争议；2）没有对任何非司法形式的补救措施做出规定，而采取司法补救措施，即诉诸区域行政法院的话，流程通常会十分缓慢并且费用高昂。

关于第一点，新法令的第 6 条再次援引了 2013 年第 33 号立法法令的第 5 条，列举了信息查阅请求可能遭受拒绝的情况。

首先，该法令列举了出于维护公共安全、国家安全、国防、军事问题、国际关系、政策、国家财政和经济稳定性有关的公共利益的目的，或因开展犯罪调查和视察活动等原因，而拒绝公民信息访问请求的情形（2013 年第 33 号法令现行案文第 5 条第 1 款）。

其次，法令中明确规定了如有以下情形，将会拒绝公民的信息访问请求："为保护以下各种个人利益，公民的信息访问请求将不予通过：1）个人资料，这一点与法律规定相一致；2）通信自由与信函内容保密性；3）自然人或法人的经济和商业利益，包括知识产权、版权和商业秘密"（第 5 条第 2 款）。

最后，法令中列举了如涉及国家机密或公民请求查阅或传播的文件不在法律允许范围内，信息访问请求将不予通过的情形："包括按照现行法律规定，信息访问需遵循特定条件、流程或限制的情形，也包括 1990 年第 241 号法规第 24 条第 1 节中规定的情形。"

可以看出，为保障公共利益，对公民的信息访问权限做出一定限制是有必要的。但这类限制的特点是，范围过于广泛，界定也过于模糊。

当然，限制范围广泛是为了防止出现访问权只针对文件部分内容开放——也就是所谓的部分访问权限现象的发生，同时避免了公民认为文件的延迟开放就等同于完全拒绝访问的可能性（第 5 条第 4、5 款）。

然而，限制范围的广泛性与界定的模糊性也会带来一定的风险，公共机构可能会滥用手中的自由裁量权，来扩大不可访问数据和信息的范围。这意味着新模式的具体有效性要取决于公共机构如何解读法律中未做出明确规定和界定的情形。最重要的是，法律条款的模糊性会增加公民与公共当局发生争执的风险。

同时，新的政务透明模式并未利用此次机会引入其他一些国家已经存在的非司法形式补救措施，例如，美国的信息专员、瑞典的议会监察专员（一个独立的行政监察机构）或法国的行政文件获取委员会。

八 结论

从上述讨论中可以看出，意大利的政务透明模式在初期阶段主要依赖于对公共机构施加强制公开数据、文件和信息的义务。直至最近，这种只对有特定利害关系的各方开放的“传统意义上的”信息访问权限才被“现代化的”访问权限概念（所谓的全民信息访问权）所补充，后者与《信息自由法案》模式中的知情权概念相一致。

国家反贪局最近开展的分析表明，公共机构对数据公开义务的遵从性较强（ANAC，2014）。但是，这种依赖于信息公开义务的政务透明模式的弊端日益显现。出于这个原因，立法者出台了公民访问权等一系列的补充措施，完善政务透明原则的实施情况。而这些措施的有效性只能在未来进行评估了。

总之，按照现有的法律架构，国家反贪局在意大利向更有效的政务透明模式转型的过程中发挥了不可或缺的作用。2012 年第 190 号法规（第 1 条，第 2、3 款）和 2013 年第 33 号立法法令都赋予了国家反贪局政务透明监管职能。具体来说，2012 年第 190 号法规中的第 1 条和 2013 年第 33 号立法法令中的第 45 条规定了国家反贪局应监督现行法律规定的数据公开义务的履行情况，并赋予国家反贪局通过向公共机构索要新闻、信息和文件的方式实施监管权。这种监管权还被辅以命令实施现有立法要求的举措和条款，或取缔那些与政务透明相关的计划和条例相冲突的行为和行动的权利。

总而言之，通过将公共机构的公开义务与公民的信息访问权相结合，国家反贪局在监管活动中面对的是一个更加成熟的政务透明模式。

2016 年 5 月立法法令颁布之前，意大利对信息访问权限设置了各种限制，国家反贪局将其许多措施重点放在了对公共机构数据和文件公开义务实施情况的监管上（OECD，2015）。

值得注意的是，国家反贪局除了实施各项传统监管和监督活动之外，还创建了一套有效的举报系统，方便公民举报不符合政务透明法律要求的活动。

之所以创建这一新系统，是因为国家反贪局意识到公民和民间组织在促进数据和信息传播，进而达到防治腐败目的的过程中发挥着至关重要的作用。

该系统创建于2014年，基于一个可以与公民展开对话的网络平台进行运作。系统名为“透明运动”，于2014年3月正式上线，可登录进行访问（www. campagnatrasparenza. it）。国家反贪局可在该平台收集公民对政务透明违规现象的在线举报或印制表格。

该举报系统的创建，使得国家反贪局可以实时且系统地掌握政务透明法律的违规现象。这套基于公民举报的管理系统的有效性得到了事实的佐证。2014年一年间，国家反贪局针对公民的270起举报展开了核实调查，发现公共机构违反政务透明规定现象235例（87%）。

对于查出的不合规案例，国家反贪局要求相关机构在规定期限内按照法律规定改正违规行为；剩余的35起案例因证据不足、公共机关能力不足或公共机关在举报时未遵循法律规定但在国家反贪局核查时已予以纠正等原因未做归档。

经过与上述235起违规案例涉及的公共机构沟通之后，国家反贪局在所设期限到期之后针对其中的191起开展了二次核查。剩余的44起目前正在处理当中，截至本文撰写之时，有些案例的截止日期还未到，另一些所涉及的公共机构则要求国家反贪局进一步提供合规要求。

二次核查的结果表明，此次监管活动效果十分显著：151个公共机关完全遵从了国家反贪局提出的合规要求；24个公共机关部分遵从了国家反贪局提出的合规要求；16个公共机关未遵从国家反贪局提出的合规要求。

这些数字反映了一个有趣的现象：意大利作为最后一批采纳《信息自由法案》政务透明模式的国家之一，其民间社会中早已出现了推动政府进行政务公开的力量。人们已经清楚地意识到，公民在国家的反腐斗争中也发挥着重要作用。而这种作用只有在克服自身在信息访问权限方面仍然面临的阻力之后——尽管这种阻力在最近的立法文件颁布之后已有所减弱——才能更好地得到发挥（Police，2009）。

参考文献

A. Bonomo，*Informazione e pubbliche amministrazioni*：*dall'accesso ai documenti alla disponibilità delle informazioni*，Bari，2012.

ANAC, Oecd, High-Level Principles For Integrity, Transparency and Effective Control of Major Events and Related Infrastructures, Paris, March 2015, http: //www. oecd. org/ expomilano.

ANAC, Relazione annuale 2014, Roma, Camera dei deputati 2 luglio 2015, www. anticorruzione. it.

ANAC, *Rapporto sul primo anno di attuazione della legge* 6 *novembre* 2012, *n.* 190, 27 December 2013, doc. XXVII, no. 8, p. 48.

A. Police, New Instruments of Control over Public Corruption, cit. p. 216.

A. Sandulli, *La casa dai vetri oscurati: i nuovi ostacoli all'accesso ai documenti*, in *Gior. dir. amm.*, 2007, p. 669 ff.

Consiglio di Stato, Sezione Consultiva per gli Atti Normativi, opinion of 24 February 2016, no. 515/2016, https: //www. giustizia – amministrativa. it, p. 77.

D. U. Galetta, *Accesso civico e trasparenza della Pubblica amministrazione alla luce delle previste modifiche alle disposizioni del Decreto legislativo n.* 33/2013, in federalismi. it, 2 March 2016.

E. Carloni, *I principi del codice della trasparenza*, in B. Ponti (eds.), *La trasparenza amministrativa dopo il d. lgs.* 14 *marzo* 2013, *n.* 33, Santarcangelo di Romagna, 2013, p. 40 ff; A. Simonati, *La trasparenza amministrativa e il legislatore. Un caso di entropia normativa?*, in *Dir. Amm.*, n. 4/2013, p. 749.

FIOA Memorandum for the Heads of Executive Departments and Agencies, 21 January 2009, http: //www. uspto. gov/ip/boards/ FIOA rr/.

F. Merloni, *La trasparenza come strumento di lotta alla corruzione tra legge n.* 190 *del* 2012 *e d. lgs. n.* 33 *del* 2013, in B. Ponti (eds.) *La trasparenza amministrativa dopo il d. lgs.* 14 *marzo* 2013, *n.* 33. *Analisi della normativa*, *impatti organizzativi ed indicazioni operative*, Maggioli editore, Santarcangelodi Romagna, 2013, 17 – 28; A. C. Marzuoli, *La trasparenza come diritto civico alla pubblicità*, in *La trasparenza amministrativa*, a cura di F. Merloni, Milano, 2008, 45 ss; P. Canaparo, *La via italiana alla trasparenza pubblica: il diritto di informazione indifferenziato e il ruolo proattivo delle pubbliche amministrazioni*, in *Federalismi. it*, 2014.

Freedom of Information Act (5 U. S. C. Sect. 552 (2)); Access to Public Information Act (APIA) of 22 March 2003 (Article 10, paragraph 1, no. 6, APIA).

G. M. Racca, *La prevenzione e il contrasto alla corruzione nei contratti pubblici*, B. G. Mattarella, M. Pellissero (eds.), *La legge anticorruzione*, cit., p. 125.

G. Sciullo, *L'organizzazione amministrativa della prevenzione della corruzione*, B. G. Mattarella, M. Pellissero (eds.), *La legge anticorruzione*, cit., p. 71.

J. M. Ackerman and I. E. Sandoval-Ballesteros, *The Global Explosion of Freedom of Information Laws*, *Administrative Law Review*, 2006, vol. 58, 85 ss.; H. Kranenborg and W. Voermans, *Access to Information in the European Union. A Comparative Analysis of EC and Member State Legislation*, Groningen, 2006; T. Mendel, *Freedom of Information: A Comparative Legal Survey*, UNESCO, 2008; more recently M. Savino, *The Right to Open Public Administrations in Europe: Emerging Legal Standards*, Paris, OECD-Sigma, 2010 (*http://www.oecd-ilibrary.org/fr/governance/sigma-papers20786 581*).

M. Bombardelli, *Fra sospetto e partecipazione: la duplice declinazione del principio di trasparenza*, in *Federalismi*, 3-4, 2013, p. 657.

M. Bovens, "Information Rights: Citizenship in the Information Society", *The Journal of Political Philosophy*, 2002, vol. 10, 317 ss.; A. Sandulli, *La trasparenza amministrativa e l'informazione dei cittadini*, in G. Napolitano (ed.), *Diritto amministrativo comparato*, Milan, 2007, p. 158 ff.; A. Romano Tassone, *A chi serve il diritto d'accesso (Riflessioni su legittimazione e modalità d'esercizio del diritto d'accesso nella l. n. 241 del 1990)*, in Dir. amm., 1995, n. 3, 315; F. Merloni (eds.), *La trasparenza amministrativa*, Milano, 2008; G. Arena, *Trasparenza amministrativa* (voce), in S. Cassese (eds.), *Dizionario di diritto pubblico*, Milano, 2006, 5945; A. Vannucci, *La corruzione in Italia: cause, dimensioni, effetti*, in B. G. Mattarella, M.

M. Clarich and B. G. Mattarella, *La prevenzione della corruzione*, in B. G. Mattarella, M. Pellissero (eds.), *La legge anticorruzione*, cit., p. 59; ibidem G. Fonderico, *Le modifiche alla legge sul procedimento amministrativo*, p. 153. F. Manganaro, *Evoluzione del principio di trasparenza amministrativa*, in F. G. Scoca (eds.) *Studi in memoria di Roberto Marrama*, Napoli, 2012.

M. Savino, *La nuova disciplina della trasparenza amministrativa*, in *Gior. dir. amm.* 2013, p. 795 ff.

P. Birkinshaw, *Freedom of information and openness: fundamental human rights*, in *Administrative Law Review*, 2006, vol. 58, 177 ss.

Pellissero (eds.), *La legge anticorruzione*, Torino, 2013, p. 40; M. Savino, *Le norme in materia di trasparenza amministrativa e la loro codificazione (art. 1, commi 15-16 e 26-36)*, Ibidem, p. 113; G. Racca, *La prevenzione e il contrasto alla corruzione nei contratti pubblici*, Ibidem, p. 125; A. Police, *New Instruments of Control over Public Corruption:*

the Italian Reform to Restore Trasparency and Accountability, in *Il diritto dell'economia*, *n.* 2/2015, p. 189 ff. ; F. Fracchia, *L'impatto delle misure anticorruzione e della trasparenza sull'organizzazione amministrativa*, in *Il diritto dell'economia*, n. 3/2015, p. 483 e ff.

T. McIntosh, *FOI Laws*: *Counts Vary Depending on Definitions*, 2011; S. S. Coronel, *Measuring Openness. A Survey of Transparency Ratings and The Prospects for a Global Index*, 2012, (www. freedominfo. org) .

T. Mendel, *Freedom of Information*: *A Comparative Legal Survey*, Unesco, 2008; J. M. Ackerman, I. E. Sandoval-Ballesteros, *The Global Explosion of Freedom of Information Laws*, in *Administrative Law Review*, 2006, p. 58, p. 85 ff.

科层制专业化与国家能力建设：巴西公共行政部门发展不够均衡吗？

巴西国家公共行政学院
佩德罗·卢卡斯·德莫拉·帕罗蒂
西罗·坎波斯·克里斯托·费尔南德斯
玛丽莎拉·雷斯·德索萨·卡梅奥
威尔伯·达罗洽·塞韦罗
阿里桑德罗·德奥利韦里亚·戈维亚·弗莱雷

【摘　要】本文旨在进一步认识和理解巴西公共行政的主要特征，包括不平等性、不平衡性以及非对称性等。本文基于不同岗位联邦政府公务员的职能展开研究，主要探讨四项与公务员岗位相对应的国家职能（核心职能、社会福利职能、基础设施建设和发展职能、新兴职能）间的差异。本文还对2014年开展的一项针对不同机构公共管理者的调查进行分析。根据巴西政府中层管理者的观点以及对不同机构公共管理者形象与绩效的描述，研究结果显示，巴西政府承担着多个不同职能。尽管从历史角度来看，基础或核心职能是国家公共行政的根本，但是新兴行业的出现使得国家行为发生变化，这就要求创新公共服务方式，使其更灵活、清晰，更具公民导向。本文的探索性研究，对于理解和进一步研究巴西面临的发展新重点问题有所助益，本文的研究成果对其他国家和情景也有借鉴意义。

【关键词】巴西公共部门；科层制专业化；国家能力

一 引言

巴西当前公共行政的组织与架构建立于1964—1985年从威权型现代化政体向民主化政体转型的政治过渡时期，1988年宪法的颁布，标志着综合法律法规体系的建立。本文旨在研究和分析影响联邦政府中层管理职位任命的公共行政部门人员录用、发展以及培训等方面的最新变化和趋势。

本文以国家能力的理论构建为基础，对各部门进行分类，进而开展比较分析。本文采取以国家职能及其政府任务的历史—结构分类为基础的分析框架（Bresser-Pereira，1998，2004；Kjaer ct al.，2002；Fernandes，2015）。这种分类法认为国家的建立是国家能力建设渐进累积（不一定是线性的）的结果，而这一过程是由公共行政所塑造的。国家能力可以通过四种类型的国家职能来进行分析和分类：基本或核心职能（所谓“最小的政府”）、基础设施建设和发展职能、社会福利职能以及新兴职能。最后这项职能构建了新型发展型国家。

本文开展实证研究，研究数据来源于国家公共行政学院和应用经济研究院对巴西联邦政府各部门的中层管理人员开展的一项调研。调研问卷针对这些管理人员如何看待组织中管理职位政治任命的影响因素和环境，以及他们如何评价在任期间的自主权和绩效情况。

下文将首先从结构—历史分析的视角回顾现有关于国家职能的文献。讨论将聚焦当民族国家在扩展其职能以应对社会经济发展的诸多挑战时，如何演变出了不同的结构。这一研究路径可以应用于本文中巴西的案例。本文还提出了一个理解公务员录用和职业创设方面最新趋势的分析框架。第三部分介绍了实证研究的方法。第四部分主要讨论了巴西联邦政府管理者最重要的特质，着重讨论其形象、任职表现、组织认知以及和利益相关者的常规互动。最后是文章的结论部分。

二 国家职能与公共部门的工作：理论基础及其对巴西的意义

国家的历史结构决定了公共行政不同的组织结构与过程。国家发展轨道遵循渐进的演化路径，其中会面临诸多挑战，国家“任务”的完成情况有赖于公共行政部门的能力建设。附录中表1所显示的类型分析参照韦斯等人（Weiss et al.，1998）的研究，表明公共行政发展的三个阶段。公共行政构建与国家的历史结构相辅相成。国家的每一历史结构都与公共行政部门所扮演主导角色及其完成相关任务有关。新兴职能的发展会带来全新的挑战，这就要求加强公共行政部门能力建设，并且在内部形成新的结构和工作流程。

在第一阶段，即专制主义（16世纪到18世纪）与自由主义（19世纪到20世纪）时期，公共行政履行的主要职能与公共行政核心构架的有效性息息相关，并且以国家机构的广泛自主权为基础。在第二阶段，公共行政的职能与社会之间的交互联系增多，履行职能的技术要求增高、难度增大。此时培育出的政府职能与扩张型国家的出现关系密切，这类扩张型国家也就是历史上所谓的福利型国家及/或发展型国家。该类型的国家从19世纪末开始出现，1945年后发展尤为明显，且各国的发展轨迹不同（Evans et al.，1985）。

第三阶段的特征是在20世纪末出现了新的国家形式，即衔接者或促进者国家。随着国家与社会之间的相互依赖日益加强，以及非国家的公共部门日益增多，当前的国家形式或与治理体系的建设相关联（Peters & Pierre，1998；Milward & Provan，2000）。如此一来，国家的协调与衔接能力建设面临前所未有的挑战。

国家的能力分类与公共行政部门的地位和职能的历史形式有关。这种分类法所包含国家能力（依历史的次序）有：属于国家“核心”能力的基础能力；与决策过程以及生产与服务管理相关的能力；高级治理背景下与国家外部各方相协调与衔接的能力。伴随国家基本架构的定型，“核心”能力逐渐发展，其自主性得到强化，并且从社会中逐渐分化出来（Kjaer et al.，2002）。能力建设的机制也就是科层制化的公共行政部门的能力建设机制。

扩张型国家的相关能力涉及管理过程和体系日益复杂化，因为决策制定需要专业技术知识。这些国家能力的发展与福利型、发展型国家对服务规划、协调和管理方面与日俱增的需求相一致。公共行政理论对与此类型国家相关的绩效问题多有论述，这些理论对科层制进行了批评，同时提倡公共管理的灵活性（Bresser Pereira，1998，2004；Ormond and Löffler's，1999）。

新兴国家能力聚焦于国家与其他公共部门主体之间的衔接，旨在满足问责、参与性协商以及建立共识的需要。这些能力与新型的组织形式网络、合作安排以及需要相互协作的公共实体增加密切相连。很大程度上，与这种国家形式相关的需求与机制，都是在关于治理的文献中讨论的（Milward & Provan，2000）。

这种分类法涉及的各阶段不应被认为是孤立的，而是层层累积的。因此，核心能力的建设是后续阶段的前提，国家发展的各个阶段是相依存的关系：同一能力在某个阶段发展了，还可能在后一阶段发展得更为复杂。这种发展在国家的各个领域和部门都会体现出来。综上所述，我们拟提出本分类法来表明公共行政部门的组织和绩效可能取决于“传统”能力与新兴能力的结合。

（一）国家的扩张与公务员的录用

巴西国家扩张的最新情况从联邦政府公务员的总增量可以得见（见附录表2）。表中数据是1995年到2014年国家职能与具体活动而分配的公务员数量。该表数据按照基本的/传统的国家职能、基础设施建设和经济发展职能、社会福利职能及新兴职能进行分类。如前所述，最后一类职能是新兴职能，它是在目前国家行为方式和角色的转型过程中出现的。

这些数据显示，公务员的录用使得政府发生了重大的人员更替。结果表明，在巴西联邦政府的现任567157名公务员中，有306668名是新入职人员，人员更新率达到54%（截至2014年）。

福利职能部门的人员更新率更高，其新增公务员人数占比达到了总新增人员的65%。这其中大部分是高校及技术学校的人员扩张和补位，总数达160950人。国家基础职能部门接收了公共行政部门总新增人员的约23%，其中绝大部分用于置换从事一般行政管理工作的人员（新增31960人）。治安及税收部门也录用了大量新公务人员，分别为18553人和10952人。

同一时期，新兴职能部门大量招聘工作人员，共计接收公务员18258人，主要用于私营部门监管（7686人）与公共政策管理（4532人）。除此之外，环境、文化、社会福利及基础设施建设等新兴政策部门也新增录用人员。基础设施建设及经济发展相关的政府部门更新人员数最少，同期仅为14678人。

以上数据表明，国家重视加强基本职能，并且其人员更替仍在进行之中，通过建构其基本职能，巴西的国家建设仍在发展之中。此外，这些数据还显示，巴西近期优先发展福利职能。据此可以得出，在福利职能和基本/传统职能得到重点发展的同时，巴西所有的职能均在同步扩张。

（二）职业创设与重组

考虑到巴西近期在提倡职位与职业的创置与重组，下文的分析描述了人员需求被满足的方式及其对联邦政府层面上国家职能建构的影响。在分析中，我们考虑到了各种背景因素以及各职能部门的人事组织背后的政治因素。

1. 基本职能

对职位与职业的创设以及公务员录用进行分析显示，巴西在增强国家的基本职能方面成效显著。1995年到2014年呈现出两个态势：一是确立国家基本职能架构的宪法规定议程逐步完成；二是该议程源自财务、管控及税收机构的重组。

前一个态势表明，在巴西，科层制行政管理部门是国家的组织机构之一。1988年通过的新宪法草案承认各科层机构的政治行动，这些科层机构被动员起来支持强化其各自所在的活动区域及部门行政结构。该宪法所包含的制度安排，确立了公众倡议、治安、教育及税收等领域公职人员的职业组织。通过这种方式，宪法文本提出了科层制建设议程，该议程受韦伯理论的启发，旨在建构国家的基本职能。

后一个态势源自财政领域改革倡议，改革继而导致了人员重组。人员重组是在财政调整之际进行的，并加强了与经济政策的相关科层机构。这种重组涵盖了金融、财政预算及国家管控等领域，1987年这些领域还出现了新的职业。

2. 基础设施建设与经济发展职能

在巴西近年来的发展进程中，基础设施建设与经济发展职能的衰退及可以预见到的能力退化都成了很严重的问题。长期以来，新的制度设计和组织构建的缺失也削弱了这方面的国家职能与能力。再次向民主转型导致了制度核心衰落，从而损害了其行业政策及其行政管理机构。虽说各个领域的情形不一，但缺少资质匹配的人员使得两种职能都受到了严重影响。

以前，在国有企业拥有广泛自主权的基础上，基础设施建设与经济发展职能采用了国有企业界的成功制度模式，得到显著发展（Martins，1975）。这类国有企业自20世纪30年代开始不断发展，其发展巅峰正是1964年到1985年的威权式现代化统治时期。该模式出现危机后，公共行政分崩离析，面对实力雄厚、设备精良的公共企业，协调与政策制定的核心机构受到削弱。

因缺少人员尤其是工程师，该领域恢复投资受阻，很多工程师未得到重用，被安排从事行政管理活动。从很大程度上来说，此类情况都是国有企业人员组成框架的解体造成的。以往的人员雇用遵循市场因素，因而这些国有企业录用的人员一般都出任部委的咨询及管理岗位。该模式出现危机后，各领域情况不一，开启了一场至今仍未完成的转型。

政府部门在制定行业政策时采取新的刺激形式，主张实施能够促进协调与衔接机制以及分权的项目和计划。这种刺激形式广为运用到交通、能源、城市发展等各部门，主要涉及对租让合同的谈判和管理，而这些租让合同的内容涉及公私合营提供的基础设施与服务。还有一种刺激形式也正在被推广，即通过合作协议中的调整条款向地方政府（州政府和市政府）转移资源。此外，直接签订工程项目来恢复国家的硬件基础设施也是一种刺激形式。从1980年到1990年，长期的投资紧缩导致了硬件基础设施的落后和不足。

3. 社会福利职能

福利职能加强，是社会权力扩张的具体表现，加强福利职能是1988年宪法的显著特点。该转向的背后是再民主化以来社会政策在政府部门的持续扩展。为了追求社会流动，城市选民大量参与到民主政权中来，这种民主动力推动了福利职能的强化。新的福利职能制度设计，包括宪法向联邦制倾斜及其对卫生和教育领域的影响。

自1988年宪法确立了统一的卫生制度以来，卫生职能向联合管理方向发展，但依然处于巩固组织架构的阶段。联邦政府不再直接运营医疗卫生服务，这是影响新组织部门设计的重要改变之一。新模式的落实将联邦政府运营的医院移交给州政府。不过，这种转变还面临企业方面的抵制及推行上的风险。

在有政策制定和管控权的部委的驱动下，社会福利领域根据新设计的部门政策完成了组织转型，将服务的运营和政策工具下放给实体（代理机构）。

教育职能也在联邦主义的宪法指导下进行了重组。基层及中层教育的管理权分配给了州政府和市政府。联邦政府仍然负责管理各地的高等教育及技术教育。

以前，联邦政府通过推动项目来投资教育，项目的实施一直采取集中管理的方式。而根据宪法实施的新模式则聚焦于权力下放，并直接下放资源和通过绩效指标实施监控。此外，精心设定的政策监管与评估的方法、工具以及机制使教育领域涌现生机，但是，这种新刺激形式仍然需要形象调整，其中包括主体部门中负责此类政策的骨干人员。实际上，这些政策强调的是用指标来进行目标设定和成效管控。因此，在整个教育系统中对学生进行全国性考试是其重要的改进措施。

4. 新兴职能

新兴职能的确定考虑了巴西的发展道路以及当代国家建设的趋势。这些职能遵循了创设和重构职位与职业的一些最新倡议。公共行政向衔接型及分散型转变，中央行政对公共政策的制定和监管作用加强，监管机构的创立以及骨干人员重组，所有这些都是目前正在推进的新兴职能建设议程。

在这方面取得的进步来自职业创新，即对公共政策、监管、专业技术支持及信息科技等领域中的工作进行了创设或重组。

遴选及培训管理人员是公共行政改革和现代化中制定可行战略的重要问题。1989 年创立政府管理人员这种职业是对该问题的探讨。该职业具有通才的特点，其设置横跨所有的联邦行政管理部门。该职业的形象模式，贴近于公共部门对于从事协调与衔接治理的新型角色所提出的要求。

政府管理人员这个职业在其安插过程中得到巩固，它的巩固也得益于它与其他职业共同构成了公共政策的管理周期。公共政策管理周期这一概念假设存在一个相互联系的过程，其中公共政策的制定与实施活动分属于联邦政府的不同机构。在其管理人员看来，公共政策是与组织、计划、预算、金融及管控等各方面相联系的职能、程序和规范。

与国有企业私有化相连的市场监管，作为一项扩展国家机构、外化其新兴职能的主张，自 20 世纪 90 年代就提出来了。该议程与私有化改革息息相关，在彼时国家陷入持续通货膨胀和财政危机之下制定了进行财政改革的蓝图。监管型国家的出现源自国家重构的愿望，国家重构论者主张，从基础设施及经济发展职能中、从产品与服务的生产和提供中，撤出直接干涉，转而注重衔接功能，扮演“促进者”角色。

监管职业的设立与监管机构的增加密不可分，其设立高潮不断：1995 年到 1998 年，在一些转为私有性质或国家与市场联合控制的生产领域如能源、通信以及石油行业，创立了基础设施监管机构。随后的时期，卫生领域出现市场扩展和分化，卫生监测及辅助医疗的监管机构纷纷涌现。2001 年出现了第三波监管机构设立浪潮，其背景是既有市场开始成为法律监管的对象，这些领域是水陆交通运输业、电影和音像业及民航业。

在能源及通信领域，部门取缔及国有企业私有化让各部门出现了翻天覆地的转变，职员遭到遣散，被重新分配到私有市场或监管机构。

社会福利职能方面，最大的创新是推行了最低收入计划。该计划与相关组织架构的设立齐头并进，最终得到了设立于 2004 年的社会发展部的支持。最低收入计划具有交叉性和横跨性的特点，涵盖各个部门，涉及各级政府，这使之成为公共政策创新的真正门面。在基础设施建设职能方面，虽然创设了监管机构和私有部门的法律框架，但是这些政策领域的部委和部门在组织重构方面却进展有限。

通过聘用特定专业人员（如工程师、经济学家、统计学家及信息通信技术专家），社会政策、基础设施建设及信息科技领域的职业和新设岗位满足了内化专业技术知识的需要。此类举措旨在满足社会政策等重组领域的需要，也为应对基础设施建设等领域出现的严重的人员短缺。

新兴职能的岗位与职业的重新设计包括：通才能力要求，与在岗培训及绩效评估、奖励制度挂钩的发展规则。

三 方法

实证分析方法以方差分析统计为基础，即对来自不同人群的平均值进行比较（Field，2009）。数据原为2014年的“中层科层机构研究”收集的，该研究由伊乃普（Enap）和应用经济研究院主持，主要研究所有被委任掌握联邦行政权的管理者。如前文所述，本研究将管理者按其职业和各自的国家职能进行了区分。本次调研总共分析了4782名调查对象，占中层管理者总数的18.88%。[①]

本文得益于卡瓦尔坎蒂、卡梅奥和纳普（Cavalcante & Camões & Knop，2015）的研究成果，他们对政府不同部门中官员的异同进行了相似的研究。本文对不同国家职能的划分沿用了费尔南德斯（Fernandes，2015）此前的研究成果，并据此提出了本文的理论框架。

四 巴西四种职能的国家公职中中层管理者的异同

本节将列举巴西联邦政府行政部门中的管理者的一些特点，对联邦政府的不同职业进行对比，并分析其与四种国家职能的关联。由此，本节将对以下方面进行讨论：社会统计学特征（性别、年龄及教育水平）、专业属性（在岗时长及专业经验）、任职表现（自主权、影响力、一般性活动、与伙伴及其他政府人员的互动）以及对其组织选择主管和顾问的方式的看法。

第一个值得注意的特点是政府部门中女性的参与。恰如在先前调研（公共管理学院，2014）基础上所预期的，与女性在公务员总量中所占比例（46%）相比，女性在中层管理职位中所占比例更小（33.8%）。部分原因在于女性占据的领导职位比男性要少（Firmino & Evangelista da Silva，

---

① 完整的调查包括7233名受访者（占中层公务员总数的28.51%），本文只考虑联邦政府中的公务员，排除了录用其他人员——诸如退休人员、次国家层级的公务员、政务官等——的可能性，其职业无法归类的受访者的回答也被本研究排除。

2015）。

针对政府职能的分析结果显示（见附录图1），四种职能与平均百分比相比较时，存在一个显著的差异［$F(1.4780) = 4.410$，$p < 0.05$］，表明各职能部门在人员录用和职务委派方面各不相同。四组数据透露出两点信息：首先，核心职能及新兴职能的数据在统计上相差无几［平均差（$I-J$）$= -0.016$，$p > 0.05$，双尾检验］；其次，社会福利职能与基础设施及经济发展职能的数据在统计上颇为相似［平均差（$I-J$）$= -0.038$，$p > 0.05$，双尾检验］。

社会福利职能的数据值最高（42.0%），表明该领域的职业构成很突出，其中主要的职业涉及教育、卫生和社会救助，女性所占比例也更大。

工作人员的平均年龄是理解巴西公共行政管理部门的一个有益指标，它既受到职业（我们所分析的）录用竞争的影响，也受管理职位（主管和顾问）选聘模式的影响。

四大职能人员的平均年龄显示出彼此之间的巨大差异［$F(3.4778) = 72.442$，$p < 0.05$］。新兴职能领域人员最年轻，基础设施与经济发展职能相关领域的人员最为年长。就比例而言，新兴职能部门中近不惑之年（40岁）的管理者比例最高（51.3%），其60岁以上人员所占比例最低，这表明新兴职能公务员群体更为年轻化（见附录表3和图2）。

将这些分组数据合起来分析，所有的平均值都呈现统计上的差异，基础设施及经济发展职能和社会福利职能之外［平均差（$I-J$）$= -1.233$，$p > 0.05$，双尾检验］。这两项职能的数据都与其最早的记录相符。

除性别和平均年龄之外，教育水平也是重要的社会统计学指标。经过对比，研究生水平凸显，因为多数管理者都有本科学历①。这么高的受教育水平源于全国通用的录用标准和公开竞争，这是1988年联邦宪法规定的通用性。

从统计数据来看，四大国家职能的管理者之间存在显著差异［$F(3.4778) = 36.746$，$p < 0.05$］。对比各职能的数据，新兴职能部门中有研究生学历的管理者所占比重最高（77.3%），与其他三大职能相比尤为突出（见附录图3）。居第二位的是基础设施与经济发展职能部门中的职

① 在巴西，研究生水平泛指具有研究生学历证书，包括硕士和博士学位。

业［平均差（$I-J$）$=0.068$，$p<0.05$，双尾检验］。

总之，即便是与有关经济发展的传统专业化科层机构相比，新兴职能管理者的教育水平也是最高的。不过有一点值得注意：与其他公务员、私营企业或是巴西总人口相比，这四大国家职能中管理者的教育水平都要高出不少。

如前文所言，所有调研对象都是巴西联邦政府中层的管理者。他们负责指导工作团队或为官方提供咨询。四大职能人员的任职时长存在差异，这种差异通常反映出管理提名中的流动率情况。

如附录图 4 所示，四大职能中现任管理者的平均任职时长差异显著［$F(3.4840)=33.05$，$p<0.05$］。单独分析各个职能发现，核心职能、基础设施与经济发展职能以及社会福利职能的管理者的任职时长颇为接近，与新兴职能人员大相径庭。前三大职能人员的平均任职时长为四年，即巴西总统的一届任期。而新兴职能人员的平均任职时长仅为两年，表明其更具活力，但不稳定。

在工作经验方面，本研究对管理者原有工作经验进行了问询，了解其不同的工作方向，不论他们先前是在公共行政部门、私有行业部门还是非政府部门。最初四大职能中的管理者表现出极为相似的标准。其中，联邦公共部门管理者的平均经验年限最高，其次为私有行业和州级部门，再次为非政府组织和市政管理人员。

在所有这些有差异的项目中，如附录表 4 中的 F 列和附录图 5 的数据所示，不同职能群体间的经验呈现统计上的差异，唯有州级部门例外，州级四大职能的平均工龄基本相同。最常见的前工作经验在联邦政府和私营部门。首先，基础设施及经济发展职能和社会福利职能两部门中人员的经验水平最高，相互之间在统计上没有差异［平均差（$I-J$）$=-0.67$，$p>0.05$，双尾检验］。在联邦公共部门中，新兴职能部门人员的平均经验是最低的，虽然这是与私营部门中经验较高的人员相比，但是其跟基础设施与经济发展职能的数据对比，则无显著差别［平均差（$I-J$）$=0.16$，$p>0.05$，双尾检验］。

要理解中层管理者当前的活动，自主性是一个重要因素。自主性指的是个人在工作单位自主设定目标、管理下属（决定其团队工作的组织情况）、采取最为恰当的技术方法完成工作。平均而言，各大职能的管理者对工作都有较高的满意度。以1—5进行打分，1代表最低值，5代表最高值，他们的平均满意度高于3.5。

如附录图6中，在管理下属［F（3.3829）=1.79，$p>0.05$］和确定技术方法［F（3.3865）=0.91，$p>0.05$］方面，我们不可能观察到四大职能之间存在显著差异。只有在单位中设定工作目标方面，四大职能间才有明显不同［F（3.3669）=11.12，$p<0.05$］。

四大职能部门在自主性方面明显地分成了两组。第一组由新兴职能和核心职能的管理者组成［平均差（$I-J$）=−0.029，$p>0.05$，双尾检验］；第二组由基础设施与经济发展职能以及社会福利职能的管理人员组成［平均差（$I-J$）=0.098，$p>0.05$，双尾检验］。与第一组相比，第二组的自主性更强，至少是在设定工作目标方面。有趣的是，尽管这两组之间存在这一差异，但是在自主性的其他方面这两组人员并无区分。这或许表明，影响职业自主权的认知方面更多地受到组织因素影响。该假设得到了卡瓦尔坎蒂、卡梅奥和纳普（Cavalcante，Camões and Knop，2015）研究结果的证实。根据他们的研究，不同的公共政策部门在相同的方面存在显著差异。

还有一点需要明白，即管理者的角色涉及其对于影响决策制定的认知程度。如附录图7中，第一方面涉及与所在单位高层领导一起参加会议的机会。在这点上，四大职能之间差异明显［F（3.4747）=16.05，$p<0.05$］，尤其是在与其他三大职能相比时，核心职能部门的管理者认为其角色影响力小。

在第二个方面，当被问及其想法、建议在决策制定过程中的影响力时，四大职能中的管理者的自我评估基本上如出一辙。唯一的区别是在新兴职能和社会福利职能的管理者之间，而在决策制定过程中，后者比前者的参与度更小［F（3.4669）=3.66，$p<0.05$］。

尽管影响力的评估值不低，但管理者在决策制定过程中的影响力并不像其自主性那么显著。以1—5进行打分，1代表最低值，5代表最高值，其平均值略高于3。各职能管理群体在决策制定的影响力方面的差异，要高于其在自主性方面的差异。

分析管理者在巴西公共服务体系中的日常工作，就是分析其执行的活动。管理者的首要日常工作是与利益相关者的对话与会面，以及制定与核准内部文件。其次是管理者最普遍的日常工作包括研究和调查工作、维护或确认信息系统以及参加与外部人员的会谈。最后是批准规范性文件或外部文件、出差以及参与活动。

见附录图 8 中，在参加与外界人员的会议以及内部文件的准备方面，新兴职能管理者是最为突出的。该职能管理者的特点似乎是他们重视与其他公务员之间的关系，也重视准备工作报告和专业知识说明在决策中的作用。社会福利职能的管理者较之其他职能管理者的区别在于，其出差更频繁，组织和参加会议及活动更多。因此，这些官员的一大特点是与利益相关者有广泛的协调活动，由于巴西如今的公共政策制定权下放到各州及市政，这些利益相关者与医疗服务、社会援助以及教育事业的组织工作密不可分。核心职能以及基础设施与经济发展职能的管理者则并未因某项具体活动而引人注目。

理解管理者安置及其关系方面，涉及不同利益相关者的科层机构所确立的互动类型是一个重要因素。根据各职能中最为典型的互动类型，可以预期各个职业之间的差异。这些差异意味着政府内部以及国家与社会之间的特定互动模式。

因此在附录图 9 中，管理者与下属、上级以及同事等内部组织成分间一般都有最高水平的互动。不过从国家职能上来看，这些互动存在显著差异。对新兴职能的管理者而言，他们与其他政府机构和内务办公室[①]之间存在互动，他们因政府间的对话而突出。对于社会福利职能，与其他职能相比，大部分的对话经常都是在管理者与社会团体及公民之间直接进行的。考虑到这种科层机构接近公共服务的直接提供，这点就不难理解。

至于基础设施和经济发展职能，尽管与企业进行对话沟通是其主要角色，但与其他职能相比，差异并不明显。至于核心职能领域，它们与社会福利职能的管理者一道，都与法律机构之间有更多的互动，这是由于二者致力于公共安全活动并且是执行政权的法定代表。

此外，该调研还问及巴西管理者对于所在机构的职位任用中的最重要标准的看法。分析发现，大体来说就任这类管理职位最重要的三项因素是

① 内务办公室（Civil Office）是共和国总统的主要内设机构，代表总统负责公共政策的咨询与监控。

信任关系、专业能力以及工作经验。其次是人际关系网络与党派归属(见附录图10)。

因此，四大职能群体都将信任关系视为重要因素。在这点上并无显著的统计差异［F（3. 4839）＝1. 29，$p>0.05$］。核心职能的管理者强调专业知识对于就任委派职位的重要性，并将党派归属以及关系网络视为重要性最小的因素。这一发现在国家活动的核心领域更明显，通常该领域拥有最为巩固的职位，其架构为金字塔形，体现在税收、公共倡议、公共安全以及外交等领域。

五 讨论与结论

本研究以对委任的中层管理干部的一项调研为基础。本文按照核心职能、基础设施与经济发展职能、社会福利职能以及新兴职能四大国家职能理论，对调研数据进行了梳理。

总体而言，数据证实了巴西有着高度专业化的公务员队伍。联邦政府管理者有较高的教育水平，具有在联邦政府或私营部门的任职经历。他们还认为自身拥有较高自主权，在决策制定中具有一定影响力。此外，在他们看来，专业知识、工作经验、关系网络及信任等因素，都是其所在本单位中任命管理者的最为重要的影响因素。

四大国家职能之间呈现出一些有趣的差异。对于新兴职能领域在中层管理职位任职的官员，有不少引人瞩目之处。首先，这些官员相对更年轻，可能拥有最高的教育水平，与同行（在其他三大职能任职的官员）相比，他们在管理职位上任职时间更短，并且重视政府间的对话。该研究证实了管理者新形象的存在。与公共部门的传统职业模式相比，他们的岗位具有如下特点：通才标准，等级的、正式的机构弱化，易于在公共行政的不同机构间流动。

负责社会福利工作的调研对象大多为女性。这些岗位涵盖教育、医疗卫生以及社会救助等诸多政策领域。尽管这些官员并没有丰富的地方工作经验，但他们必须与各州、各市政以及公民建立起强有力的关系纽带。在基础设施与经济发展职能领域，占据此类职位的官员与新兴职能管理部门中的同事相比，有更丰富的私营部门工作经历。除此之外，他们还在专业领域之内与私有企业有着大量互动沟通。

虽然四大国家职能中的管理者都对自主性高度重视，但他们在工作中确定目标、技术以及方法的自主性方面仍然存在差异。在这方面，与其他职能相比，负责基础设施与经济发展职能以及社会福利职能的管理者认为其自主性更强。这或许表明，管理活动会受制于具有更严的纵向等级制，职位划分更清晰、更正式等特点的结构。

基础设施与经济发展职能以及社会福利职能在过去的发展，得益于在权力下放和机构自主的环境下创立的职业。此类职业被设置于大机构或国有企业之中，作为服务型组织，致力于提供独立的服务，减少关注外部衔接。这些考察是在进一步研究中需要调研的假设。

与其他职能管理者相比，核心职能管理者认为其在决策制定过程中自主性更低、影响力更小。管理者似乎是传统国家活动的娴熟的技术专家。该领域的科层架构取得显著发展，其管理形象更具等级性，对外部刺激的依赖更小，这都是证明其发展的证据。对该职能而言，其基于韦伯“传统”风格的模式有望加强。

本文旨在促进全面理解巴西公共行政的新趋势。本文作为一项探索性研究，还有待进一步探讨，其研究成果对其他国家具有一定借鉴意义。新的研究领域可以包括探索公务员的分配方式，以及他们是怎样为提升国家职能而发展其能力的。理解公共部门如何在人员中分配优先性行政任务，以及了解政治家如何干预公共管理人员的录用及职业发展过程，都将是对本文所提出的方法的有益补充。

附　录

表1　　国家形态、国家职能、“任务”和能力

历史形态	公共行政的“任务”	能力
独裁或专制型国家	核心或基本职能 （典型）	核心能力 税收 管控
自由型国家	中央集权的行政管理	人员雇用 颁布法律和规范

续表

历史形态	公共行政的“任务”	能力
福利型国家 发展型国家	基础设施与经济发展 社会福利 扩张性职能的管理	决策制定及生产与服务的管理能力 规划与计划 预算编排 人力资源管理 信息系统 组织设计
衔接型或“促进型”国家 新发展型国家	新兴职能 公共政策的衔接与协调	协调与衔接公共治理网络的能力 战略规划 公共资源的协商分配 问责与结果控制 组织与过程整合

表2　　联邦政府公务员新增数（按职能划分）（1995—2014）

国家职能/活动	数量 （1）	百分比 （1）/（2）
核心或基本职能（典型）	70.267	22.8
税赋的收缴与监控	10.952	3.6
公共倡议	6.233	2.0
外交	1.831	0.6
治安	18.553	6.0
一般行政	31.960	10.4
其他	738	0.2
基础设施和经济发展	14.678	4.7
统计	1.885	0.6
科学与技术	7.331	2.4
农业改革与发展	1.943	0.6
交通基础设施——公共合同与特许权	1.903	0.6

续表

国家职能/活动	数量 （1）	百分比 （1）/（2）
其他	1.616	0.5
社会福利	201.318	65.6
公共健康和卫生防护	3.654	1.2
社会保障与辅助性福利	36.482	11.9
劳动监察	232	0.1
基础的、技术的及高等的教育，晋升与教育研究	160.950	52.4
新兴职能	18.258	6.0
公共政策管理	4.532	1.6
私营部门监管	7.686	2.5
基础设施	847	0.3
社会政策	783	0.2
环境	3.138	1.0
文化	1.272	0.4
其他（不属于任何职位和职业分类）	20.405	6.6
小计	286.358	93.3
公务员新增总数——1995—2014（2）	306.668	100
公务员总数——2014	567.157	185

表3　　　　平均年龄（按职能划分）

国家职能	调研人数	平均数	标准偏差
核心职能	1963	44.8299	9.86921
基础设施及经济发展职能	401	48.0224	9.45288
社会福利职能	939	46.7891	10.19094
新兴职能	1479	41.8587	9.17546
总计	4782	44.5634	9.90543

表4　　平均工龄（按职能划分）

国家职能	联邦政府 $F(3.4840)=81.68$, $p<0.05$	州 $F(3.4838)=0.37$, $p>0.05$	市政府 $F(3.4838)=7.18$, $p<0.05$	私营部门 $F(3.4839)=6.71$, $p>0.05$	非政府组织 $F(3.4838)=7.21$, $p<0.05$
核心职能	15.93	1.04	0.24	3.67	0.25
基础设施建设与经济发展职能	18.44	0.94	0.65	4.07	0.52
社会福利职能	17.77	0.94	0.42	3.29	0.55
新兴职能	11.96	0.94	0.35	4.23	0.43
总计	15.28	0.98	0.35	3.80	0.39

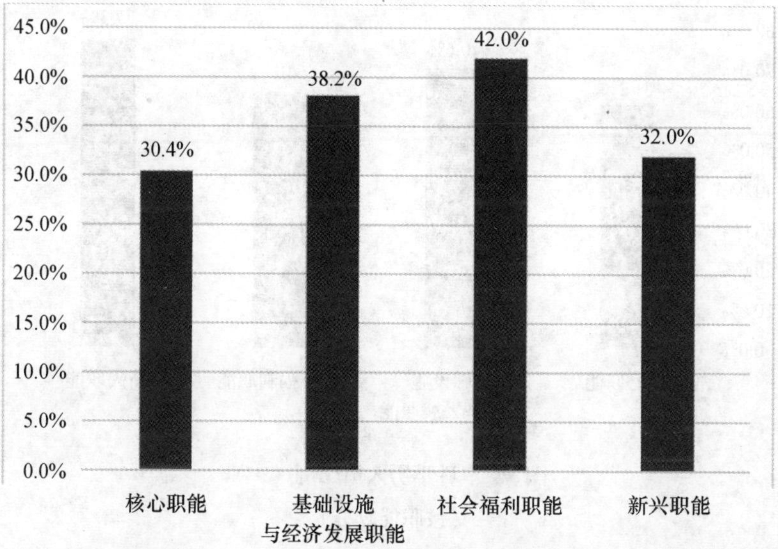

图1　女性比例（%）

（按职能划分）

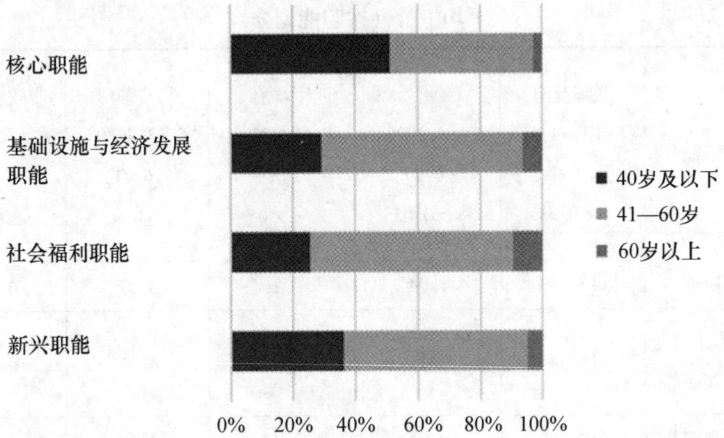

图2 从业人员年龄分布（%）
（按职能划分）

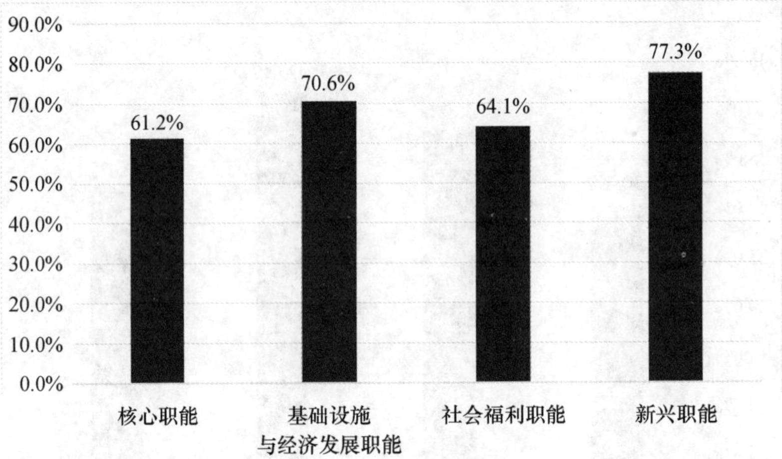

图3 本科学历人员比例（%）
（按职能划分）

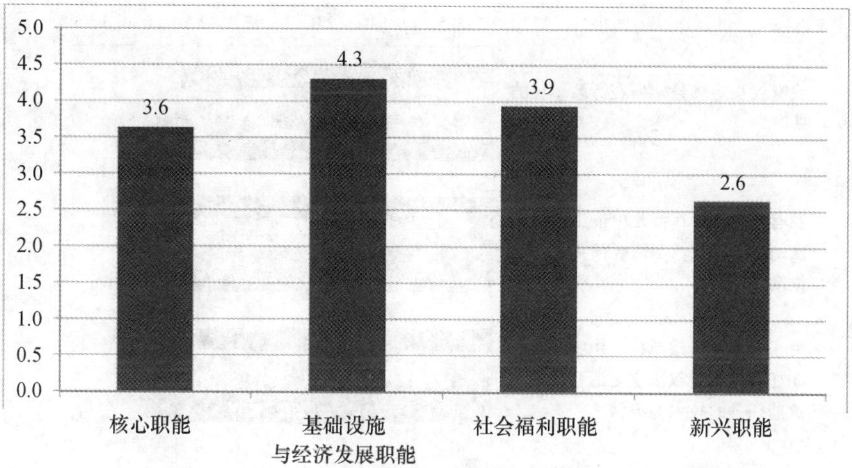

图4　从业人员就任现职时长（年）
（按职能划分）

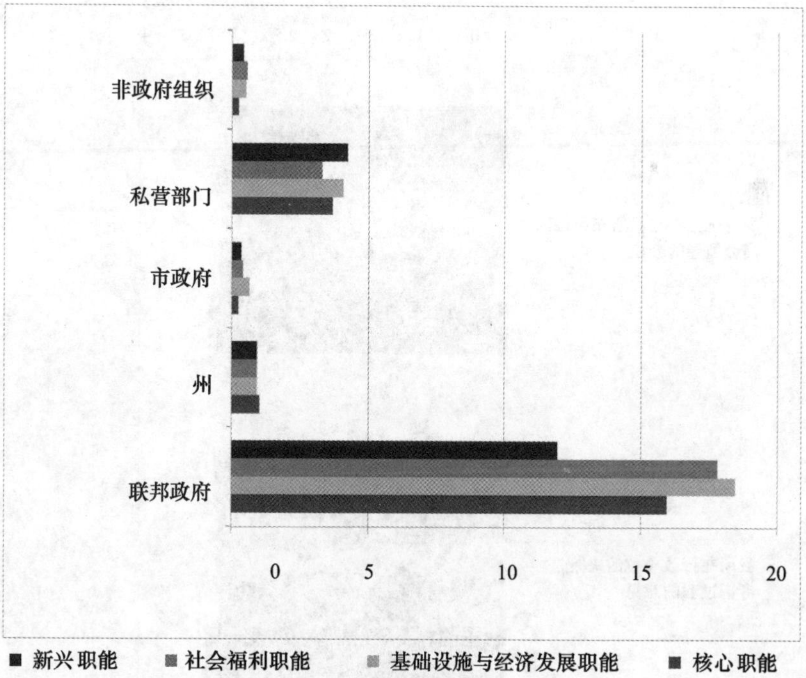

图5　此前工作经历的平均时间（年）
（按职能划分）

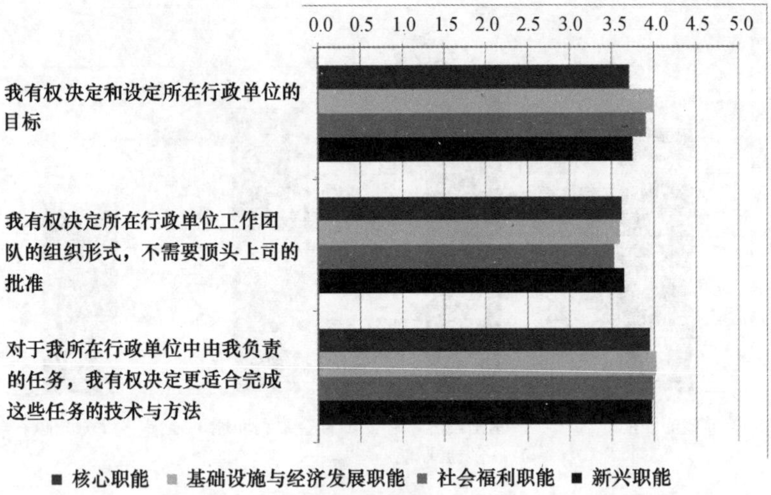

图 6　从业人员的自主权认知（0—5 级度量）（按职能划分）

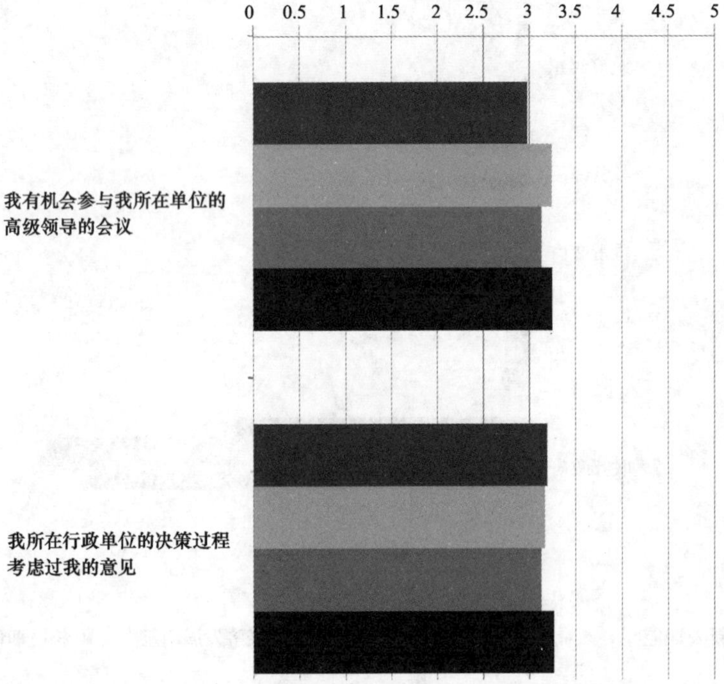

图 7　从业人员对决策制定的影响力的认知（0—5 级度量）（按职能划分）

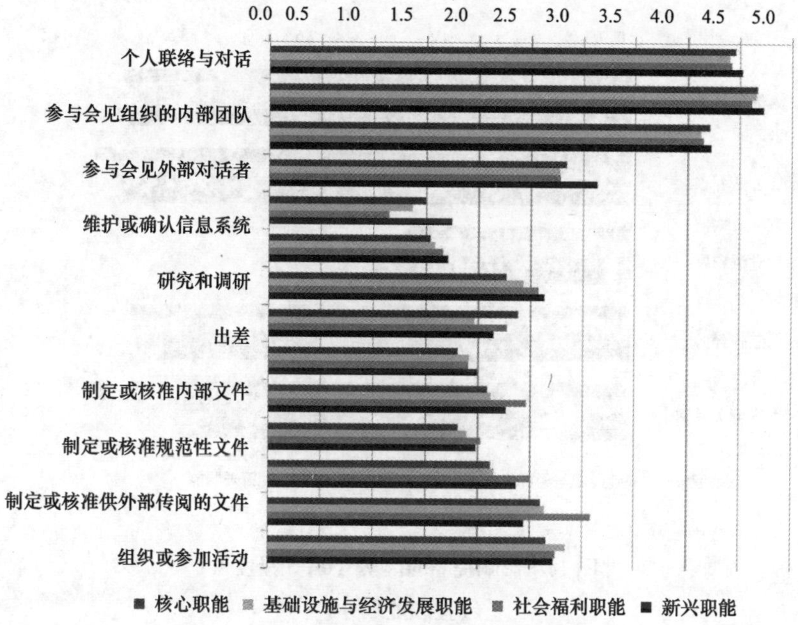

图8　从业人员从事的主要活动（0—5级度量）（按职能划分）

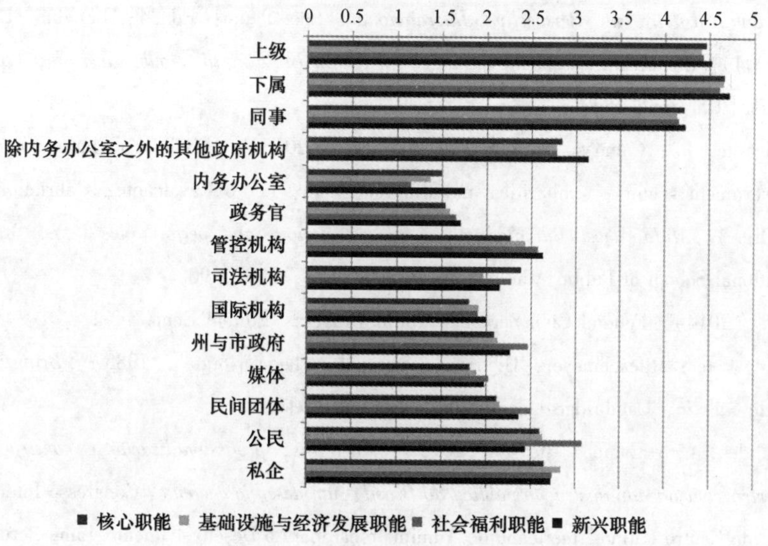

图9　从业人员的互动（0—5级度量）（按职能划分）

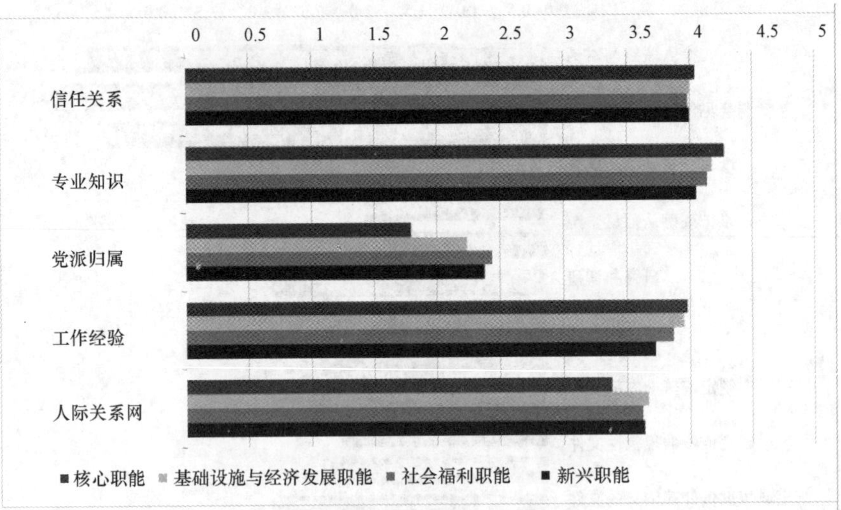

图10 影响提名的因素（0—5级度量）
（按职能划分）

参考文献

Bresser-Pereira，Luiz Carlos（1998），*Reforma do Estado para a Cidadania-A Reforma Gerencial Brasileira na Perspectiva Internacional*，São Paulo：Ed. 34；Brasília：ENAP.（2004）. *Democracy and public management reform-Building the republican state*，London：Oxford University Press.

Cavalcante，P.；Camões，M. R. S.；Knopp，M.（2015），Middle-level bureaucracies in government sectors：similarities and differences. In：Pedro Cavalcante；Gabriela Lotta.（Org.）. *Middle-level Bureaucrats：profile，trajectory and performance.* 1ª ed. Brasília：National School of Public Administration-Enap，v. 1，p. 57 – 90.

Enap.（2014），Federal Civil Servants-Profile. Brasília：Editora Enap.

Evans，Peter；Rueschmeyer，Dietrich e Skocpol，Theda［orgs］（1985）. *Bringing the state back in*，Cambridge：Cambridge University Press.

Fernandes，Ciro Campos Christo（2015），*Carreiras，profissionalização e construção do serviço civil na administração pública do Brasil：um desenho coerente?* Congresso Internacional do Centro Latino-Americano de Administração para o Desenvolvimento. Lima-Peru，November，10 – 13，2015.

Field，A. P.（2009），*Discovering statistics using SPSS：and sex and drugs and rock "n" roll*（third edition）. London：Sage publications.

Firmino, C. , e Evangelista da Silva, F. H. (2015), Desigualdades de gênero no service público do Poder Executivo federal. In: Alessandro Freire; Pedro Palotti. (Org.). *Servidores públicos federais: novos olhares e perspectivas*. Brasília: Enap.

Kjaer, Mette e Hansen, Ole Hersted, com Thomsen, Jens Peter F. (2002), *Democracy, the State, and Administrative Reforms-Conceptualizing State Capacity*, DEMSTAR Research Report n. 6, April.

Martins, Luciano (1975), Estado Capitalista e Burocracia no Brasil Pós – 64, São Paulo: Paz e Terra.

Milward, H. Brinton e Provan, Keith G. (2000), "Governing the hollow state". *Journal of Public Administration Research and Theory* (April), pp. 193 – 314.

Ormond, Derry e Löffler, Elke (1999), *A Nova Gerência Pública*. In Revista do Serviço Público, n. 2, (April-June), p. 67 – 97.

Peters, B. Guy e Pierre, John (1998), "Governance without government: rethinking public administration". *Journal of Public Administration Research and Theory*, n. 8, pp. 223 – 244.

Weiss, Linda e Hobson, John (1995), *States and Economic Development-A Comparative Historical Analysis*, Cambridge: Polity Press.

公务员立法与最佳人力资源管理办法

俄罗斯莫斯科国立大学教授
塔蒂亚娜·扎耶泽瓦

一　引言

数十年来，公共行政体系和公务员管理改革主要采用了两种方法。政府要么依靠官僚科层制手段，企图通过加强公务员立法来改善公务员的表现；要么就是在不同程度上采纳市场管理的方法和方式。两种方法都有各自的优缺点。官僚科层化有利于掌控改革进程，使所有的决策都处于预测范围内。但与此同时，公务员管理制度也会变得僵化和落后。一旦将这些最佳实践转化为法律规范，它们会逐渐扭曲，效果不断弱化。要解决这一问题，可以通过授予政府组织及其领导者对人员管理的灵活性和自由选择权，来促进最佳实践和最优想法的慢慢渗透。然而，这也意味着可控程度的减弱。

本文试图探讨《公务员法》中某些规定与最佳人力资源管理实践之间的关系。

二　主要发现

公共行政体系的发展总是不断地在官僚科层化和权力下放之间来回摇摆。关于最佳公务员管理制度的辩论从未停歇，大家都在不断探讨如何为政府机构提供专业、主动作为、道德高尚、工作高效的员工。为了实现这一目标，政府正试图将最佳人力资源管理实践转化为《公务员法》中的标准、规范和规定。有人认为，应该通过制定规则来使政府机构的行为变得标准化和可预测，同时保障权利平等，为公民创造最大的价值。例如法律规定，只有通过有独立专家系统参与的、进行公开竞聘的候选人，才有可能被遴选为公务人员。

另外，官僚科层化途径明显的局限，激发出尽快改革控制政府组织每一个运转环节的高度管制型人事体系的建议，取而代之的是总体制度框架和权威授权。那么，一部对公务员管理的方方面面都进行了细化的《公务员法》，究竟是旧时代的遗物，还是公务员管理制度中必不可少的一部分呢？

在大多数国家，《公务员法》旨在达成以下目标：

1. 使政务工作制度化。《公务员法》将公共部门定义为被授权有效使用公共资金，提供公共服务的机构。

2. 规范公务员活动。《公务员法》详细描述了政务工作的主要原则和规范，使公务员行为可预测，能够被依法管理以及被监管机构公开审查。

3. 预防可能的伤害。《公务员法》规定了公务员的表现和行为准则，防止公务人员的非法、不专业或渎职行为造成伤害或损失。

4. 为公务员提供保障。《公务员法》保障了公务人员可以享受的薪酬、福利和社会保障，保障公务员职业具有吸引力。

5. 确保公务员工作的专业性和高绩效。《公务员法》规定了公务人员的招聘、选拔和晋升原则，薪酬政策以及对合格公务员的激励和保留政策。

一部《公务员法》在实现这些目标的过程中不可或缺。然而，真正重要的是要在被转化为法律规范的管理方法和管理技巧的合法性与有序性、政府机构管理者在决策过程中的灵活性和响应性之间找到最佳平衡点。公务员管理制度一直在从形式主义、刻板主义和文牍主义，到权力下放、放松管制和去官僚化之间来回变动。我们可以引进一个图景，来反映公务员管理的不同模型中，以法律标准、规范和条款等方式来规定人力资源管理实践的形式化程度（见图 1）。

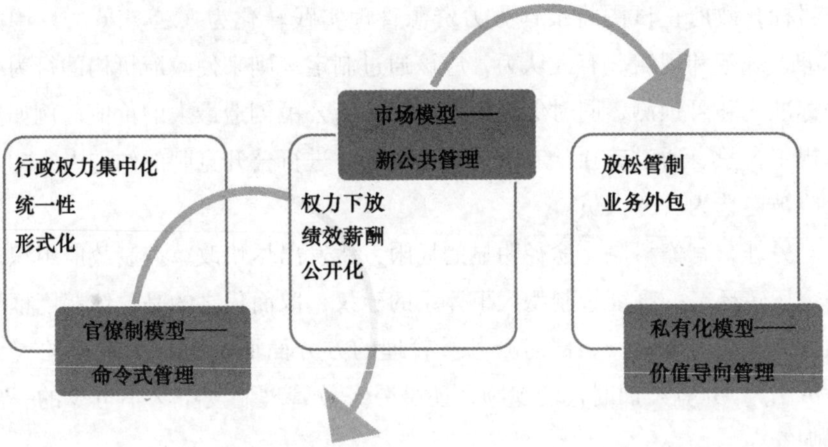

图1 公务员管理改革图景

来源：作者原创。

之前的一些研究尝试指出，这三种模型在为组织和个体创造绩效能力方面存在显著差异。下面我们将从创建高效廉洁公务员制度的能力层面来评估这三种模型。

官僚制模型也可称为不信任模型，该模型假定在没有外在管控的情况下，公务员恰如其分地完成本职工作是不可靠的。在这种情况下，《公务员法》的主要作用是为公务员提供外部激励，促使他们表现出色并遵循最佳实践。我们可以从马克斯·韦伯（Max Weber）的研究中了解官僚制模型的所有优点，与此同时，我们也不得不承认，官僚科层化本身通常也会显现出各种官僚病：博弈与道德风险、繁文缛节、目标不明确、效用最大化（Bozeman，2000）。例如，杰拉尔德·凯登（Gerald Caiden，1991）曾编写了一份涵盖175个名目的“官僚科层病态”清单，其中包括权力压力、歧视、渎职、偏袒、欺诈、冷漠、腐败、虚假交易、拖延浪费、不担责、盗窃与不公。

在针对是否采用形式化的规章制度来指导和控制政府机构办事程序的讨论中，一些学者认为任何正式规则可能从一开始就注定了会失败。例如，博兹曼（Bozeman）总结了将管理程序转化为《公务员法》中规章制度会带来不利后果的五大原因：1）规章方向预测错误；2）非法职能；3）消极妥协；4）过度控制；5）负和过程（Bozeman，2000：107）。

图 1 的中间部分是"市场模型"，我们通常称之为新公共管理。该模型试图将私营部门和以市场为导向的实践纳入公共部门管理框架中，要求放权，增强灵活性，强化中层管理者参与。该模型最广为人知的实施案例是戈尔副总统的国家绩效评估项目。多数计划都在美国的绝大多数联邦机构中得以实施，当时这些机构曾尝试用不同的人员和薪酬制度，创建机构绩效管理和绩效等级制度，并让公务人员接受交叉培训（Mesch，James，Perry，2007）。

图 1 的最右侧是最为激进的私有化模型，该模型主张彻底放松管制，将主要的人力资源管理职能全部外包。根据该模型的假设，公务员制度本身就具有改善政府机构和人员绩效的能力。其支持者认为，程序自由、竞争、为公务员管理层提供多样化选择，加之本身具有良好的绩效管理制度和明确的绩效指标，将保证良性发展，并产生最佳效果。

图 2 总结了官僚制模型、市场模型和私有化模型在组织原则层面的差异。为区分这三大模型，笔者将梅施、佩里和怀斯（Mesch，Perry，Wise，1995）著作中提出的维度做了一些重要的更改和补充，以反映体制、经济和社会的最新变化。

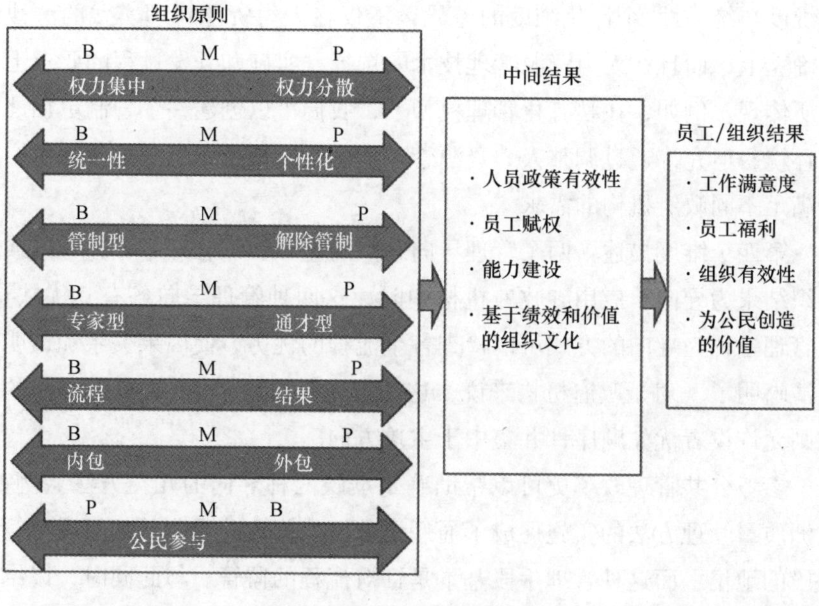

图 2　公务员管理整体模型

以上维度有助于我们了解模型转换时的得与失。集权/分权维度可以反映出人力资源管理决策权较为集中的领域。一方面可以看出，官僚制模型通过公务员立法实现了最高程度的决策权集中。另一方面可以看出，在市场模型特别是私有化模型中，政府机构的中层管理者具有高度的自由和自主权。将这些模型在某一给定维度上进行比较，我们会发现它们各有利弊。决策权的高度集中会令人产生一种一切均在掌控之中的错觉。但是，决策与伴随着责任分散的执行之间的差异导致理念在实现过程中的变形。该维度的另一端——分权代表决策权向政府机构和部门管理者转移，虽然可以增强决策的灵活性，但也可能导致决策的任意性。

第二个维度——统一性/个性化反映出某一机构内的人力资源管理政策和实践在多大程度上是与其他政府机构一致的，或在多大程度上是针对该组织的特定要求而量身定制的。可以看出，私有化管理模型的个性化程度最高。只要能够确保决策者一心想为公众谋福利，就更有机会找到承接人力资源管理职能外包服务的最佳供应商。

第三个维度——管制/解除管制反映了已经以《公务员法》正式法律规范存在，与作为管理方法和管理技术存在的人力资源管理实践的比例。该维度与统一性/个性化维度的差异，不仅在人力资源管理实践的法律地位确立上，而且在人力资源管理技术的选择、实施和开发过程的要求上都有所体现。例如，在私有化管理模型下，我们可以创建一个管制更加严格的环境，但允许通过调整人力资源管理技术，以便于用不同的服务供应商来满足不同政府机构的需求。

第四个维度描述了两个管理导向之间的差异：以管理过程为导向或以组织结果为导向。应用到政府机构中时，这两种管理导向各有其优缺点。以管理过程为导向的方式可以检查各个流程的优劣，使因果关系和透明程度清晰明了（对于政府机构来说，这一点尤为重要）。以结果为导向的方式则允许设置优先顺序，并集中于主攻方向。

参考公共管理改革史可以帮助确定反映两种导向的几类方法。例如，欧洲质量管理方法的实施促成了通用评估框架作为欧盟公共部门质量管理手段的地位，而这种管理手段基本是针对流程的监管。与此同时，以结果为导向的改革引发了借助关键绩效指标或平衡计分卡（Zaytseva，2002；

Zaytseva，2012；Bovard，Loeffler，2016）等绩效管理方法和技巧的应用。由于孤立地使用 CAF 或绩效管理方法都无法看到实际的服务改善，因此世界各地的大多数政府机构通常将两种方法中的最佳元素结合在一起使用。

笔者将第五维度“内包/外包”添加至最初的整体人力资源管理模型中，作为对政府职能和公共服务日趋私有化倾向的一种回应。服务外包运动，揭示了将市场和商业管理方法纳入公共管理中的政策意图。私营部门成了公共部门的典范，尤其是在人力资源管理领域。既往的研究揭示了将公共服务承包给私有公司的几大主要原因（Farnham，Horton，1997；Farnham，Hondeghem，Horton，2005）：

1）实现有效管理；

2）削减成本，节省资源；

3）增强管理体系的灵活性。

然而，多个国家的案例分析表明，外包并不能保证以上目标的达成。私营机构与政府机构一样，频频出现表现不佳的状况。合同准备不充分会带来额外的风险并增加成本，合同监管疏忽也会滋生腐败与牟利行为（Verkuil，2007）。

第六个维度反映的是公民和市民社会在政府组织活动中的参与程度。公民参与被认为由三个部分构成：1）公民参与政策和策略的制定——如设立议程；2）合作与共同管理；3）审计和控制。确切地说，这一维度表明政府组织在倡导公民作为主要的利益相关者参与政务活动方面成功的程度。如果我们在政府机构的人力资源管理层面上谈论公民参与度，通常离不开对透明度、权利平等、服务提供及结果的满意度。正如欧洲委员会报告中总结的那样，提高公民参与度的最佳手段是：

1）通过互联网或通过特殊信息服务，为公民提供获取有关政府组织活动方方面面信息的途径；

2）为每个特定政府组织创建针对其所有文件的公开访问数据库；

3）对公民满意度进行民意调查；

4）举办特别活动，召开会议；

5）促进若干话题在社交网络上的持续讨论；

6）回复公民来信。

通过公民参与维度对三种模型的评估，显示三种模型在促进公民影响审计和检查政府机构活动方面的作用都十分有限。其中效果最差的是私有化管理模型，在该管理模式下政府机构几乎完全不受公众控制。

以上的对比表明，没有任何一种模型相较其他两种具有绝对的优势。无论采用哪一种模型，都免不了有得有失。这也从另一方面表明，分权制人事体系与官僚制相比没有固有优势。假设更加灵活且决策自由的人力资源管理是今后发展的趋势，一个需要考虑的关键风险会在私有化管理模型实施数年之后显现。在笔者看来，这个关键风险是，公民和社会作为公共行政系统和政府机构的主要利益相关者，却因为存在距离而导致公民失去控制权。

公务员作为政府机构雇员，具有自己的特点：

1. 对公务员的预期表现没有明确界定。政府机构或公共部门有许多利益相关者并且所有权人缺位。每个利益相关方都试图对政府提出不同要求，或试图引入能反映自身需求和利益的绩效指标。在此博弈过程中获胜的一方，也将是对政府机构的日常运营和公务员活动产生最大影响的一方。

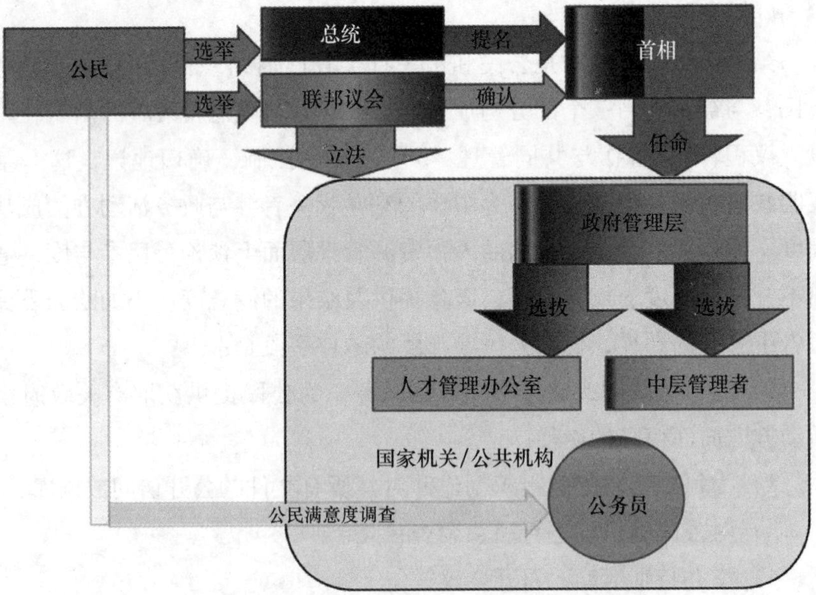

图3　不同利益相关方对公务员绩效和活动的影响

来源：作者原创。

图3表明，对国家机关或公共组织影响最大的利益相关方是政府管理层。公民、总统、首相或立法者的影响可以忽略不计。这就意味着，在没有公共机构管控的情况下，为政府机构人才体系的构建和实施引入广泛的自由裁量权和高度的灵活性，那么这种模型最终很可能会演变为政府管理层之间的“家庭游戏”。

被政务官和政府高官篡夺权力的政府被称为“游击队政府”。游击队政府反映出“职业文官与政务官之间的紧张关系，公职人员的内在和外在动机，组织文化，媒体作为公共管理工具的使用，合作型公共管理，网络治理，以及采取负责任、有道德、有诚信的行动对公务人员意味着什么”（O'Leary，2014：10）。这意味着政府机构中的不同利益集团将会为维护自身权益展开争斗。

这种情况可以通过引入能够反映公民和社会利益的绩效评估指标来稍作改善。

2. 工作保障。工作保障的概念是基于以下若干假设而提出的：1）需要通过保障公务员任期来确保其政治中立性；2）只有对自身的未来充满信心，公务员才会为公众谋取福利；3）公共服务的任职终身制有利于锻炼公务员的能力。据调查，工作保障可以使公务人员免受政治压力，免受高层官员的摆布和报复，从而有助于其提供有效的公共服务。目前，很多学者都围绕工作保障开展了研究，支持和反对的声音都存在。

总结大量国际研究，可以得出工作保障带来的一些不利后果。其中最重要的是：1）稳定安全的工作性质会吸引十分看重安定这一优势的特定人群，这些人中的大多数不具有创业精神，并且通常缺乏内在和外在的创业动机（Kaufman，1997；Bozemann，2000；Van de Walle，Steijn，2012）。2）工作和报酬的稳定性会抵消功绩制度体系的压力。维克托·弗洛姆（Victor Vroom）提出的动机理论表明，人们总是会对比自己的付出和收获，来看结果本身是否具有足够的价值。在公共服务中，相比多劳多得而言，更多人觉得无所事事却仍然可以得到一份有保障的工作和报酬更具吸引力。3）终身任职制不允许裁掉表现不佳以及不具价值的公务员。

3. 专制性。由于主要利益相关者从政府组织的管理和控制过程中脱离出来，政府机构的高层管理人员便具有了很多使用独裁式管理模式的先决条件来强迫下属服从。当公务员的服从性再度回归到政府机构中后，这种独裁式管理的恶性循环将加剧高层管理人员的为所欲为。

因此，体制改革的主要目标是把管理决策的高度自主性与公民的参与和管控结合起来。这可以通过立法改革（俄罗斯的做法）或将一套相同的监督管理资质引入到公共服务管理部或其他机构（美国、法国、加拿大的做法）来实现。关键在于要将一系列相关职能下放到这些机构。作者提出了一个可能的解决方案，也就是将人力资源管理的四项模型引入到公共部门。

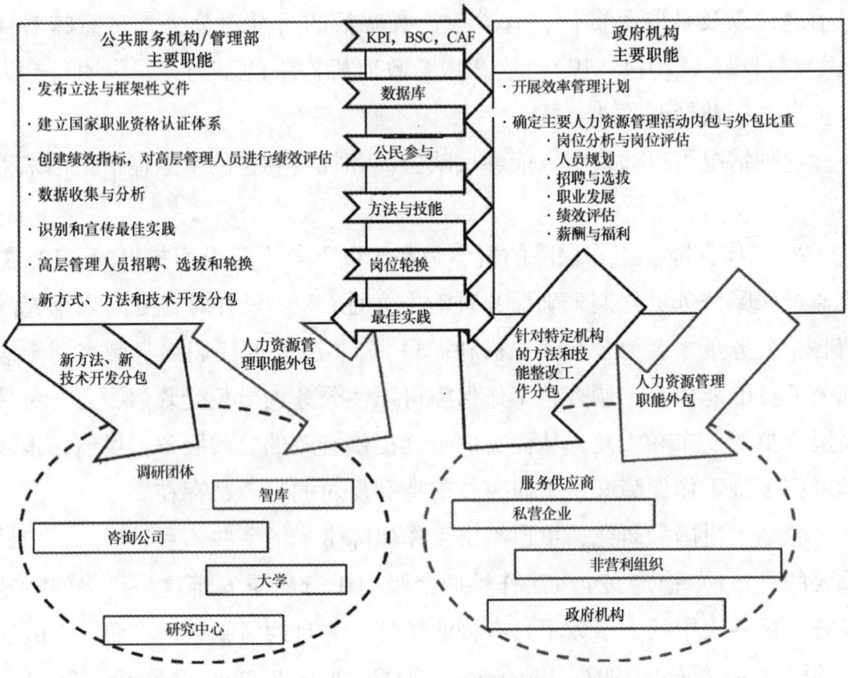

图4　公共部门人力资源管理四项模型

来源：作者原创

总的来说，我们需要创建一个由以下四个主体形成的服务链：

1. 公务员管理部门或其他具有相同管理资质的机构负责监督与公共服务产生和调整相关的所有事项，以更好地满足国家的发展需求。下面我们简单介绍一下这类机构的主要职能。

a. 设立这类机构的主要目标是对政府机构的高层管理人员进行管控。

他们通过制定公务员法律、发布框架性文件，限制政府机构及其中高层管理人员的权力和职责，从而达到管控的目的。这些机构的任务不仅仅是要发布新的政策性文件、制定法律，还要修订或淘汰“过时的”和“起反作用的”公务员制度和工作流程。

b. 建立国家职业资格认证体系，开发能力和绩效导向框架。这在实施基于胜任力方法作为刺激公务员有所作为的手段，并以评估结果来判断其是否成功的过程尤为重要。

c. 创建合理且敏感的绩效指标体系，使其能够反映出公民和社会作为主要利益相关者的角色。但需要指出的是，这类机构只是对高层管理人员或政府机构整体进行监管，而不是干预其内部管理体系。所有政府组织的目标和绩效指标每年都需评估、调整和重设。

d. 创建和开发国家职业资格认证体系。这将成为在全国范围内建立接任计划、职业发展规划和功绩制度的先决条件。

e. 数据收集与分析。这类职能与咨询公司通常为商业机构提供的咨询服务性质相同。数据或会涵盖人力资源管理的所有主要领域：岗位评估与分析；招聘与解聘；职业变迁；教育与培训；工作成果；薪酬与福利；劳动关系。这些数据可用于确定主要发展趋势以及职业规划和管理方面的变革。

f. 识别和宣传最佳实践。这一职能可以通过电子政务这一社交网络平台来实现。这样可以帮助政府机构直接实施那些已经经受过时间考验的决策，从而避免做无谓的重复工作。

g. 高层管理人员的招聘、选拔和轮换。这一职能与工商企业内董事会的职能相似。对高层管理人员进行管控是防止专制、遏制保护主义、倡导公民和社会利益的又一有力工具。

h. 新方式、方法和技术开发的分包。该机构可以作为一个中转站，以强制性竞标的原则将新方法和技术的开发外包给最佳的服务供应商。

2. 以中高层管理者和人事管理部门为代表的政府机构。公共部门人力资源管理的四项模型使政府机构在人事制度的组织和实施方面具有广泛的酌处权和灵活性。希望政府机构能够因此踊跃采用最符合自身需求和情况的最佳人力资源管理措施。

每个机构都必须递交效率管理计划，说明其将如何实现所设立的组织目标并为公民创造价值。它们需要通过分包或内部实施最佳人力资源管理技能的方式在市场中检验自身行为。是否外包只会影响灵活程度，可以将选择权下放至政府机构，但需要有一套清晰明确的绩效指标来对政府机构高层管理人员的绩效进行评估。

3. 调研机构，也可称为社会研究机构，包括智库、大学、研究中心、咨询公司、提供人力资源管理服务的私营企业。使用分包商的前提是政府机构的任务和职能具有充足的灵活性。也就是说，政府机构一方面可以选择专注于自身的核心职能，同时将支持性职能外包出去，有助于掌握“最领先的”人力资源管理工具，取得高效的工作成果。

另一方面按照基于胜任力方法，意味着公务员的技能可以得到不断深化和持续改进。基于胜任力方法的前提是混合技能战略的实施，也就是在确定每个层级和每个服务部门所需的核心技能的同时，还要开发其他相关的技能。

4. 服务供应商。包括可承接人力资源管理职能外包服务的商业机构、非营利机构和政府机构。然而，对多国经验的分析表明，出于安全原因，政府机构很少会将人力资源管理职能外包，通常只会外包人员招聘或岗位分析等附属职能。

因此，公共部门人力资源管理的四项模型试图将官僚制模型和市场化管理模型的最佳特性融入其中。公共服务管理部（或管理机构）的设立将使政府机构内官僚主义作风和高层管理人员的专制现象有所好转，进而保障了公民的权益。另外，这种模式带来的决策自由与灵活性，也简化了人力资源管理措施。

参考文献

Bozeman, Barry, 2000. *Bureaucracy and red tape*. Upper Saddle River, NJ: Prentice Hall.

Caiden, Gerald E., 1991. What really is public administration? *Public Administration Review* 51: 486 – 493.

Debra J. Mesch; James L. Perry; Lois Recascino Wise. “Bureaucratic and Strategic Human Resource Management: An Empirical Comparison in the Federal Government”. *Journal of Public Administration Research and Theory*: *J-PART*, Vol. 5, No. 4. (Oct., 1995), pp. 385 – 402.

European citizens' involvement in the EU report of qualitative study-national results. European Commission. 2014. http：//ec. europa. eu/citizenship/pdf/citizens_ eu_ involvement_ –_ national_ results. pdf.

O'Leary，Rosemary，2006. *The ethics of dissent*：*Managing guerrilla government*，2nd ed. Washington，DC：CQ Press.

Tony Bovard，Elke Löffler. Quality Management in Public Sector Organizations//Public Management and Governance. 3rd edition. Edited by Tony Bovard. Elke Löffler. Routledge 2016，pp. 121 – 132.

David Farnham，Sylvia Horton. Human Resources Flexibilities in the United Kingdom's Public Services. Typologies，Overview and Evaluation // Review of Public Personnel Administration，1997，№17 (3)，pp. 18 – 33.

David Farnham，A. Hondeghem，S. Horton. Staff participation and Public Management Reform：some international comparisons. 2005. Bastingstoke：Palgrave.

Paul R. Verkuil. Outsourcing Sovereignty：Why Privatization of Government Functions Threatens Democracy and What We Can Do About It. Oxford University Press，2007.

Tatiana Zaytseva. Performance Management System of Public and Private Sector Organizations in Russia：Comparative Research // Building better quality administration for the public：case studies from Central and Eastern Europe. NISPAcee Press，2002.，pp. 173 – 181.

Tatiana Zaytseva. Sovmeshenie interesov organizazii collectiva i rabotnikov pri planirovanii kariery // Gosudarstvennoe upravlenie. Electronny vestnik. 2012，№ 30，pp. 1 – 18.

IIAS 分议题三：

开发公共服务的人力和财力资源能力

地方公共部门改革比较研究：德国、瑞典和英国的基准分析与创新

德国波茨坦大学教授　萨宾·库尔曼

【摘　要】本文以英国、德国和瑞典的绩效测量与基准分析为例，探讨了地方政府部门的改革方法。之所以选取这三个国家，是因为他们代表了欧洲地方政府体制和改革的最典型（最具差异性）案例。现有关于“制度反思”的理论指出公共部门创新和组织学习标准可能做出的贡献。它被当作促使组织行为者质疑制度惯例的工具，用以跨越阻碍机构变革的障碍。在三个国家的调查结果、深入案例分析、访谈以及文件分析的基础上，本文讨论了一个重要问题，即各国基准分析体系差异及原因，及其对改革结果、实证导向型学习和机构创新带来的不同影响。研究结果建议，基准分析的三个关键功能，即“责任”、“制裁”和“基准分析权威”——加上国别行政管理环境条件（行政管理传统、地方政府体制）——综合起来会影响作为反思性制度的基准分析的影响力。本文研究表明，强制性基准分析本身并不导致反思性和学习行为，但是需要地方政府具有自治和灵活性来应对基准分析的结果。在地方政府自主应用基准分析结果或者进行自主创新时，应当被赋予一定程度的自由权，而不是严厉的正式制裁。如果政策决策者希望运用基准分析实践来促进机构学习和创新，就必须根据国家和地方的实际情况来确定具体基准分析实践的治理结构，因此以上研究发现具有一定相关性。

【关键词】地方公共部门改革；基准分析；制度反思

一 引言

公共管理部门和地方政府缺少外部比较标准来衡量和改善其绩效。从某种程度上，可以用基准分析实践替代市场导向型竞争来弥补这个缺口，从而改善服务质量，为纳税人省钱。使用以基准分析法获得的比较绩效数据，目的是把它当作一个用来识别和采纳更加有效和高效的实践做法的工具，因此它是一个学习和调整的工具（Watson，1994）。基准分析更多地被看作一种思维方式，一种比较评估和学习的意向，而不是一种测量技术（Grace and Fenna，2013：235；Kuhlmann，2010；Proeller and Siegel，2009）。在尝试介绍和使用各种绩效测量、绩效比较和基准分析①工具时可以发现，欧洲各国行政管理现代化进程出现了惊人的趋同（Bouckaert and Halligan，2008；Van Dooren and van de Walle，2008；De Lancer，2009；Kuhlmann，2010）。他们受二十世纪八九十年代新公共管理（NPM）的影响很大（Wollmann，2003；Kuhlmann et al.，2008；Kuhlmann and Fedele，2010；Pollitt and Bouckaert，2011）；而且，欧洲各公共管理部门内部和相互之间的各种通用的质量评估体系（例如，通用评估框架——CFA：Saatweber，2004）、绩效比较和基准分析的广泛应用被当作欧洲一体化进程的一个结果（Wallace，2005：85；Goetz，2006：483）。在这一背景下，成员国之间的水平合作发展成为一种独立的欧盟政策模式（Speer，2002）。欧盟进而提出要求，按照指导手册，以事前、事中和事后的顺序对其结构融资项目进行评估，从而在欧盟成员国的公共行政管理中开启了绩效升级和成效监测的不同做法（Wollmann，2004：25；on Italy，see Lippi，2003）。

在国际背景下，这一概念迅速传播，有人认为正在形成一种管理型政府的全面趋同趋势，但是也可以看到，欧盟各国在绩效测量和基准分析方

① 这里，基准分析被理解为对一系列单位（行政市）进行绩效比较测量（包括投入、产出、进程）来识别最佳实践、为自己的组织汲取经验（“向最好的学习”），也包括分析绩效差距的原因。它的基础是按照某个标准来测量某个组织相对于其他组织其绩效表现如何的原则。

面的实施、应用和成效明显不同（Grace and Fenna，2013；Kuhlmann and Jäkel，2013）。这种差异是由于基准分析活动所在的国家或地方层面机制背景不同（见表1），以及相关行为者的目标差异造成的（Thiel and Leeuw，2002；Van Dooren et al.，2010；Kuhlmann et al.，2004；Grace and Fenna，2013）。无论如何，公共管理比较研究仍然缺乏从跨国比较角度对基准分析的各个领域和影响进行系统研究和实证验证。鉴于此，本文旨在分析英国、德国和瑞典三个国家地方政府不同的基准分析。这三个国家可以被看作欧洲地方层面基准分析体制的典型（最具差异性）代表。本文的主导研究问题是，各国基准分析体制从何种程度上有所不同及其对地方政府创新能力，尤其是对通过实证导向型组织学习来提高地方社区的预期贡献有何影响。

从概念上，本文借用曼吉尔和摩尔达什（Manger and Moldaschl，2010）的“机制反思”理论，并将其应用到公共管理尤其是地方政府公共管理的研究上。这一理论的重点是反思性制度（基准分析）以及组织创新能力之间的松散关系，这也是本文分析的重点。本文的目的是总结三个国家之间（以及部分内部的）基准分析实践的机制性差异并分析原因，以对作为“反思性制度”的基准分析和地方政府实际创新能力之间的松散关系提出假设。本研究主要基于德国、英国和瑞典的地方层面基准分析活动的二手分析材料，以及对三个国家专家的访谈，和德国自治市的一个标准调查等一手研究材料。

二　理论背景：制度反思和反思性制度

“制度反思”一词（Manger and Moldaschl，2010；Moldaschl，2010）指的是对一系列组织规则和实践，包括为组织行为者提供的制度惯例提出质疑、批判已确立的程序、激发新思想从而克服阻碍进步与创新的有力激励措施（Manger and Moldaschl，2010：285；Bogumil and Ebinger，2013）。创新能力指的是组织行为者旨在修正或改变现有组织规则和惯例而系统地生产和内化知识的能力和意愿。通过机制化的自我监督，加上其他人的系统观察，反思性制度提高了组织行为者对其制度嵌入性、标准运作程序以及其行为后果的了解（Moldaschl，2005：168）。按照这个思路，制度反思是组织学习和可持续现代化的重要前提条件。它被看作组织成功的要素以及长期可持续发展和机制健全的保障。

本文认为，绩效测量和基准分析是潜在的反思性制度，因为它们的目的是使得行政主体“反思”他们的各项活动、职能和绩效。但是为了取得学习效果和实现创新，这一潜在的反思性制度必须付诸实践，而这也是下文各部分分析的前提。虽然制度反思不局限于某一种类型的组织，但似乎将其应用于行政管理部门尤为合理，这是因为行政管理部门大都缺乏推动变革和创新的外部的、竞争导向型压力。但是与私营公司不同，公共管理部门有些特性会影响（而且经常是限制）他们的创新能力，进而影响组织行为者改变“游戏规则”的意愿（Bogumil，2007：41）。因为：其一，公共行政部门必须要实现一系列同等重要的目标，不得不经常采用相互冲突的要求和评价标准，例如法律性质、经济效率、民主合法性以及专业任务实现情况等；其二，公共管理部门是政治行政体系的组成部分，所处的环境极具派别竞争性（Holtkamp，2007；Holtkamp and Munier，2002；Kuhlmann，2010）。因此，行政主体必定会考虑政治合理性和政客追求选票战略，而政客们对政治指导下推进制度现代化进程要么不感兴趣，要么缺乏能力。这一点可能会再次限制从私营管理借鉴而来的反思性制度潜在的创新影响力。最后，考虑到组织和就业结构，欧洲大陆行政管理传统的特点是公务员终生任职，公共部门及其雇员受到的广泛机制保护（Reichard and Schröter，2009）——这加剧了连续性和惰性，而不是变革和创新。由于这些强势的惰性力量，全面的行政改革几乎不可能由公共组织内部发起，而且这种尝试也很少（Bogumil，2005：8）。相反，我们所观察到的多是“得过且过”策略，以及按照历史遗留的解决问题模式，针对变化了的情况进行渐进式的调整。从以行为者为本的角度看，行政管理改革要取得成功，就必须保证参与进来的其他行为者能够获得效益和收益，这样才能够有理由杜绝阻碍而非推进变革的行为。按照这样的逻辑，要想让新的规则被行为者所接受，现有的利益要么保持不变，要么有所增加，要么就是抵制变革的代价太过高昂。由于人的天生目标就是将风险最小化，相对于创新的流程，人们更倾向选择传统的工作常规，因为后者的结果（即使是负面的）是可预测和可评估的，而前者的情况则不然。

总之，在公共行政管理部门，机制创新的阻碍很大，如何克服它们便成了一大问题。这种关切在行政管理科学方面激发了关于促进公共部门机制变革的诱发因素和推动力量的激烈辩论。另外，学者们一致认为，制度创新需要来自外部的压力（Mayntz and Scharpf，1995；Bouckaert，2006）。实证观察显示，诱发因素包括：政治和财政危机、区域内经济竞争、国际改革讨论、理念与意识形态（例如新公共管理、善治）、地方选举中来自公民选民的压力（尤其是如果有可能直接选举/罢免市长，例如德国，参见 Kuhlmann and Wollmann，2014；Bogumil and Ebinger，2008）。

无论如何，即使存在促使变革发生的外部压力，公共管理部门内部还是存在相当多的惰性力量，这是由上文提到的公共部门和公务员制度的机制保护以及引导和管理变革进程的政治困难造成的。在这种背景下，一方面，我们不得不考虑变革的其他诱发因素和驱动力量，也就是改革动因和改革倾向及战略的一系列行为者［倡导联盟、改革推动者和反对者（Sabatier，1993；Kuhlmann and Wollmann，2014；Bogumil et al.，2007）］。另一方面，改革工具的制度形态以及它们在特殊背景下（国家/地方）的可持续性会对公共管理部门的创新起到推动或阻碍的重要作用。在聚焦“反思性制度”时，我们会集中分析后者。的确，创新的这种机制诱发因素可能不是由某个前提确定的，因为变革的进程总是因实际情况而异。但是，从理论角度来看，我们可以确定反思性制度的一些核心特点，它们被认为会对地方政府的创新能力产生重要影响——在某些条件下。这尤其体现在以下三个方面：

1. 基准分析权威：外部的或组织内部自身的因素对改革的形成与决定的作用程度会极大地影响改革的实效和持久性。政治—行政多层级体制内的基准分析制度化，以及绩效测量的导向（“自上而下”与“自下而上”）也因此成为这一反思性制度的核心特点。“由谁测量”，即定义、改变或取消“游戏规则”（所谓“管辖权”）的权力和权威的问题，也可以直接与改革所有权相关联。取决于管辖权的制度定位（内部或外部权威），组织的各种行为者对规则的形成、分配和评估信息的影响会有所差异，他们感知的改革所有权也会不同①。如果他们能接触到这些规则（内

① 在有关文献中，将相关能力转移给独立的（外部的）监管机构如何影响行政行为这个问题得到了广泛的讨论。

部权威），他们可以确保即使是外部的强制性测量控制手段，也不会构成对组织的“威胁”[①]。

2. 责任：强制的测量措施不给组织留有正式的退出选择余地，只有非正式的抵制或“游戏加作弊”的选择。从制度反思角度看，这种责任型工具与反思性学习的基本假设，即自省的自愿性相左。因此，自愿的基准分析实践是基于学习和创新源自组织行为者要实现有利结果的自我动力和自身利益这样的假设。而且，强制实施有导致产生抵制策略的风险，会损害变革的进程和目标（Van Thiel and Leeuw，2002；Talbot，2000；Hood，2006）。但是，强制性测量措施也许会营造自我批评和谅解的意愿，而这种意愿是改变组织行为的前提条件。强制性等级基准分析更有可能覆盖整个国家，自愿进行基准分析取决于地方政府的意愿，并且因此有可能扩张得不那么快，至少在某些条件下如此。

3. 制裁：某种行为的正面或负面结果预期（良好/不良绩效的回报/惩罚）一方面会给行政管理部门带来压力，因为制度行为者总是寻求避免负面结果并将利益最大化。另一方面严苛的惩处机制也会带来相反效果，因为组织机构会想方设法规避或操纵规则，发明出各种办法来“照章办事”，以便为自己谋利。制裁可以是正式的，比如，可以撤销对表现欠佳的地方政府的国家补贴，或者是非正式的，比如，通过公布基准测量结果建立“排行榜”进行“点名批评”（Hood and Heald，2006）。绩效良好者会获得公众赞扬，而被披露的绩效不良者就会面临公众谴责的风险（Pawson，2002）。这种激励结构要求较高的透明度，即个体绩效表现报告或者相应的排名编制工作都是向公众开放的。遵循一种不披露和基准分析结果透明原则，同行压力或者（某些情况下）公民选择退出来惩罚绩效表现不佳的行政当局，也有可能被当作一种非正式制裁。

欧洲国家对基准分析这三种核心特点的制度化采用的手段大相径庭，主要归因于他们各自的国家/地方制度和文化环境。在这种背景下，下文我们将仔细审视这些各种各样的改革“启动条件”以及本文所检验的三个国家中制度创新的背景情况。

---

① 从工具的角度看，其他重要的方面是具体类型和绩效指标的内容（“测量什么”），但是这在本文中不详加讨论。

三 数据基础和方法

实证方面，本文采用的数据来源于2009年至2012年进行的两项分析重点类似，但是分别聚焦不同国家案例的研究项目。第一个项目重点是地方层级的基准分析及其在德国的影响（Bogumil and Ebinger，2013）。2010年，用标准问卷的方式调查了德国北莱茵—威斯特法伦州（北威州，NRW）213个地方政府中，超过2万名居民、市长、市政委员（地方议会中社会民主党和保守党的领袖）以及职员理事会代表参与调查。问卷回收率分别为54.5%（市长）、30%（保守党）、35.7%（社会民主党）和41.8%（职员理事会代表）。为了对定量调查结果进行定性检验，我们与负责北莱茵—威斯特法伦州行政市审计的北威州审计局联合举行了一场从业者研讨会，有50位地方政府代表与会，他们在会上对调查发现进行了评判（Bogumil and Ebinger，2012）。在此基础上，继续提炼并证实了数据分析和数据解读。

研究项目二为在欧洲地方政府中进行了基准分析活动及其影响的跨国比较，重点是瑞典、英国和德国的国别案例（Kuhlmann，2010；Kuhlmann and Jäkel，2013）。在国别案例研究中，采用半结构式调查问卷，对来自三个国家各个基准分析相关机构的50名专家（例如审计所、地方政府附属机构、州监事会、市政管理部门①）进行了访谈，随后进行了系统定性数据分析。与项目一类似，项目二向从业者提供了选择性（过渡）调查结果，以便做进一步检验和内容提炼。为实现本文的目标，我们系统地综合了两个项目的研究发现，以便用它们更全面开展欧洲地方层级基准分析和制度反思比较研究。

① 更准确地说，我们与以下机构的专家进行了访谈：德国：北莱茵—威斯特法伦州市审计局以及四个行政市；德国地方政府管理协会维护的IKO网络；黑森（Hesse）、萨克森（Saxony）、下萨克森（Lower Saxony）州审计局；德国城市协会；下萨克森（Lower Saxony）、石勒苏益格—荷尔斯泰（Schleswig-Holstein）、巴哈拉赫（Rhineland-Palatinate）、巴登符腾堡（Baden-wuerttemberg）、巴伐利亚（Bavaria）州地方政府协会；明斯特市（Münster）、开姆尼茨市（Chemnitz）、路德维西港市（Ludwigshafen）、波恩（Bonn）市。瑞典：瑞典地方政府协会（Sveriges Kommuner och Landsting）、国家医疗与福利局（Socialstyrelsen）、上瓦斯比（Upplands Väsby）市。英国：审计署、地方政府协会、伯明翰市政厅。

四 反思性制度：德国、英国和瑞典的地方基准分析

（一）德国

在德国，市级层面最有兴趣尝试各种反思性制度，例如绩效评估、自我监督、质量评估以及基准分析报告（Bogumil et al.，2007；Kuhlmann et al.，2008）。目前，许多行政市可以利用基准分析和绩效测量工具回顾20年的经历。但是，德国基准分析法的特点是长期以来建立在地方政府的倡议和活动（内部权威）基础上的完全自我管理。没有任何外部（国家）干预或支持，它们率先自愿把自己与同行的绩效进行测量与比较。使用由此产生的绩效数据完全取决于参与的地方政府自己，不涉及高层政府实施的任何正式的制裁（Kuhlmann，2011；Kuhlmann and Jäkel，2013）。它们独立决定选用哪些话题和关键标准指标，以及最终结果是否要公之于众。这些实践不会带来制裁、奖励、惩处或其他正式化后果。采用这种方法的典型例子就是德国地方政府管理协会掌控的被称为IKO网络的基准分析群组。自1996年创立以来，有200多个自愿基准分析圈子进行了绩效比较，涉及了几乎所有地方政府任务（Kuhlmann，2004）。2010年，大约有720个地方政府机构组织成立了75个基准分析群组（Beutel and Wick，2010）。有43.3%的德国地方政府（居住者达1万人）至少是偶尔参加了这些城市间绩效比较和基准分析群组，而它们中的不到25%（23.3%）没有参与上述任何一种实践（Bogumil et al.，2007：72－75）。这些实践大部分是建立在地方从业人员的良好个人关系以及他们的合作意愿基础之上的（Bogumil et al.，2014），这些绩效比较的目的通常是明确潜在的节约开支或者是提供实证根据以便削减开支。

近年来，德国的自愿基准分析团体也被看作规避国家当局审计的一种办法，因为自2003年起，国家审计被引入德国人口最密集的北威州。在北威州，负责审计行政市的部门北威州审计局，是一个相对较新的超地方审计形式，在该州开展基准分析项目，这些项目对该州所有地方政府都是强制性的（Ebinger and Bogumil，2012；Bogumil and Ebinger，2013）。但是，这些实践并不和针对不良绩效的正式制裁、惩处或是针对良好绩效的

奖励挂钩，因为审计主要是通过基准分析而不是对某些绩效结果进行惩处来实现学习进程。一方面，北威州审计局覆盖了396个城市、31个农村区、3个区域协会、200个市政联合体、700家市级企业以及必须在北威州接受审计的其他机构的超地方审计。另一方面，与大部分其他州的超地方审计不同（Glöckner and Mühlenkamp，2009），新成立的北威州审计局提供最高级别的专业知识——不仅仅关于审计，还包括宣传推广各个城市。该局制定了全面且便利的基准分析标准，因而能够基于已有数据提供最佳实践的咨询服务（Ebinger and Bogumil，2012；GPA NRW 2003，2004，2008）。北威州审计局是一种自愿但无制裁的基准分析创新形式，建立的基础是州法律，法律允许被审计方与外部审计机构开展协作，以便整合内外部当局来确定“游戏规则”（管辖权—管辖权）。有些规则由北威州审计局定为先决规则，例如，审计的时间和有可比性的机构的分组，审计的重点与行政市进行协调，以便有比较地评估地方绩效、识别基准，并将其用于最佳实践学习和组织调整。第一手实证研究结果表明，北威州审计局的模式有助于减少典型的德国式惯用自愿基准分析体系带来的两难困境。

（二）英国

英国早期发展的绩效管理方法在欧洲很出名。其被看作绩效管理变体的原型，特点是以国家为指导、具有强制性、全国覆盖、有制裁措施。20世纪80年代，在地方政府层级引入了一种愈加复杂的绩效指标和绩效排名体系（Wegener，2004：257），以1982年的审计委员会为依托，这一体系后来发展成为一个由中央政府掌握的全覆盖式控制和干预工具（Humphrey，2002）。自从1999年设置了最佳价值（BV）体系、2002年的全面绩效评估以及2009年更广泛的全面地区评估以来，绩效评估和比较对所有地方委员会来说都是强制性的（Stewart，2003：121－123）。中央政府的主要战略是，通过评估已取得成就以及绩效指标的合规情况，来引导和控制以提供服务为主的地方当局的绩效效率。绩效指标合规部分由中央制定，部分由地方当局自己制定。在这一方面，使用了一个四分制：杰出/出色、优秀、合格、不合格（Kuhlmann and Wollmann，2014；Boyne，2002；Haubrich and McLean，2006；Kuhlmann and Wollmann，2006：385

et seq.；Kuhlmann and Jäkel，2013）。地方当局会因公认的绩效不良而受到惩处——在最糟糕的情况下——当选的地方政府领导层会遭到罢黜，由外部专家取而代之，而公认的良好绩效则会受到中央政府的嘉奖，例如，免除部分法定义务、划拨额外资金等（Kuhlmann and Wollmann，2006：385－387；Kuhlmann，2011）。地方层级的基准分析实践因此主要受到外部和垂直指导（自上而下）的推动，其大都是强制性的，而且全国都一样。评估后的绩效信息会以诸如排行榜和排名等形式向公众公开，不良表现则会受到惩处（Kelly，2003）。自20世纪90年代末以来，地方政府协会及其改进和发展署鼓励开展其他形式的基准分析，由地方政府独立领导，部分联合资金来源于一个国家机构（Wollmann，2004：33）。在审计委员会解体后，地方政府协会开始部署重要的地方行政管理专家小组，为全英国地方委员会提供机会进行同行评估，以非约束分析法分析地方当局的优势和缺点。这种做法普及程度有限，但是在中央政府（中央指导下的）绩效测量和审计削减政策的背景下，还是获得了一定程度的重视（Kuhlmann and Jäkel，2013）。

（三）瑞典

由于评估从历史上发展至今，加之素来有信息自由的文化（Jann and Reichard，2003；Kuhlmann and Wollmann，2014；Wollmann，2014），绩效管理和自我评估的反思性制度在瑞典行政体系中总是流行很广，并被广为接受，这也是由于瑞典的政治体制是民主协商一致为导向造成的。而且，斯堪的纳维亚的行政管理现代化的特点是实证学习，而非意识形态教条化（Riegler and Naschold，1997：18）。因此，瑞典与英国完全不同，中央政府不向地方政府施加强制性要求进行绩效测量和质量控制，这些实践都是以自下而上的、自愿的、由地方当局倡导发起的。对地方当局来说，有两个改革方案要加以强调。第一个方案于1987年开始，由瑞典统计局和瑞典各地方政府协会共同管理一个数据库，收集、编制、出版地方绩效信息，后者在这个领域发挥了牵头作用（Wollmann，2005：273）。第二个方案是关于在“行政市质量比较网络”中进行内部行政市质量比较，自20世纪90年代末开始，也是由瑞典市政府协会发起的（Strid，2004）。这些实践都是为了定义地方绩效质量指标、进行行政市间比较而开展的。

到2006年之前，共有8个不同议题的地方基准分析群组（例如儿童看护、学前教育），涉及瑞典南部（人口最密集的地区）290个行政市中的49个市以及斯德哥尔摩地区。从2006年到2010年，区域基准分析群组扩展为一个“国家基准分析项目”，这还是一个自愿参与的、非法定的项目，但是中央层面确实以联合出资人的身份参与其中（Sveriges Kommuner och Landsting and Rådet för främjande av Kommunala Analyser，2010）。2010年以后，财政部退出合资和共同管理后，项目的监管再一次由地方政府机构负责——由瑞典地方政府协会这个伞状组织来协调。参与方数量大增：2006年至2010年，有180个行政市参与了27个区域基准分析群组。2012年，290个行政市中共有51个参加了质量比较；由5—10个参与方组成了一个网络，讨论的重要议题包括学前和地方就业政策。这些基准分析实践共有的主要特征（Kuhlmann and Jäkel，2013）是自愿参与、没有正式的奖惩制度、相关绩效数据通过地方数据库“KOLADA”（由1987年建立的一个数据库升级改进而成，详见Wollmann，2005：273）全面开放。因此，瑞典用一种非常透明和“客户导向”的方式在全国建立起了地方基准分析实践。这种方法可以看作地方运行、自下而上的典范，其特点是测量结果的外部透明度极高。在此基础之上，绩效比较作为客户和公民手中一个有效的外部惩处工具而发挥作用。

（四）跨国别比较

总结我们对这三个国家的分析，基准分析作为一种反思性制度，就前文提到的权威、责任和制裁三个标准来看，各国的特点各不相同（Bowerman et al.，2002；Kuhlmann，2005；Siverbo and Johansson，2006；Kuhlmann and Jäkel，2013）。在英国，基准分析主要是由中央政府将其用作控制和干预的一个工具来发起、引导和管理，在德国和瑞典则是相反。对英国地方政府来说，绩效测量较长期以来都是强制性的，而且不良/高质绩效与正式制裁是挂钩的。这一点再一次与瑞典和德国的情况相反，绩效管理在这两个国家被纳入了一个没有奖惩的自愿自我评估体系。此外还应注意到，在绩效结果公布（英国、瑞典）或不公布（德国）方面，国家间也有相当大的不同。这些似乎与三个国家坚持信息自由或者（相反地）信息保密的传统做法一致。结果，欧洲国家基准分析的覆盖面异化度很高

（Kuhlmann，2010）。因此，在瑞典和英国，覆盖面很广，而在德国，我们只观察到中等程度的覆盖。正如上文指出的，可以认为，这种跨国别差异（见表2）和各个行政市各自采取的基准分析工具的制度特性会影响地方政府的创新能力，例如，使用基准分析结果来进行学习、组织和行为调整等。因此，一般来讲，它们可能会决定改革的长久性。故而以下部分将聚焦反思性制度和地方创新能力之间的关系。

五　基准分析和创新：反思性制度影响的证据和总结

从我们的分析可以看出，三个国家分别代表了典型的基准分析类型，各自综合了某些制度特点（权威、责任、制裁）和环境因素（国家传统/地方政府特点；详见表1）。这些综合因素如何影响地方政府的创新能力呢？

（一）德国

在德国，实证研究结果表明，地方当局长期持续自愿进行基准分析实践的意愿和动力都十分有限。虽然IKO网络的新参与者增加了很多，但是同时也流失了很多，例如，2000年至2001年，老会员流失了11%（84个行政市）（Kuhlmann，2004），因为许多行政市，尤其是东德的行政市，放弃了基准分析项目。随着时间的推移，地方政府继续推行绩效比较的动力减弱，很大程度上是因为这些项目的成本与其实际成效相比，实在是太高了。在此，必须要把这些成本考虑进来，从长远看，PI制度的升级和管理成本会持续上升。这些成本通常会被看成“机会成本”（Pollitt，1995），这凸显了一个事实，即牵扯进这些实践的职员无法同时完成其他相关工作。基准分析的这些长期成本会促使地方政府终止实践，取消基准分析网络。在有些情况下，可以观察到职员动力大幅下降的情况，表明公共部门的员工出现了失望情绪甚至“燃尽综合征”。在很多地方政府看来，参与这种项目所花费的大量时间和精力，远远超出获得的效益，因为绩效评估数据没有用于指导目的。案例研究表明，在实践中，绩效管理工具很少用于政治或行政管理过程。更惊人的是，14%有绩效指标的地方政府根本不使用这些数据信息（Kuhlmann et al.，2008）。2009年在IKO网络成员中开展的一项调查显示，只有18%的参与基准分析实践的成员期望效率和成本节约有所加强，10%期望有客户满意度提升，15%期望组织结构有所改善，5%期望员工满意度提高（Beutel and Wick，2010：9）。在这种背景下，我们可以得出结论：德国的自愿基准分析方法给行政市带来的实践结果很少，制度反思程度也因此相当低。学者们将这种不足归因为未披露结果因而缺乏公众压力。IKO网络的工作和研究结果莫名其妙地掩盖在了内部行政秘密之中。甚至地方委员会都无法获得这些研究结果，更不用说公众了，这与斯堪的纳维亚国家政治文化中的“信息自由”特征大相径庭。由于这种信息文化缺失，就既没有来自政务委员会也没有来自地方公民的支持，来将基准分析作为一种重要的信息战略加以推动，并且将其开放供公众辩论。进而，客户选择退出、德国行政体系中规避错误的文化以及缺乏制裁被当作制度反思极为有限的主要原因。似乎没有有效的激励措施鼓励参与者真正向比较群组学习，并且在基准分析结果的基础上切实进行改善提高（Bogumil，2004：394）。

但是最近的尝试显示，出现了一些与这个到目前为止处于主导地位的方法不同的做法，这表明德国基准分析领域有了一些变化。一方面，这种协同审计促使各个行政市有责任参与，并且避免正式选择退出和半途而废的发生。另一方面，地方政府不把审计局审计看作会引起它们抵制和逃避的一种等级干预和来自上面的强制措施。考虑到对地方创新能力和制度反思的影响，参与审计的行政市的评价总的来说是非常积极的：84%的受访市长认为基准分析过程有助于评估和比较市政绩效，而且地方政府大都关注了审计局的评估报告。因此，79%的首席执行官确认说，基准分析结果定期在地方政务委员会和行政部门讨论，他们已习惯对固有管理实践和组织管理惯例提出质疑了。但是，我们的研究结果还表明，基准分析报告的指导效果相对来说比较有限。只有44%的受访者认同质疑固有实践和惯例会最终带来变化的说法。虽然如此，基准分析报告看上去至少具备带来切实改善的潜力，而且还可能引发真正的创新。大部分市长（56%）认同基准分析报告中的数据为行政市带来了效益和增加值。而且，62%的市长同意，报告给地方削减管理成本带来了相当的动力。因此，北威州审计局的协同基准分析体系得到了地方的广为接受和赞赏。

调查结果表明，大部分行政市对待审计结果持相当公开的态度，这可以归因于基准分析结果只是部分对外公布。经选择的审计结果提交给政务委员会成员和各部门负责人，以便讨论得出潜在需改善的事项，以及由地方当局发起的可能的变革。但是最终，经审计的大部分行政市向其职员和媒体公布了审计报告，并且向更多公众公开。对审计结果的讨论遮遮掩掩的做法极为少见。这种非常公开、鼓励公众讨论的做法一方面有助于增进对整体情况的了解，另一方面也表明北威州审计局的“智慧型”机制安排及其基准分析法的应用产生了积极作用。显然，由于基准分析结果半公开给公众（选择性公开，部分保密）带来了些许压力，使得地方政府愿意进行组织学习和与组织的其他成员分享知识（Geißler，1995：32）。把预先编排好的“蓝图”强加于人的情况并没有发生，实际发生的是对地方绩效记录的实质性分析和基于证据的讨论，为行政市向自治组织学习进程发展提供指导。审计局引导的协作式基准分析因此引发了德国制度反思进程，并且到目前为止，没有出现强制审计与调查导致地方层面出现抵制和躲避的情况（例如英国，见下文）。

（二）英国

英国传统的基准分析方法呈现由中央政府领导和指挥的自上而下的形态，没有带给行政市多少直接影响。虽然这种方法较为复杂，结果高度透明，后果或有强制性（数据可获得性、审计机构的严密网络、影响地方面貌的广泛实施、严厉的惩处；见 Wegener，2004：257），它也是（更是）产生问题的一个根源。对于中央政府持续不断的监管，地方政府的反感与日俱增，降低了用基准分析推动反思性学习的潜力，这是因为：“检查会使职员失去动力，影响实现最佳价值的态度”（Stewart，2003：133）。作为这个进程的一个间接影响，绩效测量的“有效性”和“可靠性”因为其“装点门面”的作用远大于实际的评估和测量而遭到广泛批评。各项检查根本无法产生有效可靠的绩效信息，因为整个过程都是形式，相关的地方政府在营造理想的“最具价值氛围”和提供便利方面表现出了相当的创造性，因为形式大于实质：在制定战略与计划、收集绩效数据和建立审计跟踪方面，长袖善舞的行政当局也许能够“粉饰”提供服务方面存在的问题（Davis et al.，2001：20）。

而且，绩效比较总有把英国地方当局“剧烈标准化”的倾向，因为绩效指标不是以地方的而是以中央的统一规模来定义的，因此忽视了全英各个地方政府的多面性和差异化现实情况（例如，城乡差异、单层和双层体制、各种规模）。这样的标准化广受批评，比如，有关学校的检查和评级“偏离了规范性模型，不会成为能增加选择的值得称道的多样性，而会成为招致压制的、应当受到谴责的异常行为（Hargreaves，1995）”。

最后，实施一个永久的、严密的检查体系必须有众多政府机构参与和大量财政投入。即使进行调查和测量时将地方开支排除在外（Stewart，2003：209，133），最具价值的检查成本仍然很高——仅2000年1月就高达6亿英镑（Stewart，2003：209，133）。

在这种背景下，不足为奇的是保守党—自由党联合政府2010年大选上台后，撤销了原来全覆盖的政策和绩效评估（Kuhlmann，2011）。在实施了二十多年公共绩效政策后，原来撒切尔政府设置的审计委员会遭解散，其职能转交给私立公司（Grant Thornton，KPMG LLP，Ernst & Young，DA Partnership），而且还取消了全面地区评估系统（CAA），这些都可以看作里程碑式的举措。这些激烈的政策逆转很大程度上是由于要进行目标控制、检查、审计和绩效比较而导致了行政开支增加和官僚化。这种变革是否持久还有待观察。

就我们的三个分析类别“权威、责任、制裁”而言，我们可以得出结论，迄今为止，在英国地方层面实施的中央政府发起并指导的、高度透明的、强制性的、有惩处的基准分析实践，很大程度上是作为寻找最佳实践、调整组织结构和行为以及向他人学习的一个工具。其对制度反思的影响相当有限，而在审计、测量、监控上投入的成本剧增，却没有产生期望中的创新、服务改善、效率提高等效益。相反，旨在削减“审计官僚化”和“审计激增”（Power，2007；Cameron，2011）的成本而明确宣布放弃“审计社会”的做法，可以被看作当前英国紧缩政策的直接结果。

（三）瑞典

即使没有义务，几乎所有的瑞典行政市也都参与了上述基准分析项目之一，因为这个过程让人“很难置身事外”（国家医疗与福利委员会代表，2012年2月28日）。由于所有人都可以获取地方基准分析结果，这些数据不仅用于内部引导与财政管理，还得到政客们的高度重视，尤其是在选举期间。瑞典基准分析方法的这种“外部导向”特点构成了一个旨在用户参与与民主化的全面改革议程的一部分。用于行政市间比较的绩效指标大都经由“客户”视角而来，增加了信息的实际影响力。KOLADA数据库提供了地方政府各种服务活动（例如学校、老年人及残疾人关爱等）的年度成本文件汇编，有相关行政市和任务的细节，而且在网上向公众开放（你的地方政府活动的成本是多少？Wollmann，2008：228；2005：273）。这就允许对各种服务特点（质量、收费、成本等）直接开展跨区域长期比较，而这些特点是用户而且还包括地方政务委员和其他地方经营行为人（企业等）尤其感兴趣的。除了涉及成本质量（投入、产出）的传统指标外，还把公共政策的客户满意度（效果）和有效性及效益等指标考虑进来。而且与英国相比，瑞典的基准分析总体来看很少被当作控制、干预和惩处的一种工具。地方政府把绩效和质量指标看作学习工具，使它们能够将自己的绩效和同行进行比较，找出最佳实践，通过向他人学习的方式使自己的组织和服务受益。从参与的市级政府角度来看，基准分析说到底是一种“警报功能”，就可能出现的偏离基准分析合作伙伴服务标准的行为发出信号，帮助它们尽早发现服务提供中的问题并及时进行纠正。

从我们的账目中发现，本市的建筑许可申请成本平均达8000克朗。但是这个数字告诉了我们什么呢？它并没告诉我们的工作做得是好是坏，也没告诉我们是否该采取行动改变惯例。也许这是个很漂亮的数字。我们不应该质疑信息或者寻求改善信息的方法，相反，我们可能应该祝贺这个部门工作出色——或者我们就此有理由立刻开始进行大刀阔斧的改革进程（瑞典市政职员，引自Strid，2004：268）。

总结一下，瑞典的地方层面基准分析是一个相当有效的组织学习和制度反思工具，其长处在于综合了自下而上的倡议和自愿参与，避免正式制裁却又保证了绩效数据对外开放，使得公众能够了解政府行政的效率和效益。这一切都嵌入在瑞典各级政府间“一致的、社团主义的决策风格”中（Goldsmith and Larsen，2004：213），根植于瑞典的透明度与评估文化中（Wollmann，2005：276；Wollmann，2014：543）。因而，参与基准分析项目不会被看作是个威胁，而是将改进和学习实施到位的良机。瑞典的基准分析模型——连同斯堪的纳维亚的政治和行政管理文化——为制度反思和地方层面的创新提供了显著的有利条件，尽管这都是以长期、持续的方式呈现，与英国激进的全面机构变化或政策扭转不一样。基准分析实践反映了瑞典地方政府有能力以卓有成效的方式调停绩效测量潜在的各种冲突，加强了反思性学习和调整。

六　结论与展望

基于“制度反思”概念，我们分析了德国、英国和瑞典地方政府在创新和学习能力上不同基准测量体系的效果。我们的研究发现表明，作为一种反思性制度，基准分析对实际的地方创新和学习的影响很大程度上取决于两大方面因素：一方面是基准分析体系的核心机制特点，另一方面是国别政治—行政和文化“启动条件”。正如我们的研究所表明的，“责任”、“制裁”和“基准分析权威”（外部/内部）三个特征——加之国别行政体制和行政文化——尤其会对作为反思性制度的基准分析的功效产生影响。

因此，瑞典案例揭示出自愿的、没有正式制裁的、内部/自下而上的基准分析确实促进了反思性和创新，前提条件是它有一个信息自由、用户参与、用户民主以及统一的社团主义决策制定的长期传统。与之相反，英国和德国不存在这些文化和制度的特点（至少程度和瑞典不一样），而且两国的地方决策制定过程也高度政治化。结果就是，英国和德国的文化和制度的“启动条件”不太会引发内生学习，而必然会给创新带来更强的外部压力。在这种背景下，两国地方政府要发起体制改革，很有必要承担某种程度的责任。但是在英国，由中央政府强制实施的基准分析极大地诱发地方政府“游戏加作弊”，带来了极高的交易成本，最终导致审计委员会的解体和越来越多的地方自控的基准分析项目的下马。在德国，最开始自愿、无制裁、自下而上的基准分析很普遍，但是由于其结果不公开，所以很难产生任何学习过程。但是最近，北威州基准分析极大地推动了反思性学习进程，而且同时产生了某些实质性的创新，虽然它最初是作为一种责任由外部施加给地方政府的，但没有正式制裁要求。产生这种情况的原因是这种基准分析实践特殊的“治理结构”，因为它既不完全否定分析结果，又不强制实施过于严厉的实质性制裁。尽管公众对基准分析结果的了解有限，对绩效表现也可能有来自外部的批评，仍然为内生反思性和地方学习创造了可能。这不是因为没有公共排名，而是因为基准分析结果是匿名的，不点名指出各个行政市。因此很大程度上减少了抵制和“游戏加作弊”的对策。在此，“反思性”意味着地方政府受到强制措施的鼓励，从不同的角度去质疑他们行政管理上的惯例，了解其他地方政府的机制实践，并且反思是否有必要，以及如何将这些实践转移到自己的组织中来。

因此可以得出结论，在文化和政治的“启动条件”不太好的国家，强制性的比自愿的基准分析更有可能引发创新和学习，因为它们故态复萌回到老路的风险更大。然而强制性基准分析本身并不能导致反思性，但是有必要给地方政府留有自治权和余地来应对基准分析结果。在自觉使用基准分析结果、自发地进行创新的时候，必须赋予地方政府某种程度的自由，而不是严厉的正式制裁，否则学习进程会受到压制，就很有可能发生“欺骗性逃避”和“创造性反抗”。

表 1　　行政和地方政府体系

特点	德国	英国*	瑞典
国家结构	联邦制；分权化	单一（集权化）	单一（分权化）
地方功能责任	广泛的责任；一般能力条款；融合	广泛的责任；（减弱的）超权限原则；脱离	广泛的责任；一般能力条款；脱离
地方财政自治（自行征税占地方总税收百分比，2009 年）	中等（39.6%）	低（12.9%）*	高（63.6%）
国家结构	联邦制；分权化	单一（集权化）	单一（分权化）
地方管辖结构**（地方当局数量/Ø PT，2010—2012）	混合型***（11，146 个行政市；Ø PT：5.030）	北欧（201 个非大都市区，Ø PT：102.000）	北欧（290 个行政市，Ø PT：31.300）
地方民主	强势市长制；直接民主要素	委员会制；主要代表型	委员会制；主要代表型

续表

特点	德国	英国*	瑞典
行政管理文化	法制	公共利益；管理主义	法制，透明文化/教育

注释：* 英国数据 ** 没有第二层级地方政府（Kreise，counties etc.）和单一当局 *** 主要是南欧（例如，莱茵兰普法尔茨州：2306 municip. /Ø PT 1. 700），某些北欧地区（例如，北莱茵—韦斯特法伦州：396 municip. / Ø PT 45. 000）。

表2　　基准分析的跨国别比较角度

维度	德国	英国	瑞典
基准分析权威/主动性	主要是地方政府自我管理；外部审计者不断增加的影响	主要是外部中央政府管理；地方主动性不断增加	主要是地方政府自我管理
责任	自愿；有一些强制性实践	强制性；有一些强制性实践	自愿
制裁/透明度	没有制裁/保密/不披露；透明度低	正式处罚/奖励；公众准入；透明度高；正式制裁	因为公众准入和透明度高而有非正式制裁
覆盖面	中等	高	高

参考文献

Beutel, R. C., and T. Wick. 2010. "Vom Vergleich zur Prozessoptimierung." [From Comparison to process optimization]. Behörden Spiegel, Executive Letter "Grundgesetz Artikel 91d" [Grundgesetz Article 91d], September 2010, 9.

Bogumil, J. 2004. "Probleme und Perspektiven der Leistungsmessung in Politik und Verwaltung." [Problems and Perspectives of Performance Measurement in Politics and Administration] In Leistungsmessung und-vergleich in Politik und Verwaltung. Konzepte und Praxis [Performance Measurement and Performance Comparison in Politics and Administration. Concepts and Practice], edited by S. Kuhlmann, J. Bogumil, and H. Wollmann, 392 – 398. Wiesbaden: VS Verlag.

Bogumil, J., 2005. "Verwaltungsreformen und Macht-Unter welchen Bedingungengelingen (umfassende) Reformprojekte?" [Administration Reforms and Power-Which Conditions are Necessary for (comprehensive) Reform Projects?] Antrittsvorlesung an der Fakultät für

Sozialwissenschaft der Ruhr-Universität Bochum am 26. 10. 2005. [Inaugural lecture at the faculty of social sciences at the Ruhr University Bochum] . Bochum.

Bogumil, J. , 2007. "Möglichkeiten und Grenzen der Optimierung lokaler Entscheidungsprozesse." [Possibilities and Limitations of Optimizing Local Decision-Making Processes] In Perspektiven kommunaler Verwaltungsmodernisierung. Praxiskonsequenzen aus dem Neuen Steuerungsmodell, [Perspectives of Municipal Administration Modernization. Practical Consequences of the New Steering Model] edited by J. Bogumil, L. Holtkamp, L. Kißler, S. Kuhlmann, C. Reichard, K. Schneider, and H. Wollmann, 39 - 45. Berlin: edition sigma.

Bogumil, J. , and F. Ebinger, 2008. "Verwaltungspolitik in den Bundesländern-Vom Stiefkind zum Darling der Politik." [Administrative Policy in the German States-From Step-Child to Darling of Politics] In Die Politik der Bundesländer. Politikfelder und Institutionenpolitik, [Politics of the German States. Policy Fields and Institutional Policy], edited by A. Hildebrandt, and F. Wolf, 275 - 288. Wiesbaden: VS Verlag. 28.

Bogumil, J. , and F. Ebinger, 2012. "Angeleitetes Lernen über Leistungsvergleiche? Zwischenbilanz nachacht Jahren Gemeindeprüfungsanstalt NRW." [Supervised Learning through Performance Comparisons? Interim Statement after Eight years of the Municipal Auditor of the German state of North Rhine-Westphalia] Die Verwaltung 45 (1): 123 - 140.

Bogumil, J. , and F. Ebinger, 2013. "Leistungsvergleiche zwischen Lernen und Kontrolle. Die Institutionalisierung von Innovation durch die emeindeprüfungsanstalt NRW." [Performance Comparison between Learning and Controlling. The Institutionalization of Innovation of the Municipal Auditor of the German State of North Rhine-Westphalia] In dms-der moderne staat, Sonderheft 1, Wissen und Expertise in Politik und Verwaltung, edited by S. Kropp, and S. Kuhlmann, 125 - 141. Opladen: Barbara Budrich.

Bogumil, J. , S. Grohs, S. Kuhlmann, and A. Ohm, 2007. Zehn Jahre Neues Steuerungsmodell: Eine Bilanz kommunaler Verwaltungsmodernisierung. [Ten Years of the New Steering Model: Taking Stock of Municipal Administration Modernization] Berlin: edition segima.

Bogumil, J. , L. Holtkamp, M. Junkernheinrich, and U. Wagschal, 2014. "Ursachen kommunaler Haushaltsdefizite." [Causes of Municipal Budget Deficits] Politische Vierteljahresschrift 55 (4): 614 - 647.

Bouckaert, G. , 2006. "Auf dem Weg zu einer Neo-Weberianischen Verwaltung: New Public Management im internationalen Vergleich." [On the Way to a Neo-Weberian Administration: New Public Management in an International Comparison] In Politik und Verwaltung. Politische Vierteljahresschrift Sonderheft 37, edited by J. Bogumil, W. Jann, and F. Nullmeier, 354 – 372. Wiesbaden: VS Verlag. Bouckaert, G., and J. Halligan. 2008. Managing Performance: International Comparisons. London: Routledge.

Bowerman, M., G. Francis, A. Ball, and J. Fry, 2002. "The Evolution of Benchmarking in UK Local Authorities." Benchmarking 9 (5): 429 – 449. 29.

Boyne, G. A., 2002. "Local Government: Concepts and Indicators of Local Authority Performance: An Evaluation of the Statutory Frameworks in England and Wales." Public Money & Management 22 (2): 17 – 24.

Cameron, D., 2011. "Public Services-you call the shots." Gov. uk, January 19. Accessed?. http://www.number10.gov.uk/news/statements – andarticles/2011/01/public – services – you – call – theshots – 58988.

Davis, H., J. Downe, and S. Martin, 2001. External Inspection of Local Government: Driving Improvement or Drowning in Detail? York: Joseph Rowntree Foundation.

De Lancer, J. P., 2009. Performance-Based Management Systems Effective Implementation and Maintenance. Boca Raton: Taylor & Francis.

Geißler, H., 1995. Grundlagen des Organisationslernens. [Basics of Organizational Learning]. 2nd ed. Weinheim: Deutscher Studienverlag. Glöckner, A., and H. Mühlenkamp. 2009. Die kommunale Finanzkontrolle-Eine Darstellung und.

Analyse des Systems zur finanziellen Kontrolle von Kommunen. [Municipal Budgetary Control-A Presentation and Analysis of the systems of Municipal Budgetary Controls]. Zeitschrift für Planung und Unternehmenssteuerung 19 (4): 397 – 420.

Goetz, K. H., 2006. "Europäisierung der öffentlichen Verwaltung-oder europäische Verwaltung?" [Europeanization of Public Administration-or Europaen Administration?] Politik und Verwaltung. Politische Vierteljahresschrift Sonderheft 37, edited by J. Bogumil, W. Jann, and F. Nullmeier, 472 – 490. Wiesbaden: VS Verlag.

Goldsmith, M., and H. Larsen, 2004. "Local Political Leadership: Nordic Style." *International Journal of Urban and Regional Research* 28 (1): 121 – 133.

GPA NRW-Gemeindeprüfungsanstalt NRW. 2003. Von der Kontrolle hin zur partnerschaftlichen Beratung. [From Controlling to Cooperative Consulting]. Herne: GPA NRW.

GPA NRW-Gemeindeprüfungsanstalt NRW. 2004. Potenziale nutzen-voneinander profitieren. [Using Potential-Profiting from One Another]. Herne: GPA NRW. 30.

GPA NRW-Gemeindeprüfungsanstalt NRW. 2008. GPA NRW- "Heute-gestern-morgen" -Erfahrungen und Entwicklungen der ersten Jahre. Erfahrungsbericht. [Today-Yesterday-Tomorrow-Experiences and Developements in the Early Years. Progress Report]. Herne: GPA NRW.

Grace, C., and A. Fenna, 2013. "Comparing for Improvement: Recent Developments in Benchmarking." Public Money & Management 33 (4): 235 - 240.

Hargreaves, D. H., 1995. "Inspection and School Improvement." *Cambridge Journal of Education* 25 (1): 117 - 125.

Haubrich, D., and I. McLean, 2006. "Evaluating the Performance of Local Government." Policy Studies Holtkamp, L. 2007. Kommunale Konkordanz-und Konkurrenzdemokratie: Parteien und Bürgermeister. [Municipal Consocietional Democracy and Competitive Democracy]. Wiesbaden: VS Verlag.

Holtkamp, L., and G. Munier, 2002. "Klüngel & Korruption & Kommune-Ausmaß, Ursachen und Prävention kommunaler Korruption." [Cronyism & Corruption & Municipalities-Scale, Causes and Prevention of Municipal Corruption] In Kriminalität und Sicherheit, edited by G. Munier, 185 - 201. Berlin: Heinrich-Böll-Stiftung.

Hood, C., 2006. "Gaming in Targetworld: The Targets Approach to Managing British Public Services." Public Administration Review 66 (4): 515 - 521.

Hood, C., and D. Heald, eds., 2006. Transparency: The Key to Better Governance? Oxford: Oxford University Press.

Humphrey, J. C., 2002. "A scientific approach to politics? On the trail of the Audit Commission." Critical Perspectives on Accounting 13 (1): 39 - 62.

Jann, W., and C. Reichard, 2003. "Evaluating Best Practice in Central Government Modernization." In Evaluation in Public Sector Reform: Concepts and Practice in International Perspective, edited by H. Wollmann, 36 - 55. Cheltenham: Edward Elgar.

Kelly, J., 2003. "The Audit Commission: Guiding, Steering and Regulating Local Government." *Public Administration* 81 (3): 459 - 476. 31.

Kuhlmann, S., 2004. "Interkommunaler Leistungsvergleich in deutschen Kommunen: Zwischen Transparenzgebot und Politikprozess." [Inter-Municipal Performance Comparison in German Municipalities: Between Transparency Requirement and Political Process] In Leistungsmessungund-vergleich in Politik und Verwaltung, [Performance Measurement and Performance Comparison in Politics and Administration], edited by S. Kuhlmann, J. Bogumil, and H. Wollmann, 94 - 120. Wiesbaden: VS Verlag.

Kuhlmann, S., 2005. "Selbstevaluation durch Leistungsvergleiche in deutschen Kommunen." [Self-Assessment through Performance Comparison in German Municipalities], Zeitschrift fürEvaluation 4 (1): 7 – 28.

Kuhlmann, S., 2010. "Performance Measurement in European Local Governments: A Comparative Analysis of Reform Experiences in Great Britain, France, Sweden and Germany." *International Review of Administrative Sciences* 76 (2): 331 – 345.

Kuhlmann, S., 2011. "Messung und Vergleich von Verwaltungsleistungen: Benchmarking-Regime in Westeuropa." [Measurement and Comparison of Administration Services: Benchmarking-Regimes in Western Europe], Die Verwaltung 44 (2): 155 – 178.

Kuhlmann, S., and P. Fedele, 2010. "New Public Management in Continental Europe: Local Government Modernization in Germany, France and Italy from a Comparative Perspective". In the Provision of Public Services in Europe: Between State, Local Government and Market, edited by H. Wollmann, and G. Marcou, 49 – 74. Cheltenham: Edward Elgar.

Kuhlmann, S., and T. Jäkel, 2013. "Competing, Collaborating or Controlling? Benchmarking-Regimes in European Local Governments from a Comparative Perspective." Public Money and Management 33 (4): 269 – 276.

Kuhlmann, S., and H. Wollmann, 2006. "Transaktionskosten von erwaltungsreformen-ein 'missing link' der Evaluationsforschung." [Transaction Costs of Administration Reforms-a 'missing link' of Evaluation Research] In Public Management. Grundlagen, Wirkungen, Kritik, [Public Mangement. 32 Basics, Effects, Critique], edited by W. Jann, M. Röber, and H. Wollmann, 371 – 390. Berlin: edition sigma.

Kuhlmann, S., and H. Wollmann, 2014. Introduction to Comparative Public Administration: Administrative Systems and Reforms in Europe. Cheltenham: Edward Elgar.

Kuhlmann, S., J. Bogumil, and S. Grohs, 2008. "Evaluating Administrative Modernization in German Local Governments. Success or Failure of the 'New Steering Model'?" *Public Administration Review* 68 (5), 851 – 863.

Kuhlmann, S., J. Bogumil, and H. Wollmann, eds., 2004. Leistungsmessung und-vergleich in Politik und Verwaltung. [Performance Measurement and Performance Comparison in Politics and Administration]. Wiesbaden: VS Verlag.

Lippi, A., 2003. "As a Voluntary Choice or as a Legal Obligation? Assessing New Public Management Policy in Italy." In Evaluation in Public Sector Reform. Concepts and Practice in International Perspective, edited by H. Wollmann, 140 – 168. Cheltenham: Edward Elgar.

Majone, G., 1996. Regulating Europe. London: Routledge.

Majone, G., 1997. "From the Positive to the Regulatory State: Causes and Consequences of Changes in the Mode of Governance." *Journal of Public Policy* 17 (2): 139 - 167.

Manger, D., and M. Moldaschl, 2010. "Institutionelle Reflexivität als Modus der Kompetenzentwicklung von Organisationen." [Institutional Reflexivity as a Mode of Competency Development of Organizations], In Innovationsstrategien jenseits des traditionellen Managements, [Strategies of Innovation beyond Traditional Management], edited by H. Jakobsen, and B. Schallock, 282 - 291.

Stuttgart: Fraunhofer-Verlag. Mayntz, R., and F. W. Scharpf, 1995. "Steuerung und Selbstorganisation in staatsnahen Sektoren." [Steering and Self-Organization in Sectors close to the State], In Gesellschaftliche Selbstregulierung und politische Steuerung, [Societal Self-Regulation and Political Steering], edited by R. Mayntz, and F. W. Scharpf, 9 - 38. Frankfurt am Main: Campus. 33.

Moldaschl, M., 2005. "Audit-Explosion und Controlling-Revolution: Zur Verstetigung und Verselbständigung reflexiver Praktiken in der Wirtschaft." [Audit-Explosion and Controlling-Revolution: About the Consolidation and Transition to Automatization of Reflexive Practices in Commerce]. Soziale Welt 56 (2/3): 267 - 294.

Moldaschl, M., 2010. "Was ist Reflexivität?" [What Is Reflexivity?] Paper and Reprints of the Department of Innovation Research and Sustainable Resource Management 7 (11), Chemnitz.

Pawson, R., 2002. "Evidence and Policy and Naming and Shaming." *Policy Studies* 23 (3/4): 211 - 230.

Pollitt, C., 1995. "Justification by Works or by Faith? Evaluating the New Public Management." Evaluation: *The International Journal of Theory*. Research and Practice 1 (2): 135 - 157.

Pollitt, C., and G. Bouckaert, 2011. Public Management Reform: A Comparative Analysis. Oxford: Oxford University Press.

Power, M., 2007. "The Theory of the Audit Explosion." In The Oxford Handbook of Public Management, edited by E. Ferlie, L. E. Lynn, and C. Pollitt, 326 - 344. Oxford: Oxford University Press.

Proeller, I., and J. P. Siegel, 2009. "Performance Management in der deutschen Verwaltung: Eine explorative Einschätzung." dms-der moderne staat 2 (2): 455 - 474.

Reichard, C., and E. Schröter, 2009. "Der öffentliche Dienst im Wandel der Zeit: Tradierte Probleme, aktuelle Herausforderungen und künftige Reformperspektiven." [Public

Services in the Course of Time: Hand-Me-Down Problems, Recent Challenges and Future Reform Perspectives] dms-dermoderne Staat 2 (1): 17 – 36.

Riegler, C., and F. Naschold, eds., 1997. Reformen des öffentlichen Sektors in Skandinavien. [Reforms in the Public Sector in Sweden]. Baden-Baden: Nomos.

Saatweber, V. S., 2004. "Das europäische Selbstbewertungsinstrument Common Assessment Framework (CAF)." [The European Self-Assessment Tool Common Assessment Framework (CAF)]. In Leistungsmessung und-vergleich in Politik und Verwaltung, [Performance Maesurement and Performance Comparison in Politics and Administration], edited by S. Kuhlmann, J. Bogumil, and H. Wollmann, 227 – 249. Wiesbaden: VS Verlag. 34.

Sabatier, P. A., 1993. "Advocacy-Koalitionen, Policy-Wandel und Policy-Lernen: Eine Alternative zur Phasenheuristik." [Advocacy Coalitions, Policy Change and Policy-Learning: An Alternative to Heuristic Phases] In Policy-Analyse. Kritik und Neuorientierung. Politische Vierteljahresschrift Sonderheft 24, edited by A. Héritier, 116 – 148. Wiesbaden: VS Verlag.

Siverbo, S., and T. Johansson, 2006. "Relative Performance Evaluation in Swedish Local Government." Financial Accountability & Management 22 (3): 271 – 290.

Speer, B., 2002. "Governance, Good Governance und öffentliche Verwaltung in den. Transformationsländern Mittel-und Osteuropas." In Governance als entwicklungs-undtransformationspolitisches Konzept, edited by K. König, M. Adam, B. Speer, and C. Theobald, 207 – 275. Berlin: Duncker & Humblot.

Stewart, J., 2003. Modernising British Local Government: An Assessment of Labour's Reform Programme. Basingstoke: Palgrave Macmillan.

Strid, L., 2004. "Comparative Municipal Quality Networks in Sweden." In Leistungsmessung und-vergleich in Politik und Verwaltung: Konzepte und Praxis, edited by S. Kuhlmann, J. Bogumil, and H. Wollmann, 267 – 276. Wiesbaden: VS Verlag.

Sveriges Kommuner och Landsting, and Rådet för främjande av Kommunala Analyser. 2010. Inga resultat-ingen kunskap: Kvalitetsmått i kommunal verksamhet. Stockholm: Sveriges Kommuner och Landsting. [Swedish Association of Local Authorities and Regions, and the Council for Local Government Analysis. 2010. No profit-no knowledge: Quality Dimensions in municipal activities. Stockholm: Swedish Association of Local Authorities and Regions.]

Talbot, C., 2000. "Performing 'Performance' -A Comedy in Five Acts." *Public Money &*

Management 20 (4): 63 - 68.

Van Dooren, W., and S. Van de Walle, eds., 2008. Performance Information in the Public Sector: How it is Used. Basingstoke: Palgrave Macmillan.

Van Dooren, W., G. Bouckaert, and J. Halligan, 2010. Performance Management in the Public Sector. London: Routledge. 35.

Van Thiel, S., and F. L. Leeuw, 2002. "The Performance Paradox in the Public Sector." Public Performance & Management Review 25 (3): 267 - 281.

Wallace, H., 2005. "An Institutional Anatomy and Five Policy Modes." In Policy-making in the European Union, edited by W. Wallace, H. Wallace, and M. A. Pollack, 49 - 92. Oxford: Oxford University Press.

Watson, G. H., 1994. Business Systems Engineering. Hoboken: John Wiley.

Wegener, A., 2004. "Benchmarking-Strategien im öffentlichen Sektor. Deutschland und Großbritannien imVergleich." [Benchmarking-Strategies in the Public Sector. Germany and Great Britain in Comparison] In Leistungsmessung und-vergleich in Politik und Verwaltung, [Performance Measurement and Performance Comparison in Politics and Administration], edited by S. Kuhlmann, J. Bogumil and H. Wollmann, 251 - 266. Wiesbaden: VS Verlag.

Wollmann, H., 2003. Evaluation in Public-Sector Reform. Cheltenham: Edward Elgar.

Wollmann, H., 2004. "Leistungsmessung ('performance measurement') in Politik und Verwaltung: Phasen, Typen und Ansätze im internationalen Überblick." [Performance Measurement in Politics and Administration: Phases, Types and Approaches in an International Overview], In Leistungsmessung und-vergleich in Politik und Verwaltung, [Performance Measurement and Performance Comparison in Politics and Administration], edited by S. Kuhlmann, J. Bogumil, and H. Wollmann, 21 - 46. Wiesbaden: VS Verlag.

Wollmann, H., 2005. "Neue Handlungsansätze im Zusammenwirken von Kommunen, Bürgern, gesellschaftlichen und Marktakteuren in Großbritannien, Frankreich und Schweden: Was kann hieraus für Deutschland gelernt werden?" [New Action Approaches regarding the Cooperation of Municipalities, Citizens and Societal Players and Market Players in Great Britain, France and Sweden: What May Germany Learn From It?], In Institutionenwandel lokaler Politik in Deutschland, [Institutional Changes of Local Politics in Germany], edited by M. Haus, 256 - 284.

Wiesbaden: VS Verlag. 36 Wollmann, H., 2008. Reformen in Kommunalpolitik und-verwaltung: England, Schweden, Frankreich und Deutschland im Vergleich. [Reforms in Municipal Politics and Administration: England, Sweden, France and Germany in Comparison]. Wiesbaden: VS Verlag.

Wollmann, H., 2014. "Schwedische Verwaltung im skandinavischen Kontext: Zwischen Beharrung und Wandel." [Swedish Administration in the Scandinavian Context: Between Continuity and Change] In Grundmuster der Verwaltungskultur: Interdisziplinäre Diskurse über kulturelle Grundformen der öffentlichen Verwaltung, [Patterns of Administrative Culture: Inter-Disciplinary Discourses regarding Cultural Fundamental Forms in Public Administrations], edited by K. König, S. Kropp, S. Kuhlmann, C. Reichard, K. P. Sommermann, and J. Ziekow, 537 – 558. Baden-Baden: Nomos.

基层官员对制度能力建设的影响：作为人力资源管理战略的情景性组织记忆构建

土耳其中东公共行政学院　保拉·阿克苏

【摘　要】本文旨在理解人力资源能力建设对组织记忆构建产生的影响。组织学习是复杂理论成果中的一项重要成果。公共机构这样的复杂组织是微观和宏观机制发生交互作用的场所（Morcol，2014），二者的交互作用又产生组织知识。这种基于宏微观相互作用机制而产生知识的一个例子即是基层官员这一概念（Lipsky，2010）。基层官员处理问题的经验与产生的即兴结果，是未来上层行政机构做出战略决策参考的知识。如果这种知识被有组织性地学习并影响到战略决策，就意味着知识已经被储存为组织记忆（Argote，2013）。本文认为基层官员的经验与即兴结果以一种特定的形式，即所谓情景性组织记忆（Stein and Zwass，1995）的形式储存为组织记忆，情景式组织记忆通过提升组织的学习能力对能力建设过程产生影响。本文特别指出公共组织内的人力资源任务分配可以改变情景性组织记忆的深度。因此，在执行组织内部任务时，加快人力资源情景性组织记忆的建设将会是一项有益的策略。

【关键词】制度能力建设；战略人力资源管理；组织记忆；基层官员；组织的复杂性理论

一 引言

本文旨在理解人力资源能力建设对组织记忆构建的影响。能力建设被联合国定义为一系列与组织学习过程有关的宽泛活动（Ortiz and Taylor, 2009）。能力建设过程的主要问题之一便是对于结果的线性思考的可信度。有学者已经简要地讨论了能力建设发展与其绩效之间的因果关系（Fowler and Ubels, 2010：24），但是组织的复杂性质疑了这种线性关系的合理性。

由于社会（Sawyer, 2004）和组织（Barabasi, 2014）都是复杂的体系，当采用适用于公共组织能力建设的实施方案时，应考虑到公共政策的复杂性（Morcol, 2002）。组织学习是复杂理论成果中的一项重要成果。公共机构这样的复杂组织是微观和宏观机制发生交互作用的场所（Morcol, 2014），二者的交互作用又产生组织知识。这种基于宏微观相互作用机制而产生知识的一个例子即基层官员这一概念（Lipsky, 2010）。

在基层官员概念体系中，上级行政机构从宏观层面上规定了基层官员的工作职责——他们是直接与公众互动的公务员，但依然能对所执行的任务施加主动影响。基层官员处理问题的经验与产生的即兴结果，是未来上层行政机构做出战略决策参考的知识。如果这种知识被有组织地学习并影响到战略决策，就意味着知识已经被储存为组织记忆（Argote, 2013）。

本文认为，基层官员的经验和即兴结果是以一种特定的形式，即所谓情景性组织记忆（Stein and Zwass, 1995）的形式储存为组织记忆的，情景式记忆通过提升组织的学习能力而对能力建设过程产生影响。本文将对基层官员工作中所使用的情景性组织记忆与任务分配中的战略性人力资源决策之间的关系进行研究。即将在此次会议上呈现的实证研究结果表明，基层官员工作任务的分配可以对情景性组织记忆的存储产生影响，从而通过组织学习提升制度能力建设。

二 理论框架

沃威克（Warwick, 1975）指出，从私营部门中提取概念和量表，将它们放到公文包里，生搬硬套到公共部门中是不切实际的。另外，任何一个大规模的组织在某种程度上都是公共的，因为它们必须对很多社会行动者做出回应，比如媒体、市场分析师、投资者等；同时它们也受到法律、规范和经济条件等方面的限制（Bozeman，1987）。从这个角度来看，任何组织都是一定程度上的公共组织。学习型组织是发端于私营部门并运用于公共部门的概念。这一概念对于公共组织非常重要，因为变革与发展是至关重要的，缓慢迟钝的官僚机构可能最终会出现政治上的失败或发生经济问题，从而也会蔓延到私营部门。

本研究是关于公共组织的学习研究。鉴于公共组织在很多方面都不同于私营组织，公共组织所运用的知识也大不相同。知识存量是理解组织如何学习的一种方式，因为它是衡量组织学习的一项指标。因此，理解学习型组织的内涵并研究其与知识存储之间的相关性至关重要。本文首先对概念进行文献综述，其次阐述研究计划，最后探讨研究结果和研究意义。

（一）学习型组织

自彼得·圣吉（Peter Senge）著名的书籍《第五项修炼》（*Fifth Discipline*，1990）成为畅销书之后，“学习型组织”成为组织研究领域中的流行主题。圣吉（Senge，1990）包括其前人阿吉里斯、舍恩（Agyris & Schon，1971）以及休伯（Huber，1991）的观点并没有包含研究的路径，因此他们的观点常被批评只囿于概念。之后诸如加文（Garvin，1993）、迪·拜拉和尼维斯（Di Bella & Nevis，1998）以及瓦特金斯和马斯克（Watkins & Marsick，1993）等学者提出了建立学习型组织的策略。作为一个学习型组织，其建立的过程也是战略管理和组织理论等研究领域中的一个重要研究领域。

一个学习型组织能从每一次实践中吸取教训并持续更新自己，从而适应不断变化的环境（Basim and Coll，2007）。因此，学习型组织可以被定义为一种包含更强的知识、灵活性、速度、权力和学习能力的组织结构的组织。个体对于学习型组织的认知非常重要，因为组织环境能够影响知识的需求和使用。因此，本研究旨在探讨组织学习的过程，特别是组织记忆的使用过程。

（二）组织记忆

能力的研究路径侧重于将资产和知识融合到组织功能的组织能力研究（Amit and Schoemaker，1993；Day，1994），拓展了组织资源的视角（Kryakopoulos and De Ruyter，2004）。在此背景下，格兰特（Grant，1996）、科格特和山德尔（Kogut and Zander，1992）以及马什等学者（March et al.，1991）对公司能力以及公司中储存的经验与惯例——组织记忆的重要性展开了研究。

战略中的组织记忆是组织中拥有的持久性知识（Rowlinson et al.，2010），并主要关注于过程（Hargadon and Sutton，1997），它是“储存仓”（Walsh and Ungson，1991）或是与记忆相关的保留形式（Moorman and Miner，1997）。它可以被看作在一个组织内学习的结果。正如沃什和乌格森（Walsh and Ungson，1991）所定义的，组织的记忆即使不被组织内的所有个人或团体所采用也是存在的，且可以存储在组织层面。通过使个人或小组铭记或遗忘，组织记忆得以被操控（De Holan & Philips，2011）。因此，组织记忆被看作由社会或政治过程所塑造的（Nissley ve Casey，2002）。由于组织可以被看成一个“政治场域”（Mintzberg，1983），社会活动可以被期望用以操纵组织记忆的存储和收回。

斯坦和芝瓦斯（Stein and Zwass，1995）定义了两种组织记忆形式：情景性记忆和语义性记忆。语义记忆关注在组织中做什么，情景性记忆更关注在组织中如何去做。通常来说，含有大量定量和可测量性知识的标准程序和例程的组织记忆被认为是组织的语义记忆。而情景性记忆包含更多的关于组织历史、经验和组织情景的定性知识，会更难测量。

公共部门机构有所不同，特别是组织中缓慢迟钝的官僚氛围会阻碍学习型组织的建立。在公共部门中，具有较多的语义性记忆和较少的情景性记忆是不好的。例如，2005 年土耳其公共部门依照第 5018 号法条改变了其组织程序。根据这项法律，公共部门必须制定战略规划。一项五年计划的制定和实施需要拥有完备的组织知识，而且与组织内部的员工和部门的沟通也十分重要。

（三）基层官员

李普斯基（Lipsky，2010）的观点认为，基层官员需要与公民直接互动，他们在即时处理工作的过程中，产生了新的知识。他们需要这样做，因为组织的语义性记忆（程序和惯例）并不总是令人满意的。组织上级的指令是完成工作，基层官员必须找到达成指令的方式。当出现某个新情景和新情况，需要使用平时工作之外的额外知识时，基层官员就会临时发挥和即时处理。作为一种组织记忆，这种即兴处理可以归类为情景性记忆。

并不是所有组织都需要情景性记忆，因为在不同环境中的情形都有所不同。但大多公共组织都被看作复杂系统（Morçöl，2014），并需要适应环境。作为复杂系统的组织被视为相互依存的关系的联结。该系统能够在微观层面上自我组织，从而在宏观层面改变属性特征，由此来适应环境。因此，基层官员在微观层面上可以被看作自组织的代理人，他们通过即兴的任务改变组织的情景性记忆。

（四）基层官员的人力资源管理战略

本文认为，基层官员被认为可以提高组织情景性记忆，由此就需要制定战略来提升他们产生新知识的能力，并进而存储为组织情景性记忆。大多情况下，基层官员在他们的工作领域中都很灵活。由于政治决策或其他原因，上级官员可以把基层官员调动到具有不同职责的职位上。

这意味着情景性记忆资料库会依所储存的任务不同而不同。官僚在不同任务之间的流动会产生复杂性，创造一个将知识从一个任务传递到另一个任务的环境。据此本文提出如下假设：

在基层官员流动较多的工作中，存储的情景性组织记忆要多于语义性记忆。

三 讨论

公共组织成为一个学习型组织意义重大，其中能力建设是一个极其重要的议题，它依赖于将所学知识储存为组织记忆。为了提升组织能力，从新经历、新危机等工作中所产生的知识是重要的，它能开拓新视角从而不断适应新环境。在这种背景下，组织可以对基层官员实施人力资源战略，并增加其轮换。本文认为该战略能够增加情景性记忆，从而在学习中达到预期效果。该假设将在土耳其的一个公共组织中进行验证。本文从组织的工作流程中测量任务，将任务内的情景性记忆数量作为因变量，往年基层官员的轮换作为自变量，对二者进行测量并进行回归分析。研究结果将在研讨会中分享探讨。

参考文献

Amit，R. and Schoemaker，P. J. H.，1993. "Strategic assets and organizational rent". *Strategic Management Journal*，14，January，33 – 46.

Argote，L.，2013. Organizational Learning：Creating，Retaining and Transferring Knowledge 2. Baskı. Pennsylvania：Springer.

Aryris，C. and Schön，D. A.，1978，Organizational Learning：A Theory of Action Perspective Addison-Wesley；Massachusetts.

Barab'asi. A. -L.，2014. Linked：How Everything Is Connected to Everything Else and What It Means for Business. Science and Everyday Life. Cilt 1. Plume New York.

Bozeman，B.，1987. All organizations are public. San Francisco：Jossey-Bass.

Day，G. S.，1994. "The capabilities of market-driven organizations". *Journal of Marketing*，58，4，37 – 52.

De Holan，P. M. & Philips，N.，2011. Organizational Forgetting（Easterby-Smith and Lyles Ed.）Handbook of Organizational Learning and Knowledge Management Wiley；UK.

Dibella，A. and Nevis，E. C.，1998. How Organizations Learn? Jossey-Bass；San Francisco.

Fowler，A. & Ubels，J. 2010. Multiple Dimensions. In：Ubels，J.，Acquaye-Baddoo，N.-A. & Fowler，A.（Eds.）Capacity Development in Practice. London：Earthscan.

Garvin，D.，1993 Building a Learning Organization Harward Business Review 70 – 89.

Hargadon，A. and Sutton，R. I.，1997. "Technology brokering and innovation in a product development". Administrative Science Quarterly，42，716 – 49.

Huber，G. P.，1991. Organizational Learning：The contributing processes and the literatures-Organization Science. 2. 88 – 115.

Lipsky，M.，2010. Street-Level Bureaucracy Dilemmas of The Individual in Public Services，

30th Anniversary Expanded Edition.

March, J. G., Sproull, L. S. and Tamuz, M., 1991. "Learning from samples of one or fewer". *Organization Science*, 2, February, 58 – 70.

Mintzberg, H., 1983. Power in and Around Organizations. Englewood Cliffs, NJ: Prentice Hall. Englewood Cliffs, NJ: Prentice Hall.

Morçöl, G., 2014. A Complexity Theory for Public Policy. (New Edition) Routledge.

Morçöl, G., 2002. A New Mind for Policy Analysis: Toward a Pots-newtonian Postpositivist Epistemology and Methodology. Praeger.

Ortiz, A. & Taylor, P., 2009. Learning Purposefully in Capacity Development: Why, What and When to Measure? In: Iiep (Eds.) Rethinking Capacity Development. Paris: Ids.

Nissley, N. and Casey, A., 2002. The politics of Exhibition: Viewing Corporate Museums Through Paradigmatic Lens of Organizational Memory British Journal of Manegement 13 35 – 46.

Rowlinson, M., Booth, C., Clark, P. Delahaye, A. and Procter S., 2010. Social Remembering and Organizational Memory Organization Studies 31: 01 69 – 87.

Sawyer, R. K., 2005. Social Emergence: Societies as Complex Systems. Cambridge University Press.

Senge, P. M., 1990. The Fifth Dicipline the art and practice of the learning organization. New York: Random House.

Stein, E. W. & Zwass, V., 1995. Actualizing Organizational Memory With Information Systems. Information Systems Research, 6, Sf. 85 – 117.

Warwick, D. P., 1975. A Theory of Public Bureaucracy. Cambridge MA: Harvard University Press.

Walsh, J. P., Ungson, G. R., 1991. Organizational Memory. Academy of Management Review 16 (1): 57 – 91.

获取和控制公共部门信息和数据的新工具

——意大利恢复透明度和问责制的改革

意大利罗马第二大学行政法学教授

阿里斯蒂德·普利斯

一 1990年以来意大利公共部门信息的透明度和获取权

1990年，根据第241号法律，意大利首次制定通则准许行政信息获取权，制定有关行政程序以及文件获取权的新条款。这是公共行政部门和公共权力机构在公开和透明度方面进行漫长而复杂的斗争的结果。

长期以来，作为行政活动透明度的一个工具，获取公共管理部门文件和信息仅在特定领域得到保证。

第195/2005号法令规定可在公共部门获取与环境相关的信息（依照获取环境信息的欧洲指令2003/4/EC制定），根据透明度的一般原则，该法令的出台标志着第一次真正尝试着突破第241/1990号法律规定的有限的信息获取权。

随着2015年立法改革，意大利议会决定向提高行政部门的开放性和透明度方面迈出重要一步。

根据第241/1990号法律第22条前条款规定，根据行政活动透明度原则，个人获取行政文件和信息的权利仅限于特定人群，且获取内容非常有限。根据第241/1990号法律原有条款规定，个人获取权被视作“为确保行政活动的透明度及促进公正”，但该权利只限于“任何有意保护自己的法律地位和权利的人”。

2005年2月11日制定的第15号法律修改了上述条款。第22条第1款中删除了将行政文件和信息获取权作为个人透明度权利的工具，并且利益相关者涉及所有“符合法律保护情形且与已请求获取的文件相关的私人实体，包括代表公众利益且有直接、真实和现行的利益关系的私人实体”。

新法律所定义的获取的目的是，通过更全面的事实和最直接影响自身的法律，使主体更好地行使系统赋予他们的保护其自身法律地位的最大权利，即参与权和（或）反对权。

根据意大利宪法第117条第2款，新立法中对透明度的定义非常重要：获取行政文件和信息，执行“旨在鼓励参与及确保公正与透明度的行政活动一般原则”的一项工具。

二　第150/2009号法令和第33/2013号法令

透明度和开放性新原则的漫长之路可以追溯到第150/2009号法令。该立法条文中透明度被定义为“……完全可获取性，包括通过公开政府各部门公共网站工具和信息”，目的是“……促进形成遵守合理管控和公平性原则的广泛形式”。

如此，每位公民便获得合法获取公共信息的法律地位，鼓励对公共部门的行为进行全面管控。

然而，第150/2009号法令包含两个目的：

（1）通过提高行政透明度和公共服务，确保公共部门的公平和高效；

（2）通过程序和组织结构透明防止腐败。

后来制定的第33/2013号法令的重点是反腐，其特定目的（根据第190/2012号法律）是防止及打击公共部门的腐败和非法行为。

根据第33/2013号法令条款，公共部门有责任通过利用各部门的公共网站履行法令要求的透明度义务（以及所有相关活动）；用户无须验证或身份识别可在网站查询到所有部门活动和实体组织的相关信息。

上述信息必须在机构网站主页的“透明管理”网页公开。

由第33/2013号法令重新设立的透明度责任是重要议题，旨在监督公共部门规定的程序流程。

该法令有义务更新透明度和廉政的三年计划，向部长（或其他政治方向高层负责人）、内部独立评估机构、国家反腐部门甚至纪检办汇报推迟或者未履行公开要求的情况。

为使该条款更具效力，第33/2013号法令第6章旨在监督各项规定和处罚的执行情况。处罚既直接针对透明度责任提出的具体需求，又针对必须提供公开或可获取数据的管理者和政治部门。

处罚体制是公民获取权高效运行的保障（按第33/2013号法令第5条规定）。该条款明确规定“根据现行规定，公共部门公布文件、信息或数据的义务包括任何人有权要求其公布未公布过的文件、信息或数据”。

公民获取的概念已经由第33/2013号法令提出，但只限于法律明确规定的政府和公共部门，公开或提供公众获取的文档、信息和数据。

三　第124/2015号法律第7条新“透明度法令”

2015年8月7日第124号法律（“监察和简化反腐、开放和透明度条款”）第7条中规定政府基于其中列出的一系列原则和条件，采用“一至多条法令以调整和整合2013年3月14日第33号法令”。

第7条第1款的原则和标准中提及，“在不损害披露义务的情况下”“可以通过授予任何人，无论其地位如何，即使在互联网上，获取公共机构持有的数据和文件的权利来承认（特定和新的）信息自由，除非法律规定或受到与保护公共和私人利益有关的限制予以保密或不予披露，旨在鼓励对官方责任追究和公共资源使用采取广泛的控制形式。”

在此基础上，意大利公共行政部长于2016年2月11日提出了新“透明度法令”，并同时获得了国务委员会咨询科的批准。最后作为2016年5月25日第97号立法令在意大利共和国官方公报公布。

在这个新法令的基础上，本文将就这一重大改革可以预见的创新以及可能遇到的关键问题展开探讨。

四 第97/2016号法令:透明度作为自由获取数据和文件的依据

新法令第一个重要变化是其第2条对第33/2013号法令第1条第1款的修订，新法令进一步指出将透明度的目的理解为“完全可获取性”：不仅仅是“鼓励对官方责任追究和公共资源使用采取广泛的控制形式”，而且（这是新法令的变化）要“保护基本权利”。

在接下来的第1条第2款中对这种基本权利的性质和延伸做出了解释，第2款表示透明度“是保障个人和集体自由以及公民、政治和社会自由的条件，将权利整合进行良好的治理并有助于建立公开的政府和为人民服务”。

第1条第1款做出的重要澄清是真正创新的前奏。公民获取基本权利的新理念是透明度原则的实施。

然而，事实上，根据前版本的第33/2013号法令，获取权被授予“关于公共机构组织和活动的透明度要求”，而根据对第33/2013号法令的新修订版本，第2条第1款规定“本法令包括任何人获取公共当局和其他实体持有的第2条所指的数据和文件的自由的规定，通过公民获取以及通过公开关于公共行政部门的组织、活动以及执行方式的文件、信息和数据而受到保障，但须遵守与保护公共和法律上相关的私人利益有关的限制”。

这是一个非常重要的改变，因为它清楚地显示了透明度规则的目的不（再）是首先获得公共行政机关持有文件的发布，实行可以被定义为“行政偷窥”的形式。透明度规则的目的转而变为（而且更正确）首先确保“由公民获取”获得公共行政部门持有的信息和文件的自由，而且仅以“通过公开文件、信息和数据”的替代方式。

接下来，新法案第6条修订了第33/2013号法令（其到目前为止，公民访问仅仅是被视为对违反发布文件、数据或信息义务的惩罚），如前文所提，加入新的第2款，其中规定“为了鼓励对官方责任追究和公共资源使用采取广泛的控制形式，鼓励参与公共辩论，除了以前根据本法令发布的数据和文件，每个人都有权利在保护公共和法律上相关的私人利益范围内获得公共当局持有的数据和文件”。

这是一个非常重要的创新，因为以这种方式，以前的处罚转变成公民访问数据和公共文件的真正权利，这在盎格鲁—撒克逊体系中等价于“信息自由”。新法令引入公民访问的目的是，将获取权从对公共管理部门拥有的数据或文件的法律和正式立场中分开，新的权利关心的是政府和公共机构掌握的所有数据和文件（尽管如我们所见，需要符合某些严格界定的限制）。

它不仅涉及对公开具有特定要求的数据和文件（以及那些尚未出现在企业网站上，却仍然是行政当局有义务发布要求的数据和文件），同样涉及没有公开义务的数据和文件。

然而，新法令同样规定了扩大公民获取权，即对于被清除的信息和文件的获取权，这也就是被误导引用的信息。然而，对“信息”的引用出现在第5节的各款中，缺乏一致性：在第3款中（说实话，相当正确地）规定，公民访问时必须明确“所需的数据、信息或文件”；对“信息”的引用还出现在后面与行使获取权有关的各款中。

来自计算机语言的数据和信息之间的区别，反而是一个非常重要的差别，将其始终保持在法令框架内是适当的：因为这个区别是指这样一个事实，“数据”总是一个已知的元素，而“信息”是从对许多数据的阐述中得到的知识，“信息”是用户不断从通过咨询数据库便可以获得的数据的聚合中获取的。

五 对公民获取权的限制

第33/2013号法令新制定的第5条，由新法令第6条第2款引入，还规定了可以排除公民获取权的一系列案例。

第1款规定，有必要拒绝获取的要求，以防止损害与公共安全、国家安全、国防和军事事项、国际关系、政策、国家财政和经济稳定有关的公共利益，对犯罪行为进行调查和起诉，从而顺利进行检查。

第5条第2款还指出，第5条第2款规定下的获取权也可被拒绝，如果“有必要拒绝以保护以下私人利益之一”：

a. 按照立法规定，保护个人资料；

b. 通信的自由和保密；

c. 自然人或法人的经济和商业利益，包括知识产权、版权和商业秘密。

而前面的一条规定回顾了与获取国家机密相关的免除案例，以及其他准入限制或披露案例，“包括获取信息需要遵守适用法规以符合具体条件、模式或限制，包括涉及1990年第241号法令第24条第1款所述的情况”。

上述几条显示，虽然公民获取的限制在很大程度上是必要和适当的，但这些限制非常宽泛，远远超出保护国家利益的真正需求。正如国务院对该法令的意见所指出的那样，面对前面第5条所涉及的宽泛的例外条款，政府和公共部门“可能被诱导以更广泛的方式使用自己的酌处权，以扩大不公开透明的范围”以及“可能会对有争议的措施的实际效果提出质疑”。

实际上，上述第5条中接下来的第4款和第5款提及的内容仅仅对获取信息的巨大潜在限制起到部分缓解作用。

第4款提到只对文件的特定部分限制获取（所谓的“部分获取”）的可能性，这似乎足以确保保护反对文件获取方的利益；第5款提到以简单的推迟获取取代拒绝获取的可能性。

新规定中必须提及以及批判的是，否决获取信息不被鼓励的规定，以及没有正式拒绝必须被认定为默认拒绝（第33/2013号法令新制定的第5条第5款）。然而，尽管这一规定的目的是减轻公共行政部门的负担，但毫无疑问，“这明显将是对相同的1990年第241号法律和由该法律规定的陈述原因的一般义务的后退”。国务院认为（第515/2016号），似乎适当的做法是“尽管简短，仍然应视纪律规定的限制和排除范围拒绝授予信息获取权”。

六　新“透明度法令”的适用范围

第97/2016号法令引入新条款（第2条）。

新条款旨在克服在第一次使用第33/2013号法令期间出现的一些重要问题以及在国家反贪局采用的决议中出现的问题。

尤其第33/2013号法令也适用于港务局、专业人员协会和公共事业单位（2014 年 10 月 21 日第 145 号国家反贪局决议，关于适用第 190/2012 号法律的当局意见）；适用于公共控制的公司；适用于协会、基金会、私营部门实体，即使没有法人资格，其活动大部分由公共机构资助，或所有或多数董事或地址由公共行政部门指定（2012 年 12 月 18 日第 34 号国家反贪局决议）。

同样的指导方针适用于“与国家或欧盟法律规定的与公共利益活动有关的，执行符合 2015 年 8 月 7 日第 124 号法律第 18 条法令第 2 条规定的公众参与公司的必要数据和文件，以及与即便没有法人资格，但行使行政职能、生产有利于公共行政或公共服务管理商品和服务、或得到公共部门承认的公共当局任命理事机构成员的权力的协会、基金会和私营部门机构有关的数据和文件”。多亏新法令，公民获取权将适用于整个公共部门。

七　公民获取权及费用

在新的第 3 条第 1 款中规定“对所有适用法律规定的文件，信息和数据（获取数量）的强制性披露是公开的，任何人都有权知道、免费获取、使用以及重复使用”，但是第 5 条第 3 款中明确规定，“仅在支付行政部门费用的情况下，以电子或印刷形式发布信息或文件”。

通过输入“文件使用”查找文件指的是仅仅查阅文件，而不能够复印。这种情况下可以免费获取信息。但如需申请复印文件，则不能免费获取。

在这方面，法令案文附录中的“技术报告”中规定“行使，联营行政当局在现行法律规定的人力资源、设备和财政资源方面面临的权利，鉴于事实，虽然获取编号免费，仍然需要偿还政府以电子或印刷形式发布数据和文件的费用，但不影响现行有关税款的规定，以及调查和业务简介的权利”。

八　与请求方沟通

在行政费用支出审查方面（因此行政行为要注重经济效率）有可能

出现很大问题，正如新的第5条第4款所提到的，其中指出“根据法律第5条第2款，确定请求方的获取请求，有义务通过附有回执的挂号邮件的方式通知复印方法，或以电子方式通知给允许以此形式通信的人员。在收到通知后十日内，请求方可以同样通过互联网提出有理由的反对意见。此后，政府应要求提供交流的确认回执”。

以下是那些在第5条中列出的：

a）按照立法规定，保护个人资料；

b）保护通信的自由和保密；

c）保护商业和经济利益（自然人或法人），包括知识产权、版权和商业秘密。

从透明度的需要与为请求方保密的需要之间的平衡的观点来看，该规定应该受到热烈欢迎。

然而，鉴于潜在的请求方很多，针对公民获取请求收费不太可能持续下去（在组织和人力资源方面）。这是新立法无法掩盖的一个问题。

法令规定，如果您不能提供电子通信（根据意大利法律，只有那些“接受这种通信形式”的才可能），则需要向他们发送一封附有签字回执的挂号信。

就是说，一定要了解该条款的真正影响。也应该注意“数字管理法”（2005年3月7日第82号法令）将会引入的变化，该变化与认证电子邮件的使用和披露有关，这是最复杂的问题。

九　拒绝获取：行政责任新案例

即使在违反法律规定的权利和义务的情况下提供制裁机制，也是对法令极大的创新。

特别是新的第33/2013号法令第46条“违反发布规定和公民获取规定所引起的责任”规定：“未能履行现行法律规定的披露义务并拒绝、延期和限制获取编号，在第5条规定的情况之外，构成管理责任评估的一个要素，无论是对损害行政部门形象的承担责任，仍然对支付负责人履行个人履行职责的绩效薪酬和待遇条件进行评估，‘并规定了只有在你感到时，负责人对妨碍有责任’……这种失败是由于不归因于他的原因。”

在这方面，显而易见的是，首先，“对行政部门形象造成损害引起的任何责任”只能意味着你在这方面适用参考标准：它规定了对个人形象的损害仍然局限于非常精确和具体的实例组，包括公共行政犯罪行为（《意大利刑法典》第314—335节）或其他明确被视为刑事犯罪的案件。最近，审计法庭联合委员会（Corte dei conti，2015年3月19日第8号判决书）也明确证实了这一点。所以违反公开或公民拒绝取证（或补充）也是上述罪行之一，这一点是必要的。

那么与其他违反这些义务有关的可能的制裁也引起了一些关注，法令的选择是将不符合上述义务的做法与“以绩效为基础的奖励”和“履行奖励有关的附带赔偿”联系起来。对于这种新的管理责任案件，这是一种“额外的制裁”，这种情况似乎是不可预测的实体，而且可能会更好地（几乎肯定更有效地）提供固定数额的罚款（以比例或百分比）。

十 目前新的意大利改革中个人获取权和公民获取权的区别

从生效之日起，第33/2013号法令创造了一种双轨：依照第241/1990号法律，传统的获取权（“经典”获取权），以不同的假设和不同的纪律继续运作，规定公民获取权的第33/2013号立法，现在已经是延伸的版本，延伸到除第33/2013号法令规定公开以外的公共机关持有的数据和文件。

这种共存意味着一个人可以是不同立场的持有者（根据第241/1990号法律第22条，因此可以通过“经典”获取权得到保护），你几乎总是需要为公民获取做出选择：谁有明显的优势，并且不要求有义务说明其获取请求的理由。

然而在某些情况下，公民获取权无法实现，“经典”个人获取权仍会更有效地运作。事实上，法令明确规定“适用于新形式的公民获取的限制（在2013年第33号法令新的第5条中提及）比1990年第241号法令第24条中所指出的更加广泛和详细，允许政府在有可能危及某些相关公共利益的情况下拒绝获取”。

在某些情况下，出于保护合法的公共或私人利益的需要，只有在符合法律情况的个人提出要求的情况下才可以进行公民获取，这些记录和文件不是在第33/2013号法令新的第5条中列出的否定利益（公共和私人）。

十一 意大利扩大透明度的方式：光与影

总而言之，尽管一些关键点已经提及，但是，政府选择扩大公民获取是非常明智的。

公民获取的限制必须被积极考虑。事实是，网络上提供的信息量与透明度之间存在直接的对等比例（这些使公众而不是行政活动更加成熟的知识，与网络上能获取的信息量不能直接成比例）。但是，你可以通过公布大量的数据和材料来造成“不透明的混乱”（国务委员会第515/2016号决定）。

在这方面，新法令追求合理化，甚至减轻一些公共当局的负担。例如，取消了目前第20条第3款（将废除该法令）的公布“组织福利水平”数据的要求，并更好地界定了某些公布信息的要求（见例，第33/2013号法令第3、17、20条修正案）。

哪些是改革的成本（在严格的经济和组织方面）实际上是一个非常大的问题，特别是在一个以地方性经济危机为特征的时代，最大的后果就是持续的支出审查以及减少拨给公共管理部门的资金和人力。鉴于新法令第44条的规定，“执行本法令不得增加公共财政负担”“负责履行本法令所涉义务的当局，只能运用现行法律下可获得的人力资源、设备和财政资源”，这个问题就更为复杂了。

另外，地方并没有意识到有必要不定时对有争议的规则做出审查，包括在成本效益分析的基础上（当然不仅仅是“经济成本”）审查，并考虑到比例原则。

事实上，即使是欧盟层面，也认为良好的管理应该是公开的，更大的透明度是否真的会确实提高政府对公民负责的水平；但同样，如果没有对政府机构的内部工作采取措施，中长期不太可能产生大的变化。所以，如果不监督改革的日常执行情况，如果不按时监督行政改革的情况，“行动透明度”（比如现在政府提出的整个改革计划）可能将仅仅被视为破碎的承诺。

参考文献

Essays (chronological order)

G. ARENA, *Administrative Transparency and law Reform in Italy*, in *Italian Studies in Law: A Review of Legal Problems*, Ed. Alessandro Pizzorusso, Martinus Nijhoff Publishers, Dordrecht/Boston/London, 1994, Volume II, pages 105 ff.

F. FRACCHIA, "Administrative Procedure and Democracy: The Italian Experience", in *Indiana Journal of Global legal Studies*, Volume 12, Issue 2, (Summer 2005), pages 589 ff. http://www.repository.law.indiana.edu/cgi/viewcontent.cgi? article = 1311 & context = ijgls.

H. KUDO, *Does* e-government *guarantee accountability in public sector? experiences in Italy and Japan*, in *Public Administration Quarterly*, Volume 32, no. 1 (Spring 2008), pages 93 ff.

G. DELLA CANANEA, "Administrative Procedure and Rights in Italy: a comparative approach", in *Italian Journal of Public Law*, (2) 2010, http://www.ijpl.eu/assets/files/pdf/2010_ volume_ 2/Della% 20Cananea-Administrative% 20procedures% 20and% 20rights% 20in% 20italy% 20a% 20comparative% 20approach.pdf.

K. HARLOW, R. RAWLINGS, "National administrative procedures in a European perspective: pathways to a slow convergence", in *Italian Journal of Public Law*, (2) 2010, http://www.ijpl.eu/assets/files/pdf/2010_ volume_ 2/Harlow% 20 & % 20Rawlings% 20 NATIONAL% 20ADMINISTRATIVE% 20PROCEDURES% 20IN% 20A% 20EUROPEAN.pdf.

S. KUHLMANN, "New public management for the 'classical continental European Administration': modernization at the local level in Germany, France and Italy", in *Public Administration*, Volume 88, Issue 4, December 2010, pages 1116 ff.

J. MENDES, *Participation in EU Rule-Making. A Rights-Based Approach*, Oxford University Press, Oxford/New York, 2011.

S. CASSESE, *The Present State of Italian Administrative Law*, in *New Trends in Italian Public Law*, Ed. By S. Cassese et al., European Public Law Organizations EPLO Publications, Esperia Publications Ltd., London, 2012.

D. U. GALETTA, "Transparency and Access to Public Sector Information in Italy: A Proper Revolution", in *Italian Journal of Public Law*, (2) 2014, http://www.ijpl.eu/assets/files/pdf/2014_ volume_ 2/4.%20Galetta%20.pdf.

A. POLICE, *New Instruments of Control over Public Corruption: the Italian Reform to restore Transparency and Accountabiility*, in *Diritto dell'economia*, 2015, pages 189 ff.

E. ONGARO et al., *Italy: set alond a neo-Weberian trajectory of Administrative Reform?*, in *Public Administrations Reform in Europe. The view from the top*, Ed. By G. Hammerschmid et al., Edward Elgar Publishing Ltd, Cheltenham/Nothampton, 2016, pages 185 ff.

N. CASALINO et al., *Transparency, Openness and Knowledge Sharing for Rebuilding and Strenghtening Government Institutions*, in *researchgate. net* https: //www. researchgate. net/profile/Nunzio_ Casalino/publication/251880137_ Transparency_ Openness_ and_ Knowledge_ Sharing_ for_ Rebuilding_ and_ Strengthening_ Government_ Institutions/links/5509fbf20cf20f127f90c27f. pdf.

Documents (chronological order)

The relevant Sections of the Italian Law n. 241/1990, http: //home. broadpark. no/ ~ wkeim/files/foia – italy. htm

The Silent State. The right of information in Italy, April 2013 Report, http: //www. right2info. org/resources/publications/publicatons/the – silent – state_ ati – in – italy_ 2013.

OECD (2013), *OECD Integrity Review of Italy. Reinforcing Public Sector Integrity, Restoring Trust for Sustainable Growth*, OECD Public Governance Reviews, OEDC Publishing http: //dx. doi. org/10. 1787/9789264193819 – en.

ITALY, Annex 12 to the EU Anticorruption Report, Brussels 3. 2. 2014 COM (2014) 38 final, http: //ec. europa. eu/dgs/home – affairs/what – we – do/policies/organized – crime – and – human – trafficking/corruption/anti – corruption – report/docs/2014_ acr_ italy_ chapter_ en. pdf.

Openness, Transparency and the Right of Access to Documents in the EU, June 2016 report (by Deirdre CURTIN and Päivi LEINO-SANDBERG), http: //www. europarl. europa. eu/thinktank/it/document. html? reference = IPOLIDA (2016) 556973.

公共部门绩效工资实施效果文献评论

英国考文垂大学营销管理学院人力资源管理/
组织行为学高级讲师　伊诺·亚马思·梅考克
英国考文垂大学营销管理学院人力资源管理/
组织行为学高级讲师　兰迪尔·欧拉克
英国考文垂大学营销管理学院社会商业中心
博士　布尔诺基亚·M. 普普拉姆普

【摘　要】 有关绩效工资实施效果的研究与日俱增，但是涉及欧洲和非洲国家公共部门绩效工资实施效果的比较研究却相对匮乏。本文回顾了现有的研究欧非 10 个国家公共部门绩效工资实施效果的文献。绩效工资制度在发达国家和发展中国家均有实施，目的是完善公共部门责任，提高行政效率和生产效率。现有的文献证明成功引入绩效工资制度后，在政治层面和实际操作中仍然存在问题，并非完全有效。本文试图通过文献评论，为发达国家和发展中国家的政策制定者在公共部门实行管理及薪酬改革提供相关有价值的借鉴。

【关键词】 绩效工资；公共部门；发达国家和发展中国家；文献评论

一　引言

预算和绩效的联系正变得愈加紧密，因而一些发达国家和发展中国家试图在公共部门和私营部门推行薪酬制度改革（van der Vyver and Bussin，2013）。尤其在世界范围内，政府支持的众多薪酬改革（OECD，2005）纷纷在公共部门推行，目的是从选择性薪资奖励和自动职位工资体系转变成绩效工资制度。绩效工资或能成为完善公共部门责任，提高工作积极性和生产效率的工具（Puplampu，2016；Hasnain et al.，2012）。

在过去15年间，大多数经合组织成员国的核心公共服务，诸如税务、行政、关键公务人员等专业实体都推行了绩效工资制度。借鉴经合组织成员国的做法，一些中低收入国家也努力推行绩效工资制度，以期改变功能失调的公共部门的绩效（Eichler et al.，2001；Meesen et al.，2007）。

本研究具有现实意义。因为大多数关于发达国家和发展中国家公共部门绩效工资的研究都论证了成功引入绩效工资制度后，政治层面和实际操作中仍然存在问题，并非完全有效。目前，越来越多的研究都在强调绩效工资的影响，并且已涉及它所能达到的效果，以及达到某效果所需要的条件。通过主题分析法，本文对关于公共部门绩效工资实施成果的理论文献，尤其是实证文献进行了评论。

二　基本理论框架/文献综述

绩效工资制度根据员工绩效评价结果，或者更为典型的是，根据他们目标完成情况的评价结果，给予统一或不统一的经济报酬（Maycock and Puplampu，2014；Suff et al.，2007）。相关评价可以通过产出（例如，服务过的客户或项目数量）和投入（例如，出勤、精力分配、技能习得或自愿奉献等）的定量测量或者定性评价实现（Hasnain et al.，2012）。因此，绩效工资制度涵盖了绩效工资、收益分享、计件工资、分红以及其他基于产出的薪酬体系（Murphy and Cleveland，1995）。可操作的绩效工资制度需以有效的绩效管理体系为基础（英国咨询调解和仲裁局，2007；特许人事和发展协会，2011）。在有效的管理体系下，涨薪幅度由个人在薪级内所处的薪酬区域与经理或主管对员工个人的绩效评定结果共同决定（模式详见图1）。

图1　绩效工资（Maycock and Puplampu，2014）

绩效工资制度的主要目的是向员工明确地传达什么样的行为是管理者所期待的（Armstrong，2002），这样就有可能充分调动员工的积极性，使他们清楚地认识到：几分付出便会有几分回报（Lawler，2000；UK ACAS，1990）。

围绕绩效工资的理论之争一直不断。珀金斯和怀特（Perkins and White，2011）提出，员工行为的发生是有理可循的，伴有目的性，并基于信念、经验和对未来的预期（Burgess and Ratto，2003；Mesch et al.，2006）。尽管反对弗罗姆期望理论的学者认为该理论本质上过于理想化，并且没有阐明激励员工的因素是什么（Lawler and Suttle，1973）。但这一理论的重要管理意义在于它有效地解释了绩效工资的基础：当员工知道某种表现将带来他们所珍视的报酬时，实现目标的动力就会高涨；但如果精力投入与绩效评价或者绩效评价与薪资之间含混不清、无关紧要的话，则不然（Mabey et al.，1998）。行为预期、实现手段和效价是弗罗姆期望理论的关键因素，如图2所示。

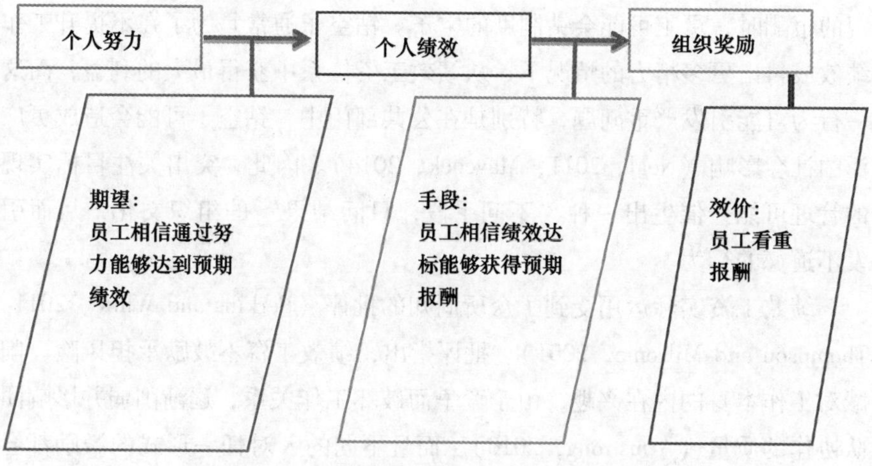

图2　激励期望理论（Vroom，1964）

图2详细解释了弗罗姆的理论（Vroom，1964）。该理论认为图中列出的三个因素会共同影响员工的认识，使他们相信提高生产率将有助于获得预期的报酬（McShane and Von Glinow，2011）。与此类似，目标设定理论较少关注报酬，但它强调设定合适的工作目标和发动员工承诺完成目标的激励作用（Brown and Latham，2000a）。洛克和莱瑟姆（Locke and Latham，1990；2002）的目标设定理论假定，相较于简单地鼓励员工做到最好，合理地设定与业务目标关联的、明确的、有时间限制的、有挑战性的目标，能够启发并激励员工取得更好的工作业绩。这一理论的支持者认为，这些目标不仅可以作为员工评估自身行为结果的参照标准，而且为员工指明了前进的方向。具体来说，如果员工估计自己当前的工作表现不足以实现既定目标，他们可能会调整自己的行为，把注意力集中到具体的目标上，遭遇挫折时坚持不懈，付出更大的努力，创新方式，从而实现设定的目标，获得诸如加薪、升职、认同等员工看重的奖励（Wiese and Freund，2005）。

和所有理论一样，目标设定理论难免受到非议。例如奥德等人（Ordóñez et al.，2009）就认为滥用这一理论假设可能使组织蒙受重挫。因此应用目标设定理论时应谨慎，以免引发其潜在的副作用。奥德等人（Ordóñez et al.，2009）称，过分强调让员工实现富有挑战性的具体目标会引发不道德行为。在最坏的情况下，尤其是实现绩效指标将获得极为可观的报酬时，员工可能会钻制度的空子。钻空子通常是为了在不提升工作绩效或付出更多精力的情况下，从绩效工资体系中获得最大的利益，而这一行为可能引发严重问题，特别是在公共部门中，钻空子可能会造成更广泛的社会影响（Neal，2011；Maycock，2014）。因此，突出关注目标实现的管理可能会催生出一种“不问手段，只问结果”的组织文化，从而引发不道德的行为。

绩效工资实际运用受到了众所周知的批评（Perkins and White，2011；Thompson and Milsome，2001）。批评指出，绩效工资不鼓励承担风险，削减对工作本身的内在兴趣，由于竞争而破坏工作关系，逐渐削弱并影响团队协作的质量（Armstrong，2010）。而且不同的人对任一形式的激励都会有不同的反应——因此不能假设报酬（通常数额不大）对每个人都有同等的激励作用，但这又是绩效工资的前提假设（Heery，1998；IRS，2000）。一方面，布朗、阿姆斯特朗（Brown and Armstrong，1999）和兰德（Randle，1997）认为，之所以会出现批评的声音是因为没有对绩效工资制度同组织环境、文化的有机结合给予足够的重视。另一方面，凯斯勒（Kessler，2000）指出，出现上述批评的原因是因为操作困难、设定恰当的绩效考核指标需要反复的工作、将绩效评价结果同薪资挂钩也存在困难。比如说，为某些专业性强但对技能要求不高的工作设定绩效目标就存在问题。同时，在低通胀时期要支付足以激励员工的高薪尤为艰难。

尽管存在批评，但是仍有例子表明绩效工资制度得到应用，并且实现了制度以及组织设定的目标（CIPD，2011；Dickinson，2006；Milkovich and Newman，2008）。

大多数关于绩效工资的研究已经在发达国家和发展中国家的公共部门开展（Kim，2002；OECD，2002；Rexed et al.，2007）。这些研究论证了成功引入重大薪资改革后，在政治层面和实际操作中仍然存在困难，并非完全有效（Independent Evaluation Group，2008；Kiragu and Mukandala，2003；World Bank，1999）。对英国绩效工资实践，学者们持批评态度。它聚焦于公职人员（美国国税局，2000；Marsden and Richardson，1994 等）且数量不及美国（Gerhart and Rynes，2003）。卡尔多纳（Cardona，2007）、马斯登和法兰奇（Marsden and French，1998）的观察研究回顾了英国、美国、澳大利亚公共部门的激励计划后发现了实施绩效工资制度存在的共同问题。具体来说，众多员工发觉这一制度不仅会挫伤他们的工作积极性，而且还会引起同事间的相互嫉妒。同时，由于奖金制度设计本身的问题，只有极少数员工收到了奖金，而事实是员工几乎不可能满意以下的考评结果。有趣的是，马斯登和法兰奇（Marsden and French，1998）发现，尽管英国员工对绩效工资制度持负面看法，但生产力却提高了。

在发达国家和发展中国家的教学领域，绩效工资被认为是吸引和留住高素质师资的重要且有效的工具（Heneman III and Milanowski，1999；Kelley，1999）。借助于美国北卡罗来纳州学校的详细数据，克洛费特等人（Clotfelter et al.，2004；2008）发现，负责制和绩效工资制度对留住优质师资有很大的助益。与发展中国家相比（Vujicic，2009），发达国家的研究文献对绩效工资激励措施在医疗保健行业的运用也给予了极大的关注（Petersen et al.，2006；Eldridge and Palmers，2009）。

切克利等人（Chalkley et al.，2010）使用英国公立牙科医疗系统的一个自然实验证据，来研究对增加的服务提供具体奖励的经济激励措施的效果，并与提供相同效果的类似雇佣关系进行对比，他们发现，从“准就业”安排转为基于激励合同工作的牙医，其工作量增加了26%。他们还发现专业标准、个人内在动机和喜好等变量是不同财务激励的重要变量。此外，梅森等人（Meessen et al.，2006；2007）考察了卢旺达两个地区医疗改革情况，并且在之后的一个研究中评估了卢旺达卡布塔尔地区15个医疗中心的运营情况。他们详细记录了在引入了基于输出的奖金制度后，员工工作效率急剧提高。与此类似，艾克勒等人（Eichler et al.，2001）发现，当参与美国国际开发署试点项目的一家非政府组织的绩效工资制度作为改善海地医疗服务供应的一部分被应用时，在免疫覆盖范围和组织行为上都产生了令人鼓舞的效果。

总结这些采自发达国家和发展中国家公共部门的实验、观察和调查证据可以看到，尽管由于绩效工资制度和不同组织文化之间缺少恰当的融合造成了实操困难，但实施绩效工资仍然提高了员工的工作积极性和效率。

三　研究方法

本文回顾了研究公共部门绩效工资制度实施效果的现有文献，并对其研究发现进行了主题分析。借助在线期刊论文、数据报告、分析型著作和书籍，本文收集并回顾了分别来自五个欧洲国家和五个非洲国家公共部门绩效工资制度案例研究的间接实验证据。其中包括从其他研究人员过往研究中收集来的原始数据和信息，并且都已得到文献的解释支持。本文运用主题分析法对文献和案例研究进行了分析。主题分析法是在数据中对模型（主题）进行识别、分析和报告（Braun and Clarke，2006）。它最低限度地组织和描述数据集的细节。不仅如此，它还对研究主题进行多方面解读（Boyatzis，1998）。通过理论自由，主题分析法可以提供一个丰富、详尽但是复杂的数据（Braun and Clarke，2006）。

目前，越来越多的研究都在强调绩效工资的影响，并且已经涉及它所能达到的效果，以及达到效果所需要的条件。因此，本文旨在评估研究公共部门绩效工资效果的理论文献，尤其是实证文献。本研究是有现实意义的，因为大多数发达国家和发展中国家关于公共部门绩效工资的研究都论证了成功引入重大薪资改革后，在政治层面和实际操作中仍然存在问题，并非完全有效。

四　比较结果

根据本文的研究目的，本部分将严格地分析、讨论和展示非洲（布基纳法索、刚果民主共和国、卢旺达、坦桑尼亚和包括布基纳法索、加纳、坦桑尼亚在内的三国研究）和欧洲（丹麦、葡萄牙、瑞典、瑞士和英国）10 国公共部门绩效工资制度实施效果，并得出结论。

（一）非洲——医疗部门

1. 布基纳法索

在布基纳法索一项混合调研中，在列举有效的绩效工资体系设计需要考虑的重要因素方面，叶等人（Yé et al.，2016）作了重要贡献。为了改善妇幼医疗保健的质量，他们基于当地的资源，探索医疗保健提供者的喜好来建立激励制度。调查结果显示，大体上 85% 的医护人员支持基于保健区自身财务资源的激励方案。因此作者重申，医护人员和其他利益相关者能在早期就参与设计激励方案被证明是有价值的，因为这能确保他们有效地参与到过程当中，并在最后普遍接受方案。

2. 刚果民主共和国

于耶里和塞邦（Huillery and Seban，2015）在刚果民主共和国医疗机构内也试行了绩效工资制度，将薪酬和诊治的病患数量挂钩。他们发现试行绩效工资制度的机构在吸引患者方面投入了更多的精力，但是这种热潮并没有转化为更高水平的服务或更好的医疗效果。此外，领取固定薪酬的医护人员相较领取绩效工资的，工作积极性反而更高，对工作更满意。这些发现表明，虽然一时的经济报酬可以让医护人员更卖力，可一旦报酬用金钱衡量时，缺少经济报酬，他们的士气和努力程度都将下降。

3. 卢旺达

相应地，卢旺达医疗部门的绩效工资制度（Overseas Development Institute，2011）是最早一批兼具灵活又明显成功的案例。该制度经历了严格的评估并且帮助点燃了医护人员绩效薪酬的全球性革命。国家卫生部施行了绩效工资制度，不再以资历定薪，意图根据医护人员在提高健康水平方面实际付出的劳动发放工资，以改变平庸的表现，提振士气。绩效工资制度与医疗中心提供的 14 项不同的服务相关，其中包括一般健康护理、妇幼保健等，涵盖了从 0.09 美元的初次产检到 4.59 美元的产科急救转诊或在医疗机构分娩等项目（Basinga et al.，2011）。薪资数额根据卫生服务覆盖范围和数量通过公式计算得出，再根据服务质量予以调整。

世界银行对该绩效工资制度的评估结果显示，效果是积极的。比如，医护人员工作效率提高了、缺勤率下降了。此外，医护人员还做了额外的努力，创新方式、方法，吸引更多缺乏医疗保障的民众加入医保体系。绩效工资制度 2008 年开始在全国推行，它的成功说明财政奖励制度如果能在严格评估绩效的情况下实施，即便资源不足也可以改善健康状况。

4. 坦桑尼亚

在一个定性研究中，奥拉斯多特等人（Olasdottir et al.，2014）同样发现，在低收入情况下施行绩效工资制度，将环境因素纳入考虑是十分重要的。作者还强调，在推行绩效工资制度前拥有基本的基础设施、最低数量的技能和知识兼备的医护人员以及充足的资源等也十分重要。在试点实施的第一阶段，研究人员收集了工作环境特点和医护人员工作态度等相关数据。此外，还对 75 家医疗机构、101 名医护人员进行了调查，评估医护人员的就业条件、设施资源和对工作的满意度。医护人员确认的实证证据显示，监管、社区偏好、公用设施、药物和医疗设备、人员、薪资、福利等都是影响绩效工资制度实施的关键环境因素。因此，虽然突破一些限制非常困难，但是只要它们在供应者和管理者可控范围内，绩效工资制度就可以提供激励方式和方法来突破它们。

5. 布基纳法索、加纳、坦桑尼亚三国调查研究

许多非洲国家的实证证据证实，绩效工资制度在改善母婴健康方面效果尤为明显。因此，目前绩效工资作为能提高医护人员医护、服务质量的策略备受关注。此外，让医护人员参与制定绩效考核指标也受到了大力推

祟。然而，研究如何实现制度可持续发展的文献匮乏。因此，叶等人（Yé et al.，2016）使用定性方法对农村医护人员提出的不同类型的绩效工资制度进行研究，了解他们对制度管理和持续发展的意见，以及对业绩最优检测指标的看法。研究人员还与来自布基纳法索、加纳和坦桑尼亚不同地区的35名受访者进行了深度访谈，包括29名母婴医护人员、4名地区医疗管理人员和2名政策制定者。分析调查结果发现，受访者普遍支持调动当地资源使激励方案得以持续，但是也担心制度的公平性。还有一种普遍看法认为，将非财务激励费用整合到地方预算相对简单。总之，该项研究显示医护人员关心并担忧绩效激励制度的可持续性。因此，确保医疗服务提供者参与制度设计很可能获得他们对制度的参与和支持。虽然如此，政策制定者和管理人员的投入是有必要的，这样才能确保选定的指标符合目的，并且能纳入常规的报告体系，期望也是现实可行的。

6. 对非洲医疗部门研究结果的讨论

按照数据收集和分析、主题和环境因素，本文对绩效工资在非洲实施效果的证据主体分析进行了分组。表1（附录1）显示了调查结果的总体频率。其中两项研究使用了混合研究法（布基纳法索和坦桑尼亚），两项为定量研究（刚果民主共和国和坦桑尼亚），剩下的（布基纳法索、加纳、坦桑尼亚三国研究）研究使用了纯粹的定性方法收集和分析数据。所有研究都支持环境变量对绩效工资制度实施效果的影响和作用。

然而在总结经验时，对绩效工资制度的正面和负面效果加以区分是非常重要的。首先，来自刚果民主共和国的调查结果显示，在临时引入绩效工资制度后，产生了医护人员士气下降的负面影响。海里（Heery，1998）和赫尼曼（Heneman，1992）同意这一调查结果并认为财务报酬带来的积极性通常难以持续。更重要的是，工作本身带来的内在积极性更加深刻和持久，这在2010年针对卢旺达医护人员绩效工资的一项研究中得以证实。在该研究中，柏新加等人称76%的医护人员认为，挽救生命比获得高薪更重要。引入绩效工资制度也许会降低公职人员原本看重的针对工作本身的内在积极性，从而背离制度的初衷（Anderfuhreren-Biget et al.，2010；Ashraf et al.，2014；Leigh，2013；OECD，2009）。其次，实施绩效工资制度本身极为复杂，特别是在发展中国家。因为发展中国家政治、金融和经济条件不稳定、效率低下、管理不严、产出水平低（Omar and Ogenyi, 2006）。斯科特（Scot, 2010）还指出与其他形式的工资制度相比，绩效工资制度饱受争议、更为复杂，很多人认为这一制度技术超前，大多数发展中国家没有实践的能力。

尽管如此，本文回顾的剩下四项研究（数量过少难以概括总体）却从正面佐证了绩效工资制度的效果。特别是布基纳法索的绩效工资制度被普遍接受。卢旺达、坦桑尼亚和三国研究（布基纳法索、加纳和坦桑尼亚）的证据都表明绩效工资制度改进了生产力，提高了士气和留任人数，提升了医疗效果，降低了缺勤率，增加了效率，提高了工作的创造性。充足的重要资源和基本的基础设施为该制度的巨大成功做出了贡献。有趣的是，马斯登和法兰奇（Marsden and French, 1998）发现了一个奇妙的矛盾：尽管英国员工对绩效工资制度持负面看法，但是它的生产力却似乎提高了，对管理者的动机和努力也带来了积极影响。以下是有助于绩效工资制度在这些国家产生正面效果的环境变量，总结时使用了李克特三点量表。

（1）政府对薪酬改革进程的承诺。

（2）政策制定者对绩效工资制度的投入，制度提供方和管理人员的严格把控。

（3）员工和其他利益攸关方对绩效工资制度设计过程的早期参与。

（二）欧洲——公共部门

1. 丹麦

丹麦在1997年首次实施绩效工资制度（OECD, 2005b），迄今为止都十分成功。该制度在不同的政府组织中有所差异且高度分权，各个组织机构自行控制安排。此外，该制度反映出员工是否达到了在组织层面上约定的定量或定性目标的事实，制度覆盖了全体公务人员。尽管制度管理人员、各机构、财政部和员工代表提出了一些重大的负面效果，比如绩效工资饱受争议、行政管理过多、员工不稳定等，但财政部与各中央组织、工会签订了约20项新的集体协议，更多的员工被纳入这个新型薪酬体系中。更进一步，一项对绩效工资制度的评估显示，该制度为招聘创造了更好的机会。同时，薪资讨论整合到年度绩效面谈、关注个人评价接受情况、薪资确定基于员工和直接上级的商谈等，都产生了总体积极的效果。

2. 葡萄牙

同样，马丁斯（Martins，2009）费时七年分析了老师实施绩效工资对学生成绩的影响。没有实施绩效工资制度地区任教的老师充当对照组，这些组由来自两个自治区的公立学校组成。然后对两个互补的组进行双重差分分析。相较其他地区的学校和私立学校而言，这些公立学校经历的工资制度改革力度不大。学校学生参加同样的国家统一考试，但是老师却不受改革影响。研究结果一致表明，过分强调教师个体绩效，会使学生统一考试成绩大幅度下降。此外，三重差分的研究结果也反映了给分过高现象的大幅上升。

3. 瑞典

乌尔夫通过对来自瑞典三个城镇四个学校教师进行半结构化访谈得到实证数据，研究了绩效工资对瑞典高中教师的影响。结果表明，由于薪酬、积极性和结果之间看不出明确关联，因此绩效工资制度并不能增强结果。具体而言，所有参与者都认为三者间的关联难以理解，并没有经过深思熟虑，因为制度的重点在于如何给非核心的工作支付报酬。此外，超过三分之一的教师认为绩效工资制度可以作为一项惩罚措施，用来阻止和惩罚那些发表诋毁或批评意见的老师。

4. 瑞士

瑞士自1996年开始实施绩效工资制度（OECD，2005b），代替此前每两年为全体员工自动加薪一次的制度。与丹麦类似，这一制度由中央统一规定并适用于整个联邦，但是分权实施。因此部门管理者有责任制定与目标、结果相关的指标，并落实到自己的员工。着眼于工作方法、性格方面的面谈常年进行，以监测员工业绩。制度实施也存在一些具体问题，比如考核方法难以统一、绩效对工资影响微乎其微、部分管理人员能力欠缺、担心公共服务文化难以服从绩效工资等。跟所有政府一样，瑞士联邦也面临预算约束。然而，报告（OECD，2005b）指出，员工认为绩效工资制度是个好东西，因为它支持员工和管理人员坦诚讨论和交流。此外，员工也认为，使用不同的绩效评估技术是正向机制，也是鼓励变革创业的标志。

5. 英国

英国的绩效工资制度始于20世纪90年代早期（OECD，2005b），实施目的在于促进绩效和个人、集体报酬之间的紧密联系。和瑞士、丹麦一样，英国各公共服务部门现行的绩效工资制度差异很大。特别鼓励各部门机构把绩效工资策略和它们业务的宗旨和目标联系起来，并且综合考虑市场压力、留任和招聘因素确定薪酬范围。各部门机构难以衡量绩效工资对实现组织目标所发挥的影响，资金约束也限制了它们为业绩突出的员工提供充足的财务激励的能力。然而，该制度整体上还是带来了正面影响。制度获得成功的关键因素包括：公正且高质量的人员管理、透明度高、员工参与、公平、清晰、实际的目标设定，员工对测量结果的高度控制、努力可以获得高概率的奖励等。

6. 对欧洲研究结果的讨论

为了评价全部证据，本文评估了五项关于欧洲五国公共部门绩效工资制度的研究。这些研究在丹麦、葡萄牙、瑞典、瑞士和英国完成，对象是政府资助的工资制度改革。本文使用主题分析法分析研究结果，发现正面结果（丹麦、瑞士、英国）与负面结果（葡萄牙、瑞典）并存，详见表2（附录2）。为了总结经验，笔者将会根据与结果相关的环境变量对研究结果进行讨论。

首先，在丹麦、瑞士、英国实施的绩效工资制度都产生了正面的效果。比如，阿姆斯特朗（Armstrong，2002）和伊-瑞渥德（E-Reward，2003）强调，有效的绩效工资制度可以使雇主发现并奖励更好的表现，并吸引、留住高素质雇员。本文支持这些说法，丹麦绩效工资实施结果可以佐证。值得注意的是，绩效工资制度高度分权，各组织机构自行安排控制，薪资讨论纳入年度绩效面谈，更重要的是关注个人考核结果接受情况，薪资确定基于员工和直接上级的商谈等都是一些具体的环境因素，这些因素使绩效薪资制度变得独特，而且获得了正面效果。

此外，尽管预算约束可能导致低薪，影响员工工作积极性，瑞士薪资改革依然获得成功，因为员工认为绩效工资制度对于变革、创业精神和坦诚交流等都是一个良好的机制。这些结果提高了组织的效率和生产力，同世界银行（World Bank，2001）的一项研究发现相似。在世界银行的研究中，作者基于14个高、中、低收入国家税务部门调查数据获取的“间接证据”得出结论，认为引入奖金制度似乎对整个组织的效率都会产生影响。

有证据表明，引起绩效和工资挂钩的重要决定没有得到妥善实施，从而导致了大多数绩效工资制度失败（Perkins and White，2011）。举例来说，大多数的管理人员都不能做到诚实行事，制定切合实际的目标或定期准确地评估员工的业绩（Marsden，2007；Kersley et al.，2006）。同时，大多数组织都无法合理地将绩效标准与员工自身的职业价值观、价值观、成就感和经验统一起来。当员工察觉到薪酬分配不公时，这种价值观念的不一致、不协调就会导致两难局面，也会对员工的积极性产生影响（Armstrong and Baron，2005；Folger and Cropanzano，1998）。然而，与这些论点相反，英国政府的高度承诺，确保员工参与、透明、公平、清晰、员工高度掌控目标和评价结果，造就了制度的成功。

在教学领域，在发达国家和发展中国家，绩效工资被认为是吸引和留住高素质教师的一个重要且有效的工具（Heneman Ⅲ and Milanowski，1999；Kelley，1999）。然而本文提及的在葡萄牙和瑞典教育界进行的两项研究都得出负面结果，与库伯和科恩（Cooper and Cohn，1997）的研究结果背道而驰。库伯和科恩以南卡罗来纳州500多个班级为样本，研究发现，教师绩效奖励对学生阅读和数学测验的成绩都产生了正面影响。

我们再次看到，这两项研究的负面结果受到某些环境变量的影响。比如，过分强调教师个人绩效、绩效工资本身的设计和实施也存在问题等。布朗、阿姆斯特朗（Brown and Armstrong，1999）和麦克拉伦（McClaren，2000；2013）的研究让这些变量对绩效工资的影响更为可信。他们认为，如果管理人员主要关注员工目标达成情况，而忽略了将制度与组织或专业的环境和文化统一起来，大多数的绩效工资制度将会以失败收场，尤其是道德评判标准、员工行为准则都有所下降。葡萄牙的研究发现给学生分数偏高，瑞典的研究发现员工认为绩效工资制度难以理解，制定时缺乏深思熟虑都证明了这一点。

（三）非洲和欧洲的比较探析

总体而言，根据研究结果分析，非洲和欧洲的公共部门是支持绩效工资制度的，但同时也强调了特定的环境变量可能会给正面或负面结果带来影响。最重要的是，无论是在发展中国家还是在发达国家，绩效工资制度都产生过负面结果。例如，刚果民主共和国绩效工资制度短暂实施后造成医护人员士气下降；葡萄牙施行绩效工资导致学生成绩下降，老师打分过高；在瑞典，雇员认为绩效工资制度难以理解，制定时缺乏深思熟虑等。这都是绩效工资制度的设计和实施不合理所导致的，也是过分强调教师个人绩效所引起的问题（Martins，2009；Ulf，2012；Huillery and Seban，2015）。

因此，更多地关注绩效工资制度设计的有效性，适当地把它与员工的职业价值观、价值观、成就感和经验统一起来，而不是仅仅只关注经济报酬和学生成绩，这样才能保证绩效工资制度在上面提到的三个国家中获得成功。此外，应留意确保绩效工资制度不会对内在动机产生不利影响。虽然一时的经济报酬可以让医护人员更卖力，但是一旦报酬用金钱衡量时，报酬不再，士气和努力程度都将下降，这将背离绩效工资制度的初衷（Anderfuhreren-Biget et al.，2010；Ashraf et al.，2014；Leigh，2013；OECD，2009）。

另外，绩效工资制度在剩下的国家（三项研究来自欧洲，四项来自非洲）中的实施都产生了积极的效果。首先，政府的高度承诺促成了制度在英国和卢旺达的成功。其次，利益攸关者的早期有效参与，加之制度的高度分权，各个组织机构自行管理控制，促成了制度在布基纳法索和丹麦的成功。最后，预算约束本可能是绩效工资制度在瑞士获得成功的潜在威胁，因为预算约束可能导致低薪，打击员工的积极性。然而，通过充分调动地方资源和基本的基础设施来增加制度的可持续性，反而削弱了这一潜在威胁。这在坦桑尼亚和布基纳法索、加纳、坦桑尼亚三国研究中得到证实。此外，保证选定的指标符合制度目的，并且是定期汇报系统的一部分，预期目标切合实际，充分考虑制度施行的环境因素，这些对于制度的管理人员来说都非常有益（Maycock and Puplampu，2014）。证据表明，绩效工资制度有效性的核心是设计选择、环境和实施因素。

（四）研究局限

和大多数研究一样，本文也有一些局限。首先，我们对绩效工资实施效果的研究仅仅是基于从欧洲五国和非洲五国的公共部门收集来的数据，因此研究结果并不全面。尽管如此，本文对理解环境特定变量在绩效工资制度产生的正面或负面结果中所扮演的角色和发挥的作用贡献良多。此外，研究绩效工资制度的文献相对缺乏，发展中国家尤甚，因此本文有助于将来这项研究的开展，并覆盖到亚洲、非洲等更多的国家，以便进行严格的比较。

五　反思和结论

本文研究了关于绩效工资制度在五个非洲国家和五个欧洲国家公共部门施行效果的文献，以期为发达国家和发展中国家的政策制定者在公共部门实行管理及薪酬改革提供相关有价值的借鉴。总的来说，本文经过对研究结果的主题分析，发现正面和负面效果并存，两种效果都受到环境特定变量的影响。尤其与欧洲（丹麦、瑞士、英国）相比，非洲的正面效果最多（布基纳法索、卢旺达、坦桑尼亚和布基纳法索、加纳、坦桑尼亚的三国研究），而欧洲（葡萄牙和瑞典）的负面效果要比非洲（刚果民主共和国）多。

总之，需要更多的实证研究来评估环境特定变量在促成正面或负面效果方面的作用和影响，因为环境特定变量有助于改进绩效工资制度的设计和实施。本文在研究欧、非绩效工资制度实施效果时采用横跨两大洲的方式，具有创新性。此外，本文使用的研究方法显示，要使绩效工资制度符合组织要求，在制度设计之初就该让所有的利益攸关者参与其中，同时充分调动本土资源，在制度实施时进行开发和本地化。一旦这些基本的基础设施齐备，就有可能促进、优化绩效工资制度，使其成功并持续运作。尤其是在面临严峻的预算或者资源限制时。

因此，本文可以作为政策制定者的指南，帮助他们在开发和设计公共部门薪酬改革方案时，确定促进或损害绩效工资制度效果的环境变量。证据表明，绩效工资制度有效性的核心是设计选择、环境和实施因素。

附录1:非洲

表1　　根据主题和环境因素设定的编码结构

国家	数据收集和分析	主题	环境因素
布基纳法索	混合研究调查和深度访谈 —受访者包括94名医护人员，应用11.2版本的STAT软件分析定量数据 —33名医护人员接受了深度访谈，应用第8版Nvivo软件进行编码、组织和分析数据	—肯定的反应 —利益攸关者有效参与 —普遍接受	—医护人员和其他利益攸关者早期参与绩效工资制度设计，推动了他们有效参与并普遍接受制度
刚果民主共和国	—定量调查 —96个分区（包括152家医疗机构）参与了调查	—士气大跌 —暂时采用绩效工资制度	—一时的酬劳可以让医护人员更卖力，但是一旦报酬用金钱衡量，报酬不再，士气和努力程度都将下降
卢旺达	—定量调查 —卢旺达整个卫生部	—提高士气和留任人数 —扩大健康影响 —缺勤下降 —提高工作效率 —激发工作创造性	—卢旺达的绩效工资制度与其他几项重要改革不谋而合，使之取得了成功 —卢旺达人民获得医疗服务更方便，整个医疗系统得到提高 —医疗开支的下放 —扩大社区医保计划 —卢旺达政府的承诺：种族大屠杀后，政府雄心勃勃，数据驱动，对欺诈和腐败行为采取零容忍态度
坦桑尼亚	—混合方法论（40次深度访谈、4个专题小组讨论），调查访问了75家医疗机构和101位医护人员	—影响实施的环境因素 —充足的实施资源 —基本的基础设施的重要性	—只要在医护和管理人员可控范围内，绩效工资制度就能运用激励方式和手段来解决某些限制

续表

国家	数据收集和分析	主题	环境因素
三国研究	—定性方法论 —35 名受访者 —使用第 8 版 Nvivo 软件对深度访谈进行分析	—绩效工资管理指标 —绩效工资持续性指标 —绩效工资制度提供方应保证公平 —调动地方资源	—医护人员关心并担忧绩效奖励机制的可持续性 —确保医护人员参与制度设计很可能获得他们对制度的参与和支持 —为确保选定的业绩指标符合目的、融入常规报告体系，确保预期设想符合实际，政策制定者和管理人员有必要参与其中

附录 2：欧洲

表 2　　根据主题和环境因素设定的编码结构

国家	数据收集和分析	主题	环境因素
丹麦	—在 111 个政府机构进行实验	—增加了新的集体协议 —为招聘创造了更好的机会	—高度分权，各个实施组织或机构自行管理控制 —薪资讨论纳入了年度绩效面谈 —更关注个人结果接受情况，薪资确定基于员工与直接上级的商谈
葡萄牙	—根据学生成绩匹配学生、学校的面板数据 —受访者包括七年间参加了葡萄牙国家考试的学生 —使用双重差分法从两个互补对照组收集数据进行分析	—学生成绩显著下降 —给学生过高的分数	—过分强调教师个人绩效

续表

国家	数据收集和分析	主题	环境因素
瑞典	—定性方法 —对来自三个市区四个学校的教师进行半结构化访谈收集实证数据	—绩效工资制度、动机和结果之间没有关联 —绩效工资制度：难以理解、缺少深思熟虑 — 奖励非核心工作 —一项惩罚措施	—设计和实施方面的问题
瑞士	政府支持的薪酬改革	—绩效工资制度是个好机制 —变革的信号 —鼓励创业 —允许坦诚交流 —共同负责处理人事工作	—预算约束可能导致低薪，影响员工积极性
英国	政府支持的薪酬改革	—人员管理公正、高水平 —透明度高 —员工参与 —设定的目标公平、清晰、实际 —员工高度掌控评价结果 —报酬与付出匹配	—政府参与并认为薪酬下放是优化服务供给、提高工作效率的重要工具

参考文献

ACAS (2007), "Appraisal Related Pay" [online] available from < http: //www. acas. org. uk/media/pdf/m/m/B10_ 1. pdf > [05/03/2014].

ACAS, UK (1990), "Appraisal Related Pay", Advisory Booklet 14 London: ACAS.

Alshamsan, R., Majeed, A., Ashworth, M., Car, J., and Millett, C. (2010), "Impact of pay for performance on inequalities in health care: systematic review", *Journal of Health Services Research & Policy*, 15 (3), 178 – 184.

Armstrong, M. (2010), Armstrong's Handbook of Human Resource Management. London: Kogan Page.

Armstrong, M. (2002), Employee Reward. London: Chartered Institute of Personnel and Development.

Armstrong, M., and Baron, A. (2005), "Managing Performance: Performance Management in Action", London: Chartered Institute of Personnel and Development.

Ashraf, Nava, Bandiera, Oriana and Jack, Kelsey (2014), "No margin, no mission? A Field Experiment on Incentives for public service delivery." *Journal of Public Economics*, http: //www. people. hbs. edu/nashraf/NoMarginNoMission_ JPubE. pdf.

Basinga, P., Gertler, P. J., Binagwaho, A., Soucat, A. L. B., Sturdy, J. R., and Vermeersch, C. M. J. (2010), "Paying Primary Health Care Centers for Performance in Rwanda", Policy Research Working Paper, 5190. The World Bank Human Development Network Chief Economist's Office & Africa Region Health, Nutrition and Population Unit.

Boyatzis, R. E. (1988), "Transforming qualitative information", Thematic analysis and code development. Sage.

Braun, V., and Clark, V. (2006), "Using thematic analysis in psychology", Qualitative Research in Psychology. 3 (2): 77 – 101.

Brown, D., and Armstrong, M. (1999), Paying for Contribution. Real Performance Related Pay Strategie. London: Kogan Page.

Brown, T. C., and Latham, G. P. (2000a), "The effects of goal setting and self-instruction training on the performance of unionized employees". *Industrial Relations* 55, 80 – 94.

Burgess, S., and M. Ratto (2003), The Role of Incentives in the Public Sector: Issues and Evidence (Working Paper). Bristol, UK: Centre for Market and Public Organisation.

Cardona, F. (2007), Performance-Related Pay in the Public Service in OECD and EU Member States. Paris: OECD SIGMA.

Chalkley, M., Tilley, C., Young, L., Bonetti, D., and Clarkson, J. (2010), "Incentives for Dentists in Public Service: Evidence from a Natural Experiment", *Journal of Public Administration Research and Theory* 207 – 223.

CIPD (2011), Reward Management: Alternatives, consequences and contexts. London: Chartered Institute of Personnel and Development.

Clotfelter, C., Diaz, R. A., Ladd, H., and Vigdor, J. (2004), "Do School Accountability Systems Make It More Difficult for Low-Performing Schools to Attract and Retain High-Quality Teachers?", *Journal of Policy Analysis and Management* 23 (2): 251 - 271;

Clotfelter, C., Glennie, E., Ladd, H., and Vigdor, J. (2008), "Would Higher Salaries Keep Teachers in High-Poverty Schools? Evidence from a Policy Intervention in North Carolina", *Journal of Public Economics* 92: 1352 - 1370;

Cooper, S. T., and Cohn, E., (1997), "Estimation of a Frontier Production Function for the South Carolina Educational Process", *Economics of Education Review* 16 (3): 313 - 327;

Dickinson, J. (2006), "'Employees' preferences for the bases of pay differentials", *Employee Relations* 28 (2): 164 - 83;

E-Reward (2003), Survey of Job Evaluation. Manchester: E-Reward.

Eichler, R., P. Auxila and Pollock, J. (2001), "Performance-Based Payment to Improve the Impact of Health Services: Evidence from Haiti", *World Bank Institute Online Journal* (April 2001);

Eldridge, C., and Palmer, N. (2009), "Performance-Based Payment: Some Reflections on the Discourse, Evidence and Unanswered Questions", *Health Policy and Planning* 1 (7);

Folger, R., and Cropanzano, R. (1998), Organizational Justice and Human Resource Management. Thousand Oaks, CA: Sage.

Gerhart, B., and Rynes, S. L. (2003), Compensation: Theory, Evidence, and Strategic Implications. Foundations for Organizational Science. Thousand Oaks, CA: Sage.

Hasnain, Zahid, Manning, N. and Pierskalla, Henryk, J. (2012), "Performance-related pay in the public sector: A review of theory and evidence", Policy Research Working Paper 6043. Washington D. C.: World Bank;

Heery, E. (1998), "A return to contract? Performance-related pay in a public service". *Work, Employment and Society* 21 (1): 73 - 95;

Heneman III, H. G. and Milanowski, A. T. (1999), "Teacher Attitudes about Teacher Bonuses under School-Based Performance Award Programs", *Journal of Personnel Evaluation in Education* 12 (4): 327 - 341;

Heneman, R. L. (1992), "Merit Pay. Linking Pay to Performance Ratings". Reading, MA: Addison Wesley.

Huillery, Elise, and Juliette Seban (2015), "Financial Incentives are Counter productive in Non-Profit Sectors: Evidence from a Health Experiment", Working Paper: June 2015.

Huillery, Elise and Seban, Juliette (2015), Pay-for-Performance in the Health Sector: Evidence from the Democratic Republic of Congo. Working Paper, June 2015.

Huillery, Elise and Seban, Juliette (2015), Misplaced Effort: The Effect of Pay-for-Performance in the Health Sector in the DRC.

Huillery, Elise and Seban, Juliette (2015), Pay-for-Performance, Motivation and Final Output in the Health Sector: Experimental Evidence from the Democratic Republic of Congo. www. bsg. ox. ac. uk/sites/blavatnik/files/documents/paper_ DRC_ April2014. pdf.

Independent Evaluation Group (2008), Public Sector Reform: What Works and Why? Washington DC: World Bank.

IRS (2000), The Truth About Merit Pay. Pay and Benefits Bulletin 501 (August). Kelley, C. (1999), "The Motivational Impact of School-Based Performance Awards", *Journal of Personnel Evaluation in Education* 12 (4): 309 – 326.

Kersley, B., Alpin, C., Forth, J., Bryson, A., Bewley, H., Dix., G., and Oxenbridge, S. (2006), "Inside the workplace: Findings from the 2004 Workplace Employment Relations Survey", London: Routledge.

Kessler, I. (2000), "Remuneration Systems". in by Bach, S., and Sisson, K. (eds), Personnel Management. A comprehensive guide to theory and practice. Oxford: Blackwell.

Kiragu, K. and R. Mukandala (2003), Public Sector Pay Reform-Tactics Sequencing and Politics in Developing Countries: Lessons from Sub-Saharan Africa Price water house coopers and University of Dar es Salaam. Dar es Salaam: Tanzania.

Kim, P. S. (2002), Strengthening the Pay-Performance Link in Government: A Case Study of Korea. Berlin, Governing for Performance in the Public Sector: OECD-Germany High-Level Symposium.

Lawler, E. E. and Suttle, J. L. (1973), "Expectancy Theory and Job Behaviour", Organizational Behaviour and Human Performance 9: 482 – 503.

Leigh, A. (2013), "The Economics and Politics of Teacher Merit Pay", *Cesifo Economic Studies*, 59 (1), 1 – 33.

Locke, E. A., and Latham, G. P. (2002), "Building a practically useful theory of goal Setting and task motivation: A 35 – year odyssey", American Psychologist *57* (9): 705 – 717.

Locke, E. A., and Latham, G. P. (1990), A theory of goal setting and task performance. Englewood Cliffs, NJ: Prentice-Hall.

Mabey, C., Salaman, G., and Storey, J. (1998), Human Resource Management: A strategic introduction. Oxford: Blackwell.

Marsden, D. (2007), "Pay and rewards in public services: fairness and equity". in Dibben, P., James, P., Roper, I., and Wood, G. (eds), Modernising Work in Public Services. Redefining roles and relationships in Britain's changing workplace. Baginstroke: Palgrave Macmillan.

Marsden, D. (2004), "The role of performance related pay in renegotiating the 'effort bargain': the case of the British public service", *Industrial and Labour Relations Review* 57 (3): 350 – 70.

Marsden, D., and French, S. (1998), What a Performance: Performance-related pay in the public services. London: Center for Economic Performance.

Martins, Pedro, S. (2009), "Individual Teacher Incentives, Student Achievement and Grade Inflation, Discussion Paper No 4501", Institute for the Study of Labor, Bonn, http://ftp.iza.org/dp4051.pdf.

Maycock, E. A. (2014), "Performance Based Pay: A Study of 2 Nigerian Financial Institutions", *The International Journal of Business & Management* 2 (12).

Maycock, Eno A. and Puplampu, Buernorkie M. (2014), "A Critical Examination of Ethical Dilemmas Faced by Salespersons in Ghana due to the implementation of Individual Performance Related Pay", *The International Journal of Business & Management* 2 (12).

McClaren, N. (2000), "Ethics in personal selling and sales management: a review of the literature focusing on empirical findings and conceptual foundations", *Journal of Business Ethics* 27 (2): 285 – 303.

McClaren, N. (2013), "The personal selling and sales management ethics research: managerial implications and research directions from a comprehensive review of the empirical literature", *Journal of Business Ethics* 112 (1): 101 – 125.

McShane, S. L., and Von Glinow, M. A. (2011), Organizational behaviour. New York, NY: McGraw-Hill Irwin.

Meessen, B., Kashala, J., and Musango, L. (2007), "Output-Based Payment to Boost Staff Productivity in Public Health Centres: Contracting in Kabutare District, Rwanda", Bulletin of the World Health Organization 85 (2): 108 – 115.

Meessen, B., L. K. Musango, J. and J. Lemlin (2006), "Reviewing Institutions of Rural Health Centres: Performance Initiative in Butare, Rwanda", Tropical Medicine and International Health 11 (8): 1303 - 1317.

Mesch, D. J., Rooney, P. M., Steinberg, K. and Denton, B. (2006), "The effects of race, gender, and marital status on giving and volunteering in Indiana", Nonprofit and Voluntary Sector Quarterly 35 (4): 565 - 587.

Milkovich, G. T., and Newman, J. M. (2008), Compensation. Boston, MA: McGraw-Hill International Edition.

Murphy, K. R. and Cleveland, J. N. (1995), Understanding performance appraisal: Social, organizational and goal-based perspectives. Thousand Oaks, CA: Sage Publications.

Neal, D. (2011), "The Design of Performance Pay in Education", NBER Working Paper: 16710.

Ordóñez, L. D., Schweitzer, M. E., Galinsky, A. D., and Bazerman, M. H. (2009), "Goals Gone Wild: The Systematic Side Effects of Over-Prescribing Goal Setting". Working Paper: 09 - 083.

OECD (2005b), *Performance-Related Pay Policies for Government Employees*, Paris: OECD.

OECD (2009), *Evaluating and Rewarding the Quality of Teachers: International Practices*, Paris: OECD.

Olasdottir, Anna, E., Maymana, I., Mashasi, I., Njau, I., Mauma, M., Patouillard, E., Binyaruka, P., Abdulla, S., and Borghi, J. (2014), "Pay for performance: an analysis of the context of implementation in a pilot project in Tanzania", *BMC Health Services Research* 14: 392.

Omar, E. O. and Ogenyi, V. O. (2006), "Determinants of pay satisfaction of senior managers in the Nigerian Civil Service International", *Journal of Public Sector Management* 19 (7): 687 - 701.

Overseas Development Institute. (2011), Rwanda's Progress in Health: Leadership, Performance and Insurance. London: ODI Publications. http://www.developmentprogress.org/sites/developmentprogress.org/files/resource_report/rwanda_report_ - _master_ 0. pdf.

Perkins, S. and White, G. (2011), Reward Management: Alternatives, Consequences and Contexts. London: CIPD.

Petersen, L. A., L. D., Woodard, T. U., Daw, C. and Sookanan, S. (2006), "Does Pay-for-Performance Improve the Quality of Health Care?", *Annals of Internal Medicine* 145 (4): 265 - 272.

Puplampu, Buernorkie. M. (2016), "Employee Reward Trends in Africa: The Contextual

Issues", Poster presentation, Faculty of Business and Law Research Student Symposium, Coventry University, Coventry, United Kingdom.

Randle, K. (1997), "Rewarding failure: operating a performance-related pay system in Pharmaceutical research", *Personnel Review* 26 (3): 187 - 200.

Rexed, K., Moll, C., Manning, N., and Allain, J. (2007), Governance of Decentralised Pay Setting in Selected OECD Countries (OECD). Working Papers on Public Governance, 2007/3 [online] available fromhttp: //caliban. sourceoecd. org/vl = 7179447/cl = 20/nw = 1/rpsv/cgi - bin/wppdf? file = 514qdflvl56d. pdf. [10/03/2014].

Sarah Fox, Sophie Witter, Emily Wylde, Eric Mafuta and Tomas Lievens (2012), Paying health workers for performance in a fragmented, fragile state: reflections from Katanga Province, Democratic Republic of Congo, Health Policy and Planning 2014; 29: 96 - 105, Oxford University Press, The London School of Hygiene and Tropical Medicine.

Scot, Z. (2010), "Helpdesk Research Report: Performance Related Pay". Governance and Social Development Resource Center (GSDRC) [online] available from < www. gsdrc. org/docs/open/hd661. pdf > [26 February 2016].

Suff, P., Reilly, P. and Cox, A. (2007), "Paying for Performance: New trends in performance-related pay", Institute of Employment Studies, pp. 1 - 35. University of Sussex: Brighton.

Thompson, M., and Milsome, S. (2001), "Reward Determination in the UK. Research Report", London: Chartered Institute of Personnel and Development.

van der Vyver, Deon and Bussin, Mark (2013), "Performance Related Pay in Government: Lessons from South Africa", *Compensation and Benefits Review* 45 (1): 8 - 20.

Victor Chimhutu, Marit Tjomsland, Nils Gunnar Songstad, Mwifadhi Mrisho and Karen Marie Moland (2015), Introducing payment for performance in the health sector of Tanzania-the policy process. Globalization and Health (2015) 11: 38.

Vujicic, M. (2009), How You Pay Health Workers Matters: A Primer on Health Worker Remuneration Methods. Washington DC: World Bank.

Yé M., Diboulo, E., Kagone, M., Sie, A., Sauerborn, R., and Loukanova, S. (2016), "Health worker preferences for performance-based payment schemes in a rural health districtin Burkina Faso", Global Health Action 9: 29103.

Yé M., Aninanya G. A., Sié A., Kakoko D. C., Chatio, S., Kagoné, M., Prytherch, H., Loukanova, S., Williams, J. E., and Sauerborn, R. (2014), "Establishing sustainable performance-based incentive schemes: views of rural health workers from qualitative research in three sub-Saharan African countries" .

Wiese, B. S. , and Freund, A. M. (2005), "Goal progress makes one happy, or does it? Longitudinal findings from the work domain" . *Journal of Occupational and Organizational Psychology* 78: 1-19; Ulf (2012) "Teachers' Perceptions of Individual Performance-related Pay in Practice: A Picture of a Counterproductive Pay System", Educational Management, Administration & Leadership 40: 376.

Vroom, V. H. (1964), Work and Motivation. New York: John Wiley.

World Bank (2001), Salary Supplements and Bonuses in Revenue Departments (Final Report) . Washington DC: World Bank.

World Bank (1999), Civil Service Reform: A Review of World Bank Assistance: Report No. 19211. Washington DC: OED, World Bank.

时间知觉和跨部门团队效率：关于特定部门延迟折扣行为的实验证据

德国汉堡大学商学、经济与社会科学学院社会经济系公共管理主席　克里斯提娜·维斯穆勒

【摘　要】本文探讨了在与工作相关的经济背景下，公共组织和私人组织的雇员是否会对延迟回报做出不同的反应。我们在讨论研究结果时，重点关注公私合作中的跨行业团队效率，以期为未来的研究提供参考。

【关键词】行为公共行政；延迟折扣；时间知觉；跨行业团队效率；公私合作；冲动；风险倾向；公共部门雇员；私营部门雇员

一　引言

时间是一种沉默的语言，决定我们生活和工作的节奏。我们看待时间、延迟和准时的方式取决于我们的社会文化——既包括我们的私人生活，也包括商业世界（Hall，1973；Fulmer et al.，2014）。有组织的时间知觉是潜在的、学习过程的结果，这些过程是特定机构倾向和背景所独有的。这些制度化的时间观念是每个组织的特征，并且在成文的官僚规则和过程中都有所体现，同时也在人们看待时间和雇员应对时间与延迟的共同观点中得到反映（Hall，1973；Fulmer et al.，2014）。因此，成功的时间管理以及我们和团队成员对时间刺激的认知是团队和网络管理过程中最重要的战略资源之一。然而对行动者来说，需要做出决定的时间、期限、时

间范围以及市场各不相同，这可能导致团队成员之间发生冲突（Eshuis and van Buuren，2014）。

公共行政和公共管理研究中的一个经典话题是特定行业之间的差异，特别是关于雇员行为的问题（Simon，1976）。考虑到时间性行为对于团队效率的重要性，人们对公共和私营部门雇员在时间和时间延迟上的行为差异所知甚少，这一点令人惊讶。流行媒体常常引用的一般试探法认为公共部门雇员倾向于做出不合理的行为：他们被形容为具有工作极慢、谨慎和非理性的长期导向，人们往往武断地将其与官僚过程和缺乏服务动机相关联（IPPR，2001）。

当公共部门和私营部门行为者需要共同努力，以制度化的跨部门伙伴关系创造公共产品和服务时，公共部门雇员的负面描述是有问题的（IPPR，2001）。负面的刻板观念强化并增加了跨部门合作伙伴感知的不对称性，从而形成了潜在的障碍，阻碍了积极的合作：在公私合作的伙伴关系中，私营部门伙伴倾向于认为公共部门实体的行为过于缓慢，以致实际开始合作关系之前，他们就会对潜在的跨行业伙伴产生负面的联想（Eshuis and van Buuren，2014）。

在跨部门团队中，时间偏好和行为的影响可能是微妙的，但是它们对团队合作的影响可能更强大（Mohammed and Harrison，2013）。在实证研究中，穆罕默德和纳德卡尔尼（Mohammed and Nadkarni，2011）发现，无论对于内部团队成员还是外部团队成员，使不同时间导向同步的积极团队管理工作对团队绩效有直接的积极影响。这一发现强调了研究部门之间如何基于时间的不对称性展开行动是十分关键的。

在本文中，我们探讨公共部门和私营组织的雇员是否在工作相关的经济背景下，对延迟回报的前景做出不同的反应。我们通过进行定量比较调查实验，对普遍流行的对于公共部门雇员的内部刻板印象进行研究。这一实验提供了可靠的证据，回答了公共部门和私营部门雇员对时间和时间延迟做出的反应是否有量化差异等问题。

二 文献综述

不同的时间知觉对制度化的公私营合作和雇员行为十分重要，然而对雇员实际的时间行为的跨部门研究——特别是在定量经济和行为方面的研究却少得惊人。

虽然对比研究发现，决策——特别是人事和采购决策——在公共组织中花费的时间比私营组织中更多（Bozeman and Bretschneider，1994；Scott and Falcone，1998），但是并没有明确的证据表明这种效果是否可以归因于雇员行为或制度环境。公共部门和私营部门的雇员在不同的（监管和组织）边界内行动，这些边界影响着他们的时间行为：在许多情况下，公共部门在法律上需要更多的审查和处理更精细的行政要求（Eshuis and van Buuren，2014）。相比之下，私营部门成员有更多的自由对市场的经济逻辑和（货币）效率因素做出有力的回应（Bozeman and Kingsley，1998）。这种不对称性对于时间和延迟的看法具有影响（Frederick et al.，2002），然而据我们所知，尚未有一项研究来控制这些干扰因子。

已有的研究更加重视时间导向方面的跨部门差异。埃舒斯和范布仁（Eshuis and van Buuren，2014）在定性案例研究中发现，公共和私营部门行为者对于时间压力的看法非常不同：公共部门的行为者重视决策准备中的时间投入，以提升决策的稳健性和接受度；而私营部门的行为者往往把这种投资视为不必要的交易成本。埃舒斯和范布仁的方法可以解释为雇员各自组织内部制度化的时间文化如何产生特定部门时间观念的间接衡量标准，以期在团队层面做出最佳决策，而无须控制是否个别雇员在不同行业中有不同表现。

本文开展的实证研究主要依赖于明确的调查数据量表或定性访谈，并且更加关注（非理性的）拖延症等更实际的现象，而不是测量“时间行为的基础”：例如，阿齐兹和塔里克（Aziz and Tariq，2013）使用曼（Mann，1982）未出版的《决定性拖延量表》，以公共和私人部门的执行经理人为例（每组 N = 60），他们发现公共部门高管在决定性拖延方面的分数要高得多。然而，作者既没有控制这种时间性行为的语境或制度干扰因子，也没有衡量基于时间的决策的有影响力的个人特征，如参与者的个人冲动或风险偏好水平（Chung and Herrnstein，1967；Green and Myerson，2004；Dolan and Sharot，2012）。

如果我们寻求更广泛地了解公共和私营部门雇员之间的时间行为潜在的根本差异，则需要用可靠的定量和经过控制的实验数据，规避组织框架效应，以补充此前的实证证据。研究时间行为的描述性经济行为方面的研究提供了强有力的证据表明，时间知觉最好通过对延迟折扣行为进行基础研究来衡量，这可以作为可衡量、可量化、可比较、可靠的时间知觉代表因素，也研究了在职业、工作的情境下的时间行为（Kirby et al.，1999；Frederick et al.，2002；Frank，2005）。因此，我们将研究问题确定如下：公共部门和私营部门雇员之间的延迟折扣行为是否有显著的差异？

三 数据和方法

（一）数据收集和研究样本

我们使用专业的在线访问面板供应商收集了 382 名参与者的原始样本。该调查于 2015 年 12 月匿名进行，涉及 82 名公共部门雇员和 300 名 18—69 岁的私营雇员。该样本在就业部门、年龄、性别和受教育水平方面能够代表德国人口的实际情况。为了提高研究有效性，我们鼓励参与者自发回答所有调查问题。我们在专业工作相关背景下设计了实际的延迟折扣任务，其中参与者被要求承担为其组织做出财务决策的蓝领工作者的角色，因为在本研究中，我们特别感兴趣的是研究与工作相关的折扣行为——这与个人私生活中潜在的不同偏好形成对比。为了抑制熟悉效应，公共和私营部门的雇员被随机分配在两种方案中，一种在公共组织中设计任务，另一种在私营组织中设计任务。在主要实验任务之后，参与者填写了社会经济调查问卷。

（二）延迟折扣行为（因变量）

参与者的延迟折扣行为是用科比等人（Kirby et al.，1999）的《延迟折扣量表》进行评估的，该表基本上植根于萨缪尔森（Samuelson，1937）的“折扣实用模型”。科比等人（Kirby et al.，1999）的量表会为每个参与者生成一个特征延迟折扣参数 k，从而可以对主体之间的个体延迟折扣行为进行排名和比较。

折扣参数 k 通过分析参与者对 27 个选择任务的反应模式而估算得出，每个选择任务要求明确地表明对两种方案中其中一种方案的绝对偏好（Kirby et al.，1999）：一种奖励微小，但是立即获得回报；另一种奖励很大，但是延迟获得回报。例如，测试主体必须在两个方案间做出明确和知情的选择，一个可以获得3100万欧元的独立投资回报，今天就可以得到；另一个可以获得8500万欧元的回报，7天后才能得到。两种方案都是确定事件，不含任何的不确定性。根据投资回报的绝对量和时间延迟（D）的绝对量对任务进行系统化的分类，从而以最大的预测效度估计k。

科比和赫恩斯坦（Kirby and Herrnstein，1995）、科比等（Kirby et al.，1999）、科比和马拉科维奇（Kirby and Maraković，1996）、格林和梅伊尔孙（Green and Myerson，2004）、安德雷德和派特里（Andrade and Petry，2012）、格林等（Green et al.，2013）学者此前的研究显示，延迟折扣函数的斜率可能随着回报量的增加而下降。为了控制这种潜在的幅度偏差，把问卷依照奖励级别系统性地分为了三组——小额（2500万欧元至3500万欧元），中额（5000万欧元至6000万欧元）和大额（7500万欧元至8500万欧元）的奖金——而绝对回报交换保持不变。对于回报额不同的三组，分别计算参与者的无差异折扣率（k），范围从0.00016—25。

梅伊尔孙等人（Myerson et al.，2003）对于科比和赫恩斯坦（Kirby and Herrnstein，1995）的问卷的有效性和可靠性给出了非常有力的证据，此外，它便于管理、直观易用，并且也被证明对于测试过程的地板效应或天花板效应是有效的（Bickel et al.，2014）。

较高的k值表明预期回报的数额（A）将更加急剧降低（参见方程式1），从而减少此选择的预期主观价值。因此，冲动人群的特点是k值相对较高，因为他们认为等待时间较长而延迟得到的回报相对于即刻得到但较小的回报是一种过度贬值。即使一个人想要最大化效用和即刻可得的选择交叉，但是选择即刻可得的选项还是让他们觉得更加受益。

（三）风险倾向和冲动型（控制变量）

此前的研究表明，延迟折扣行为受个人特征的影响，特别是个人的风险偏好和冲动（Frederick et al.，2002；Kirby and Maraković，1996）以及社会经济协变量（Benjamin et al.，2012；Hsee et al.，2003；Hsee et al.，2008）。安德赫伯等人（Anderhub et al.，2001）的研究显示，延迟折扣

和概率折扣不是两个完全不同的概念，它们的本质潜在相关。这种影响的一个解释可能是不确定性与延迟收益隐含相关。为了控制这种偏见效应，我们测量参与者的明确风险偏好作为延迟折扣的影响因素。按照梅伊尔（Meyer）等人的程序，RPS量表项目被翻译成德文。梅伊尔证明了这一量表的高度有效性。通过RPS，高总分表示更高的绝对显性风险倾向。这意味着高分数个体比一般人群有更高的风险倾向，行动也更加趋向风险（Nicholson et al.，2005）。

参与者的冲动型是用巴拉特（Barratt）的冲动量表（BIS10/11）的翻译调整版本进行衡量的：这种明确的直接量表包括巴拉特1995年的原始量表版本10（34个项目）和版本11（30个项目）融合而成的34个项目（Patton et al.，1995）。受访者分数越高，与普通人群相比，他们的冲动行为就更强烈（Patton et al.，1995）。人们发现，BIS10/11量表具有较高的构建效度和内部一致性，内部项目组之间也具有高度相关性（Gerbing et al.，1987；Patton et al.，1995）。

四 研究结果

主要的分析用Stata 13.1进行，数据检查显示没有丢失的数据。附录表A.1按照行业分类，详细对比描述了所有样本在年龄、出生国、国籍、教育、职业培训和职业方面的基线特征。公立部门和私营部门的雇员在学校教育、高等教育和职业教育方面的分布水平差异很大。

根据多尔尼克—汉森（Doornik-Hansen）的试验（Prob > chi2 = 0.000），平均估计折扣参数（k）以及对照变量在常态测试中呈负值。因此，使用威尔科克森（Wilcoxon，1945）等级—总值和检验（也称为Mann-Whitney双样本统计量）（Mann and Whitney，1947）的手段进行多组比较来验证假设。

（一）延迟折扣行为的跨行业比较

Wilcoxon等级—总值（Mann-Whitney）测试的结果表明，在我们的样本中，公共部门雇员小额延迟奖励（k_{small}）的折扣程度比私营部门雇员更加平缓（$z = -1.862$，$Prob > | z | = 0.063$；$p < 0.10$ 置信水平）。

然而，我们没有找到有关大额（k_{large}）或中等大小（k_{medium}）的延迟回报的可靠证据。表 1 按照奖励的大小（k_{large}，k_{medium} 和 k_{small}）显示了两个雇员子样本的延迟折扣参数的平均估计结果。

有趣的是，我们发现公共部门的雇员在延迟回报的折扣中表现出更多的内部一致性：由于测试项目组的系统结构变化，如果个人以经济合理的方式做出回应，延迟折扣参数（k_{large}，k_{medium} 和 k_{small}）彼此之间应呈现强烈的关联。

这些相关性可以作为参与者整体延迟折扣行为（$k_{overall}$）的内部一致性的代表，估计的方法为 k_{large}，k_{medium} 和 k_{small} 的几何平均值。典型相关分析显示，与私营部门雇员（$R^2C = 0.103$）相比，公共部门雇员（$R^2C = 0.315$）的折扣参数之间的相关性显著较大（Jennrich chi2 = 28.18，$p = 0.002$）。这表明公共部门雇员在不同范围内折现延迟回报更加一致，线性关系更明显，即他们比私营部门的雇员更加经济理性（图 1 说明了这些结果）。

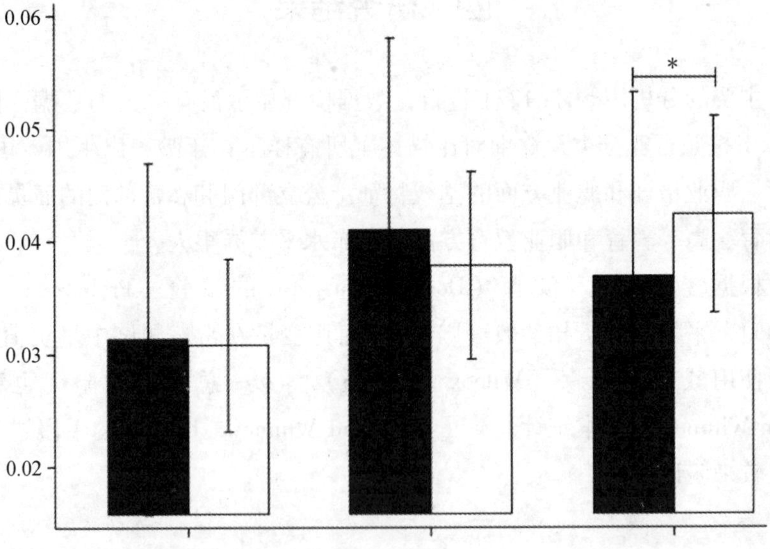

图 1　不同延迟回报规模下的延迟折扣参数（k 值）

公共部门雇员（灰条）和私营部门雇员（白条）的平均估值。“大额奖励” $= k_{large}$，“中额奖励” $= k_{medium}$，“小额奖励” $= k_{small}$。峰值描述了置信区间。* $p < 0.10$。

有趣的是，公共部门雇员比私营部门雇员折扣延迟奖励的方式更加不一致，也更加短视，因为公共部门雇员折现中额奖励金额（$k_{large} < k_{small} < k_{medium}$）最为强烈：公共部门雇员违反了经济理性行为的两个基本条件——线性和传递性规则（Frederick et al.，2002；Jolls，2005）。相比之下，我们样本中的私营部门雇员以严格线性的方式折现延期奖励，其中较大的延迟奖励比中小额延迟奖励折现程度要低（$k_{large} < k_{medium} < k_{small}$）。

（二）折扣行为的调节变量

这些跨部门差异与延迟折扣的行为调节变量有何联系？使用线性回归模型可以来探讨个体风险偏好——风险偏好（RPS）和冲动（BIS10/11），以及社会经济因素是否能预测出不同行业的一般延迟折扣行为（$k_{overall}$）。初步分析表明，数据符合共线性假设，多重共线性（所有变量：VIF = 1.02 ~ 1.40；Tolerance = 0.98 - 0.72）和异方差性（Breusch-Pagan chi2 = 0.62，Prob > chi2 = 0.431 ns）不是问题。其他控制变量从回归模型中被省略，因为它们与延迟折扣参数没有显著的相关性。表2显示了就业部门回归分析的综合结果。

我们发现，我们的模型解释了公众［F（6.75） = 91.26，$p < 0.000$，$R^2 = 0.808$，调整后的 $R^2 = 0.870$］和私营部门雇员［F（6.294） = 361.02，$p < 0.000$，$R^2 = 0.881$，调整 $R^2 = 0.878$］之间重要且显著的变化。

回归结果提供了强有力的证据，即社会经济因素以及个人特征都能预测出参与者的延迟折扣行为在不同部门之间有所不同。个人冲动是公共和私营部门雇员延迟折扣行为一个很强的预测因素。公共部门雇员由于易冲动导致延迟折扣减少［$\beta_s = -257$，t（81） = -2.42，$p < 0.018$］，几乎是易冲动对私营部门雇员影响的两倍［$\beta_s = -1.14$，t（300） = -2.03，$p < 0.004$］。

风险倾向［$\beta_s = -0.257$，t（300） = -5.37，$p < 0.000$］可以显著预测出私营部门的雇员行为，这表明私营部门雇员的折扣延迟奖励变化不太明显，风险倾向对公共部门雇员延迟折扣行为影响不大。

我们发现不同群体之间有更明显的差异：对于公共部门的雇员，多年的学校教育和性别因素是无关紧要的，而年龄有显著但负面的影响［$\beta_s = -0.229$，t（81） = -2.05，$p < 0.044$］，在子样本中较高的年龄与较低的

延迟折扣相关。对于私营部门的雇员，年龄并未显著地预测延迟折扣行为，但是与公共部门的雇员相比，性别［$\beta_s = -1.13$，$t(300) = -1.90$，$p < 0.058$］和上学年数［$\beta_s = -0.204$，$t(300) = -3.05$，$p < 0.003$］对延迟折扣有显著的负面影响，表明对于私营部门雇员而言，女性延迟折扣减少，更多的校园教育会导致过度的延迟折扣行为。另外，额外的高等教育对两个子样本都没有显著影响。

五　讨论

我们的研究结果清楚地揭示了公共和私营部门雇员延迟折扣的不对称性。无论是否提供等效的事实信息，私营部门的雇员对小额延迟回报比公共部门的折扣更显著。然而，这种效果的可靠性随着延迟奖励的数量的增加而消失。

第一，这表明了大众媒体报道和公众舆论中对公共部门报道的强烈的行为差异是不正确的：公共和私营部门的雇员本身不具有不同的时间性行为，只有在小额延迟回报（k_{small}）有限范围内才会呈现出这种差异。

第二，强有力的证据证明，对于公共和私营部门雇员，不同方式扭曲时间行为的两个子样本的偏倚幅度效应普遍存在：强有力的证据表明，私营部门雇员的时间行为更为一致和理性，随着奖励幅度的增加，私营部门雇员的延迟折扣参数（$k_{overall}$）在一定程度上呈线性递减的趋势。相比之下，我们发现公共部门的雇员折扣中等回报最强烈，他们的折扣行为偏向相对较小和相对较大的延迟回报的极值。虽然私营部门雇员的行为最好用双曲线折扣函数来描述，而不是用指数折扣函数来描述，但结果表明，私营部门的雇员在延迟回报方面仍然较为合理地行事，他们对中等规模回报折扣比小额回报奖励更显著。这是有问题的，因为过度和非线性的时间延迟折扣是不合理的，并且可能导致长期的损失，并增加团队协调的成本。

第三，雇员的风险行为、冲动性和社会人口背景等个人特征能预测他们的情境延迟折扣行为的不同程度。虽然决策是以个人风险态度和背景因素为导向的过程（Ferguson and Fukukura，2012；Kahneman，2003；Perugini，2005），但这些特征不能说明我们调查实验中发现的强烈不对称性。

根据我们的研究结果，我们推导出了几个对从业者的影响：无论规划过程、项目里程碑或投资回报的预期结果如何，跨部门的团队经理，特别是在公私合作伙伴关系领域，必须认识到公众和私营部门合作伙伴的雇员对时间有不同的看法，对延迟回报有不同的感受。

在团队管理层面上，时间在准备、制定和塑造雇员在各自团队和组织中的行为方面可能会非常有影响力（Fulmer et al.，2014）。跨部门团队应被视为具有多时性，这增加了协调的需要，以便在跨部门合作的同时，控制时间观点和时间项目协调问题的冲突。我们假设，如果公共和私营部门组织在不同的时间文化下运作，这也会推动它们各自的雇员行为，因此可能会导致跨部门合作出现摩擦，并阻碍跨部门团队的效率。由不同的时间行为导致的低效率可能是由于更加明显的思维定式，以及合作伙伴的组织（和官僚）背景——如果个人来自不熟悉的部门尤为如此。因此，必须了解混合团队内多重性的可能影响。关于雇员的动机，我们的研究结果为跨行业的团队领导开辟了新的关键视角：古恩特（Guenter et al.，2014）模拟了信息交换中未能协调时间感知对同事关系的影响。其中，作者强调了合作伙伴对同事情感体验的动态影响。如果我们将该模型应用于公私合作伙伴关系的背景下，我们认为在研究中发现的不同时间观念和行为，可能会令人对合作伙伴关系目标的结果感到沮丧和失控，这可能会对合作伙伴关系造成越来越负面的影响，从而妨碍团队效率（Mohammed and Harrison，2013），无论这种失控是否是事实。负面影响与增加的压力感知直接相关，并会导致适得其反的工作行为（Guenter et al.，2014）。

在跨部门的背景下，团队领导者应努力结合对时间和延迟的不同看法，以实现公共和私营部门团队成员之间的协同作用：Mohammed 和 Harrison（2013）提出，团队内的时间差异多样性将会促进高度复杂并涉及精确计时的任务的绩效。另外，他们提出在涉及更多行动导向任务的高度动态复杂性的条件下，多线性团队能够提供绩效。因此，如果团队由具多类时间感知的公私部门的成员组成，不一定会产生负面的结果，也可能有助于提高团队绩效——这取决于任务的性质。因此，团队经理需要调整时间观念，并争取使时间感知同步，特别是通常在艰难情况下运营的那些半竞争性市场，从而弥合团队中个体成员之间以及团队和组织的差异（Eshuis and van Buuren，2014）。

我们的研究通过在伯伊内（Boyne，2002）的结论中添加新的实证证据，为当前的科学话语做出贡献，提出公共部门和私营部门的雇员实际上不是在每个方面都不相同，但仍然存在显著的跨部门不对称性。尽管我们的研究结果具体针对中欧公私合作与管理传统的背景，但此研究构建了一个基础，未来的研究将探索更深层次的组织中的时间文化这一沉默的语言：由于样本规模有限，我们无法衡量由特定制度边界引起的可能的框架效应，而是选择使用更广泛的公共和私营部门雇员的比较类别——简化了跨部门领域合作的现实。后续研究可能希望利用我们的研究方法在更具体的专业领域对更多子样本进行比较，例如，比较公共和私营部门机构的教育制度中雇员的时间行为，或者它们可能希望控制雇员面对的确切操作任务，从而控制由特定机构时间文化引起的自我选择偏见。此外，含有大量个人和实际团队的样本系统的跨部门行为框架实验将有助于加深我们对时间感知和行为对特定部门不对称影响的理解。

这样，未来的研究将有助于揭示我们发现的延迟折扣不对称性是否实际上是由不同部门之间不同的时间文化引起的（这将吸引具有某种时间偏好和行为的雇员），或者这些不对称性是否代表制度和官僚框架的影响。

附　录

表 1　　就业部门分类的全样本的基准特征

	公共部门雇员	私营部门雇员	统计数据	概率（p）	标志（Sign.）
总数，%（n）	21.5（82）	78.5（300）			
男性，%（n）	57.3（47）	49.0（147）	z = −1.333	0.182	n. s.
年龄；m ± SD	44.16 ± 13.30	44.81 ± 13.50	z = −0.413	0.680	n. s.
国籍，d = 德国%（n）	98.8（82）	98.0（300）	z = 0.466	0.641	n. s.
教育，%（n）[a]			z = 4.258	0.000	***
高中文凭	17.1（14）	34.7（104）			
普通中等教育证书	29.3（24）	37.0（111）			

续表

	公共部门雇员	私营部门雇员	统计数据	概率（p）	标志（Sign.）
高等教育入学资格	52.4（43）	27.3（82）			
无正式教育	1.2（1）	1.0（3）			
专业学位			z = −4.882	0.000	n. s.
无中学后教育	4.9（4）	11.3（34）			
职业培训	56.1（46）	72.3（217）			
高等教育第一阶段（如学士）	13.4（11）	4.0（12）			
高等教育第二阶段（如硕士）	14.6（12）	10.3（31）			
高等教育第三阶段（如博士）	11.0（9）	2.0（6）			
Barrat 冲动性量表，m ± SD[b]	1.902 ±0.299	1.833 ±0.424	z = 1.552	0.121	n. s.
风险倾向量表，m ± SD[c]	5.037 ±0.936	5.063 ±0.881	z = −0.071	0.943	n. s.

用双样本 Wilcoxon 排序—总值（Mann-Whitney）进行测试；p = P > | z | 具有 95% 的置信水平。项目以平均值和标准偏差（m ± SD）或比例和频率［%（n）］报告。a 原创项目：高中文凭："Volks-/Hauptschule"；中等教育普通证书："Weiterführender Schulabschluss（Mittel，Real-，Handelsschule）"；高等教育入学资格："Abitur，（Fach-）Hochschulreife"。b 量表值范围（最小到最大）：1—4。c 量表值范围（最小到最大）：1—9。

表 2　　公共和私营部门雇员延迟折扣参数估值（回报利润的 k 值）的组间比较

延迟回报规模	雇员子样本	平均数	标准差	Wilcoxon[a]		
				Z	Prob > | z |	Sign.
k 大型回报	公共部门	0.0314	0.0709	−1.352	0.177	n. s.
	私营部门	0.0308	0.0673			
k 中型回报	公共部门	0.0410	0.0773	−0.521	0.603	n. s.
	私营部门	0.0378	0.0729			
k 小型回报	公共部门	0.0369	0.0736	−1.862	0.603	*
	私营部门	0.0424	0.0767			

用 Wilcoxon 排序—总值（Mann-Whitney）检验测试结果的意义。a * $p < 0.10$。

表3 公共（N = 81）和私营部门雇员（N = 300）子样本的延迟折扣（$k_{overall}$）的多元回归分析结果

	$k_{overall}$ [a]	系数	标准差	t	P > | t |	标准. Beta[b]	F（6，75）	p	R^2	调整后 R^2	Sign. [c]
公共部门雇员							91.26	0.000	0.880	0.870	***
	风险倾向（RPS）	0.017	0.101	0.17	0.868	0.018					n. s.
	冲动性（BIS10/11）	−0.752	0.311	−2.42	0.018	−0.257					**
	性别（d = 男性）	0.086	0.215	0.40	0.689	0.049					n. s.
	学龄	−0.233	0.167	−1.39	0.169	−0.203					n. s.
	年龄	−0.015	0.007	−2.05	0.044	−0.229					***
	高等教育（d = 是）	0.255	0.262	0.98	0.332	0.143					n. s.
	$k_{overall}$ [a]	系数	标准差	t	P > | t |	标准. Beta[b]	F（6，294）	p	R^2	调整后 R^2	Sign. [c]
私营部门雇员							361.02	0.000	0.881	0.878	***
	风险倾向（RPS）	−0.246	0.046	−5.37	0.000	−0.257					***
	冲动性（BIS10/11）	−0.226	0.111	−2.03	0.043	−0.114					**
	性别（d = 男性）	−0.191	0.100	−1.90	0.058	−0.113					*
	学龄	−0.212	0.070	−3.05	0.003	−0.204					**
	年龄	−0.212	0.003	−1.15	0.250	−0.062					n. s.
	高等教育（d = 是）	0.150	0.159	0.94	0.349	0.066					n. s.

常数项被抑制。$k_{overall}$ 表示 k_{large}，k_{medium} 和 k_{small} 的几何平均值。b 标准 Beta = 标准化 β 系数（β_S）。c * $p < 0.1$，** $p < 0.05$，*** $p < 0.000$。

参考文献

Anderhub, V., Güth, W., Gneezy, U. & Sonsino, D. (2001), "On the interaction of risk and time preferences: An experimental study", *German Economic Review* 2 (3), 239-253.

Andrade, L. F. & Petry, N. M. (2012), "Delay and probability discounting in pathological gamblers with and without a history of substance use problems", *Psychopharmacology* (Berl.) 219 (2), 491-499.

Aziz, S. & Tariq, N. (2013), "Role of organization type, job tenure, and job hierarchy in decisional procrastination and perceived locus of control among executives", *Pakistan Journal of Psychological Research* 28 (1), 25-50.

Benjamin, D. J., Heffetz, O., Kimball, M. S. & Rees-Jones, A. (2012), "What do you think would make you happier? What do you think you would choose?", *American Economic Review* 102 (5), 2083-2110.

Bickel, W. K., Johnson, M. W., Koffarnus, M. N., MacKillop, J. & Murphy, J. G. (2014), "The behavioral economics of substance use disorders: reinforcement pathologies and their repair", *Annual Review of Clinical Psychology* 10, 641-677.

Boyne, G. A. (2002), "Public and private management: What's the difference?", *Journal of Management Studies* 39 (1), 97-122.

Bozeman, B. & Bretschneider, S. (1994), "The publicness puzzle in organization theory: A test of alternative explanations of differences between public and private organizations", *Journal of Public Administration Theory and Research* 4, 197-223.

Bozeman, B. & Kingsley, G. (1998), "Risk culture in public and private organizations", *Public Administration Review* 58 (2), 109-118.

Chung, S. & Herrnstein, R. (1967), "Choice and delay of reinforcement", *Journal of the Experimental Analysis of Behavior* 10, 67-74.

Dolan, R. & Sharot, T. (2012), *Neuroscience of Preference and Choice-Cognitive and Neural Mechanisms*, Academic Press, London.

Eshuis, J. & van Buuren, A. (2014), "Innovations in water governance: the importance of time", *International Review of Administrative Article Sciences* 80 (2), 401-420.

Ferguson, M. J. & Fukukura, J. (2012), The SAGE Handbook of Social Cognition, Sage Los Angeles, chapter Likes and Dislikes: A social cognitive perspective on attitudes, pp. 165-231.

For Public Policy Research, I. I. (2001), Building better partnerships: The final report of the Commission on Public Private Partnerships, Central Books, London.

Frank, R. H. (2005), The Law and Economics of Irrational Behavior, Stanfort University Press, Stanford (CA), chapter Departures from rational choice: With and without regret, pp. 13 – 36.

Frederick, S., Loewenstein, G. & O'Donoghue, T. (2002), "Time discounting and time preference: A critical review", *Journal on Economic Literature* 40, 351 – 401.

Fulmer, C. A., Crosby, B. & Gelfand, M. J. (2014), Time and work, Vol. 2: How time impacts groups, organizations and methodological choices. Current issues in work and organizational psychology, Psychology Press, New York NY, chapter Cross-Cultural Perspectives on Time, pp. 53 – 75.

Gerbing, D. W., Ahadi, S. A. & Patton, J. H. (1987), "Toward a conceptualization of impulsivity: Components across the behavioral and self-report domains", *Multivariate Behavioral Research* 22 (3), 357 – 379.

Green, L. & Myerson, J. (2004), "A discounting framework for choice with delayed and probabilistic rewards", *Psychological Bulletin* 130 (5), 769 – 792.

Green, L., Myerson, J., Oliveira, L. & Chang, S. E. (2013), "Delay discounting of monetary rewards over a wide range of amounts", *Journal of Experimental Analysis of Behavior* 100, 269 – 281.

Guenter, H., van Emmerik, I. H. & Schreurs, B. (2014), "The negative effects of delays in information exchange: Looking at workplace relationships from an affective events perspective", *Human Resource Management Review* 24, 283 – 298.

Hall, E. T. (1973), The silent language, Anchor Books.

Hsee, C. K., Hastie, R. & Chen, J. (2008), "Hedonomics: Bridging decision research with happiness research", *Psychological Science* 3 (3), 224 – 243.

Hsee, C. K., Yu, F., Zhang, J. & Zhang, Y. (2003), "Medium maximization", *Journal of Consumer Research* 30, 1 – 14. Jolls, C. (2005), The Law and Economics of Irrational Behavior, Stanfort University Press, Stanford (CA), chapter On Law Enforcmeent with Boundedly Rational Actors, pp. 268 – 286.

Kahneman, D. (2003), "Maps of bounded rationality: Psychology for behavioral economics", *The American Economic Review* 93 (5), 1449 – 1475. Kirby, K. N. & Herrnstein, R. (1995), "Preference reversals due to myopic discounting of delayed reward", *Psychological Science* 6 (2), 83 – 89.

Kirby, K. N. & Marakovic, N. N. (1996), "Delay-discounting probabilistic rewards:

Rates decrease as amount increase", *Psychonomic Bulletin & Review* 3 (1), 100 - 104.

Kirby, K. N., Petry, N. M. & Bickel, W. K. (1999), "Heroin addicts have higher discount rates for delayed rewards than non-drug-using controls", *Journal of Experimental Psychology: General* 128 (1), 78 - 87.

Mann, H. & Whitney, D. R. (1947), "On a test whether one of two random variables is stochastically larger than the other", *Annals of Mathematical Statistics* 18, 50 - 60.

Mann, L. (1982), Decision-making questionnaire. Flinders University of South Australia. http://www.sjdm.org/dmini/Flinders_ Decision_ Making_ Questionnaire.html.

Meyer, C., Rumpf, H.-J., Kreuzer, A., de Brito, S., Glorius, S., Jeske, C., Kastirke, N., Porz, S., Schön, D., Westram, A., Klinger, D., Goeze, C., Bischof, G. & John, U. (2011), Pathologisches Glücksspielen und Epidemiologie (PAGE): Entstehung, Komorbidität, Remission und Behandlung-Endbericht inkl. Appendix I - II.

Mohammed, S. & Harrion, D. A. (2013), "The clocks that time us are not the same: A theory of temporal diversity, task characteristics, and performance in teams", *Organizational Behavior and Human Decision Processes* 122, 244 - 256.

Mohammed, S. & Nadkarni, S. (2011), "Temporal diversity and team performance: The moderating role of team temporal leadership", *Academy of Management Journal* 54 (3), 489 - 508.

Myerson, J., Green, L., Hanson, J. S., Holt, D. D. & Estle, S. J. (2003), "Discounting delayed and probabilistic rewards: Processes and traits", *Journal of Economic Psychology* 24, 619 - 635.

Nicholson, N., Soane, E., Fenton-O'Creevy, M. & Willman, P. (2005), "Personality and domain-specific risk taking", *Journal of Risk Research* 8 (2), 157 - 176.

Patton, J. H., Stanford, M. S. & Barratt, E. S. (1995), "Factor structure of the Barratt Impulsiveness Scale", *Journal for Clinical Psychology* 51 (6), 768 - 774.

Perugini, M. (2005), "Predictive models of implicit and explicit attitudes", *British Journal of Social Psychology* 44, 29 - 45.

Samuelson, P. (1937), "A note on measurement of utility", *The Review of Economic Studies* 4, 155 - 161.

Scott, P. G. & Falcone, S. (1998), "Comparing public and private organizations: An exploratory analysis of three frameworks", *American Review of Public Administration* 28 (2), 126 - 145.

Simon, H. A. (1976), Administrative Behavior: A study of decision-making processes in administrative organization, Free Press New York.

Wilcoxon, F. (1945), "Individual comparisons by ranking methods", Biometrics 1, 80 - 83.

公职人员行为模式与"系统性"行政失误的补救:意大利审计法院的作用

意大利墨西拿大学法律系副教授
柏林格·维托利亚

【摘　要】随着行政行为的开展，行政违法事件层出不穷、波及面广，调查研究势在必行。通过调查研究，首先要深化对"系统性"行政失误的理解；其次要掌握"系统性"行政失误与行政会计责任之间的关系。

因此，应更加注重对公职人员直接行为模式的研究，突出价值论观点下的"规范"，用以纠正可能存在的行为偏差（这种行为偏差有时还是"系统性的"）。值得赞赏的是，那些适用意大利 2012 年颁布的第 190 号法律（《反腐败法》）部分条例及其他实施规定的管理者，通过助推理论引导员工，促进其在服务工作中积极的行为，而不是通过制裁阻止所涉员工的行政活动。此外，还要在意大利宪法第 54 条和第 98 条原则的框架下，在公职人员服务公众的监管坐标里加上道德维度。

从多学科或跨学科的角度而言，从"规范性预期"的概念出发采取措施，突出一些行为模式的重要性，或许能产生良好的效果，为政府部门带来更多的"社会信任"。

公职人员个人规范与机构框架之间的关系是可以重建的，本文就重建方法进行了阐述。本文指出，对行政会计责任可能有的新解读、对财政收入损失条目的新阐释都可以与内部规范合规性评价指标直接联系起来，形成公职人员应当遵守的行为规范。

【关键词】公职人员行为模式；“系统性”行政失误；法律

一 引言：不符合法律规定的行为是“系统性”行政失误吗？

如今，行政违法事件层出不穷、波及面广，不仅引人深思，也引起了激烈的争论。

根据《欧洲联盟条约》一些基本条款、法院案例法、欧洲及国际机构文件的规定，行政违法已经成为一个问题，对行政机构和社会都造成了危害。这种情况频频发生，消磨或扰乱公职人员的工作精力，使之无法正常工作，甚至出现了诸如不符合规章制度所规定的行为模式的实际做法、公职人员不履行服务职责的现象。

由于行政违法是不定期发生的，因此可以将其归于行政失误的范畴；重新制定标准后，我们发现这种失误有可能是“系统性的”。

许多成员国的体制效率极其低下，给整个欧盟带来了负面影响，尤其是损害了《欧洲联盟条约》中第 2 条的精神（通过第 7 条中的“极端”制裁程序及中止投票权的做法来确保人之尊严、自由、民主、平等、法治和人权）。讨论的焦点是找到超国家层面合适的（或是比例分配适当的）补救措施，解决违法现象，这与“系统性缺陷”的情况有关。当下，各方也不断从学术论文中寻找相关理论及解决办法。

最后，意大利审计法院似乎也倾向于将行政违法现象归结为系统性缺陷，如伦巴第大区司法分部 2015 年第 135 号裁决所示，并提出扩大行政责任范围，防止这种形式的违法事件发生。

在种种现象的推动下，调查研究势在必行。通过调查研究，首先要深化对“系统性”行政失误的理解；其次要掌握“系统性”行政失误与行政会计责任之间的关系，进而帮助解决意大利“（多个）义务”主题立法中明显的模棱两可之处，消除立法中相互重叠的部分。这一点可以在 1990 年颁布的第 241 号法令的第 9 款第 2 条以及 2012 年颁布的第 35 号法令的第 1 款第 1 条中找到印证，即“未能在截止日期前发布举措，将会构成公职人员绩效考核的因素之一，也会影响对此项不合规行为相关管理人员和公职人员纪律责任和行政责任履行情况的评价”。

二 在意大利法律体系中，政府部门与公职人员承担的责任不同

意大利法律体系中的责任意味着责任人因某违法事件受到处罚的概率（也就是依法处理情况）。违法事件即触犯司法并被法律禁止的行为。一旦有违法行为，就会即刻对责任人施以处罚，即惩戒性（即惩罚性）措施。因此，对不同的责任类型做出详细规定是非常必要的。意大利宪法第28条对刑事、民事和行政责任进行了区分，政府部门公职人员除应承担行政责任之外，还应承担会计及纪律责任。此外，还有管理方面的管理责任。

其中，一段服务关系的占有人需要负行政会计责任，若对其所在的行政机构（或其他政府部门）造成损害，将受到相关处罚。损害可以是直接造成的，也可以是间接造成的。如果直接造成损害，政府则需向公民进行侵权行为赔偿；如果间接造成损害，政府则会面临收入减少、支出增加、资产受损等问题。需要注明的是，行政责任与行政犯罪后需承担的责任无关。损害本身就是惩戒性的，符合上述的典型性原则。损害是违法行为带来的，违法行为一旦出现，就会受到政府部门的行政处罚。法律赋予特定政府部门相关的处罚权力，如市政府可向非法停车的车主罚款。“典型的”行政责任除了具有立法性以外（法律规定违法职员因其非法行为所应缴纳的罚金数额），还具有赔偿性。通过赔偿，让政府机关从公职人员造成的损害中恢复。符合下列条件时，即应发生赔偿。

——服务关系：如前所述，侵权行为人需是在政府部门组织机构稳定任职的人员，履行某种职能、责任，执行某些任务或开展某些活动等。因此，上述责任的承担者不仅是一名公职人员或与政府有关的人员，而应是市长、区长、部长等民选代表。过去几年中，案例法已逐渐将公共企业和国家或其他政府部门持股50%以上的上市公司的公职人员和管理人员纳入服务关系的范畴。

——心理因素：继承1957年颁布的意大利第3号总统令的要求，1994年第20号法令第1条要求出具有关欺骗性行为或重大过失性疏忽的证据；

——损害（所谓的财政损害）：此类损害应是继承性的、进行中的、有效果的。案例法已将对政府部门形象和威望造成的损害（已有事实引起媒体的反响，如外科医生的腐败对病人造成伤害）、对竞争秩序的损害（如政府部门挑选承包商时不举办投标活动）、服务不佳造成的损害（如与投入资源的情况相比，公共服务效率低下且效果不佳）、贿赂造成的损害（如因公职人员受贿或腐败导致行政管理成本增加）纳入财政损害的范畴。

——因果关系：公职人员或政府官员不能履行某个或多个义务和责任而形成过失或疏忽，进而造成损害；或因政府内部服务关系中固有不足而造成损害。

审计法院拥有对行政责任事件的审判权。受到损害的机构可直接要求公职人员对其财政损害（或财政收入减少）进行赔偿。若该公职人员不能提供赔偿，该机构也不能提起诉讼，只有审计法院的检察官才拥有提起诉讼的职能。在经过适当的调查后，检察官有权起诉其认为应对财政损害负责的公职人员。审计法院（初审在二十个地区法院进行，三大中心法院处理上诉案件）将就行政责任及赔偿金额与当事人员进行辩论并做出判决（可要求责任人承担全部或部分损害赔偿）。

会计责任与行政会计责任的发生条件相同，但在适用范围上有所不同，前者不适用于提供公共服务的政府，而仅适用于会计人员。会计人员包括征税代理人、纳税人、会计和受托人，他们均接收或接触现金、物品或政府部门的其他财物，且不予退还。需特别指出的是，当收取的财物与退还的财物间有数或量上的差别时，即产生会计责任。然而，会计人员可试图辩解此类短缺或不足是由于物品的天然损耗等不可抗力造成的。

同样，在这种情况下，审计法院是权力部门，要求会计人员呈交账簿，并启动判决流程。若法院判定账簿内容与管理要求一致，则可采取措施免除呈交账簿者的责任；反之，可判决解雇该会计人员或要求其弥补政府部门的损失。

所有与公共部门达成劳务合同的人员都应承担纪律责任。纪律责任本身具有惩戒性，且在公共部门私有化之后，由集体协议来规定违法类型和处罚措施（见 2001 年第 165 号立法法令第 55 条）。在实际情况中，若公职人员未能根据劳务合同履行某项职责，政府部门即可在符合对抗原则的前提下，对该公职人员提出质疑，并开启或新建特定的纪律程序（见集体协议及1970年第300号法律《工人地位法》）。程序结束时，纪律责任一旦发生，政府部门应根据劳务合同的规定，就该公职人员的特定违法行为进行处罚。

通常，惩罚措施包括口头或书面警示、罚款、一段时间的停薪留职，最严重的是辞退。政府部门可选择事先通知或不通知当事人。调解委员会或仲裁委员会可对惩罚措施提出质疑，当事人也可在选择尝试调解之后，上诉至劳资法庭。

此外，现行的监管体制区别对待政治与行政。政治部门决定政治管理导向，管理部门则有责任采取相关行动或举措（见2001年第165号立法法令第2款第4条）。也就是说，管理人员必须能够有能力对外表达其所在政府部门的意愿，作为其“政策导向”部门，通过行使公共权力（如确定向各级管理部门提供的人、财、物资源并分配此类资源）进行组织策划。管理人员则负责处理有关微型机构的问题，通过行使私人雇主式的能力和权力来构建办公场所，进行人员管理。最重要的是，只要在所谓的管理责任中，才能找到管理人员独立于其他公职人员的真实基础，找到政府部门控制管理目标实施的出发点（2001年第165号立法法令第21条）。

从这一点上来看，政府部门和管理人员之间的关系不再是官僚性质的，而应符合商业或管理标准。尤其需要指出的是，政府部门应当确定管理的使命或目标，而管理部门则应履行完成使命，达成预定目标的任务。

三　一般行为标准的“变异”及相关责任

一段时间以来，行政会计责任一直流于规则之外，但也渐渐具备了自身特点，可以用来认定前述违法行为相关现象的实质，也可以用来找出应对这些特点的最有效的措施。

对于明确已知的收入损失类型，便可要求当事人承担责任，然而，创新措施的重要性并不会因此改变。此外不可否认，当意大利审计法院认为授权许可程序中存在情节严重、可记录在案的失职情况时，会额外审查多次未能按照时间顺序审核实物的现象，同时将此事与已知的损害事件关联起来，损害事件包括因未能破坏期望效果而导致的损害或重整服务导致的成本增加。

如前所述，会计法官在审判过程中使用的评价参数。这些参数如同一位杰出的大师，将“案例法中的词汇”还原为平常理论方法中的词汇，以便更好地对新现象进行分类。这并“不意味着新的观点必不可少，或其他任何事物应予否认，至少是当新兴现象的参考类别有小幅调整或重大变化时不应如此”。

为了确定新框架的实施目标，确定收入损失类别的应用方法，从观察系统性行政过失某个方面的起因开始是比较合适的。首先要找到行为模式相关规定的具体来源，这些规定旨在监督行政行为得以正常实施，监督行政行为发生“偏离”或“变异”时采取的补救措施得以正常实施。

就这个角度而言，应更加注重对公职人员直接行为模式的研究，突出关于“规范”的基本价值论，用以修正可能存在的行为偏差（这种行为偏差有时还是“系统性的”）。违反与意大利2012年颁布的第190号法律(《反腐败法》）及相关现行法规的大有人在，这些法规通过在公共服务体系内为公职人员赋权，而非取缔那些已经开展的行政活动，来调整公职人员的行为模式。

如此一来就可以理解，在审计法院的审判过程中，不能把评估对象的重点局限于处于被动审判地位的公职人员的财物。根据2015年第124号法令第20条规定，也如意大利公共行政改革实施小组所述，相关评估至关重要，有助于修正“系统性”的行政失误。

四 行政责任简化为“整合型”纪律责任

我们需要一个识别覆盖公职人员廉政监管机制的监管网络，防止公职人员利用手中的权责牟私利。这一点在雇用关系的特定纪律条款中已经有所体现了。

直到20世纪90年代，政府部门的雇用关系还明显具有公共法律的意味。立法部门管理着招聘过程，也就是说，雇用或解聘实际上都不在私法控制之下，而是受到行政司法的约束。1992年，公职人员雇用私有化开始。随着1992年10月23日授权法案第421条及1993年2月3日立法法令第29条的出台，除一些特殊岗位外，政府部门全体公职人员开始受到私法的限制。这些改革从三大方面展开，后期得以法律化，在2001年颁布的立法法令的第165条中得以体现。就业调控基于私法，即《意大利民法典》和劳动法。劳资谈判被赋予很大的空间。由于劳资合同或劳资协议或会降低公法调控的权威性，因此，公法调控具有例外性和灵活性。公法调控在大型部门的应用尤为普遍。雇用关系受到劳资合同而非行政法案的约束。民事法院提供司法保护。然而，行政法院的管辖范围只局限于"特殊职业"。在这个背景下，政府于2009年颁布立法法令第150条，拉开了改革序幕，将公职人员聘任与私人部门人员聘任的监管架构结合起来，就公职人员的聘任定下具体目标：提高劳资谈判的效果和效率，引入人员设备内外部评价体系，完善在相关行政架构下单个员工成果认可及后续表彰机制，建立更严格的公职人员问责体系。

如前所述，私有化的过程尚不完善。事实上，公职人员需要注重保护公共利益、尊重公平原则、取得良好绩效（在私人企业和私人机构内应秉持的价值观与此无关）。

为避免公职人员聘任私有化之后出现公职人员身份危机，意大利法律解释人员提出，可根据意大利宪法法规（尤其是第98条和第54条中关于公职人员身份的内容）具体指出公职人员与普通职员和私人雇员之间的区别。

在这一点上，由于"当前社会文化大环境不断变化，宪法原则在实施过程中日渐明晰，并得到了有用的解读"，因此必须追溯行为准则普遍适用的原因，这也是解读此前不成文行为准则或行为习惯的方法之一。

然而，行为准则"仅有'道德'意义……只有纳入劳资协议，或作为商业规程融入、形成、构成公职人员的责任，有了合同依据，才是具有法律效力的"。因此，这样的解读存在风险。

意大利审计法院的案例法能够填补这一空白。根据案例法，可通过供给函数将纪律责任转换为行政责任，利用这一函数，审计法院已经（甚至）可以根据由纪律责任造成的相当收入损失，来推断出相应的行政责任，这完全颠覆了以前的传统做法。与此同时，也终结了之前将"其他"责任类型（尤其是管理责任）纳入纪律责任中的趋势。

比如，意大利审计法院将报送审查的案例归于收入损失的范畴，仅参考或重视处理用户请求的自然顺序原则，即2013年颁布的第62号总统令第1款第12条中关于政府部门行为准则的内容中最终重申的原则。

参考行为准则表明，行为准则能够解决法律监管方法中最明显的问题，在这里就是公职人员的道德问题。相比之下，即使行政责任会弱化恰当保护公共财政和纠正违法行为的概念，也仅仅是辅助性的了。

五　针对收入损失责任新型自治功能产生的积极思想

意大利审计法院如果不推翻偏离传统做法的行为，就能找到更加新颖、更加多样的监管指标。

可预想的是，这种偏离是行政机构参考特殊秩序规则后产生的新思想，基于一般秩序的认可并遵循了意大利宪法准则第54条和第98条的精神。重申这些准则不可避免地意味着我们应在监管政府官员所提供服务的框架中加上道德维度，否则我们就会在公职人员雇用私有化和公共权力客观基础上应用法律标准之间进退两难。

事实上，严格审视公共机构一般秩序和特殊秩序之间的关系也能让我们更好地理解公职人员必须遵守的道义准则有什么样的重要性。

从这个角度可以设想未来的发展，从意大利审计法院通过的法案中或许已经可以直接感受到这些发展。这些法案用以认定行政失误的某个方面，将其与违反纪律责任下的个人行为准则区分开来。在行政失误走向系统性的过程中，这个方面的事实按照一个全新的自治性框架，而不仅仅是从供应的角度，证明了将收入损失纳入行政失误类别的合理性。

有证据可以证明上述观点。比如，意大利审计法院趋向于将检查用户实例的自然秩序准则纳入管理时间程序的一般性准则框架下，其中的披露准则可在1990年颁布的第241号法令的第9款第2条中找到印证。该法律的最后一次修订是在2012年，当年的第35号法令第1款第1条规定："未能在截止日期前发布举措，将会构成公职人员政绩考核的因素之一，也会影响对此项不合规行为相关管理人员和公职人员纪律责任和行政责任履行情况的评价。"

事实上，因任何决策而生效的一般性准则应具备及时性，即有合理的时间限制，由权力机关以一般方式预先决定，以便在其司法权限内走司法程序，或以立法形式起辅助或补充作用（30天有效期）。近期实施的改革旨在确保政府机构的组织和公众受保护利益的性质有可持续的时间限制，并将可选择的时间限制在30—90天，经证明程序特别复杂的极端案例最长时间也不能超过180天，且需经过内阁的考虑（见2009年颁布的第69号法令第7条，即1990年颁布的第241号法令第2条的更新版，被称为行政程序法律）。

按照这个框架，政府部门应将其组织建设与公职人员个人的需求和节奏相适应，公职人员个人应明确对其职位以及具体资产或公用事业有影响的程序时长。也正因如此，有人认为任期在整个行政程序中处于独特地位，包括连任的期数，会因为初步调查（比如技术性建议和评估）中预见的子程序正常持续而中止。

至于公职人员任期因不必要情况到期而造成的后果，需要注意的是，这与权力的消耗或消失无关，因为权力本身就是无穷无尽的，注定会持续不断地保护某些特定利益。

任期超时也并不意味着行为有违法律，因为即使超过了时间限制，政府部门采取措施维护公民正当权益的权利与义务也绝不会有丝毫减少。

未按期限完成工作和未履行义务或玩忽职守之间并无重叠（见刑法典第328条），因为法律并不处罚仅未履行职位义务而未产生外部影响的行为，但假定质询和警告之间有区别，未能按期限完成工作即指最初的时间到期后的意见征求，利益相关方提出严肃且正当的诉求以获得对该过失行为的明确定义，或至少获得最终未实施该行为的原因。

因此，未能按期限完成工作比其他过失所产生的影响更大。首先，在政府组织内部，能否按期限完成工作被视为评估责任管理人和工作人员个人绩效以及行政责任的一大因素。此外，在组织层面上，按期限完成工作或被用于启动授予高级管理层的替代权力，执行期限相当于最初预计的一半时间。

相反，从外部而言，根据案例法超过期限会导致所谓“默认沉默”的假说，该假说认为，利益相关方有权向行政法院提出上诉，不为废除某项根本不存在的法案，而是为了给政府部门定罪，在限制性行动或不存在行使自由裁量权的余地，且没有必要进行进一步调查的情况下，在行政法院发出明确指令、上诉得到受理并确认诉求合理后，可满足其诉求。如未能遵守法院指定的期限（按规定30天为期），法院将任命一位有行政替代权力的敕裁官员。最后，由于近期案例法的发展，加上1990年颁布的第241号法令第2条第2款以及行政审判法典第2款和第4款的规定，允许因有意或无意未能按期完成工作程序所造成的损失而申请赔偿。索赔申请必须自期限届满后一年起120天内提出，不管结果如何（满意与否），如违背程序担保则进行经济惩罚。索赔申请纳入了对某种法律工具（所谓的程序权利）合法地位的自主保护，不论最终法律指定的保护为何种形式。在某些地区司法机构（比如多斯加尼2009年7月23日颁布的第40号地区法律），除了上述的赔偿补救，还要求一次性付清罚金，每超期10天就要额外支付100欧元，上限为1000欧元。这种做法在2013年颁布的第69号法令第28条中形成规定，后转为2013年颁布的第98号法令，该条款尽管存在大量限制以及程序性条件，但引入了延期赔偿机制。该规定要求超期或涉及超期的公共政府部门与负责行政活动的私人当事方如未能按期完成行政程序，即须向利益相关方支付超期赔偿金，自期限届满起每超期10天支付30欧元，直至行政程序结束，但总罚金不超过2000欧元。已支付或应支付的赔偿保障金都将从其他补偿中减除。传统的程序结束形式不管如今有多隐性，仍然如法案所描述的那样：决策包含在由利益相关行政机构方单方面意愿产生的某项法案中，与本案例描述的权力相适应。其他形式由于上述简化并减少行政负担的政策实施，如今使用得很广泛，决策经协商后成为默认。

意大利审计法院案例法导致检查案例的自然秩序准则与公共行政行动的时间原则之间建立了某种关系，从本文观点出发，这对打击不道德行为触发的糟糕现象似乎特别有利，可作为长时间不必要等待采取所需行动的替代性方法。意大利立法机关采纳了所谓的反腐败法，通过带有复杂价值论的规定极大地干预了该不道德行为。事实上，赋予所要求机关立即反对明显不被允许、不可接受情况的权力和责任会导致法律上重新复发主体过多的现象。

因此为达到当前目的，政府部门用以满足公民需求的行为中的道义成分，现参照1990年颁布的第241号法令第2条及后续修订条款，不可追溯至权力的执行，但必须被视为与工作人员直接相关，从而与意大利宪法规定紧密地结合在了一起。该列举识别政治经济和社会机构的强制性义务，以促进社会的物质和精神进步，这在意大利宪法第 4 条中已有规定“每位公民都有义务按照个人潜能和个人选择，采取行动或履行职能以促进社会的物质和精神进步”。

与公共职能履行相关的行为准则已被行政程序中的反腐败立法所取代，以从整体秩序水平上高度重视公共机关内产生“公信力”的行为模式，这一点毫不例外。对此规则，所谓的“规范期待”代替了“毫无怀疑或讨论的简单顺从”，也即保罗·克罗西（Paolo Grossi）所说的对法律“肯定”而呆板的领会。

一旦不遵守法律的行为普遍重复地出现，信任的良性产生机制就会受到破坏，从而触发倒退趋势，与此同时，人们的期待也会发生变化。正如本案例多次提及，用户习惯于不遵守政府部门预先批准的行政程序、时间和规定，而且外部专业人士最后也在正常受理公共事务以外的时间跑到政府部门咨询意见、建议，根据审计法院裁决明显“是不遵守法律的行为”。

1990 年颁布的第 241 号法令第 1 款第 2 条修订规定可视为案例预测，证实了一般秩序规则和特殊秩序规则之间的解读，通过“助推理论”，设置了不仅仅是只监管自身行为准则的价值观，而且直接上升到更高的层次，现如今已获得意大利宪法的认可和支持，以确保公职人员个人的主观性尊严得到反映，同时也反映公职人员对政府部门“尊严”的秉持，反之亦然。

如此一来，审计法院最后一次认定的责任属性将不会因公职人员违反一般性秩序法律规定的任何（日益冗长、复杂的）行为准则而对其进行惩罚，而是惩罚那些诱导行为实践发生的、颠覆组织或结构性规则、确认为特殊秩序典型任务的相关因素。

公职人员个人与机构框架之间拟定的关系重建有利于对收入损失行政责任及相关内容进行新的解读，这可以直接联系到评估公职人员是否遵守内部规则的集中评估参数，使公职人员的行为模式符合法规。

因此，法规不断地识别会计审判的“直接”对象一如以往有着很强的现实意义，但更深入地挖掘真正的甚至间接的对象，它面向的其实是审判过程中执行的职能或司法权力。

总之，可以注意一下行政责任向所谓“系统性”行政失误扩展延伸的现象，而非其他的可检测对象，与违反单独的监管或纪律规则这种“全球性”行政义务无关，最深层的根源应在于《欧洲联盟条约》第2条（在意大利宪法中也有体现）内容所反映的价值观，即“维护人类尊严、自由、民主、平等、法治和尊重人权”。

参考文献

Books：

RACCA，Gabriella Margherita；YUKINS，Christopher R.，et al.，2014，*Integrity and Efficiency in Sustainable Public Contracts. Balancing Corruption Concerns in Public Procurement Internationally*，Bruylant，Bruxelles.

SIMON，Herbert A.，1945，*Administrative Behavior*，*A Study of Decision-Making Processes in Administrative Organization*，The Free Press，Collier.

THALER，Richard H. e SUNSTEIN，Cass R.，2008，*Nudge：Improving Decisions About Health*，*Wealth*，*and Happiness*，Yale University Press，New Haven & London.

Contributions to Books：

BERLINGÒ，Vittoria，2016，*Cattiva amministrazione “sistemica” e nuove funzioni della responsabilità per danno erariale*，in Atti del convegno *Il contrasto alla cattiva amministrazione e il ruolo della responsabilità amministrativa*，(*forthcoming*).

CAVALLO PERIN，Roberto，2009，*L'etica pubblica come contenuto di un diritto fondamentale degli amministrati alla correttezza dei funzionari*，in MERLONI，Francesco-CAVALLO PERIN，Roberto，et al.，*Al servizio della Nazione*，Milano，Franco Angeli，149 ss.

OCCHIENA，Massimo，2014，*Liability and the public administration*，in FRACCHIA，Fabrizio，et al.，*Textbook of public law*，Napoli，264 ss.

RACCA，Gabriella Margherita，2009，*Disciplina e onore nell'a tuazione costituzionale dei codici di comportamento*，in MERLONI，Francesco-CAVALLO PERIN，Roberto，et al.，*Al servizio della Nazione*，Milano，Franco Angeli，250 ss.

Articles in Journals：

VON BOGDANDY，Armin；IOANNIDIS，Michail，2014，*Il deficit sistemico nell'Unione Europea*，in *Riv. trim. dir. pubbl.*，593 ss.

DE LUCIA，Luca，2014，*Il concetto di "deficit sistemico" tra democrazia e stato di diritto. Commento all'articolo di Armin Von Bogdandy e Michail Ioannidis*，in *Riv. trim. dir. pubbl.*，641 ss.

VANNUCCI，Alberto，2013，*L'infelice anomalia italiana：la corruzione come sistema*，in *Questione giustizia*，147 ss.

欧盟治理与欧洲战略投资基金

比利时根特大学公共治理、管理及
财政学院　弗兰克·奈特

【摘　要】本文从多层次治理的角度分析了欧盟委员会为促进欧盟内投资而实施的容克计划。该计划的核心为创建欧洲战略投资基金，此基金隶属于欧洲投资银行，但由单独的独立治理结构进行管理。战略投资基金位于这一结构的核心，有赖于各级别的行为主体。在欧盟层面，容克计划的目标与欧盟委员会在欧盟预算下管理的欧洲结构基金的目标十分相似。欧洲战略投资基金可更好地协调这两种工具。在国家及地方层面，欧洲战略投资基金在投资项目、政策及促进银行和私人投资者之间起到了协调作用。

【关键词】投资；多层次治理；欧洲投资银行；欧洲战略投资基金

一　引言

新欧盟委员会于2014年11月正式执政，其首要任务是促进投资。为此，委员会发起了所谓的容克投资计划。通过一系列的资金注入和资金保证，委员会希望在2015—2017年启动价值3150亿欧元的投资。容克计划的重要组成部分包括创建欧洲战略投资基金、发挥欧洲投资银行的关键作用、与各级政府和私有部门合作伙伴开展合作。

容克投资计划可以带来巨大改变，在某些地方深受欢迎，因为此计划允许欧洲投资银行使用欧盟预算为风险较高的项目提供支持，起到风险缓冲的作用。

容克计划成功与否取决于欧盟计划投放的210亿欧元初始资金是否能达到预期乘数效应（杠杆效应）。预期杠杆效应为15∶1，意味着欧盟每支出1欧元，都应该带动其他政府或私有部门合作伙伴支出15欧元。

这种合作方式当然并不新奇。多层级治理是一个理论概念，首次出现在关于欧洲结构基金运作的分析中（Stephenson，2013）。在2007—2013年，这个概念所包含的主体有所扩展，除了各级政府，还包括金融中介和私人投资者，因为他们在欧盟的融合政策中也起到了一定的作用（Dabrowski，2014）。

容克投资计划在治理方面具有一些创新的特征，值得深入探讨：

• 欧洲投资银行的新角色：罗宾逊（Robinson，2009）表示应该更多地从治理的角度来分析欧洲投资银行所扮演的角色："对欧洲投资银行的探讨会再次引起人们对多层级治理理论的关注"（Robinson，2009：652）。"很明显，要提高我们对多层级治理的理解，就必须加深我们对欧洲投资银行角色的理解（Robinson，2009：665）。欧洲投资银行必须成为容克投资计划的动力。"

• 引入"国家投资促进银行"和"投资平台"：成员国可以通过"国家投资促进银行"或"投资平台"向欧洲战略投资基金进行直接或间接捐助。虽然这两者建立在已有机构之上，但它们的存在让治理系统添加新一层级成为可能。

目前的问题是，这些特征是否意味着欧盟在多层级治理的进化史中踏出了新的一步？在分析容克计划的组成部分时，需要通过欧盟内公共投资的融资方式，评估欧洲战略投资基金的治理结构是否是一种改善。但首先要评估的，是在哪些情况下欧盟和其他各级政府需要干预投资。因此，本文主要研究以下问题：

• 政府是否需要干预投资？

• 若政府需要干预投资，欧洲战略投资基金是否能起到改善作用？

本文的下一部分将分析政府干预投资的情况，之后的部分将详细讨论容克投资计划中的两个创新成分。

二 政府干预投资的必要性

我们将使用政府经济干预的经典框架（Musgrave，1989）来分析容克计划在欧盟治理中起到的作用。政府在经济中起着三重作用：配置、稳定和再分配。就配置作用而言，市场失灵时需要政府干预，例如，市场无法提供足够的集体产品，导致生产和/或消费受外部影响、市场中信息不对称及市场行为扭曲等。就稳定作用而言，政府必须反经济周期而行。再分配作用体现在市场收入、财富分配不为社会所接受时。在多层级治理系统中，这种干预顾名思义不会局限于单个层级的政府。本文所提及的治理层级包括欧盟层级、成员国国家政府层级及各成员国地方政府层级。下一个问题是，就投资而言，经典框架中所述的干预原因是否适用于这些治理层级。

问题的起点是私有部门投资及其对经济发展的作用。众所周知，投资是一种推迟消费的方式，这实际上提高了未来的消费，鼓励私有经济参与者将其部分收入用于投资而非消费。因此，投资所促进的经济增长同时也提高了参与者的生活水平。市场将协调参与者所做出的经济决定，例如，资本市场会将储蓄过多的参与者和需要资金进行投资的参与者联系起来。但经验告诉我们，市场也有可能导致投资错误、投资不足或投资的地域不均等现象。由于私人投资可能出现上述问题，各层级政府的干预变得顺理成章。在表1中将政府干预作用和政府层级这两个维度放在了一起。我们接下来将简单讨论表1中的每一个条目。

表1　　　　不同政策层的投资政策

	地方层级	国家层级	欧盟层级
配置	区域或地方预算 开发银行	国家预算 担保机构 发展银行	结构基金 欧洲投资银行

续表

	地方层级	国家层级	欧盟层级
稳定	稳定与增长协定	稳定与增长协定	欧洲投资银行 欧洲金融稳定机制 欧洲金融稳定基金 欧洲稳定机制
分配	结构基金 欧洲投资银行	国家税收 国家社会保险	结构基金 欧洲投资银行

就矩阵中的“配置”一行，欧委会（2014）指出，市场失灵是“因为信息不对称、外部影响及市场力量（竞争不强）。它们影响着投资的需求。典型案例包括（1）银行寻找可行投资项目的交易成本较高，造成信贷限额配给及回报要求过高（例如在中小企业部门）；（2）研发、基础设施、教育及环境等领域投资不足，而这些项目的投资可同时受益竞争者；（3）合并、竞争者退出市场或其他阻碍有效竞争的因素导致市场集中化，从而引起金融服务供给不足。欧盟环境下一个特有外部影响是在跨境项目中愈发巩固的市场一体化”。

可以清楚地看到，许多条例中存在无竞争和无排斥的特点，确保政府能够干预配置领域。铁路、公路、水路、能源网络、通信、机场及研发等领域的投资都必须由政府负责，因为私人投资者决策不充分，他们也可能因无法收回高额的前期固定成本而不能进入某个投资领域，或者即使社会效益超过投资成本，他们也无法内化外部效益。至于哪个政府层级需要应对这些市场失灵，欧茨（Oates，1975）提出的分权定理指出，社会偏好将起决定性作用。由于社会偏好在小群体中比较单一化，低层级政府应该是干预的首选项。供给或公共供给资金的溢出效应、税收竞争效应和规模效应越大，干预的最佳政府层级就越高。第一个条目中，公共投资的干预发生于地方层级。通过区域和当地政府预算，公共投资中很重要的一部分资金得到了保证：当地街区、公共领域、垃圾收集投资等，都是低层级政府干预的典型例子。由于规模效应会导致自然的垄断，铁路、高速公路、能源和通信领域的投资通常由更高层级的政府组织。至于欧盟是否应该解决投资中的市场失灵，答案是肯定的。在欧盟层面，“最致命的市场失灵之一存在于在大规模基础设施项目的投资中”（Griffith-Jones and Tyson，2012）。早先，欧盟通过创造欧洲投资银行和结构基金投资基础设施项目：“加上欧洲投资银行作为提供贷款的机构，支持一体化进程的欧盟机制包括来自于结构基金的资金和促进私有部门放贷的担保制度”（Griffith-Jones and Tyson，2012）。

表1中第一行还包括了另一种市场失灵，即中小企业借贷中的信息不对称。由于研究中小企业的信誉度和其投资项目可行性的成本过高，银行往往不愿意向中小企业放贷。至于解决这种市场失灵的最佳政府层级尚未清晰。事实表明，这一领域中三个层级的政府都很活跃，通常通过专门的公共金融机构进行干预。

根据传统观点，表1中第二行里的“稳定”，因为存在宏观经济进口漏损，故而由越高的政府层级进行干预越好。次国家层级没有能力使用投资预算来稳定经济。国家级政府更胜任这项工作，但受制于稳定与增长公约的条款。在欧盟层次，欧盟预算可视为刺激经济的明显工具，但其规模（仅占约欧盟 GDP 的1%）和平衡要求阻碍其发挥巨大作用。欧洲投资银行在欧元危机时果断地采取了至关重要的逆周期措施。欧盟还先后建立了临时和永久的救助机制，例如，欧洲金融稳定机制、欧洲金融稳定基金及欧洲稳定机制，以另一种方式稳定欧洲经济。

人们并不认为低层级政府是干预再分配的合适平台。税收工具和社会保障制度通常规模较大。预期外的人口迁移会给管辖区域带来麻烦，因此不同管辖区域在税收和社保上会有所不同。然而，一旦涉及投资情况就不同了，因为此时的重点是区域内再分配，而非纵向或横向的再分配。纵向和横向再分配通常由国家政府通过循序渐进的税收和社保系统进行干预，而区域内再分配是一些欧盟工具发挥作用的最终阵地，例如，结构基金和欧洲投资银行与地方政府紧密合作进行干预，由此产生了多层级治理这一概念（Stephenson，2013）。

毋庸置疑，所有层级的政府（包括欧盟层级），在投资方面都起着一定作用。在欧盟层面，这种作用在几十年前建立欧洲投资银行和结构基金时便显现出来。接下来的问题是，在欧盟投资政策已经存在的情况下，是否如欧洲金融稳定机制所预示，需要额外的新措施。

三　投资不足与欧洲战略投资基金需求

欧洲战略基金的成立对表1中的大多数条目都产生了影响。在现行有效的政策基础上是否还有必要引入欧洲战略投资基金？对于这一问题，许多经济观察者给出了肯定的答案。欧元危机以来，欧洲的投资水平明显下降。巴比亚罗（Barbiero，2014）指出“在二战以来最严峻的危机即欧元危机期间，即使在尚有财政余力的欧盟国家，欧盟财政框架也无法像其他发达经济体那样，把促进公共投资作为反周期稳定工具”。正如琼斯和泰森（Griffith-Jones and Tyson，2012）所述，“与私人资本市场规模庞大的资本流失相比，欧洲投资银行新增融资杯水车薪”。布提（Buti，2014）指出，2007年以来欧元资本市场的投资水平明显下降。欧盟28个成员国投资的GDP占比曲线图也反映了这一趋势（见图1）。

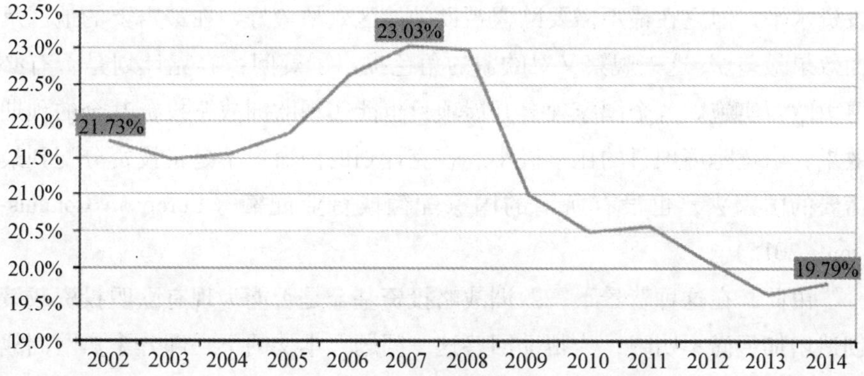

图1　28个欧盟成员国投资的GDP占比

数据来源：欧盟统计局。

国际货币基金组织（2014）发现，过去30年间公共资本存量（基础设施资本的一种体现）在产出中的份额大幅下降。但是，欧盟缺少投资这一观点并没有得到广泛支持。格罗斯（Gros，2014）就曾尖锐地指出：“表面来看，投资总是越多越好。但是，欧元危机后欧盟投资水平下降，所以欧盟需要更多的投资的观点存在两个问题。”格罗斯认为，第一，经济增长期的投资水平总是高于实际需求，这很自然，欧盟经济在危机前就是这样。以这一标准来衡量经济衰退期的投资水平是不合适的。更不用说，当时许多投资都投错了地方，引起了经济泡沫（如房地产板块），并不利于经济的长期增长。第二，还跟欧洲工作人口数量下降有关。这就意味着维持资本产出比率并不需要那么高的GDP投资占比。

关于这场争论，国际货币基金组织（IMF，2014）补充了非常重要的一点：公共投资只在几个特定的情况下有用。公共投资增长促进资本产出增长，短期来看是促进了需求增长，长期来看是促进了供应增长。有几个中介因素对这些增长有影响：（1）经济疲软的程度和货币宽松政策；（2）公共投资效率；（3）公共投资的融资手段。只有在公共投资效率高的国家，较高的公共投资水平才是有益的。国际货币基金组织只将法国、德国、西班牙归到了“高效”这一范围内，意大利、希腊和斯洛伐克的公共投资效率很低，不应再增加投入。

因此，迈恩特（Myant，2015）得出了以下结论：“容克计划能提高投资水平，但它在最不需要欧盟帮助的地区效果最好，在最需要的地区反而效果最差。”这一观察又对欧盟的角色提出了疑问：容克计划是否有必要由欧盟实施。各个国家独自开展项目也能实现欧洲战略投资基金的预期效果，毕竟跨境项目的比重极小。容克计划的使命也不是将投资分配到最需要的国家去，也没有所谓的国家配额或行业配额（European Commission，2015）。

由此，在这种背景下，欧洲战略投资基金是否能为现有欧盟投资政策创造增加值尚不明晰，为帮助回答这一问题，本文的下一部分聚焦欧洲战略投资基金的特点。

四　容克计划的特点

为了解决欧盟内潜在的投资不足问题，欧洲投资银行与欧盟委员会共同发起了欧洲战略投资基金。该基金旨在通过调动私有资本进行战略性投资，比如交通、能源、数字基础设施、教育培训、医疗保健、研发、信息与通信技术创新、可再生能源利用效率、环境保护、城市项目、扶持中小型企业等。欧洲战略投资基金是容克计划三大支柱特点之一。除此之外，容克计划的第二大支柱特点是解除欧盟成员国在欧洲单一市场中的贸易壁垒来改善投资环境。第三大支柱特点即为通过设置“投资项目门户”和欧洲投资咨询中心来确保资金投向实体经济。马蒂（Marty，2015）指出，“欧洲投资银行提供的技术支持（部分资金来自欧盟预算）将会帮助项目更好地组织和融资。这一平台的目的是引进及更好地利用复杂的金融计划”。

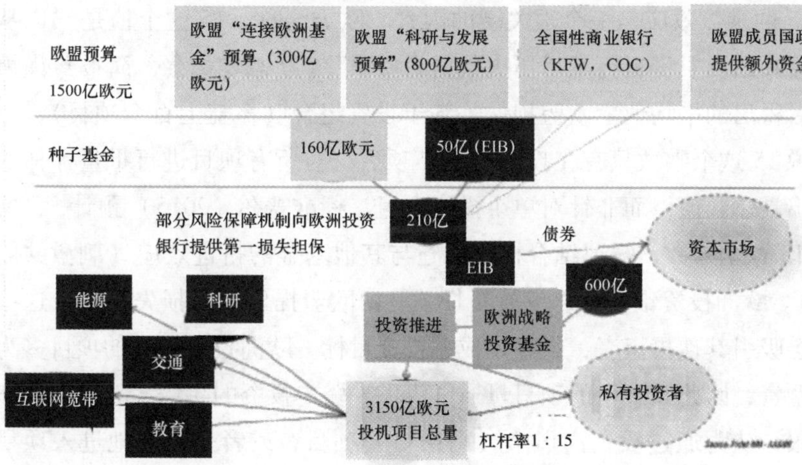

图2　容克计划的3000亿欧元投资计划

欧洲战略投资基金计划在2015—2017年投放3150亿欧元的投资资本，图2为计划概要。计划的乘数效应为15，这一关键的乘数效应预计可将210亿欧元的起始资金转变为3150亿欧元的投资总量。210亿欧元的启动资金部分来自欧盟财政预算。160亿欧元的一半将从现行的2015年预算中划出，转至2020年预算计划中（27亿欧元由H2020基金拨款，33亿欧元由连接欧洲基金拨款，欧盟财政预算留出20亿欧元拨款款项）。剩余80亿欧元的款项尚未落实。欧盟向欧洲投资银行提供的160亿欧元应作为欧洲投资银行融资项目出现损失情况下的担保基金。欧洲投资银行也需拿出50亿欧元的投资基金。有了这210亿欧元基金的支持，欧洲投资银行通过在资本市场发行AAA级债券，可以实现3倍规模（608亿欧元）的投资。这笔资金规模有望在基建创新和中小企板块中催生 3150 亿欧元的投资。基建创新板块由欧洲投资银行负责，中小企板块由欧洲投资基金负责，欧洲投资基金本身即为欧洲投资银行一部分，主要负责中小企融资。预计欧洲投资银行将向欧洲战略投资基金提供 490 亿欧元的融资，向欧洲投资基金提供约 120 亿欧元的融资，由此实现基建创新板块 2400 亿欧元的长期投资规模，中小企板块 750 亿欧元的投资规模。战略投资基金融资的项目需接受欧洲投资银行的尽职调查和战略投资基金内部投资委员会的评估，以决定项目是否真的具备欧盟担保标准下的融资资格。

15 的乘数效应是一个很关键的因素。欧委会称，15 这个值是“以从前欧盟和欧洲投资银行项目历史数据为参照”（欧盟委员会，简报）谨慎计算后得出的平均值。欧盟担保是基于投资组合（覆盖上百个项目），也就是说 15 这个乘数只有在投资项目结项后，对所有项目进行批量评估才能得出具体数值，而非针对单个投资项目。标准普尔（2015）预计，“要达到 15 这个乘数，需要结合杠杆措施与其他基金的挤进效应（刺激共同投资）。欧洲投资银行可以发放新贷款，由欧盟提供第一损失担保。这些贷款会吸引其他投资者，最终达成总投资目标。欧洲投资银行的项目多为贷款融资，因此其吸引的项目量通常为私人资本投资的 3 倍。然而，欧洲投资银行认为通过投资高风险（高回报）项目，或者是较晚地进入项目融资能显著地提高此乘数的值，因为这些项目都享受欧盟提供的第一损失担保”。克拉埃斯（Claeys，2014）赞成这一观点，并发现欧洲投资银行通常将自身杠杆率调到 6 倍，再吸引足够的私人投资者共同投资，将投资规模扩大到 3 倍，从而达到 18 倍的整体乘数效应。这种乐观主义的做法显然并没有被所有的观察者接受。麦德洛夫（Medarov，2015）发现很多金融专家称这种“可操纵的乘数效应”过于乐观。法国兴业银行也认为，15：1 的杠杆率过于乐观。弗格勒斯（Veugelers，2014）补充道：“15 倍的杠杆率能否实现还存在疑问，因为私人资本只能作为额外资本，才能确保其不会挤出计划中的投资。”

由于可能出现私人投资挤出计划投资的情况，有必要提到战略投资基金中的另一个重要变量：附加性。欧盟第 2015/1017 号条例第 5 条对这一变量的定义为：“战略投资基金在应对市场失灵或次优投资时所能提供的支持，在欧盟第一担保期限内不适用；若没有战略投资基金的支持，欧洲投资银行、欧洲投资基金和任何其他欧盟金融工具都无法提供这种程度的支持。”这就是说相比欧洲投资银行的其他项目，容克计划的融资项目风险更高。

五　欧洲投资银行的新作用

有一点需要注意，战略投资基金不是一个正式机构，不能独立开展活动。它隶属于欧洲投资银行，专门负责让更多高风险项目获得支持。因此，对于欧洲投资银行新资产来说，它只是一个标签。“这个标签将由新成立的战略投资基金委员会授予给欧洲投资银行之前由于风险太大不愿出资的项目，欧盟将为这些项目提供保证”（Claeys，2015）。这就是说，战略投资基金委员会将在很大程度上改变欧洲投资银行运作方式。欧洲投资银行将通过资助一些高风险、高回报的项目来承受更多风险。在战略投资基金设立之前，这些项目是不会得到融资的。因此，为了给私人投资者留有空间，欧洲投资银行将同意减少为每个项目提供融资的份额，其主导性由此减弱。另外，欧洲投资银行的作用将小于联合融资人，以便减少私人投资者的风险。

战略投资基金把容克计划中额外投资的资本募集和分配中的重要位置交给欧洲投资银行，将欧洲投资银行置于舵手的位置。由于经验丰富，欧洲投资银行是一个不二选择。欧洲投资银行支持的项目相对较少，“它还需发挥更大的作用”（Myant，2015）。达瓦斯（Darvas，2012）也认为，欧洲投资银行“似乎是最适合执行这类投资项目的机构”。

欧洲投资银行虽然接受了这一新任务，但并没有因此享有完全的自主权。战略投资基金的活动不能完全纳入欧洲投资银行的正常活动，因为那样做不符合附加性原则。欧盟第 2015/1017 号条例第 7 条规定了战略投资基金的治理结构。该条款规定，战略投资基金由指导委员会、投资委员会和总裁负责管理。指导委员会由四名成员组成，任期三年，其中三名由欧盟委员会任命，一名由欧洲投资银行任命。总裁负责战略投资基金的日常管理，并由副总裁辅佐。投资委员会负责对项目进行审查，并为欧洲投资银行的活动批准欧盟的保证措施。该委员会由公开选拔的八名独立专家组成，任期三年。

那么，这些创新对多层级治理意味着什么？罗宾逊（Robinson，2009）认为，在多层级治理的分析中，往往都没有考虑到欧洲投资银行，尽管“欧洲投资银行很重视专业能力和知识，它要求政府和非政府组织的项目在申请贷款前确立指定合作模式”。可以想象，容克计划将执行这些制度条件。其中，以欧洲投资银行与欧盟委员会、地方政府和私营部门的互动问题尤为重要。2007 年至 2013 年，欧洲投资银行与欧委会已经就一些举措进行过合作，其目的是利用结构基金和欧洲投资银行的贷款，以达到共同融资项目的杠杆效应（Robinson，2009）。欧盟第 2015/1017 号条例明确提及这些举措，并希望欧洲投资咨询中心加以借鉴。马蒂（Marty，2015）认为，容克计划提出了一个在欧洲、国家和地方三个层面上“欧盟委员会与欧洲投资银行、促进者、投资者和其他机构参与者进行互动的机制，有利于促进投资和宣传新型融资方式”。这将促进各国举措与欧盟举措的合力。马蒂（Marty，2015）的目光所及甚至超越了容克计划，预料结构基金将被升格为战略投资基金的新融资工具。瓦拉（Valla，2014）也认为是这样，指出“长期以来，结构基金一直很悲哀地被认为缺少战略愿景。大家认为结构基金的配置方式很深奥，并且不尽如人意”。

六 “国家投资促进银行”和“投资平台”

从多层级治理的角度来说，有一个进展更为重要，即在战略投资基金的活动中，“国家投资促进银行”和“投资平台”被赋予重要角色。欧盟希望这两个机构发挥作用以便“识别有前景的项目并进行开发，必要时对项目进行整合，并吸引潜在投资者”（欧盟第 2015/1017 号条例，陈述部分第 34 段）。

根据该条例的定义，“国家投资促进银行是开展专业金融活动的法人机构，由成员国政府或成员国的中央、区域或地方机构授权，负责招商引资”。

这样的机构包括：德国战后重建信贷中心、法国信托局和公共投资银行、西班牙官方信贷中心和意大利储蓄和贷款公司。瓦拉（Valla，2014）认为，“如果这些银行解决了战略投资基金所需的预付款问题”，它们就改变了游戏规则。

投资促进银行又名开发银行或开发融资机构，已经问世几十年。大多数银行于 1946 年至 1989 年相继成立，涵盖国家、地方和跨国多个层面，其作用在此后的时间里并没有发挥出来。但是，金融危机和欧元危机爆发以来，各开发银行日益活跃，一些新的开发银行相继设立（Wruuck，2015）。作为欧洲层面的开发银行，欧洲投资银行业务日益频繁。战略投资基金的设立也使得各国开发银行的作用变得更为重要。

瓦拉克同时指出现阶段在战略投资基金背景下的新内容（Wruuck，2015）："这次的不同之处在于：一、确立了一个各国债务融资工具能够参与的共同投资促进机制。二、关于债务融资工具对促进欧洲经济的作用之讨论不仅限于地方层面。债务融资工具被认为是经济政策工具包的一部分，可用于解决国家和欧洲两个层面上的问题。"因此，投资促进银行正在被纳入欧盟多层次治理的体系。但投资促进银行也有它自己的问题。欧洲的投资促进银行体系跟银行间的合作和协调模式一样复杂。因此，有人建议（Valla A. O.，2014）建立一个"基于欧元的投资银行系统"。

根据第 2015/1017 号条例，"投资平台"是指"特殊目的载体、管理账户、基于合同的共同融资或风险分担安排，或通过其他方式确立的、由多个实体为多个投资项目提供融资的安排"。其中包括：

（a）"负责对一个成员国境内的多个投资项目进行分类的国家或地方平台；

（b）对多个成员国伙伴或有意参与项目的第三国伙伴进行分类的多国或区域平台；

（c）对属于某一行业的投资项目进行分类的专用平台。"

欧盟委员会（2015）对投资平台做出了进一步指引："投资平台实质上属于共同融资安排，目的是促进对一些项目（而非单一项目）进行投资。投资平台是一种对投资项目进行整合、降低交易和信息成本、提高在投资者中进行风险配置的效率的一种方式。"

与投资促进银行不同的是，投资平台的历史不长。欧盟委员会（2015）列举了一些最近设立的多边投资平台。2009 年 12 月，欧洲投资银行、德国战后重建信贷中心、法国信托局和意大利储蓄和贷款公司等主要公共融资机构共同启动了 2020 年欧洲能源、气候变化和基础设施基金。

这一项目主要投资于交通、能源和成熟可再生能源等行业的“棕地”项目和“绿地”项目。这个项目有点类似于欧委会、欧洲投资银行储蓄和贷款公司和德意志银行合作的欧洲能源效率基金。由于私营银行的加入，该基金成为一个跨国的公私伙伴关系项目。另外，欧洲东南亚基金也属于一个公私伙伴关系。但这两个项目不是一般意义上的公私伙伴关系。一般的公私伙伴关系与投资平台的不同之处在于后者投资对象是一个项目组合，前者的投资对象是单个项目。OECD 的所谓“共同投资平台”也属此类。在这个平台下，养老金和主权财富基金通过整合资源共同投资于基础设施项目。这么做的好处有：“根据其他养老基金的配置利益，投资周期趋同，费用降低，对投资特点的管理加强，投入更大，对本地有一定了解，风险分散。”

七　结语

本文从多层级治理的角度分析了欧盟委员会为促进欧盟内投资而实施的容克计划。该计划的核心为设立欧洲战略投资基金，此基金隶属于欧洲投资银行，但由另外的独立治理结构进行管理。战略投资基金位于这一结构的核心，有赖于各级别的行为主体。在欧盟层面，容克计划的目标与欧盟委员会在欧盟预算下管理的欧洲结构基金的目标十分相似。欧洲战略投资基金可更加地协调这两种工具。在国家及地方层面，欧洲战略投资基金在投资项目、政策及促进银行和私人投资者之间起到了协调作用。

虽然现在还为时尚早，但随着欧洲投资银行的作用加强，容克计划似乎已经拉开了全新的多层级治理的大幕。

参考文献

Barbiero，F. & Darvas，Z. （2014），In sickness and in health：protecting and supporting public investment in Europe，Bruegel Policy Contribution，Issue 2014/2.

Belfius Research，（2015），Het belang van overheidsinvesteringen voor de economie：Thema-analyse Lokale Financiën，Belfius Research，pp. 1 – 8，https：//www. belfius. be/publicsocial/NL/Media/thema% 20analyse% 20februari% 202015 _ tcm _ 31 – 100232. pdf.

Buti, M. (2014), Lacklustre investment in the Eurozone: the policy response, VOX, 22December, http: //www. voxeu. org/article/lacklustre – investment – eurozone – policyresponse.

Claeys, G., Sapir, A. & Wolff, G. (2014), Juncker's investment plan: Norisk-noreturn, ruegelBlogPost, http: //bruegel. org/2014/11/junckers – investment – plan – no – riskno – return/.

Claeys, G. (2015), "Juncker plan": the EIB in the driver's seat, Bruegel Blog Post, http: //bruegel. org/2015/06/juncker – plan – the – eib – in – the – drivers – seat/.

Dabrowski, M. (2014), Engineering Multilevel Governance? Joint European Support for Sustainable Investment in City Areas (JESSICA) and the Involvement of Private and Financial Actors in Urban Development Policy, Regional Studies, Volume 48, Issue 12, December 2014, pp. 2006 – 2019.

Darvas, Z. (2012), The Euro crisis: ten roots, but fewer solutions, Bruegel Policy Contribution, Issue 2012/17.

Durante, J-P. (2014), Euro area: Juncker's investment plan, not a game changer for 2015, Perspectives Pictet, http: //perspectives. pictet. com/2014/12/01/euro – areajunckers – investment – plan – not – a – game – changer – for – 2015/.

EIB (2015), European Fund for Strategic Investments-Questions and Answers, Media background document, retrieved on May 4, 2016, from http: //www. eib. org/attachments/press/investment_ plan_ for_ europe_ qa_ en. pdf.

EIB (2016), Restoring EU competitiveness, European Investment Bank, pp. 1 – 52, http: //www. eib. org/attachments/efs/restoring_ eu_ competitiveness_ en. pdf.

EPRS, (2015), Cornerstone of the Commission's Investment Plan-European Fund for Strategic Investments (EFSI), Members' Research Service, pp. 1 – 7, http: //www. europarl. europa. eu/RegData/etudes/BRIE/2015/559508/EPRS_ BRI (2015) 559508_ EN. pdf.

EU Monitor (2015), Promoting investment and growth: The role of development bank sin Europe. https: //www. dbresearch. com/PROD/DBR_ INTERNET_ ENPROD/PROD0000000000380779/Promoting_ investment_ and_ growth%3A_ The_ role_ of_ devel. pdf.

European commission (2009), Economic crisis in Europe: Causes, Consequences and Responses, ISSN 0379 – 0991, European Economy 7, http: //ec. europa. eu/economy_ finance/publications/publication15887_ en. pdf.

European Commission (2015), Working together for jobs and growth: The role of National Promotional Banks (NPBs) in supporting the Investment Plan for Europe, 22 July.

European Commission, (2015b), The European Fund for Strategic Investments (EFSI) Questions and Answers. http://europa.eu/rapid/press-release_MEMO-15-3223_en.htm.

European Commission (2016), European Structural and Investment funds and European Fund for Strategic Investments: complementarities. http://ec.europa.eu/regional_policy/sources/thefunds/fin_inst/pdf/efsi_esif_compl_en.pdf.

Griffith-Jones, S. & Tyson, J. (2012), The European Investment Bank and its role in regional development and integration, in "The Transformations of the International Financial System" edited by Cintra, Marcos Antonio Macedo & Gomes, Keiti da Rocha, 2012.

Gros, D. (2014), Investment as the key to recovery in the euro area, CEPS Policy Brief, N° 326, https://www.ceps.eu/system/files/PB%20326%20DG%20What%20role%20for%20investment%20final.pdf.

IMF, (2014), Is it time for an infrastructure push? The Macroeconomic effect of public investment, October 2014.

Marty, O. (2015), The Juncker Plan-the vehicle for revived European Ambition Fondation Robert Schuman, European Issues, n° 347, 10th March.

Medarov, G. & Tsoneva, J. (2015), The New European Investment Plan. A Critical Analysis of Financial Instruments and Large Infrastructure Financing, Counter Balance. Challenging Public Investment Banks.

Musgrave R. & Musgrave P. (1989), Public finance in theory and practice, New York, McGraw-Hill, (5th edition).

Myant (2015), Juncker's investment plan: What results can we expect? Swedish Institute for European Policy Studies, European Policy Analysis, May Issue 10, Oepa, pp. 1-10, http://www.sieps.se/sites/default/files/2015_10epa%20eng%20A4%20korr6.pdf.

Oates, W. E. (1975), Fiscal Federalism, New York, Harcourt Brace Jovanovich.

OECD (2012), Recommendation of the Council on Principles for Public Governance of Public-Private partnerships, 4 May 2012, http://acts.oecd.org/Instruments/ShowInstrumentView.aspx?InstrumentID=275&Lang=en&Book=False.

OECD (2014), Pooling of institutional investors capital-selected case studies in unlisted equity infrastructure, April.

PMV (2016), European Fund for Strategic Investments (EFSI) in Vlaanderen, http://www.pmv.eu/nl/european-fund-strategic-investments-efsi-vlaanderen.

Robinson, N. (2009), "The European Investment Bank: The EU's Neglected Institution", *Journal of Common Market Studies*, Volume 47, Number 3, pp. 651 –673.

Standard & Poor's Rating Services (2015), Europe's Investment Plan: How to Spend □315 Billion in Three Years, http: //www. theasset. nl/wpcontent/uploads/2015/02/20150115_SP_ Juncker – Plan – Analysis. pdf.

Stephenson, P. (2013), Twenty years of multi-level governance: "Where Does It Come-From? What Is It? Where Is It Going?", *Journal of European Public Policy*, 20 (6), pp. 817 –837.

Valla, N. (2014), Long live the Juncker Plan! CEPII Blog 21 décembre 2014, http: //www. cepii. fr/blog/bi/post. asp? IDcommunique =353.

Valla, N., Brand, T. & Doisy, S. (2014), A New Architecture for Public Investment in Europe: The Eurosystem of Investment Banks and the Fede Fund, CEPII Policy Brief, N° 4.

Van Garsse, S. (2015), Behoefte aan slimme private investeringe, innovatieenefficiëntie, http: //www. allesoverpps. be/finance/behoefte – aan – slimme – private – investeringeninnovatie – en – efficintie.

Van Garsse, S. (2015b), Privé-sector kan de bouw en de economie eennieuweboostgeven, auxipresshttp: //adcb – vba. be/wp – content/uploads/2015/12/2015 – 10 – 09 – Bouwkroniek – Priv% C3% A9 – sector – kan – de – bouw – en – de – economie – een – nieuwe – boostgeven. pdf.

Veugelers, R. (2014), The Achilles heel of Juncker's investment plan 8 dec 2014; Bank lending and monetary Transmission in the Euro Area, http: //bruegel. org/2014/12/theachilles – heel – of – junckers – investment – plan/.

Wruuck, P. (2015), Promoting investment and growth: The role of development banks in Europe, Deutsche Bank Research, December 23, https: //www. dbresearch. com/PROD/DBR_ INTERNET_ ENPROD/PROD0000000000380779/Promoting_ investment_ and_ growth%3A_ The_ role_ of_ devel. pdf.

政府间财政关系及地方政府服务：以南非夏里普市为例

南非自由州大学　C.J. 亨德里克斯
南非布隆方丹市自由州议会　M. 塞纳戈

【摘　要】本文主要研究南非政府间财政关系对自由邦夏里普市当地政府服务的影响。南非1996年颁布实施的《南非共和国宪法》(1996年第108号法案）中并未对政府体系做出明确规定，但将政府分为国家、省、市三个层级，各级政府职责清晰、相互依存、相互联系。地方政府负责提供电、水、卫生、消防、垃圾清除等服务。完整详细服务清单详见宪法附表四的第二部分及附表五的第二部分，其中各项服务均属市政府管理。宪法第十三章主要阐述了政府间的财政关系，并从原则角度规定地方政府有权获取国家收入中的平等份额，用以提供公共服务、履行政府职能。此类财政转移支付应及时足额完成。宪法进一步规定，议会必须为政府间转移支付体系做好支撑。

基于对夏里普市的案例研究，本文试图回答下列问题：对夏里普市而言，国家转移支付对政府提供服务有何影响？

现有理论指出，南非地方政府还处于成长期。尽管均为动态机构，但是否发展成熟仍取决于是否能够提供基本服务、提高选民收益。许多市政府，尤其是已完成城镇化的地区的市政府，均具备完善的体系并可利用地方收入向居民提供各类基本公共服务。然而，与此同时，在另一些城市，可饮用水、电力、卫生等基本服务却相当不足，地方政府获取收入的能力也极其有限。财政分权的一个重要目标就是避免公共服务不均等。南非等国已在宪法中强制规定实施财政分权政策。为推动政策落地，中央政府设计了一项公式，根据计算结果通过不同形式的转移支付向地方政府公平分配国家收入。尽管政府间转移支付仅占市政府全部收入的一小部分，但对于提供基本服务还是不可或缺的。

分析结果表明，夏里普市地方政府获取收入的能力十分有限，如果没有国家政府的拨款，就无法向居民提供基本公共服务。此外，如果地方政府要丰富服务种类或改善服务水平，则需要国家政府划拨更多资金。南非其他地方政府或其他国家的地方政府或许也会面临同样的情境，这也是本研究的应用价值所在。

【关键词】政府间财政关系；地方政府服务；国家转移支付

一　引言

南非政府分为三个层级，即国家级、省级和市级。各级政府职责清晰、相互依存、相互联系。市政府负责提供电、水、卫生、消防、垃圾清除等服务。完整详细服务清单详见南非 1996 年《南非共和国宪法》（1996 年第 108 号法案）（以下简称宪法）附表四的第二部分及附表五的第二部分，且市政府有权管理宪法中列明的各项事务。

为履行政府职能，各级政府均需要资金支持，其资金来源包括个人所得税、增值税、消费税、房产税等。南非国家税务局代表政府征收各种税费，形成政府收入。市政府的大部分资金来源于房产税和用户税费。然而，农村县市政府所能获得的收入远远低于城镇都市政府（National Treasury，2015：3）。

由于增加财政收入的能力较弱，而履行职能所需的支出较高，市政府几乎难以在资金方面自给自足（Boadway and Shah，2007：27）。这种职能与资金的不匹配，导致市政府普遍需要依靠国家政府的财政拨款来提供相关服务。宪法从原则角度规定，地方政府有权获取国家收入中的平等份额，用以提供公共服务，履行政府职能。

为把农村县市政府的政府间财政关系放到有关背景中去研究，本文讨论了国家政府资金划拨对自由邦夏里普市提供服务的影响，并分析了不同地方市政府的财政压力，为提供服务而扩大财政收入的必要性、政府创收能力以及市政府由于财政能力受限而无法提供的服务种类。

二　政府间财政关系的定义

政府间财政关系指公共财政多个层级政府之间的系统性架构，在这个架构下，财政支出和监管权力下放至下级政府，国家财政收入以政府间转移支付的方式分配给各级政府（Hendriks，2014：15）。多数国家的地方政府都承担着重要的财政职能，预算支出和预算收入均有所涉及。在这些系统中，国家政府与地方政府间的财政安排形式多样，不仅决定各级政府间的税收分配与共享形式，也决定资金划拨的方式（Pauw，van der Linde，Fourie and Visser，2015：42）。因此，政府间财政关系对于高效和有效的公共部门的构建和运行至关重要。

一般而言，国家政府一般会向地方政府分派更多职能，履行这些职能而造成的支出会超出地方政府的收入能力。这是世界各国政府间财政关系的一个重要特点，无一例外。有研究指出，无论政治或宪法对国家的定义是什么，由于增加财政收入的能力较弱，而履行职能所需的支出较高，地方政府从来都无法在资金方面自给自足（Boadway and Shah，2007：xxvii）。这种职能与资金的不匹配，导致地方政府普遍需要依靠上一级政府的财政拨款来提供相关服务。

在财政分配过程中，确保资金随职能变动是一条总体性原则（Rao，2007：321）。这也就意味着，地方政府应有充足的财政收入来源，满足提供服务的资金需求。问题在于，尽管向地方政府分配职能轻而易举，寻求总量充足且潜在无损的财政收入却举步维艰。因此，尽管南非的财政支出高度分散在地方政府，但财政收入的分配却高度集中，即国家政府广泛控制收入来源，而地方政府可征收的税费极其有限（Rao and Khumalo，2003：11）。财政收入来源不足造成纵向财政不平衡现象（Boadway and Shah，2007：27），具体内容将在下文中详加阐述。

（一）纵向财政不平衡

南非政府间财政关系体系的一个关键特征是，财政收入能力集中而财政支出责任分散。因此，如果不考虑南非较为分散的政府结构，地方政府的收入能力与支出责任之间存在较大差距（Amusa and Mathane，2007：281）。尽管南非国家政府的财政收入总额巨大，其支出责任却高度分散在省、市级政府里。因此，国家层面的财政收入能力与地方层面的财政支出责任之间存在不匹配，这种纵向不匹配即被称作纵向财政不平衡（Chitiga-Mabugu and Monkam，2013：2）。

由纵向财政不平衡导致的纵向财政缺口可被视为地方政府财政支出不能依靠自身财政收入满足的部分。如果支出的分散程度超过收入的集中程度，就会出现这种不平衡（Karpowicz，2012：3）。因此，纵向财政缺口指地方政府所能获取的财政收入（收入潜力）与提供服务所需资金额之间的缺口。

为阐明这一观点，沙阿（Shah，2007：17）称，可将纵向财政缺口定义为收入手段与支出需要不匹配造成的资金缺口。当国家政府的财政收入大于其支出责任时，地方政府的财政收入就会小于其支出责任。在这种情况下，为满足支出需求，地方政府就必须依靠国家政府的转移支付或贷款（Karpowicz，2012：3）。拨款等政府间财政转移支付是弥补纵向财政缺口的手段之一。

（二）政府间转移支付

政府间财政转移支付是多数国家的地方政府获取资金的主要方法（Islam，2007：17）。在南非，各地资源禀赋和人均收入水平存在显著差异，许多地方政府财政能力不足，无法履行法定职责（Amusa and Mathane，2007：281）。这种纵向不平衡的存在，决定了国家政府向地方政府进行财政转移支付是不可避免的（Durham and Verwey，2012：170）。因此，政府间财政支付构成南非政府间财政关系体系的重要基础。就这一点，莫埃提（Moeti，2014：86－87）认为，那些位于贫困地区的地方政府难以从当地企业或居民那里获得收入，在很大程度上尤其需要国家政府的转移支付。

表 1 简述了国家可用财政收入在各级政府间的分配情况。

表 1　国家财政收入分配，2011 年/2012 年——2018 年/2019 年

	结果（百分比）					预测	中期预测	
财政年度	2011/2012	2012/2013	2013/2014	2014/2015	2015/2016	2016/2017	2017/2018	2018/2019
国家部门	47.9%	47.9%	47.9%	48.2%	48.9%	48.1%	47.5%	47.4%
省级政府	43.7%	43.4%	43.4%	43.2%	42.2%	42.9%	43.4%	43.3%
地方政府	8.4%	8.7%	8.7%	8.6%	8.9%	9.0%	9.1%	9.3%

来源：节选自南非国家财政部预算审核，National Treasury，Budget Review（2016：iv）。

从表 1 中可以明显看出，国家政府和省级政府分别能够获得 40% 以上的收入，占比最大；而地方政府则只能获得不到 10%，占比最小。之所以如此，是因为地方政府凭借自行征收的费用和税收覆盖了绝大部分支出（National Treasury，2013：111）。

南非的政府间财政关系体系以 1996 年《南非共和国宪法》（1996 年第 108 号法案）中的财政收入共享原则而建立，即三级政府均有权获取国家收入中的平等份额。就这一点，宪法第 227 节第（1）条第（a）项明确规定，地方政府有权获取国家收入中的平等份额，用以提供公共服务、履行政府职能；并进一步规定，此类财政转移支付应及时足额完成[宪法第 227 节第（3）条]。

根据《商业词典》的定义，平等份额作为一种补救措施或解决方法，无论是在伦理上还是法律上都是公正合理的，但其是否能使部分或全部相关方感到完全满意则不得而知（Business Dictionary，2016：1）。波夫等人（Pauw et al.，2015：295）将“平等份额”视为公平分享或获取应得的部分。从这个意义上来说，“平等份额”与“相等份额”是不同的，后者意味着每人都应获取完全等量的东西，或应做出完全相同的贡献。

南非地方政府委员会表示，面临失业、贫困和不公三重挑战所带来的反复影响，平等份额能够确保贫困人口平稳渡过难关（South African Government，2015：1）。地方政府的平等份额是一种无条件的财政转移，是各市财政收入的补足部分（考虑不动产税和服务费用）。平等份额为各市补足了向贫困家庭免费提供基本服务的资金，也让那些极度不能自给自足的市政府得以弥补行政支出和核心服务的亏损（RSA，2016 b：93）。

南非于1997年通过的《政府间财政关系法》（1997年第97号法案）肯定了宪法中平等份额相关条款的效力。《政府间财政关系法》第十节明确规定，每年都应制定《财政收入分配法案》，并由金融和财政委员会向议会建言（Choudhry and Perrin，2007：173）。

（三）地方政府平等份额

索戈尼（Sogoni，2010：21）在《中期战略框架》中阐述，在很大程度上，三级政府间的纵向收入分配是政府基于其任务优先级而做出的政治决策；各级政府的横向收入分配则是在确定辖区内各应得份额之后进行的，该份额是根据与人口等数据相关的收入分配公式计算得来的（National Treasury，2016：93）。

公式如下：

地方政府平等份额计算公式

$$LGES = BS + (I + CS) \times RA \pm C$$

其中：

LGES 代表地方政府应得份额

BS 代表基本服务相关数据

I 代表机构相关数据

CS 代表社区服务相关数据

RA 代表财政收入调整系数

C 代表校正与稳定系数

来源：国家财政部（National Treasury，2016：94）。

该公式由三部分组成，具体如下：

第一部分是基本服务相关数据，代表为贫困家庭免费提供基本服务的成本，占2016—2017年政府拨款的78%（Financial and Fiscal Commission，2016：17）。

第二部分的相关数据会引导更多资金流入无法独自筹措足够财政收入的城市，从而满足其基本行政管理和城市治理的需要，帮助其发挥核心市政功能（Financial and Fiscal Commission，2016：17）。具体通过三方面达成（National Treasury，2016：93）：

机构相关数据代表为基本行政管理提供的补贴额。

社区服务相关数据代表为基本服务外的其他核心市政服务提供的资金额。

财政收入调整系数确保资金仅流向资金筹措能力有限的市政府。资金筹措能力最低的市政府应当获得最大数额的资金。

第三部分是校正与稳定系数，用于维持可预测性和稳定性，确保公式的有效性（National Treasury，2016：93）。

利用预定公式确定各地的平等份额对地方政府的财务管理有一定好处，最大的好处在于：

可预测性：由于地方政府需要具备制定预算、拟订计划的能力，可预测性就显得非常重要（Kitching，2007：498）。只要确定了可分配总额，就可以根据固定已知的公式得出拨款数额，这就是一种预测。

透明性：每年的《财政收入分配法案》中都会给出具体公式。这一公式使得确定拨款份额的过程更加透明（Fourie and Opperman，2011：525）。

三 财政压力

纵向财政不平衡会将市政府置于财政压力之下。财政压力指政府无法履行财政责任，也无法筹措资金、提供产品和服务的情境（Arnett，2011：50）。当市政府的收入与支出责任之间出现不平衡时，就会难以满足最低服务需求，难以承担国家政府或议会立法要求的相关支出（Rakabe，2013：148）。

表2反映了南非12个城市因纵向财政不平衡而经受的财政压力。这些城市的选取以人口规模为依据，其中有三个分别是夏里普市的莱特斯孟、科帕农和莫霍卡尔，用于与其他城市作比较。自由邦还有一个城市入

选，其他八个城市分别属于其他八个省份。

表 2 **财政压力** （单位：兰特①）

城市	人口	预算	人均支出	人均支出方差（平均值）	人均支出方差（前3位的平均值）	财政压力（情境1）	财政压力（情境2）
莱特斯孟	38 628	62 335	1613	2050	5111	79 187 400	197 427 708
科帕农	49 171	153 686	3125	538	3599	26 453 998	176 966 429
莫霍卜尔	34 146	76 707	2246	1417	4478	48 384 882	152 905 788
曼措帕	51 056	181 201	3549	114	3175	5 820 384	162 102 800
大凯（东开普省）	38 991	75 761	1943	1720	4781	67 064 520	186 415 971
米德瓦（豪登省）	95 301	660 910	6934	-3271	-210	-311 729 571	-20 013 210
恩潘盖尼（纳塔尔省）	34 442	64 301	1866	1797	4858	61 892 274	167 319 236
贝拉—贝拉（林波波省）	66 500	187 196	2814	849	3910	56 458 500	260 015 000
蒂帕里森（普马兰加省）	42 390	165 558	3905	-242	2819	-10 258 380	119 497 410
埃姆坦杰尼（北开普省）	42 356	176 622	4169	-506	2555	-21 432 136	108 219 580
克林格里维耶（西北省）	51 049	139 515	2732	931	3992	47 526 619	203 787 608
碧头（西开普省）	49 162	445 923	9070	-5407	-2346	-265 818 934	-115 334 052

提供某项服务的假定成本 =6724

平均人均支出 =3663

① 译者注：1 兰特约为 0.5245 元人民币。

第四列数据表明，莱特斯孟市的人均支出最低，碧头市的最高。

将人均支出最高的三个城市（碧头市、米德瓦市和埃姆坦杰尼市）的平均人均支出视为提供标准服务的假定成本，为6724兰特。

12个城市的平均人均支出约为3663兰特。

第五列为平均人均支出的方差，即各市人均支出与平均人均支出之间的差额。

第六列中的人均支出方差指的是假定成本6724兰特与实际人均支出之间的差额。

假设要将这12个城市的平均人均支出视为实际人均支出，在不同情境下，实际人均支出与平均人均支出之间的差额不同，调高或调低市政预算的幅度也就不同。在第一种情境里，全部城市的平均人均支出被视为实际人均支出，财政压力集中在实际人均支出相对较低的八个城市里。在第二种情境里，人均支出最高的三个城市的平均人均支出被视为实际人均支出，这时财政压力就显著加大了。

为消解财政压力，应适当调高或调低市政预算，具体见图1。

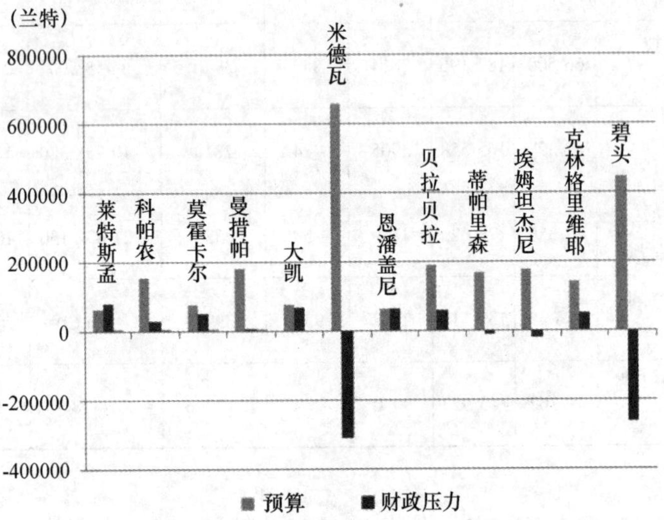

图1　预算调整

从图1中可以看出，莱特斯孟的财政压力最大，随后依次是大凯、恩潘盖尼、贝拉—贝拉、莫霍卡尔，而蒂帕里森、埃姆坦杰尼、碧头和米德瓦的财政压力最小。然而，各个城市的人口和经济情况都不尽相同，经济发展水平和社会经济环境差别尤其悬殊。一个城市居民的财富总量或收入水平是居民对水、电、卫生等免费基本服务需求的重要决定性因素。如何最好地对国家财政收入进行再分配，以促进公平、推动扶贫，是国家政府面临的一个重大挑战。

四　研究方法

本研究采用混合研究方法，研究对象为自由邦南部夏里普市的三个城市——科帕农、莱特斯孟、莫霍卡尔。定量数据的收集主要通过自填式问卷调查进行，同时辅以半结构式访谈和小组讨论。其中，自填问卷由单项选择、两分问题和李克特量表问题组成。数据收集完毕后，研究者使用统计产品与服务解决方案（SPSS）分析数据、计算得分。

由于相关数据仅可从某些官方渠道获取，因此本研究以标准型立意抽样为基础。对地方政府平等份额确定方法的认识和了解、对平等份额对农村县市提供基本服务重要性的认识和了解是一项重要标准。基于这个标准，研究者挑选了两组不同的信息来源：第一组是市政府高级财务管理人员，如会计主任、首席财务官、收入主管等。第二组是自由邦财政部、国家财政部、南非地方政府委员会、金融和财政委员会聘请的外部学科专家。研究者认为，由于市政府负责人、首席财务官和收入主管在市政府的财政问题上消息渠道最多，因此，他们是市政府层面上最合适的抽样人选。为提升研究的有效性，咨询自由邦财政部、国家财政部、南非地方政府委员会、金融和财政委员会聘请的外部学科专家的意见也是必要的。专家们能就某些方面的问题提供更有深度的信息。

为收集数据，研究者向四个市政府以电邮或当面寄送的形式发放了12份调查问卷，并通过写信或致电来跟进进度，确保调查问卷顺利完成。调查问卷完成后，研究者分别去往每个城市回收问卷，确保已发放问卷的回收率。收取调查问卷后，研究者利用统计产品与服务解决方案（SPSS）分析数据，在解读数据的过程中做出更好的推论。

得出问卷分析结果后，研究者与自由邦财政部、国家财政部、南非地方政府委员会、金融和财政委员会共同开展了一系列小组讨论。这些小组讨论围绕与问卷问题相呼应的一组既定问题展开，旨在获取更多更有深度的信息，了解问卷结果的形成动因，加深对所得数据的理解。

研究者将讨论过程录制为MP3格式，并记录了大量笔记，之后通过反复重听、多次重读来系统分析小组讨论的录音和笔记，更深入地了解讨论者的见解和观点、不同讨论场次和不同问卷之间的关联和矛盾、讨论中显现的复杂情境因素以及相关观点之间错综复杂的关系。

研究问题包括：

为提供基本服务，市政府是否需要更多财政收入？

在过去的三个财政年度中，该市是否发生过服务抵制事件？

夏里普市下属县市是否有能力创造更多收入，来补足现有财政收入与基本服务支出之间的差额？

市政府是否因资金有限而无法满足某些公众需要和服务需求？

如果去年的预算超支，主要原因会是什么？

在过去的三年中，本市新成立多少家企业？

国家政府和省级政府的帮扶力度还能再大一些吗？

上述问题全部囊括在调查问卷中，有些是市政府提供服务的财政能力的指标，有些则与市政府的财政能力相关。关于研究结果的具体讨论如下。

五 结果与讨论

下列是主要研究发现：

为提供基本服务，市政府是否需要更多财政收入？

图2展示了讨论人员在这个问题上的态度。

调查对象一致认为，市政府需要更多的财政收入来提供可比或均等的基本服务（75%强烈同意、25%同意）。各市的调查对象普遍强调的一大问题是，市内尚有大量未登记在册的贫困人口。此外，由于有能力支付服务费用的居民拒绝付费，部分城市的服务收款率已低至38%。市政府本可用自有财政收入支付基本服务开支，但以上两个因素加重了财政预算负担。尽管债务会交由收债人收取，但还是常常会成为无效债务；80%以上没有收回的债务最终都会成为无效债务。讨论人员还指出，一旦将债务转交给收债人，就要走很长的法律程序，债务收回的成功率也就很低了。每15笔转交债务中，有11笔难以追索。债务人要么已报告死亡，要么已迁出该市。

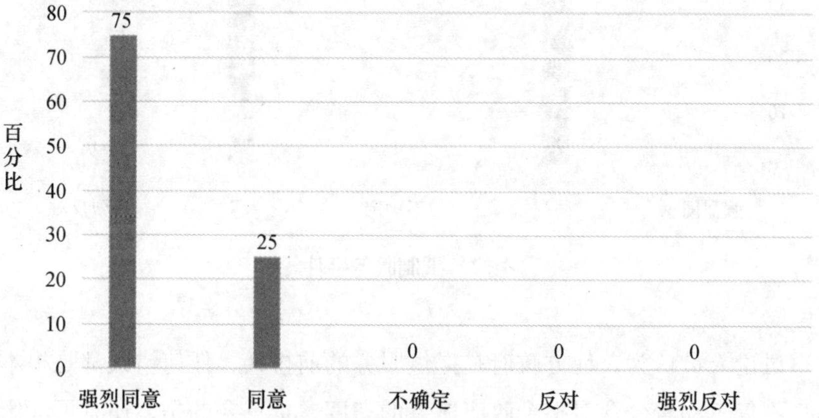

图2　增加财政收入的需求

讨论人员认为，GDP预期不断下滑、地方政府财政压力不断加大，整个国家的宏观经济形势不容乐观。南非国家统计局（Statistics South Africa，2012：48）数据表明，夏里普市各县市的居民不断迁离夏里普甚至是自由邦，导致人口规模持续减少。他们进一步指出，由于人口是平等份额计算公式中免费基本服务相关数据的重要指标，夏里普市的人口减少可能会导致该市所能分配到的份额越来越小。

在过去的三个财政年度中，该市是否发生过抵制服务事件？

图3描述了讨论人员对各市是否出现过抵制服务事件的看法。

超半数调查对象认为，自己所在的城市曾经发生过抵制服务事件（58%），但仍有42%的调查对象持相反意见。他们认为，就算发生过抵制服务事件，也没有那么频繁。当然，他们也认可人们对于政府提供的服务确实抱怨纷纷。恩德罗伍（Ndhlovu，2015：4）认为，如果洗手间、水电等服务有所欠缺，民众就会有怨言，甚至升级为抗议和抵制服务事件。如果政府资金不足，无法以可接受的标准提供基本服务，就有可能催生抵制、抗议或投诉现象。

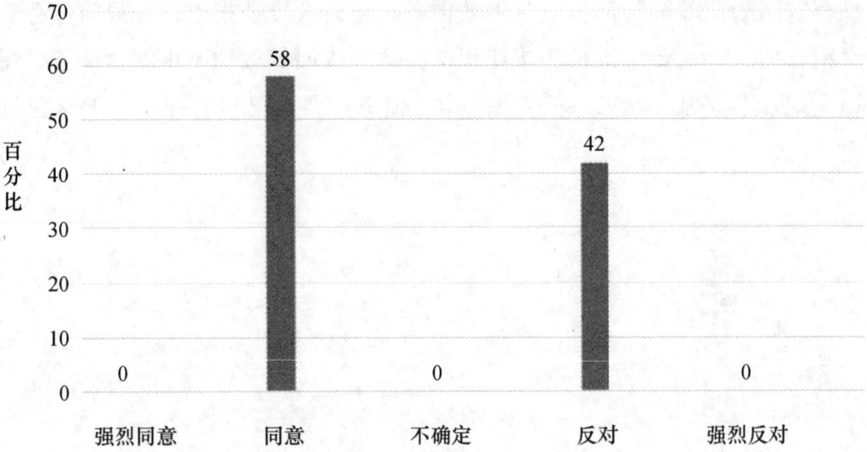

图3 抵制服务事件

讨论人员认为，地方政府是提供服务的前排兵，任何错误都是根本性的，不仅牵动着公众对整个政府体系的态度，更重要的是，还有可能影响国家整体社会经济的发展。审计报告质量堪忧，支出不足或过量，基础设施维护不良，服务不佳或不足，规模庞大的消费债务有增无减，消费记账构成挑战……以上现象频频出现，无不显示政府绩效不佳，公众抗议呼之欲出。因此，需要认真地反复思考如何依靠转移支付体系实现效益最大化。

夏里普市下属县市是否有能力创造更多收入，来补足现有财政收入与基本服务支出之间的差额？

图4显示，调查对象一致认为其所在城市无法创造更多收入。就市政府是否有能力创造更多收入来补足现有财政收入与基本服务支出之间的差额，大多数调查对象（83%）持强烈的否定态度，17%的调查对象持否定态度。

调查对象称，为获取更多收入，他们已采用了下列机制或策略：

- 鼓励居民付费获取服务，打造支付文化；
- 将债务人转交给收债人；
- 为水表安装节流器；
- 不付费即断电。

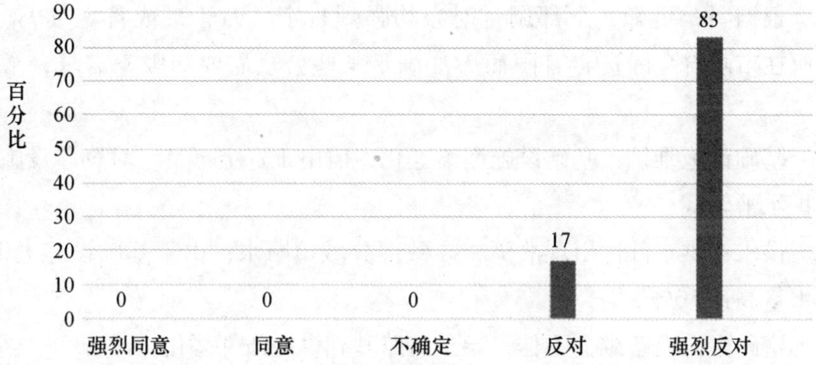

图 4　市政府是否有能力创造更多收入来补足现有财政收入与基本服务支出之间的差额

由于失业率较高，经济增长点较少，各市目前面临的最大挑战是财政收入基数较小且停滞不前。调查对象认为，通过提高税率来增加收入不可取，鼓励新兴产业加大投资、拉动就业才是必需的。

讨论人员认为，南非的宏观经济形势疲软，夏里普市各县市创收潜力较小，创收空间几近为零。移民形势也对创收有所影响，迁离夏里普去其他城市谋职的人口往往是经济生产能力较强的那部分，留下的反而是失业群体。

市政府是否因资金有限而无法满足某些公众需要和服务需求？

图 5 表明了调查对象在这个问题上的态度。

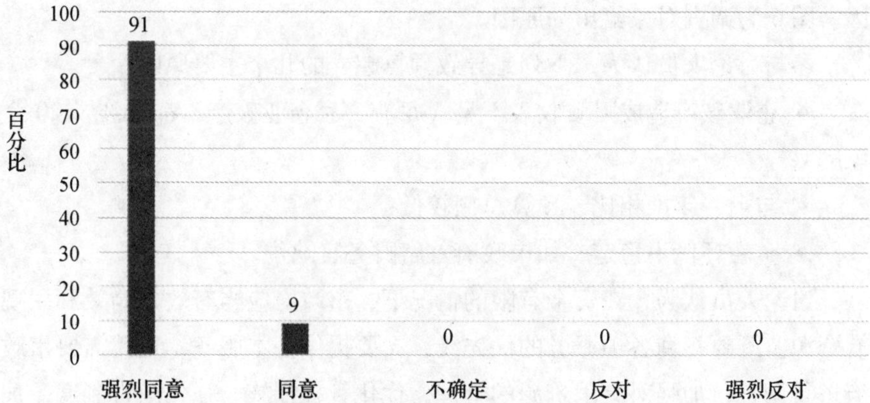

图 5　是否有需求无法满足

根据图 5 可知，全部调查对象均强烈肯定（91%）或肯定（9%），其所在市政府会因资金有限而无法满足某些公众需要和服务需求，举例如下：

基础设施维护：基础设施逐渐老化，但由于资金不足，对这些设施的维护水平较低；

供水：供水部件出现故障，导致部分城镇断水；由于基础设施老旧，失水量高达 50%；

道路建设设备维护不佳，导致道路基础设施条件恶化；

电力突然中断；

排污系统出现泄漏或溢出，污水泵站和水泵需要更新换代；

船队老化，废物清理不畅；

开发居住用地；

改造游泳池等市政设施；

在新建楼宇中安装水表；

替换老旧的供水网络和卫生网络；

安装路灯，强化安全保障。

讨论人员称，资源匮乏或会导致市政府无法履行法定职责。要想提供优质服务，效率和有效性至关重要。低效率或低水平的服务或会在呼吁优质服务的居民中引发暴力抗议事件。

如果去年的预算超支，主要原因会是什么？

关于上一财政年度的预算结果，调查对象给出了多个预算超支的原因。图 6 为调查对象给出的原因。

参与讨论人员认为，下列是导致预算超支的几个主要原因：

- 企业破产造成财政收入不足（每有一家企业破产，都会波及 20 个家庭）；
- 与上一年度相比，预算总额较低；
- 金融环境不稳定，如市政府首席财务官缺位。

讨论人员认为，在资金有限的情况下，市政府应当有效并高效利用现有资源。既要权衡各项服务的优先级，又要提供基本服务，这就需要市政府进行调整，加强对有限资源的管理，优化管控措施，强化问责制度，加大创新力度，寻求提供服务的替代方案，避免预算超支现象的发生。

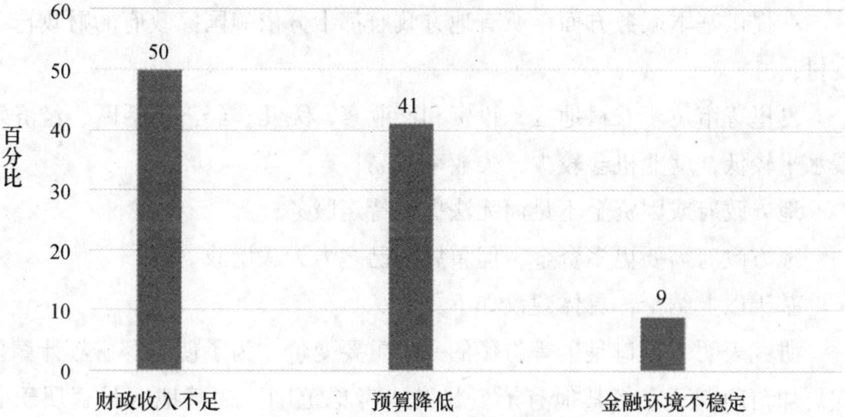

图6　上一年度的预算超支

在过去三年中，本市新成立了多少家企业？

调查对象称，在过去的三到五年中，平均每个城市、每个乡镇新成立两到五家小型企业，但多是超市或零食店，对财政收入的贡献很小。

讨论人员认为，市政府能够通过战略实施和倡议落地，促进区域性经济复兴。应支持某些城市重新考量地方经济发展目标战略，使之与省级增长与发展战略的重点相一致。

国家政府和省级政府能否加大帮扶力度？

调查对象表示，国家政府和省级政府能够加大对地方政府的帮扶力度。帮扶措施应以改善长期经济状况为目的，如吸引投资者进行项目投资，开发商业或工业用地。各市可利用铁路基础设施建设等现有机遇，挖掘夏里普大坝等旅游景点、亚赫斯丰坦矿和当地酒店业的潜力。

讨论人员认为，国家政府和省级政府能够通过举办政府间论坛促进交流与对话，进而提升地方政府的领导力、优化区域管理、增强能力建设。在拨款方面，国家政府可以考虑发放等额津贴，支持地方政府努力创收。此外，还可以对那些吸引区域投资者的经济发展计划提供补贴。

六　相关建议

本研究大致得出以下观点：

在提供基本服务方面，所有地方政府都十分依赖国家政府的财政转移支付；

夏里普市位于农村地区，投资和产业寥寥无几，经济不活跃，经济发展水平较低，就业机会较少，失业率较高；

地方政府或因资金不足而无法提供特定服务；

地方政府需要更多资金，但单凭一己之力无法增收。

基于以上结论，具体建议如下：

研究表明，人口是平等份额的一个重要变量。为了使平等份额计算公式更加精确，还应将其他有形变量纳入考虑范围，如某地区是否属于农村，面积有多大，因地形、地理和距离市场远近等因素而导致的服务成本参数等。

国家政府可以考虑以发放等额津贴等方式，支持地方政府努力创收、促进地区发展。

平等份额计算公式的财政收入调整系数旨在确保这部分资金可以流向资金筹措能力有限的地方政府。对于资金筹措能力最低的地方政府，应当调整平等份额计算公式，确保其获得最大数额的资金。

鉴于某些地区的经济发展水平较低，建议国家政府和省级政府帮助地方政府发掘当地旅游资源、支持中小型企业发展。

七 结论

本研究评估了政府间财政关系对农村县市的影响，尤其是向地方政府和夏里普市进行平等份额转移支付产生的影响。本研究通过自填式问卷调查和小组讨论进行，选取了一部分调查对象和讨论人员。

研究的主要结果表明，夏里普市位于农村地区，投资和产业寥寥无几，经济不活跃，经济发展水平较低，就业机会较少，失业率较高。该市的财政收入基数极小，需依赖国家政府的财政转移支付来提供服务。研究发现，该市地方政府的财政压力较大，越来越难以履行宪法规定义务。

参考文献

Amusa, H. and P. Mathane, 2007, "South Africa's Intergovernmental Fiscal Relations: An

Evolving System." *South African Journal of Economics* 75 (2): 265 - 292.

Arnett, S., 2011. Fiscal stress in the U. S. states: An analysis of measures and responses, viewed 6 November from http: //hdl. handle. net/1853/42860.

Boadway, R. and A. Shah, 2007, "Overview." In Public Sector Governance and Accountability Series: Intergovernmental Fiscal Transfers; Principles and Practice, edited by R. Boadway and A. Shah, xxvii - xlii. Washington: The World Bank.

Business Dictionary 2016, http: //www. businessdictionary. com Accessed 10 January 2016.

Chitiga-Mabugu, M. and N. Monkam, 2013. Assessing Fiscal Capacity at the Local Government Level in South Africa. Pretoria: The University of Pretoria.

Choudhry, S. and B. Perrin, 2007. "The Legal Architecture of Intergovernmental Transfers: A Comparative Examination." In Public Sector Governance and Accountability Series: Intergovernmental Fiscal Transfers; Principles and Practice, edited by R. Boadway and A. Shah, 259 - 292. Washington: The World Bank.

Durham, S. and L. Verwey, 2012. South African Budget Guide and Dictionary. Pretoria: Idasa.

Financial and Fiscal Commission, 2016. Select Committee on Appropriations Presentation on the Local Government Equitable Share Formula. Bloemfontein. Protea Hotel.

Fourie, M. and L. Opperman, 2011. Municipal Finance and Accounting. Pretoria. van Schaik Publishers.

Hendriks, C. J., 2014. Intergovernmental Fiscal Relations: The Paradox Between The Vertical Fiscal Imbalance and Responsiveness and Accountability in the Northern Cape Provincial Government. Thesis submitted in fulfilment of the requirements for the degree Philosophiae Doctor (Ph. D.). University of the Free State. Bloemfontein.

Islam, R. 2005. "Preface." In Public Sector Governance and Accountability Series: Public Services Delivery, edited by A. Shah, xi - xii. Washington: The World Bank.

Karpowicz, I., 2012, "Narrowing vertical fiscal imbalances in four European countries." IMF Working Paper, viewed 20 February 2013 from www. imf. org/external/pubs/cat/longres. aspx? sk = 25808. 0.

Kitchen, H., 2007. "Grants to small urban governments." In Public Sector Governance and Accountability Series: Intergovernmental fiscal transfers, Principles and practice, edited by R. Boadway and A. Shah, 483 - 500. Washington: The World Bank.

Moeti, K., 2014. Public Finance Fundamentals. Cape Town: Juta & Co. National Treasury, 2013, Budget review, 2013. http: // www. treasury. gov. za/documents/national%

20budget/2013/. Accessed 18 December 2015.

National Treasury, 2015, W1 Explanatory memorandum to the division of revenue. www. treasury. gov. za/ Accessed 4 January 2016.

National Treasury, 2016, Budget Revie wwww. treasury. gov. za, Accessed 30 April 2016.

Ndhlovu, P., 2015. Understanding the local state, service delivery and protests in post-apartheid South Africa: The case of Duncan Village and Buffalo City Metropolitan Municipality, East Londen. MA Research Report. Johannesburg. University of Witwatersrand.

Pauw, J. C., G. J. A. van der Linde, D. Fourie and C. B. Visser, 2015. Managing Public Money. 3rd ed. Cape Town. Pearson.

Rakabe, E., 2013. The state of fiscal stress in South Africa's provinces: Improving fiscal performance. Accessed December 20, 2015. www. essa2013. org. za/ fullpaper/essa 2013 2579. Pdf.

Rao, M. G. and B. Khumalo, 2003. Sharing the cake: A review of provincial equitable share formula in South Africa. Accessed February 27, 2013. www. ffc. co. za/.../131 – 06 – 2 – rao – g – khumalo – b – sharing – the – cake – 32p.

Rao, M. G., 2007. "Resolving fiscal imbalances: Issues in tax sharing", In Public Sector Governance and Accountability Series: Intergovernmental Fiscal Transfers; Principles and Practice, edited by R. Boadway and A. Shah, 319 – 338. Washington: The World Bank.

Shah, A., 2007. "A practitioner's guide to intergovernmental fiscal transfers." In Public Sector Governance and Accountability Series: Intergovernmental Fiscal Transfers; Principles and Practice, edited by R. Boadway and A. Shah, 1 – 51. Washington: The World Bank.

Sogoni, E. M., 2010. " 'ANC Policy and a Revised Intergovernmental Fiscal Relations': Address to the Institute of Municipal Finance Officers, Annual Conference, DICC, Ethekweni." *Journal of the Institute of Municipal Finance Officers* 11 (2): 21 – 27.

South African Government, 2015. SALGA response to National Treasury withholding equitable share allocations to municipalities. Accessed June10, 2016, http: //www. gov. za/speeches/salga – response – national – treasury – withholding – equitable – share – allocations – municipalities – 1.

Statistics South Africa 2012. Census 2011 Municipal Report Free State. Pretoria.

The Local Government Handbook, 2016. A complete guide to municipalities in South Africa. Accessed January 8, 2016, http: //www. localgovernment. co. za/districts/view/11/ Xhariep – District – Municipality.

特定参与方式对地方治理的影响:来自德国的案例

德国波茨坦大学经济和社会科学系教授

约亨·弗兰斯克

【摘　要】本文旨在基于一定标准来评估三种不同的参与程序或形式对合法性、效率和公民赋权所产生的影响。根据自主研究和文献回顾，本文对参与性预算、地方公民投票和地方能源合作社进行了比较。本文表明，德国市政当局中并没有出现革命性的参与变化。然而，所有这些形式都改变了当地政策中最重要的行动者，如公民、议员和高级行政人员的角色，并在不同程度上对提高当地社区解决社会问题的能力产生了积极的影响。总体而言，参与式制度安排有助于改变地方的权力平衡和关键角色在地方决策过程中的作用。

【关键词】公民参与；地方治理；德国

一　引言和理论背景

政治体制内的权力下放程度与现代公民参与方式效果之间的相互作用是目前政治和行政学的研究热点之一。

德国的联邦政治制度尤其如此。传统上，联邦各州和地方（县和市）组成的国家以下级别的权力下放程度和自主权程度较高。本文将以德国市政府为例，分析引入新的参与式制度安排对地方治理产生的影响。研究的重点是地方决策过程中政治家（特别是议员）、地方行政部门（特别是高级管理层）、市长和有组织的民间社会之间的互动与协作所可能产生的变化。

本文将探寻地方政治协作如何因引入新的公民参与方式而发生变化，这里善治可以理解为地方治理。治理包括所有诸如层级结构、市场和政策网络形式的社会协作（Holtkamp，2007：366ff）。概括而言，治理描述了跨越不同领域（如国家、市场和民间社会）的地方集体决策新形式，来自公共、准公共、私人、志愿和社区部门中相互依赖的行动者所构成的复杂网络是治理的基础。这重构了国家和民间社会之间的相互作用，并模糊了公共和私人领域之间及其内部的边界（Bovaird，2005）。

本文将重点介绍参与式预算，地方公民投票和地方能源合作社三种参与形式与程序，通过回顾德国使用三种参与形式的情况并基于一定的标准，来比较这三种形式对地方治理的影响和可持续性。

本文主要研究的问题是这些新的参与形式是否能加强地方解决社会问题的制度能力。换言之，也就是该趋势在地方决策过程中将产生零和博弈还是正和博弈。

在德国，地方层面出现了三种不同的公民参与形式。代议制民主仍然是德国地方民主和公民参与的最重要形式。近 100 年以来（自 1919 年），德国公民选举地方代表（议员），地方代表在一定的时间范围内负责当地的一切决策。第二种形式是直接民主。直接民主下，决策和冲突解决方案由人民制定，而不经过议会的政策决定或人事决策。第三种形式是合作民主。它总括了“地方层面所有基于对话合作解决问题的程序，在法律规定以外的公民和民间社会组织在政策制定和政策实施中的参与”（Bogumil/Holtkamp，2006：114）。

这三种参与形式之间的相互作用是有争议的。大多数作者认为直接和合作民主是对代议制民主的补充。其他人则认为德国走向了“多民主”的道路。在此过程中，代议制民主失去了垄断地位。公民们想要表达对重要问题的看法，（也）想直接决定重要的问题（贝塔斯曼基金会/巴登—符腾堡国务部，2014）。

这些参与形式的输入价值主要聚焦于回应性，包括了代表、和谐融洽参与以及地方决策过程的可及度和开放性。产出价值集中于有效性，包括效率、效能、价值创造和解决问题的能力。系统（或生产能力）价值则细化为韧性，包括连续性、可持续性、多样统一性、和平共处和联合（Boogers et al.，2007）。上述价值观也是矛盾而有争议的。

不幸的是，就参与对地方决策过程影响的评估过于匮乏。在科学辩论中，就标准问题讨论良多（Geißel/Joas，2013：15，259；Geißel，2008；Kersting，2008）。本文将着重研究以下三个标准，通过以标准为基础的方法来分析参与式制度安排：

合法性及其子标准：输入合法性、生产合法性和协商质量；

有效性及其子标准：对议程设置的贡献，影响地方政策的水平和对地方解决问题能力的贡献；

公民赋权及其子标准：提升总体参与，促进边缘群体的参与和提高公民的知识水平。

二　参与式预算和地方治理

（一）传统与最新状态

在德国，参与式预算（PB）的概念于20世纪90年代末从两个不同的来源发展起来（Franzke/Kleger，2010；Sintomer et al.，2010）。北莱茵—威斯特法伦州联邦州政府主要将其作为改革市政管理的新公共管理工具。相比之下，加强参与民主的理念则启发了德国首都柏林及其自治市的参与式预算项目。

门希魏莱尔自治市于1998年在德国实施了第一个参与式预算项目。目前约有435个地方政府（包括大多数市政当局和部分县）不同程度地涉及了参与式预算。同时，所有属地居民超过4万的地方当局都在使用这种形式。在市一级约有71个市推行了参与式预算，其中53个市于2014年和2015年开始推行。然而该项目并不总是有效的，约有53个市政当局停止了该项目（Federal Agency for Civic Education，2015）。除了耶拿市是一种“自下而上”的组织形式外，德国所有其他的参与式预算都是“自上而下”的（Kersting et al.，2013）。总体来说，德国对参与式预算的兴趣仍然有增无减。

德国的参与式预算显示出相当大的差异，然而德国大多数城市都决定以信息、咨询和问责制三个标准化步骤实施简单的公共财政咨询模式，只有几个市镇试图超越该模式（Sintomer et al.，2010），达到更有约束力的公民参与水平。柏林—利希滕贝格和波茨坦便是其中两个罕见的例子。它们为更大程度的公民参与铺平了道路，并开发出一种不同于源自阿雷格里港（巴西）的参与式预算的概念。这一概念适用于德国的情况，因此它们属于德国参与式预算中为数不多的最佳实践案例（Franzke/Roeder，2015；Franzke/Kleger，2010；2009；2006）。

（二）柏林—利希滕贝格案例

柏林—利希滕贝格的参与式预算在德国是一个令人兴奋但罕见的参与式创新（Franzke/Roeder，2015；Röcke，2015）。利希滕贝格除了拥有作为柏林自治市的特殊法律地位外，还代表了一种适合转移到其他德国城市及其自治市的模式。在地方一级的限制性框架内，该案例研究表明，参与式预算是一种有意义和灵活的参与形式。然而作为一种单一形式，其影响是有限的。因此，它与公民市（Bürgerkommune）这一概念的紧密联系强调了总体框架对引导和指导良好城市治理的重要性。柏林—利希滕贝格的经验也表明良好的城市治理是一个持续相互学习和交流的过程，该过程需要时间、灵活性和所有参与者的良好意愿（Van den Dool et al.，2015：23）。

一般来说，通过汲取公民的建议，柏林—利希滕贝格的参与式预算对基础设施和公共服务产生（有限的）积极影响。其限制是因为柏林—利希滕贝格参与式预算项目仅占整个行政区预算的6%，重要的社会责任也没有包括在内。2005 年至 2011 年，共收集了 1888 项公民提案，其中 414 项被转移到自治市会议，有 83 项随后被拒绝（Franzke/Roeder，2015：104）。

在对柏林—利希滕贝格参与式预算的研究中，可以确定一些促使参与式预算成功的因素，这些因素可以作为德国参与式预算的最佳实践标准：

- 地方议会就程序达成政治共识；
- 多渠道程序（例如互联网、公民会议、住户调查）；
- 结合其他形式的公民参与（如圆桌会议、公民陪审团）；
- 建立自己的指导机构（如监督委员会）；
- 通过具体措施给未参加的公民赋予权力；

- 通过具体措施整合少数族裔；
- 融入议会的法律预算过程中；
- 议会对参与式预算参与者的责任性。

（三）参与式预算的缺陷和挑战

最后，应该提到一些参与式预算的具体缺陷：

- 参与式预算缺乏代表性？现有的参与式预算项目仅有1%—2%的人口参与，最高不超过7%。与地方选举和市政公民投票相比，参与式预算的参与人数少得多。这使参与式预算的合法性得到质疑。

- 参与式预算为地方游说集团所控制？参与式预算的另一个困境是包容组织性公民身份的方式。一方面，无人能够将任何公民组织排除在参与式预算过程之外。公民组织给参与式预算过程带来稳定性并贡献出它们的专长，它们可以与参加其中的地方官员和高级管理人员进行面对面的讨论。另一方面，参与式预算也确实存在被组织良好的团体（协会、消防员、党派等）渗透以实现它们团体利益的风险。限制这种缺陷的唯一方法是建立透明化的参与式预算，避免出现背地里谈判。

- 参与式预算沦为合法化紧缩政策的工具？一些市政府通过使用参与式预算来提高议会紧缩政策的合法性。这在德国是非常有争议的。一些人甚至拒绝这些活动，因为它滥用了参与式预算这种参与形式。

- 参与式预算用于全部预算还是部分预算？德国城市的参与式预算是自发的，绝大多数情况下占市政府预算不到10%。剩余的预算则受若干法律任务约束。但由于公民希望制定长期的财务重点，因而需要能够参与整个预算讨论。因此，至少在某些情况下投资规划已经成为参与式预算的一部分了。

即便与其他欧洲国家的参与式预算相比，对德国参与式预算的评估仍然是混杂不同的。通过分析普瓦图夏朗德（法国）和柏林—利希滕贝格（德国）的参与式预算案例，罗克总结到参与式预算“是建立更加公开、透明和参与性公共领域总体战略的重要组成部分”（Röcke，2015：50）。然而普蒂尼估计，他所调查的四个意大利参与式预算项目都是由政治家和官僚所引导的“自上而下”的。格罗塔玛案例表明了他的观点：“通过为参与形式设定固定的期限，可以克服其自然特性……”（Putini，2015：

68）。德国和欧洲的参与式预算仍然是激动人心的民主创新试点项目。然而它们对当前地方政策的影响仍然相当有限。

三　地方公民投票和地方治理

（一）地方公民投票——最新状态

德国的地方公民投票是针对地方实质性问题的大众投票，它是决定性的而不是协商性的。实质上，这是另一种由公民而不是市议会决定地方问题的方法。这种方法在市和县都有可能，但本文只涉及前者。直到1990年，德国只有一个联邦州（巴登—符腾堡州）使用了这种直接民主形式，但是从1990年到1997年，几乎其他所有联邦州都引入了这一直接民主程序。柏林的城邦是最后一个于2005年建立地方公民投票的地方（Schiller，2011；Rehmet et al.，2014）。

直接民主程序包括两个步骤：第一步是公民的倡议（公民的要求），公民确认。某些要交由公民投票的实质性问题须得到特定数量的有选民签名的支持（德国联邦各州的法定签名人数比要求从2%—15%）。在审议有关倡议并宣布可以受理后，议会可以通过接管公民的要求做出决定。如果拒绝，那就进入第二步。第二步是当地全部公民投票（或由全民投票代表投票）。此处存在两种形式：由公民主动发起的“自下而上”的方式或由议会提出的“自上而下”的方式（在一些联邦州内可行）。在这一程序的该阶段，有一个双重的投票法定人数需要引起注意：参与公民投票的法定投票人数须占地方选民总数的8%—30%。此外，超过50%的选民必须批准提案（批准法定人数）（Mehr Demokratie，2016）。

可以通过数据来看德国各市地方公民投票的状态：从1956年至2013年年底，公民投票倡议超过6447例（第一步）。其中有3177例是地方议会拒绝接受公民倡议（程序的第二步）。这些大部分发生在过去10年。在德国11100多个城市中，平均每年有300多个公民投票提案（Mehr Demokratie，2014）。

在当地实践中，存在两种不同类型的公民投票：5354例公民倡议（“公民”，公民通过收集签名发起）和1054例当局发起的公民投票（“公投委员会”，由地方议会发起）。

德国各市和德国联邦各州对这种直接民主形式的使用频率是非常不同的。巴伐利亚州仍然是直接民主的“老家”，因为所有公民投票中有近40%（2495例）发生在那里。汉堡、柏林和布莱梅的城市频率最高，其次是较大的联邦州北莱茵—威斯特法伦州。莱茵河—巴拉丁和梅克伦堡—波美拉尼亚排在最末。这显然是由于过程要求偏高和对公民不友好的条例（可接受的议题）造成的。因此，一半以上的德国城市仍然没有使用该形式。地方公投最重要的问题是经济问题（18%），公共社会和教育问题及项目（17%）和道路交通问题（16%）。它们在德国联邦各州之间有很大差异，因为地方土地利用和规划在一些联邦州是受到严格限制的问题（Mehr Demokratie，2014）。

（二）地方公民投票对地方治理的影响

当地方公投被认为是成功的时候，其在德国引起了激烈的科学辩论。无论如何，当最终决定与公民的整体建议相符时，我们可以说它是成功的。这种成功可以通过全民投票或说服地方议会在没有全民投票的情况下做出这一决定来实现。在所有715例中，此类占38%。如只考虑地方投票，那么52%的公民投票都起到了积极的结果。地方当局发起的公投成功率（59%）高于公民发起的公投成功率（49%）。德国地方公投的总体平均投票率为51%（Mehr Demokratie，2014）。

许多公民倡议（5354例中的1497例）被宣布无效（28%），这一数字在某些联邦州甚至超过40%。由此可见，制度设计对地方公民投票有重大影响。大部分措施被宣布无效，主要是因为在法定期限内无法收集足够的签名或由于对问题本身的限制，如土地使用问题（21%）。有15%的地方公民投票由于某些州关于成本负担的安排规定而被认定无效（倡议行动必须提出如何为其提案提供资金的计划）（Mehr Demokratie，2014）。

当局由于各种原因举行公民投票：市议会可以在公民发起公投的情况下起草一个反对提案。此事常在巴伐利亚和汉堡发生。另外，地方议会可以对公开辩论做出回应，并可以出于该问题的重要意义而发起公民投票。

然而，公民倡议和公民投票的间接影响似乎更为重要。它们被证明是有影响力的议程设定者，它们改变了议员和其他当地政治家的态度。正如阿尔蒙德和维巴（Almmond and Verba）在公民文化研究中所表明的那样，如果政治行政精英意识到公众正在施加影响力，他们往往有足够的动力做出改变（Almmond/Verba，1963：136ff）。

特别是对某些重要议题的排除（负面清单）妨碍了这一形式发挥作用，以至于造成23%的当地请愿被宣布为不可受理。此外，较高的签名和投票障碍阻碍了参与形式的有效使用。具体来说，批准法定人数是一个很大的障碍。该规定大约造成了15%的公投失败，尽管这些公投中绝大多数投票都对方案予以支持。由于公众的压力，一些联邦州已经改变了游戏规则，降低了这一障碍并在近年中对其展开进一步设计。

然而，参与式预算程序仍在崛起。尤其在德国联邦地区的城邦和较大的城市中，这一形式现在是日常政治生活的一部分，并且正在寻求成为当地政治文化的一部分。

四　公民地方能源合作社和地方治理

（一）公民地方能源合作社在德国能源革命中的作用

最后一个案例研究涉及公民地方能源合作社的参与潜力。我们必须牢记，公民参与电力生产在德国有着悠久的传统。19世纪末，第一家能源合作社在农村建成。结合21世纪强制能源转型及2000年第一个《可再生能源法》的资助，合作组织生产能源的形式再次流行起来。

由于这些原因，21世纪初以来，公民能源合作社的数量大幅增加。自2006年以来，德国可再生能源领域里建立了772家合作社。它们实际上有13万名成员，其中12万个人成员。这些公民能源合作社的总资本达4亿欧元。截至目前，合作社在可再生能源方面投入了16.7亿欧元并安装了933兆瓦的电力（数据源于Deutscher Genossenschesches-und Raiffeisenverband，2015，截至2014年年底）。

在德国，2000年以来的“能源革命”（或能源转型），特别是自2011年以来对福岛核灾难的反应正在继续。德国的能源革命是该国最大的战后基础设施项目。它包括“通过可再生能源、能源效率和可持续发展转型为可持续经济。最终的目标是废除煤炭和其他不可再生能源”（Bundesumweltministerium，2012）。这包括从不可持续利用的化石燃料和核能过渡到低碳、环保、可靠和负担得起的能源供应。主要依靠的可再生能源是风能、生物能（如垃圾填埋气和污水天然气）、水电、太阳能发电（热电和光伏）、地热和海洋电力。由于这个政策，德国所有的核电厂都要在2022年前关闭。

如前所述，德国能源转型主要是联邦和联邦各州政府的一项政治和技术上的“自上而下”的重大项目。然而，只有大部分公民接受这一政策并通过个人或集体“自下而上”的活动来进行补充，该项目才能取得成功。建立公民能源合作社回应了公民对分散化、低成本和公民友好型能源供应的需求（Franzke，2014）。特别是对由于经济原因往往无法实现可再生能源项目的、没有自己市政能源公司的德国中小城市而言，能源合作社为这个问题提供了解决方案。市政府可以通过地方行政提供专业知识，通过市政会议整合公民的不同利益，以及通过为光伏电站提供市政建筑的屋顶来支持这种举措。

德国公民能源合作社主要遵循分散化、无党派和生态能源政策的概念。通过使用合作社这一法律形式，它们可以被认为是新型的公民参与。这种方式主要是在地方或区域层面上，结合公民个人或市镇的社会资本，为新能源政策和气候保护做出贡献。此外，它们为地方和区域能源项目提供了投资机会，也增加了本地的价值。

（二）公民地方能源合作社对地方治理的影响

能源合作社以各种方式促进参与和志愿工作。公民作为成员（作为客户的同时也部分地作为生产者），“在这种情形下参与地方能源政策并促进共同决策”（Yildiz/Radtke，2015：22）。此外，它们为尝试新的参与式管理提供了合理的框架。公民可以单独行动，将太阳能排列放置在屋顶上，但也可以将他们的资源捆绑到较大的项目中，例如，小型风力发电场、当地生物能单元和大型太阳能电池阵列。最后，能源合作社促成了合理的机构，可以改变人们在流动性、食物、营养和采暖习惯或购买节能设备方面的行为。

但是，加入公民的能源合作社仍然具有社会选择性。大多数情况下，它具有典型的中产阶级偏见。合作社成员代表着“具有就业背景的中年男子同质群体”（Yildiz/ Radtke，2015：22）。的确，这限制了它的社会参与效应。特别是由于缺乏财务资源，造成的社会弱势群体边缘化现象，在外围和农村地区尤其明显。现行公民能源合作社需要找到减少这种缺陷的办法（Yildiz，2014）。这尤为适用于新一批的“能源贫困”。这种“能源贫困”直到目前还未直接包括在内，但可能会从合作社活动中间接受益（通过为这一群体降低电价和提供基础设施服务）。

总体来说，公民能源合作社对当地社区的政治、经济、环境和社会的影响主要是积极的。它们为个人和企业的不同组合提供机会，使其共同合作并向社区提供可再生能源。此外，它们加强了对新能源政策的推行并为市政府打造正面的形象（Franzke，2014：9－10）。

（三）未来的趋势和挑战

如上所述，能源合作社在过去几年里已经成为德国能源转型的主要参与者。它们在克服采用可再生能源的障碍（Viardot，2013）方面起到了重要作用，同时它们也守护并促进了德国能源革命（Yildiz et al.，2015）。

公民的能源合作社高度依赖于国家支持的法律框架，尤其是依赖《可再生能源法》。这种依赖自2014年《可再生能源法》修订以来就十分明显。同时合作社对法律框架的依赖也体现在资本市场规则的变化上。这些变化削弱了所谓的“绿色电力私有化”并更加重视采购新能源项目。这两个决定都挑战了能源合作社，因为它们与大型供应商相比处于不利地位（Yildiz，2014）。从2017年起，联邦政府将不再固定可再生电力的融资率，而是通过市场化的拍卖计划来确定。2016年《可再生能源法》为此奠定了基础。

其结果是，自此决定以来只有几个新能源合作社成立。如果合作社希望在能源市场的公共和私营的公用事业上保持竞争力，那么法律框架和能源市场上的变化则促使公民能源合作社有必要进一步调整商业模式（Müller et al.，2015）。已建立的商业模式在经济上是不可持续的或不易再生的（Z. B.，来自光伏系统的电源的专供）。然而，商业模式的转型延误了已有的能源合作社的扩张，因为它们必须重新建立必要的知识。对于新能源合作社而言，复制现有商业模式已经不再那么容易了。

合作社必须扩大其能源政策专长，创造更多的全职管理工作，并调动更多的风险资本。此外，由于之前的能源合作社潜力耗尽，一定程度的市场饱和已经出现。如果公民能源合作社想要继续在能源转型中发挥重要作用，它们就必须“动员能源政治非活跃人口”（Müller et al.，2015：100）。

五　比较与结论

如最初提到的，本文的研究问题是这些新的参与形式是否会加强地方解决社会问题的制度能力。对于所有这三种情况，结论是它们在不同程度上对地方社区解决社会问题的能力产生了积极的影响。

然而在这一过程中，参与地方决策过程的所有行动者的角色都会发生变化。特别是地方公民投票导致了这一进程的重大变化。由于公民身份的强化和议会角色的弱化，权力平衡正在发生改变。就参与式预算而言，其对权力平衡的影响明显更低，因为最终决策仍然是由议会决定。然而，这一程序也改变了议会的作用，政治进程的问责制和透明度尤为受到关注。公民能源合作社的建立对地方权力关系没有直接的影响。

地方行政部门需要就三项制度安排开展新的工作。然而，它将赢得更多关于公民优先事项的信息。地方行政部门可以在解决本地问题时融入社会资本并为本地政治改革收获新伙伴。

公民在地方决策过程中承担着越来越多的角色：他们是决策者、讨论者和消费者。最重要的是，承诺的耐久性被证实是一个特殊的问题（见表1）。

表1　　参与式安排对当地政策主要行动者的影响

	对当地民间社会的影响	对市议会的影响	对当地行政当局的影响
参与式预算（柏林—利希滕贝格）	+公民作为讨论者 +挑战参与式预算制度的永久参与	+更高的责任要求 +提供资源 +政治决策透明度更高 +参与参与式预算的制度	+额外的永久性自愿任务 +更高的行政透明度 +促进参与作为绩效标准 +参与参与式预算制度

续表

	对当地民间社会的影响	对市议会的影响	对当地行政当局的影响
本地公投（所有案例）	+ 公民作为决定者 + 赢得对当地议程设置的影响	+ 失去决策垄断 + 发展新的妥协文化以解决当地的冲突	+ 额外的组织工作
公民能源合作社（所有案例）	+ 公民作为产品（组合消费者和生产者） + 挑战永久参与	+ 在现代能源政策方面赢得支持者	+ 获得能源政策方面专长的伙伴

资料来源：基于 Geißel/ Joas（2013），Geißel（2008）和 Kersting（2008）整理。

以上分析的三种参与式安排都在不同程度上加强了地方决策过程的合法性，其中影响力最大的是地方公民投票。它们的主要贡献是解决当地的问题。这也适用于能源合作社，但仅限于单一政策领域。参与式预算对合法性的影响则相当分散。

绑定地方公民投票通常对地方决策过程的有效性影响最大，因为它们有助于解决地方的问题。能源合作社在此方面也可以看到积极的影响，但影响仅限于这一政策领域。能源合作社是否对其他地方政策有溢出效应则需要更加仔细地加以研究。参与式预算产生的效果是相当有限的，因为这个程序只定位成市政的自愿工作。然而，这种参与形式可能有助于改变社区的政治文化，因此可能间接影响效率。

所有这三个参与式工具对赋予公民权利都具有积极的作用。它们以不同的方式帮助公民提高在地方决策过程和当地问题议程方面的知识。然而，几乎完全是城市中产阶级和有组织的公民受益于这一发展。到目前为止，三项参与式形式都没有将排除在外的人口更多地整合进当地的决策过程中。

表2　　地方决策机制方面的参与性因素

	参与式预算	捆绑本地公投	本地能源合作社的基础
合法性			
输入合法性	中	高	高
生产合法性	中	高	—
协商质量	有限	—	—
有效性			
本地问题解决能力	有限（仅限包含进的任务）	高	高（仅限能源政策领域）
影响本地政策	有限	高	小（仅限能源政策领域）
对议程设置的贡献	部分地	高	高
公民赋权			
总体上促进参与	高	高	高（仅对合作社成员）
促进边缘化群体参与	低	低	低
提高公民知识	高（参与者）	中	高（仅对合作社成员）

资料来源：自行整理。

三个案例研究的分析表明，德国还没有产生参与性的革命。地方层面既没有出现新的否决者，也没有产生新的权力共享。然而，所有这三个参与性因素使许多市政当局在地方决策机制方面发生了缓慢但重大的变化，并使公民的影响力更大，而此过程仍将继续。

参考文献

Almond，Gabriel A. and Verba，Sidney（1963），The Civic Culture. Political Attitudes and De-mocracy in Five Nations，Princeton：University Press.

Bertelsmann Stiftung/Staatsministerium Baden-Württemberg（2014），Partizipation im Wandel，Gütersloh：Verlag Bertelsmann Stiftung.

Boogers，Marcel/Franzke，Jochen/Ruano，José/Schapp，Linze（eds.）（2007），Tensions be-tween Local Governance and Local Democracy，Den Haag：Reed Elsevier［Book Series "Local Governance and Democracy"，Vol.（1）］.

Bogumil，Jörg/Holtkamp，Lars（2006），Kommunalpolitik und Kommunalverwaltung. Eine policyorientierte Einführung，Wiesbaden：VS Verlag für Sozialwissenschaften.

Bovaird, Toni (2005), Public governance: balancing stakeholder power in a network society, in International Review of Administrative Sciences, 71 (2), pp. 217 – 228.

Bundesumweltministerium (2012), Langfristszenarien und Strategien für den Ausbau der erneuerbaren Energien in Deutschland bei Berücksichtigung der Entwicklung in Europa und global, Berlin (See http://www.erneuerbare – energien.de/fileadmin/ee – im – port/files/pdfs/allgemein/application/pdf/leitstudie2011_ bf.pdf).

Deutscher Genossenschafts-und Raiffeisenverband (2015), Jahresumfrage 2014, Berlin (URL: http://www.genossenschaften.de/sites/default/files/DGRV – Jahresumfrage_ 2015.pdf).

Federal Agency for Civic Education/Service Agency Communities in One World (2015), 8th Status Report Participatory Budgeting in Germany, Berlin, June 2015 (URL: http://www.buergerhaushalt.org/sites/default/files/downloads/Status_ report_ 2015_ english.pdf).

Franzke, Jochen (2014), Four Tools to Improve the Role of Municipalities in the German Ener-giewende: Re-Municipalisation of Local Energy Utilities, Energy Self-Sufficient Municipalities, Bioenergy Villages and Energy Cooperatives, Budapest (Paper presented at 22nd NISPAcee Annual Conference, May 2014 in Budapest, Working Group on Local Public Policies) (still not published).

Franzke, Jochen and Roeder, Eva (2015), Participatory Budgeting in Berlin-Lichtenberg: An Example of Good Urban Governance? In: Leon van den Dool/Frank Hendriks/Linze Schaap/Alberto Gianoli: The Quest for Good Urban Governance: Theoretical Reflections and Inter-national Practices, Heidelberg: Springer VS-Verlag, pp. 87 – 105 (Book Series Urban and Re-gional Research International).

Franzke, Jochen (2014), Engagierte Bürger und lokale Macht: Verändert Partizipation städ-tische Herrschaft? in Gianni D'Amato/Ireneusz Pawel Karolewski (Hg.), Bürgerschaft und demokratische Regierbarkeit in Deutschland und Europa, Nomos: Baden-Baden, S. 235 – 253.

Franzke, Jochen und Roeder, Eva (2014), Evaluation des Bürgerhaushaltes im Landkreis Mansfeld-Südharz, Potsdam: Universitätsverlag (KWI-Gutachten 9).

Franzke, Jochen (ed.) (2006), Making Civil Societies Work, Potsdam: Universitätsverlag.

Franzke, Jochen und Kleger, Heinz (Hrsg.) (2006), Kommunaler Bürgerhaushalt in Theorie und Praxis am Beispiel Potsdams: Theoretische Reflektionen, zusammenfassende Thesen und Dokumentation eines begleitenden Projektseminars, Potsdam: Universitätsverlag.

Franzke, Jochen und Kleger, Heinz (2010), Bürgerhaushalte. Chancen und Grenzen, Berlin: edition Sigma.

Franzke, Jochen (2010), Modelle städtischer Herrschaft im 19. und 20. Jahrhundert. Das Beispiel der Stadt Potsdam, in Christiane Büchner/ Andreas Musil (Hrsg.): Die Stadtver-ordnetenversammlung im Wandel der Zeit, Potsdam: Universitätsverlag, S. 57 – 74. (KWI-Schriften, Bd. 5).

Franzke, Jochen und Kleger, Heinz (2009), Bürgerhaushalt ohne Bürger? Analyse der Ergebnisse einer Bürgerbefragung in der Stadt Potsdam im Frühjahr 2007, Potsdam: Univ-er-sitätsverlag.

Franzke, Jochen (2008), Changes and Limits of Participatory Budgeting in German Munici-pali-ties: The case of Berlin-Lichtenberg; In: Guiseppe Grossi, Riccardo Mussari, Christoph Reich-ard (Eds.): Local governance and its impact on public service management, CEDAM: Siena, pp. 153 – 176.

Geißel, Brigitte (2008), Wozu Demokratisierung der Demokratie? Kriterien zur Bewertung partizipativer Arrangements in Vetter, Angelika (Hrsg.): Erfolgsbedingungen lokaler Bürger-beteiligung, Wiesbaden: VS Verlag, S. 29 – 49 (Städte und Regionen in Europa, Bd. 16).

Geißel, Brigitte und Joas, Marko (eds.) (2013), Participatory Democratic Innovations in Eu-rope Improving the Quality of Democracy? Opladen/Berlin/Toronto: Barbara Budrich Pub-lishers.

Holtkamp, Lars (2007), Local governance, in: Benz, Artur/Lütz, Susanne/Schimank, Uwe/Simonis, Georg (Hrsg.), Handbuch governance. Theoretische Grundlagen und empirische Anwendungsfelder, Wiesbaden: VS Verlag für Sozialwissenschaften.

Kersting, Norbert (2008), Evaluation dialogischer Beteiligungsinstrumente, in: derselbe (Hrsg.): Politische Beteiligung Einführung in dialogorientierte Instrumente politischer und gesellschaftlicher Partizipation, Wiesbaden: VS Verlag, S. 270 – 292.

Kersting, Norbert/Busse, Stefan/Schneider, Sebastian H. (2013), Evaluationsbericht Bür-gerhaushalt Jena, Endversion, Münster und Halle (Saale) (URL: http: //www. jena. de/fm/1727/Evaluation_ BHH_ Jena_ Bericht_ 2013_ Endfassung. pdf).

Mehr Demokratie (2016), Übersicht Verfahren. Bürgerentscheide (URL: https: // www. mehr – demokratie. de/5968. html).

Mehr Demokratie（ed.）（2014），Summary of the Findings of the 2014 Report（ed. in coop-era-tion with the Research Centre for Citizen Participation，University of Wuppertal and with the Research Centre for Citizen Participation and Direct Democracy，University of Marburg，Ber-lin）（URL：https：//www. mehr – demokratie. de/fileadmin/pdf/Direct_ Democracy_ on_ Local_ Level. pdf）.

Müller，Jacob R. / Dorniok，Daniel/Flieger，Burghard/Holstenkamp，Lars/Mey，Franzis-ka/Radtke，Jörg（2015），Energiegenossenschaften-das Erfolgsmodell braucht neue Dy-namik，in：GAIA，24/2，96 – 101（URL：https：//www. buendnis – buergeren-ergie. de/fileadmin/user_ upload/Energiegenossenschaften_ – _ das_ Erfolgsmodell_ braucht_ neue_ Dynamik_ Jakob_ Mueller_ u. w. . pdf.）.

Rehmet，Frank/Büttner，Ch. / Mittendorf，Volker（2014），Direct democracy in Germany at local level.

Schiller，Theo（ed.）（2011），Local Direct Democracy in Europe，Wiesbaden：Wiesba-den：VS Verlag für Sozialwissenschaften Springer Fachmedien.

Sintomer，Yves，Herzberg，Carsten，Röcke，Anja（2010），Der Bürgerhaushalt in Euro-pa-eine realistische Utopie? Zwischen Partizipativer Demokratie，Verwaltungsmoderni-sierung und sozialer Gerechtigkeit，Heidelberg：VS Verlag.

Van den Dool，Leon /Hendriks，Frank/Schaap，Linze/Gianoli，Alberto（2015），The Quest for Good Urban Governance：Theoretical Reflections and International Practices，Heidelberg-Springer VS-Verlag（Book Series Urban and Regional Research International）.

Viardot，Eric（2013），The role of cooperatives in overcoming the barriers to adoption of re-newable energy in Energy Policy 63：756 – 764.

Yildiz，Özgür（2014），Financing renewable energy infrastructures via financial citizen parti-ci-pation-The case of Germany in Renewable Energy，68：677 – 685.

Yildiz，Özgür/Rommel，Jens/Debur，Sarah/Holstenkamp，Lars/Mey，Franziska/Müller，Jacob R. / Radtke，Jörg/Rognli，Judith（2015），Renewable energy cooperatives as gate-keepers or facilitators? Recent developments in Germany and a multidisciplinary research a-genda in Energy Research & Social Science 6：59 – 73.

Yildiz，Özgür and Radtke，Jörg（2015），Energy Cooperatives as a Form of Workplace De-mocra-cy? A Theoretical Assessment，in：economic sociology_ the european electronic ne-wsletter，Vol. 16，Nr. 3（July 2015）.

地方治理体制与服务提供中的社会创新难题初探：比利时根特市的个案研究

南非自由州大学　玛丽维·比利昂
比利时根特大学教授　卓伊斯·弗伊斯

【摘　要】本文探究地方治理体制是如何影响社会创新这种服务提供工具的使用情况。社会创新已经成为国际潮流，因为它有助于改善公共部门的服务提供，而且，可以让公民在服务的筹划、设计、提供、评估以及监管过程中发挥更为突出的作用。社会创新有助于实现善治（Jing and Gong，2013；Pollit and Bouckaert，2011）。然而，参与社会创新并且让公民在服务提供中扮演这种核心角色，会对地方政府的地方治理体制产生影响。这中间的难题在于，地方政府现有的地方治理体制也对使用社会创新作为服务提供工具造成一定影响。然而，这种双向的关系在实践中如何起作用？我们能够从社会创新这一服务提供工具中得到怎样的经验教训？本文通过质性研究方法对根特市（位于比利时的东弗兰德州）进行了个案研究。通过访谈以及小组焦点访谈，本个案研究揭示了真实的实践情况，研究结果表明，地方治理体制对服务提供过程中的社会创新存在确切的影响，但并不只是通过行政部门来对社会创新造成影响。即便如此，本文依然得出以下结论，即地方治理体制影响着地方政府在服务提供过程中对社会创新的使用。当中重要的是，既然外部权力结构影响着地方治理过程中服务提供的决策结果，那么社会创新如何才能被安排到这一权力结构之中成为它的一部分。

【关键词】 地方政府；地方治理体制；社会创新；公民参与；服务提供；个案研究；根特市

一 引言

治理体制可以用来提供公共服务，以便更好地满足公众的需求，而公共部门服务提供中的创新，则改变了参与治理体制的主体与机构的行为准则（Hartley，2005；Mulgan and Albury，2003；Osborne and Brown，2005；Spacek，2012 cited in Merickova，Nemec and Svidronovci，2015：523）。社会创新在发展过程中得到采用后，会带来人类实践和人际关系的全面改变，穆拉尔特和诺斯鲍莫（Moulaert and Nussbaumer，2008 cited in MacCallum，Moulaert，Hillier and Haddock，2009：11）认可了这种向主体的规范性参与的改变。在社会创新过程中，这些改变了的社会关系最终带来了公民和实体在公共服务提供的筹划、设计、提供、评估等过程中的全面参与，改变了政府和公民之间等级森严的传统治理关系（Bekkers，Tummers Stuijfzand and Voorberg，2013 cited in Merickova，et al.，2015：522）。社会创新进而可使公民及其他社会主体通过与政府的合作有效地解决社会问题，而这些社会问题往往是政府很难通过自己的意愿与资源框架去解决的。

地方政府利用社会创新来促进公民参与服务提供和服务管理的能力，受制于所选择的治理体制以及政府行政机关实施社会创新的力度。然而，地方治理体制与服务提供中的社会创新之间的相互作用，仍然没有得到广泛的研究。鉴于公共部门尤其是地方政府，会在未来使用社会创新，这一相互作用谜题的重要性就更加凸显。就这个与地方治理体系和社会创新相关的难题进行实证研究，有助于更好地了解地方治理体制如何影响地方政府在服务提供中采用社会创新。更进一步来说，这类研究可以促进在某种地方治理体制框架内实现社会创新的最优利用。因此，本文的研究问题就是，地方治理体制如何影响地方政府在服务提供中使用社会创新工具？基于这一研究问题，本文旨在阐释地方政府在服务提供中对社会创新这一工具的使用是如何受到地方治理体制影响的。因此，本文会在第一节讨论关于地方治理体制的难题，接下来的部分主要讨论地方政府服务提供过程中地方治理与社会创新的关系，紧接着就是论文研究方法部分。随后根特市的个案研究提供了如下发现，即地方治理体制如何影响社会创新这个服务提供工具的使用。该节讨论完成之后，本文将总结根特市的经验教训，并提出关键的解释因素，以便构建可在其他场景下研究社会创新的概念性框架，以期帮助实践工作者设计地方的社会创新战略。

二　地方治理的难题

在本文的语境下，公民参与服务提供的地方治理，指的是公民通过共享权力和责任，参与到服务提供和服务管理的决策过程中来。地方治理的发展迫使地方政府变成服务提供者，改善政府职能，提高服务使用者的满意度，发展优良地方治理，并赋予公民筹划和管理自身事务的权力（Loffler，2005：169 cited in Öktem，2014：753）。除了只是用于执行政策决定（Olimid，2014：78；Andrews and Goldsmith，2011 cited in Rodríguez-García and Yáñez，2016：128），或是用于服务提供决策目的的治理概念（Hassan and Taiwo，2016：306）之外，地方治理的基础在于其在参与行为与策略、公民参与及投入等方面的多维度本质（Olimid，2014：78）。然而，作为本文的关注焦点，服务提供过程中地方治理的作用似乎植根于：（1）公共部门组织采用的治理模式；（2）权力结构。二者均为地方治理中的服务提供难题的一部分，本节在余下内容里反思了治理模式与权力结构，它们是涉及服务提供的地方治理这一难题的组成部分。

（一）治理模式

据杰奥尔杰斯库的观点（Georgescu，2014：135－146 cited in Olimid，2014：76），公共部门组织采用的决策模式可以对决策中的公民参与和代表产生积极或消极的影响。这种影响在诸如地方政府等公共部门组织具有普遍性，体现为它的治理体制把外部利益攸关方整合到有关服务提供的决策制定过程中的程度。治理模式产生于各种法定工具的组合，这些法定工具包括不具有约束性的建议、推论、声明，以及具有约束性的决定、法规和指令，还有执行这些有约束性或没有约束性的要求的程序，它们要么是不可变通、要么是灵活的。这就暗示着，这些具有或不具有约束力的工具为公共部门组织采纳的治理模式类型提供了结构。根据这些具有或不具有约束力的法定工具的应用情况，本文区分了强制式、自愿式、目标式和框架管理式等几种治理模式（Monteiro，2014：206），并对其进行简单阐述。

第一种强迫式治理模式涉及诸如决定、法规和指令等具有约束力的法定工具，且这些工具的实施过程具有高度标准化的性质（Monteiro，2014：206）。强制式治理模式的另一端就是第二个治理模式，即自愿式治理。该模式使用建议、推论以及声明等不具有约束力的工具和因地制宜的广泛目标（Monteiro，2014：206）。第三个治理模式即目标式治理，它涉及其执行的灵活度较小的建议等法定工具（Monteiro，2014：206）。第四个是框架管理式治理模式，该模式会提供具有约束力的工具，然后是如何通过理想化的目标或其他不同的行为来使用这些工具（Monteiro，2014：206）。对各个治理模式的分析表明，公共部门组织所采用的模式将会：（ⅰ）决定公民是否参与服务提供的治理；（ⅱ）公民参与服务提供的治理时是只限于分享责任，还是同时也分享权力。这也意味着，治理模式可以是（ⅰ）只允许政府治理，完全不与公民分享决策的权力与过程（与传统的公共行政与治理一致）；（ⅲ）允许没有政府参与的治理（与新公共管理的各种形式一致）；（ⅳ）允许公民和政府共同治理（与新公共治理的各种形式一致）。

此外，治理模式似乎既有风险也有益处。实证主义者把治理模式的一些益处归因于自组织的社会网络，该网络在不同社会主体强化参与治理的过程中达到顶点（OECD，2001a，2001b；Kooiman，2003；Kjaer，2004；Wilson，2008；Faguet，2011 cited in Monteiro，2014：206）。实证主义者所提出的其他益处还包括地方决策过程更加自主以及权力分配更加平衡（OECD，2001a，2001b；Kooiman，2003；Kjaer，2004；Wilson，2008；Faguet，2011 cited in Monteiro，2014：206）。在反对实证主义者的观点中，有一种意见认为，一些治理模式允许没有政府参与的治理，削弱了政府的能力（Andrew and Goldsmith，2011：107；Rhodes，1996；Peters，2002 cited in Monteiro，2014：207）。相反，与外部主体分享权力的治理模式可能会强化政府的能力。因此，杰提米斯和卡夫卡拉斯（Getimis and Kafkalas，2002 cited in MacCallum et al.，2009：73）认为，公民等非政府个体参与治理会造成“权力关系的转换”。

权力关系转换表明，早前罗兹（1996；Peters，2002 cited in Monteiro，2014：207）关于在没有政府的治理中政府遭到削弱的观点，似乎与外部主体参与治理的治理模式息息相关。因此，麦卡勒姆等人（MacCallum，2009：74）认为，尽管治理有时候能发展出社会与“治理的行为”之间的新关系，但是在这些治理关系中也存在相反的倾向，即政府的能力可能削弱。麦卡勒姆等人（MacCallum，2009：74）进而提醒，尽管新型治理关系会迎来新的社会主体，甚至让某些社会主体会升至重要地位，但是治理过程仍会把某些社会主体继续排除在外，并削弱“老式政府”里某些主体或群体的权力地位。接下来就回顾这种权力地位，它们是地方治理难题中权力结构的一部分。

（二）权力结构

科莫（Comeau，2004 cited in MacCallum et al.，2009：149）坚持认为，通过社会创新的权力结构得以发展。权力结构有时也被部分学者称为行使权力的本质（Hyden，1992，2000 cited in Ratha and Mahapatra，2013：4），它的运行与谁影响地方政府的决策有关（Rodríguez-García and Yáñez，2016：128）。这样，斯通（Stone，1989；Imbroscio，1998；Dowding，2001 cited in Rodríguez-García and Yáñez，2016：128）就提出了两个因素来解释各个主体对决策的影响。第一个因素是主体在决策中的利益是什么，也就是说，某个决策对某一主体的重要程度决定了该主体对决策结果的影响程度。反过来说，这并不意味着因为一个决策对某个主体有重要意义，所以该主体就有能力去影响决策结果。对一些公民来说，某个服务提供决策对他们有重大意义，但是他们并没有足够的权力来使政府的决策结果对他们有利。这凸显了决策对诸如公民等主体的重要性决定了公民在地方政府所做的决策中的利益。这意味着，假如一个决策对公民或公民群体不会造成什么影响，那么他们并不会有兴趣参与相关的决策过程。在这方面，另一种观点认为，尽管某个决策可能会对公民很重要，但是公民会因为对治理体系失去信心而没有兴趣参与。

第二个因素涉及主体进行决策所掌握的信息、制度以及经济资源（Stone，1989；Imbroscio，1998；Dowding，2001 cited in Rodríguez-García and Yáñez，2016：128）。从这里可以推断出，控制了这些资源的主体拥有显著的既得利益，并拥有更大的权力来影响政府决策结果。即便公民并没有控制地方政府依赖的资源，声称控制了资源就能成为公民影响决策的能力。因此这意味着，未控制能够影响政府决策的资源的主体，将无法参与治理，或者在影响地方政府决策方面没有太大的优势。而且，这并不能解释在地方政府的重要决策中可能处于无权地位的公民，却参与某些地方政府有关政策或服务提供的决策。斯通的观点（Stone，1989；Imbroscio，1998；Dowding，2001 cited in Rodríguez-García and Yáñez，2016：128）似乎是正确的，但是关于控制资源的看法并不适用于所有地方政府的情况。这点凸显了控制资源并不是决定公民参与地方治理的唯一因素，单单权力也不能决定治理的参与情况。

从以上讨论可以看出，权力结构可分为内部以及外部权力结构。公民在地方治理中影响决策的权力可以看作外部权力结构的一部分，外部权力结构有能力把一部分公民排除在参与有关服务提供的地方治理之外，尤其是那些被边缘化的、弱势的、未被充分代表的以及无法对治理决策施加影响的公民（MacCallum et al.，2009：74）。另外，地方治理似乎还受到内部权力结构的驱动，内部权力结构受到公共行政风格、权力下放以及驱动公共部门组织的治理模式等因素的控制。事后来看，这种内部权力结构可能仍在地方治理的决策过程中拥有绝对的影响力。这种内部权力结构是导致与传统公共行政相关的现状得以维持的原因之一，在这种传统治理方式中，公民和主体是被排除在服务提供决策之外的。显然，治理模式和权力结构同样影响着地方治理以及公民参与有关服务提供的治理的程度。这又反过来影响了服务提供，影响了地方政府服务提供中对社会创新工具的使用。下面回顾地方治理与社会创新的关系。

三　地方治理与社会创新的关系

上一节确认了地方治理会影响地方政府在服务提供中使用社会创新的程度。本文中使用社会创新作为服务提供的工具，包括公民通过发声、选择、贡献及控制等行为参与服务的筹划、设计、提供以及评估。社会创新具有双重目的，包括（i）为社会问题寻找解决方法（目标导向）和（ii）

建立关系与合作以寻求这些解决办法（过程导向）（Sharra and Nyssens，2010 cited in Chalmers，2012：19；Grimm，Fox，Baines and Albertson，2013：438）。社会创新在不同学术流派中被看成两种不同的过程，有学派认为社会创新是过程导向的（OECD，2014：Online；Mulgan，2006：146；Pol and Ville，2009：881；Hart，Jacobs，Ramoroka，Mangqalazah，Mhula，Ngwenya and Letty，2014：s. n），也有学派声称社会创新是目标导向的（Moulaert F.，Martinelli，Swyngedouw and Gonza'lez，2005 cited in MacCallum，Moulaert，Hillier and Vicari Haddock，2009：131）。但是森（Sen，1999；Novy，2002 cited in MacCallum，et al.，2009：131）警告说，各自追求这些双重目标（或者这些作者提到的多重维度）对整体性的发展有害。在这个背景下，本文认为，社会创新作为一种治理安排，其过程导向的本质与其目标导向的本质是相互统一的。

作为过程的社会创新可以带来合作、政府与公民之间的联系、主体间的自组织性、旨在解决社会问题的社会关系以及新型治理形式，它们与参与和赋权一起，构成了社会创新的过程本质的基础（Moulaert et al.，2005 cited in MacCallum，Moulaert，Hillier and Vicari Haddock，2009：131）。这种治理关系改变了服务治理过程中权力的流动，这表明治理是社会创新的一个基本元素。这最终指向了社会创新、地方治理以及社会创新在服务提供的地方治理中的运用之间的关系，这种关系在目前的实证及理论研究中似乎少有涉及。本节余下部分简要阐述地方治理与社会创新工具在服务提供中的使用之间的关系。

与公民共享服务提供中的责任与权力的地方政府中，公民在服务治理中被分配了更广泛的参与角色，这重新阐释了公民—政府关系的概念（Moulaert et al.，2005：1976；Voorberg，Bekkers and Tummers，2013：3）。使用社会创新作为服务提供工具，看来给公民赋予了类似的参与角色以及更大的权力，并使公民对服务提供的决策结果发挥影响。因此社会创新可以被看作外部权力结构用来影响地方治理的策略。进一步来说，社会创新有带来新的治理安排以及决策体制的潜力（Westley and Antadze，n. d：3；MacCallum et al.，2009：12），这表示它的使用是个开放的过程，允许终端用户参与到设计和发展公共服务中来（Chesbrough，2003；Silva and Bucek，2014；Von Hippel，2007 cited in Merickova et al.，2015：

522）。此外，公民的治理能力也得以提升（European Commission，2011：3 cited in Voorberg et al.，2013：3）。穆拉尔特等人（Moulaert et al.，2015：1976）特别提到，治理关系的形成提高了受剥削的社会群体的参与。

假若社会创新中有公民参与，就可以断定，社会创新与开放的治理体制是相容的。而且，莱维克（Lévesque，2012：34）认为，公共部门组织使用社会创新，应该会有助于创造公共价值，或者带来公共价值的提升。同样，摩尔和哈尔特利（Moore and Hartley，2008：15）认为，当创新改变了支撑集体关切的社会状况时，它是成功的，但是在提高组织的生产率方面，创新未必是成功的。因此，在服务提供中使用社会创新显然能够创造公共价值，这使得公共价值和公民参与都成为运用社会创新的基本元素。同样，公民参与和公共价值的创造似乎还是服务的地方治理过程中的基本概念。这样，运用社会创新必然需要一个能让公民参与服务提供的决策制定过程的治理体制。前面已经讨论了地方治理的难题以及地方治理和社会创新的关系，下一节进入根特市的个案分析，以了解地方治理体制如何影响服务提供中对社会创新的使用。

四　研究方法

本研究采用定性研究设计里的个案研究设计。所研究的问题的性质需要对该现象进行全面的了解，而非测量它。这种全面的了解与定性研究是一致的（Ritchie and Lewis，2003：50）。这里之所以采用个案分析的定性研究方法，是因为这种方法能够通过多种数据收集方法和多种角度来从现实情境中探讨该现象（Creswell，1998；Hakim，2000；Holloway and Wheeler，1996；Robson，2002；Yin，1993，1994 cited in Ritchie and Lewis，2003：52）。因此，个案研究的方法也有助于从多种角度全面理解该现象（Ritchie and Lewis，2003：52）。

（一）总体与样本量

根特市三个选区即车站北部区、根特布吕赫区、莱德伯格区的公民和代表机构参与了本次研究。选择总体（N）的时候主要基于样本的地理位置以及样本对深入理解该研究问题的有用程度，这两条就是选择的标准。

总体（N）包括根特市的若干地方政府官员、一位政务官以及选区的公民，因为仅仅从一个角度看该现象是不够的。尽管本研究尝试获取一个政治的角度，但该政务官并没有参与到研究中来。选择的样本（n）见表1。抽样方法是非概率抽样，样本是通过立意抽样获取的。

表1　　　　数据收集与样本

数据收集方法	n
半结构化访谈 x1：战略主管	地方政府官员
半结构化访谈 x1：区内主管	地方政府官员
半结构化访谈 x1：政策参与	地方政府官员
焦点小组访谈 x2	公民
焦点小组访谈 x1	地方政府官员

（二）数据分析

结构化访谈、半结构化访谈与焦点小组访谈收集而来的访谈数据会经过三个阶段的分析：（i）数据整理；（ii）数据描述；（iii）数据解释。第一阶段的数据整理由手工完成，包括从录音转写访谈数据以及转写核查人记录的笔记。转写数据是进一步分析的基础，它需要按照主题对数据进行标注，并对每个主题下的数据进行分类和概括。概括数据需要考虑数据对于研究对象的重要性与意义。在阶段二，阶段一所概括的数据会被用于对数据的描述。恰如里奇和路易斯（Ritchie and Lewis，2003：214）所提出的，这些描述涉及（i）使用受访者的真实用语来了解受访者是如何理解与感知该现象的，以及（ii）对于指定意义与描述，受访者叙述的主要内容。数据解释包括解释为什么数据会呈现出某种具体形式、关注其中出现的模式以及为何这些模式会出现，还要注意数据里为何出现某些联系以及自相矛盾的地方。通过采用分析层次法作为分析定性数据的策略，“模式、继发性联系、关联”以及不连贯之处得以识别出来。

（三）信度与效度

在定性研究中，比起数据的平行性，确保数据收集手段可靠，对于数据收集过程的可靠性和一致性更加相关（Creswell，2007：204；Zohrabi，

2013：259）。在本文的研究设计中，文件、结构化和半结构化的访谈及焦点小组等多种数据收集方法都得到了运用，以增强可靠性。至于数据收集过程反复使用，并不是为了要复现研究的结果，而是要在研究设计中反复地使用结构化和半结构化的访谈及焦点小组等数据收集过程。至于效度，福尔曼等人（Forman et al.，2008：768）提出，定性数据的有效性要通过（i）方法上的严谨性——这也被安妮（Anney，2014：276）称为可信性——以及（ii）研究发现的相关性来实现，恰如随后的各段所讨论的。方法的严谨性在于找出合适的研究设计（定性研究）来回答研究问题。在定性研究设计中，为了回答本文的研究问题，立意抽样被用来挑选和设计样本。

经数据分析得到的结论的相关性会通过三角互证来验证。本文采用的三角互证方法即使用多重数据来源，其中有文件（自然发生的数据）、结构化、半结构化的访谈以及焦点小组（生成数据）等多种数据。数据的三角互证是通过反复核查数据的来源，以确定不同方法收集的证据是否具有一致性。除了三角互证之外，解释研究发现需要整合定性数据的不同来源，确保内部效度以及提高可信度。多重数据收集方法有助于提高研究发现的效度，因为该现象是通过不同的定性数据收集方法来探讨的。

五 根特市的个案

根特市是比利时东弗兰德省的地方政府，人口为252273人，分布在25个行政区中（Stad Gent，2016c：3）。市议会包括51名议员，由市民直选，因此是市民的代表机构（Stad Gent，2016a：Online）。另有执行委员会与市议会共同负责执行政策及预算框架（Stad Gent，2016b：Online）。执行委员会是市议会的主要决策制定机构，由市长、市政经理、市政副经理与11名执行委员组成（Stad Gent，2016b：Online）。虽然11个执行委员各自负责议会政务中的一个方面，但是他们没有独立于市议会决策制定权，作为一个集体只能接受决策（Stad Gent，2016b：Online）。现任执行委员会在2013年选举产生，任期至2018年，届时将会选举产生新的执行委员会（Stad Gent，2016b：Online）。至于根特市的行政管理机构，根特市设有九个专门理事会，每个理事会下设几个更小的部门（Stad

Gent，2015：Online）。

根特市在服务提供中采用社会创新的正式情况，代表了政治层面的支持。在施政战略层面，政府行政部门采取了许多措施来推动社会创新作为服务提供工具，但是在操作层面，这类措施却常常前后矛盾。而且，在本案例中，采用社会创新作为服务提供工具与本文语境内的定义是一致的（第三节），但是公民在参与服务的筹划与评估方面却仍然不足。根特市的治理体制只是与公民通过共享责任参与服务提供的决策过程部分地一致，但是在公民通过共享权力参与服务管理方面仍然落后。治理体系可以促进公民参与，既有微观层面（基于选区的）的直接与间接参与，也有宏观层面的间接参与。此外，该市的治理体系看来是强制式、自愿式与框架管理式的结合体。与文献对地方治理的定义一致（Loffler，2005：169 cited in Öktem，2014：753），该市尝试提升服务用户的满意度，旨在给公民赋权，让公民参与到服务提供的筹划中，管理他们自己的事务。

（一）研究发现

1. 有关服务提供的决策制定过程中的公民参与

本研究发现，官员认为公民参与到有关服务提供的决策制定过程中很重要。根特市的行政管理机构履行了其义务，为所有的公民参与决策过程创造了机会，并使用财政资源和人力资源来促进沟通和公民参与，所有这些都证实了上述发现。因此，对于包容性公民参与——触及到全部公民、避免把某些公民排除在外——的关注，以及相反的，部分官员的担心——公民参与决策会拖慢决策形成的过程，并造成财政和人力资源方面更大的消耗——都彰显了公民参与对治理过程的影响。这些研究结果指出，尽管政府努力促进公民参与到服务提供的决策过程中，但是公民却认为大部分决策仍然是政府做出的。看来公民参与决策制定并不总是适用于所有的服务，且也并不总是征求公民的意见。即使这样，公民和官员举出的例子还是证实了，公民的确参与了服务提供的决策过程，尽管有些公民即使有了参与机会也不去参与。目前尚不清楚为何有些公民不愿参与，可能是对有些参与者和其他公民来说，参与机会并不具备吸引力，或者这类机会并不容易获取。

该研究结果显示，公民参与服务提供决策的各个阶段，从服务提供前对服务的筹划与设计，到对某些服务的提供，并到服务的评估。因此，该研究结果表明，公民参与服务本身涵盖了服务的共同筹划、共同设计、共同提供和共同评估。尽管服务提供的各阶段确实存在公民参与，但是并不是所有服务都存在公民参与。看来公民未必能参与到某个具体服务提供流程的所有阶段当中。从另一个方面来说，公民参与到这些服务提供阶段中，表明根特市的服务提供实践反映出了公共行政与治理风格以及社会创新的当代形式。值得一提的是，尽管公民参与服务决策流程的各个阶段，但是公民未能参与到该市的一个为期六年的计划的制订之中。这种在服务提供各个阶段中的公民参与，更多地留给了个别的服务提供项目。

2. 社会创新作为服务提供工具与根特市治理体制的兼容性

该发现指出，公民对各个服务部门构成了挑战，促进部门改变工作方式，在不同服务间进行横向协作并加强合作。焦点小组的某个参与者认为，像社会创新中的公民参与，并不是给公民赋权或者给他们决策权力，而更多的是政务官希望为决策谋求合法性。他的观点是，市民们在闲暇时间提出了想法，然后政务官们要面对市民们的这些想法，并且“不得不多多少少地为此做点什么”。他认为，提出想法的市民并没有参与服务提供的决策制定与治理过程。正如一个受访者所言，根特市的治理体制对于公民参与服务提供的决策过程是开放的。但是如前所述，在那个为期六年的计划形成之前并没有公民参与。不过这并不意味着，因为公民没有参与到这个重要的服务提供计划中，该治理体制就不是完全开放的。

公民参与服务提供流程的各个阶段，说明了该治理体制在一定程度上会在服务提供的决策制定过程中开放公民参与。然而，这并不代表治理体制与社会创新是兼容的。相反，这表明该市的治理体制只有部分是与服务提供的社会创新兼容。即使这样，并不是全部服务部门都会在服务提供中做出社会创新，原因可能在于该治理体制与社会创新并不兼容。这一论点依据在于，假如服务提供的社会创新与根特市的治理体制是兼容的，那么所有部门都会采用社会创新。其次，为什么只有一些部门采用社会创新，原因可能只是因为缺乏社会创新的明确战略。

3. 政府行政管理机构在服务提供中的社会创新

研究结果显示，政府行政管理机构拥有在服务提供中使用社会创新的自由。但是，行政管理部门采用社会创新，并不是因为治理体制要求它们这么做。除此之外，研究结果还指出，各个服务部门对社会创新的采用是不一致的，这可能因为治理体制并未全面推动政府行政机构在服务提供中展开社会创新。相反，该研究结果还显示，政府行政部门使用社会创新的程度并不完全取决于根特市的治理体制，而是更多地取决于部门层面的部门领导和主任。这再次说明治理体制的确会影响政府行政部门对社会创新的使用。看来根特市的治理体制并不一定妨碍了政府行政部门对社会创新的使用，但是社会创新的使用并未被有意识地根植于治理体制之中，这一点一定程度上妨碍了社会创新的使用。相反，尽管社会创新并未被有意识地根植于根特市的治理体制中，但是该治理体制对政府行政部门使用社会创新还是开放的。

六　经验教训

根特市的个案研究在地方治理体制与服务提供的社会创新等难题方面取得了不少新发现，本节将讨论从这些新发现中得出的经验教训。

（一）地方治理与服务提供中作为包容性的公民参与策略的社会创新

根特市的个案研究表明，地方治理体制在促进服务提供决策中的包容性参与方面起到了重要作用。服务提供的社会创新能够成为一项策略，用以推动地方治理中的包容性公民参与。地方治理与社会创新的关系给这种观点提供了证据，强调了公民参与和创造公共价值对二者同样重要。在本个案中，部分公民被排除在了服务提供的决策过程之外，即使存在社会创新也无济于事，这凸显了服务提供的治理需要包容性的公民参与。社会创新没有根植于根特市的地方治理体制中，这可能是有关服务提供的决策过程中缺乏包容性参与的部分原因。

根特市案例显示，对于地方政府来说，地方治理中的包容性公民参与需要耗费大量人力和财力，还会延长决策制定过程。因此，虽然公民参与地方治理会给服务提供带来好处，也应该认识到，这样会延长目标实现和完成服务提供的当务之急所需要的时间。此外，地方治理的包容性公民参与要求有创新的办法，这些办法不仅要推动目前被排除在参与之外的公民参与进来，也要留住现有的参与者。在此过程中，地方政府应该从战略着手，在公民中推广参与服务提供决策的参与文化，让他们意识到他们的参与很重要，可以为集体利益创造公共价值。根特市的个案表明，还需要类似的文化来使官员迫切意识到公民参与决策的重要性。显然，为了推动包容性的公民参与，政府科层体制需要向地方治理体制看齐。据报道，根特市的地方治理体制是对公民参与决策制定过程开放的，但是本文的研究结果显示，政府行政管理机构在其执行过程中有不少自相矛盾之处。

（二）社会创新作为服务提供工具以促进公民参与地方治理

文献表明，社会创新有潜力促进公民参与服务提供的决策制定过程，但是社会创新赋予了公民充分的权利来成为地方治理的伙伴吗？根特市的个案证明，尽管采用社会创新来促进公民参与地方治理，但是在缺乏共享权力的情况下，社会创新并不会让公民自动地成为政府的平等合作伙伴。而且，尽管有些公民通过社会创新参与了某些服务的合作筹划、合作设计、合作提供以及合作评估，但是他们并不总是能够参与重大决策制定过程的初始阶段，而这才能代表着决策制定权力的共享。因此，该案例凸显的是在服务提供中使用社会创新来应对地方治理的某些方面。所以，即使市民没有参与根特市长期规划中的优先服务提供项目的决策制定过程，但是他们参与了某些服务项目的合作筹划、合作设计、合作提供以及合作评估，这仍然算是参与了服务的地方治理。但是，市民的参与并不会自动让他们成为地方政府进行地方治理时的平等伙伴。

（三）社会创新与地方治理体制的兼容性

当地方治理体制对服务提供中的社会创新存在确切的影响时，研究文献指出，社会创新可以与开放的治理体制相容。根特市的个案里，虽然官员认为地方治理体制是开放的，但是该体制似乎与文献定义的开放性治理体制并非完全一致。即便如此，在服务提供时，地方政府仍然使用社会创新，公民也发起社会创新。因此，该案例说明，即使是封闭的地方治理体制也不会阻碍其行政管理机构采用社会创新。类似地，该案例也表明，即使地方治理体制看上去与服务提供中的社会创新并不兼容，但是这并不意味着社会创新不会发生。与此同时，我们还可以从该案例推断出来，即使治理体制对公民参与服务提供的决策过程是开放的，但是这并不意味着地方治理体制与社会创新完全兼容。正如在根特市所发现的，这可能意味着地方治理体制只是与服务提供中的部分社会创新相容，这部分社会创新可能与既有的服务提供实践相符合。

（四）地方治理的外部与内部权力结构

研究文献强调，地方治理中的决策结果似乎会受制于那些有权影响决策的人（Rodríguez-García and Yáñez，2016：128）。在这方面，本文把权力结构划分为外部权力结构和内部权力结构。根特市的案例说明了内部权力结构和外部权力结构同时存在，并且它们同时影响着服务提供中的决策结果。本文发现，即便公民作为外部权力结构的一部分能够影响某些服务提供的决策制定结果，内部权力结构（根特市政府）在大部分决策中仍然拥有最终拍板的权力。这种最终拍板的权力看来与外部主体缺乏足够授权的现象是相呼应的。然而，在这两种权力结构中，有两个因素被认为很重要，能够决定主体在决策过程中的影响力。研究文献指出的第一个因素，是决策对于主体的重要性，而第二个因素是主体所掌握的，能够用来影响决策结果的信息、行政以及经济资源（Rodríguez-García and Yáñez，2016：128）。研究结果表明，公民参与服务提供的决策过程，是因为决策对他们个人和集体利益至关重要。我们可以从根特市的案例中了解到，公民是否拥有足以影响决策的资源，并不会左右公民参与。类似地，该案例证明了即使公民没有足以影响决策结果的资源，公民仍然能够影响决策结果。但是，这个特征可能是根特市独有的，并不代表其他地方政府治下的公民也会拥有同样影响决策结果的能力。根特市同样也说明了，即使公民有机会影响决策制定过程，即使决策结果对公民至关重要，有些公民也不会去利用这些机会。从外部和内部权力结构中我们可以了解到，是否控制资源并非唯一的决定公民参与的因素，决策结果对于公民的重要性也不意味着公民会在地方治理中参与服务提供的决策制定过程。

七　结论

本文的一个成果是，划分了地方治理中影响服务提供决策结果的外部与内部权力结构，并认为社会创新是在外部权力结构中影响地方政府决策结果的一种策略。本文阐释了地方政府服务提供的社会创新可能受到地方治理体制的影响。因此，本文提出的研究问题是：地方治理体制是如何影响地方政府服务提供中的社会创新？为了回答这个，我们探讨了地方治理的难题、地方治理与社会创新的关系（这是本文理论背景的一部分），测量了在根特市案例中所研究的问题，并且利用了得自该案例的经验教训。

研究文献表明，地方治理体制与社会创新作为服务提供工具二者之间具有确切的关系。这种确切的关系在根特市的个案研究里得到了证实。但是，研究结果也说明，并不是只有开放的治理体制才会运用社会创新。相反，该案例表明，封闭的治理体制并不会抑制政府行政管理机构对社会创新的使用。然而，在另一个地方政府背景下，可能会有不同的研究发现，因此，需要更加广泛的研究来确定地方治理体制如何影响社会创新作为服务提供工具的使用情况。这类研究不仅有益于公共行政和社会创新的讨论，也对地方政府的实践工作者有帮助。

本文所得出的经验教训，凸显了有关地方治理体制与服务提供的社会创新工具的难题是高度复杂的，亟须除本文之外的更多研究来阐释。因此，类似于本文的个案研究已经展开了，这是更广泛的定性比较研究计划的一部分。本文的背景下，由于外部主体追求的个人利益会与创造公共价值的集体利益冲突，官员会感觉自己的专业意见和技能不再重要，地方政府应该保持警惕，避免服务提供中的社会创新工具对政府能力造成削弱。

参考文献

Andrews, C. & Goldsmith, M., 2011. From Local Government to Local Governance: And Beyond. International Political Science Review, 19 (2): 101 - 117.

Anney, V. N., 2014. "Ensuring the Quality of the Findings of Qualitative Research: Looking at Trustworthiness Criteria". *Journal of Emerging Trends in Educational Research and Policy Studies*, 5 (2): 272 - 281.

Bason, C., 2010. Leading public sector innovation: Co-creating for a better society. Bristol: The Policy Press.

Bekkers, V., Tummers, L. & Voorberg, W., 2013. From public innovation to social innovation in the public sector: A literature review o f relevant drivers and barriers (Rotterdam: Erasmus University Rotterdam).

Bekkers, V. J. J. M. , Tummers, L. G, Stuijfzand, B. G & Voorberg, W. , 2013. Social Innovation in the Public Sector: An integrative framework. LIPSE Working papers No. 1 (Rotterdam: Erasmus University Rotterdam) .

Bourgon, J. , 2010. The history and future of nation-building? Building capacity for public results. International Review of Administrative Sciences 76 (2): 197 - 218.

Borins, S. , 2008. Innovations in Government. Washington, D. C. : Brookings Institution Press.

Chalmers. D. , 2012. Social innovation: An exploration of the barriers faced by innovating organizations in the social economy. Local Economy, 28 (1): 17 - 34.

Comeau, Y. , 2004. Les contributions des sociologies de l'innovation ὰ l'étude du changement social', Actes du Colloque Innovations Sociales et Transformations des Conditions de Vie, 29 - 41 (Montreal: Cahiers du CRISES, Collection Études théoriques ET0418) .

Creswell, J. W. , 1998. Qualitative Inquiry and Research Design: Choosing Among Five Traditions. Thousand Oaks, CA: Sage Publications.

Creswell, J. W. , 2007. Qualitative Inquiry and Research Design: Choosing Among Five Traditions (2nd ed) . Thousand Oaks, CA: Sage Publications.

Denhardt, J. V. & Denhardt, R. B. , 2003. The New Public Service, Serving, not Steering. Armonk, NY: M. E. Sharpe.

Dowding, K. , 2001. "Explaining Urban Regimes" . *International Journal of Urban and Regional Research*, 25 (1): 7 - 19.

European Commission, 2011. Empowering people, driving change: social innovation in the European Union. Luxemburg: Publications of the European Union.

Faguet, J-P. , 2011. Decentralization and governance. Economic Organisation and Public Policy Discussion Papers, EOPP 027. London: London School of Economics and Political Science.

Forman, J. , Creswell, J. W. , Damschroder, L. , Kowalski, C. P, & Krein, S. L. , 2008. Qualitative research methods: Key features and insights gained from use in infection prevention research. AJIC, 36 (10) December: 764 - 771.

Fuglsang, L. , 2008. "Capturing the benefits of open innovation in public innovation: a case study" . *International Journal of Services Technology and Management*, 9 (3 - 4): 234 - 248.

Geddes, M. , 2006. "Partnership and the limits to local governance in England: institutionalist analysis and neoliberalism" . *International Journal of Urban and Regional Re-*

search, 30 (1): 76 - 97.

Getimis, P. and Kafkalas, G. (2002), "Comparative Analysis of Policy-Making and Empirical Evidence on the Pursuit of Innovation in Sustainability", in Getimis, P., Heinelt, H., Kafkalas, G., Smith, R. and Swyngedouw, E. (eds) (2002), Participatory Governance in Multi-Level Context: concepts and experience (Opladen: Leske und Budrich).

Grimm, R., Fox, C., Baines, S., & Albertson, K., 2013. "Social innovation, an answer to contemporary societal challenges? Locating the concept in theory and practice". *The European Journal of Social Science Research*, 26 (4): 436 - 455.

Hakim, C., 2000. Research Design: Successful Research Designs for Social and Economic Research, 2nd edition. London: Routledge.

Hart, T., Jacobs, P., Ramoroka, K., Mangqalazah, H., Mhula, A., Ngwenya, M. & Letty, B., 2014. March. Social innovation in South Africa's rural municipalities: Policy implications. Policy Brief. Pretoria: Human Science Research Council.

Holloway, I. & Wheeler, S., 1996. Qualitative Research for Nurses. Oxford: Blackwell Science.

Imbroscio, D. L., 1998. "Reformulating Urban Regime Theory: The Division of Labour Between State and Market Reconsidered". *Journal of Urban Affairs*, 20 (3): 233 - 248.

Jing, Y. & Gong, T., 2012. "Managed social innovation: The case of government-sponsored venture philanthropy in Shanghai". *Australian Journal of Public Administration*, 71 (2): 233 - 245.

Kjaer, A., 2004. Governance. Cambridge: Polity Press.

Kooiman, J., 2003. Governing As Governance. London: Sage.

Lévesque, B., 2012. Social Innovation and Governance in Public Management Systems: Limits of NPM and search for alternatives?

Loffler, E., 2005. Governance and government: Networking with external stakeholders. In: Bovaird, T. & Loffler, E. (eds.) Public Management and Governance, e-edition (New York: Taylor & Francis e-Library): 163 - 174.

MacCallum, D., Moulaert, F., Hillier, J., Haddock, S. V. (ed), 2009. Social Innovation and Territorial Development. London, Surrey: Ashgate Publishing Limited.

Meričkova, B., Nemec, J., & Svidronova, M., 2015. "Co-creation in Local Public Services Delivery Innovation: Slovak Experience". *Lex Localis-Journal of Local Self-government*, 13 (3): 521 - 535.

Monteiro, A. A., 2014. The Active Role of Community-Based Organizations in the Local Redefinition of National Policies. Revista De Cercetare Si Interventie Sociala, 46: 203 – 215.

Moore, M. & Hartley, J., 2008. "Innovations in governance", *Public Management Review*, 10 (1): 3 – 20.

Moulaert, F., Martinelli, F., Swyngedouw, E., & Gonza'lez, S., 2005. Towards Alternative Model (s) of Local Innovation. Urban Studies, 42 (11) October: 1969 – 1990.

Moulaert, F. and Nussbaumer, J., 2008. La logique spatiale du développement territorial (Sainte-Foye: Presses Universitaires du Québec).

Mulgan, G. & Albury, D., 2003. Innovation in the Public Sector, Strategy Unit, Cabinet Office (London), available at: http://www.cabinetolfice.gov.uk/upload/assets/www.cabinetoffice.gov.uk/strategy/pubi.

nov2.pdf (October 2003) in Meri č kova, B., Nemec, J., & Svidronova, M., 2015. "Co-creation in Local Public Services Delivery Innovation: Slovak Experience". *Lex Localis-Journal of Local Self-Government*, 13 (3): 521 – 535.

Mulgan, G., 2006. The process of social innovation. Innovations: Technology, Governance, Globalization, 1: 145 – 162.

O'Byrne, L., Miller, M., Douse, C. and Venkatesh, R., 2014. "Social Innovation in the Public Sector: The Case of Seoul Metropolitan Government". *Journal of Economic and Social Studies*, 4 (1): 53 – 71.

Olimid, A. P., 2014. Civic Engagement and Citizen Participation in Local Governance: Innovations in Civil Society Research. Revista De Stiinte Politice, (44): 73 – 84.

Organisation for Economic Development and Cooperation (OECD), 2001a. Local Partnerships for Better Governance. Paris: OECD Publishing.

Organisation for Economic Development and Cooperation (OECD), 2001b. Local Governance and Partnerships: A Summary of the Findings of the OECD Study on Local Partnerships. Paris: OECD Publishing.

Organisation for Economic Development and Cooperation (OECD), 2014. (online). OECD Public Governance Reviews Together for Better Public Services PARTNERING WITH CITIZENS AND CIVIL SOCIETY. Available online from http://browse.oecdbookshop.org/oecd/pdfs/product/4211131e.pdf Accessed 23 February 2015.

Osborne, S., P. (ed), 2010. The New Public Governance Emerging perspectives on the theory and practice of public governance. New York: Routledge.

Osborne, S. & Brown, K., 2005. Managing change and innovation in public service organizations. London: Routledge.

Peters, G., 2002. Governance: a Garbage Can Perspective. Political Science Series, 84, Vienna: Institute for Advanced Studies.

Pol, E. & Ville, S., 2009. "Social innovation: Buzz word or enduring term?" *The Journal of Socio-economics*, 38: 878-885.

Rakodi, C., 2003. Politics and Performance: the implications of emerging governance arrangements for urban management approaches and information systems. Habitat International, 27 (4): 523-47.

Rhodes, R., 1996. The new governance: governing without government. Political Studies, 44 (4): 652-667.

Ritchie, J. & Lewis, J., 2003. Qualitative Research Practice. A Guide for Social Science Students and Researchers. London: Sage Publications Ltd.

Robson, C., 2002. Real World Research, 2nd edition. Oxford: Blackwell.

Rodríguez-García, M., & Navarro Yúñez, C., 2016. Comparative Local Governance: Analysing Patterns of Influence on Local Political Systems. Revista Española De Investigaciones Sociologicas, 153: 127-140.

Schmitter, P., 2000. Governance. Paper presented at the Conference "Democratic and Participatory Governance: From Citizens to 'Holders'", European University Institute, Florence, September.

Sharra, R. & Nyssens, M., 2010. Social Innovation: An Interdisciplinary and Critical Review of the Concept. Louvain, Belgium: Universite' Catholique de Louvain.

Sørensen, E. & Torfing, J., 2011. Enhancing collaborative innovation in the public sector, in: Administration & Society, 43 (8): 842-868.

Spacek, D., 2012. Approaches to E-Govemment Evaluation: Potential and Limitations, In: Spalkova, D. & Furova, L. (eds.) Proceedings of the 16th International Conference: Modern and Current Trends in the Public Sector Research (Brno: Masaryk University, 99-107).

Stad Gent, 2016b. Online. Stadsbestuur van Gent-Dienst Burgerzaken. Available from https://stad.gent/sites/default/files/page/documents/demo2014.pdf. Accessed 28 January 2016.

Stone, C., 1989. Regime Politics: Governing Atlanta 1946-1988. Lawrence: University Press of Kansas.

Swyngedouw, E., 1997. Neither Global nor Local: "glocalization" and the politics of scale, in Cox (ed.).

Swyngedouw, E., 2004. Globalisation or "Glocalisation"? Networks, territories and rescaling. Cambridge Review of International Affairs, 17 (1): 25-48.

Swyngedouw, E., 2005. Governance Innovation and the Citizen: The Janus Face of Governance-beyond-the-State. Urban Studies, 42 (11) October: 1991-2006.

Stoker, G., 1998. Public-Private Partnerships in Urban Governance', in Pierre (ed.).

Treib, O., Bähar, H. and Falkner, G., 2005. Modes of Governance: A Note Towards Conceptual Clarification, EUROGOV-European Governance Papers, N-05-02.

Von Hippel, E., 2007. Horizontal innovation networks-by and for users. Industrial and Corporate Change, 16 (2): 1-23.

Voorberg, W., Bekkers & Tummers, L., 2013. Co-creation and Co-production in Social Innovation: A Systematic Review and Future Research Agenda. EGPA conference, Edinburgh 11-13 September 2013.

Wang, G., 2011. "A Debate on Transforming Local Governance in the UK: Is Partnership A Better Way?" *Journal of Politics and Law*, 4 (1): 73-83.

Weber, E. & Khademian, A., 2008. Wicked problems, knowledge challenges, and collaborative capacity builders in network settings. Public Administration Review, 68 (2): 334-349.

Westley, F. & Antadze, N. nd. "Making a Difference Strategies for Scaling Social Innovation for Greater Impact". *The Innovation Journal: The Public Sector Innovation Journal*, 15 (2): 2-18.

Wilson, C., 2008. Attention to Place to Correct Policy Imbalance. Optimum Online, 38 (1): 17-24.

Yin, R. K., 1993. Applications of Case Study Research, Newbury Park, CA: Sage.

Yin, R. K., 1994. Case Study Research: Design and Methods, 2nd edition. Beverly Hills.

IIAS 开放议题

通过地理信息系统、地理空间数据和地理设计等社会技术系统连接数据和公众参与，强化治理及提高联合国可持续发展目标成效

美国纽约城市大学约翰杰伊刑事司法
学院教授　珍妮·玛丽·科尔

【摘　要】联合国可持续发展目标（2015—2030）的成效取决于政府的决策和计划能力，以及监控进程和评估结果的能力。对于17个可持续发展目标，联合国制定了169个目标和231个指标。整合子目标和指标以获得协同、有效的社会和经济发展是一项复杂的任务。随着技术进步，政府可以利用在线地理空间信息系统，通过移动应用程序打破部门壁垒，鼓励专家和公众沟通，赋予地方计划地理社区和问责权。基于在线地理信息系统框架，建立融合地理设计理念的坚实关系型数据库，为政府和公众提供一个交互平台，交流可持续发展问题。政府可利用诸如地球千年计划一类的平台模型，探索实现可持续发展目标的机制。关注全球变化研究所向政府开放这一平台。

【关键词】联合国可持续发展目标；地理空间信息系统；交互平台

联合国可持续发展目标（可持续发展2030年议程；A/70/1）的实现

依赖于政府决策和计划能力，以及监控进程和评估结果的能力。对于17个可持续发展目标，联合国制定了169个目标和231个指标。广泛意义上的可持续发展议程包括摆脱贫穷和饥饿、改善健康和教育、提升城市可持续性、应对气候变化、保护森林和海洋。

通过整合方向、目标和指标去实现协同效应和有效的社会经济发展是一项复杂的任务。许多目标和指标与2个或多个方向相关。用具体数据反映方向、目标和指标具有挑战性，这要求对已存数据系统进行整合，并将新数据整合进数据平台。这个过程涉及打破组织壁垒，为不同组织的官员创造机会为共同愿景一起工作。地理单元自然而然跨越多个部门，是展示社会、经济、环境以及其他领域整合数据的物理空间。上一个千年发展目标（2000—2015）为政府在社会、经济和环境方面取得进展提供指导。各国政府在某些千年发展目标的实现上确实取得了进展，但是在其他目标上进展不大。要实现2015—2030可持续发展目标，需要关注更完善的可测量数据框架。本文将讨论如何使地理信息系统、地理空间数据和地理设计构成规划、实施、评估和问责框架。

这项挑战的一个重要方面是公众在各个阶段的参与度，包括计划、实施、评估，特别是问责（Epstein and Wray，2006）。可以利用现代技术将公众与地理定位的数据库实时联系起来。公众可以用带有全球定位系统的智能手机，将数据（图片、视频、评论、报告）上传到虚拟平台上的地理地图。平台不仅整合来自不同部门的数据，还将整合来自现场公众的数据。通过将地理设计添加至地理信息系统，平台可将数据视觉化，使数据可被用于远景规划和反向问责。公众的参与提高了数据的精确度和实时性。设计良好的平台不仅应允许公众输入数据，还应允许他们运用数据制作未来发展的计划。实现可持续发展目标应减少贫困。将地理信息系统作为追踪可持续发展目标的指标，并结合公众参与，证明这项技术有利于实现民主治理。

一 数据收集和评估框架

2016年2月19日，联合国经济社会理事会发布《机构间专家组可持续发展目标报告（E/CN. 3/2016/2/Rev. 1 ＊）》，联合国统计委员会在

2016 年 3 月 8—11 日召开的年会上对该报告进行评审。专家组由 28 名国家统计机构代表组成（区域统计机制提名），非成员国以观察员的身份参加，通过远程会议表达意见和观点，有时也参加专家组会议。报告响应联合国各成员国关于数据充足性、统计能力以及数据分散性的指导意见，确保没有遗漏任何国家。

> 成员国认识到充足的数据对于追踪和回顾 2030 年议程方向和目标的实施过程至关重要，同意付出更多的努力以加强统计能力并强化支持发展中国家，特别是非洲国家、最欠发达国家、内陆发展中国家、小岛屿发展中国家和中等收入国家的能力建设［决议案 70/1，7 第 4 段（h）］。
>
> 成员国同样认识到 2030 议程的基本原则——一个也不能少——将要求数据分散性达到显著水平，强调“需要高质量的、可获取的、及时的、可信赖的分散数据以帮助评估进展，确保没落下一个人”（决议案 70/1，第 48 段）。
>
> 成员国政府承诺在国家、区域和全球层面全面追踪并评估 2030 议程的执行过程，并承诺通过成员国设立的区域和国家层面指标补充全球性指标（决议案 70/1，第 72、75 段）。成员国将根据 2030 议程中目标应具备启发性和全球性的原则设立本国指标，各国政府在考虑本国国情的基础上，根据全球水平制定本国目标（出处同上，第 55 段）。

而且，联合国大会指出，希望成员国根据本国国情，制定与启发性全球指标相匹配的本国指标和目标。

国际科学理事会指出，“可持续发展目标比千年发展目标更需要科学共同体”（Lu，2016）。报告为科学共同体提出了五大任务：

1. 设计原则：设计一套实践指标以反映每个可持续发展目标的进展。
2. 建立监督机制：建立获取数据的系统。
3. 评估进展：考虑国情，鼓励将可持续性发展融入各层面规划和战略。
4. 加强基础设施：空间监督与实地观察相结合；智能手机和小型传

感器共同收集数据；公众科学；带有模拟、决策支持、规划、管理、执行和公众参与功能的地理信息系统。

5. 数据标准化及验证：各国获取和加工经济社会数据的能力差异巨大。所有可持续发展目标数据尽快在线发布。共享报告平台公开获取并发布。各层面决策融入监督和评估机制。

为满足可持续发展目标分享数据的需求已经建立或调整了若干机制，联合国统计委员会和联合国统计办公室与各国政府共同努力提升统计机构的水平。2010 年联合国成立了全球地理空间信息管理专家委员会、秘书处、地区办事处和多个工作组。从 2011 年以来，联合国秘书处收集了各国基于地理空间信息系统的报告。2014 年联合国有关实现可持续发展数据革命的独立专家顾问组发布报告《计数的世界》。从 2011 年以来，欧洲环境局开发了一个“共享环境信息系统”。2013 年，经合组织发布题为“加强国家统计系统，监控全球目标实现”的报告。目前，许多国家和国际组织都在制定收集数据并跟踪可持续发展目标的完成情况的战略。其中世界卫生组织和联合国儿童基金会在提高儿童健康方面制定了目标和指标。

阿特兰（Attaran，2005）在讨论千年发展计划（2000—2015）时指出，“到 2015 年为止的健康目标听上去是定量的，但是它们中的大多数在定量上都犯有不可弥补的失误。健康目标指引的趋势或者无法测量，或者没能从基线年 1990 年起进行准确测量”。

阿特兰（Attaran，2005）进一步指出，“千年发展目标有许多数据源。当这些数据源足以揭示千年发展目标有统计显著意义的趋势时，没有任何问题存在，甚至可以得出结论：千年目标正在被实现，或是距离某些千年目标渐行渐远……讽刺的是，从那时起世界卫生组织创立了一个新的名为健康矩阵网络的项目，以实现‘海量独立但时而重叠（数据）系统’的‘重叠和重复的削减’。无人能判断健康矩阵网络能实现这一重要目标，还是会在已有问题上雪上加霜”。

可持续发展目标代表将类似千年发展目标的目标应用到所有国家，不仅是所谓的发展中国家，还包括发达国家。可持续发展目标的指标应是可量化的数字。机构间专家组开展了有关促进指标实现的区域性和全球性讨论。2015 年提出的指标分为三类：绿色（普遍认同，极少变化）、黄色

（存在尚未解决事项）和灰色（有待深入讨论）。讨论仍在继续。

“经过一些观察国和民间组织多次呼吁通过更加开放的方式决定最终框架，专家组联合主席宣布，原计划对非会员关闭的用于反馈绿色指标的在线入口将在11月3日至20日期间开放3天”（Anderson，2015）。

进行多重咨询后，机构间专家组通过联合国统计委员会发布最终报告。

可持续发展目标为鼓励在贫穷、健康、教育、就业、环境和治理等全球化目标发展方向上的努力。对于指标进展的评价主要在国家层面进行，在全球、区域和地区层面也涉及一些，另外也涉及健康、教育等专门领域。

“可行的指标框架可以将可持续发展目标及其小目标转化为管理工具，帮助国家制定实施战略，分配资源。同时成为评估可持续发展进展情况的报告卡，确保对可持续发展目标的所有利益相关者的问责”（UN SDKP，2015）。

成功的框架聚焦于局部，但也能追踪交叉问题，以协助项目的规划和实施，并保证与政策相关并以一致性为基础。同时，指标应该可以分解用于追踪各相关团体的进展。有一个观点渗透在所有可持续发展目标的讨论中，即一个也不能少。因此，监督框架必须特别关注到贫穷、偏远、弱势和具有特殊需求的群体，只有如此，实现可持续发展目标将不仅针对已有优势的群体，也包括最弱势群体。

2014年联合国秘书长的综合报告呼吁：

“建立在公认国际准则、全球性承诺、共同规则和证据、集体行为和发展标杆基础上的责任分享文化……这种问责式文化在国家层面一定是特别强有力的，‘建立在已存在的国家和地区机制之上，具有广泛和多数利益相关者参与’”（UNSG，2014）。

国家统计机构和国家人口统计组织及其开展的家庭调查、定期人口统计、市民登记和重要统计数据是制定指标和建构框架的关键因素。大学、智库和技术或专家机构也将会参与。区域经济委员会、非洲同行评议机制和可持续发展亚太论坛是区域机制的样板，它们为界定指标提供技术支持和协调。不同层面的众多组织牵涉其中，因此有效的观念和工作协调至关重要。

联合国秘书长为数据革命促进可持续发展独立专家顾问组举办了一场线上公开咨询会，征集对共享指标和框架的建议：

> “标杆，参与方法，监督不公平，吸引市民对服务提供者绩效进行反馈，感知数据，可持续发展目标可能涵盖的任何新领域的进展追踪，市民产生数据……全新信息技术，数据收集的参与方法和定性方法，数据解析，数据基础设施，适应未来发展的可持续发展目标评价”（IEAG-DRSD，2015）。

2014 年 10 月 1—16 日期间，共有 35 个个人和组织发表建议。

二　非洲：创新的大陆

本文不再重复地理信息系统在高收入发达国家已取得的一连串的进展，而是提供其在非洲国家，如肯尼亚、莫桑比克、尼日利亚、南非、坦桑尼亚和非洲发展银行的创新性应用案例。

在肯尼亚，由在欠发达地区生活和工作的年轻社区成员组成的当地志愿绘图者为在线社区地图收集数据。这些地图添加了新的公共信息，如道路、诊所、饮水点和市场，由此成为所覆盖社区和地方政府的基础性社会和经济资源。在收集、分析数据的过程中，志愿者获得制图学和地理信息系统领域新的职业技能。

在莫桑比克，服务监督系统“监控参与马普托”支持被忽视、未受到政府足够关心的人口报告城市服务中的问题。其软件平台旨在收集使用该系统手机应用软件和网络端口的用户信息。该平台具有当地语言的语音界面，供教育水平低下者使用。居民利用该平台报告诸如垃圾桶未清扫、非法倾倒、乱烧垃圾等服务问题。系统核心为固体垃圾处理，并能提供可视化服务和统计数据。用户可以上传照片、评论和其他说明，促使马普托市议会尽快采取干预行动（www. mopa. co. mz）。

在尼日利亚，千年发展目标信息系统提供健康、水、教育设施的位置和状况。该在线交换数据平台可免费使用。经过培训的统计人员利用智能手机和全球定位系统收集数据，编制地方信息。通过这个平台，所有的尼日利亚政府卫生、教育机构和取水站在2个月内被全部标注出来（UNDESA，2016）。

在南非，政府利用地理信息系统数据帮助地方、团体和机构制定、实施并监督公共政策，也用于改善社会福利、健康、安全和交通等方面的公共服务。目前的关注点是为城市郊区和城市中心的非正式定居点居民、农村最弱势人群提供更多服务；完善已有服务，使之更贴近公众需求；建设道路设施，提供交通服务，使服务更易获取；鼓励发展经济。该系统利用公众在地理信息系统平台的参与来改进政策和服务。

在坦桑尼亚，坦桑尼亚知识网络促进社会、经济发展各领域的知识和信息分享，激发对当前发展问题的讨论。普通公众和专家都参与讨论，最终就政策问题形成一致意见。对具体话题结果的讨论总结出值得推荐和说明的最佳实践，并与决策者和公众共享。坦桑尼亚知识网络是坦桑尼亚联合共和国政府、联合国和经济社会研究基金会的联合项目。

非洲发展银行设立“非洲地图”项目支持非洲的统计发展。该信息用于设计、管理减少贫困的发展政策。项目具有地理编码工具，帮助研究机构改进资源地理分布，帮助利益相关者更好地理解银行活动及其对地方发展的影响。

下一步的任务是将这些与其他地理信息系统整合起来，支持国家实现可持续发展目标。政府正在寻求加强政策制定、项目实施、监督、评价和问责的方法。基于地理单元的整体框架可以为最贫穷、最弱势、最边缘人口的发展提供最佳激励。这些案例说明，开发一个整合各部门、具有群众性且关注脱贫的平台公众在技术上是可行的，在政治上也是必要的，只有如此才能实现“一个也不落下”。

三 千年地球计划:可持续发展的视觉化框架

联合国组织193个成员国、公民社会组织、商业机构、学术机构和慈善机构，用3年的时间开发一套方向、目标和指标，到2030年时“一个不落下”地消除极度贫困。同时感知全球变化研究所致力于“如何”实现这些目标和指标。作为感知全球变化研究的一项重要计划，千年地球计划为解决“如何”做的问题提出了清晰计划：

- 开发地理信息系统，为参加国政府提供基建信息和当地可持续发展目标指标信息的存储服务；
- 为参与国政府进行能力建设，使其能够管理和维持系统运行；
- 保证参与本框架的公众具有分享计划、监督、实施、评价和问责的权利。

通过地理信息系统框架，国际社区能够视觉化获悉制定可持续发展解决方案的各地可持续发展目标数据，并通过地理设计方法对无数的设计情形进行影响性评价分析。千年地球计划为政府机构提供技术知识和高成本效益方法，用于收集、维持并快速向公众和在全球范围内普及更新的可持续发展目标指标数据。

千年地球计划分为四个阶段：

第一阶段的任务是通过组建跨机构任务组，确定项目领袖。任务组由关键机构（通常是国家规划委员会或类似机构）领导。任务团队包括相关机构，如统计、发展、普查、人口、资源和基础设施。任务团队通过月度会议对开展的活动进行指导和监督。国家任务组将成立委员会，如：

a）已存在数据——将目前的数据系统和发展数据整合到在线地理信息系统框架；

b）新数据——聚焦于测量本国、本地区可持续发展目标，并将这些数据整合到在线地理信息系统框架；

c）技术——提供在线地理信息系统框架、可共享的地理信息系统类别和指标，为不断变化的情形提供地理设计模型，为收集公众意见和其他相关活动提供手机应用程序；

d）培训——开发、实施课程，提高工作人员管理框架的能力，提高非政府组织人员对框架的贡献能力，提高公众参与框架的能力；

e）教育——对地理信息系统、地理空间系统和国家地理设计方面建立课程、证书、学位项目进行监督；

f）地方政府机构的参与——在以国家和地方司法管辖区为代表的去中心化的地区设立试验项目。

这些委员会成员每年报告进展，任务组对进展、合作、差距、创新性和未来需求进行评价。重点关注的领域包括需求评估、数据库目录、可持续发展目标评估、开发与项目相关培训材料、对可获得的地理信息系统/地理空间/地理设计资源进行评估、人事和机构以及试点区域的选择。

第二阶段的任务是收集数据，展示当前景观、资产和资源；利用地图和模型将景观视觉化；保证公众参与数据收集。

第三阶段的任务是开发高成本效益的工作流程，保证政府机构能够快速报告最高优先级的可持续发展目标；使政府机构熟悉地理设计过程。

第四阶段的任务是提供规划，以收集、报告剩余的可持续发展目标数据并视觉化可持续发展计划/建议。召开中期会议，评价已完成的里程碑和标杆，同时为路线校准和可持续发展提供数据和反馈。

中期目标包括进行问卷调查，成立企业地理信息系统，将其作为整合统计数据和各种相关数据库的框架，开发手机应用程序和平台，并获取必要许可证。

利益相关者包括任务组中高层级政府参与者、技术人员、相关部委、办公室和部门。他们将参与项目并提升在地理信息系统和地理设计方面的专业能力。教育机构的工作人员和学生以及试点区的居民和官员也会参与计划的培训和教育活动。随着计划的推进，协作机构和其他部委的更多工作人员、更多非政府组织和更多的居民将会更加了解地理信息系统和地理设计，并能够利用平台中的这些工具阐述发展目标和成就。将推广企业地理信息系统框架和举办员工研讨会、公共研讨会联系起来。

为建立功能性、公共参与和信任需要一个稳定的监督框架和操作步骤。在这种背景下需要考虑几个因素：1）在选定的指标上有精确的、完整的和最新的数据；2）可以整合当前数据集与新数据集，特别是与可持续发展目标相关数据集的框架；3）接纳利益攸关方并便于使用的操作方法；4）鼓励数据持续更新的技术和流程；5）满足未来规划需求和对项目成果及综合效果反向问责的设计元素。

四　概念的论证

千年地球计划的概念最早在海地由其北部圣拉斐尔地方社区进行检验。收集到数据被输入在线框架样本。通过人为操纵，此模型可以创造不同的未来发展模式，如同实施计划政府的行为。模型可从感知全球变化研究所（consciousglobalchange. org）获得。目前，感知全球变化研究在不同国家进行若干试点项目。

五　展望

利用地理信息系统和相关方法取得的进步有助于政府提升规划并实现可持续发展目标的能力。通过开发全世界政府机构、非政府组织、社区和公众都可以使用在线平台。视觉化的发展规划能带来最稳健的发展政策、更精确的执行操作和服务提供。平台为公众参与报告、评价发展进程提供空间。这个层面的活动支持“工作顺利完成”。

下一个层级的活动是问责。在完成规划设计并启动计划后，人们通常认为已经取得了进展，但实际对社区的影响可能非常小。缺少经费，计划转移至需求不甚紧迫的计划外社区，政治权利弱的社区被忽视。当时间和金钱被持续投入到发达社区，留给穷人、缺乏教育人群、病人和弱势人群的资源几近为零。在线地理空间平台的设计和社区参与的手机应用程序使地方公众可以报告计划的成功实施，也可以报告发展不足、使用廉价材料、道路和桥梁塌陷、健康中心和学校缺少工作人员和资源甚至是缺少干净水源。公众的角色之一是指出什么有用、什么没用。

最后一个层级是治理。当公众参与规划和实施，他们了解到可以做什么以及正在做什么。当公众参与计划和工程的监督后，便学会报告结果并懂得应该让政府机构和职员、政治人物和非政府组织以及和政府签约的私营公司承担责任。他们知道谁应负责，也了解到公众在促使官员为结果负责过程中的角色。当公众欣赏这些制度、能力和政策时，他们发现自己乐于提供意见和反馈，申请参加培训，寻求在规划和提供服务中占有一席之地，对地方和国家政治产生兴趣，甚至参与政府竞选。随着发展计划的推进，常见的情形是基础设施退化，影响消失。提升可持续性的方法之一就是确保稳定的公众参与：参与发展、问责和良好治理。

参考文献

Anderson，K.，（2015），We have SDGs now，but how do we measure them? Brookings Education and Development Website. November 3.

Attaran，A.（2005），An Immeasurable Crisis? A Criticism of the Millennium Development Goals and Why They Cannot Be Measured. PLoSMed 2（10）：e318. doi：10. 1371/journal. pmed. 0020318.

De la Mothe，E.，Espey，J.，and Guido Schmidt-Traub（2015），Measuring Progress on the SDGs：Multi-level Reporting. GSDR 2015 Brief. SDSN.

Epstein，P.，P. Coates，L. Wray，and D. Swain，（2006），Results That Matter：Improving Communities by Engaging Citizens，Measuring Performance and Getting Things Done. New York：Wiley.

Lu，Y.，N. Nakicenovic，M. Visbeck and A-S Stevance（2015）. Five Priorities for the UN Sustainable Development Goals. Nature. Vol. 520，p. 433.

UN Department of Economic and Social Affairs（UNDESA）（2016）. United Nations E-Government Survey.

UN General Assembly（2015）. Transforming the World. A/70/1.

UN Secretary-General（2014）. The Road to Dignity by 2013：Ending Poverty，Transforming Lives and Protecting the Planet，Synthesis Report of the Secretary-General on the Post – 2015 Agenda，para 146.

UN Secretary-General's Independent Expert Advisory Group on a Data Revolution for Sustainable Development（2015）. Sustainable Development Goals：measuring progress on new indicators and for all groups［online open consultation］.

UN Statistical Commission（2016）. Report of the Inter-Agency and Expert Group on Sustainable Development Goal Indicators. E/CN. 3/2016/2/Rev. 1*.

UN Sustainable Development Knowledge Platform（2015）. Indicators and a Monitoring Framework for the Sustainable Development Goals.

多元合一、合而不同、同而不合？欧盟行政空间新的研究问题

德国史白雅公共行政研究所　乌里奇·斯德尔肯斯
麦克·米思科伯格　艾斯·朱丹

一　引言

“同一性”像个幽灵一样一直困扰着欧盟。有成员国认为，欧洲化过程导致的欧盟内部行政趋同有损自己民族的特性，而欧盟也意识到这一问题，因此在共同条约第四条中尽量体现保护成员国差异的措施。不必惊慌，毕竟这个世界上不存在幽灵。不过，即便不存在幽灵，人们对幽灵依然心存恐惧，而我们也很难甚至无法证明它的不存在。正所谓“天地之大，世间万物比你能想到的更多”。虽然恐惧在所难免，但我们可以分析它是否合理，即这种恐惧是源于事实判断还是人们的想象。那么，是否有理由害怕欧盟行政同一性问题也是如此。我们认为这种恐惧毫无根据，不是因为同一性有利无害，而是因为欧盟行政同一性从一开始就没有达成共识，成员国之间一直求同存异。

二　“欧洲一体化”研究的焦点：变迁

众所周知，欧洲一体化对国家治理和行政影响深远，尤其自签署《单一欧洲法令》后，越来越多的成员国内政（包括法律、经济、社会制度等核心问题）和外交政策被提交到欧盟。不能否认，欧盟法律持续推

动成员国法律一体化进程，并不断促进各国行政机构与欧盟的合作。政治学界、行政学界、法学学界称这一合作为“欧盟行政空间”。成员国政府及相关机构与欧盟相互协作形成共同治理。“欧盟行政空间”理论的核心观点认为，欧盟不仅是一个法律共同体，它还在向行政共同体演变。

自20世纪90年代中期起，行政学、政治学与法学的学者们对欧洲化现象展开了大量的研究，包括行政法的法律秩序、行政程序、行政立法保护和行政机构的变迁问题。研究表明，成员国之间、成员国与欧盟机构部门之间需要长期的行政合作。伴随着“欧盟行政空间”（受欧盟二级立法驱动）的兴起，学界重点研究这一新现象及其对国家主权的影响。在分析成员国在欧盟行政空间中的作用时，现有文献的研究重点在于：欧洲一体化和欧洲政策行动如何约束并改变着国家政策和行政体制？在此基础上，学者们进一步研究了：如何利用欧洲一体化进程中的宪法、法律与政治约束来捍卫国家主权？这些约束是否在某些领域已被打破？

上述研究的焦点均在于“变迁”，如变迁的影响、动力及其阻碍因素。欧洲一体化进程仍在继续，它在更加广泛的政策领域，持续影响着成员国的政策制定与行政体制。这一研究路径体现了当前的学术方向：变迁总是新奇有趣的、变迁可以观测、因果机制也可以被分析、变迁的诱因则被当作“参照系”、比较不同成员国的发展状况等，解释“变迁”也总是比解释“维持现状”要来得简单。

相关研究还表明：成员国的政策制定与行政体制主要受制于欧盟的法律与决策；在欧盟的协调下，欧洲行政一体化似乎已大步跃进，成员国行政体制和政府机构变得高度趋同。甚至研究者会争论：欧盟行政体制的“一体化之杯”到底是“满了一半”还是“空着一半”——他们理所当然地认为，杯子至少已装了半杯水。与此类似的，是经常被提及的“80%之谜”。“80%之谜”是指，80%由成员国制定的法律都会归到欧盟立法体系中。和所有的“谜”一样，“80%之谜”亦是暧昧不明：这里的80%到底所指为何？是一国80%的立法指令？是某一时期议会通过的提案数？是成员国80%的核心法规？还是整个法律体系的80%——包括复杂的技术规定在内（比如香蕉的弧度标准；烟囱清洁的报酬规定；墓碑的安全放置方法；万圣节南瓜的缴税办法等）？

三 真实情况：欧盟成员国依然差距悬殊

只要对政治和行政现实稍作分析就能发现，各成员国远没有达到“80%之谜”暗示的一体化程度。近年的财政危机和“难民危机”表明，欧盟各国的法律及行政体制差异很大。各国政府有着不一样（甚至截然不同）的政治重心（即使是在执行欧盟法时）；对民主规则，立法、司法和行政的功能以及法治有着不同看法；在行政文化（包括社会结构、目标任务、路线方针和行政机构）、公务员职业培训和问责制度方面亦是大相径庭。在欧盟行政空间内活动的每一个国家，一旦跟新的地方行政机构接触，就需要面对上述差异。各国差异如此明显，甚至衍生出不少国别刻板印象。这些差异与其说是“政治正确”，不如说事实如此。

从法律角度而言，国家行政体制的“差异性”正是欧洲一体化的基础。欧盟条约第四条第二款规定：“联盟尊重成员国在条约前的平等，尊重成员国政治和宪法结构中所固有的国家认同，包括区域和地方自治；尊重成员国的基本国家职能，包括确保国家领土完整、维护法律与秩序、保护国家安全。特别是，国土安全仍是每个成员国独一无二的责任。”成员国的多样性还得到了《欧盟运行条约》第 197 条的保护：尽管该法案声称，成员国有效实施欧盟法对欧盟的运转至关重要，是欧盟共同利益所在。但实际上，欧盟权力有限，无力扶持“成员国提升实施欧盟法的行政能力”。欧盟似乎也没把成员国之间的结构差异看作一个大问题，成员国在执行欧盟法时，这些标准通常是结果性义务，而非行为性义务。

四 新的研究问题

基于以上分析及对“欧盟行政空间”的研究表明，欧盟法律框架为成员国政府与行政机构提供了更多的政治选择。一个合理的推论是：成员国实施欧盟政策的困境，并非源自欧盟法律框架，而是因为成员国的政治家与行政人员过于严格地执行欧盟法律及对其法律框架的错误解读。如此一来，一些有价值也为欧盟所承认的成员国国内政策，可能会被错误地过滤掉。

由此，我们提出一个新的研究路径，即从欧洲一体化中各成员国政治和行政自由裁量权的角度来分析欧盟行政空间。这一研究路径能进一步证明，欧盟的法律和协调框架通常比成员国的决策者与学者认为的要宽松；成员国实施欧盟法的诸多困难，往往是对欧盟法误读和误用的结果。如果上述论点属实，那么成员国政策制定者和行政人员如何通过相关联盟机构部门、利用欧盟法律框架中的国家自由裁量空间来重塑欧盟的政策？各国如何（创造性地和有效地）利用半正式结构（如工作小组、委员会、欧盟机构的监理会等）、互动过程以及国家公务员能力培训（便于其更好地与欧盟机构打交道）来影响欧盟的法律条例和决策过程？为什么有的国家在上述方面更为成功？

德国史白雅公共行政研究所基于以上问题设计了一项跨学科研究项目，用于考察欧盟行政空间的发展状况。该项目聚焦于欧盟法律框架下成员国政府及其行政机构的政策选择问题。因此，它关注的重点不在于主权丧失与否及其诱致性的变迁，而在于成员国的自由裁量空间。

五　研究方法：欧盟行政空间分析框架下的三个维度

本研究项目的研究内容颇多，而且是一个涉及很多问题的综合性研究，仅一家研究机构是不能够独立完成。因此，我们采用的是一种“印象主义”的方法。本项目由一组相互关联的子项目构成，从政治学或法学视角出发，探讨欧盟法律框架的灵活性以及成员国政府与行政机构在欧盟框架下的操作空间。子项目中的研究问题环环相扣，为以下“战略性”主题提供有益启示，即欧盟法律框架或欧盟机构中成员国政府及行政机构的政策选择问题。

社会学、政治学和法学对于欧盟行政空间的研究主要从三个维度展开（正如空间也是三维的）：（1）超国家的行政命令；（2）成员国行政体制改革；（3）欧盟行政空间的国际化。因此，史白雅研究项目构建了一个三维分析框架用来统筹设计子项目以及分析一些问题，包括在欧洲一体化进程中的成员国在政治和行政上有多大的自主空间、成员国政府与行政机构将如何利用这一自由裁量权等。

（一）超国家行政命令的出现

除修订欧盟法之外，欧盟行政一体化最显著的标识就是新增的机构与职能部门。欧盟委员会、扩张之中的欧洲理事会和欧盟机构都是新欧盟行政命令的外显组织机构。因此在这一领域，学界关注的重点是新兴超国家行政命令的特点与欧盟行政机构的法律属性。研究者热衷于探讨超国家的欧盟机构运行及构建，以及其对国家公共行动者的影响并试图以此对欧盟自治及其权力机构施加影响。随之而来的研究问题是：成员国和超国家行政机构之间的交流互动是以何种形式建立的？这些形式的效率和效益如何？要在国家行动者和欧盟的超国家多层次体系之间建立新合作关系，需要什么样的民主合法性标准？

本研究将通过三个子项目检验欧盟行政空间的这一维度：第一个子项目主要考察欧洲机构行政行动的形式、手段及其约束力。法律不确定性广泛存在，如欧盟委员会的决策，对成员国、公民个人以及相关行政程序到底有多大效力？欧盟机构发起的行政契约和规划决策同样存在不确定性（Natura，2000）。欧盟似乎在利用法律不确定性来限制成员国的可操纵空间。因此，成员国有必要搞清楚欧盟不同决策形式的效力，弄清楚是否需要在采纳决策的行政过程中进行干预。欧盟行政法研究会在《欧盟行政程序的示范规则》中（我们的研究团队也参与其中），首次尝试对欧盟行政行动的不同类型进行概念界定。以往研究聚焦于欧盟组织的契约行为，在本项目中则会进一步对其行政决策展开个案研究，并探讨欧盟权力机构的规划决策。

第二个子项目探讨的是软法对成员国实施欧盟法的影响。对于实施欧盟法的成员国而言，欧盟法的法律效力可能很强，成员国行政机构只享有最低限度的自由裁量权；但其实际影响也可能很小，如成员国可以向欧盟委员会主张何为“正确的”执行路径。需要强调的是，我们的研究重点并非欧盟法的影响，而是国家行政机构潜在的自由裁量空间。

第三个子项目（受德国研究基金会资助）重点研究的是：欧盟立法者如何根据里斯本条约来调整欧盟委员体系？国家行政机构和政治家又是如何影响上述过程的？

（二）国家行政体制改革

欧盟行政空间的第二个维度是国家行政体制改革。欧盟行政空间建立在成员国的行政体系之上，而各国行政体系拥有迥然不同的结构、过程与文化。各国共同执行欧盟政策时，会形成新的协调合作机制，它们或是取代成员国的行政惯例与路径，或是被当成特例。

以下问题还有待进一步研究：成员国与超国家机构之间的合作，在宪法与行政上是何种情形？当成员国的法律与欧盟法对峙之时，会在法律保障上产生何种问题？可能的解决方案是什么？成员国之间、成员国内的超国家机构与欧盟直属部门之间的协调机制是如何被建立起来的？新的跨国行政合作方式效果如何？成员国的行政体制需要具备哪些素质与能力，才能在最大限度保障本国行政自治的前提下，实现与欧盟行政程序的最佳协作？成员国积极参与欧盟行政合作，是不是希望借此向其他国家“输出”本国实践、制度以及解决方案？上述行为能否让成员国避免潜在的制度调整成本？此外，还需要关注欧洲一体化的过程与结构设计，好让各国实践能够“兼容”于其他欧洲伙伴和超国家机构。因此，欧洲行政空间才能以较低的成本实现合作利益最大化。在此背景下，有必要分析国家行政机构之间的非正式“竞争”及其制度影响；有必要探讨超国家机构与成员国机构之间的行政分工情况，以及该分工将如何影响本国政府的工作分工。

基于以上研究且结合欧盟行政空间第二维度，三个子项目研究内容如下：

第一个子项目为理解欧盟对国家行政体制的影响，对“成员国行政法对欧盟法的执行情况”进行对比分析，比较德、法、意、英四国的行政法体系、实施策略及其对欧盟干预的回应。

第二个子项目采取案例研究方法，探讨德国在执行欧盟法时遭遇的问题。该案例将用于说明，对欧盟法律框架中国家自主空间的误读，如何造成“本土化”困境？出现误读的过程和原因是什么？如何避免误读？由此引出的重要问题是：上述困境是否源自成员国的法律教育及其催生的行政法律途径？对欧盟法进行更“欧盟化”的解读能否防止误读的发生？

第三个子项目结合法律途径，探讨对自由裁量空间的误读问题，进一步考察各国行政文化，试图找出影响国家应用与实施欧盟法规的文化因素（包括立法传统、行政部门的自我定位、合意行政实践的不同方式等）。如果研究发现行政文化差异是决定性因素，最后一个子项目还将探讨各国行政人员教育体系的异同，以此解释成员国对欧盟法的调整趋势。

（三）欧盟行政空间的国际化

欧盟行政空间的第三个研究维度是国际化，即它在行政体制与行政法全球化中的角色定位。欧盟行政空间越是想加固“内部”结构，就越需要加强“外部”影响力、应对国际协调过程对各国行政造成的不良影响——由欧盟机构调节。毋庸置疑，近年来，加强国际行政合作的重要性与日俱增，如国际刑警合作、联合打击逃税与非法移民、气候变化政策、建立全球甚至是区域“善政标准”（如欧盟委员会或经合组织开展的相关工作）等。

一方是欧盟及其成员国，另一方是第三方国家及国际组织，二者之间有哪些新的协调方式和公共论坛？欧盟向第三方国家主张立场时，上述协调机制的效果如何？欧洲行政空间与其他行政机构或国际官僚机构进行行政合作时，有什么国际影响？

此外，跨国行政联合体在世界范围内兴起——存在于特定部门，甚至存在于类似欧盟的国家结构中。欧盟必须与后者进行协调，以便能够在欧盟框架下提供有效解决方案。

由此产生的问题是：欧盟中的行政机构如何应对全球化？哪些国际行动者和法律规范才是最重要的？欧盟层次存在哪些协调机制？欧洲政治与行政机构有多大的概率，能够通过预先的管理措施谋求国际影响力？

欧盟行政空间第三维度涉及的诸多问题将通过三个研究子项目展开分析。第一个子项目探讨混合空间（国际论坛，为建立国际合约而成立，欧盟执行机构与成员国参与其中）中的合作模型。欧盟与成员国在协商过程中如何开展合作？在这一混合空间中如何捍卫国家的自主权？欧盟条约第四条第三款中的忠诚原则有何影响？

欧洲委员会作为一个国际论坛，为各国行政体制提供指导。本维度第二个子项目探讨的是欧洲委员会“善政标准”对国家行政体制的影响。欧洲委员会的基本原则——以《欧洲人权公约》为基础，由欧洲人权法院制定——影响着国家的行政命令与行政机构。这一子项目（同样受资助于德国研究基金）探讨的几乎是对国家行政体系影响范围的初探。

最后，第三个子项目分析的是国际组织和论坛的行政文化，将第二维度探讨的文化问题由纯欧盟内部视角进一步拓展到国际层面。

六 结论与回顾

本次会议报告的主要目的是介绍史白雅欧盟行政空间研究项目的概要，在此我们想再次强调，欧盟各国的行政与宪法体系存在多元差异。当然，上述国家体系有可能被欧洲一体化进程改变，但可能不如我们之前想象的变化大。

这一研究途径不仅对欧盟意义重大，对其他联邦体系同样有价值。我们低估联邦结构中的差异性，是否只是因为使联邦组织中的一体化更容易被观察到？描述两个系统的一致性显然比描述差异要简单得多——所以，人们倾向于高估“同一性”。例如，美国是联邦制国家，但从欧洲的角度来看，它们常常只关心联邦政府层次。在所有的比较法研究中，我们都能找到美国法律的影子，但进一步研究会发现，其中只谈到了联邦法律和联邦机构。那么，联邦各州之间的法律和机构是什么样子的？它们是趋于一致还是高度异质化？是否有研究对各州的行政体制及文化进行过比较研究？联邦各州的影响力如何？进一步考虑，基于行政法视角的美利坚合众国又真的是一个完全统一的国家吗？

参考文献

A. Héritier/ D. Kerwer/C. Knill/D. Lehmkuhl/M. Teutsch/A. Douillet，Differential Europe：New Opportunities and Restrictions for Policy making in the Member States，2001.

A. K. Mangold，Gemeinschaftsrecht und deutsches Recht，2011，pp. 309 et seq.；from the perspective of political sciences on the 80 percent myth see inter alia：T. König/L. Mäder，Das Regieren jenseits des Nationalstaates und der Mythos einer 80 - Prozent-Europäisierung in Deutschland，in：Politische Vierteljahresschrift 49（3），2008，pp. 438 - 463.

A. Hatje/P. Manowski，Nationale Unionsrechte，EuR 2014，pp. 155 - 170；R. Wahl，Die Rechtsbildung in Europa als Entwicklungslabor，Juristen Zeitung 67（2012），pp. 861 -

870.

A. Gebrandy, The Dual Identity of National Judges in the EU, Rev. of European Administrative Law 2014, pp. 33 – 65 (p. 52 et seq.)

A. Hatje/P. Mankowksi, Nationale Unionsrechte, EuR 2014, pp. 155 – 169 (p. 157 et seq.).

B. Auby/J. Dutheil de la Rochère (eds.), Traité de droit administratif européen, 2nd ed. 2014.

C. Knill/A. Lenschow, "Compliance with Europe: The Implementation of EU Environmental Policy and Administrative Traditions in Britain and Germany", *Journal of European Public Policy* 5 (4), 1998, pp. 597 – 616.

C. Knill, The Europeanization of National Administrations: Patterns of Institutional Change and Persistance, 2001.

3. Knill/S. Grohs, Administrative Styles of EU institutions, in: M. W. Bauer/J. Trondal (eds.), The Palgrave Handbook of the European Administrative System, 2015, pp. 93 – 107.

D. Curtin/M. Egeberg (eds.), Towards a New Executive Order in Europe, 2009.

E. Mastenbroek, "EU compliance: Still a black hole?" in: *Journal of European Public Policy*, 12 (6), pp. 1103 – 1120.

F. Berrod, L'utilisation de la soft law comme méthode de conception du droit européen de la concurrence, Rev. de l 'Union européenne 2015, pp. 283 – 290.

G. Falkner/O. Treib/M. Hartlapp/S. Leiber, Complying with Europe? 2005.

H. Hofmann/G. Rowe/A. Türk, Administrative Law and Policy of the European Union, 2012.

J. Trondal, An Emergent European Executive Order, 2010.

J. -P. Schneider/H. Hofmann/J. Ziller, Die ReNEUAL Model Rules 2014: Ein Verwaltungsverfahrensrecht für Europa, JZ 2015, pp. 265 – 271; the Model Rules in English Version: http://reneual.eu/index.php/projects – and – publications/reneual – 1 – 0.

J. P. Terhechte (ed.), Verwaltungsrecht der Europäischen Union, 2011.

J. Sirinelli, Les transformations du droit administratif par le droit de l'Union européenne, 2011, para 133 et seq.

J. Olsen, Towards a European Administrative Space-Journal of European Public Policy 10 (4), 2003, pp. 506 – 531.

K. P. Chiti, Diritti Amministrativo Europea, 4th ed. 2011.

L. Schoppa, Europol im Verbund der Europäischen Sicherheitsagenturen, 2013.

M. Brohm, Die Mitteilungen der Kommission im europäischen Verwaltungs-undW-irtschaftsraum, 2012, p. 36 et seq.

M. Egeberg, Multilevel Union Administration, 2006.

M. Emane Meyo, La force normative invisible " de la soft law, Rev. de l ' Union européenne" 2014, pp. 94 – 102 (p. 98 et seq.).

M. A. Pollack, The Engines of European Integration. Delegation, Agency, and Agenda Setting in the EU, 2004.

P. Craig, EU Administrative Law, 2nd ed. 2012.

P. Schneider, Strukturen des Europäischen Verwaltungsverbunds, in: J. -P. Schneider/F. Velasco Caballero (eds.), Strukturen des Europäischen Verwaltungsverbundes-Die Verwaltung-Beiheft 8 (2009), pp. 9 – 28 (p. 11 et seq.).

P. Sommermann, Towards a Common European Administrative Culture? in: K. König/S. Kropp/S. Kuhlmann/Chr. Reichard/K. -P. Sommermann/J. Ziekow (eds.), Grundmuster der Verwaltungskultur, 2014, pp. 605 – 628.

P. Sommermann, Objectives and Methods of a Transnational Science of Administrative Law, in: H. -J. Blanke/P. Cruz Villalón/T. Gas/J. Ziller (eds.), Common European Legal Thinking. Essays in Honour of Albrecht Weber, 2015, pp. 543 – 561.

R. Wahl, Europäisierung-Die miteinander verbundenen Entwicklungen von Rechtsordnungen als ganzen, in: H. -H. Trute/T. Groß et. al. (eds.), Allgemeines Verwaltungsrecht-Zur Tragfähigkeit eines Konzepts. 2008, pp. 869 – 898 (p. 891).

S. Eckhard/S. Grohs/C. Knill, "Administrative styles in the European Commission and the OSCE-Secretariat: Striking similarities despite different organisational settings", in: *Journal of European Public Policy*, forthcoming 2016.

S. Vogenauer, Eine gemeineuropäische Methodenlehre des Rechts-Plädoyer und Programm, ZEuP 2005, pp. 234 – 263.

T. Börzel, States and Regions in the European Union: Institutional Adaption in Germany and Spain, 2002.

T. Groß, Die Kooperation zwischen europäischen Agenturen und nationalen Behörden, EuR 2005, pp. 54 – 68.

T. Hustedt/A. Wonka et. al., Verwaltungsstrukturen in der Europäischen Union. Kommission, Komitologie, Agenturen und Verwaltungsnetzwerke, 2014.

Trondal/B. G. Peters, A Conceptual Account of the European Administrative Space, in:

M. W. Bauer/J. Trondal (eds.), The Palgrave Handbook of the European Administrative System, 2015, pp. 79 – 89.

T. v. Danwitz, Europäisches Verwaltungsrecht, 2008.

U. Galetta, Procedural Autonomy of EU Member States: Paradise Lost? 2010, p. 18 et seq.

W. Weiß, After Lisbon, "can the European Commission Continue to Rely on 'Soft Legislation' in its Enforcement Practice?" in: *Journal of European Competition Law & Practice* 2011, pp. 441 – 451.

Wolfgang Weiß, Loyalität und Solidarität in der Europäischen Verwaltung, ZÖR 2015 (2), pp. 403 – 432.

脆弱、风险和灾难：对印度查谟—克什米尔邦的实证研究

印度旁遮普大学　伊莎·考尔

【摘　要】如果不能解决冲击和压力，人类、地球、繁荣与和平必然会失败。在此背景下，本文通过综合分析，对整个印度以及查谟—克什米尔邦的灾害管理形成跨部门、多维度与动态的理解。本文的重点是研究2005年《灾害管理法》的本质，并评估其在应对灾害挑战与附带问题方面的有效性。调查问卷对象为印度查谟—克什米尔邦50位灾害管理官员与50名受灾群众，并对调查结果进行了分析与计算。研究表明，频繁与剧烈的灾难对健康、旅游业、基础设施造成严重影响，并引发螺旋式冲突、暴力极端主义、恐怖主义和相关的人道主义危机，迫使人们流离失所，并可能抵消近几十年的发展成果。研究结果支持了灾害风险减少的概念，这一概念有助于为发展灾害预防文化创造环境，并将灾害管理并入各领域、各层次的发展规划。

【关键词】灾害；灾害管理；可持续发展；治理；减缓；灾害风险减少

一　引言

灾害被认为是全球共同体面临的危害绿色经济可持续发展的挑战之一。灾害对人们的生活、生计、经济增长、环境可持续性和社会公平造成越来越大的威胁。越来越多的灾害威胁不仅意味着地震或洪灾等事件的发

生，也同时改变了人口统计情况。面对灾害风险，印度的脆弱程度逐渐加剧。风险代表危害转变为灾害的可能性，家庭或社区的生活和生计受到严重破坏，以至于以自身拥有的资源没有能力应付或承受，结果是受灾人口遭受严重的人力、物质、经济或环境损失。印度的灾情主要是干旱、火灾、洪水、恐怖主义、技术事故、疾病和流行病，这些灾害破坏人民生活、破坏基础设施、转变资源使用计划、干扰经济活动、阻碍发展进程。

灾害①是指自然灾害或人为因素造成的大灾难、灾祸、不幸或严重事件，不受受灾社区应对能力的影响。灾害管理是规划、组织、协调和实施必要或适宜措施的一个持续、综合的过程，包括：

- 预防任何灾害的危险或威胁；
- 减缓②或减少灾害的风险或其严重性或后果；
- 包括研究和知识管理的能力建设；
- 应灾准备；
- 对任何威胁性灾害情况或灾害做出迅速反应；
- 评估灾害的损害程度或严重程度；
- 疏散、救灾和赈灾；
- 恢复与重建。

灾害阻碍发展，破坏来之不易的发展成果，通常使寻求发展的国家发展进程倒退数十年。因此，最近几年，印度以及世界各国越来越关心如何有效管理灾害，而不仅仅是在灾害发生时采取应对措施。这是因为人们不仅认识到灾害发生的频率与强度都在不断增强，也认识到在文明社会中，良好的治理意味着有效应对灾害的破坏性影响。灾难不受政治、社会、经济或地理界限的束缚，灾害发生将造成全面的影响。

在此背景下，印度一直积极转变灾害管理方式，从过去以救济为中心的方式转变为目前的全面管理方式，包括政府和非政府部门灾害管理的所有方面。典型的灾害管理进程包括六个要素：灾前阶段包括预防、减缓和准备，灾后阶段则包括应对、复原、重建和恢复。法律和制度框架将所有这些要素结合在一起。

---

① Sections 2（d）and（e）of DM Act，2005.

② “减缓”指旨在降低灾害风险、影响或效果，或威胁灾害形势的方法。

二 灾害——全球威胁

在全球范围内，对于自然灾害已经有很多关注。尽管已取得科学的和物质的进步，然而灾害造成的生命财产损失并没有减少。事实上，人员伤亡和经济损失都有所增加。可持续发展旨在满足人类的需求，同时确保自然系统和环境的可持续性。这样不仅可以满足当代人的需求，还可以满足未来几代人的需求。显然，可持续发展强调经济、环境和社会政治的可持续性以及人权①。1992 年在巴西里约热内卢联合国环境与发展会议上通过的《里约宣言》强调可持续发展的两个关键因素：一是需要可持续的生产和消费模式——这是绿色经济的标志；二是需要应对人口变化②。

可持续发展目标与应对全球变暖能力有关，并且为可持续发展设定了议程。可持续发展目标（2015 年 9 月）以及气候变化协议（2015 年 12 月），迫切需要这些主要的全球政策工具相互配合，以促进和鼓励各国更好地参与灾害风险减少、可持续发展与气候变化减缓③。联合国开发计划署致力于在国家层面将气候与灾害风险合并治理，确保发展具有风险信息、可持续且有复原能力。政府间气候变化专门委员会表明，可以通过可持续发展行动降低人为气候变化引起的极端天气事件的严重性和发生频率④。

---

① See the outcomes documents of the UN Conference on the Human Environment, Stockholm (1972) and the UN Conference on Environment and Development, Rio de Janeiro (1992).

② 《里约环境与发展宣言》原则 8，"为了实现可持续发展，使所有人都享有较高的生活质量，各国应当减少和消除不能持续的生产和消费方式，并且推行适当的人口政策"。对比研究，国际人口与发展大会《行动纲领》规定，"为了实现可持续的发展，使所有人都享有较高的生活质量，各国应当减少和消除不能持续的生产和消费方式，并且推行适当的政策，包括相关人口政策……"。

③ https://sustainabledevelopment.un.org/content/documents/6724139-Aitsi-Selmi-DRR_A%20cross-cutting%20necessity%20in%20the%20SDGs.pdf.

④ 见 http://www.ipcc-wg2.gov/SREX/［2016 年 5 月 4 日检索］。

三　制度与法律框架——《2005 年灾害管理法》

《2005 年灾害管理法》在国家、邦、专区和地方各级制定制度、法律、财务和协调机制。这些制度并非并行结构，而是相互协调的。预计新的体制框架将引发范式转变，从以前以救济为中心的应对转换到主动的灾难预防、减缓并采用备灾驱动的方法来保护发展成果、尽量减少生命财产损失。2004 年印度洋海啸，全国各地的洪水以及查谟—克什米尔邦的地震再次引发公众对印度灾害管理问题的质疑。印度需要采用面向发展的长期灾害风险管理方法。

直到最近，灾害管理的重点工作是灾难发生后的救援与恢复。然而，最新的灾害管理理念更加注重灾害减缓与易损性缩减，目前已经非常有必要在灾害减缓和灾害管理之间取得平衡。大量死亡和巨额财产损失迫使国家和公民社会思考这样一个问题——我们是否有能力应对这种紧急情况？在这样的背景下，印度政府已经采取了一项受民众欢迎的举措。2015 年 12 月，印度议会通过了《灾害管理法》，该法设想组建由总理领导的国家灾害管理局、由印度各邦首席部长（邦最高行政长官）领导的邦灾害应急管理局以及县级长官带领的县灾害应急管理局组成的三级管理机构，领导灾害管理工作并采用全面统一的管理方法。表 1 列出了《2005 年灾害管理法》规定的国家、邦、县三级灾害管理制度结构。

除此之外，《2005 年灾害管理法》中还做出了其他法规规定。比如对财务机制的规定，包括建立国家减灾基金，并在邦、县一级建立类似的灾害管理基金。《2005 年灾害管理法》还规定了各地方机关在灾害管理中的具体职责。另外补充一点相关信息，印度内政部是除旱灾以外的所有灾害管理的统领部门，旱灾的统领部门是水利部以及河流发展与恒河复兴部。

四　灾害多发地——印度查谟—克什米尔邦

查谟—克什米尔邦位于印度西北角，根据印度宪法第 370 条，该邦享有特别自治权。查谟—克什米尔邦大部分区域位于喜马拉雅山脉，南接喜马偕尔邦与旁遮普邦，北部和东部与中国接壤，而西部与西北部则分别与印巴边界“控制线”另一端巴基斯坦控制的自由克什米尔与吉尔吉特—巴尔蒂斯坦地区相接[①]。根据印度 2011 年人口普查，该邦人口为 1250 万人，且该邦基本为农业邦。该邦坐落在喜马拉雅山脉中，地势多变、文化多样，被称为人间天堂，是印度风景最优美的地区。该邦的三个区域，查谟、克什米尔和拉达克，有着不同的农业气候特点与文化背景。

查谟—克什米尔邦有独特的经济特征与内在经济劣势，比如地处偏远、交通不便、山地多、耕地少、易受自然灾害损害、基础设施落后、人口密度稀疏。由于地势特征特殊、地形崎岖、天气状况极端，且位于第四及第五地震带，该邦饱受自然灾害袭击。诸如地震、洪水、火灾、干旱、雪崩和山体滑坡等灾害增加了该地区的脆弱性，造成人员伤亡以及公众和私人财产损失。与此同时，一些人为灾害，如工业危害、生物灾害、道路交通事故、社区动乱和恐怖活动也破坏生态平衡，并且往往直接导致灾难性事件或加剧自然灾害，严重影响生活在脆弱或受冲突影响地区的大多数人口。另外，克什米尔地区自 1947 年 8 月分治以来，就是印度和巴基斯坦之间两次大规模战争和一次有限冲突的根源。

2016 年 1 月帕坦科特空军基地恐怖袭击、2015 年克什米尔杰赫勒姆河洪水与山崩、2014 年查谟灾难性暴洪、2010 年 8 月列城大暴雨与暴洪、2005 年 2 月库尔加姆县暴风雪与 2005 年 10 月克什米尔地震等都对该地区造成了严重的破坏。

五　应灾准备：印度现状

尽管过去二十年间，印度采取了许多重要的灾害管理举措，但备灾水平尚不足以解决其重大风险状况。由于缺乏统一的政策框架，这些举措往往相互矛盾、不和谐、不主动、不协调。最近，诸如火灾、房屋倒塌、恐怖活动、机动车事故等灾害也在以惊人的速度增加。危害和暴力成为人们日常生活的一部分，整个系统逐渐“习惯冲突”，印巴双方都将重点放在

① 国家灾害管理研究所，查谟—克什米尔邦，国际灾害风险降低门户（http://nidm.gov.in/pdf/dp/Jammu.pdf）。

如何在冲突中取得优势，因此发展在这里居于次要位置。这使得一些人质疑，是否可以在长期的灾难与冲突中推进可持续发展。很多情况下，灾难和冲突的起因或推动因素源于经济、政治或社会发展，或所有这些方面的全面发展落后。发展和灾害之间是一个强大的双向关系：冲突妨碍发展，同样，可持续发展不足确实加剧冲突可能性。

近年来，印度已经在国家、邦、县层级建立了整体减灾机构。在灾害风险管理方面，法律框架和制度结构逐渐扎根。减少灾害风险是一个跨领域的发展问题，涉及的方方面面包括政治和法律承诺、科学知识、发展规划、技术应用、执法、社区参与、预警系统和有效的备灾与应急机制。这就需要为培养灾害预防文化营造有利环境，还需要采取一致措施，通过各方参与的决策过程，促使灾害管理融入各部门以及从国家到地方的各级发展规划①。

六 文献综述

关于风险预防、风险降低和促进救灾工作的政策和立法有助于减少人类痛苦与灾害影响。对于增强社区与社会整体权利、使得其在紧急灾害情况下有权采取必要措施也至关重要。此外，政策和立法也可以防止灾害管理方案设计和实施中的歧视问题（Nabutola，2013）。为改进灾害管理，《公共行政评论》于1985年发表了《应急管理：公共行政面临的挑战》特刊。已有证据表明，当代公共行政的危机管理已获得越来越多的关注。自然灾害作为一个公共问题，已成为现代政府的一个关键政策问题。施耐德（Schneider，1992；1995）指出，灾害管理中有两个重要的制度，即“官僚准则”和“紧急准则”。前者推动公共组织动员，同时提供救灾援助、组织和实施行动；后者视受灾人群的集体行动而定。成功的救灾援助取决于这两个准则间的差距。阿南德等（Anand et al.，2009）尝试梳理印度面临的自然灾害，突出公民社会组织所做的有效实践，包括进行雨水收集、减轻干旱的影响以及热带气旋应对管理，尤其是印度气旋预报系统预报状况的技术进步。顺着以上思路，几位作者分析了大众媒体以及印度

① 参见国家减少灾害风险平台第一期会议—http：//nidm. gov. in/npdrr。

军队在激励和帮助人们做好应灾准备，并在灾难中合理行动的关键作用。类似地，核危害、核生物和化学恐怖主义为灾害管理增加了多种关键方面。因此，建议增强应对和减少这种风险的能力，并引入社会所能负担的灾害保险。

自然灾害经常造成死亡、受伤、疾病和对身心健康带来负面影响。灾害可以间接造成引发社会冲突的社会不满和资源短缺。然而，除了自然灾害研究，对于自然灾害后的冲突研究则很少（Jiuping et al.，2016）。应灾准备包括制定、测试和执行灾害计划；为救灾者和公众提供培训，与公众和其他人就灾难脆弱性以及如何减灾进行沟通。在应灾准备方面，米勒提（Mileti，1991）认为“应灾准备的目的是预测灾害可能带来的问题，由此可以设计有效解决问题的方式，提前准备好有效应灾所需资源”。相反，灾害减缓假设灾难可以被防止或者其影响可以被最小化。“有效的备灾和应灾有助于拯救生命、减轻伤情、减少财产损失并尽量减少灾害造成的各种破坏。”现已证实，即便只有少量的应灾准备，灾害发生时灵活处理的能力都将大大增加（Kreps，1991）。

研究表明，各个组织在灾难中通常有四种不同的应对行为：“既有行为（常规任务、旧结构），扩展行为（常规任务、新结构），延伸行为（非常规任务、旧结构）以及应急行为（非常规任务、新结构）”（Dynes，1994）。应急组织包括志愿者、应急工作者、教会等关切方。它们参与各种各样的救灾活动：收集救援物资、提供庇护所、提供精神支持和开展搜救行动。虽然灾难发生后应急行为有其好处，但也可能造成一些问题。

研究还发现，漠不关心是和灾害规划和备灾活动相关的最大问题（Auf der Heide，1989）。灾害影响特定地理区域及当地居民的实际可能性非常低，因此造成当地社区对此问题的漠不关心。人们对其生活区域中的危险没有深刻的知识，也造成了公众对该问题缺乏关注（Kreps，1991）。此外，备灾及其过程的价值和重要性往往不被人所知或难以量化。因此，支持备灾的人士很可能会遭到激烈的反对。

研究表明，近十年来，信息和通信技术在灾害管理方面的数据采集、传输、分析甚至传播都取得了重大进展，不过也仍存在许多问题

(MHA, 2011)[①]。信息和通信技术在发布和传播警告、设计预警系统以及加快备灾、应灾和灾害缓解过程中起到重要作用。第二届印度灾害管理大会（2009）突出了大众媒体在执行有效的预防策略，包括撤离和救治幸存者方面的巨大作用。大众媒体在灾害前后，对于提高公众意识，弥合灾害管理者和媒体官员等之间的距离能够起到帮助。文献综述中的一个主要发现显示，灾害没有随机或不可预知的影响，但会极大地伤害已经处于边缘的社会弱势群体（Tierney et al.，2001）。这给灾害管理策略带来了另一个问题，要着力发展可以为社会最底层人民带来好处的“发展和应急型灾害管理体系”。进行演习，开展公众教育，建立群体之间的联系；赋予社区成员参与规划的权力；跨机构和多灾害类型的总体规划；资源协调而不是权力集中；在包括警察、医院、军事和私营部门组织等规划者之间进行协调；运用社会科学知识，而不是迷信和错误观点解决问题。带着上述这些问题，研究范围、目标和研究问题等将在下文制定和呈现。

七 研究方法

本研究使用了一手数据。一手数据来自查谟—克什米尔邦 50 名灾难管理官员填写的结构化调查问卷。这些官员隶属不同部门，在处理灾害方面工作能力不同。部分受访部门包括查谟—克什米尔邦政府规划与发展部、查谟—克什米尔邦救济与恢复部民事秘书处、查谟—克什米尔邦灾难应急部队第二营、查谟民防办公室。同时，也对查谟—克什米尔邦三个不同县的共 50 名灾民进行了问卷调查。本文还使用了各种二手资料。本文使用简单统计工具对数据进行分析并使用相对频率直方图（整体百分比）来展示结果。

八 研究发现

（一）政策与行政视角

2005 年通过的《灾害应急管理法》规定了从中央政府到县和地方层

---

① Ministry of Home Affairs (2011), “Disaster Management in India” Government of India Report.

面的详细行动计划，以制定实施和执行灾害管理计划。根据法令的规定，查谟—克什米尔邦政府已经建立了由邦首席部长主持的邦灾害管理局，也建立了邦首席秘书领导下的邦执行委员会。县级长官领导下的县灾害管理当局也已建立。不过研究表明，县当局没有足够的工作人员履行灾害应急管理法中的要求。各级官员有了执行灾害管理当局制定的任务的次要职责，这让他们感到负担过重。孟买塔塔社会科学研究院制定的邦灾害管理计划也已在查谟—克什米尔邦实施。为了协助邦政府进行能力建设、提高认识活动并学习过去经验、分享最佳做法，已经建立起直至地方当局的一连串的责任和义务。不过尽管地方当局在管理灾害方面可能发挥宝贵的作用，但并没有对它们给予足够重视。虽然对不同官方机构，包括政府部门的职能有详细规定，但对于地方当局却没有这样实质性的规定，只是简单提及要采取必要的灾害管理措施。

《灾害应急管理法》明确要求建立邦灾难应急部队，目的是面对威胁性情形或灾害时能够“专业应对”，目前该部队已经建立。查谟—克什米尔邦灾难应急部队连同印度民防与国土保卫部人员成功地履行了其职责。应急部队由 10 个县组成，履行了相当大的职责。表 2 展示了 2015 年 1 月至 2016 年 2 月灾难应急部队的活动。

被采访的灾害管理官员认为，尽管《2005 年灾害管理法》规定建立多个法定机构，比如邦、县灾害管理当局，邦灾难应急部队，邦、县应灾减灾基金会，以及政府管理下的咨询委员会、执行委员会和小组委员会。以上种种官方机构的建立似乎没有强大的逻辑基础。各官方机构之间职责重叠，无疑造成了各方的困惑。另外，各机构之间的合作似乎效率低下、极为不便，在邦内执行灾害管理法条款只做到了部分成功。尽管还采取了其他一些举措，但仍有许多工作要做。然而，很多重要的方面被忽略了，比如，资金拨付和灾害资源分类、易受灾地区确定、责任精简以及当地社区参与。

（二）基础设施

灾难的初步影响包括导致死亡、发病与物质基础设施损失（住宅、道路、电信、电力网以及其他基础设施）。随着初步影响而来的是对经济的影响，包括对收入、就业、生产部门组成、通货膨胀等的影响[①]。人们确信灾害事件会影响如建筑、劳动力、行政、网络和制度等很大程度上关系着社会繁荣的关键基础设施，这些基础设施一旦崩溃或毁坏，可能会对健康、安全、经济实力与政府的有效运作造成严重影响。研究表明，基础设施损失会降低人们的工作能力，打乱正常的生活节奏，对该地区的社会经济状况有直接或间接的巨大影响。

78%的受灾民众表示，灾害对道路和桥梁等基础设施造成巨大破坏，阻断了他们所需的服务。82%的受访者表示，“洪水也对通信和手机服务有巨大的影响”。一名地方学校教师雷亚兹·卡齐表示，“洪水过后，电信服务中断是第二次灾害”，他当时连续使用两部电话，试图联系10位失踪的亲戚朋友。

如上所述，由于易受自然灾害损害，查谟—克什米尔邦公共基础设施落后，而所有这些因素造成了一个典型的落后陷阱，低迷的经济活动导致就业机会不足，随之造成低收入水平。除了所有这些不利因素，由于该地区过去二十多年来治安状况极为恶劣，经济遭受严重打击。经济的不利条件加上不安定因素，对影响应灾措施的经济问题的本质和程度有重大影响[②]。

（三）公共健康

另外，灾害和诸如人员伤亡、心理健康等健康情况紧密相关。大多数受访人员认为，健康问题会在一段时间之后才开始显现，尤其是心理健康问题，并且如果灾后失去生计，比如，失去意味着多年家庭财富积累的牲畜，将对人们的生存造成很大问题。2014年查谟—克什米尔邦暴洪淹没了该地区的住房、商店和其他建筑，造成200人死亡、27.5万人撤离。一位专家在研究期间遇到了一位60岁的老农民阿卜杜勒·拉赫曼·达尔。他很难从失去土地和房屋的损失中恢复过来。达尔表示，“失去我珍贵的土地是我生命的终结，也是我整个家庭苦难的开始”。克什米尔巴拉穆拉地区2014年洪水见证了又一灾难性后果，杰赫勒姆河河水涌入稻田和果

---

① http：//papers. ssrn. com/sol3/Papers. cfm? abstract_ id = 1817217.

② http：//www. ijsrp. org/research_ paper_ jun2012/ijsrp – June – 2012 – 96. pdf.

园，破坏了土地、基础设施，造成6000亿卢比的经济损失。

90%的受访者最为普遍的感觉是，他们见到过腹泻、皮肤过敏和真菌等严重情况，他们担心停滞的积水会为严重疾病的暴发创造条件。灾后状况也曾为霍乱、黄疸、钩端螺旋体病等传播创造过机会。除此之外，65%的受访者表示，“他们难以获得随时可用的医疗救助和即时援助”。

位于被多支国土保卫和民防大队控制的查谟县的邦灾难应急部队第二营表示，曾发生灾害紧急情况和粮食短缺造成的大规模人口迁移，从而导致过度拥挤和公共卫生状况恶化。专家表示，过度拥挤会导致诸如结核和胃肠道感染等传染病的传播率提高。一些克什米尔地区的受访灾民表示，他们曾被困在上升的洪水中几个小时等待救援队，在这期间他们被感染的风险很高。除此之外，在调查中还观察到，影响医护人员个人生活的损失也会影响医疗机构提供服务的能力。

（四）旅游

查谟—克什米尔邦是印度重要的旅游地，几百年来都是旅游胜地。郁郁葱葱的绿色森林、甘甜的泉水、长流河、风景如画的高山风景以及克什米尔山谷的宜人气候使得本地一直是享誉国际的旅游胜地，此外查谟地区寺庙遍地，一直吸引着大量朝圣者、游客（Sharma，2012）。

包括官员和灾民在内的95%的受访者认为，该邦的旅游业已成为主要产业，带来诸多益处，比如，增加该邦收入，扩大就业前景，增加税收、外汇和社会文化的影响。但同时，旅游业也面临很多关键性问题，比如，管理不当、基础设施落后、交通设施和基本设施不足以及最重要的社会安定问题。

恐怖袭击频发对旅游业产生直接威胁，而旅游业又对该邦经济发展至关重要。调查显示，查谟—克什米尔邦一直吸引大量国内外游客，但自从1989年爆发军事冲突以来，旅游业受到重创。由于武装和叛乱的影响，游客数开始骤减。

研究进一步显示，旅游业加重了人们面对自然灾害的脆弱性。近70%的受访者感到，旅游对环境的主要潜在不利影响包括对自然资源的压力、对野生生物和栖息地的伤害、与此相关的生物多样性降低、污染和废物损害以及不良规划带来的植被损害与扰乱动物生活。

(五) 贫民窟

随着贫民窟或非正式定居点面积逐渐加大、人口密度不断增加，从而造成卫生条件差、清洁水缺乏以及垃圾堆积问题，拥挤的居住条件进一步增加了贫民窟居民面对灾害的脆弱性，造成进一步环境和健康问题。78%的高度传染性和非传染性疾病（从呼吸道感染到疟疾）、受伤和（疫苗可预防疾病迅速蔓延造成的）过早死亡是由于缺少供水和卫生设施以及过度拥挤造成的。

由于缺少公共城市服务与机构，比如，缺少交通网络、医院、消防局或警察局，会导致灾难发生时应灾能力不足。受访者认为社会排斥、种族或移民身份、教育不足以及就业机会有限加剧了贫民窟居民的贫困，限制了他们的流动与重新安置。城市面对灾害的脆弱性是由一系列相关联的地理、社会文化、经济和制度条件共同造成的。救援与恢复部特别秘书表示，迁徙影响了农村城市的生存关系，城市扩张到肥沃的农村土地，造成城镇居民的粮食供应减少，增加了城市贫困和脆弱性。

九 进一步措施

首先，着力增强抗灾能力能够保护发展成果，确保人们有资源和能力来更好地减少、预防、预测、吸收和适应一系列冲击、压力、风险和不确定性。这一概念已被应用于各种各样的学科，帮助打破行业“孤岛”，并且为减少现在和将来公众和社区面临的风险多样化提供了有用的运作框架①。即便当某些危险事件的发生不能阻止时，可以在很大程度上防止破坏和损失。可以通过减轻风险的灾前活动减少自然灾害的影响，灾前活动是制定协调一致的战略或计划时降低灾害风险最重要的方面之一。灾害缓解可以说是缓解、准备、应急和恢复四个灾害管理阶段中最重要的活动（Godschalk et al.，1999）。如果复发性自然灾害，比如在减损行动比救济和恢复更为有效的脆弱地区发生飓风和洪水，灾害缓解尤为重要。早些时

① https：//www. odi. org/sites/odi. org. uk/files/odi - assets/publications - opinion - files/9780. pdf.

候灾害管理的重点更加集中在"面向灾害应急与救援"的做法。公众和政府只有在灾难发生时才采取行动，而灾害的发生则被所有人认为是"上帝的行为"。现代技术的到来为灾害管理领域开辟了新篇章，现在可以更精确地监测、测量、分析和预测这些"上帝的行为"是否可能发生，并更为准确地提供时间和地理位置参考。其次，提高意识是灾害管理中维护公民生命和财产的一个重要方面，将"灾害减缓与准备"的概念引入灾害管理。引入概念后接下来发生的步骤包括主动灾害管理兴起，以及接下来的定义、范围、观点和阶段、演变的法律和组织问题、场景、问题及挑战。

在这一领域，查谟—克什米尔邦已经展开了对灾害管理的全方位讨论，包括其结构、组织、问题以及"传统与新兴"的方式，以对该领域获得更多了解并在适当的语境中设定研究问题和目标。现已发现理论与研究存在明显的差距。虽然具体的关切和问题已经得到了充分的重视，对灾害管理在其情境下的有效性研究还缺少足够重视。在20世纪，人为灾害已经越来越常见。与地震和其他自然灾害不同，这种"新麻烦"以颇具破坏性的方式影响个人和群体。2005年查谟—克什米尔邦地震、2010年拉达克暴雨以及博帕尔毒气泄漏事故都是这样的例子。现代技术创新不仅需要用于更好地做好准备以有效应灾，还需要用来调查造成意外事件的潜在根本原因，并适当增加补救措施以避免重蹈覆辙或更有效地处理问题。同样，现在明显缺少对查谟—克什米尔邦地方/邦灾害管理系统以及其表现的研究。县级独立灾害管理单位或机构需要有独立的预算规定，以便为救援规划与监测以及救灾措施做出适当的安排。正如灾害管理官员所哀叹的，独立的部门非常重要，因为灾害管理官员已经有其主要职责，现在又要肩负灾害管理这一次要职责，感到压力巨大。更重要的是，核心需要是在公民中培养灾害意识，在县级开展模拟演习和类似练习。

表1　《2005年灾害管理法》在国家、邦、县一级的灾害管理机构

指定机构	功能
	中央机构
国家灾害管理局（NDMA）	功能包括制定国家灾害管理政策，制定中央部门需要遵守的细则（iv），协调实施和落实灾害管理政策和计划，并采取其他措施
国家执行委员会（NEC）	协助国家灾害管理局协调灾害管理工作，为灾害管理准备国家计划，监督国家灾害管理局制定的细则的实施情况
国家灾害管理研究所（NIDM）	负责开发培训模块并展开与灾害管理相关的研究与文件编制
国家灾害应急部队（NDRF）	处理包括核与生化灾害等各类型灾害的专门应急部队
国家危机管理委员会	包括内阁秘书和负责处理危机并向危机管理小组下达指令的各部部长
危机管理小组	审查中央各部门制订的应急计划
	邦级机构
邦灾害管理局（SDMA）	与国家灾害管理局类似，邦灾害管理局负责在邦一级制定灾害管理政策和细则
邦执行委员会（SEC）	与国家执行委员会类似，邦执行委员会协助邦灾害管理局执行其政策和细则，协调和监测国家政策、国家计划和邦计划的执行情况
邦咨询委员会	包括在灾害管理方面具有实际经验的成员，就灾害管理提出建议
	县级机构
县灾害管理当局（DDMA）	县级灾害管理的规划、协调和实施机构
县咨询委员会	由县级长官领导，是县级灾害管理的最高机构

表2　　2015年1月至2016年2月邦灾难应急部队活动

2015年1月至2016年2月查谟—克什米尔邦10县灾难应急部队的活动				
救援行动	示范数	一日意识培养营	五日营	意识营总参与人次
108	110	217	61	15396

参考文献

Anand, R., Jana, N. C. & Singh, S., (2009), *Disaster Management and Sustainable Development: Emerging Issues and Concerns*. New Delhi: Pentagon Press.

Bodewig, C., Patrinos, H. A., Costin, C., Kim, J. Y. and Baum, D. (2016), "On the 'Road to Resilience': protecting India's coastal communities against natural disasters". World Bank Blogs, 2016.

Dagur, O. S., & Centre for Land Warfare Studies. (2011), Disaster management: An appraisal of institutional mechanisms in India. New Delhi: Centre for Land Warfare Studies.

D. K. Sinha, (1992), Natural Disaster Reduction For Nineties: Perspective, Aspects and Strategies. Calcutta: International Journal Services.

Kapur, A. (2005), "Insensitive India: Attitudes towards disaster prevention and management", *Economic and Political Weekly* 40 (42): 4551 - 4560.

Kelman, I. (2012), Disaster diplomacy: How Disasters Affect Peace and Conflict. England: Routledge.

Leal, F. W., (2013), Climate change and disaster risk management. Heidelberg: Springer.

Masys, A., (2015), Disaster Management: Enabiling Resilience. Switzerland: Springer.

Mullick, N. H., (2011), Disaster management. New Delhi: Enkay Publishing House.

Sarkar, S. & Sarma, A., (2006) "Disaster Management Act, 2005: A disaster in waiting?", *Economic and Political Weekly* 41 (35): 2 - 8.

Sethi, V. K., (2009), Disaster Management. New Delhi: Essentials books.

Sharma, Rajneesh, Sharma, Vinod Kumar, Varis Varinder Singh, (2012) "Impact of Peace and Disturbances on Tourism and Horticulture in Jammu and Kashmir", *International Journal of Scientific and Research Publications* 2 (6); 1 - 7;

November, V., & Leanza, Y., (2014), Risk, Disaster and Crisis Reduction: Mobilizing, Collecting and Sharing Information. New York: Springer.

[Online] Available from http://jkenvis.nic.in/agriculture_ introduction.html [Retrieved May 12, 2016].

[Online] Available from http://nidm.gov.in/PDF/pubs/HPC_Report.pdf [Retrieved May 12, 2016].

[Online] Available from http://wwwnc.cdc.gov/eid/article/13/1/pdfs/06 - 0779.pdf [Retrieved on March 14, 2016].

[Online] Available from http://nidm.gov.in/npdrr/ [Retrieved on March 26, 2016].

[Online] Available from http://jkfcr.nic.in/pdf/Master_Plan_Version_IV.pdf [Retrieved February 5, 2016].

[Online] Available from http://nidm.gov.in/npdrr [Retrieved on September 28, 2015].

[Online] Available from http://publications.gc.ca/Collection-R/LoPBdP/BP/bp317 - e.htm [Retrieved on March 15, 2016].

[Online] Available from http://atingl.nic.in/Downloads/THE%20DISASTER%20MANAGEMENT%20ACT%202005.pdf [Retrieved on January 29, 2015].

[Online] Available from http://www.ndmindia.nic.in/ [Retrieved on February 28, 2016].

哥伦比亚的教育分权及影响

美国佛罗里达国际大学公共管理与社区服务研究所
克里斯蒂娜·A. 罗德里格斯—阿科斯塔

一 引言

纵观哥伦比亚的近现代历程，其公共教育摆脱不了规则不明晰、工会联盟强大、教育成效低下的烙印。一个国家的公共教育本应旨在传授学生出色的劳动技能，或是培养良好的人文素质。哥伦比亚却不然。近些年来，虽然常规教育在贫穷的哥伦比亚大陆受到重视，但是主要迎合中上等阶级的利益，侧重培养律师等更负盛名的职业人才（Hudson，2010）。

哥伦比亚1991年宪法规定，5—15岁儿童均享有基本的免费义务教育，涵盖幼儿园教育、4年小学教育和4年中学教育。但是义务教育的质量和准入仍然存在严重问题，因此大多数有支付能力的家庭选择把孩子送到私立学校就读。公立学校资源有限且管理不善，这也把学生推向了私立学校的怀抱。

推行分权政策后，哥伦比亚的若干教育指标，如文盲率和覆盖率都得到了明显改善。但是鉴于区域和社会之间的巨大差异，这些数据不能如此简单解读（Hudson，2010；Santa Maria et al.，2009；Iregui et al.，2006；Faguet & Sanchez，2006）。教育和基本的识字能力在主要城市得到普及，但是农村地区的情况截然相反。

国家政府监管全国的公共教育政策，并通过教育部或者下级政府向公立学校拨款。哥伦比亚教育分权改革始于20世纪80年代，1991年宪法颁布后，改革进程加快。但是通过改革，地方政府部门对学校的管控能力有所加强。通过这种方式，教育部、地方政府共同承担责任。这种方式似乎有助于更快地应对政治压力，但是各地政府的表现不一（Hudson，2010；Santa Maria et al.，2009）。

哥伦比亚教育工作者联合会是哥伦比亚教育改革的主要反对力量。作为最大的工会组织，哥伦比亚教育工作者联合会强烈反对教育分权。因为通过分权，下级政府会在教师评估和资源分配上得到更大的权力，进而在国家层面施加压力，以维持其对政策制定的影响力（Hudson，2010；Santa Maria et al.，2009；Melo，2005；Lowden，2004；Hanson，1995）。

本文对哥伦比亚教育分权问题进行了研究。在梳理哥伦比亚教育分权的背景、分权改革过程及其实施进程的基础上，力图验证假设一：如果国家、地区、当地政府的领导参与并共同推进政治、财政和行政分权，那么公共服务分权法律得以通过、批准和实施的可能性更大。本文还会具体分析分权改革的影响，继而通过学校覆盖率和入学率等指标验证假设二：一旦颁布了公共服务的分权法案，国家、地区和当地政府（本质上会确立某种政府间关系），以及利益相关者和公民（等其他社会政治角色）之间配合越积极，则分权管理会越成功、越有效。

二　改革的必要性

资源分配不合理、区域发展不平衡、教师选拔机制薄弱、教师工资待遇不高、学生社会经济背景复杂、改革政策瞬息万变等，一直是严重影响哥伦比亚公共教育发展（Iregui et al.，2006）的主要因素。

长期以来，教育部无力在全国范围内推进国家层面的教育政策，也无法推进全国教育标准。

20世纪50年代，哥伦比亚在多项教育指标上落后于大多数拉美国家。7岁以上人口中，文盲率高达44%；在7—11岁的适龄儿童中，小学教育仅覆盖了其中46.3%的人口。高中教育的情况更是令人触目惊心。人们建议扩大教育覆盖率，提升教育质量，着重改善基础教育和职业教育。罗哈斯·皮尼利亚（Rojas Pinilla）政府采取了一些改革措施（Iregui et al.，2006）。

20 世纪 60 年代，政府加大了对教育的投入，并侧重改善中等教育。随后，在全国多个地区建立了国家多元教育研究所①。研究所不仅讲授常规课程，同时提供工业、商业、农业所需的职业培训。60 年代末，又成立了教育区域基金②以集中管理教育行业，同时建立了税收分拨制度向各部门提供教育经费。

这些努力并没有带来明显改善。20 世纪 70 年代，哥伦比亚教育仍然存在严重问题，如普遍缺少教育基础设施（教室、未建成的教学楼）、教师资质平庸、学生旷课和辍学比例居高不下等。此外，区域不平衡的问题没有得到解决，各层级教育之间的课程也缺少连贯性（Iregui et al.，2006）。政府再次出台一系列政策以期解决这些顽症，包括普及初等教育、建立学前教育培训中心、推进各小学采用自动升学体制、增加高中教育的普及率、建立中等教育机构教师工资标准化机制等。此外，还设计了针对教师的培训项目，并以高薪吸引优秀教师到公立学校工作。

到 20 世纪 70 年代末，初等教育的情况有所改善。然而，中等教育面临的问题仍然严峻，比如，1000 个学生中只有 9 个学生有机会上大学。1979 年，哥伦比亚通过了《教师法》，对公立学校体制中教师的雇用、晋升和退休进行了具体规定。这是一次重大发展。

1979 年《教师法》的颁布确认了教师联盟在国家体制中的重大影响力和议价能力。新规定会对未来教育分权改革带来巨大的影响，因为一旦推进分权，很多福利待遇（包括基于工作年限/参加培训/文章发表数量自动晋升，剔除绩效评估指标，终身教职制，几乎不可能被开除）将受控于联盟。因此，联盟的势力得以巩固。教师联盟也积极维护其作为国家代表组织的议价能力，不让分权影响其在国家层面的话语权（Santa Maria et al.，2009；Lowden，2004；Melo，2005；Hanson，1995）。

20 世纪 80 年代初，贝坦库尔政府再次大力推进公共教育事业的发展。它开展了针对传统弱势群体的全国文化普及运动，同时启动了全国开放大学和远程大学的教育项目，进一步加大高等教育在全国的覆盖面。

1989 年，哥伦比亚开始着手改革教育部，保障行政分权过程中合理

---

① Institutos Nacionales de Educacion Media Diversificada.

② Fondos Regionales de Educacion.

设定任务指标。“重组后的教育部着重设计、规划、评估和测试全国的教育政策”（Hanson，1995：110）。地方政府可在教育部规定的指导意见和权限范围内，自主决定优先处理的事项，如校园建设和维修、预算支出和人员需求。市长和市委负责领导协调有关事宜。为加大教育政策制定过程中的人员参与度，哥伦比亚通过选举和指派成员，成立了地市、部委乃至国家层次的委员会（Hanson，1995），专门负责审议市长及其教育官员做出的教育决策。同时建立了财政分权制度，在财政上支持教育行政分权。

巴尔科政府同样试图提高各个层次的教育水平。但是其在任期间，并没有提出提升教育质量的具体计划或方案。尽管大学在数量上大大增加，但是科研能力不足，行政和财政难题阻碍了高等教育机构的进一步发展。

20 世纪 90 年代初，人们认识到改革公共教育事业对提升人力成本、促进经济发展的重要作用。当时，就读中高等教育机构仍然困难；另外，尽管教师资质水平大大提高，教育输出的质量仍然不尽如人意。还有一个严重的问题没有得到解决：“教育政治化”，即政府官员把学校机构的指派和晋升看作政治筹码（Meade & Gershberg，2008；Iregui et al.，2006）。

1991 年宪法和 1993 年第 60 号法令标志着教育分权运动的开始，也意味着一系列新政特别是财政改革的颁布。投入在教育领域的财政资源大幅增加。部委和地方政府得以在地方管理和财政支出上发挥更重要的角色。

1994 年，根据新宪法的规定，为提供规范的教育服务，哥伦比亚颁布了《教育基本法》。截至 20 世纪末，只有大城市实现了教育全覆盖。社会经济条件和区域差异带来的教育不平等现象仍然十分普遍。教育质量低下的问题也没有得到解决（Hudson，2010；Santa Maria et al.，2009；Iregui et al.，2006；Lowden，2004）。

总统帕斯特拉纳在任时期，为改善教育水平，他采取措施降低师生比，同时着力于改善学生家庭的社会经济条件，以清除影响学生表现的主要障碍。他建议教师在大城市或部门间轮换，改革教育财政机制，适时推出了教育券制度，还积极推进教育与私企拓展合作。

2001 年，人们担心在教育财政方面实行分权会给国家宏观经济带来动荡，因此，当年出台了第1号法令，改革了对地方政府的财政转移支付制度，将其统一归口至一个基金，实行普遍分享体制①。

正如文中其他部分所述，同年（2001年）出台的法令第715号修改了普遍分享体制基金的分配方式，同时对部委和地方政府在教育和卫生上的权限做出了界定。

与此呼应，2002年第1278号法令颁布了新修订的《教师法》。其中，对公共教育机构教师的招聘、提拔和退休标准做出了重新界定，并采纳了基于任职年限和绩效表现双重标准的新型补偿机制。

自此，教育领域没有其他大变革，但教育分权改革的核心目标十分明晰，即扩大教育覆盖率，完善教育准入门槛，提升教学质量，大力发展高等教育。

三　法律框架——1991年宪法和教育分权

1975—1987年，哥伦比亚公共教育体系基本采取中央集权式管理。教育部负责制定政策，并推进教育领域的各项活动安排。国家政府向各部门提供财政支持。每个部门都有中央代表，监管各项支出，确保中央政府的各项政策得以贯彻落实（Iregui et al.，2006）。

1987年，中央赋权地方政府负责当地的基建，这是哥伦比亚第一次试水分权。1989年，法律授权市长自行选聘教师，并由中央政府支付薪资。

1989年第29条法律规定，大部分教师交由自治市负责管理。教师联盟和市长对此法不予支持，他们担心手中的资源流失，也担心对任何可能的失败负责。

20世纪八九十年代，中央、区域和地方政府的管辖范围内都涉及教育事业，但是职能划分不明晰，因而工作中重复混乱、问责缺位的现象时有发生（Meade & Gershberg，2008）。

1991年新宪法颁布后，基础教育和中等教育的管理权移交至区域政府和地方政府手中。它们的主要任务是扩大教育，特别是中小学教育的覆盖率。

---

① Sistema General de Participaciones.

1991 年新宪法起草之时，国内政治局势严峻，这成为重新定位教育功能的良机。此外，对当时很多代表而言，教育改革已经势在必行（Galiea et al.，2011；Meade & Gershberg，2008；Lowden，2004；Dillinger & Webb，1999）。

召开制宪会议时，是否通过分权赋予各部门或各自治区更大的权限成为争论的焦点。教师联盟（其两名前领导代表该组织与会）强烈反对教育的区域自治。教育分权的力度有所削弱。劳德（Lowder，2004）将此归因于制宪会议有碍于教师联盟的势力，同时也考虑到省长（32 名）要比 1000 多个市长好管理①。另外，加维利亚总统及其团队倾向于以辅助性和自主性为前提，推行教育区域自治，其中包括给予地方学校更多自主权（Lowden，2004）。会议最终采用了折中方案，即区域和地方政府共享部分教育管理权。至于两者的权力界限则有待未来进一步立法予以具体界定。

非政府组织、教会、私立学校协会同样出席了制宪会议并发表了各自的观点，但是它们并没有影响最终结果。哥伦比亚自治区联盟和省长协会也因为成立时间短、利益诉求分散且缺少制度效能未发挥主导作用。

总体来看，制宪会议中关于教育分权的讨论主要聚焦于财政和公共行政管理等方面，而不是从教育出发考虑问题。

新宪法规定，教育是一种权力。新宪法延长了义务教育的年限，但并没有明确规定，必须为所有人提供免费的义务教育。国家层面担心这种提法会激发教育领域更多的民间参与力量（Lowden，2004；采访）。教育改革计划及其实施方案继而搁浅，留待下次再议。

1993 年第 60 号法案和 1994 年第 115 号法案是新宪法颁布后，规范教育管理的主要立法动议（Bonet et al.，2014；Galilea et al.，2011；Iregui et al.，2006；Melo，2005；Dillinger & Webb，1999）。省、市两级在人力、物力管理上获得了更大的自主权。

第 60 号法案规定，在政府各部门和四个特区（波哥大首都地区、卡塔赫纳特区、圣玛尔塔特区、巴兰基亚特区）实行税收分拨制度。税收分拨制度即将中央政府税收按一定比例拨付至地方，并计划逐步提升此比

① 本观点摘自作者在哥伦比亚的被采访者（2015 年 12 月）。

例，由1993年的22.1%提升至1996年的24.5%。中央财政分拨给每个省或地区的总额中，60%指定用于教育支出，20%用于公共医疗服务，另外20%由地方政府自由支配。同时，各市区应配套拨付其财政收入，其中30%用于教育，20%用于公共医疗，20%用于基础设施和公共卫生，剩余25%自由支配（Santa Maria et al.，2009；Lowden，2004）。

公共行政机构的职责也做了相应调整。教育部是监管者和政策制定者；各部门是管理者，负责向教师支付课酬，监管各省执行政策；各省负责具体行政事务，提供基础设施。若某部门或常住居民逾10万人[①]的省份需接管新功能，必须经过教育部的认证，符合一系列标准，如完善的组织架构、成熟的教育发展规划、健全的信息系统等方可通过（Bonet et al.，2014；Di Gropello，2004；Lowden，2004；Dillinger & Webb，1999）。

同一时期还有另外一项重要的立法，即1994年第115号法案。该法令在教师联盟的倡导下得以确立。它通过建立教育机制计划的方式，保障了学校的自主权（允许各校设立独立的教育项目）。但是，第115号法案并没有赋予学校任何的财权或行政权限。此外，法令颁布后，新成立的部门教育秘书处扮演了更重要的角色，同时在地方政府中也新设立了教育秘书处。然而至今，秘书处的具体职能都不甚明晰。

值得一提的是，第115号法案还是地方学校自主办学的一次有益尝试。法令允许教师、家长和学生共同参与学校管理，制定学校内部规章制度，发现需求，并设立绩效评估指标。教育机制计划（PEI，西班牙语首字母缩写）[②]，即每所学校根据教育部的指导方针所确定的自身发展的教学目标。事实上，没有一所学校能够享有真正的资源管理和决策的自主权。

2010年年底，面对财政压力和经济危机，总统帕斯特拉纳废除了第60号法案，颁布了第715号法案。新法令改变了省级政府的财政拨款方式[③]。原有的税收分拨制度和其他财政来源共同纳入整体分享体制（Sistema General de Participaciones）。新体制下，税收分拨不再与中央政府当年

① 部分分权改革者建议将门槛定为5万居民，但未通过（Lowden，2004）。

② Plan Educativo Institucional.

③ 帕斯特拉纳政府高级官员在采访中也提到，保证公共财政稳定是当时的首要任务，区域和地区政府之间的财政差距已经严重威胁到国家整体的财政稳定。

的财政收入情况挂钩，中央财政支付转移也设立了最高限额。中央拨款可用于基建、粮食、运输（支付工资后分配）。特区还可与私企签合同提供服务。

第715号法案还规定，新体制下教育财政拨款应以公立学校注册学生人数为标准，取代了以各区域聘用教师数量的旧标准。除本单位财政聘用的指标外，各部委、城区无权设置教师岗位（这曾经是收受贿赂、滥用职权的重要渠道）。教师职业改革进一步推进，如教师职位晋升前需在该部门工作一定年限（Lowden，2004）。

该法令还赋予教育部在师资管理上更大的权限，如岗位取消和岗位调动方面。另外，中央政府为了更好地监管部委和城区的教育事业，还创立了报告的规章制度（Lowden，2004）。法令中关于认证的规定——人口小于10万人的地方政府获准申请教育认证，使得城市认证更加便利（变相收走了部委的资源控制权和管理权）。

中央政府颁布第715号法案的主要目的是在加强中央政府执行力的前提下推进分权（Lowden，2004）。由于当时国家宏观经济日益低迷，省、市两级要求进一步明确职责分工，越来越多的人要求削弱教师联盟的权力，因此，第715号法案的颁布得到了许多政客和利益相关人的支持。鉴于此，2002年，帕斯特拉纳政府修订了教师法案，对教师资质的准入、晋升、退休、再分配、辞退条件做出了明确规定。第230号法令设定了学生、学校评估标准（Lowden，2004）。

表1　　　法案60/1993——各级政府的职责（教育方面）

国家	教育部门	省市
—规划制定宏观教育政策、目标 —建立技术、课程、教学标准，供教育部参照执行 —设计、管理国家信息系统	—协同各地区相关部门管理、指导当地基础教育 —参与或直接资助教育领域及相关基础设施建设项目 —管理并具体展开领域内财政分拨（分拨自中央财政资源） —推进并评估教师培训	—根据教育部的规划，直接管理学前教育、基础教育 —出资建设并维护必要的教育基础设施 —监管教育服务的提供方

来源：本文作者。摘自梅洛（Melo，2005）。

2001 年第 715 号法案重新定义了教育部及通过认证的省市在人力资源管理（聘用、建立指导意见、晋升）上的角色。教师能在各省市内部交流（表 2 简要概括了各级政府的权限范围）。未通过认证地区的教师只能在该地域内的教育机构流动。这些地区可以花费自有资金用于基础设施建设和提升教育质量（Bonet et al.，2014；Galiea，2011；Di Gropello，2004）。

以教育部门为例，若想获得认证，则需满足以下条件（Melo，2005；Di Gropello，2004）：

信息系统功能齐全；

区域发展方案获批：

——资源分配的规章制度获批；

——规划成熟，有利于增加招生人数；

——与教育部达成协议。

各省市层面认证进展迟缓。一方面，地方机构阻力和能力欠缺影响了认证进程；另一方面，考虑到区域认证会分走自身资源，中央部门也反对其推进认证。截至 2009 年，只有 4% 的城市推广了教育认证（1120 个城市中的 48 个）。教育部 2004 年颁布的第 2700 号法令对教育认证做出了具体要求（Santa Maria et al.，2009），即：

——展示本地区教育发展方案。方案需与国家指导方针一致，并准确描述项目、计划、目标及提供服务的质量、效率和覆盖率等数据指标。

——人员配置符合国家政府规定，达到相应的要求。申报城市需充分开展可行性研究，说明人力资源配置的合理性，同时将此研究和财政预算方案递交政府部门审核。若认证通过，政府部门需正式且有效地将相关人力资源转交至该城市。

——地方政府须配置必要的教育服务设施①。

——（体制能力）根据教育部确定的指导方针，申报城市必须开展现代化建设，保证该机构有技术能力担此重任。

有意向申报的城市首先需要向相关教育部门递交申请，该部门须在一

① 法律规定所有教育机构必须能够提供自学前（其中学前 1 年）至九年级的教育。

个月内答复。其后，相关部门需协助完成整个认证申请环节。教育部会核实相关部门提供给地方政府的支持。满足所有要求后，该城市可正式从有关部门递交认证申请。该部门负责人继而正式移交该市教育资源的管辖权，随后，该市的教育财政由中央财政直接拨款。

截至2001年年底，只有一个城市通过了教育认证（亚美尼亚），到2007年，通过的城市数增至39个[①]。洛登（Lowden，2004）认为导致此现象有多个原因，如教师联盟和省长之间、省长和市长之间关系紧张，存在政治冲突；又如，很多城市不愿意在经费不足的情况下承担责任，特别是某些省份拒绝提供教师的退休金（Meade & Gershberg，2008；Lowden，2004）。

表2　　法案715/2001各级政府权限——教育领域

中央政府	省政府	市政府
制定教育领域的政策和目标，确立教育服务的规范； 管理公共教育单位和向私营教育机构提供相关服务； 促进、资助、协调、评估投资项目； 评估地区政府的财政状况和管理情况； 普遍分享体制教育基金分拨； 每年确定学生的分配额度； 确立城市教育认证要求，面向人口规模小于10万人的城市提供认证服务（在本文中，此权限被省政府拒绝）	**各省基本权限：** 向各市提供教育领域的财政、管理和技术支持； 负责省内教育信息的管理（包括可靠性、质量）； 向辖区内申请认证的城市提供技术和管理支持； 监督各市贯彻落实规定 **未获认证城市的管理权限：** 指导、规划并提供学前、小学及中学阶段的教育服务； 负责管理并向各市分配普遍分享体制财政拨款； 领导教育机构、教师及教育管理人员； 根据系统需求，合理分配各市教师及管理人员	**认证城市：** 指导、规划并提供学前、小学及中学阶段的教育服务； 负责管理并向各市分配普遍分享体制财政拨款； 领导教育机构、教师及教育管理人员 **未认证城市：** 管理、支配本区域的普遍分享体制拨款，维持、提升辖区内教师质量，促进辖区内教育机构间教师资源的合理流转； 按要求向省政府和国家提供相关数据

来源：本文作者。摘自Santa Maria et al.，2009 & Galiea et al.，2011。

① http：//www. portalterritorial. gov. co/preguntas. shtml？apc = r – caqueta；x；x；x1 – & x = 80241.

四　公共教育财政问题

2009年，全国仅有4%的城市通过认证。实际上，教育权力仅下放至省级政府层面（Santa Maria et al.，2009）。

公共教育的主要财政来自普遍分享体制基金的拨款。普遍分享体制基金将根据2001年第715号法案所确立的标准，在省政府、认证城市、特区之间分配款项。地方政府也可以根据预算，给教育预留经费。在这方面，财政收入的一部分——版权收入特别用来支撑地方政府将教育列入区域发展规划。

目前，第715号法案规定，普遍分享体制中75%须用于教育事业。资源分配以人口数量（注册学生数）为标准。每年教育部确定各地区（城市或农村）、各年级（幼儿园、小学、中学）、各学生的资源分配额度。在确定了资源分配对象后，还需全盘考虑学生的水平和贫富指数以保证资源得到均衡分配。

普遍分享体制基金覆盖了公共教育中约90%的开销。这足以说明各省及认证城市非常依赖中央财政（Santa Maria et al.，2009）。

2002—2007年，在人口分布最不集中的省份，在校生从普遍分享体制基金获得的人均拨款最多（Guainia，Vaupes，Vichada，Amazonas）。32个省份中（包括首都波哥大），23个省（占比72%）的在校生可获得平均100万—130万比索（Santa Maria et al.，2009）。

专利基金也是公共教育财政的来源之一。1994年第141号法案提出，各省市可将专利基金用于增加医疗卫生、教育、饮用水的覆盖面。2002年第756号法案明确规定，如若下级政府在出生婴儿死亡率、基本卫生和教育覆盖率、饮用水、除污等方面未达成目标，省政府应向下级政府转移支付不少于专利基金的60%用于达成相应指标要求，而地方政府则需要分拨不少于90%以达成目标（Santa Maria et al.，2009；Melo，2005）。

国家政府专利资金分拨有两种机制：一是直接分拨，即直接划拨给产品原产省/市或产品出口的港口城市；二是间接分拨，即各省市机会均等，但需通过现场展示项目发展计划的方式争取国家专利基金①的支持和资助。国家规划部门会对这些项目评估和排序，由国家专利基金顾问机构——基金指导委员会决定是否资助。总的来说，它们的资助数额和对教育的资助都十分有限。根据 Santa Maria（2009）等人的研究，该机构资助比例不到1%。

由于商品价格起起伏伏，直接分拨有明显的不确定性。此外，金融危机也对此有影响。尽管市场有所波动，产品价格下降，产出地从直接分拨中获利最大，包括卡萨纳雷省、阿劳卡省、梅塔省、瓜希拉省、托利马省和乌伊拉省。

专利基金制度的一大弊端是地方政府对中央政府财政转移的严重依赖。此外，尽管法律规定，若干基本指标未达到要求的情况下，60%的基金必须用于医疗健康、教育、饮用水、卫生事业，但是没有明确规定哪个方面用多少，由各省市自由裁量划拨基金——这就导致资源滥用、滥花、挪用问题，有些地方政府甚至把钱花在毫无技术含量或可持续性的工程上（Santa Maria et al.，2009）。

五 哥伦比亚教育分权的影响

分析教育分权的影响并非易事，因为诸多社会经济因素影响着潜在的政策输出效果。

以法律框架的建立为例，米德和格什伯格（Meade and Gershberg，2008）提出，哥伦比亚二十世纪八九十年代建立的政府间体制将中央、地区和地方政府之间的责任区分开来，但是却没有明确界定三者的责任分工，这导致工作中重复混乱、问责缺位的现象时有发生。

国家层面在推进改革中无法达成一致意见，官僚之间相互庇护、教师联盟反对改革、地方政府能力欠缺，这些都阻碍了改革的深入推进。教育部无权强制推进，问责机制也问题重重（因信息系统缺位，教育部对边远地区的情况一无所知）。小城市本身能力有限，基础设施薄弱，甚至本身就存在诸多内部矛盾。

① Fondo Nacional de Regalias.

由于中央财政拨款与各省聘用教师数绑定，导致各地拨款严重不平衡（同时变相催生了裙带关系）。教师人数继续增加，其工资水平也逐步上升。

迪格罗佩罗（Di Gropello，2004）和梅洛（Melo，2005）研究发现，各政府责任分工分散，这种做法在政治上有一定道理，但由于没有归口单位，不利于问责。很多哥伦比亚受访者都表达了同样的观点，如若每个部门负责一部分，其实意味着没有人对改革负责①。

梅洛（Melo，2005）曾分析财政分权对公共教育的影响（本质上指地区和地方政府使用资源的有效性），他的结论是分权导致效率极为低下。第 60 号法案曾对提高教育覆盖率有所助益，但对学生的成绩却没有帮助。转拨更多的资源并没有达到提升教育质量的目的。

分权的主要目标之一是提升教育普及率（Melo，2005）。市政府似乎都热衷于加大教育覆盖面，但对教学质量漠不关心；再加上责任分工相互交错，教育质量没有明显改善。公立学校在各项教育质量评估指标中垫底，其每个年级的大体水平也不高（Iregui et al.，2006）。

政府增加了教育公共投入，其 GDP 占比由 1993 年的 3.3% 提升至 1999 年的 4.9%，2010 年教育支出占 GDP 比重为 4.8%（数据来源自世行，见表 3）。平均来看，中央政府教育支出占全国总教育支出的 85%，各省市投入只占 15%。其中，教育事业的主要开支项目为工资和养老金，高达 90% 的公共教育投入用于教育行业员工的薪酬待遇。

表 3　　教育经费支出——哥伦比亚（1998—2010）

	教育经费支出（%）	政府教育支出（%）	人均支出（欧元）
1998	12.4	3.9	—
1999	13.1	4.4	90
2000	13.2	3.5	94
2001	13.4	3.7	100

① 联邦省市代表在采访中多次提到。

续表

	教育经费支出（%）	政府教育支出（%）	人均支出（欧元）
2002	15.2	4.3	107
2003	15.5	4.3	87
2004	15.4	4.0	91
2005	15.5	3.9	110
2006	13.7	3.8	116
2007	14.4	4.0	140
2008	14.6	3.9	146
2009	16.0	4.7	177
2010	16.4	4.8	229

（1）占政府总经费支出的百分比；

（2）占 GDP 的百分比。

数据来源：本文作者。摘自世界银行发展指数，截至 2016 年 1 月 14 日。参考 http：//www.datosmacro. com/estado/ gasto/ educacion/ colombia。

表 4 所示各省教育财政支出一览表，也可说明政府在教育上的公共支出增长情况。

表 4　各省教育财政支出一览（2002—2007）（百万比索，2008）

省份	2002	2003	2004	2005	2006	2007
安蒂奥基亚	1132423	1151569	1198661	1333733	1464470	1248820
波哥大	1273137	1247522	1214342	1473483	1536902	1117382
瓦莱考卡	680339	698111	756990	804120	822387	883567
桑坦德	554039	545084	514179	541071	550655	588886
博利瓦	399747	444949	497398	530674	535466	566331
昆迪纳马卡	611432	573391	553597	583067	564991	564893
科多巴	382959	385757	442677	472368	476174	531038
托利马	365930	371071	364983	381283	368531	493493
纳里尼奥	422486	453825	571062	441574	468868	482751

续表

省份	2002	2003	2004	2005	2006	2007
博亚卡	526466	511059	437971	450879	450078	467832
北桑坦德	346936	340320	343788	345768	392739	398067
考卡	320886	329523	343952	343437	357759	390085
阿特兰提考	349811	366459	393668	404207	400073	388804
马格达莱纳	273220	285484	403668	354681	374004	376645
威拉	275352	277896	293186	307054	302073	346191
塞萨尔	219646	238586	270825	267262	283542	329221
梅塔	184949	189943	214061	228102	258603	305127
瓜希拉	128621	153827	215111	173493	253383	265338
卡尔达斯	290047	284525	255901	255448	262531	262437
苏克雷	204778	245092	259005	262346	261609	260927
卡萨纳雷	116957	120085	132193	125692	137039	218156
里萨拉尔达	207588	215595	212826	217798	224320	211346
乔科	173546	183368	195266	184885	185307	183440
普图马约	105664	108418	133719	132545	132563	147891
卡克塔	121483	123382	249930	132994	136864	140400
金迪奥	143641	148059	135080	131834	158384	138851
阿劳卡	97504	100534	82868	89822	101139	136291
瓜维亚雷	36125	34772	45294	46958	44972	46753
亚马孙	29086	29813	38600	38703	41019	38287
比查达	32965	32084	36796	36151	34912	35687
圣安德烈斯	23047	21552	21603	20972	23890	23328
瓜伊尼亚	24367	25044	21224	21225	28688	20486
沃佩斯	24560	24324	19165	19648	19656	19715
合计	10079682	9920703	10484579	10349157	11429271	11445026

来源：圣玛利亚等（Santa Maria et al.，2009）。

哥伦比亚《十年教育分权评估（1990—2001）》中写道，“教育分权提高了教育普及率，降低了文盲率，培育了更多教师，整体提升了教育水平”（Rojas & Frank，2004）。法戈特和桑切斯（Faguet & Sanchez，2009）也对哥伦比亚教育分权效果做了分析。他们的研究表明，实行分权后，哥伦比亚整体入学率提升了20%，识字率则大幅增长了93%。值得一提的是，在财政分权贯彻最为彻底、中央政府影响最小的地区，整体入学率上涨幅度最大。

人民普遍认为，教育普及率得到了提升。哥伦比亚的绝大多数学生能够在公立学校读书。1995—2002 年，75% 的学生在公立学校就读，70% 的教师在公立学校工作。2002 年，小学教育普及率由 68.4% 上升至 83.7%；初中教育普及率则由 1989 年的 40.3% 上升至 1997 年的 62%（Santa Maria et al.，2009）。

教育在全国范围内得以普及，特别是小学（6—10 岁）和初中（11—14 岁）教育阶段。中等教育（14—17 岁）覆盖率有待进一步提高。表 5 和表 6 表明国家中小学阶段入学率增长情况及小学生的毕业率。自实施分权、颁布 1994 年教育法以来，入学率和毕业率都有明显提升。其中，初中阶段（核心政策目标）的毛入学率从 1994 年的 64% 提高至 2000 年的 71%，2005 年达到 82%，2010 年达到 95%；其毕业率也大幅上升，由 1993 年的 45% 提升至 2001 年的 58%，到 2010 年高达 91%。

区域之间差异却未缩小。新成立的省份的中小学教育普及程度最低。乔科省更是以其各个教育层次的低普及率而闻名（Santa Maria et al.，2009）。在很多省份，高辍学率仍然是一大硬伤。2007 年，各省的平均辍学率为 7.1%。2002—2007 年，卡克塔省的辍学问题最为严重，辍学率高达 14.9%。在这方面，成效最高的是波哥大省，辍学率仅为 3.2%（Santa Maria et al.，2009）。

表 5 **教育指标（部分）——哥伦比亚（1990—2000）**

项目	1990	1991	1992	1993	1994	1995	1996	1997	1998	1999	2000
小学入学人数(1)	4246658	4310970	4525959	4599132	4648335	4692614	4916934			5162260	5221018
小学适龄学生辍学人数(2)		190551	875312	857424	840109	725269	532967		270024	198353	159945
小学总入学率（%）(3)	105. 4405	106. 1356	110. 4852	111. 3202	111. 5517	111. 6661	116. 09		119. 0579	118. 5221	118. 8807
小学教育完成率（%）	73. 55794	72. 94743	81. 81144	82. 92981	82. 62786	86. 39491	87. 58864		93. 39546	94. 86706	94. 8574
中学入学人数(4)		2377947	2686515	2829435	2935830	3025350	3252128			3589425	3568889
中学入学率（%）(5)		52. 36373	58. 23482	60. 50289	62. 07318	63. 34929	67. 57471		72. 42449	72. 57739	71. 51099
初中入学率（%）(6)				45. 66249					69. 17265		
15—24 岁青少年识字率（%）(7)				90. 52465			96. 995				
目前总教育支出(8)											
小学教育支出(9)									44. 93812	45. 16187	44. 55692
小学生人均政府支出(10)									13. 24931	15. 24253	11. 95551
小学教育工作人员总报酬(11)											

续表

项目	1990	1991	1992	1993	1994	1995	1996	1997	1998	1999	2000
中学教育工作人员总报酬(12)											

（1）男女合计（人数）；

（2）男女合计（人数）；

（3）男女合计（百分比）；

（4）男女合计（人数）；

（5）男女合计（百分比）；

（6）男女合计（百分比）；

（7）男女合计（百分比）；

（8）占公立教育机构总支出的百分比；

（9）占政府教育支出的百分比；

（10）占人均 GDP 的百分比；

（11）占公立小学教育机构总支出的百分比；

（12）占公立初等教育机构总支出的百分比；

来源：本文作者摘自世界发展银行指数（截至 2016 年 1 月 14 日）。

表 6　　教育指标（部分）——哥伦比亚（2001—2010）

项目	2001	2002	2003	2004	2005	2006	2007	2008	2009	2010
小学入学人数(1)	5131463	5193055		5259033	5298257	5296190	5292476	5285523	5299258	5084972
小学适龄学生辍学人数(2)	234995	189015		281828	178763	222685	272710	295334	319134	391648
小学总入学率（%）(3)	116．0434	11639415		118．4376	119．633	119．733	119．7376	119．5937	119．8435	114．9137
小学教育完成率（%）	92．17438	92．58955		100．0221	103．5889	109．3641	110．8273	110．4283	114．623	113．3939
中学入学人数(4)		3723348		4050525	4297228	4509406	4684033	4772189	4992062	5079732
中学入学率（%）(5)		73．2597		78．1847	82．21493	85．76431	88．71023	90．15461	94．25033	95．96435
初中入学率（%）(6)	58．6589	63．78273		69．81939	75．2119	77．94411	80．1693	82．43913	88．81356	91．30218
15—24 岁青少年识字率（%）(7)				97．99131	97．9584	97．88317	97．96863	97．98927	97．93743	98．09842
目前总教育支出(8)		96．53647		93．31497			100	100		77．73353
小学教育支出(9)	44．57196	39．88195		48．3245	47．43698	40．49725	36．62786	37．30254	38．40722	35．92155
小学生人均政府支出(10)	13．06542	13．51016		15．94129	15．4463	13．05167	12．49926	12．45925	15．75964	15．83455

续表

项目	2001	2002	2003	2004	2005	2006	2007	2008	2009	2010
小学教育工作人员总报酬(11)				76. 47044			80. 05557	75. 26206	93. 1597	89. 70094
中学教育工作人员总报酬(12)				76. 47042			80. 05557	75. 26207	93. 1597	89. 70095

（1）男女合计（人数）；

（2）男女合计（人数）；

（3）男女合计（百分比）；

（4）男女合计（人数）；

（5）男女合计（百分比）；

（6）男女合计（百分比）；

（7）男女合计（百分比）；

（8）占公立教育机构总支出的百分比；

（9）占政府教育支出的百分比；

（10）占人均 GDP 的百分比；

（11）占公立小学教育机构总支出的百分比；

（12）占公立初等教育机构总支出的百分比；

来源：本文作者摘自世界发展银行指数（截至 2016 年 1 月 14 日）。

因为数据收集困难，无法比较各市教育分权政策的执行情况。法予厄和桑切斯（Fahuet & Sanchez，2006）使用大样本统计和定量分析研究了玻利维亚和哥伦比亚的城市（90%的样本为哥伦比亚的城市）。他们发现分权和入学率上升存在正相关关系。此外，相较其他城市而言，教育投入更多资源的省份和积极开展认证的城市入学率更高（Faguet & Sanchez，2006）。

根据规定，常住人口超过10万人的大城市和省份都可获得认证。事实上，只有少数城市满足要求，哥伦比亚的教育分权基本以地区政府为主。提升入学率的目标大致实现，但质量水平仍相差甚远。

六　结论

哥伦比亚教育分权的经验为我们看待错综复杂、循环反复、充满政治博弈和权力交织的问题提供了重要的视角。正如本文开篇讲述哥伦比亚国情时提到的，在推进分权的进程中，应该通盘考虑或解决责任分工、财政影响、问责机制、地方能力、决策制定过程中地方政府的参与度等关键问题（Winkler，1989；Naidoo，2007；Hanson，1997）。以哥伦比亚为例，以上若干问题并未得到适当处理。因此在推进分权时，这些问题就自然凸显出来了。

通过比照温克勒（Winkler，1989）和奈度（Naidoo，2007）所认为的成功的分权应当具备的因素和哥伦比亚1990—2010年间的实际情况可以发现，哥伦比亚达到了一些要求（见表7），这也是为什么该国在实施教育分权时能够获得部分成功果实的原因了。

表7　　成功的行政分权需具备的因素

	是	否	都需要
在当地有自我依赖的传统		X	
地区政府对于资金使用及管理拥有自主权			X
当地有分权的需求			X
主要利益相关者参与到决策流程中	X		
拥有地方管理能力			X

续表

	是	否	都需要
对改革流程的清晰认知及了解			X
迟滞缓慢的执行	X		
所有利益相关者都能分享监督和评估的要点			X
中央政府支持分权	X		
在资源投入以及决策制定时的透明性			X

来源：本文作者。摘自温克勒（Winkler，1989）和奈度（Naidoo，2007）。

推行分权伊始，哥伦比亚经历了多年的政治暴力，这意味着民众缺少对政府的信任。因此，分权过程中必须保证地方政府对民众负责，同时扩大民众参与度。有些学校试图改革，邀请家长和学生参与课程设置和学校管理，但是失败了，原因就在于信任缺失。重要利益攸关者对于分权过程不甚明晰，也不理解、不明白各级政府在其中扮演的角色。信息缺失及沟通不畅不利于各级政府明确责任担当。

改革还有其他阻碍，如各利益相关者之间不配合；缺少必要的共同愿景；各级政府对自身职权不甚了解；得不到国家、地区和地方政府的支持，相反，权力在握的教师联盟对此坚决反对。对以与国家协商契约为特权的教师联盟而言，分权意味着失去其政治权利来源（Berhman，Deolalikar，Soon，2002）。教师联盟争取到了部分重要的利益，如学校无法自主选聘、惩罚教职工。

省、市两级的主要问题是行政管理机构力量薄弱，特别是小城市缺乏地方管理能力。值得赞扬的是，当这些问题凸显出来后，哥伦比亚政府和城市联盟对区域和地方政府开展了培训，教它们如何管理新项目。

很多地方政府认识到，除非达成教育最低指标要求，否则地方政府就需要承担本应由中央政府承担的责任和挑战。因此，地方政府会大力投入资源，达到指标要求，而一旦改革失败，市长则冒着严重的政治风险。

教育分权要达到怎样的效果、由哪级政府负责、具体负责哪部分的责任，这些问题使得分权改革过程中分歧不断、挫折重重。既得利益群体，特别是教师联盟、官僚政客的利益以及政治运动，甚至有些时候升级为暴力冲突的政治运动，让改革更加寸步难行，预期的改革成效大打折扣。

“突然袭击”“自上而下” 的推进策略也对分权运动毫无助益。

哥伦比亚的情况也再次提醒我们，在指定和实施教育分权战略时需考虑到地区多样性和区域差异。富裕省份、领土面积较大的省份和地方政府在角色、财政和问责机制不明确的情况下，是不愿意承担新的责任分工的。政策推行头些年，政策原本的善的初衷和政策资本都浪费了。

哥伦比亚教育分权历程中还有一个重要经验，即财政分权体制下，地方和区域政府靠自身能力创收，继而没有财政支配权。甚至从某种程度上来说，直到目前这一问题还未得到解决。哥伦比亚政府目前还牢牢掌握着财权，严格把控各级政府对分拨资金的使用。

其分权实例还表明，分权的难点不仅在于政策设计，更在于执行。分权困难重重，好在哥伦比亚领导层（特别是区域和地方上）坚忍不拔、迎难而上，以强大的政治毅力要求、改进、推进教育分权。同任何事业一样，教育事业的分权实非易事。其问题在于找到合适的平衡点。因此，假设一的答案似乎是确定的。

至于政策施行的有效性方面，提升教育普及率和入学率的目标大体实现了。尽管协调行动十分困难，中央政府也对分权严格把控，但基本上各部门之间的合作和协调在分权中得到了体现。因此，假设二也基本可以确定。各利益相关者（三级政府）之间的合作越紧密，教育分权的公共政策目标也就更容易实现。

参考文献

Behrman, Jere R. ; Anil B. Deolalikar; Lee-Ying Soon. Conceptual Issues in the Role of Education Decentralization in Promoting Effective Schooling in Asian Developing Countries. ERD Working Paper Series No. 22. Economics and Research Department. Asian Development Bank. September 2002.

Bonet, Jaime; Gerson Javier Pérez V. ; Jhorland Ayala. Contextohistórico y evolucióndel SGP en Colombia. Documentos de TrabajoSobreEconomía Regional. Banco de la República. Centro de EstudiosEconómicosRegionales (CEER) -Cartagena. Num. 205, julio 2014.

Di Gropello, Emanuela. Education Decentralization and Accountability Relationships in Latin America. World Bank Policy Research Working Paper 3453, November 2004.

Dillinger, William and Steven B. , Webb. Decentralization and Fiscal Management in Colombia. World Bank. May 1999.

Faguet, Jean-Paul and Fabio Sanchez. Decentralization and Access to Social Services in Colombia. CLAS Working Papers, Center for Latin American Studies, UCBerkeley, April 2009. Paper No. 26.

Faguet, Jean-Paul and Fabio Sanchez. Decentralization's effects on educational outcomes in Bolivia and Colombia. World Development, 36 (7) . pp. 1294 – 1316. 2008.

Galilea O. , Sergio; Leonardo Letelier S. ; Katherine Ross S. Descentralización de los serviciosesenciales. Los casos de Brasil, Chile, Colombia, Costa Rica y México ensalud, educación, residuos, seguridad y fomento. Documento de Proyecto. CEPAL/GIZ. NacionesUnidas. Santiago de Chile, enero 2011.

Hanson, Mark E. , Strategies of Educational Decentralization: Key Questions and Core Issues. In Bork, Christopher (ed) . Educational Decentralization, 1 – 7. 2006 Springer.

Hanson, Mark E. , Educational Decentralization: Issues and Challenges. No. 9. November 1997.

Hanson, Mark E. , "Democratization and Decentralization in Colombian Education". Comparative Education Review. Vol. 39, No. 1, Special Issue on Education in Latin America. February 1995, pp. 101 – 119. Published by The University of Chicago Press on behalf of Comparative and International Education Society.

Hudson, Rex A. , (editor) . Colombia. A Country Study. Federal Research Division. Library of Congress. 2010.

Iregui, Ana María, LigiaMelo B. , Jorge Ramos F. Evaluación y análisis de eficiencia dela educaciónen Colombia. Banco de la República. Bogotá, D. C. Febrero de 2006.

Iregui, Ana María, LigiaMelo B. , Jorge Ramos F. La educaciónen Colombia: análisisdel marconormativo y de los indicadoressectoriales. Revista de Economíadel Rosario, Bogotá, Colombia 9 (2): 175 – 238, diciembre de 2006.

Lowden, Pamela S. , Education Reform in Colombia: The Elusive Quest for Effectiveness. In Kaufman, Robert R. and Joan M. Nelson. The Politics of Education Sector Reform: Cross-National Comparisons. In Crucial Needs, Weak Incentives: Social Sector Reform, Democratization, and Globalization in Latin America. Kaufman, Robert R. and Joan M. Nelson editors. Woodrow Wilson Center Press. The Johns Hopkins University Press. 2004.

Meade, Ben and Alec Ian Gershberg. "Making Education reform work for the poor: accountability and decentralization in Latin America" . *Journal of Education Policy*, 23: 3, 299 – 322, 2008.

Melo B. , Ligia. Impacto de la Descentralización Fiscal sobre la EducaciónPública Colombiana. Junio 2005.

Naidoo, Jordan. Policy and Strategy Paper. Implementing Educational Decentralization. Second draft. October 2003.

Rojas, Fernando; Jonas Frank. Assessment of the Impact of Decentralization: the Case of Colombia (1991 - 2001) . Public Sector Group/Decentralization Thematic Group Funding 2002 - 2003. The World Bank. February 2004.

Santa María, Mauricio, Natalia Millán U. , Julián Moreno B. , Carlos Felipe Reyes. La descentralización y el financiamiento de la salud y la educaciónen los Departamentos: ¿cuáles son lasalternativas? Capítuloeducación. Informepresentado a la FederaciónNacional de Departamentos. Diciembre 2009.

Winkler, Donald R. , Decentralization in Education: An Economic Perspective. Policy, Planning, and Research Working Papers. Population and Human Resources Department. The World Bank, March 1989. WPS 143.

Winkler, Donald R. and Alec Ian Gershberg. Education Decentralization in Latin America: The Effects on the Quality of Schooling. Partnership for Educational Revitalization in the Americas (PREAL), No. 17. April, 2000.

初等教育治理权下放与乌干达东部小学学生的表现

乌干达管理学院高级讲师　罗丝·纳马拉

【摘　要】本文试图确定治理权下放与乌干达东部小学生的表现是否存在关联。本文依托探索性和描述性方案和对104名校长和地区官员的调查，最终发现治理权下放加强了薪资管理，提高了监督工作的正规性，同时设立了学校管理委员会，但初等教育的质量正在下降，接受过完整初等教育的学生比例很小，学生成绩欠佳。其原因包括：一、治理的供给侧和需求侧都很薄弱。教师招聘工作的裙带关系化，只招收全科教师不招专科教师，教师被恐吓和任意调离。治理的需求侧尚不发达，学校管理委员会不清楚自己的职能和责任，执行政府政策的能力有限，地方领导和公众的监督普遍不足。二、初等教育的发展面临一些挑战，比如师生比失衡、教室拥挤、低薪和欠薪问题、家长责任缺失和不重视教育等。治理的下放并非没有好处，至少它加强了治理的供给侧。但是，如果要改善学生的表现，就必须处理供给侧的消极行为，同时对治理的需求侧进行系统性的开发。

【关键词】初等教育；治理权下放；治理供需改革

一　引言

乌干达政府通过推行治理的供给侧改革实行了初等教育治理权下放（包括限制学费、设施拨款、将教师聘用权下放到区、下放学校监督权），同时强调公民参与学校管理委员会（校管会），提高学校的管理水平，从而改善学生的表现。然而，公立学校学生的识字和算数能力正在下降（MoFPED，2016）。2013年，小学六年级学生的识字率为40.15%，算数率为41.40%（NPA，2015），完成率低至33%（OPM，2016），复读率为10.1%（NPA，2015），2015年一等分数区的学生占8.6%。各地区学校的教学水平有差异，相比于中西部地区，北部和东部地区的教育水平较差，城里的学校强于农村的学校（Oluka & Opolot-Okurut，2008）。私立学校的表现甚至比公立学校好，因为公立学校的教师没有责任心，旷工率较高（20%），从而导致教学质量下降（Mwalimu，2016）。

欧路加和欧普洛特—欧库鲁特（Oluka & Opolot-Okurut，2008）对特索地区小学生表现下降的因素进行了分析，最后确定并归纳了下述几种因素：学校因素（硬件设施不足，教材有限）；教师因素（教学方式专断，实际用于学习的时间与分配的学习时间不一致；没有对学生进行连续评估）；家长—社区因素，如家长与学校缺乏经常性沟通，社区参与学校项目有限；课程因素（教师不了解小学教学大纲，国家课程中心的教师指引不全面，教学环境差使教师难以上课）；学生因素，如学习能力差，阅读能力差，只有少数学生吃得上午餐，完成家庭作业的时间少，配置师资时不考虑师生之比导致师生比失衡；政策因素（任意调离教师、不提供午餐、自动晋级政策、教师缺乏动力和晋升机会）。欧路加和欧普洛特—欧库鲁特（Oluka & Opolot-Okurut，2008）二人虽然罗列出了这些问题，但并没有指出其中一些问题的起因。即使如此，治理权下放和大量普及初等教育的改革之目的被认为是解决这些挑战的。

教育治理权下放政策至今实行了19年。本文试图探寻人们认为教育治理权下放之后，特别是下放教师聘用权、加强监督以及强调学校管理委员会的作用之后，对初等教育学生的表现产生了什么影响。本文的探索性成果显示，有56人（53.8%）认为小学治理权的下放对小学生的表现没有起到改善作用，其比例略高于认为治理权下放大幅改善了小学生表现的48人（46.1%）。当被问及小学教育治理是否应该重新收归中央时，有41人（39.4%）表示赞成，有63人（60.6%）表示不赞成。虽然多数人认为学生的表现没有由于权力的下放而改善，但多数人还是认可权力下放。由此产生的矛盾观点值得进一步研究。鉴于此，本文力图：

1. 分析教育管理者为什么认为权力下放改善了/没有改善小学生表现的原因；

2. 小学生成绩下降，教育管理者为什么还认可权力下放。

二 国家介绍、对权力下放问题的前期研究和政策背景

刚刚于2015年结束的千年发展目标提出让世界上所有的适龄儿童都能完成初等教育，并在所有级别实现男女童的平等受教育权。这一目标与乌干达政府在1997年1月实行的全面初等教育政策吻合，其中提出要让所有学生都上得了学。全面初等教育政策提出为乌干达所有初等教育适龄儿童（6—13岁）提供“免费”的教育。特别是全面初等教育政策旨在确立、提供和维持优质的教育，以便：

- 促进必要的人力资源发展；
- 促进社会根本性的积极变革；
- 提供满足最低需要的设施和资源，让每个儿童都能上学并完成初等教育；
- 让学习者能够根据自身条件接受教育，同时达到国家教学大纲的要求；
- 实现教育的公平，消除差异和不平等；
- 确保乌干达的大多数人都上得起学（John Paul II Justice & Peace Centre，2014）。

全面初等教育政策出台后，公立小学的入学人数从1996年的2800000人大幅增加至2014年的8485005人（NPA，2015）。2012年的毛入学率为128%，净入学率为92%，全面初等教育政策推出以前的入学率不足20%（OPM，2016）。2016年，总理办公室的进程评估显示，全面初等教育政策运行良好，有望实现提高教育可得性、公平性和增加学校设施等关键目标。可得性的提高促进了性别均等，2010年的净入学率为83.2%，实现了男女生均等（UBOS，2010）。然而，入学率骤增导致学生与教师/教室/教材之比严重失衡，难以实现优质教育的要求，乌干达的北部和东北部地区尤其严重（Oluka & Opolot-Okurut，2008；John Paul II

Justice & Peace Centre，2014）。

根据全面初等教育政策制度，教育和体育部继续执行核心职能，包括出资建造教室、图书馆等学校基本设施，开展监督，开展教师培训（包括进修课程），提供教科书和教师指南等教材，对全面初等教育政策项目进行评估，制定教学大纲和监测及评估标准。乌干达政府取消了小学阶段的学费和家长教师协会（PTA）的各项收费。政府直接向学校划拨赞助费和设施购置款用于支付教材、课外活动费用、维护费、水电费、行政开支、教师工资和非工资开支（Reinikka & Svensson，2004）。小学还接受慈善机构和区议会的捐款，区财政向小学拨款43%—70%（Saito，2003：166），小学教育的拨款得到不断增加。

1998年，初等教育权力下放重启，初等教育由区议会、区教育局（部门首长是区教育干事）和社区负责。教育专员向区议会与教育和体育部负责。区教育局官员负责为各学校配置教师，但瓦利姆（Mwalimu，2016）[①] 指出，教师的专业素质不尽如人意，导致全国的教学质量普遍低下。另外，瓦利姆还指出学校教师数量少，教师教学工作量繁重，儿童人口的不断增加，导致目前的师生比为54∶1。在这种情况下，教师不得不讲授不擅长的科目（Mwalimu，2016）。国家规划局（NPA，2015）指出，教育局随意为学校分配教师，根本不考虑师生比，导致各学校学生数量相当，但教师数量有多有少。国家规划局（NPA，2015）强调，乌干达的教师资源配置从来没有实现均衡，并认为是小学教师人事管理权的下放使得问题更严重。另外，教师的旷工率很高，目前为20%—30%（NPA），出勤教师上课不积极。在引用世界银行的报告时，瓦利姆（Mwalimu，2016）指出，40%的公立学校教室一度没有教师上课。

区教育局官员还监督执行政府的教育准则和政策，监督教育质量；对区议会划拨的教育开展进行分配、管理和问责，保证全区的学校质量和教育质量。但是，国家规划局（NPA，2015）指出，教育局的监督工作不力，小学的管理欠佳。其原因包括：中央和地方配备的人员不足，教育拨款有限，中央和地方职能重叠。这份报告还强调，由于人员、技能和预算

---

① Mwalimu（2016 - New Vision Wednesday July 20，2016；pages 22 & 27）. Poor Quality Teachers Choking Education.

不足，地方政府对学校的监督最薄弱。另外在下放制度下，社区层面的领导也负责学校的监督。比如在布凯德阿区，地方领导人（宗教领袖、地方议会、政府领导、区和镇的工作人员）尝试对学校进行定期走访，但由于没有交通工具和条件欠佳而受到阻碍（Nanyonga & Nanziri，2013）。该报告认为，尽管实行了权力下放，但学校仍然没有受到充分监督。报告还认为，自全面初等教育政策实行以来，社区对小学的监督总体来说是减弱的。究其原因，主要是社区的监督热情不高，监督条件欠佳，并且人们认为小学教育是政府该管的事。

另外，政府重新实行了校管会制度，将其确立为“政府派驻学校的法定组织”，对学校进行监管（GoU Ministry of Education and Sports，1998：17；Prinsen & Titeca，2008）。根据政府的政策，校管会负责管理学校的所有经常性收支，确保学校的适当和高效管理（Asiimwe & Nakanyike，2014）。改革后，政府对学校的拨款是附带条件的，校管会根据政府的条件对资金进行支配，即50%用于教材，30%用于课外活动，15%用于水电费和维护，5%用于行政（Prinsen & Titeca，2008）。校管会还负责监督教师和学生的出勤以及教师的绩效，确保家长为学生预订午餐，监督学校对拨款的使用。但是有报告指出，大多数校管会运作不力（Prisen & Titeca，2008；Nanyonga & Nanziri，2013）。有些校管会私下里已被政客和在各政府机构里为某团体充当代理人的社会名流挟持，他们往往会利用政治影响力为一些学校牟利（Reinikka & Svensson，2004；Prisen & Titeca，2008）。多数校管会成员都不活跃，他们不知道自己的职能和责任（Nanyonga & Nanziri，2013①）。

全面初等教育政策制度规定，家长应出资购买教材、笔、校服和午餐费用。但是那永加和南兹里（Nanyonga and Nanziri，2013）指出，在布凯德阿区，家长们没钱为子女订午餐，也无法出钱盖教师宿舍，尽管他们知道这是他们的责任。在乌干达北部，一些家长既买不起练习册也买不起教科书（Oluka & Opolot-Okurut，2008）。没有教科书既影响教学又影响学生

① Citizens' Voices UPE schools versus PLE performance in Bukedea district-Malera sub-county.

的阅读习惯，从而影响到教育质量。比如，2014 年 Uwezo 报告显示①，乌干达七年级学生中有 26% 的学生不会做二年级的数学题和阅读测验，三年级学生中有 87% 的学生不会做二年级的阅读测验。

2015—2016 年度的预算咨文指出，权力下放后，乌干达在提供高效的优质教育方面仍然困难重重。国家的统计数据显示，2012—2013 年，小学的算术能力从 45. 2% 降至 40. 8% 。同期，识字能力也从 39. 4% 降至 38. 3% 。2014—2015 年，一年级至五年级的持续就学率从 60. 6% 微降至 59. 9% ，同期，五年级至七年级的持续就学率从 32. 9% 降至 30%（MoFPED，2016）。其原因可归于教师长期旷工和迟到早退、教师和校长薪资过低（MoFPED，2016）。

初等教育质量下降还反映在小学离校考试的成绩上。比如 2015 年，有 621401 名学生报名参加离校考试，实际参加考试 601777 人，这显示有些考生在报名后退考。事实上，国家对读到七年级的学生的统计显示，仅有 33% 的学生能够毕业。这是由于政府对学校和教师的监管不到位，小学资金不足等原因造成的（OPM，2016）。对 2015 年 PLE 进行进一步分析发现，仅有 517895 名学生通过了离校考试，一等分数线内的考生仅占 8. 6% ，二等分数线内的考生占 39% ，其余考生位于第三和第四等分数线，还有 82972（13. 8% ）名学生没有得到毕业证。这表明大多数考生位于二等、三等和四等分数线，上不了国内顶级中学。

另外，小学教育虽然受到区教育局官员和校管会的监督，但各区的教育质量仍然参差不齐。其原因是各地区资源配置不均。相比于中西部地区，乌干达东部和北部地区“教师—学生之比和学生—教室之比严重失调，显示小学教育质量的差距非常大”（Nssah，1997②；WB，2012③）。全面初等教育政策虽然实现了入学均等化，但没有做到教育质量方面的均

① http：//www. twaweza. org/uploads/files/04 – 16% 20Uganda% 204% 20pages% 20compressed. pdf.

② Nssah，B. E. （Un dated 1997）Achieving Universal Primary Education through School Fee Abolition：Some Policy Lessons from Uganda：http：//www. worldbank. org/en/search？ q = regional + disparity + in + performance + of + primary + education + in + uganda.

③ Nssah，B. E. （Un dated 日期不详）Achieving Universal Primary Education through School Fee Abolition：Some Policy Lessons from Uganda：http：//www. worldbank. org/en/search？ q = regional + disparity + in + performance + of + primary + education + in + uganda.

等化（Higgins，2009）。如表1所示，北部和东部地区在教育质量方面仍然落后。

表1　　教育质量和表现指标（地区和全国层面）

地区	师生比	学生—教室比	国家考试一等成绩区	国家考试不及格	教育背景—无正规教育（15岁以上人口）2005年和2006年（百分比）	实质能力（18岁以上）2005年和2006年（百分比）
北部	58	92（2004年）	—	—	27	59
东部	55	90	—	—	20	61
中部	43	63	—	—	13	80
西部	73	73	—	—	26	66
全国	50（2004/2005年）	74（2005年）	5	15.2	20	69

资料来源：Higgins（2009：4）。

另外，城里的学校比农村学校好，私立学校比公立学校好。国家规划局（NPA，2015：12）强调，私立学校的管理优于公立学校，其原因是学生和教师的到校率提高，教师的动力被激发出来，资源配置更合理，学校的氛围更好。国家规划局（NPA，2015）强调，良好的管理水平是优化教学质量的前提。2012年，世界银行在对喀麦隆的类似情况进行研究时发现，小学教育的质量低下，其原因在于贫富差异、男女生的差异、农村与城市差异和各地区的差异。该报告指出，在很大程度上，喀麦隆教育体制面临的挑战与治理和管理问题有关①。报告通过举例证明，“对学校的

① http：//www. worldbank. org/en/news/feature/2012/04/11/better - governance - improving - education - outcomes - through - better - governance - in - cameroon - integrating - supply - and - demand - side - approaches.

问责薄弱，对教师课堂表现的监督有疏漏且没有成效”……资源配置的效益低，公众监督几乎没有，进而影响初等教育质量。由此可见，乌干达等一些国家的初等教育目前遇到了治理瓶颈。有迹象表明，在权力下放背景下，由政策制定者、执行者和受益者组成的初等教育治理的合作框架虽然明确，但初等教育的质量却正在降低。

三　研究方法

本次研究在乌干达东部地区布凯德阿、托罗罗、布达卡和布塔莱贾的小学管理者中进行，其中包括区教育局官员、校长和副校长。笔者根据就近原则确定了上述受访者。当时，他们正在参加由教育和体育部主办、乌干达管理学院承办的世界银行资助全球教育伙伴关系项目。该项目旨在培养上述四个地区的公立学校管理者的领导和管理能力。本次研究源于笔者参加了伙伴关系项目在布凯德阿培训中心举办的一次讲座。在参加讲座的45 名学校管理者中，只有 6 名在 2015 年的中学并学考试中获得了一等成绩。管理者们将问题归于教育制度的治理太差。一名管理者说：“如果说政府给国家惹了一个大麻烦，这个麻烦就是下放教育治理权。”这种言论促使笔者调查人们对权力下放和小学教育质量的看法。

由于临近布凯德阿培训中心，笔者将乌干达东部各区（布凯德阿、托罗罗、布达卡和布塔莱贾）作为本次研究的地点。笔者当时是布凯德阿培训中心的一名培训师。上述学校管理者为当时参加培训的学员，并表示有兴趣参与本次研究。笔者选择学校管理者作为研究对象，其原因是这些人与教师、家长、社区和学生等利益相关方密切接触，因此，他们掌握关于小学教育权力下放和学生的表现第一手材料。研究涉及 104 名参与者，包括 68 名男性（65. 4%）和 36 名女性（34. 6%）；男女比例悬殊较大，是由于小学领导的岗位多由男性占据。有 56 名（48. 0%）受访者的年龄在 40—49 岁，占多数，50 岁以上者有 27 名（25. 9%），主要是由于学校的校长一职一般会由比较资深的教师担任，年龄在 20—29 岁的受访者只有 1 名。

研究采取了两步方法。第一阶段进行探索性研究，目的是确定小学教育治理权下放是否改善了学生的表现，从而调查教育管理者对权力下放及其对教育质量的影响的总体看法。在这一阶段，笔者还针对小学教育是否应该重新由中央管理对学校管理者进行了访谈。调查以问卷形式进行，共向 150 名参与者发放了调查问卷，共收回了 104 份。笔者借助 Excel 电子表格对数据进行了分析。结果显示，有 56 名受访者（53.8%）认为权力下放对小学生的表现没有起到改善作用，有 48 人（46.1%）认为权力下放改善了小学生的表现。

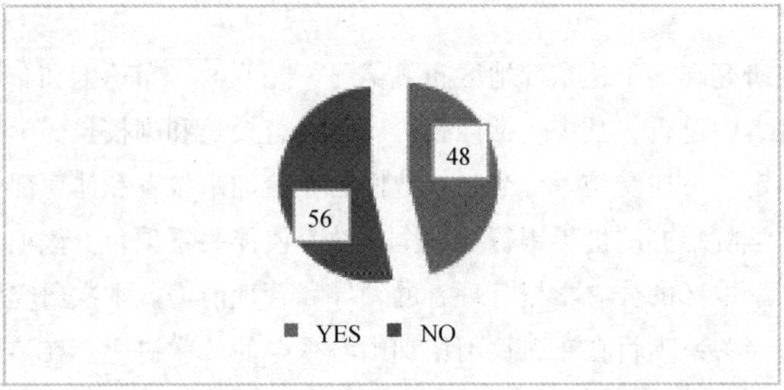

图 1　关于权力下放对学生表现之影响的问题回复比例

随后，受访者被问及是否应该将小学教育重新收归中央政府。结果显示，41 人（39.4%）赞成收归中央，63 人（60.6%）表示不赞成。虽然，多数管理者认为下放权力没有使教育质量得到改善，但多数人表示认可实行下放。这表示尽管下放政策存在一些弊端，但也不失为一个可取的政策。

以上结果为第二阶段的研究提供了基础。在第二阶段中，笔者分析了为什么大多数教育管理者认为权力下放对小学生的表现没有起到改善作用，还分析了为什么在学生表现下滑的情况下还认可权力下放。笔者制作了封闭式和开放式问题，通过自助问卷方式询问了同一批受访者。笔者对两名区教育局官员进行了访谈，其中一名是区教育局干事，另一名是学校监察员。在与校长和副校长的谈话中，这两名地区官员被特意提及，他们认为权力下放是否提高了小学生的表现，不妨问问他们二人的看法。通过对研究进行量化和质化分析，笔者对小学教育治理得出了以下广泛、深入的结论。

四　研究结果和讨论

（一）认为下放初等教育治理权有助于改善小学生的表现的观点

加强了对学校的监督

研究结果显示，有80名（76.9%）受访者认为，小学教育治理权下放以后，对学校项目的质量的监督和评估变得容易。与以往中央巡察组要逐一走访全国的学校不同，区监察员可以方便地前往区内最远的学校。中央巡察组的巡察员并不能花太多时间跟学生和教师进行沟通，以了解一个学校中的学习和教学问题。权力下放加强了巡察活动的正规性，同时也方便了巡察员与学生和教师进行沟通并提出建议。受访者表示：

“下放小学教育治理权加快了学校中各种情况发现和评估。巡察人员可以及时到达现场并提出建议，必要时他们会进行多次走访。比如，一些教师由于旷工问题受到了警告。”【布凯德阿区】

另一个受访者也持同样观点：

“在对学校和教育项目的有效监督下，教师改善了教学方法并进行了职业提升。巡察人员与学生进行沟通时，他们会针对学生的表现提出建议并告诉他们在学校中的义务，从而鼓励学生努力学习。”【布凯德阿区】

在下放监督权之后，监察员驻校办公，学生逃学和教师旷工的问题能够得到及时警告或处罚。虽然有文献（NPA，2015）指出监督工作不足，但常规的监督仍在开展，监察员用于校内人员的时间也比以往更多。

地方领导和教师参与监督提高了学生的到校率和持续就学率。23名（22.1%）受访者指出，老师会主动承担起责任对逃学的学生进行跟踪，然后约谈学生和家长。38名（36.5%）受访者表示，地方领导一直监督教师的旷工行为并汇报给学校行政部门。这降低了旷工率，并使得乌干达东部地区一些学校的教学质量得到改善。虽然一般来说，地方领导较少对学校进行监督（Nanyonga & Nanziri，2013；NPA，2015），但有证据表明监督遏制了学生的辍学率和教师的旷工行为。

教师的薪酬管理更加科学

接近54%（53.8%）的受访者认为，管理权的下放改善了薪酬管理工作，工资发放的效率更高，因为各区需要处理的员工数量在可控范围内，有效缩短了时间。这减少了教师浪费在投诉上面的时间，从而使他们能够花更多时间跟学生进行沟通。一名布塔莱贾区的受访者说：

“将教师的薪资管理权下放到区一级，教师就不用跑到中央去寻求解决工资问题。教师能够专心上课，这有助于改善教学质量。”

有79名（76%）受访者认为，权力下放使薪酬的发放和服务质量更接近公务员的水平。权力下放后，教师对薪资问题进行投诉更加方便，不再需要费时间去中央反映问题，此点毋庸置疑。但是国家规划局（NPA，2015）指出，这导致了困扰教育界多年的虚报教师、学生、学校的问题，造成了资源的滥用。由中央政府获得这些服务不会造成多大的时间和资金的浪费。另外，教师可以花更多时间在学生上，不过他们的工作积极性并没有因此提高。这也许就能解释为什么虽然教师有了更多自由支配的时间，40%的学校却一度没有教师上课（Mwalimu，2016）。发薪流程得到了精简，但由于受中央拨款影响，欠薪、低薪问题仍然存在。有45名（43.3%）受访者指出，教师虽然按时拿到了工资，但教师对待工作缺乏责任心，因为工资仍然过低。这佐证了国家规划局（NPA，2015）的发现，其中指出，虽然近些年对教育领域的预算不断增加，但教师工资的支出一直滞后，并且没有考虑到通货膨胀的影响。教师待遇低的问题经常导致教师在学校里罢工，影响正常的教学。

有45名（43.2%）受访者认为，对区内教育问题和项目进行的反馈比以往更快了。权力下放后，可以很容易地与CAO和区服务委员会等主管部门反映问题；校长可以通过本区的信息管理系统验证教职员工的信息；各区处理教职员工的投诉更容易和快捷。这就减少了耗费在反映问题上的时间和资源，减轻了教师的压力。各区的信息管理系统为教师提供了便利，但公务员的信息查询系统也覆盖地方政府与教育和体育部，这就造成了数据的重复。

社区在学校项目中的作用提高

有36名（34.6%）受访者认为，权力下放促进了利益相关方参与学校项目，促进了社区在学校中的作用，改善了学生的表现。另外，7名（6.7%）受访者认为，校管会的成立促进了学校对其资源的利用。家长和其他利益相关方对学校事务行使了发言权，学校的治理水平得到了提高。因此，受访者认为：

“权力被下放后，一些学校项目的组织由家长和教师协会和校管会主办，比如它们组织了测验活动以对公立全面初等教育政策学校的学生进行连续评估。人们纷纷拿评估结果与其他地区的考试成绩进行对比，显示我区的学生有一定竞争优势。家长们都希望自己的孩子有好成绩，所以校管会是家长反馈学生日常表现和家长意见的重要平台。”【布凯德阿区】

认为社区发挥作用的受访者不多，这印证了国家规划局（NPA，2015）的发现，即社区参与学校项目的程度不高，反映了社区对学校的作用有待提高。毕竟就其结构而言，家长应该在校管会有一席之地，但据说这一要求没有执行（Prisen & Titeca，2008；Nanyonga & Nanziri，2013）。

与社区作用相关的一个问题是，人事权被下放到区一级后，就出现一个聘用本地人作为教师和学校员工的问题。一般认为，聘用本地人能够促进社区的作用，培养教师的责任心。34%的受访者认为，为家乡教育事业出力可以调动教师的积极性，使他们愿意给予学生更多支持。受访者认为，“本地”教师更关心改善本区的教育质量，因为他们就住在这些社区里。正如托罗罗区一名受访者指出：

“实行教师本地化征聘以后，最近一次离校考试成绩比以往大幅改善。与其他地区的教师相比，本地教师对孩子们更有责任心。”

另一名布达卡区受访者指出：“教师现在的工作效率更高，因为他们离家近，家里如果有事情可以很快解决，使他们更放心。教师一般情况下都在学校上班，工作效率因此提高，从而改善了学生的成绩。”

聘用“本地”教师的政策促进了一个地区的教师就业。虽然本地教师被认为工作地点离家近，并且有足够时间用于教学，从而提高学生在离校考试中的成绩，但乌干达东部地区的离校考试成绩却例外。关于本地教师与考试成绩是否有关联，还需要通过更多的数据研究进行论证。

（二）认为权力下放没有改善小学生表现的观点

各地教职员工的聘用

权力下放虽然由于增加本地人的就业机会和加强社区作用而被大加赞扬，但有89名（85.6%）受访者认为，权力下放导致了裙带关系和职场矛盾。裙带关系对教师工作质量的影响很恶劣，因为他们可以肆无忌惮地不好好工作。正如上文提到的，所有的项目都掌握在政客的手中，这些政客根据“熟人社会”的原则来安排工作和资源。正如布凯德阿区一名受访者指出：

“由于裙带关系和部落文化，教育行业的工作已经变得很难找。这是因为有些人即使因为任人唯亲犯法也绝不会被抓或受处罚。大多数教师之间都沾亲带故，所以大家都不会监督彼此，也不会向政府举报。”

另一名托罗罗区的受访者也如此认为：“即使作为校长，我拿失职教师也没办法。因为他们的任免我说了不算。他们被录取、任用或调离时，没有人会听我的意见。即使这样，如果哪位教师是某位政客的亲戚，作为校长，我就要小心谨慎地处理关于他们的事情，否则我就要丢工作。”

裙带关系使学校管理层采取了放任不管的态度，以免得罪亲戚或政客的亲戚。所以，一些亲属根本不上班，不写课程计划，拒绝执行学校规章。44%的受访者指出，裙带关系使个人主义抬头，破坏了团结一致提高教学水平的团队精神，但在一定限度内有支持性监督。

有35名（33.7%）受访者指出，受裙带关系和“本地人综合征”影响，各区只招收本地人，将来自其他部落或地区有能力者排除在外，使得教育质量无法得到应有的改善。即使这样，任人唯亲的问题也加剧了招聘环节的腐败现象。有些受访者表示：

“腐败现象已经到了如此程度，一些高级领导在决定一些重要岗位的人选时只考虑自已人，不管他们是否能胜任。”【布塔莱贾区】

“招聘环节的腐败现象层出不穷。”【托罗罗区】

“不难见到，一些官员由于亲属关系就给一些没有能力的人安排工作。”【布达卡区】

“该地区官员中的欺诈和贪污问题非常严重。”【布凯德阿区】

上述访谈印证了国家规划局（NPA，2015）的观点，即权力被下放后，教师的任用方面问题更为混乱，换言之已经完全丧失了公平。

另外有33%的受访者认为，权力下放之后，教师丧失了接触外界经验的机会。教师被局限在本地区内，没有机会借鉴其他地区教学经验。教师们没有模范可学。由于信息闭塞，加之绩效考核制度有限，教师缺乏竞争，同时也没办法借鉴本地区以外的教学经验。

教师的招聘还受到只招收全科教师、忽视专科教师需求的现行政策影响。根据这一政策，获得小学教师资格者可以在小学教任何一个科目。一名区教育官员认为，这个政策已经影响到教育质量：

“我们根据学校的学生数量来启动招聘工作。师范学校的任何毕业生都可成为小学教师。我们上报政府时不会说明需要一名英语专业的教师，只需说需要一名小学教师就可以了。所以，可以发现学校里理科教师多，也许根本没有英语教师…… 私立学校没有这样的问题，因为它们对教师的技能要求非常具体。”【区教育官员】

教师的综合教学能力固然很重要，但由于“全科教师”教不了专业科目，现行的教师聘用制度有可能会影响到教育质量。如此一来，正如欧路加和欧普洛特—欧库鲁特（Oluka & Opolot-Okurut，2008）及瓦利姆（Mwalimu，2016）指出，对课程内容不了解的教师有可能会被“赶鸭子上架”。

针对教师、校长的恐吓和任意调离

教师和学校管理者的聘用权下放，加剧了教师和管理者被任意调离的现象，使教师难以进一步开展工作。教师的频繁更换会影响到学生的学习质量。通过走访区教育局官员和学校管理者之后，笔者发现频繁调离的原因是：政客、家长和教师协会以及校管会如果对某位教师或校长不满意，他们会向区教育局举报要求将其调离。举报理由一般是教师失职或是一些非职业行为如酗酒或骚扰学生等。如果区教育局长不理会投诉，一些政客会在区议会谎称教育局长与教师或校长合谋，把事情闹大，让有关人员丢工作。为了不惹事端，教育局长往往会执行政客或议会的调遣令。正如一名区教育官员所言：

“我们的职责是为官员执行教育政策和准则提供指引，但我们无法正常开展工作，怕得罪某个官员。有时，他们会误导家长，你就会发现所有人都在反对你，因为你要强推一个政策。”【区教育局长】

现有文献中虽然没有提及教师由于被恐吓离职，但与区官员交流中显示，被恐吓是教师辞职的原因之一，进而导致了师生比严重失衡。全国的教师离职率估计为4%。

一些学校管理者（18.7%）认为，权力下放为政客干预教育制度创造了空间，在教师、校长和教育局官员中引起了不必要的恐慌，进而影响了学校的运作。有67名受访者指出，学校管理者中普遍认为权力下放已被赋予浓重的政治色彩，不是一件好事；每一个项目都有政治领导的干预。政治领导对学校行政事务的影响力过大，政治领导似乎就像学校负责人一样。这与雷尼卡、斯凡森（Reinikka and Svensson，2004）和普莱森、提泰卡（Prisen and Titeca，2008）的发现一致。他们指出，校管会在私下里已被政客挟持，他们可以利用权力为某个学校牟利。虽然这些学者当时指的是学校的资金，但在人力资源方面亦是如此。

据称，区官员也对教师和校长进行恐吓。有20名受访者称，区官员对教师进行骚扰和恐吓。据说由于来自同一个区，区官员对教师不尊重。他们指出，教师每次去教育局反映问题时，他们就会受到侮辱。有一名受访者说：

"官员像是在自己家一样对教师什么事都干得出来。我们的性命任由他们摆布。"【托罗罗区】

恐吓和侮辱打击了教师们的积极性，还影响到了教学质量和学生的成绩。

另外有36名受访者认为，一些教师和管理者长期处于"代理工作"的身份，这打击了他们的信心，应该给他们正式任命和实质性身份。这也能解释为什么一些校长说的不算或没有实权。管理者没有实权的问题影响了一些学校的表现。但是，区教育局官员指出，任命校长或副校长需要资金和薪资支持。教育预算虽然每年都在增加，但实际在逐年减少（NPA，2015），可以说权力下放没有彻底改善教师地位问题。

监督能力欠佳

33名受访者指出，负责监督教学活动者没有参加过培训。比如，利益相关方和基金会中的工作人员，大多数都不熟悉教育制度和政策。这种人容易在监督时做出误判。如一名受访者指出的：

"校管会、家长和教师协会的成员都没有接受过适当培训。由于没有受过培训，也没有领导能力，他们不具备相关知识和技能。"【布达卡区】

"利益相关方有很多权力，但他们可能不是很了解政府的政策和工作，从而影响开展工作的效率。作为校长，你得到的意见可能是各式各样的，有些意见可能并不符合相关标准。"【托罗罗区】

"有些问题还没有定论，比如一些没有资质的监督者得到授权，但对教育政策一无所知。一些甚至得到中央政府支持的政客对教育体制造成了

破坏，影响到了学校的办学质量。”【布达卡区】

有一种观点认为，每个人都能对初等教育进行监督，即使没有相关指引和工具，但正是这种观点使监督工作更加薄弱。因此，国家规划局（NPA，2015）指出地方政府层面对学校监督最弱也在意料之中。

（三）导致小学生表现的一些其他因素

除了权力下放，本研究还论证了影响各区小学生表现的其他因素，包括：师生比失衡、教室拥挤、低薪欠薪问题、漠视教育、对政府教育政策有误解。

有45名受访者认为，师生比急剧失调使得教师难以对学生进行评估。学校招收的学生数量巨多，但学校的硬件设施不足难以应付。一些学校在树下上课，导致一旦下雨就不能上课，进而影响了课程进度。一些校长指出，（由于硬件设施较差）令学生感到失望，失去了继续上学的动力，所以选择退学。研究范围内的一些学校一个班有200名学生，导致一个教室坐不下，一名教师难以授课。

“学生数量远超教师可以承受的范围，师生比例严重失调。”【布塔莱贾区】

有些关于乌干达初等教育的文献，如政府报告国家规划局（NPA，2015）和OMP（2016）指出，师生比失调一部分原因是人口不断增加，并指出这也是教育质量降低的原因之一。

一些学校没钱聘请足够量的教师，还有一些学校着眼于替换即将离职、退休或死亡的教师（NPA，2015）。政府根据学生数量制订了教师配备的上限，使得无法为庞大的班级配备两名教师。另外，有56名（53.8%）受访者指出，权力下放后拖欠工资的问题仍然存在，使教师失去信心。44名（42.3%）受访者指出，教师的工资只能维持生存，工资水平低，一些优秀的“本地”教师已经离职去了其他区（在有些区家长提供额外补贴）。剩下的教师对工作缺乏使命感，所以学生由于没有得到最好的培养自然成绩欠佳。所以说，工资低使教师们感到失望，导致他们不好好上课，学生接受不到足够的教育。

正如欧路加和欧普洛特—欧库鲁特（Oluka & Opolot-Okurut，2008）二人所言，学校没有为教师准备宿舍，这导致教师上完课就要赶回家，以至于来不及回答学生的问题和批改作业。

“教师没有宿舍，他们到学校时已经筋疲力尽，影响了上课质量。”【布凯德阿区】

另外，学生和教师在学校吃不上午饭也影响了学生的表现。39 名（37.5%）受访者指出，学校不提供午餐使教师和学生都无法集中精力上课和学习。教师一般多以吃午饭为名义在中午离开学校，但到了下午就不会再回来了。

家长不重视教育

有 45 名（43.3%）受访者认为，子女学习不好，部分是因为家长没有尽到责任，比如家长不为孩子提供午餐。家长非常不愿意支持和配合政府的一些工作，比如，为学生支付午餐费和提供图书、文具、校服等必要的学习材料。学生逃学不会遭到父母的责备，也不会鼓励他们去上学。那永加和南兹里（Nanyonga and Nanziri，2013）发现，布凯德阿区的家长没有能力为子女缴纳午餐费，尽管他们知道这是自己的责任。甚至在干旱时节，学生不得不逃课帮家里挑水，或是长途跋涉寻找牧场，或在洪灾时随父母迁往比较干燥的地方。据《红辣椒报》报道，由于农村的贫穷，家长认为孩子应该先完成家务再去上学，所以有些学生经常旷课，有些学生因为学习跟不上选择退学①。有一名受访者指出：

“严重旷课和逃学导致一些学生学习跟不上，学习成绩下降。”【布达卡区】

当然，还有一些女生由于生理原因不能来上学，因为她们没有卫生用品，家长在这方面也考虑得不周到。家长普遍认为，政府应该为学生提供一切东西，包括食物、教材和校服。

有 52 名（50%）受访者认为，家长、其他利益相关方和学生普遍对教育有偏见。家长会把尚处学龄的女儿早早嫁给年龄较大的男性，以换取几头牲畜和“发财”。这不仅影响了小学的完成率，还影响了儿童对教育的态度。甚至连教师都对教书有偏见，因为他们的工资很低无法提高生活水平，所以把教书当成一种勉强度日的工作。所以，教师对学生的学习漠不关心。一名受访者指出：

---

① http：//www. redpepper. co. ug/challenges – in – universal – primary – education/.

“教职人员普遍对学校项目抱有消极态度，因为做这些项目几乎就是在赔钱，它更像是志愿性的项目。他们甚至都交不起子女的学费。教师甚至都无法负担家人的医药费，但反过来却被要求在学生成绩方面创造奇迹。”【托罗罗区】

另外，青年失业率高，加上良好教育背景不能在短时间内带来经济收益，导致学生没有动力完成学业。一名受访者指出：

“甚至学生自己都对教育有偏见。他们指望着教育能让他们毕业后就能当白领。但现实情况却不是这样，他们年长一点的亲戚毕业以后仍然留在村子里待业，还仍然喝着 ajono（一种土制的麦芽酒）。”【布凯德阿区】

学生的读书意识和自觉性较差，导致他们没有自我修正和自我发现的意识。

人们对学生自动晋级和儿童权利等政策存在一些误解。没有准备好的学生被升入高年级后发现跟不上节奏，致使大部分学生在本地/学校和国家的考试中失利。这反驳了国家规划局（NPA，2015）指出复读率高达10.19%的说法。据说，一年级至六年级的复读率高，特别是在乌干达北部、东部和西部地区，从而不可避免地加剧了师生比悬殊。另外，教师不敢惹恼学生，否则学生就会投诉教师实施骚扰，由此导致师生关系不和。由于教师害怕进监狱，学生不守纪律的案件大幅增加，学生为所欲为，学习成绩也大幅下滑。

（四）初等教育质量下降，学校管理者为何还认可权力下放政策

调查显示，下放治理权后，学校治理的供给侧加强，所以相比于集权，人们更认可权力下放。人们认为权力下放带来了如表 2 所示的好处。

表 2　　初等教育治理权下放的优点调查

	回答率（人数）	百分比（%）
权力下放到区一级后，薪酬问题更容易解决	68	65.3
教师的招聘工作被下放到区，各区可以根据对能力、知识和技能的要求物色合适人才	64	61.5
薪酬按时发放	63	60.6

续表

	回答率（人数）	百分比（%）
对学校项目和活动的检查和监督更加容易和规律	56	53.8
权力下放为社区创造了就业机会。员工上限被取消，聘用了更多教师，工作效率因此提高	42	40.4
建造了更多小学，缩短了学生的就学距离	23	22.1
建造了更多教室，招收了更多教师	21	20.2
权力下放后，与官员沟通更容易	16	15.4
权力下放促进了地方的利益相关方参与学校运作，并且正在发挥重要作用	16	15.4
官僚作风减轻，对简单问题的处理时间缩短，服务质量和效率提高	12	11.5
教师无须背井离乡地去工作，确保了家庭的完整	8	7.7
教育行业数据更新更容易，信息发布的时效性提高	6	5.8
实行了时间管理措施，采购工作更快捷、更务实	5	4.8

权力下放改善了对薪酬的管理，提高了教师福利。薪酬问题在区一级得到轻松解决，教师的工资发放时间缩短（65.3%），发薪较以往准时（60.6%），各区可以自主招聘它们需要的教师（61.5%），本地教师的就业机会增加（40.4%）。教师们再也不用为了工作背井离乡。此外，新建教室和教师数量也在增加。

权力下放加强了对学校项目和活动的监督（53.8%），监督工作更加规律且更容易开展。同时，权力下放促进了信息的采集和公开。

五 反思及结语

初等教育治理权下放及其配套改革（如下放薪资的管理权、下放对学校项目的监督权）加强了初等教育供给侧制度建设。处理教师投诉的效率更高，教师用于教学的时间相应增加。治理的供给侧的建设是确保政府各项标准和政策有效执行的关键。研究发现，区教育局官员遵守了教职员工的招聘准则，校管会也遵守了中央政府对拨款用途提出的条件。区官员对学校管理者使用政府拨款和物资进行了监督。这正是世界银行在

2010 年提出的“公共机构问责①”的概念，即像校长这样公共机构负责人向区政府和中央政府负责。公共问责制可提高公共服务的质量。正如本文调查结果指出，学校员工旷工并被监察人员发现后，他们有时会被处罚。

但是，这还不能彻底改善学校和教育的状况。调查发现，治理的供给侧中仍然存在如任人唯亲、恐吓教师和管理者、欠薪、政府越权、任意调离教师和监管不到位等问题。在这种情况下，教师的积极性没有调动起来，难以投入教学和辅助学生提高成绩。另外，有些政策如只招全科教师、强行向学校发放教材、一些政客恐吓教育局官员等，却让公共机构接受充分监督的努力打了折扣。

权力下放还确立了校管会、家长和教师协会这样的社会问责机构。社会问责制是对治理供给侧的补充，可确保政府反应的及时性，提高政府的服务质量。通过本研究可以看到，校管会促进了家长和其他各方参与执行学校项目。这使得更多利益相关方可以监督学校的活动和管理者的行为，改善了学生的表现。有些学校的学生到校率增加，还针对学生的表现进行定期评估。但是，在治理的需求侧似乎还存在一些问题：一、校管会被一些政客和社会人士挟持，但校管会只有极少成员参与学校项目；二、校管会不清楚自己的职能和责任，并且没有根据政府的准则和政策开展监督工作的能力；三、目前还没有一个明确的投诉渠道，可以让开展监督的政治人物、宗教领袖和公众举报学校的问题；四、包括家长和学生在内的各利益相关方都不重视教育。目前，在笔者确定的区域里，还没有一个民间组织旨在帮助改善学生的在校表现。

另外，研究表明，目前的改革结果还不足以解决乌干达东部小学生表现欠佳的问题。这是因为学校的项目资金不足、师生比失调、教室拥挤、低薪欠薪仍然存在，教师、家长和学生普遍不重视教育，以及对政府的教育政策，如学生自动晋级和儿童权利存在误解。

笔者认为，提高小学生的表现就要加强治理的需求侧。具体来说，这包括：一、加强校管会的建设；二、与家长进行沟通，使他们意识到要让

---

① WB (2010) Demand for Good Governance in the World Bank: Conceptual Evolution, Frameworks and Activities.

子女上学，同时通过购买教材、按时缴费和预订学校午餐，让子女坚持读完小学；三、清晰界定各方职能，预防政治人物干预本区或学校的教育工作；四、在社区层面建立监督组织，比如，在地方议会里设立包括家长和学生代表在内的教育委员会；五、在公众与区教育局官员之间确立明确的报告和反馈机制，同时公开学校的行政日历。

当然，治理的需求侧和供给侧需要相互补充以达到一种平衡（WB，2012）。供给侧方面的改革应该继续采取以下措施：一、增加教师工资，确立教师薪资制度；二、为各区招聘本地和外地教师制订相应的比例，以避免任人唯亲，同时鼓励教师向外流动；三、向私立学校学习，聘用专科教师，以提高公立学校的学生成绩；四、增加全民初等教育拨款，以应对不断上涨的教材价格；五、减少对教师的任意调离，对代课教师给予正式任命，提高教师的教学能力；六、继续投资兴建教室和教师宿舍，招收更多教师，为学校更新课本。学校的管理者和教师还应该加强服务意识和沟通能力，以促使家长愿意让子女上学。

参考文献

Asiimwe，D. and Musisi N. B. （2004）. Decentralization and transformation of Governancein Uganda. http：//ahero. uwc. ac. za/index. php？ module = cshe & action = downloadfile & fileid = 36807145012101642344134.

Cynthia B. Lloyd，C. B. ，Kaufman C. E. and Hewett，P. ，（1999）. The Spread of Primary Schooling in sub-Saharan Africa：Implications for Fertility Change. https：//www. google. com/#q = Lloyd% 2CKaufman% 2C + and + + Hewett + （1999）.

Higgins，K. ，（2009）. Regional Inequality and Primary Education in Northern Uganda Policy Brief No 2. Prepared for the World Development Report 2009. https：//www. odi. org/sites/odi. org. uk/files/odi – assets/publications – opinion – files/3377. pdf.

Higgins，L，and Rwanyange，R. ，（2005）. "Ownership in the Education Reform Process in Uganda." Compare：*A Journal of Comparative and International Education* 35（1）：7 – 26.

John Paul II Justice & Peace Centre，（2014）. The State of Universal Primary Education Schools in North and North Eastern. http：//www. jp2jpc. org/downloads/UPE% 20Report. pdf.

Ministry of Finance Planning and Economic Development（［MoFPED］2016）. Budget

Speech Financial Year 2016/17：Enhanced Productivity for Job Creation. Kampala Uganda.

Nanyonga，B. and Nanziri，P.，（2013）. Citizens' Voices UPE schools versus PLE performance in Bukedea district – Malera sub – county. http：//cdrn. or. ug/wp – content/uploads/2015/12/Citizen – voices – UPE – schools – Vs – PLE – performance – in – Bukedea. pdf.

National Planning Authority（[NPA] 2015）. Pre-primary and Primary Education in Uganda：Access，Cost，Quality and Relevance. http：//npa. ug/wp – content/uploads/NDPF5 – Paper – 3172015. pdf.

Nishimura，M.，Ogawa，K.，Sifuna D. N.，Chimombo，J.，Kunje，D.，Ampiah J. G.，Byamugisha，N.，and Yamada，S.（2009）. "A Comparative Analysis of Universal Primary Education Policy in Ghana，Kenya，Malawi，and Uganda. CICE Hiroshima University"，*Journal of International Cooperation in Education*，Vol. 12 No. 1（2009）pp. 143 – 158.

Nssah，E.，（1997）. Achieving Universal Primary Education through School Fee Abolition：Some Policy Lessons from Uganda：http：//www. worldbank. org/en/search? q = regional + disparity + in + performance + of + primary + education + in + uganda.

Office of the Prime Minister（[OPM] 2016）. Draft Report of the Process Evaluation Report of Universal Primary Education Programme in Uganda，Kampala，Uganda.

Oluka，S. & Opolot-Okurut，C.，（2008）. Performance in primary education in the Teso region：An exploratory study. http：//cees. mak. ac. ug/sites/default/files/TESO _ REPORT. pdf.

Overseas Development Institute（[ODI]，2005）. Universal Primary Education Uganda，Policy Brief 10. https：//www. odi. org/sites/odi. org. uk/files/odi – assets/publications – opinion – files/4072. pdf.

Prinsen，G. and Titeca，K.，（2008）. Uganda's Decentralised Primary Education：Musical chairs and Inverted Elite Capture in School. Public Administration and Development，28，149 – 164（2008）.

Reinikka，R. & Svensson，J.，（2004）. "Local Capture：Evidence from a Central Government Transfer Program in Uganda". *The Quarterly Journal of Economics*（2004）119（2）：679 – 705.

WB（2010）. Demand for Good Governance in the World Bank：Conceptual Evolution，Frameworks and Activities. A background paper for Social Development Strategy Midcycle Implementation Progress report（MCIPR）. http：//siteresources. worldbank. org/EXTSO-

CIALDEVELOPMENT/Resources/244362 - 1193949504055/DFGG_ WB_ Conceptual_ Evolution. pdf.

World Bank ([WB] (2012) . Poverty trends in Uganda, Who gained and who was left behind? http: //siteresources. worldbank. org/INTUGANDA/Resources/uganda - poverty - and - inequality - trends - full - policy - note. pdf.

新南威尔士州远西地区管理：土著社区在澳大利亚区域管理中的作用

澳大利亚悉尼科技大学公共政策与治理研究所
罗伯塔·瑞恩　伊薇特·塞利姆

【摘　要】新南威尔士州政府制定了一项重要行政机构策略，旨在联合地方议会、土著管理机构、非政府组织以及州政府和联邦政府行政部门，为新南威尔士远西地区社区面临的特殊挑战制定创新解决方案。该项目的目的之一是确保土著社区在政府服务提供方面有真正的话语权并提高其对未来的决策能力。本文探讨了土著和非土著管理模式，重点研究了为改善地方管理、基础设施建设和服务提供而制定的管理模式。本文认为，尽管一些解决方案可能会加强地方政府的协调，但如果不解决土著代表权和领导力严重缺失的问题，此类方案将会和之前的类似方案一样无法取得成效。本文的研究结果对澳大利亚其他偏远农村土著社区和更广泛地区的地方政府管理具有借鉴意义。

【关键词】地方政府管理；土著管理体系；新南威尔士州

一　引言

本文研究了澳大利亚政府管理体系与土著管理体系之间的关系（Lange，2005）。研究在澳大利亚新南威尔士州的远西地区展开，该地区拥有完善的土著社区管理体系。研究的现实意义在于澳大利亚和其他国家政府正在努力确保土著社区在决定服务提供类型和方式方面拥有真正的话语权，并提高土著对社区未来的决策能力。政府力图将地方议会、土著管理机构、非政府组织以及州政府和联邦政府行政部门联系在一起，为土著社区面临的特殊挑战制定创新解决方案。本案例中，土著社区管理面临的挑战性因素有以下几个方面：地方政府的局限性、土著自治体系种类繁多、如何对地广人稀地区进行管理、白人社区老龄化、土著社区人口迅速增长（其出生率和儿童比例为澳大利亚最高）以及土著社区发展劣势集中且就业率低等。在此背景下出现的许多问题和挑战，也可以反映出澳大利亚及其他国家偏远地区农村土著社区的情况，因此对地方政府管理具有更广泛的借鉴意义。

本文认为，尽管一些解决方案可能加强了地方政府的协调作用，但如果不解决土著代表权和领导力的严重缺失问题，此类方案将会和以前的方案一样无法取得成效。本文主要分为四个部分。第一部分对管理问题进行了研究，重点研究了澳大利亚的地方政府管理。第二部分辨析了对土著管理的不同理解，并强调了关于土著管理成功因素的经验。第三部分为案例研究。第四部分利用该案例研究，为其他偏远农村土著社区提供借鉴。

二　澳大利亚社会背景下的管理

近几十年来，学者和研究人员注意到了澳大利亚社会发生了从政府治理时代到管理时代的转变（Hambleton，2007；Rhodes，1996；Stoker，1998）。汉布尔顿（Hambleton，2007：165）指出，“政府治理”的主体是政府官方机构，而“管理”除政府治理之外，还包括通过更为灵活的方式对一系列公共和私营领域机构产生影响并与之协商，以达到预期效果。管理包括“人们选择以何种方式组织起来管理自己的事务，分享权力和责任，决定未来想要什么样的社会以及如何实施这些决策”（澳大利亚调解协会，n. d）。贝拉米和帕伦博（Bellamy & Palumbo，2010；Bouckaert and Pollitt，2011：21－22）指出，管理是对传统的分层组织形式的远离和网络化关系的应用。同时，也需要朝着扩大参与度的方向改变州政府与民间团体之间的关系。最终，管理意味着体系的重心从成文法转移到形式更加灵活的规定及其落实上。

简单来说，管理反映了一种不同于政府治理的模式。这“表明了政府治理意义上的变化，意味着管理进入了一个新的阶段；或是对有序规定进行改变的情况；或是治理社会的新方法”（Rhodes，1996：652－653）。从根本上讲，管理鼓励公共、私营以及非营利部门之间进行合作以实现共同目的。在这种情况下，政策结果就不再是主要政府部门决策的产物，而是“在管理层面产生的，基于特定政策领域的所有参与者相互依存的理念。每个部门或组织都可以提供相关的知识或其他资源。任何一方都无法掌握实施政策的所有相关知识或资源”（Rhodes，1996：657）。这标志着管理方式的转变（Stoker，1998：17）。虽然国家的等级权力仍然存在，但在管理模式中，重点在于指导、影响和协调他人的行为。这对区域和偏远土著社区和社群与政府的关系产生了深远影响。

（一）地方政府

澳大利亚所有州和地区（澳大利亚首都直辖区除外）都实行地方政府行政制度[①]。目前，澳大利亚有539个地方行政机构[②]。地方政府的宪法职责在于向州和地区政府负责（见图1）。

基于这种地方政府的形式，澳大利亚地方政府规模和权力都相对较小。权力在跨层重新分配时，特别是向下分配时很受限制。虽然地方政府的改革一直在进行中，一些政府职能已经下放到地方一级，但是地方政府行政从属地位的历史现实依然存在（Aulich，2005）。

地方政府层面的管理模式也常常被称为“网络化社区管理”（如Stoker，2011）或“社区管理”（Hambleton，2011）。这一管理模式重点强调了社区的作用，社区作为社会关系网的重要组成部分，可以引导地方政府管理的方向。网络化社区治理的目标是“满足社区对复杂的多层次管理体系的需求”（Stoker，2011：17）。对偏远农村社区而言，网络化关

① 澳大利亚联邦由六个州（新南威尔士州、昆士兰州、南澳大利亚州、塔斯马尼亚州、维多利亚州、西澳大利亚州）和两个地区（澳大利亚首都直辖区和北部地区）构成。

② 由于新南威尔士州最近在进行地方管理机构合并且有些在合并规划之中，该数字可能会有所下降。

系管理是一个重要的设计理念。史密斯（Smith，2007：10）指出，网络化关系管理以“自下而上”的联邦主义为基础，并具有相关层级的权力、作用和责任。

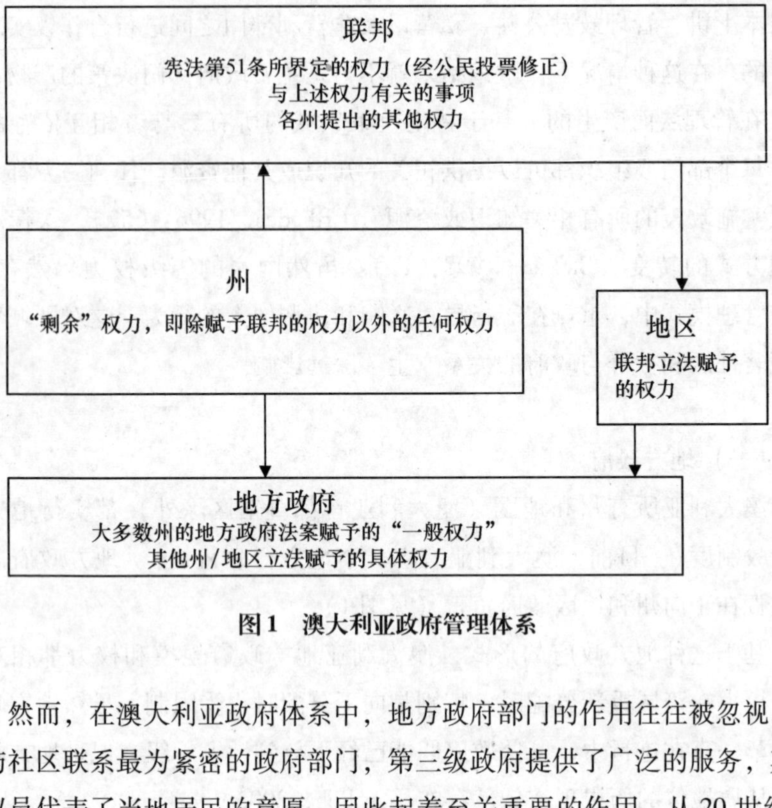

图1　澳大利亚政府管理体系

然而，在澳大利亚政府体系中，地方政府部门的作用往往被忽视。作为与社区联系最为紧密的政府部门，第三级政府提供了广泛的服务，其当选议员代表了当地居民的意愿，因此起着至关重要的作用。从20世纪80年代起，顺应国际社会政治趋向，且意识形态趋向新自由主义发展，澳大利亚地方服务水平不断提高。地方议会的传统职能从管理物价、道路修建和垃圾处理，转变为满足居民日益增长的复杂而广泛的服务需求，例如，保育服务，图书馆，移民服务，城市规划和发展服务，建社会住房、公园和休闲场所、发展公共交通等。地方政府层面提供的此类服务得到了显著的提升和改善。此外，目前服务的运营时间也得到延长，反映了更长的工作时间和全天候经济的社会发展趋势。许多地方议会现在已经深入参与人力资源服务方面的工作。然而，目前的主要支出还是在社区设施建设方面。奥利希（Aulich，2005：198）指出：

……与大多数以英美政治模式为基础体系的一样，澳大利亚的地方政府在两个主要方面起着重要的作用。首先，它表达了地方对权力下放管理模式的期望；其次，它是为当地社区提供高效服务的机制。这两种功能产生了两种地方政府改革的极端方法——一种主要侧重于地方民主，强调民主和地方价值观超过效率价值观；另一种主要侧重体系效率，强调有效向社区提供服务的重要性。

然而，城乡地方政府之间存在显著的不平衡。32%的受访者认为农村地方议会权力较小或很小，而仅有20%的受访者认为城市地方议会权力小（NSW Treasury Corporation，2013）。这给农村地方议会把握改善财务可持续性（共享服务模式）的机会带来了特殊挑战。

经过对近十年地方治理模式建立和实施情况的描述和分析，该模式的局限性开始被各方认识并得到证实。斯托克（Stoker，2011）指出，地方政府可持续管理的关键在于获得软权力和硬权力情况。硬权力是关于命令和激励的权力，而软权力是让别人同意你的想法和见解的能力，换句话说就是影响力。事实上，对于斯托克（Stoker，2011）来说，在社区管理角色中软权力是地方政府唯一的选择。其原因是地方政府往往缺乏硬权力，无法将利益相关者聚集在一起，也无法要求他们严格对解决社区问题负责。地方政府可以在政府部门之间进行跨机构合作，并与企业和社区内其他组织进行合作。

（二）地方分权主义

将各区域性管理体系进行整合，并提高地方、州和联邦各级政府部门的合作十分必要。较小的独立社区缺乏规模经济，无法保障大型项目（例如，道路建设及养护）的实施并为之提供服务（Westbury and Sanders，2012）。单独的社区也缺乏具有战略性的专门知识，无法进行有效的自我定位，也无法与主要政府部门取得联系以获得资金和支持。此外，区域性机构能够制定出成熟复杂的模式，来完成区域级的规划和审查。最后，区域级机构通常可以作为地方司法机构来运用解决多重和跨领域问题最可行的手段，而地方议会则无法做到这一点（Wolf and Bryan，2009）。

区域管理方式为促进公共领域、私营领域和非营利领域之间合作并实现共同目标提供了有效机制（Hambleton，2004）。区域管理的概念包括体系化的政府管理工作以及“为实现预期目的，对一系列公共和私营领域机构产生影响并与之协商的方式”（Hambleton，2004：5）。

在考虑区域管理时，综合考虑政府改革和管理改革至关重要。政府改革包括对构成政府管理体系中的要素进行结构性改革，其中包括各级政府部门之间的分工制度、选举方式、议会对哪一主体负责以及地方和区域议会的职能和权力。管理改革的概念比政府改革更广泛，管理改革承认了解地区政府管理体系的结构特征并不代表掌握了取得改革成功的全部要素（Bellamy and Brown，2009；Mayere，Heywood and Margerum，2008）。值得注意的是，确定有效且合适的区域管理模式比确定有效且合适的政府体系模式更为复杂。

虽然考虑结构性改革是做好平衡的一部分，但是想要获得良好管理方式却不仅仅在于此，我们需要考虑更大范围的问题，如关系网、合作关系、协商和决策的机制或方式（Mayere，Heywood and Margerum，2008；Thomas and Memon，2007）。这意味着，在偏远农村地区选择最佳管理方法时，除了结构性要素之外，还要考虑与结构无直接关系的管理特征。

三　土著管理

本部分分析了澳大利亚土著管理问题，重点研究了对土著有效管理提供帮助或造成阻碍的因素。以下为此研究的背景：在1788年英国殖民者到来之前，澳大利亚居住着土著——包括土著居民和托雷斯海峡岛民，他们被称为澳大利亚原始人。土著居民分布在整个澳大利亚，托雷斯海峡岛民住在澳大利亚与巴布新几内亚之间的岛屿上，该地带现在被称为托雷斯海峡。澳洲大陆有超过500个不同的族群或“民族”，其中许多族群拥有独特的文化、信仰和语言。

如今，澳大利亚是世界上民族最多的国家之一。四分之一的澳大利亚居民在澳大利亚以外的地方出生，还有更多人是第一代或第二代澳大利亚人，他们是近期到达澳大利亚的移民和难民的子女和孙辈。土著占澳大利亚总人口的2.4%（2200万澳大利亚人中约有46万土著）。

在土著居民集中的地区，管理体系必须要考虑到传统的土地利用和文化习俗，同时鼓励土著居民直接参与政治。参与决策是《联合国土著人民权利宣言》的一个关键原则，是公认的土著实现自主决策和改善生活的重要因素。生产力委员会（2014：26）在其关于改善土著聚居地不利条件的长期报告中对这一点进行了论证：

有效的管理、领导力以及文化认同在土著居民和托雷斯海峡岛民的社会经济发展中发挥着重要的作用，几乎影响到框架内的所有指标。

管理的广泛性也十分重要。合作伙伴、关系网和领导力共享也在消除土著聚居地劣势中起到基础性作用（缩小差距信息中心，2012）。为土著提供的服务不适当、碎片化、不协调等问题一直是澳大利亚地方政府改革和其他管辖机构区域管理改革的主要驱动因素（例如，北部地区各郡和阿南古—皮善朱拉—延库尼恰恰拉地区的改革，以及南澳大利亚州内地土著社区管理局的建立）。

关于土著管理有一系列概念。澳大利亚调解协会（Reconciliation Australia）指出，土著管理基于澳洲土著居民和托雷斯海峡岛民的信仰、惯例、传统、文化价值观以及社会和哲学体系。史密斯（Smith，2015）指出，这个术语有两个主要的延伸：第一，与社群相关，包括管理土著社群运作的活动、方式、体系及关系；第二，与“社区、土地和文化”相关，包含有关决策的一系列责任、惯例和认识（Smith，2015：15）。简单地说，“土著管理”可以指对于土著社区的管理（不管对土著社区的定义是什么），也可以指对土著群体的管理（Bauman，Smith and Keller，2014：6）。据一份针对在土著管理领域工作的个人、机构和组织的调查显示，对土著管理与政府治理之间的关系存在一系列不同观点；也就是说，土著管理不同于治理，还是土著管理是其一部分（Bauman，Smith and Keller，2014：5）。对于一些受访者来说，土著管理只是针对土著的管理，而另一些人则认为土著管理具有鲜明的特征，包括包容性、代表性和问责制度方面的独特性（Bauman，Smith and Keller，2014：5－6）。

赖利（Reilly，2006：407）将土著管理定义为“在不考虑其正式权利的情况下，土著社区就如何自我管理进行单独或集体决策。土著管理意味着土著遵守和践行自己的惯例和习俗，而不受主流法律规定的任何义务的影响”。亨特等人（Hunt et al.，2008：5）将管理定义为“不断演变的方式、关系、机构和体系，一个群体或社区组织起来，集体完成与其切身相关的重要事情”，奈斯—布雷和雅各布森（Nursey-Bray and Jacobson，2014：28－29）进行了进一步解释，土著管理可以在个人、实体、相互关系和环境层面做出解释，并包括“做出关于以下问题的决定：成员关系和身份；谁对何种事宜拥有何种权力；为确保权力合理使用协定的规则；如何执行决策；个人和群体如何与他人就权力和利益进行协商；哪些方式最有可能使他们实现目标”。而对于卡伦—昂斯沃思等人（Cullen-Unsworth et al.，2012：354）而言，土著管理包括“土著定义其文化、生物和文化多样性、文化可持续性方式的手段”。

研究者经常把澳大利亚和加拿大进行比较。这是因为在澳大利亚和加拿大的联邦体系中，联邦议会都分为上议院和下议院。在地方政府方面，两国都有省或州一级的政府（虽然并未在其联邦宪法中明确说明），省或州政府在管理和代表人民方面有重要作用，并通过征收财产税获得财政收入并提供服务（DIRD，2013）。此外，在土著方面，两国都有多样化的土著社区以及相似的殖民史（但这一点是在与新西兰和美国的对比中得出的）。在有关加拿大的研究中，泰亚伊克（Taiaiake，1999，cited in Graham and Wilson，2004）强调了典型土著社区的八个特征，包括共享文化、兼具多样性和整体性、交流、广泛参与及以共识为基础的管理、尊重和信任、族群维系、青年赋权以及与外界的牢固联系。格雷厄姆和威尔逊（Graham and Wilson，2004）指出，土著管理与联合国开发计划署的良好治理的五项关键原则相似，但也有其突出强调的几个方面①。例如，“合法性和话语权是通过加强共识获得的，而不是通过简单多数的制度”；“公平性，从平等的角度来讲，是指对独特观点的包容以及对老人、妇女和年轻人的尊重；而从法治体制的角度来讲，它的根源在于精神层面的知识和口头传统，而不是书面立法”；“指导性，或者说领导力，更多是来自对共同文化和社区认同的坚持以及集体福利的提高”，“绩效，尤其是在对资源的利用方面，其基础是关于人在自然界中地位的整体思想以及对

① 联合国开发计划署提出了良好治理的五项原则：合法性和话语权、公平性、指导性、绩效和问责制。

土地及所有依附于土地生物的极度尊重”；“问责关系建立于家庭、亲属关系以及社区体系上，因此可能与欧洲文化中的正式制度并不一样”（Graham and Wilson，2004：4）。1996年，皇家土著居民委员会提出了土著管理九个关键方面的纲要：土地的中心地位、个人的自主权和责任感、法治、妇女的作用、长者的作用、家庭和氏族的作用、领导力和问责制、决策过程中的共识（Graham and Wilson，2004：38）。同样，国家一级治理中心（2013）在五个主要方面“建立了‘第一民族治理’模型”。这五大方面分别是：人民（战略眼光、共享有效信息、参与决策），土地（领土完整、经济发展、尊重土地精神），法律和管辖权（扩大管辖权、法治），机构（透明度和公平性、以成果为导向的组织、制度的文化协调性、管理机构间的有效联系），资源（人力资源水平、财务管理能力、绩效评估、问责制和报告、收入来源多样性）。

就新西兰的土著管理而言，还有其他一些因素需要考虑（奥特亚罗瓦社区网，n. d）①。对于毛利人社群来说，其中可能包括对毛利族规则和毛利族传统的尊重（例如，任命受尊敬的长者），将价值观和原则作为族群管理原则的一部分，以及所有者在决策管理机构的活跃和参与程度。尽管毛利人的管理卓有成效，但依然存在挑战。罗伯特（Robert，2014）在概念上将这些挑战分为三个方面：“传统毛利人管理”，包括传统的毛利人行为方式（习惯法）在当代毛利人管理中的作用；“协定性毛利人管理”，与法人组织实现经济发展的方式有关；“转型毛利人管理”，包括“代表毛利人利益共同体的法人企业的良好管理是否会对毛利人的实际生活和社区福利产生积极的影响”。

鉴于国际上土著社群的数量及其多样性，在土著有效管理方面缺少共识并不奇怪（Plumptre and Graham，1999：13）。但是，土著领导者之间以及学术界内部达成一定的共识，对土著社群通过合理融合传统和现代规范发展其自身对于良好管理的定义至关重要（Plumptre and Graham，

① 奥特亚罗瓦社区网（Community Net Aotearoa）（n. d）指出：“有效运作的管理机构通常具有：各项技能的良好组合；合格的管理者；专家工作委员会；管理有效的会议；能够自由表达不同观点的活跃氛围；管理者由对机构发展的美好愿景和明确的各项协议支持，可以确保所有的观点都得到充分考虑；如果不能使用组织内的工作人员，外部专家对某些问题可以提供必要帮助，例如在某高度敏感的情况中；良好的自我评价。”

1999：13）。

四 土著管理经验

文献资料为我们提供了很多土著有效管理的特点，其中有很大一部分相互重叠。鉴于本文的研究目的，我们把这些成功因素分成了10个关键主题。与了解土著管理理念类似，承认"对成功的土著社区管理项目进行定义很困难也很复杂，管理成功的因素对于土著和非土著来说可能有很大的不同"至关重要（澳大利亚家庭研究所，2016：3）。

1. 自我意识和授权

土著管理的一个关键要素是明确社群的性质和组成。史密斯（2015：135）指出，"设计一个新的管理方式时，明确谁参与到管理当中至关重要——谁是自我管理或自我决定中的'自我'？"这涉及社群成员的身份、社群性质和成员关系（Smith，2015：135）。社群授权是此方面的重要因素。社群授权是指社群代表其成员以及与成员建立关系的合法性。

2. 管理制度

土著社群有一系列的模式或体系。土著社群中的组织结构类型较为广泛，有地方性的也有区域性的，有分散式的也有集中式的，有法人性质的也有非法人性质的。一项基于北部地区和州际土著管理模式的研究指出，其结构体系可以分为以下类型：

非法人性质社群：由当地政府支持；

非法人性质社群：由法人性质组织支持；

非法人性质社群：高峰联盟；

自筹资金的新兴社群：从不具法人身份的社区到法人区域社群过渡；

具有自主区域文化的代表性社区组织；

自主区域管理关系网：语言、社区及文化群体；

高峰组织：具有跨辖区和跨行业的特征；

高峰组织：具有单一辖区和单一行业的特征；

商业公司：具有一系列业务组合的文化区域；

地方政府：基于文化的地区、行政区和范围；

地区议会：自主决策的"自下而上"的联合会；

自治社群：完全重新建立的民族组织；

中心及辐射：集中管理及权力下放管理；

关系网结构：城市“家庭”或社群以及企业（Smith，2015）[①]。

值得注意的是，合适的管理体系不仅在最初阶段至关重要，而且在其发展的整个过程中都意义重大；管理体系是确保社群能够适应不断变化的环境及合理处理优先事项的基础（Smith，2015：8）。事实上，亨特和史密斯（2005：3）建议，“我们不应该通过正式的法律、宪法和技术机制，对管理机构和具有代表权的组织进行仓促的具体化或法律化改革；早期实验需要时间进行完善和发展”。

法人社群必须遵守澳大利亚相关法律，其中对正式的西方管理模式做出了规定（Hunt et al.，2008）。这种管理模式带来了一些挑战，格里森和斯特拉顿（Gerritsen and Straton，2007：166）称之为“韦伯式非个人分配的合理性”——区别于基于局部利益和亲属义务的土著管理模式（Hunt et al.，2008）。从根本上讲，“在对组织的服从和适当考虑成员优先事项之间取得恰当平衡一直是对管理的挑战”，当社群中有非土著成员且其缺乏对这些因素的了解时，情况就更加难以掌控（Altman，2008：189）。

美国文献显示，社群管理方式的有效性与其提供社会经济可持续发展的能力有一定关系（Smith，2004：1；Cornell，2002；Cornell and Kalt，1992）。哈佛大学“美洲印第安人经济发展研究项目”发现，管理体系与经济发展之间有直接关系。亨特和史密斯（Hunt and Smith，2005：4）结合澳大利亚的实际情况做出假设，“有效的土著和非土著管理方式共存，最有可能实现经济发展”。

3. 文化合理性

合理的文化体系对实现有效的土著管理有重要意义。文化合理性包括土著通过其努力建立的管理方式和规定。它还包括“在文化意义上对决策过程的参与和掌控”、土著认为重要的价值观、组建权力机构并行使权力的土著思想，以及在社区价值观及传统和西方社群管理标准之间取得平衡（政府服务条例审查委员会，2014；澳大利亚调解协会，2010）。澳大

---

① 关于结构体系类型及其优劣势的总结参见史密斯（2015）论文。

利亚调解协会（2010：24）指出：

若社群和领导者对其成员和团体来说失去文化合理性，通常会影响外部利益相关者对其的信任度，他们会质疑社群或其领导者是否有能力完成工作。同时，如果一个社群和领导者无法有效地提供服务并为社区落实有实际意义的措施，那么他们就会失去在社区中的可信度。

例如，文化合理性是伊里曼（Yiriman）项目取得成功的一个关键因素。该项目是一个非法人性质项目，建立于2000年。作为“2014澳大利亚调解协会土著管理奖”的一部分，“IGA评审委员、生产力委员会前主席加里·班克斯（Gary Banks）”指出：

优秀的社群或组织能够脱颖而出，是因为其具有明确的目标、清晰的角色定位和责任划分，但最重要的是有可靠的领导者。伊里曼项目在这些方面都很出色。伊里曼项目给我们留下了深刻印象，它有其他杰出社群所具有的成功元素：良好的事务处理方式、良好的领导力、良好的问责制，此外伊里曼项目还具有文化合理性。这意味着其具有包容性及其在社区中对项目具有所有权（澳大利亚调解协会，2014：18）。

4. 文化匹配

文化匹配在土著管理中也起着重要的作用。2004年，哈佛大学项目研究小组向澳大利亚学术争论界引入了“文化匹配”的概念（Smith，2004；Begay，Cornell and Kalt，1998；Cornell，1993，2002）[①]。文化匹配意味着社群“体现土著认为重要的价值观；反映了其关于如何组织和行使权力的当代理念；社群通过土著的努力而建立，因此能够得到其内部成员的支持（Begay and Cornell，n. d：11）”。美洲印第安人的族群情况大致类似，但澳大利亚（以及加拿大社区）在文化上更具多样性。尽管策略和解决方案不同，文化匹配概念在澳大利亚似乎有着强烈的共鸣（Smith，2004）。

5. 双向管理

土著社群需要考虑到两种管理制度：土著管理和非土著管理，通常称

---

① 哈佛大学“美洲印第安人经济发展项目”由斯蒂芬·康奈尔（Stephen Cornell）和约瑟夫·卡尔特（Joseph Kalt）于1987年在哈佛大学创立。项目旨在研究在何种条件下美洲印第安社群能够获得可持续发展。

为“双向治理”。土著居民和托雷斯海峡岛民必须在土著文化、规定（例如，对其社群和社区成员实行）和非土著法律（例如，对政府和出资者实行）的框架下，平衡责任和义务（澳大利亚调解协会，2010）。史密斯（2015：14）指出“土著居民重视内部责任和相互责任，而政府则强调‘向上的’问责制、财务管理和合规报告”。土著社群可以采取多种策略解决双向管理问题。社群在众多策略中可能会选择与土著关系和传统体系分离的当代管理体系，也可能会采用创新的管理体系或是调整现有体系（Smith，2004：26）。然而，国际研究显示，最有效的策略是调整非土著管理方式，并使传统价值观和实践实现现代化（Morgan et al.，2005；Tsey et al.，2012）。

6. 领导力

强有力的领导是实现有效土著管理的关键。领导者作为“社会关系网中的连接点，可以调动资源并沟通各方观点”，为社群和社区做出贡献（Smith，2007：10）。社群活动领导者的职能包括制定规则和活动方式、在组织运作的各种文化环境中提供资源、改革管理方式以及执行规定（Smith，2007：10；Smyth and Bauman，2007：11）。例如，有关自然资源管理（NRM）的文献表明，“土著领导者能够通过向社群成员表明他们可以在决策中获取话语权，来动员其人民进行自然资源管理规划，而自然资源管理项目的领导者支持土著领导者的此类做法（Hunt，2013：6）”。此外，从对北部地区和州际土著社群的研究中可以获得以下经验：

领导者是社区管理的基石——社区管理的成功或失败取决于领导权力的行使方式……“领导者”与社区成员之间的沟通和互动对保持领导力的合理性十分重要。领导力对在社群和社区中发展强有力的管理文化至关重要（Hunt and Smith，2005：4）。

例如，伊里曼项目在2012年获得了土著管理奖，该项目成功的一个关键因素是“年长者为项目设定了明确的目标”以及“强有力的领导、文化合理性和外部行政管理支持”（澳大利亚调解协会，2013：18）。国际研究（Morgan et al.，2005）显示，成功的土著领导者具有四种品质，即即使在失去影响力的情况下，也能为他人注入积极的能量；“以战略性和创新的方式思考能力提升，既以单纯提升能力为目的，也把它作为获得更好业绩手段”；“使用非正式的关系网、人际联系和社会地位来保护社群”以及“适应社群发展的领导风格”（Tsey et al.，2012：168）[①]。史密斯（2015：15）指出：“土著社群的领导结构是网络化的，是非常复杂的——社会关系分散、层级较多、背景特殊（存在礼仪、组织、家庭、住所、年龄和性别等变量）。”社区和区域管理中领导力和管辖权的关系网在一定程度上是重叠的，关系网逐级深入到社群、部族和大家庭中。这种土著领导力的概念和风格与政府更为熟悉的概念和风格不同（Smith，2015：14）。土著的领导风格可能不被政府理解，这种潜在的认识缺乏可能导致其领导力在无意中被破坏（Hunt and Smith，2005：4；Hunt et al.，2008：18）。

7. 决策和争议解决

土著管理在决策模式上各有不同。西方模式通常基于对相反观点的辩论和多数原则，然而土著决策模式往往基于共识。土著管理体系通常通过各层次的相关个人、族群和社区建立关系网（Smith，2015：15）。在建立关系网的体系中，每个人都有相互的“角色、责任和义务”，但权力在族群和亲属团体之间以平等的方式进行分配（Smith，2015：15）。菲利普斯（Phillips，2009：90）指出，“土著和非土著居民都认为当代管理制度共识是不可能存在的、不合适的或是无效的”。许多土著社群力图建立“基于土著关系和互助互惠观念的共同价值观和工作方式”（Smith，2015：157）。

在处理外部合作关系时由谁掌握决策权也很重要。在对加拿大共同管理方式的研究中，鲍伊（Bowie，2013：95）强调，通常情况下，土著在参与决策时是作为建议的提供者，而无权做出最终决定，最终决定通常由联邦政府、省级政府或地方政府做出。

土著争端解决方法也与非土著的方法有所不同。土著解决争端的方法包括非正式讨论，调解，遵照行为守则、传统规范、文化习俗和管理方式解决；内部纠纷多以非正式的方式处理，而外部纠纷往往是通过正式程序解决（澳大利亚调解协会，2012：13）。

---

① 关于土著领导规范的进一步细节参见 Ivory，2008。

8. 资源和管理能力

资源在成功的管理方式中发挥着重要作用。获得财政资源和保障财务安全有助于为社群提供灵活多样的管理（澳大利亚调解协会，2012）。然而，资源不仅仅与财务相关，还包括人力、文化、经济、技术和自然资源，这些资源在土著社群之间存在很大差异（Smith，2004）。

管理能力也是一个关键因素。管理能力分为四个层次：个人、社群、社群与周边政府之间的关系、政治和法律环境（Hunt and Smith，2005：5）。例如，普通的能力问题包括"成员的识字和算数能力较低"、管理技能薄弱、无法满足客户需求（Tsey et al.，2012：168）。近期，澳大利亚总理内阁部的 IAG 风险、合规及诚信部门对 44 个土著社群进行了调查，发现决策层成员有限的财务知识和管理培训是一个突出问题。在一个案例中，一名毫无财务知识的土著领导者与非土著顾问签署了一项协议，该顾问之后被指控犯有欺诈和滥用公共资金罪（Four Corners，2016）。

9. 地方特点和管理环境

有效的管理需要对社会、文化和政治特征以及更广泛的管理环境有一定的认知。文献显示，避免采用"一刀切"的方法，尊重历史、语言、氏族及民族、利益和意见的多样性具有重要意义（Smyth and Bauman，2007；澳大利亚家庭研究所，2016）。亨特和史密斯（Hunt and Smith，2005：2）指出，"建立管理方式必须以当地实际情况为基础——必须包含与文化相关的地理位置和管理方式之间的关系，这些关系与传统关系、司法管辖权、法律、习俗和具体历史情况也息息相关"。此外，亨特和史密斯（Hunt and Smith，2005：2）做出假设，"并非所有的管理方式都会产生相同的效果。由于当地实际情况的不同，一些方式、模式和体系与其他的相比，可能会取得更好的效果"。

土著社群所在的更广义层面的环境也十分重要。这里的"管理环境"包括与该社区有关的领导者、政治家、组织、机构、企业、政府以及政府三个不同层级的各部门（政府服务审查指导委员会，2014；Hunt and Smith，2005）。"土著社区管理项目"中的一个关键经验是，管理环境可以帮助实现有效土著管理或对其造成阻碍；简单来说就是除了土著社区和社群的管理，政府管理也十分重要（Hunt and Smith，2005：5）。缺乏"整体政府"的政策方法是土著社群面临的一个重要挑战（Smith，2007：

11)。这意味着土著社群需要面对不同的部门和辖区的各种策略和政策(Smith, 2007: 11)。

10. 文化实力和时间问题

文化实力极大地影响了外部或非土著人员参与到土著社群中的程度和方式，反过来又影响了土著管理的有效性。亨特（Hunt, 2013: 11）指出，“知识、技能和态度方面的文化实力至关重要，其中必须包含对社区组织、土著和托雷斯海峡岛民文化知识和技能的认识和尊重。例如，非土著工作人员对土著的社会和历史背景、文化特征、处理事务的不同方式、土著作为其传统领地监护人的特殊关系所知甚少，就容易引发矛盾”(Hunt, 2013; Nursey-Bray et al., 2009)。在关于国家资源管理方面，鲍伊（Bowie, 2013: 96）强调，尽管有关于使土著参与管理的承诺，但这一承诺并没有涉及其核心价值观和行为准则，特别是与文化、精神、宇宙观、行为方式相关的问题。

时间问题也很重要。在自然资源管理方面，随着时间的推移，施加压力或者限制土著的行为会适得其反。相比之下，若土著能够设定自己的（文化上兼容的）时间框架，就会实现有效的管理（Smyth and Bauman, 2007)。然而，亨特（Hunt, 2013: 11）认为可能其短期结果并不理想，但长期来看会取得良好效果。

五 远西地区案例研究

在这一背景下，本节重点介绍远西地区土著管理。“远西地区项目”的建立在于为该地区提供一种新的管理和服务模式，为远西地区实现可持续发展和建立宜居社区做出贡献。由于远西地区面临的许多关键挑战与澳大利亚其他偏远地区的土著社区相似，因此作为研究案例十分合适。挑战性因素包括九个现有的地方政府体系、土著自治体系种类繁多、如何对地广人稀地区进行管理、白人社区老龄化严重、土著社区人口迅速增长（其出生率和儿童比例为澳大利亚最高），以及土著社区劣势集中且就业率低等。下面就其中一些挑战展开讨论。

由于远西地区面积广大、经济社会发展较为落后，因此面临一系列服务提供和基础设施建设方面的挑战。新南威尔士州的远西地区包括当地政府管辖下的巴尔拉纳德（Balranald）、伯克（Bourke）、布雷沃里纳（Brewarrina）、布罗肯希尔（Broken Hill）、科巴尔（Cobar）、森特尔达林（Central Darling）、沃盖特（Walgett）、温特沃斯（Wentworth）以及非法人地区（Unincorporate Area）。远西地区的北部为新南威尔士州和昆士兰州的边界；远西地区西部是新南威尔士州和南澳大利亚州的边界；远西地区的南部与维多利亚州以墨累河为界。该地区还与地方行政区莫里普林斯（Moree Plains）、纳拉布赖（Narrabri）、库南布尔（Coonamble）、沃伦（Warren）、博根（Bogan）、拉克兰（Lachlan）、卡拉苏尔（Carrathool）、海伊（Hay）和库尔（Wakool）临界。远西地区约占新南威尔士州面积的41%，人口约为48000人，不到新南威尔士州全部人口的1%。该地区大部分地方行政区是人数在2000—7000人的小社区。只有布罗肯希尔例外，其人口超过1.9万人。远西地区的主要城镇有布罗肯希尔、科巴尔、温特沃斯和伯克。温特沃斯毗邻维多利亚州的地区城市米尔迪拉（Mildura），其人口达5.3万人。

远西地区的土著人口目前在不断增长，而非土著人口则在下降。居住在该地区的土著人数比例接近16%，明显高于全国2.5%的比例。生活在布雷沃里纳的人中有将近60%的人为土著居民，远远高于新南威尔士州的其他地方。土著居民人口在伯克和森特尔达林也占30%以上，在沃盖特接近30%，在其余地方行政区占7%—13%。在非法人地区，只有3.3%的人口为土著居民。

由于远西地区是新南威尔士州不利条件最为集中的地区之一，该地区在改善社会和卫生相关状况方面面临重大挑战。与新南威尔士州整体水平相比，远西地区收入水平低，贫困问题较为严重。经证实，土著居民人口集中的地区面临的不利条件更多。偏远社区的土著儿童的入学率很低且其家庭暴力率很高，有大量儿童权利被侵犯且儿童犯罪率很高（NSW申诉专员，2011）。此外，远西地区的环境特别脆弱，由于气候变化带来的影响，其环境脆弱性和压力很可能会增加。

然而，虽然远西地区面临诸多挑战，但也有其优势和机遇，其中包括：替代性能源产业带来的机遇，不断发展的、领导力强、未来前景良好的土著社区，以及远西土著社区的文化、历史、遗产为该地区带来独特的标志性旅游体验。

在土著管理方面，新南威尔士州的西部和西北地区有27个地方土著土地委员会（LALC）（新南威尔士州土著土地委员会，2009）。当地土著土地委员会是自治机构，受其理事会管辖，理事会由当地土著社区成员每两年一次的选举产生。地方土著土地委员会为其成员和当地更大范围的土著社区服务。它们为土著社区提供住房、法律、就业和一系列其他日常事务方面的支持。莫迪帕克（Murdi Paak）地区议会（MPRA）是代表新南威尔士州西部16个社区的土著居民和托雷斯海峡岛民利益的区域性代表机构，其代表的土著社区为布罗肯希尔（Broken Hill）、温特沃斯（Wentworth）/达尔顿（Dareton）、艾凡赫（Ivanhoe）、麦宁迪（Menindee）、威尔坎尼亚（Wilcannia）、科巴尔（Cobar）、伯克（Bourke）、安戈尼亚（Enngonnia）、布雷沃里纳（Brewarrina）、古德欧格（Goodooga）、韦摩陵格（Weilmoringle）、莱特宁里奇（Lightning Ridge）、沃盖特（Walgett）、库南布尔（Coonamble）、格拉根邦（Gulargambone）和科拉雷内布里（Collarenebri）。自20世纪90年代中期以来，迪帕克地区议会和社区工作组成员一直致力于新南威尔士西部的土著区域管理和领导。迪帕克地区议会的成员直接由社区工作组从各个社区中选出，而社区工作组成员则由土著居民选举产生。每个社区工作组的主席（或主席代表）为迪帕克地区议会的代表。此外，该地区的土地委员会有三名代表，迪帕克地区议会有四名青年领袖。

2012年，新南威尔士州独立地方政府审查小组（ILGRP）成立，旨在提高新南威尔士地方政府办事能力和效率。2013年审查小组对新南威尔士州促进地方政府有效管理的建议包括：提高战略能力；促进财政可持续发展，强化财政责任；处理基础设施积压问题，改善服务提供方式（新南威尔士州独立地方政府审查小组，2013）。远西地区项目汇集了地方议会、非政府组织以及新南威尔士州和澳大利亚联邦政府主要部门，旨在为新南威尔士远西地区社区面临的特殊挑战制定创新解决方案。该项目的目的在于改善新南威尔士州远西地区的地方管理、基础设施建设和服务提供方式。新南威尔士州独立地方政府审查小组在其最终报告中建议远西地区各级政府采取新的管理和服务提供方式，远西地区项目就是州政府在其建议的影响下由州政府建立的。新南威尔士州政府支持远西地区采取创新的管理方式和原则，以确保能够满足偏远社区未来的各项需求。

然而，远西地区的未来似乎仍困难重重。新南威尔士州独立地方政府审查小组认为，该地区目前的地方政府管理方式不具有可持续性，可能无法解决当地社区面临的困难。审查小组建议，“想要实现必要的变革，需要政府、相关机构和社区在思考问题和运作方式上做出重大转变”（新南威尔士州独立地方政府审查小组，2013）。审查小组建议设立远西地区管理局，并对该地区地方政府管理模式进行改革（新南威尔士州独立地方政府审查小组，2013）。新南威尔士州政府支持创新管理模式的理念，并提出进一步磋商以确定最佳改革方案。针对远西地区的未来发展，新南威尔士州独立地方政府审查小组（2013）强调了以创新的角度看待和管理该地区的重要性：

审查小组希望可以重新建立整体政府管理体系，为远西地区的战略发展和服务提供带来创新方式。政府需要对创新策略做出整合，并对不同社区的特殊需求给予不同的处理方式。通过这种方法，政府可以充分利用现有机会推动远西地区发展，并帮助其制定有效利用该地区资源的新举措。在财政政策方面也需要做出改变，不应该更多地依赖于外部资金的支持，而应该采取更加信赖远西地区发展前景的财政策略。

六　内涵研究

远西地区为解决澳大利亚其他偏远农村土著社区常见的管理问题和挑战提供了重要借鉴。该研究第一次涉及对地理和文化角色的不同理解。这对于理解“地区”这一概念尤为重要（Smith，2007）。对于政府而言，一个地区拥有正式的边界且其人口规模需要达到相当的水平，以确保能够有效地提供服务并发展适当规模的经济（Smith，2007）。然而，对于土著而言，地区是基于集体的“自我”概念，其重点是文化地理性，并以自主权和辅助性制度概念为基础（Smith，2007）。史密斯（Smith，2007：28）指出：

“传统的”土著地区的边界在标准意义上并不是地籍的划分。其边界偶尔会以地理和生态的形式显现，但也可能是社会结构的不同，并且边界在很大程度上是隐形的（例如，命名机制和婚姻制度）。这些土著地区性体系为其协商、建设、分裂和融合等活动服务。换句话说，土著社区有文化地理概念也有政治经济观念，可以进一步影响关系、联盟、权利和责任等基础性问题。

这些理解上的差异表明了外部人员和非土著人员的文化感知能力。亨特和史密斯指出（Smith and Hunt，2005：3）：

一些地区性管理模式设计的基本理念是寻求在自主权、辅助性制度以及更大范围的代表权和服务提供之间取得平衡。这也导致了联邦和地区分散的社群管理模式。政府需要认识到管理方面的文化地理性对根据不同目的而对社群采取不同管理的合法性至关重要。了解与这些文化地理相关的地方土著辅助性制度、代表方式和关系自主权等情况可以有助于落实政府政策、促进社区发展，进而改善社区和地区管理。

另一个需要考虑的因素是建立有效和可信任的伙伴关系。运作良好的管理体系的关键指标是合作能力。对于偏远农村土著社区，一个运作良好的管理体系需要能够与州和/或联邦政府进行有效合作，尤其是在主要基础设施建设和服务提供项目方面。这些关系是否能成功建立的基础是信任程度。研究发现，牢固的合作关系包括与合作伙伴（澳大利亚家庭研究所，2016）的直接互动（例如，通话或面对面会议）。然而，这些关系需要时间来建立，也需要长期的投资和良好的洞察力。

确保土著优先事项和目标得到充分承认和处理同样重要。有效管理要求地方当选政府必须合理安排土著管理中涉及的利益相关方。政府需要使其工作形式多样化，既要提供服务也要使其他各方人员能够为实现社区特定目标做出贡献。这意味着既需要在横向上与其他地方政府部门、社区企业和团体合作，也需要在纵向上与其他级别的政府相互配合。很重要的一点是，有效管理模式要求地方政府改变其与社区互动的方式。通常情况下，社区对当地政府项目的参与仅限于与当前问题有特定相关利益的团体和非营利组织。有效管理方式强调通过广泛的代表性和参与性来确保合法性。斯托克（Stoker，2011：17）指出，“这一协调角色要求政府的领导能力超出追求效率和客户导向的范畴，并能够应对跨界工作的挑战以及达到整体规划的目标”。

增强管理能力是另一个关键因素。区域管理体系的一个关键制约在于缺乏财务、文化教育、管理、行政、人力和制度以及服务提供等方面的组织能力（Smith，2005：8）。这表明需要在土著社群内对其成员及领导者进行有针对性的文化感知能力培养和相关培训。

土著社区还面临一系列能力方面的问题。为了解决此类能力问题，培训需要考虑当地条件、“土著学习风格和沟通需要的多样性”、土著所认为的重要事项及能力、了解挑战和管理背景以及“有效的跨文化交际技能”（Smith，Bauman and Quiggin，2014：18）。生产力委员会（2011：11.5）强调了两个能力培养方式：“公共管理”能力培养方式，其中包括“社区达到问责制度要求的能力”，并与“管理制度”和“领导力”等有效管理的决定性因素息息相关；“社区发展”方式强调“赋予社区权力，使其担负责任并掌控未来”，并与有效管理的“自我决策”密切相关。在土著社区管理项目中，亨特和史密斯（Hunt and Smith，2005：5）指出，以下几点因素存在时，社群内部的管理能力可以得到最佳发展：以地点为基础；以工作和目标为导向；有基于自我评估的管理优先事项；形式具有相关性，且以对当地社区现实有意义的方式提供；长期持续并得以加强。

七 结论

远西地区土著管理中的一系列方法对于改善该地区的地方管理、基础设施建设和服务提供具有潜在意义。若想在区域管理改进方面取得显著成功，需要采取整体方法（Westbury and Sanders，2012）。需要进行地方政府改革，其目的在于带来更广泛的管理服务改革，这可能需要三个级别政府的共同努力以改善当地社区的服务提供。在探索这些方法时，我们认识到地方政府改革可以为远西地区各级政府更广泛的改革提供坚实基础。

参考文献

Altman，J. 2008，“Different governance for difference：the Bawinanga Aboriginal Corporation”，Chapter 7 in J. Hunt，D. Smith，S. Garling，S. & W.，Sanders，(eds) Contested governance：culture，power and institutions in Indigenous Australia 2008，CAEPR Research Monograph no. 29，Australian National University E Press，Canberra，viewed 30 May 2016，<http：//press - files. anu. edu. au/downloads/press/p97361/pdf/book. pdf? referer = 148>.

Aulich, C. 2005, "Australia: still a tale of Cinderella?", in B. Denters & L. Rose (eds), Comparing Local Governance: Trends and Developments, Palgrave MacMillan, pp. 193 – 210.

Australian Institute of Aboriginal & Torres Strait Islander Studies 2007, Organising for success: Policy report. Successful strategies in Indigenous organisations. Canberra: AIATSIS & Melbourne: The Australian Collaboration, viewed 30 May 2016, < www. aiatsis. gov. au/research/ success. html >.

Australian Institute of Family Studies 2016, What works in effective Indigenous community-managed programs and organisations, AIFS, viewed 30 May 2016, <https: //aifs. gov. au/cfca/publications/what – works – effective – indigenous – community – managed – programs – and – organisations/export >.

Bauman, T., Smith, D., Quiggin, R., Keller, C. & Drieberg, L. 2015, Building Aboriginal and Torres Strait Islander governance: report of a survey and forum to map current and future research and practical resource needs, AIATSIS, Canberra, viewed 1 June 2016, <http: //aiatsis. gov. au/sites/default/files/products/research_ outputs/bauman_ buildingindigenous – governance_ web. pdf >.

Begay and Cornell (n. d), "What Is Cultural Match and Why Is it So Important?", Native Nations Institute for Leadership, Management, and Policy (University of Arizona) and Harvard Project on American Indian Economic Development, viewed 30 May 2016, <http: //fngovernance. org/resources_ docs/Why_ Is_ Cultural_ Match_ So_ Important_ Presentation. pdf >.

Begay, M., Cornell, S. and Kalt, J. 1998, Making Research Count in Indian Country: The Harvard Project on American Indian Economic Development, Malcolm Wiener Center for Social Policy and Harvard, Malcolm Wiener Center for Social Policy and Harvard Project on American Indian Economic Development, J. F. Kennedy School of Government, Harvard University, Boston, MA.

Bellamy, J. and Brown, A. 2009, Regional governance in rural Australia: An emergent phenomenon of the quest for liveability and sustainability? In: J. Wilby (ed.), 53rd Annual Conference of the International Society for the Systems Sciences: Making Liveable, Sustainable Systems Unremarkable: Proceedings.

Bouckaert, G., & Pollitt, Ch. 2011, Public Management Reform. A Comparative Analysis-New Public Management, Governance and the Neo-Weberian State. 3rd Edition, New York: Oxford University Press.

Bowie, R. 2013, "Indigenous self-governance and the deployment of knowledge in collaborative environmental management in Canada", *Journal of Canadian Studies/Revue d'études canadiennes*, vol. 47, no. 1, pp. 91 – 121.

Closing the Gap Clearinghouse (AIHW, AIFS) 2012, What works to overcome Indigenous disadvantage: key learnings and gaps in the evidence 2010 – 11. Produced for the Closing the Gap Clearinghouse. Canberra: Australian Institute of Health and Welfare & Melbourne: Australian Institute of Family Studies.

Community Net Aotearoa n. d, Community Resource Kit, Department of Internal Affairs and Ministry of Social Development, NZ, viewed8June2016, < http: //www. community. net. nz/resources/community – resource – kit/contents – of – the – community – resource – kit/#Governance >.

Cornell, S. 2002, "The Harvard Project findings on good governance", in Speaking truth to power III: Self-government, BC Treaty Commission, Vancouver, BC, CAN, pp. 14 – 15, viewed 6 June 2016, <http: //www. bctreaty. net/files/pdf_ documents/truth_ 3_ book. pdf>.

Cornell, S., Curtis, C. & Jorgensen, M. 2004, The concept of governance and its implications for First Nations, 2004, Joint Occasional Papers on Native Affairs, p. 40, viewed 3 June 2016, < http: //udallcenter. org/jopna. net/pubs/jopna _ 2004 – 02 _ Governance. pdf>.

Cornell, S. 1993, Accountability, Legitimacy and the Foundations of Native Self-Governance, Malcolm Wiener Centre for Social Policy and Harvard Project, J. F. Kennedy School of Government, Harvard University, Boston, MA.

Cornell, S. 2002, "What is institutional capacity, and how can it help American Indian Nations meet the welfare challenge?" Paper presented at the Symposium on Capacity-Building and Sustainability of Tribal Governments, May 2002, Washington University, St Louis.

Cornell, SE 2006, Indigenous peoples, poverty and self-determination in Australia, New Zealand, Canada and the United States, 2, Joint Occasional Papers on Native Affairs, Native Nations Institute for Leadership, Management, and Policy, viewed 6 June 2016, < http: //nni. arizona. edu/resources/pubs/jopna%202006_ 02_ indigenous. pdf>.

Cornell, SE and Kalt, J. 1992, "Reloading the dice: improving the chances for economic development on American Indian reservations", in S. Cornell and J. Kalt (eds), What Can Tribes Do? Strategies and Institutions in American Indian Economic Development, American Indian Study Centre, Los Angeles, CA.

Cullen-Unsworth, LC, Hill, R. , Butler, JRA & Wallace, M. 2012, "A research process for integrating Indigenous and scientific knowledge in cultural landscapes: principles and determinants of success in the Wet Tropics World Heritage Area, Australia", *Geographical Journal*, vol. 178, no. 4, pp. 351 – 365.

Department of Infrastructure and Regional Development, 2013, Chapter 7: Special report: local government in Canada, viewed 22 July 2016, http: //regional. gov. au/local/publications/reports/2002_ 2003/C7. aspx.

Four Corners 2016, "Ripped Off", ABC, viewed 29 July 2016, <http: //www. abc. net. au/4corners/stories/2016/06/06/4474335. htm >.

Graham, J. & Wilson, J. 2004, Aboriginal governance in the decade ahead: towards a new agenda for change, Tanaga Series, Institute on Governance, Ottawa, Ontario, viewed 6 June 2016, <http: //dspace. africaportal. org/jspui/handle/123456789/11013 >.

Hambleton, R. , 2007, "New Leadership for Democratic Urban Space", in R. Hambleton & J. S. Gross (eds), Governing Cities in a Global Era: Urban Innovation, Competition, and Democratic Reform, Palgrave Macmillan US, New York, pp. 163 – 76.

Hambleton, R. , (2004), Beyond new public management: City leadership, democratic renewal and the politics of place, Paper to the City Futures International Conference, Chicago, Illinois, USA, 8 – 10 July 2004.

Hoffmann, B. D. , Roeger, S. , Wise, P. , Dermer, J. , Yunupingu, B. , Lacey, D. , et al. 2012, Achieving highly successful multiple agency collaborations in a cross-cultural environment: Experiences and lessons from Dhimurru Aboriginal Corporation and partners. Ecological Management and Restoration, 13 (1), 42 – 50. doi: 10. 1111/j. 1442 – 8903. 2011. 00630. x.

Horton, D. 1996, "The Aboriginal Wall Map", Aboriginal Studies Press, AIATIS and Auslig/Sinclair, Knight, Merz, viewed 30 May 2016 < https: //www. mapworld. com. au/products/aboriginal – australia – laminated >.

Hunt J. , Smith DE, Garling S. & Sanders W. (eds) 2008. Contested governance: culture, power and institutions in Indigenous Australia. Centre for Aboriginal Economic Policy Research research monograph no. 29. Canberra: Australian National University E Press. Viewed 1 June 2016, http: //press – files. anu. edu. au/downloads/press/p97361/pdf/book. pdf? referer = 148 >.

Hunt, J. 2013, Engagement with Indigenous communities in key sectors, Resource sheet no. 23, Closing the Gap Clearing house, Canberra, viewed 30 May 2016, < http: //

www. aihw. gov. au/uploadedFiles/ClosingTheGap/Content/Publications/2013/ctgc – rs23. pdf >.

Hunt, J. and Smith, D. 2005, Ten key messages from the preliminary findings of the Indigenous Community Governance Project, 2005, Centre for Aboriginal Economic Policy Research, Australian National University, Canberra, viewed30May2016, < http: //caepr. anu. edu. au/sites/default/files/Publications/WP/10key. pdf >.

Ivory, B. 2008, "Indigenous leaders and leadership: agents of networked governance", Chapter 9 in J. Hunt, D. Smith, S. Garling, S. & W. , Sanders, (eds) Contested governance: culture, power and institutions in Indigenous Australia 2008, CAEPR Research Monograph no. 29, Australian National University E Press, Canberra, viewed 30 May 2016, < http: //press – files. anu. edu. au/downloads/press/p97361/pdf/book. pdf? referer = 148.

Joseph, R. 2014, Indigenous Peoples' Good Governance, Human Rights and Self-Determination in the Second Decade of the New Millennium-A Māori Perspective. Māori Law Review. December 2014, viewed 3 June 2016, < http: //maorilawreview. co. nz/2014/12/indigenous – peoples – good – governance – human – rights – and – self – determination – in – the – second – decade – of – the – new – millennium – a – maori – perspective/ >.

Lange, C. 2005, "Local governance in remote regions-models and issues: governance and service delivery in Wiluna", paper presented at ICG P & WA and Australian Government Partners Workshop, Perth, viewed 8 June 2016, <http: //caepr. anu. edu. au/sites/default/files/cck_ misc _ documents/2010/06/Gov _ and _ service _ in _ Wiluna _ CLange. pdf >.

Mayere, S. , Heywood, P. R. and Margerum, R. , 2008, Governance and effectiveness in regional planning: An analysis of North American, European, and Australasian practice. In ACSP-AESOP 4th Joint Congress: Bridging the divide: Celebrating the city, 6 – 11 July 2008, University of Illinois, Chicago.

National Centre for First Nations Governance 2009, Governance Best Practices Report Index of Best Practices. A Report for the New Relationship Trust. The National Centre for First Nations Governance. Canada, viewed 3 June 2016, <http: //fngovernance. org/publication_docs/NCFNG_ Best_ Practice_ Report. pdf >.

National Centre for First Nations Governance 2013, The People, The Land, Law & Jurisdiction Institutions Resources: The Five Pillars of Effective Governance, viewed 8 June 2016, <http: //fngovernance. org//publication_ docs/Five_ Pillars_ EN_ web. pdf >.

NSW Aboriginal Land Council 2009, "LALC Regions & Boundaries", viewed on 29 July 2016, <http: //www. alc. org. au/land – councils/lalc – regions – – boundaries. aspx >.

NSW Independent Local Government Review Panel 2013, Revitalising Local Government, Final Report. Final Report of the NSW Local Government Independent Review Panel.

NSW Independent Local Government Review Panel 2013, Strengthening NSW Remote Communities: The Options.

NSW Treasury Corporation 2013, Financial Sustainability of the New South Wales Local Government Sector: Findings, recommendations and analysis.

NSW Ombudsman 2011, Addressing Aboriginal disadvantage: The need to do things differently. A special report to Parliament under 31 of the Ombudsman Act 1974. Sydney: NSW Ombudsman, viewed 30 May 2016, < http: //www. ombo. nsw. gov. au/news – and – publications/publications/reports/community – and – disability – services/addressing – aboriginal – disadvantage – the – need – to – do – things – differently >.

Nursey-Bray M., Wallis A. & Rist P. 2009, "Having a yarn: the importance of appropriate engagement and participation in the development of Indigenous driven environmental policy, Queensland, Australia". *Indigenous Policy Journal*, vol. 20, no. 3, pp. 1 – 40.

Nursey-Bray, M. & Jacobson, C. 2014, " 'Which way?': The contribution of Indigenous marine governance", *Australian Journal of Maritime & Ocean Affairs*, vol. 6, no. 1, pp. 27 – 40.

Office of the Registrar of Indigenous Corporations 2010, Analysing key characteristics in Indigenous corporate failure: Research paper. Canberra: ORIC, viewed 3 June 2016 < www. oric. gov. au/html/publications/other/Analysing – key – characteristics – in – Indigenous – corporate failure_ v – 2 – 2. pdf >.

Phillips, B. et al., 2013, Poverty, Social Exclusion and Disadvantage in Australia, NATSEM, Report prepared for Uniting Care Children Young People and Families, pp. 46 – 50.

Phillips, Gregory, 2009, "Cultural and Personal Principles For Indigenous Governance", *The Journal of Indigenous Policy*, 10: 86 – 92.

Pipi, K., Cram, F., Hawke, R., Hawke, S., Huriwai, TeM., Keefe, V., Mataki, T., Milne, M., Morgan, K., Small, K., Tuhaka, H. & Tuuta, C. (2002). Māori and iwi provider success: A Research report of interviews with successful iwi and Māori providers and government agencies. Wellington: Te Puni Kōkiri, viewed 3 June 2016 < https: //docs. google. com/viewer? a = v & pid = sites & srcid = ZGVmYXVsdGRvbWFpbnxrYXRvYWx0ZHxneDozZGY1MzUwMzZlYjkwNTI5 >.

Productivity Commission (2014), Overcoming Indigenous Disadvantage: Key Indicators.

Productivity Commission 2011, Overcoming Indigenous Disadvantage: Key Indicators. viewed 30 May 2016, http: //www. pc. gov. au/research/ongoing/overcoming - indigenous - disadvantage/key - indicators - 2011/key - indicators - 2011 - report. pdf.

Reconciliation Australia 2010, Sharing Success Governance Workbook, Reconciliation Australia, Canberra, viewed 6 June 2016, <http: //caepr. anu. edu. au/sites/default/files/cck_ misc_ documents/2010/06/Workbook_ Mt_ Isa. pdf>.

Reconciliation Australia 2012, Sharing Success: stories from the Indigenous Governance Awards, Reconciliation Australia, Canberra, viewed 30 May 2016, <http: //www. reconciliation. org. au/iga/wp - content/uploads/2014/01/IGA_ 2012_ Analysis_ Report_ web. pdf>.

Reconciliation Australia 2013, Sharing Success: Stories from the 2012 Indigenous Governance Awards, Reconciliation Australia, Canberra, viewed 3 June 2016, <http: //reconciliation. org. au/iga/wp - content/ uploads/2014 /01/IGA_ 2012_ Analysis_ Report_ web. pdf>.

Reconciliation Australia 2014, Indigenous Governance Awards 2014, Reconciliation Australia, Canberra, viewed 8 June 2016, http: //www. reconciliation. org. au/iga/wp - content/uploads/2014/10/Souvenir - booklet. pdf.

Reconciliation Australia n. d. Indigenous governance toolkit, Reconciliation Australia, Canberra viewed 1 June 2016, <http: //www. reconciliation. org. au/governance/>.

Reilly, A. 2006, "Constitutional framework for Indigenous governance", Sydney Law Review, vol. 28.

Rhodes, RAW, 1996, "The new governance: governing without government", *Political Studies*, vol. 44, no. 4, pp. 652 - 657.

Smith, DE 2004, From Gove to governance: reshaping Indigenous governance in the Northern Territory, CAEPR Discussion Paper no. 265, Centre for Aboriginal Economic Policy Research, Australian National University, Canberra, viewed 30 May 2016, < http: //caepr. anu. edu. au/sites/default/files/Publications/DP/2004_ DP265. pdf>.

Smith, DE 2007, "From COAG to coercion: a story of governance failure, success and opportunity in Australian Indigenous Affairs", paper presented at Australia and New Zealand School of Government (ANZSOG) conference, Canberra, pp. 15, viewed 30 May 2016, < http: //caepr. anu. edu. au/others/governance/Occasional - papers - 1190988000. php>.

Smith, DE 2007, "Networked Governance: Issues of Process, Policy and Power in a West Arnhem Land Region Initiative", Ngiya; Talk the Law, vol 1, pp. 24 – 52.

Smith, DE 2015, Organising Aboriginal Governance: pathways to self-determined success in the Northern Territory, Australia, Report to the Aboriginal Governance and Management Program, Aboriginal Peak Organisations of the Northern Territory, viewed 1 June 2016, <http://aboriginalgovernance.org.au/uploads/images/Di – Smithreport.pdf>.

Smith, DE, Bauman, T. & Quiggin, M. 2014, Indigenous Governance Development Forum: Mapping Current and Future Research and Resource Needs, Background Paper, Indigenous governance Development Forum, AIATSIS, viewed 1 June 2016, http://www.aigi.com.au/wp – content/uploads/2014/10/Indigenous – Governance – Forum – Background – Paper.pdf.

Smyth, D., & Bauman, T. 2007, Outcomes of three case studies in Indigenous Partnerships in Protected Area Management: Policy Briefing Paper for the Australian Collaboration, Australian Institute of Aboriginal and Torres Strait Islander Studies, Canberra, viewed 30 May 2016, <http://aiatsis.gov.au/sites/default/files/products/research_outputs_submission/policy – briefing – paper – protected – area – management – case – studies.pdf>.

Steering Committee for the Review of Government Service Provision 2014, Overcoming Indigenous disadvantage: Key indicators, Common wealth of Australia, viewed 30 May 2016, <http://www.pc.gov.au/research/ongoing/overcoming – indigenous – disadvantage/key – indicators – 2014/key – indicators – 2014 – report.pdf>.

Stoker, G., 1998, "Governance as theory: five propositions", *International Social Science Journal*, vol. 50, no. 155, pp. 17 – 28.

Thomas, S., & Memon, P. A. 2007, New Zealand Local Government at the Crossroads? Reflections on the Recent Local Government Reforms. Urban Policy and Research, 5 (2), 171 – 185.

Tsey, K., McCalman, J., Bainbridge, R. & Brown, C. 2012, Improving indigenous community governance through strengthening indigenous and government organisational capacity, Closing the Gap Clearinghouse, Canberra, viewed 30 May 2016, <https://www.aihw.gov.au/uploadedFiles/ClosingTheGap/Content/Publications/2012/ctgc – rs10.pdf>.

United Nations Development Program (UNDP). (n. d.), from http://www.undp.org.

Westbury, N. & Sanders, W. 2012, Governance and service delivery for remote Aboriginal communities in the Northern Territory: Challenges and opportunities. CAEPR working paper no. 6/2000.

Wolf, J. & Bryan, T., 2009. Identifying the capacities of regional councils of government. State and Local Government Review, 41 (1): 61 - 68.

不可避免的政策、受影响的决策和困难的执行：多层管理背景下的意大利公共管理改革

英国开放大学商学院　圣西诺·亚历山德拉
布拉加·亚历山德拉　卡斯特拉尼·洛伦佐
库铎·希尔

一　引言

对于行政改革理论框架的理解应根据改革发生时的新背景及时进行调整。本文旨在阐释一个新的框架概念，可用于理解当代行政改革，即行政技术民粹主义。

行政技术民粹主义可定义为因面临民众和技术精英阶层的压力，要求推动政策决策者改变现有管理模式而采取行政改革和行动的行为，其目的是满足对机制和/或官僚和政治阶层现有做法的主流反对意见。

框架概念有助于更好地理解政治和政策之间的关系在当代的变化。实际上，以即时性、短期性、媒体化、言论摘要和政治不信任等为基础的新的政治风格正在影响政策结果，成为民粹主义的一部分。在这些方面，新的行政改革恶性循环正在兴起。民粹政治影响决策和政策程序，造成功能失调或者不完整的行政改革。

从方法论的角度看，我们使用例证性个案研究法（Yin，2009）；具体来说，先描述背景情况，定义民粹主义和行政技术民粹主义，然后使用

分析框架，整合行政技术民粹主义因素以理解行政改革。意大利省级机构改革为分析框架提供了案例数据。意大利被视为欧洲行政技术民粹主义的典型国家——本文将就几点原因对其进行探讨。

本文将重点讨论下面几点：21 世纪民粹主义的主要根源；行政技术民粹主义的主要特色；意大利案例和省级机构改革；从学习经验的角度探讨西方国家行政技术民粹主义的相关性和话题性，以及在以治理术为特点的现代社会，对行政技术民粹主义和行政改革关系的初步评论。

二　背景

21 世纪，西方民主的政治组织和机制革新都在迅速变化。自由民主制正面临反民主运动的兴起（Rosanvallon & Goldhammer，2008），这些运动抨击传统政党的民主政客许诺的繁荣和稳定并未实现。我们观察到过去几十年里自由民主制呈现五种趋势。尽管欧洲各国家政治环境的具体改变大相径庭（Pollitt & Bouckaert，2011：163 – 168），但是某些趋势在国际上相当普遍。

a. 媒体的普及意味着媒体的广泛传播以及更迅速、更积极、更充分的报道。这正在改变政治领导和政党，使他们接受新形式的参政和管理方式（Schillemans & Pierre，2016）。

b. 民粹主义正在转变形成政治共识的方式（Moffitt & Tormey，2014）。政治开始有个人化倾向，媒体对政府和政治的报道变得更加关注个人的特点和瑕疵以及个性之间的摩擦，而不是政策和项目。在过去十年间，选举的不确定性增加，公民对政党的忠诚度下降。这导致新的政党崛起，党派竞争变得更加复杂和多元化。此外，部长官员通过宣布重大的新国家福利项目的机遇越来越少，政府更加关心管理现有的福利，或者在最近财政紧缩的情况下减少福利。正是这些本来就不受欢迎的行为使民众的不满增加。

c. 弗林德斯（Flinders，2014）指出，公民对于公共服务的提供及结果有所期待，而政府的能力与公民的期待存在差距，这激化了选民对政治的不满。

d. 伴随着政治个人化、媒体化和政党衰落的“体制影响”，权力的垂直化正在向行政权力的总统化发展（Webb & Poguntke，2013）。由于全球市场扩张带来的影响，政府和政策制定越来越去政治化。通过欧洲一体化进程，像货币政策、竞争法或气候变化等关键领域的权力，转移到欧盟和国际技术组织、专家组织或委员会（Flinders，2014；Pollitt，2014）中。这种情况正在发生，因为全球市场决定了必须在国际层面，而不是国家层面内管理全球性问题。这（去政治化）也是一种将政策与短期民粹主义压力隔离开来的方法。

尽管关于这个主题的文献很广泛，但是关于21世纪民主的转变却鲜有提及。该研究的目的是填补文献空缺，以意大利的案例为重点，讨论五大趋势和行政体制改革的关系。政治转型为“行政技术民粹主义”的兴起提供了环境，“行政技术民粹主义”概念解释了新形式的政治正在如何影响行政改革。政治变化和体制发展之间复杂的相互作用应该进一步探索，以探寻行政技术民粹主义的主要特征，评估民粹主义和以领导为中心的时代对公共管理的影响。

主流文献着重关注输入政治而忽视了输出政治，然而这是存在问题的，因为公民正在更多地融入新形式的政治参与，而政治参与更倾向于输出政治层面，而不是输入层面。大部分文献关注输入政治，而输出层面仅讨论管理是否高效和有效等问题。从这一点看，学者们应当把注意力转向输出政治及公民在这个过程中能够扮演的角色。政治和政策之间不存在明确的对应关系，但是两者的关系是可逆的，政治塑造政策，反之亦然。亨里克·邦的研究（Bang，2009a，2009b，2010，2011）显示，在后现代政治中，出现了从政治—政策到政策—政治的转变，他认为这和后现代时期复杂性、风险性和反身性增加有关。在政治—政策模式下，重点是政治的需求层面或输入政治。相反，政策—政治关注供给层面或输出层面，重点是来自公共、私营部门和志愿领域的政治精英如何联合在一起以创造并执行后现代时期具有自发性的个体所需要的政策。对于亨里克·邦来说，旧时的政治是以输入为基础的，现在的政治是以输出为基础的。

理论框架已经解释了新民主政治与行政改革的全面关系。因此，我们通过具体案例对概念框架进行了具体操作：意大利省级机构行政改革使意大利成为行政技术民粹主义的代表国家。

三　民粹主义的推动力：公民文化、媒体化、去政治化和领导力对体制改革的威胁

该部分分析民粹主义在自由民主国家传播的原因和方式，这正成为当代公共讨论的共同特征。重点讨论四点：公民文化的改变、日益加剧的政治失信、政治媒体化和去政治化过程以及简化的领导风格的产生。在评估民粹主义对体制改革和公共政策的影响以及分析体制民粹主义如何产生之前，我们必须要考虑民粹主义信息在成熟民主国家改变政治的程序。

在后现代社会，自由民主国家的政治文化已经发生改变，但是传统体制和民主政治程序并未能通过承认或应对这一变化。先进民主国家的公民文化已经发生变化，表明民众支持减少和批判性公民的产生（Flinders，2015）。公民文化不仅变得更加怀疑政府程序和体制，并且在内部逻辑上显得更个人主义。鲍曼（Bauman，2000，2005，2006）提出“流动的现代性”概念，帮助更好地理解这种转变和其带来的后果。鲍曼认为，这些曾经让民众理解世界和他们在世界上的地位坚实的社会参照点正在被侵蚀，包括宗教、终身岗位、紧密的地方社区，以及由于市场对灵活性和流动性的需求而出现的“无保障无产阶级”（Standing，2011），他们的工作和生活本身存在不稳定性。这种流动性与帕特南（Putnam，1993）提出的社会资本流失有关，即对政府信任减少和民主政治文化缺失。弗林德斯（Flinders，2015）强调“主流政治文化不再是个人要么信任政治体制、要么加入政治体制”。这并不意味着公民憎恶政治或者不参与公共讨论，相反的是，随着社交媒体发展，参与的性质变得更加集中、迅速，并且通常通过非传统渠道完成。政治知晓度和政治信任水平在社会大部分环节已经下滑，公民文化似乎变得反政治或后政治化。在这种情况下，冷漠、不信任和缺失感孕育了肥沃的政治土壤，滋养了那些希望得到共识并从政治悲观主义中获利的个体。

另外一个推动民粹主义的是去政治化进程。弗林德斯（Flinders，2014）认为去政治化主要指的是否认政治偶然性以及当选政客的功能转移，而且“试图将决策程序隔离在当选政客的直接控制之外或者甚至将整个政策领域置于国家之外，这在全世界已变得很普遍”（Roberts，2011）。

智库和压力集团已将去政治化形成理论，并将其作为公共政策和宪法挑战的解决方案。欧洲政策论坛（2000）将其描述为“自上次战争以来最有希望的发展动向即多个政府决策的去政治化”，弗林德斯（Flinders，2014）称其为“21 世纪主要的治国模型”。民主政治去政治化的后果是公众对政治程序、机制和政客的不信任感增加。大量文献[①]描述并分析了这种现象对后现代民主国家的机制改变带来的影响，比如“终结政治”（Boggs，2000）或者“反民主”（Rosanvallon & Goldhammer，2008）。这些术语试图定义并评论民主治理日益边缘化或结束的现象，原因是新自由主义对国家的反感以及全球市场对国家力量的影响日益增加。弗林德斯（Flinders，2014）认为去政治化是“两个阶段转变的一部分”，因为一方面，国家功能日渐空洞；另一方面，公众对于公共事务和政治派系的兴趣正在下降。总而言之，去政治化表示公民和体制之间的割裂感越来越强，民主混乱现象正在增加，这推动了民粹政治的发展。

推动成熟民主国家出现民粹主义的第三个因素是媒体化。通常而言，政治媒体化指的是在政治领域民主的合理性被稀释了。政治民主化命题认为在开放社会，媒体和政治本质上是自治领域，而这又是政治媒体化的前提（通常是心照不宣的）（Kunelius & Reunanen，2012；Strömbäck & Van Aelst，2013：342）。在传媒学研究中，媒体的内部逻辑叫作“媒体逻辑”（Mazzoleni，2008；Lundby，2009）。这个概念是基于媒体在生产公共传媒时产生了相应的规则，这些规则是由一些限定因素决定的：例如，需要用来构建和传达意义的文化标志体系，用来创造和传播新闻的特定科技，最终是决定新闻如何产生的媒体人的自我认知。在这些因素共同作用下产生了特殊的媒体事实，这又产生了巨大的力量，塑造并影响了社会的思维、沟通和行为（Altheide & Snow，1979）。

因此，政治媒体化基于以下三个规则：

a）有意识地遴选事件、问题和世界状态来为公众提供信息；

b）以特有的叙述、构架和排序方式来制作媒体内容；

c）在意义赋予和结构框架上采用重复的跨主题模式。

---

① 参考 Pharr & Putnam（2000），Crouch（2004），Hay（2007），Norris（2011）and Mastropaolo（2012）。

新媒体使用这些规则选择和展示公共事务，使得事件被受众密切关注。在这些条件下，媒体对政治传播经常有可预测的特征，比如，画面感强，指向事件而不是结构，聚焦个人而不是体制或想法，特别关注冲突而不是常态，将政治解读为竞争等。媒体化是一个对于媒体事实的反馈进行分级的概念。它在一方面反映了政治参与媒体事实的意愿。马辛克斯基和斯坦纳（Marcinkowski & Steiner，2014）指出，在实际政治中媒体共鸣是简单的（第一级）政治媒体化，该术语描述一种发展趋势，媒体取代政党、议会或者政府，在决定政治总体利益上越来越占上风，包括怎样算完全履行政治功能、政治的哪些方面值得关注等。政治被日益媒体化以至于已经接受媒体对其描述，并将其作为有效的定位。马辛克斯基和斯坦纳（Marcinkowski & Steiner，2014）提到“自反性”（第二级）媒体化。政治参与者变得习惯于将媒体的规则吸收成为自身的固定行为。媒体化的自反性也说明政治有能力通过其他人的眼睛（媒体）来观察自身，并进行相应的描述。在这方面，该概念说明从被动到主动的处理媒体逻辑的方式。这是两种不同的方式，之前是个人对其传播行为无意识的调整，现在是建立政治体制和框架组织来优化媒体环境。文献中称之为采纳媒体逻辑或者政治适应媒体。

克里克（Crick，2005）认为“民粹主义的幽灵困扰着现代民主”，在复杂多变的世界，民粹主义利用媒体化、政治失信和去政治化的影响以提供过于简单的政治项目和快捷的问题解决路径。这点很重要，民粹主义倾向于提供对于问题的简单解释，而有意义的应对方式应该考虑到问题的复杂性，承认复杂的问题没有简单的解决方案。公众提出需求，民主政府无力满足需求而出现短暂摩擦时，民粹主义运动立即对传统政党发起攻击。民粹主义对民主程序和官僚制度没有耐心，似乎四面树敌，拒绝妥协。弗林德斯（Flinders，2014）强调“民粹主义寻求弱化主流民主”。民粹主义者利用了大众认为可以用简单方法解决复杂问题的想法。为利用简单化和复杂性之间的差距，民粹运动都很生动、直接和充满感情，他们培养人们对民主政治的失望情绪。穆德和考特沃茨（Mudde and Kaltwasser，2013）指出，民粹主义是“一种薄弱的中心思想，认为社会最终分为两个同质并相互对抗的部分”，即“纯粹的人民”和“腐败的精英”，他们认为政治应当是人民普遍愿望的表达。

民粹主义最后一个特征是领导力。肯尼和皮尔兹提及“这反映了公众尽管对政客持蔑视态度，但渴望强有力的改革领袖”。品特（Painter，2013）指出，民粹主义是对民主社会的挑战，因为其试图改变民主的运行方式，在领袖魅力的遮掩下，规避自由民主下的程序、组织和妥协。总而言之，民粹主义似乎是后现代自由民主社会的基因。克里克（Crick，2005）写道，“民粹主义实际上是困扰民主社会的幽灵，在现代以消费驱动和民粹主义的自由媒体时代，很难也不可能逃脱这个幽灵”。

四 欧洲化和民粹主义之间的行政改革

改革通常被定义为改变或改正错误、腐败或者不足的地方。尽管如此，改革的概念可能包含不同的含义，它指可能带来期待好处的变化（Pollitt & Bouckaert，2000）。此外，行政改革意味着深思熟虑（Boyne et. al.，2003）和“有意识”（Dror，1976；Leemans，1976）的活动，其目的是解决公共领域的问题。这些变化可能影响结构和程序以切实提升服务，并使得国家体制和公民关系发生明显变化（European Commission，2009）。

但是，行政改革也分为一级、二级和三级（Hall，1993；Halligan，1997：19）。相应地，第一级意味着适应和对现有的做法进行微调，第二级指的是采用技术的程度，第三级指的是公共行政的总体目标。波利特和布卡（Pollitt and Bouckaert，2000）解释称压力的来源和性质将很大程度上决定需要和可行的改革级别。实际上，压力可能开始于更广泛的层次——国家到全球层面，并通过从上到下的程序将变化转至基层工作的体制框架层面。

从理论和分析的角度来看，可以根据不同的观点和模型对改革进行区分和解释（Braga，2015）。因此，改革根据其所在的背景有非常鲜明的特色。相应地，对改革不同的理解模式的工具代表了公共管理者和专家的知识工具，因为他们用简单的方式展示了发生的变化，并且描述了能够限制改变的主要力量（Pollitt & Bouckaert，2000）。

由于行政改革发生在不同层面，在我们的研究中，重心是机制框架的改变。林恩（Lynn，2001）认为，机制框架是与管理关系的建立或在公共选择/立法层面[①]的广泛战略统一相关的管理层次。因此，目前的研究强调背景在行政改革[②]中起到的作用。行政改革背景的分析提出了一种理解改革在行政体系和社会经济发展可能面临的限制和障碍的方式。我们的分析考虑影响精英决策的推动因素和改革的内容，但没有考虑对执行程序的影响，也不考虑取得的成果。

然而目前，新的推动力如公共政策欧洲化和民粹主义发挥了更大的作用。欧洲化是“逐步发展的过程”（Ladrech，1994：17），导致国内政策越来越受到欧洲决策影响（Börzel，1999：574）。这个过程在诸多领域影响着成员国的政策，也影响了行政和体制框架（Windhoff-Héritier，2001）[③]。因此，拉达埃利（Radaelli，2003：30）认为欧洲化是一个“（a）建设（b）扩散和（c）制度化的正式和非正式的规则、程序、政策范式、风格、‘做事方式’和共同的信念和规范的过程。这个过程首先由欧盟决策制定，然后纳入国内话语、身份、政治结构和公共政策的逻辑”。

理解欧洲化对行政改革的影响，我们必须指出：1）欧洲化是一个产生权力的过程（Saurugger & Radaelli，2008）；2）欧洲化解释了政治和政策之间的联系。尽管有两股相反的力量——来自欧盟的压力和成员国要求保留自治而进行抵抗，欧洲化过程强化了这两种力量，将政治合法性作为权力的维度。事实上，政党可能利用欧盟的压力来为国内已经被否定的政策创造合法性空间（Kallestrup，2002）。从这个角度来看，政治合法性可能会使得政治体系失衡，并影响到精英决策对于理想行政改革的认知。相应地，公共政策的欧洲化对政策的影响超过了政治[④]（Saurugger & Radaelli，2008：216）。

从那以后，民粹主义和行政改革之间的关系在学术文献中鲜有讨论。

---

① Lynn（2001）认为体制框架考虑的关系包括：1）立法者和利益相关者；2）立法层面和执行层面（管理公共部门的机构）；3）公共机构和项目管理层面和执行层面之间的关系。

② 相应地，“分析与政治和经济背景相关的因素变得至关重要，因为同一个时间段会进行多个改革”（Braga，2015：9）。

③ 2011年欧盟致函意大利政府，要求其采取更有效的新政策来处理公共部门人员问题（比如兼职，冗余工作机制），并将省级行政机构的人员转移/重新安排到地区或市级政府。

④ 在最近的研究中，我们只关注了公共政策欧洲化的影响，没有考虑到欧洲化进程也影响到政党。然而，我们侧重于研究公共政策欧洲化的贡献，以理解意大利省级政府改革和行政技术民粹主义的概念，反之，也可以了解欧洲化和政党，参照Ladrech（1994，2002）。

然而，理解民粹主义如何影响改革者们想带来的改变至关重要。

第一，民粹主义通过民粹主义运动赋予公民更多的权力（或发出更强的声音），从而影响选择理想改革的程序。在这个情况下，“自上而下”的改革过程——波利特和布卡（Pollitt and Bouckaert，2000）讨论过这个问题——成为一个既“自上而下”又“自下而上”的过程，精英（直接）和公民（间接）选择满意的改革。

第二，波利特和布卡（Pollitt and Bouckaert，2000）的改革模型认为，民粹主义在政治体系内产生，是公民压力和政党政治理念的产物。因此，民粹主义有可能也受偶然事件、丑闻和灾难推动，负面事件造成公民更大的失望和抗议。

第三，民粹主义对行政改革也有两个主要的和相反的影响。民粹主义能通过创造从下至上推动改革的条件来“点燃改革或反作用力”（Packer，The New Yorker，September 7，2015）。然而，欧洲中央银行负责人马里奥·德拉吉称“对这些运动的支持日趋增加会延迟必要的改革”（《金融论坛日报》，2016.5.26）。如果政治势力代表民粹运动且不以改革为导向，则民粹主义可能导致必要的结构改革延迟①。

因此，尽管民粹主义能引发改革，这些改革可能不是政府在那个时间段需要的改革。尽管出现民粹主义运动，但是根据宏观经济变量和政府的优先事项，精英仍然在选择可行的改革中起到关键作用。

五　意大利公共行政改革：文献和研究的综合

文献综述整合了对过去20年意大利如何开展改革的领先研究。使用2015ABS指南下的公共领域和医疗保障相关的期刊，评估直接研究这一问题的研究院和学者的发现。期刊通过开放大学图书馆的Ex Libris平台进行评估，重点使用ProQuest、Ebscohost及Taylor & Francis作为数据基础进行同类研究。搜索使用关键词“公共行政改革”“体制改革”“管理改革”“政府改革”“意大利”作为研究背景。第一阶段搜索使用标题和抽

① 关于要求的结构改革，Luis de Guindos，西班牙经济部长称民粹主义是“机构改革最大的挑战和敌人”（参照IMF调查杂志：政策，2016年4月15日）。

象内容，此后通过阅读前言和结论部分进一步确认文章的相关性。20 世纪 90 年代早期意大利政党体系崩溃，这通常被视为公共行政改革的关键导火索，改革很快在国家公共领域的多个方面爆发（例如 Di Mascio & Natalini，2013；Monfardini，2010），崩溃的程度之严重，以至于意大利成为唯一一个在大范围的政治改革和动荡背景下进行重大行政改革的国家（Di Mascio & Natalini，2013）。昂加罗（Ongaro，2009）认为这些改革可以称为在动荡背景下产生的。事实上，理解这些改革的动态因素方面存在差距，因此出现了对于动态因素的研究策略（例如，Oliver & Holzinger，2008）。因为人们研究这些的时候，普遍会想到新兴和转变中的经济体（Peng et al.，2008）。动荡的程度和改变的速度影响了崭新稳固的体制结构的出现（Grzymala-Busse，2012）。旧政党倒台之后产生新的政党，却并没有从体制化的质量中收益，而体制化本对稳固和维系改革至关重要。这种情况反过来造成结构和体制在各个层面要做出相应的改变，以填补这些空白（Khanna et al.，2005）。

图里尼等（Turrinni et al.，2010）提供了最重要改革的综述如下：

a）将决策向公众开放，让公众作为利益相关方；

b）基于事前、事后控制的绩效评估和控制系统；

c）行政机器的重新组织和简化（主要是部级，但也有地方政府的内部组织机构调整以从中央政府层面获取更多责任）；

d）公共雇用，目的是调和公共和私人雇用；

e）在公共行政中引入现代信息和通信技术，包括电子政务的概念。

综述里几乎所有文献都认为意大利落后于其他经合组织国家，未能有效地执行公共改革。事实上，图里尼等（Turrinni et al.，2010）称意大利拖了其他国家的后腿。这些作者进一步追溯了最近关于公共改革的倡议，随着 1990 年第 24 号法案的通过，开始得到强调在公共和地方和中央政府之间建立一种动态关系的重要性。这是通过在政府事务中更积极地参与公共事务来表达的。在这一点上，意大利的特点是缺乏对市场经济及其规则的信任，尤其是对盎格鲁—撒克逊模式背景的信任（Della Cananea，2002）。换句话说，通常人们更信任公共法律而不是私人合同法律。这种不信任被宪法进一步体制化，这类宪法不保护自由竞争，在自由竞争挑战公共服务的情况下更是如此。因此，人们期望政府直接参与服务供给而不只是进行调控。由于地方、地区和国家的背景情况不尽相同，对于国家怎样才算充分参与公共事务还不明确。

昂加罗和维罗蒂（Ongaro and Valotti，2008）对执行改革的差距进行了综述，包括以下三个方面：

a）以社会资本理论为基础的考量，显示意大利中部和北部及南部都存在差距；

b）庇护主义的高普及率弱化了公共管理的专业标准，并削弱了公共部门的整体表现；

c）行政法文化范例的盛行改变了官场行为。

除了在这三个方面对之前的理论框架提出批评之外，这些作者还认为，宏观层面的分析并不能充分解释意大利的公共管理（以及相关的改革）。因此，根据雷尼（Rainey，1998）的主张，需要一个微观层面的观点来进行更充分的解释。

德拉卡纳尼亚（Della Cananea，2002）总结认为，公共服务的政治化管理已经导致意大利腐败程度加重，同时也导致人员冗余和不可持续的低关税。其他学者认为这种政治现实的根源在于 40 多年前的“democrazi-abloccata”，即被阻碍的民主，当时渐进的自由改革被繁荣发展的共产党有效削弱了（Pasquino，2002；Ongaro & Valotti，2008）。有的学者认为欧盟只是在打破政治恶性循环上起到了作用（Della Cananea，2002；Turrini Montanelli，2008）。因此，这个案例说明中性的外部干预对体制化进程、软化长期的僵化状况所能起到的作用。然而，在这些超国家组织是否产生了均衡的影响，或者是否有其他地方和地区差异需要解释这些问题上仍然存在分歧。

意大利公共改革的一个主要方面是引入管理方式（新公共管理改革）和适应公共领域背景。格罗西和理查德（Grossi and Reichard，2008）以及图里尼和维罗蒂（Turrinni and Valotti，2016）指出，这些以管理为基础的策略的目标最初是为了提高效率和有效性。在这一过程中，之前的研究员认为国家从独裁的公共服务提供者转变为处理者复杂的关系的保障者、促进者、协调者和斡旋者。新公共管理的出现并不是普遍的。例如，图里尼和蒙塔奈利（Turrinni and Montanelli，2008）利用伦巴第和托斯卡纳两个区域的社会服务改革的研究，总结出尽管前者使用了新公共管理理论，但是后者使用了新公共服务原则。换句话说，一定程度的实验是显而易见的。不仅在区域层面上存在差异性，而且在同一地区的地方层面上事态也进一步被放大。这种差别是如此之大，经常会与国家方针相冲突。图里尼和蒙塔奈利（Turrinni and Montanelli，2008）最终说到并没有其他案例提到典型的意大利模式。

从历史的角度来说，格罗西和理查德（Grossi and Reichard，2008）用德国和意大利作为案例来说明政府趋向企业化的趋势。他们建立了四种新型地方公共服务供给模式：

a）企业化；

b）公私合作；

c）公共私营合作关系；

d）分包。

阿根托和黑尔登（Argento and Helden，2010）提供了在改革发展过程中国家出现分歧的其他证据。他们指出，由于区域和地方的反对，意大利的改革执行被延迟。这种抵制的原因是组织框架不能明显地影响立法者以及扭转总体的惰性态度、严重体制化的做法和普遍不愿意接受私有化的态度。阿根托和黑尔登（Argento and Helden，2010）进一步提出主要利益相关方抵制的一个主要原因是缺少改革执行将如何带来战略和实践差异的证据。因此，改革也需要公共策略以及通过公私合作关系来进行激励。

卡罗扎（Carrozza，2010）也使用公共服务领域来定义政府在执行改革过程中使用的四种主要地方政府管理模型：

a）直接将特许权下放到现有市级企业，然后进行多功能策略的国际化开发；

b）特许权分配给现有公司，但是不参与开发，而是改变原有的模型；

c）进行特许权竞标，将服务外包或者争取少数合伙人；

d）还未定义的模型，但与改革的说法有差别。

此外，地方政府可做的选择有很大的差异。影响选择的两种因素——基础设施和经济背景以及相应地方行政管理者的政治抱负——这一点似乎特别突出。卡罗扎（Carrozza，2010）总结称，在大体相同的选择背后有着不同的思考，所以量化研究和历史研究很重要。此外，还强调政治机构在改变公共服务方面的关联性。正如之前提到的，过去在意大利，这种机构是存在问题的。对于如何利用政治机构的积极影响，同时减轻过去的风险方面依然存在疑问。另外，关于这些机构是否在所有区域同等适用，或者是否存在一些相关性也有一些重要的问题。

图里尼和维罗蒂（Turrinni and Valotti，2016）将总理伦齐自2014年以来主持的改革方案综合起来。他们发现，尽管过去的改革依赖不断改变激励政策来影响公务人员的行为，但是新的方法试图加强公务人员技能和竞争力的发展。为此，2015年8月通过了公共行政重组法案。这个提案是试图回应关于之前改革带来的变化，但是改变并不充分的批评。因此，鼓励公务人员强化技能，去追求更明确和相关度更高的职业认证，给他们提供更合适的培训，让他们为能力测试做好准备。最终的目标是加强工作的意义性，然后持续性地通过内部范畴来影响行为。

总而言之，意大利的改革提供了多种体验。尽管有切实的成功，但是总体来说执行方面也有同样巨大的差距。在一些案例中，存在对改革直接的抵制。这些都让研究员有机会仔细研究并确认深层次问题。特别有趣的是一些新兴的结构，例如，部长级内阁以及他们如何填补旧党派体系崩溃，但还没有被新的政党制度填补。最近中央政府的改革也为检验改革打开了新的通道，目的是让改革更有效、更高效。

六　意大利省级机构改革案例

聚焦意大利省级机构改革，2014年4月7日颁发的第56号法律带来了较大的变化，其规定废除省级机构和大都市制度（Vandelli，2014）。虽然这些问题一直在讨论中，但是由于强劲的政治抵制，正式改革方案从未出台。政党在省级层面的基础活动以及很多生产活动——包括农业和工业领域的活动——这些仍然由省级政府管理。

省级政府能力有限，与城市和地区相比，管理的预算有限。它们选举总统、议会和总统提名的团体及公务人员的行政组织。总统的直接选举是在1990年颁布并从那时起实施的，自那时起政治成本成为一个严重的问题。各省的行政成本从来都不是一个大问题，因为它是相当有限的，但不成比例的重要政治成本却是一个大问题。根据经济和货币联盟关于稳定、协调和管理的条款——由于经济原因——将取消省级机构以减少政治和行政成本，只保留地区和市两层行政区划。然而，为了保持和尽可能提升公共服务和供给的质量，城市间的协调和合作将通过建立大都市和推动城市结盟来实现（Vandelli，2014）。这是因为政府一直在试图保持公共服务，同时试图在公共管理的基础上削减开支，通过宪法改革来实现将权力下放至地区和城市。由于省级机构已经将很多主要功能分散至城市和地区，这将有助于实现废除省级机构。

此外，2014 年 4 月 7 日颁布的第 56 号法律对未来地方中级政府的设计进行了详细定义，即大都市和城市联盟。省级行政机构将被取消，同时鼓励小城市合并。

有趣的是，这一失败多次、被反复讨论的改革即将实现，其原因不是由于国内政治和管理层的要求，而是来自欧盟的压力和财政困境。正如之前讨论的，在意大利的重大改革受到了欧洲一体化进程的强烈影响，且似乎证明了欧洲化进程。然而，虽然可以通过政治人物来确定理性的观点，但在最近的省级行政改革中，没有体现社会学视角。随着宪法改革将行政功能从国家下放至地区，国家的地方办公室在地方行政长官办公室下进行了重组。这些功能的未来将在改革程序中讨论。这一过程确认了新公共管理理论推动的管理改革，但是和欧洲化没有多大关系。因此，最近关于意大利地方政府中层改革过程表明出多种矛盾。首先，废除省级行政机构可以理解为欧洲经济压力的产物而不是欧洲化进程的结果。因此，这违背了去中央化政策，表明了中央化的倾向，还抛弃了公共管理的陈词滥调。其次，地方行政办公室改革表明这相对独立于欧洲政策，并且符合公共管理组织。

此后，我们重点强调意大利各省是如何在改革中改变功能和角色的。它们已经从城市层面获得了更多协调功能，也被设计成为一个新的实体，叫作“大都市”。改革程序受到 2001 年宪法改革的影响，特别是受到地区角色的影响。整个改革程序既受到欧洲化也受到新公共管理理论的影响。然而，2014 年宣布取消省级机构显然与之前的改革是违背的，并且显示了中央化的趋势，这实际上和新公共管理理论相违背。

这一影响有两个后果：1）意大利政府抛弃了以新公共管理理论为基础的改革，或 2）欧洲政策本身更倾向于中央集权而不是去中央集权。

意大利省级机构改革主要是由于来自欧盟的压力而开始，但是也有经济原因。其他重大改革也有类似的程序，但是特点略有不同。关于地方行政办公室，之前的改革反映了相反的影响。一方面，它们跟1990年第142号法律出台之前相比能力更显不足；另一方面，它们通过像公共安全和民众保护等重要的功能以及下放权力的重组重新获得了权力。迄今为止，地方行政办公室改革尚未开始，其进展值得关注。

因此，改革程序似乎明确了欧洲化战胜国内公共管理政策，尤其是新公共管理理论和新公共管理论调的总体趋势。像在市级层面限制自治和中央化趋势等这些因素不是新公共管理理论的结果，但是可以看作欧洲政策的一部分。如果欧洲政策抛弃了公共管理理论，转向支持金融和财政改革，这个问题则值得深入探讨。

七 讨论:意大利作为行政技术民粹主义的标志国家

尽管有对于背景和行政改革的分析，意大利仍被认为是崛起的行政技术民粹主义的标志国家，主要有以下几点原因：

首先，意大利政治行政和体制系统在1992—2014年被大部分意大利学者称为“第二共和国”，这一体制并不稳定。意大利在1992年到2014年的特征是新旧体制及其他协商变化程序并存，这决定了这些协商改变程序的正常化，而没有明确转变至新的稳定的系统（Bull & Rhodes，2007：662，658－659）。

这一机制不稳定的体系处理了从2007—2009年改变了整个世界的三个全球危机：金融危机、经济危机和财政危机。这些对意大利的冲击没有国际舞台上显示的范围大。尽管一些国家和地方银行丑闻导致了民众对意大利政府的抗议，但金融领域的问题相对较小。经济危机带来的问题则更为复杂，意大利重要指标（GDP、失业率、青少年失业率）在所有欧洲和经合组织经济体中都出现大幅下滑。财政危机带来的影响尤为严重，因为它重创的国家是欧洲乃至世界上公共债务最高的国家。

自2008年以来的三大危机（金融、经济和财政危机）使得当代的政治和党派系统危机更为严重，这是未解决的“协商转变”的结果（Bull &

Rhodes，1997，2007），这一问题是由于1992—1994年政党系统危机导致了1946—1991年以稳定的政党民主为特点的前意大利共和体制的崩溃。最后的政治危机的标志是前博科尼大学校长马里奥·蒙蒂教授主持的非选举技术政府（2011年9月—2013年4月）以及2013年的选举，选举中反系统和民粹主义党（五星运动）获得了26%的投票，成为第二大党，该党派反对意大利政治行政阶层特权。因此，意大利同时存在四个危机（政治、财政、经济和金融危机），同时媒体逻辑造成的社会变化也创造了滋生民粹主义和政治体制失信的环境。

在这一背景下，省级机构改革有着重要的象征意义，并且和一些概念密切联系，这些概念通常被民粹主义运动和欧洲技术统治者使用，如“减少浪费”“改革体制”“让野兽挨饿”，以此打击意大利的专业政治行政阶层，减少其作为特权阶层反对行政改革的力量。

此外，在分析危机对行政改革影响的时候，我们可以加入国家政策的“两级博弈”——国内的政策制定者和国际组织（Putnam，1988）。在过去几十年里，像欧盟和经合组织这样的国际组织在行政改革程序上发挥了重要的作用，因为它们承受着压力，也有足够的权力来进行大胆改革。特别是，通过分析意大利的案例，在20世纪90年代和21世纪早期，欧盟作为政策和立法机构，已经提高了其决定公共政策欧洲化程序的影响力。从《马城条约》（1992）到《里斯本条约》（2009），欧盟希望其成员国产生新的功能和能力以调控欧洲单一市场，也希望成员国国内政策的制定支持欧盟超国家体制框架。

确实，在过去15年间，来自欧盟和其他国际组织（经合组织、国际基金组织、世界银行）的对于财政稳固和行政现代化的压力与日俱增，这是因为国家行政逐渐融入全球网络。因此，意大利已经根据新公共管理理论和国家组织的鼓励执行了行政改革。然而，意大利改革者已经采取了不同的方案，并且最重要的是，执行过程受特定体制和文化背景的影响，这些背景决定了不同的改革结果（Ongaro，2009）。

意大利政党体系的崩溃为改革打开了机遇之窗，政府技术人员利用欧洲一体化作为武器对公共部门施压，要求改变（Dyson & Featherstone，1996）。在几十年的不作为和系统超支后，政府自1992年开始采取了两组不同的方式改革。一方面，最有效的干预旨在控制开支来应对最紧迫的财政问题，其方法是减少公共部门的工资，建立多层次财政框架，这被称为国内稳定协定，以保证国家以下机构部门履行财政责任。同时采取私有化方案（Di Mascio & Natalini，2015）。另一方面，实施明确的综合新公共管理方案，对所有行政设施领域进行投资。

但是后者导致了执行结果的差距，因为不利的政治和体制背景导致意大利政府的改革能力低下（Capano，2003；Ongaro，2009）。2008 年的多重危机凸显了意大利行政框架中的结构差距。民粹主义压力在 2011 年夏天达到峰值，当时欧洲中央银行行长让·克洛德·特里谢给时任意大利总理西尔维奥·贝卢斯科尼写了一封信，列出了克服意大利经济和金融危机的改革方案。改革方案是由欧洲中央银行起草的，其中废除省级政府赫然在列。在之前的几年里（2008—2011），建议废除省级政府的提案已经成为崛起的“五星运动”政治力量的主要问题。在此后的几年里（2011—2014），这一体制一直面对媒体、公共舆论和欧盟的压力，认为其浪费公共资金，政府级别重叠，意大利行政阶级在公共开支享有特权并存在裙带关系。技术主义和民粹主义的压力进一步迫使意大利政府（Monti，Letter，Renzi）废除了省级行政机构。政策结果并不令人满意，省级政府改为第二级别机构，并未能显著节省意大利纳税人的开支，也没有缓解民众对机制的不满。

意大利省级机构改革的案例让我们提出了行政技术民粹主义的概念。因此，行政技术民粹主义可以定义为行政改革和行动，来自民众和技术精英的压力迫使政策决策者改变现有的行政模式，以满足反对体制和政治阶层的主流做法。

框架概念有利于更好地理解政治和政策的关系在当代的变化。事实上，基于即时性、短期性和媒体化、言论摘要（Peters，2014）和政治失信的新风格正在影响政治结构，逐渐成为民粹主义的一部分。主流公共政策理论学家西奥多·罗维（Lowi，1972）指出一个令人震惊的事实，政策导致政治，而不是我们惯常认为的政治决定政策。因此，政治关系取决于采取的政策类型，因此每个政策都有可能产生特别的政治关系（Lowi，1964）。这种框架渗透到民主政治和公共利益的底层（Lowi，1972）。在这些方面，新的行政改革恶性循环有可能正在崛起。民粹政治影响决策和政策制定程序，而这些又导致功能失调或者不完整的行政改革，强化欧盟和其他国际组织对国家产生的技术压力，以及导致产生民粹主义，针对政党和体制引发动乱。

此外，行政改革也变成了双重的幻想工具：一方面，为了满足公众和超国家机构对政治变革的要求，它们对技术民粹主义的压力给予快速的应对。另一方面，它们与意大利行政传统和政策范式的低改革能力和执行差距相冲突。

参考文献

Altheide D. L. , & Snow R. P. （1979）, Media Logic. Beverly Hills, CA: Sage.

Argento D. , & van Helden G. J. , （2010）, "Water sector reform in Italy and in the Netherlands: ambitious change with an uncertain outcome versus consensus-seeking moderate change". *International Review of Administrative Sciences*, 76 （4）, 790 – 809.

Bang H. P. , （2009a）, " 'Yes we can': identity politics and project politics for a late-modern world." *Urban Research & Practice*, 2 （2）, 117 – 137.

Bang H. P. , （2009b）, "Political community: The blind spot of modern democratic decision-making". *British Politics*, 4 （1）, 100 – 116.

Bang H. P. , （2010）, "Everyday makers and expert citizens: active participants in the search for a new governance" in Fenwick. & McMillan J. （Eds.）, Public management in the postmodern era challenges and prospects. Edward Elgar, 163 – 191.

Bang H. P. , （2011）, "The politics of threats: Late-modern politics in the shadow of neoliberalism". Critical Policy Studies, 5 （4）, 434 – 448. Bauman Z. （2000）, Liquid modernity. Polity, Cambridge.

Bauman Z. , （2005）, "Education in liquid modernity", The review of education, pedagogy, and cultural studies, 27 （4）, 303 – 317. Bauman Z. （2006）, Liquid fear. Polity, Cambridge.

Boggs C. , （2000）, The end of politics. Corporate Power and the Decline of the Public Sphere. New York and London: Guilford.

Börzel T. , （1999）, "Towards Convergence in Europe? Institutional Adaptation to Europeanization in Germany and Spain", *Journal of Common Market Studies*, 39: 4, 573 – 596.

Boyne G. A. , Farrell C. , Law J. , Powell M. , & Walker R. M. , （2003）, Evaluating public management reforms, Open University Press, Philadelphia.

Braga, A. , （2015）, Understanding Public Management Reforms in Developing Countries. The case of Peru, LAP LAMBERT Academic Publishing, ISBN: 978 – 3 – 8484 –

9375 – 3.

Bull M. J. , & Rhodes M. , (2007), "Italy-A contested polity (special issue)". *West European Politics*, 30 (4), 657 – 669.

Bull M. , & Rhodes M. , (1997), "Between crisis and transition: Italian politics in the 1990s" . *West European Politics*, 20 (1), 1 – 13.

Capano G. , (2003), "Administrative traditions and policy change: when policy paradigms matter. The case of Italian administrative reform during the 1990s" . *Public Administration*, 81 (4), 781 – 801.

Carrozza C. , (2010), "Privatising local public services: between industrial legacy and political ambition" . *Local Government Studies*, 36 (5), 599 – 616.

Crick B. , (2005), "Populism, politics and democracy" . *Democratisation*, 12 (5), 625 – 632.

Crouch C. , (2004), Post-democracy. Cambridge: Polity, 70 – 76.

Della Cananea G. , (2002), "The regulation of public services in Italy" . *International Review of Administrative Sciences*, 68 (1), 73 – 93.

Di Mascio F. , & Natalini A. , (2013), "Analysing the role of ministerial cabinets in Italy: legacy and temporality in the study of administrative reforms" . *International Review of Administrative Sciences*, 79 (2), 328 – 346.

Di Mascio F. , & Natalini A. , (2015), "Fiscal retrenchment in southern Europe: Changing patterns of public management in Greece, Italy, Portugal and Spain" . *Public Management Review*, 17 (1), 129 – 148.

Dror Y. , (1976), "Strategies for administrative reform", in A. F. Leemans (Ed.), The management of change in government, The Hague, Nijhoff.

Dyson K. , & Featherstone K. , (1996), "Italy and EMU as a 'VincoloEsterno': empowering the technocrats, transforming the state" . *South European Society and Politics*, 1 (2), 272 – 299.

European Commission (2009), "Public sector reform-an introduction", Concept paper, Tools and Methods Series, March 2009.

European Policy Forum (2000), Making Decisions in Britain. London: European Policy Forum.

Flinders M. , (2014), "Explaining democratic disaffection: Closing the expectations gap". Governance, 27 (1), 1 – 8.

Flinders M. , (2015), "The problem with democracy" . *Parliamentary Affairs*, 69 (1):

181 – 203.

Grossi G. , & Reichard C. , (2008), "Municipal corporatization in Germany and Italy". *Public Management Review*, 10 (5), 597 – 617.

Grzymała-Busse J. W. , (2012), "Why comparative politics should take religion (more) seriously" . *Annual Review of Political Science*, 15, 421 – 442.

Hall P. A. , (1993), "Policy paradigms, social learning, and the State: the case of economic policymaking in Britain", *Comparative Politics*, Vol. 25 (3) pp. 275 – 296. Halligan J. , (1997), "New public sector models: reform in Australia and New Zealand", in Jan-Erik Lane (ed.), Public Sector Reform: Rationale, trends and problems, Sage, London, pp. 17 – 46.

Hay C. , (2007), Why we hate politics (Vol. 5) . Polity.

Kallestrup M. , (2002), "Europeanisation as a discourse: domestic policy legitimisation through the articulation of a 'need for adaptation'" . *Public Policy and Administration*, 17 (2), 110 – 124.

Khanna T. , Palepu K. G. , & Sinha J. , (2005), "Strategies that fit emerging markets". *Harvard Business Review*, 83 (6), 4 – 19.

Kunelius R. , & Reunanen E. , (2012), "The Medium of the Media: Journalism, Politics, and the Theory of 'Mediatisation'" . *Javnost-The Public*, 19 (4), 5 – 24.

Ladrech R. , (1994), "Europeanization of domestic politics and institutions: The case of France" . JCMS: *Journal of Common Market Studies*, 32 (1), 69 – 88.

Ladrech R. , (1994), "Europeanization of Domestic Politics and Institutions: The Case of France", *Journal of Common Market Studies*, 32: 1, 69 – 88.

Ladrech R. , (2002), "Europeanization and political parties towards a framework for analysis". *Party politics*, 8 (4), 389 – 403.

Leamans A. F. , (1976), The management of change in government, The Hague, Nijhoff.

Lowi T. J. , (1964), "American business, public policy, case-studies, and political theory". *World Politics*, 16 (04), 677 – 715.

Lowi T. J. , (1972), "Four systems of policy, politics, and choice" . *Public Administration Review*, 32 (4), 298 – 310.

Lundby K. , (2009), "Media logic: Looking for social interaction" in Lundby K. (Ed.), Mediatization: concept, changes, consequences, New York: Peter Lang, 101 – 119.

Lynn Jr, L. E. , (2001) . GLOBALIZATION AND ADMINISTRATIVE REFORM: What is happening in theory? Public Management Review, 3 (2), 191 – 208.

Marcinkowski F. , & Steiner A. , (2014) "Mediatization and political autonomy: A systems approach" In Esser F. , & Strömbäck J. (Eds.) Mediatization of Politics. Palgrave Macmillan, UK, 74 – 89.

Mastropaolo A. , (2012), "Is democracy a lost cause?: paradoxes of an imperfectinvention". ECPR Press.

Mazzoleni G. , (2008), "Populism and the Media" In Albertazzi D. , & McDonnell D. (Eds.), Twenty-First Century Populism. The Spectre of Western European Democracy. Palgrave Macmillan, UK, 49 – 64.

Moffitt B. , & Tormey S. , (2014), "Rethinking populism: Politics, mediatisation and political style" . *Political Studies*, 62 (2), 381 – 397.

Monfardini P. , (2010), "Accountability in the new public sector: a comparative case study". *International Journal of Public Sector Management*, 23 (7), 632 – 646.

Mudde C. , & Kaltwasser C. R. , (2013), "Exclusionary vs. inclusionary populism: Comparing contemporary Europe and Latin America" . *Government and Opposition*, 48 (02), 147 – 174.

Norris P. , (2011), Democratic deficit: Critical citizens revisited. Cambridge University Press.

Oliver C. , & Holzinger I. , (2008), "The effectiveness of strategic political management: A dynamic capabilities framework" . *Academy of Management Review*, 33 (2), 496 – 520.

Ongaro E. , (2009), Public management reform and modernization: trajectories of administrative change in Italy, France, Greece, Portugal and Spain. Edward Elgar Publishing.

Ongaro E. , & Valotti G. , (2008), "Public management reform in Italy: explaining the implementation gap" . *International Journal of Public Sector Management*, 21 (2), 174 – 204.

Painter A. , (2013), Democratic stress, the populist signal and extremist threat. London, UK. Policy Network, 56.

Pasquino G. , (2002), "The democratic legitimation of European institutions" . *The International Spectator*, 37 (4), 35 – 48.

Peng M. W. , Wang D. Y. , & Jiang Y. , (2008), "An institution-based view of international business strategy: A focus on emerging economies" . *Journal of International Business Studies*, 39 (5), 920 – 936.

Peters B. G. , (2014), "Is governance for everybody?" *Policy and Society*, 33 (4), 301 –

306.

Pharr S. J. , & Putnam R. D. , (2000), Disaffected democracies: what's troubling the trilateral countries? Princeton University Press.

Pollitt C. , (2014), "Future trends in European public administration and management: an outside-in perspective" . COCOPS Coordination for Cohesionin the Public Sector of the Future.

Pollitt C. , & Bouckaert G. , (2000), Public management reform: a comparative analysis. Oxford University Press, Oxford.

Pollitt C. , & Bouckaert G. , (2004), Public management reform: A comparative analysis (2ndEdition) . Oxford University Press, USA.

Pollitt C. , & Bouckaert G. , (2011), Public Management Reform: A comparative analysis. New public management, governance, and the Neo-Weberian state. Oxford University Press.

Putnam R. D. , (1988), "Diplomacy and domestic politics: the logic of two-level games". *International Organization*, 42 (03), 427 – 460.

Putnam R. D. , (1993), "The prosperous community" . *The American Prospect*, 4 (13), 35 – 42.

Radaelli C. M. , (2003), "The Europeanization of Public Policy", in Featherstone, K.

Radaelli, C. , (2003) (Eds.), The Politics of Europeanization, Oxford: Oxford University Press, 27 – 56.

Rainey, H. , (1998), "Personnel Reforms" . Taking Stock: Assessing Public Sector Reforms, 24 (2), 187.

Roberts A. , (2011), "Debate: The end of the guardians?" *Public Money & Management*, 31 (4), 232 – 233.

Rosanvallon P. , & Goldhammer A. , (2008), Counter-democracy: Politics in an Age of Distrust (Vol. 7) . Cambridge University Press.

Saurugger M. & Radaelli C. M. , (2008), "The Europeanization of Public Policies: Introduction", *Journal of Comparative Policy Analysis: Research and Practice*, 10: 3, 213 – 219.

Schacter M. , (2000), Public sector reform in Developing Countries: Issues, lessons and future directions, Canadian International Development Agency, Ottawa. (European Commission, 2009) .

Schillemans T. , & Pierre J. , (2016), "Entangling and disentangling governance and the media" . *Policy & Politics*, 44 (1), 1 – 8.

Standing G. , (2011), The precariat: The new dangerous class. A & C Black.

Strömbäck J. , & Van Aelst P. , (2013), "Why political parties adapt to the media Exploring the fourth dimension of mediatization" . *International Communication Gazette*, 75 (4), 341 – 358.

Turrini A. , & Montanelli R. , (2008), "Evaluating the Reform of Social Services in Italy: a Comparative Analysis" . *International Journal of Public Administration*, 31 (10 – 11), 1259 – 1274.

Turrini A. , & Valotti G. , (2016), "Public Management Reforms in Italy: A Renaissance Revival?" *Public Administration Review*, 76 (3), 393 – 393.

Turrini A. , Cristofoli D. , Nasi G. , & Soscia I. , (2010), "Lifting the veil of Maya: Measuring the implementation gap of public management reforms in Italy" . *International Journal of Public Sector Management*, 23 (1), 5 – 21.

Vandelli, L. , (2014), Cittàmetropolitane, province, unioni e fusioni di comuni. MaggioliEditore.

Webb P. , & Poguntke T. , (2013), "The Presidentialisation of politics thesis defended". *Parliamentary Affairs*, 66 (3), 646 – 654.

Windhoff-Héritier A. , (2001), Differential Europe. The European Union Impact onnational Policymaking. Lanham, MD: Rowman & Littlefield.

Yin, R. K. , (2009), Casestudy research: Designandmethods (4thEd.) .

土耳其地方政府改革:地方政府近期改革评估

土耳其哈斯特帕大学政治学与公共行政系
助教、博士　乌尔·萨迪奥格鲁

【摘　要】 近30年来，全球化进程的加速以及社会、经济和政治的转型，对公共行政产生了深远影响。在此过程中，人们专门就国家公共行政的价值导向、结构和职能提出改革倡议，引进各种改革工具来实现改革目标。在所有改革领域中，地方政府的潜能是改革的重中之重。简言之，人们期望用较少的资金与人力投入，增加地方政府的权力、责任和任务，以获得更有效率的服务。与世界许多国家一样，土耳其也一直处在改革进程之中，尤其自2000年以来，为了实现效率、有效、节俭、问责、透明、参与、治理等改革目标，土耳其针对地方政府制定了法律规范。然而，如何在土耳其建立"可持续的地方治理"，仍然存在一些重要疑问。

土耳其地方政府是中央政府的延伸，保留了土耳其共和国时期的行政方式和传统。地方政府在提供当地服务时的一系列失败，引起了人们对这些政府部门的权威、职责、组织构架、决策机制、人事系统等方面的质疑。然而，这方面一直没有像模像样的改革，直到正义与发展党针对地方政府制定新的法律。这些新的政策议程和改革据称是基于新的思路，即新公共管理和良好治理。

在这一框架中，我们需要根据法律结果和当前舆论，分析土耳其地方政府的传统和改革过程，才能充分理解土耳其地方政府的最终境况，发现新改革工具的问题，提出更好的解决方案。在本研究中，我们将对改革地方政府的做法做一个总体评述，然后详细分析土耳其2000年以后的改革举措。在全球化和欧洲一体化的压力下，土耳其地方政府的服务方式必须有效、高效、参与、问责、透明，正是由于本研究，我们指出了土耳其地方政府在服务提供中存在的问题。

【关键词】 行政改革；善治；地方政府；新公共管理；土耳其

一 引言

“土耳其的乡镇政府构架是土耳其旧体制长期历史演变的产物。而市政府始于19世纪50年代中期，深受法国市政组织的影响”（Humes and Martin，1961：370）。

土耳其第一个具有西方特色的市政府建于1857年，受到内外因素的共同影响，命名为第六市政府，位于伊斯坦布尔的哥拉塔—贝伊奥卢区（Ortaylı，2000：141），这被认为是土耳其公共行政系统中地方行政传统的开端（Ortaylı，2008：436）。

土耳其地方政府传统始于奥斯曼帝国时期，依附于中央政府，进入共和国时期后依然如此。奥斯曼帝国后期及共和国初期实施的地方政府法成为了共和国时期的基本法律（Keleş，2006：133－136）。“土耳其的现代地方民主政府体系逐渐建立起来，尤其是在土耳其共和国成立和1930年市政府立法之后。第一次由市议会选举产生市长，地方政府的形态和权力基本上沿着民主的路线确定下来。法律规定了中央政府与地方政府的相应职权：内政部长不干涉市政府政务；市长也不是内政部长的代理人。这样，地方自治政府看似牢固地建立起来了”（Harris，1948：17－18）。

本研究并非要详细检视这些法律，而是一般性地讨论这些法律中的地方政府规范，基于这些法律所形成的地方政府传统，有助于理解地方政府改革做法的基本动力。由于本研究中要详细讨论新的市政府和特别省级政府法律，我们有必要简述其历史发展，以实现本研究的目的。

二　市政府与特别省级政府的历史发展

本论文将首先阐释市政府的历史发展过程，市政府是现代地方政府的最常见形态。现代市政府概念始于1857年第六市政府（Keleş，2006：132－133）的建立（Ortaylı，2000：141）。1868年，这一市政府模式在伊斯坦布尔各地全面推广，这一地方法将伊斯坦布尔划分为14个市政府。与此同时，根据1864年的《普通省级政府地方法》，开始逐步在每个省的中心和每个区建立市政府（Ortaylı，2008：438）。1877年开始实施的《省级市政府法》要求在每个市和镇都要建立市政府，由居民选举产生市议会，市长由政府从议会成员中选任（Ortaylı，2008：439－440）。

1877年实施的这部法律中的大部分法规都在1930年第1580号《市政府法》中得到反映（Keleş，2006：133－134）。这些做法延续了集中式的公共行政传统。第1580号《市政府法》将市政府视为中央政府的"自然延伸"（Göymen，2004：32）。根据该法，市政府是中央政府的"分支"单元，受制于中央政策和指令（Kösecikand Sağbaş，2005：115）。第1580号法令将地方的行政与财政事务完全归束到中央政府的监督和检查之下。

这一体系一直延续到二战时期，没有任何变化。将市政府视为中央政府的地方组织的倾向也一直延续到战后。这一时期的主要特点是，有关地方政府改革内部驱动的讨论开始出现。这种"集中式的官僚模式"一直延续到了1960年的军事政变。1961年颁布的宪法带来了自由思想，在这种自由的氛围之下对地方政府进行了重组。该宪法也保持了行政结构的一致性。"地方政府应得到与其职责相匹配的财政收入"，"授予/撤销选举出来的机构的名衔，应该只能通过合法行为进行监管"，这两项原则可视为市政府发展的积极步骤。然而，中央政府赋予市政府的角色没有任何变化，地方政府仍然是中央政府的代表或分支（Kösecik and Sağbaş，2005：115）。特别省级政府也是如此。事实上，特别省级政府的服务范围十分广泛，然而，由于财政和行政能力不足以及官僚体制集权化，导致许多地方服务只能由中央政府的地方单位来提供。

1980年的军事政变结束了财政和行政自治。从政变到1983年选举，军政府开始采取措施加强中央政府。所有市长被免职，市议会被解散。涉及地方政府最重要的规定来自1982年颁布的宪法，其中第127条提出了关于地方政府的基本原则，规定“地方政府的组织、职责和权力应该受到法律约束，遵循权力下放原则”（Keleş，2006：141），“地方政府应该得到与其职责相匹配的财政收入”（Keleş，2006：144），这两项规定都有利于地方政府。第127条同时规定，中央政府对地方政府有“行政监管”权力。与1961年宪法不同，1982年宪法增加了行政监管（Keleş，2006：142-144）。

1983年选举后祖国党开始执政，在图尔古特·厄扎尔的领导下，土耳其在经济和社会领域实施了大规模的自由化政策。这一系列自由化实践都是“新右翼”政策的反映。这些政策的主要实现工具就是“私有化”。私有化政策也促进了“权力下放”（Sözen，2005：209）。权力下放的目的不仅仅是缩小中央政府的规模，以确保一个更有效率和成本更低的结构，还要增加地方政府的财政和行政自主性，从而确保城市服务更有效率，政治民主更有力量（Kösecik and Sağbaş，2005：119）。

随着1984年第3030号法令的颁布，“大都市政府”在三个大都市建立起来，这三个大都市都不止由一个区组成，1982年的宪法为其提供了法律依据（伊斯坦布尔、安卡拉、伊兹密尔）。从一般预算税收中转移给市政府的份额提高了；城市发展规划的制定和审批权力赋予了市政府；市政府在环境保护和贫民窟管理等领域也被赋予重要权力（Tortop，vd.，2006：215-216）。在20世纪90年代，市政府改革一直伴随着讨论。但是，一直没有制定出重要的法律规范，直到正义与发展党颁布了第5393号法令。在探讨第5393号法令和其他改革法令之前，有必要简单介绍下特别省级政府的历史发展，特别省级政府在本研究的分析中是另一种地方政府。1913年颁布的《临时普通省级政府法》是一部临时性的法规，其目的是规范这些地方单元。自此，特别省级政府要遵从此临时法规。1987年对1913年的《临时普通省级政府法》进行了一些修改，增加了1987年第3360号法令，但是前者的基本条款并没有被后者修改。特别省级政府的历史发展进程与市政府相似，但是前者与后者的发展方向不同。特别省级政府与地方政府在结构、组成和功能等方面相去甚远。最新的法规确实为特别省级政府带来了极大的改变（Keleş，2006：147；Ömürgönülşen and Sadioğlu，2009；Tortop，vd.，2006：129）。

一直以来，土耳其的地方政府都由三个部分组成：特别省级政府、市政府和村庄。1982 年的宪法维持了这个结构。但是，在这三层结构中，只有市政府能够保持其在经济、政治、社会和文化发展中的最初职责。在本研究中我们并未涉及村级行政，这也是原因之一，另一个原因是，2002 年以后再也没有颁布有关村级行政的法律法规。关于“改革”地方政府的法律规范，我们将在下一部分探讨。

三　土耳其的地方政府改革

2002 年 11 月 3 日，正义与发展党政府开始执政，从其竞选口号、执政纲领和党内高官的声明中不难看出，它试图用一种“新公共管理”理念来解决存在多年的公共行政问题。这一理念也包括“治理”方法。行政科学学者在现代公共行政方法的范畴中研究治理问题。根据治理方法，政府、私营部门和非政府组织一起提供公共服务，才能保证公共服务的提供更为高效和有效。基于这一理念，第 58 届和第 59 届政府拟定了《公共行政基本法草案》，起草了有关地方政府的法律文本，旨在使公共行政以参与、透明、问责、公平、快捷、高质量、高效和有效的方式提供公共服务（Kösecik and Sağbaş，2004：128）。议会于 2004 年 7 月 15 日采纳了第 5227 号《公共行政的基本原则和重构法》。2004 年 8 月 3 日，土耳其共和国时任总统阿合买提·内吉德提·塞泽尔驳回了其中的 22 条条款（8 条为临时条款），要求议会重议，自此之后该草案从未进行过讨论。此外，《市政府法》（第 5393 号）、《特别省级政府法》（第 5302 号）、《大都市政府法》（第 5216 号）均得以实施。

对于这次改革，居尔认为：“这次改革削弱了国家与公共行政，制约了中央政府，加强了地方政府和公民社会，将自由市场方法作为基础。”（Gül，2005：41）。凯勒斯称“这次改革进程并未将地方政府看作可以提供更好公共服务的机构，而是看作能够有助于私有化的机构”（Keleş，2006：493）。居尔将这次改革进程界定为“全球去中心化的助推器”，他强调称“在这场改革中，同时出现了两种相对立的现象，即全球化与去中心化”（Gül，2005：42）。此外，他还批评，在体制和机构还没有完全建立的市场经济中，将基本公共服务交由市场来提供，会导致公共服务的缺失（Gül，2006：9）。

土耳其在批评《公共行政基本法》时，并未完全拒绝去中心化和分权民主，但是《公共行政基本法》和其他有关地方政府的法律忽视了"参与"。"公民被看作市场消费者，即消费者，而不是应当参与公共决策的个体"（Gül，2005：46）。此外，在制定这些法律规范时采用的是集中式的方式，并未保证地方政府的充分参与，其实施与"加强地方民主和参与"的起草初衷相违背。

（一）第5302号特别省级政府法令

2005年2月22日，土耳其议会审议通过了第5302号特别省级政府法令，该法令将中央政府承担的很多服务和职责移交给特别省级政府。该法令第六款确定了特别省级政府的权力范围："特别省级政府有责任并有权力提供：a）在其行政区域内，与青年、体育、医疗、农业、工业与贸易（在省级区域内的大都市政府除外）、本省环境规划相关的服务；公共岗位和安置；土壤保护；侵蚀防护；文化、艺术、旅游、社会服务与救济；向穷人发放小额贷款；幼儿园和孤儿院；与土地分配与建设、中小学教育机构建筑物维修维护以及满足其他需求相关的服务；b）在市政府区域之外，与公共岗位、道路、水、排污系统、固体废物、环境、急救相关的服务；与支持森林村庄、造林护林、公园及花园设施相关的服务。"（http：//mevzuat. basbakanlik. gov. tr）

第5302号法令做出一项新规定，赋予地方政府一般管辖权。在此前的法规中，特别省级政府的义务通常基于"计数"确定；然而，新的法规将特别省级政府作为满足省内"一般地方需求"的普通权力单元（CoşkunveUzun，2005：161；Tortop，vd.，2006：129－130）。

第5302号法令还赋予了特别省级政府制定地方法规的权力（第七条）。这一规定符合宪法第124条。由于之前的法律并没有赋予特别省级政府这样的权力，它们不能通过地方法规来进行管理工作（CoşkunveUzun，2005：161）。

（二）特别省级政府行政结构的改变

以往的法律构建的特别省级政府的结构为：省议会为决策机构；省常委会为决策和执行机构；省长为执行机构和特别省级政府的首脑。省议会与省常委会成员经选举产生，省长经过任命。这种结构在第 5302 号法令中得以延续，但是也做出了新的规定。省长不再是省议会的首脑。第 5302 号法令规定，省议会议长应该从议会成员中选举产生，任期为 2—3 年（第 11 款）（CoşkunveUzun，2005：161 - 162）。

新法规定，省议会应该在每月第一周（公共假日除外）开会，11 月的会议应该是其新周期的第一次会议，而以前省议会一年只开两次会（5 月和 11 月）（CoşkunveUzun，2005：162）。

如果出现以下任何一种情况，省议会将由国会决议、内政部发表声明解散（第 5302 号法令第 22 款）：

——无法及时履行法定义务，由此妨碍了议会履行其职能；

——议会在政治议题的决策与赋予其的职责无关（Keleş，2006：154）。

前法规定“在法律规定的地点和时间之外召集会议，应视作解散的原因”在新法中被删除。新法增加“在其职责范围内”陈述，使得原来的解散理由“讨论政治议题并就这些议题表达意愿”得以合理化（ÇoşkunveUzun，2005：162）。

第 5302 号法令的另一创新是“特别委员会”（第 16 款）。省议会中的每一政党，都应该根据其在议会中的席次，在特别委员会中得到相应席次。第 5302 号法令的第 17 款规定，省议会下应成立“审计委员会”，以审计特别省级政府的收入和支出（CoşkunveUzun，2005：162 - 163）。

在监管方面，取消了省长对省议会决议的批准权。省议会的决议为最终决议，无须省长批复，仅需告知省长即可。省长有权要求议会对决议进行复议（第 15 款），但是如果议会坚持，省长必须执行决议。

（三）省常委会

第 5302 号法令所做的第一个修订就是将“省常委会”更名为“省委会”。省常委会的结构也做了相应调整：省常委过去由 5 人构成，由省议会在其议会成员中选举产生；但是新法以市委会的结构为基础，规定省委会应由选举和委任的成员组成。

（四）省长

在新法中，省长仍是特别省级政府行政机构的首脑。根据新法，省长应在地方选举后六个月内提出“战略规划”。对省长的审计是“问责报告”，该报告列出省长所实施的活动的效果，是否与其战略规划和第5302号法令第39款确定的绩效目标相一致。

第5302号《特别省级政府法》做出的新规显示，特别省级政府在行政和财务上具有自主权。其权利、义务与职责得到了大幅提升。此时，我们要提出的问题是“特别省级政府能否以均衡的方式将财政资源高效地提供给如此广大的区域?”《特别省级政府法》并未给出明确答案。在没有充分准备的情况下，将大量的权利与义务下放到特别省级政府，很可能会出现服务提供方面的困难。最后，该法遵循《公共行政基本法》，但是很显然，未来将会遇到很多实施问题，因为基本法迄今还未实施（CoşkunveUzun，2005：172）。

（五）《市政府法》第5393号

1930年颁布的《市政府法》第1580号法令于2005年被第5393号法令取代。根据第1580号法令，人口超过2000人的任何聚居地均可成立市，但是，第5393号法令将这一标准提高到5000人，同时规定所有的省和区内必须设立市政府（第4款）（Keleş，2006：222）。

第1580号法令以“罗列原则”为基础，通过计数确定市政府的职能。第5393号法令改变了这一做法，新法列出了市政府的主要服务领域。此外，新法还包括“市政府应该履行或让人履行那些法律没有赋予其他公共行政或部门的地方公共义务和服务”（第14款）。“罗列原则”和“普遍原则”在新法中均得到了采用（Keleş，2006：229－231）。

（六）市议会

市议会是市政府的最大决策机关，其成员由市民直接选举产生，任期5年。“亲属不得同时担任同一任期内的议员”规定被新法废除（Keleş，

2006：236－237）。

与旧法不同，第5393号法令提出了国会决定、内政部宣布解散议会的两个理由：a）无法及时履行法定义务，由此妨碍了市政府的职能；b）议会在政治议题上的决策与赋予市政府的职责无关（第30款）（Keleş，2006：243－245）。

（七）市委员会

市委员会为市政府的第二决策机构，同时也是咨询机构，其委员有两类：选举产生的成员和公职官员，任期1年。市长为市委员会的首脑。

（八）市长

第1580号法令规定市长由市民选举产生，在某些例外情况下由部长内阁任命，但是第5393号法令否决了例外情况（Keleş，2006：248－249）。

市长作为市政府首脑和市立法机构代表履行某些职责。市长为市议会和市委员会的首脑。

国会可以通过“不胜任或不信任”罢免市长。新法规定内政部长也有权临时罢免市长，但是针对这一罢免设置了一些限制（Keleş，2006：254）。

第5393号法令采取了一些举措促进参与，引入了一些新机制，如民意调查与研究、赋予市民身份和参与城市议会等。此外，《市政府法》使市民能够“自愿”参与市政服务（Keleş，2006：261－262）。

新《市政府法》的主要特点是行政和财务自治原则（第5393号法令第3/a款；第5216号法令第3/a款）。“自治原则”的实践符合《欧洲地方政府自治章程》的宗旨。正如正义与发展党政府在其法律草案中所强调的那样，制定新法规所采取的治理方法要遵循《欧洲地方政府自治章程》，要基于当地居民的自愿参与（Öner，2005：61－63）。

在审视市长与市议会的关系时可以看出，如果市长能够提供充分依据，便有权驳回违反法律的议会决议。议会最终决议应在七天内公示（第23/6款）。

第5393号法令赋予市议会审议战略规划的职责（第18/a款）；赋予市委员会评估战略规划并向市议会建言的职责（第34/a款）；赋予市长

的职责有：a）根据战略规划管理市政府（第38/b款），b）选举后6个月内准备好战略规划（第41/1款），c）根据战略规划准备问责报告（第56/1款）。第1580号法令未对战略规划做出规定。人口低于5万的城市不硬性要求提供战略规划（Öner，2005：76）。

市长有责任准备问责报告，问责报告要说明按照战略规划和绩效目标开展的各项活动，详细描述目标、结果和偏差，以及当前的市政债务情况（第56款）。问责报告应由市长提交给市议会和内政部，并进行公示（第56/2款）。如果四分之三的市议会议员认为问责报告的阐释不充分，就应启动“不胜任决议”程序（第26/4款）。这个比例在第1580号法令中设为三分之二。新规定巩固了市长的地位，此外也赋予内政部以监管权（Öner，2005：79－80）。

（九）城市议会

为保证公民参与和监督地方政府事务，第5393号法令规定组建城市议会。城市议会的代表来自专业机构、贸易工会、公证机构、大学、相关非政府组织、政治党派、公共组织和部门、地方行政官员以及其他相关机构。法律规定市政府要向城市议会提供帮助和资助。城市议会提交的“意见”要在市议会的第一次会议上讨论（Öner，2005：82－85）。

（十）志愿参与市政服务

市政府有权开展相应项目以确保志愿者参与服务的提供，这些服务涉及医疗、教育、体育、环境等领域，旨在提高服务的有效性、经济性和效率，促进城镇的团结和参与（第77/1款）（Öner，2005：85）。

市政府法第5393号在参与方面制定了很多规则，但是确保参与的规定具有明显的“咨询服务”的特征（Öner，2005：85）。这些工具没有包括保证当地居民直接参与的机制。法律规定要使用信息技术，事实上，在参与规定中采用信息技术并未取得实质进展。

四　结论

地方政府体制在奥斯曼帝国后期被引入土耳其的公共行政体系之中。

将地方政府引入土耳其行政体系，并非出于对地方民主的考虑，而是需要为城市提供一个现代结构，以便满足当前时代的需要和提升城市经济生活（Ortaylı，2008：427）。土耳其的地方政府不同于西方，不仅表现在建立的原因，而且表现在建立的方法和过程上。西方的地方政府一直享有某种程度的自主权，而奥斯曼帝国和新成立的土耳其共和国都没有这种传统。

土耳其的地方政府（特别省级政府、市政府、村庄）从来没有类似西方的传统，在1960年后的计划时期，人们开始在公共行政学科的范畴之内探讨土耳其地方政府。之所以进行这些讨论，是因为20世纪50年代后的农业机械化提高了农业生产，促进了人口增长，这些发展在土耳其的公共行政体系中得到了反映。另外，农村人口快速拥进城市，促进了高速公路网络的发展。这些内在动因迫使公共行政寻求解决城市问题的答案。针对这些内在动因的效果也进行了很多研究。

共和人民党于20世纪70年代引入了“民主市政府”理念（更具政治意义的不同理念），这是行政学者眼中的唯一地方单元。“民主市政府”思想没有将市政府作为中央政府的延伸，而将其重新设计，成为财务和行政上的独立单元，从事生产和确保参与。这一思想在共和人民党执政期间并未得到落实。1983年军政府下台，厄扎尔政府掌握了政权，对地方政府的财务和行政进行了大刀阔斧的改革。厄扎尔政府改革政策的基础是，将地方市场向市场经济开放，而不是加强地方民主。这些政策是“新右”政策的反映，美国和西欧在1980年后广泛接受了“新右”政策。

2002年，正义与发展党开始执政，实施20世纪80年代后的自由主义政策，颁布了一系列法令，包括《基本公共行政法》以及基于《基本公共行政法》的《特别省级政府法》《市政府法》《大都市政府法》。这些法令促进了公共行政的改革。中央政府的一部分重要职责赋予地方政府。政府将改革的中心思想表述为“国家的目标是掌舵而不是划船”。然而不清楚的是，公共部门——其活动领域在20世纪80年代后被削减——如何在空荡荡的领域中掌舵。

对于改革举措，同时存在正面和负面的批评，这也实属正常。最大的批评是关于“领土完整和国家统一”。尽管省级政府的自治权得到了大幅提升，职责领域也有所扩大，但对其的监督机制十分薄弱。对于一个还未完成“民族国家”进程的国家来说，这可能是有问题的。而且，政府强调改革最重要的目标是“提高参与度”，而这一方面村庄与城市之间存在很大差距。法律规定了一些重要的参与机制，但是主要针对私营部门与非政府组织。换言之，参与的主体，即公众，在这一进程中被遗忘了。

在全球化进程中同时实行去中心化的政策，会引发未来的担忧，中央政府处于地方政府与国际资本之间，将中央政府外部化，限制其管辖范围，会侵蚀地方政府。换言之，要实现“公共服务提供更加高效、有效和高品质”“保证地方民主”等主要目标，需要制定更加详细、开放和具有公共导向的规范。

参考文献

Aykaç, B. / Yayman, H. / Özer, M. A. , (2003), “Türkiye'de İdari Reform Hareketlerinin Eleştirel Bir Tahlili,” Gazi Üniversitesi İ. İ. B. F. Dergisi, C: 5 (2) . Başbakanlık (2003), Değişimin Yönetimi için Yönetimde Değişim, (Ankara: Başbakanlık) .

Coşkun, Bayram ve Turgay Uzun (2005), “İl Özel İdaresi'nde Yeniden Yapılanma”, Özgür, Hüseyin ve Kösecik, Muhammet (Ed.), Yerel Yönetimler Üzerine Güncel Yazılar-I: Reform, Nobel Yayın Dağıtım, Ankara, s. 157 - 174.

Ergun, T. , (1991), “Yönetimin Yeniden Düzenlenmesi Gereksinmesi ve Kamu Yönetimi Arastirma Projesi,” Amme İdaresi Dergisi, Vol. 24/4.

Göymen, Korel, (2004), “Türkiye'de Yerel Yönetim Geleneği”, Yerel Yönetimlerde Yeniden Yapılanma Bildiriler Kitabı, Yerel Yönetimler Kongresi, 3 - 4 Aralık 2004, Çanakkale Onsekiz Mart Üniversitesi, İİBF, Biga-Çanakkale, s. 31 - 38.

Gül, Hüseyin, (2005), “Kamu Yönetimi Temel Kanunu Tasarısına Ademi Merkezileşme-Küreselleşme Dinamikleri ve Yönetimi Geliştirme Açılarından Bakış”, Özgür, Hüseyin ve Kösecik, Muhammet (Ed.), Yerel Yönetimler Üzerine Güncel Yazılar-I: Reform, Nobel Yayın Dağıtım, Ankara, s. 39 - 55.

Güler, Birgül Ayman, (2006), Yerel Yönetimler-Liberal Açıklamalara Eleştirel Yaklaşım, İmge Kitabevi, 3. Baskı, Ankara.

Harris, G. M. , (1948), Comparative Local Government, London: Hutchinson's University Library.

Humes, S. and Martin, E. M. , (1961), The Structure of Local Governments Throughout the World, International Union of Local Authorities, Hague: Martinus Nijhoff. İÖİK (İl Özel İdaresi Kanunu) (2005), (http: //www. belgenet. com/yasa/k5302. html, 13. 12.

2008).

Keleş, Ruşen, (2006), Yerinden Yönetim ve Siyaset, (Gen. 5. Basım), Cem Yayınevi, İstanbul.

Kösecik, Muhammet ve İsa Bağış, (2005), "Tarihsel Bakış Açısıyla Türkiye'de Merkezi Yönetim-Yerel Yönetim İlişkileri", Nagehan Talat Arslan (Ed.), Türkiye'de Kamu Yönetimi Sorunları Üzerine İncelemeler, Seçkin, Ankara, s. 11 - 152.

KYTK (Kamu Yönetiminin Temel İlkeleri ve Yeniden Yapılandırılması Hakkında Kanun) (2004), (http://www.belgenet.com/yasa/k5227.html, 10.12.2008).

Oktay, C., (1997), Siyasal Sistem ve Bürokrasi: Yükselen İstemler Karşısında Türk Siyasal Sistemi ve Kamu Bürokrasisi (İstanbul: Der Yayınları).

Ortaylı, İlber, (2000), Tanzimat Devrinde Osmanlı Mahalli İdareleri (1840 - 1880), Türk Tarih Kurumu Basımevi, Ankara. Ortaylı, İlber (2008), Türkiye Teşkilat ve İdare Tarihi, Cedit Neşriyat, 2. Baskı, Ankara.

Ömürgönülşen, U. ve U. Sadioğlu, (2009), "Türkiye'de Yakın Dönemde Yapılan Yerel Yönetim Reform Çalışmalarının İl Özel İdarelerine Yansımaları", Çağdaş Yerel Yönetimler Dergisi, 18 (1), 1 - 22.

Öner, Şerif, (2005), "Katılımcı Demokrasi Açısından Belediye Kanunu", Özgür, Hüseyin ve Kösecik, Muhammet (Ed.), Yerel Yönetimler Üzerine Güncel Yazılar-I: Reform, Nobel Yayın Dağıtım, Ankara, s. 57 - 88.

Polatoğlu, A., (2001), Kamu Yönetimi: Genel İlkeler ve Türkiye Uygulaması (Ankara: METU Press).

Saylan, G., (1974) "Administrative Reform as a Problem of Structural Change," *Turkish Public Administration Annual*, 1: 119 - 141.

Sözen, Süleyman, (2005), "Administrative Reforms in Turkey: Imperatives, Efforts and Constraints", *Ankara Üniversitesi SBF Dergisi*, 60 (3), s. 195 - 214.

Sürgit, K., (1972), Türkiye'de İdari Reform (Ankara: TODAİE).

T. C. Başbakanlık, (2003), Kamu Yönetiminde Yeniden Yapılanma 1: DeğişiminYönetimi İçin Yönetimde Değişim, (Haz. Ömer Dinçer ve Cevdet Yılmaz), T. C. Başbakanlık, Ankara.

T. C. Başbakanlık, (2004), Belediye Kanunu Tasarısı (http://www.mevzuat.basbakanlik.gov.tr 17.12.2008).

T. C. Başbakanlık, (2004), Kamu Yönetimi Temel Kanunu Tasarısı, (http://www.basbakanlik.gov.tr), Ankara.

T. C. Cumhurbaşkanlığı, (2004), Cumhurbaşkanı'nın 5227 sayılı Kamu Yönetiminin Temel İlkeleri ve Yeniden Yapılandırılması Hakkında Kanun'u Veto Gerekçesi, (http: //www. cankaya. gov. tr/tr_ html/ACIKLAMALAR/03. 08. 2004 -2819. html, 11. 12. 2008).

TESEV (2000), DevletReformu, http: //www. tesev. org. tr/projeler/proje _ kamu _ belediye. php.

Tortop, Nuri, Burhan Aykaç, Hüseyin Yayman, M. Akif Özer (2006), Mahalli İdareler, Nobel Yayın Dağıtım, Ankara.

Tutum, C., (1994), Kamu Yönetiminde Yeniden Yapılanma (Ankara: TESAV). TürkiyeCumhuriyetiAnayasası (1982), (http: //www. tbmm. gov. tr/Anayasa. htm, 20. 12. 2008).

TÜSİAD (1983), Kamu Burokrasisi (İstanbul: TUSIAD).

政府与非政府组织的伙伴关系:基于印度昌迪加尔联邦属地内典型非政府组织的案例研究

印度旁遮普大学副教授　巴哈拉提·加尔各

【摘　要】 非政府组织的世界错综复杂，主要分为国内和国际非政府组织。当今，非政府组织处于发展中心，在发展人力资源、调动社会资源方面扮演着相当重要的角色。因此，世界各国政府正努力与其开展更频繁的合作。正因如此，本文以实证的方法研究了政府和非政府组织间合作计划的有效性。本文分为四部分。第一部分概述了印度非政府组织概况、非政府组织的特点和非政府组织与政府间的合作计划。第二部分提出研究对象、研究问题、研究方法、研究范围及研究意义等。第三部分对数据进行了分析。第四部分讨论了研究发现，并提出政策建议。

【关键词】 非政府组织；政府与非政府组织合作；印度

一　引言

世界各国正采取不同方式来达成社会福利的各项目标。如今，人们意识到，缺少公众的积极参与，便无法取得实质的发展。越来越多的人通过非政府组织等途径实现公众参与。非政府组织在政府未提供保障或保障不足的领域开展工作，正逐渐成长为发展舞台上重要的一方。世界范围内凡是最需要帮助、最受压迫而政府却无法涉足并提供帮助的领域，都有非政府组织开展工作的身影。非政府组织发展成为社会变革的媒介，被视为在社会不同层面带来大规模实质变化的工具。

“非政府组织”这个词描述了多种多样的组织，有的被称为“私人志愿组织”，有的被称为“公共社会组织”，还有的被称为“非营利性组织”（Bhatt，2011）。非政府组织是不以营利为目的，非商业、非政治的组织。这样的组织通过捐款、捐资、补助和其他募资活动筹集经费。组织者聚集起来，建立非政府组织的首要原因是要为社会实现某个目标或提供某项服务。非政府组织有能力影响、调动受益人群、政府和其他利益相关者的支持。非政府组织不分国度，无论资源和收入多少，其参与了发展的方方面面（Bava，1997）。因而，非政府组织在政府和民众之间起到了桥梁作用。非政府组织的出现、发展及其日益增长的重要性是社会发展过程中意义重大的一面。为了成为高效实施发展战略的伙伴，非政府组织必须秉持正直、高效等原则运作，并和其他政府组织和谐相处（Mohanty，2004）。

过去40年间，印度非政府组织不断发展，变得越发重要，并引导开辟了公民社会一个独特领域。非政府组织建立了切实可行的制度框架，并成为继政府部门、私营企业之后第三个定义明确的领域，承担了桥梁作用，承载发展和改变。政府和非政府组织间高效、有意义的合作对于双方加速发展相关活动均至关重要。环境日益复杂，政府面临各种问题，非政府组织成为发展话语中有力的一方，扮演着重要的角色。非政府组织已经成为第三领域的发展机构。在发展的舞台上，非政府组织不能在真空中行动，必须相互合作，并与政府领域相协作，保证稀缺资源的使用更加有效，使得政府与非政府组织都能从中享受比较优势带来的益处。如果政府和非政府组织能在相互尊重的情况下开展合作，自然能达成共同目标。政府将实现社会纲领，而非政府组织各项活动将更加高效。至2020年，印度正式登记的非政府组织预计将达到225万家，活动领域涉及各个方面（Abraham，2015）。印度政府于2007年颁布了《志愿领域国家政策》，承认了第三领域的作用；随后于2009年宣布规划委员会将作为节点部门搭建平台，协助非政府组织和政府各部门走到一起并开展合作。为此，印度规划委员会发布了非政府组织合作计划，并建立网站平台，维持中央部委和非政府组织之间的合作。网站提供注册的非政府组织名录，详细记录组织所在邦和所属领域，并把愿意与非政府组织合作的联邦政府部门名录也挂在了网站上。

非政府组织在发展方面越发重要。非政府组织是连接基层民众、公民社会和国家的重要渠道。非政府组织的组织形式、架构、文化和关注议题各不相同。同时，非政府组织在去除社会恶行方面也扮演着重要的角色（Nabhi，2009）。非政府组织与其合作社区中的民众保持紧密的人际互动，这对于实施所需的干预措施，从而实现既定目标卓有成效（Dharmarajan，2007）。

非政府组织涵盖出于道德、文化、社会、经济、政治、宗教、精神、慈善、科学或技术方面的考量参与公共服务的组织，同时涵盖社区组织、非政府发展组织、慈善组织、支持组织、上述组织的网络或联合会专业会员协会等正式或非正式组织。

非政府组织的特点

非政府组织的主要特点包括：

私有，和政府区分开；

收益无须返还所有者或主管；

自我管理，并非政府管理；

拥有明确目的、目标的注册机构或非正式组织；

目的、目标明确；

可以既有非政治的属性，也保留政治、思想倾向；

组织经营不为盈利；

拥有成员选举、提名的管理委员会；

管理团队积极性高，有忠诚、奉献精神；

调用社区和他方无偿提供的资源。

印度的志愿组织和非政府组织可以注册为信托基金、协会，或者根据1956年颁布的《印度公司法案》（2013年修订）第25条注册为私有非营利性有限公司。

非政府组织合作计划可以在以下方面帮助志愿组织和非政府组织：

了解印度现有志愿组织和非政府组织的具体信息；

了解参加合作计划的部委、部门和政府机构及其对志愿组织和非政府组织提供拨款计划等具体信息；

网上申请非政府组织拨款；

追踪拨款申请的进度。

非政府组织合作计划并不为志愿组织和非政府组织批准或提供拨款。不同的政府部委、部门和机构根据非政府组织合作计划中列明的不同计划，为志愿组织和非政府组织提供和批准拨款。负责不同计划的联络员名单也在网站上公布。关于计划有任何疑问，都可以联系联络员。

非政府组织可以参与执行政府计划，制定公共政策以及执行社会法规。政府和非政府组织间高效、有意义的合作对于双方加速发展相关活动均至关重要。在日益复杂的环境下，政府面临各种问题，非政府组织成为了发展话语中有力的一方，扮演着重要的角色。非政府组织已经成为了第三领域的发展机构。在发展的舞台上，非政府组织不能在真空中行动，必须相互合作，并与政府领域相协作。

非政府组织和政府间的合作计划①

该计划设立平台，为志愿组织和非政府组织与主要政府部委、部门、机构提供空间，建立联系。接下来，计划将覆盖所有中央部委、部门和政府机构。在第一阶段参与计划的主要部委、部门、政府机构包括文化部、卫生与家庭福利部、社会正义与赋权部、部落事务部、女性儿童发展部、高等教育部、学校教育及读写能力部、人民行动及农村科技发展委员会、国家艾滋病管控组织和中央社会福利委员会。这一免费计划由规划委员会联合国家信息中心发起，以期在政府和志愿领域间形成更强有力的合作关系，提高透明度、效率和问责。

二　研究对象

研究调查目前（印度）昌迪加尔联邦属地内政府和非政府组织间合作情况；

调查政府和非政府组织合作谋发展时面临的挑战；

为加强政府和非政府组织合作、深化合作意义、增强合作效果提出政

① ngoindia. gov. in/faq_ ngo. php. Last Accessed on 14th September, 2015.

策方向建议。

（一）研究问题

研究希望通过调查回答以下问题：昌迪加尔政府和非政府组织间合作现状如何？

昌迪加尔政府是否支持非政府组织活动？

确保政府和非政府组织间合作取得效果面临什么挑战？

未来需要什么干预措施加强政府和非政府组织的关系？

（二）研究意义

该研究的意义在于印度政府于2007年颁布了《志愿领域国家政策》，承认了第三领域的作用；随后于2009年宣布非政府组织合作计划，保证政府和非政府组织领域更好地合作。鉴于非政府组织已经成为发展过程中切实有效的一方，本文将帮助人们更好地理解政府和非政府组织间的合作，描述进一步加强合作的实证基础并为分析、政策选择和未来干预手段提供新的思考维度。本文研究了在昌迪加尔联邦属地内的非政府组织。昌迪加尔是面积为114平方公里的联邦属地。126家当地非政府组织在规划委员会非政府组织合作计划中注册，这也证明了昌迪加尔人文化程度较高，实际参与志愿活动程度高。

（三）研究范围

本文是基于对昌迪加尔联邦属地政府部门和非政府组织间合作程度的研究与分析。为了达到研究目的，笔者选取了12家非政府组织。这些组织都曾与政府部门合作，并获得政府部门提供的大笔资金。选取的非政府组织在不同领域开展工作，其中包括关爱老年人、艺术、文学和文化宣传、人权保护、女童教育、妇女教育等。笔者同时选取了15个政府部门进行研究。这些部门曾经和非政府组织合作，并为其提供资金。

（四）取样

选取的12家非政府组织都在非政府组织合作计划下与政府部门开展合作，并寻求政府部委的资金。组织名称和地址都摘录自规划委员会网站。笔者拜访了15个政府部门，这些部门都和不同领域的非政府组织有过合作。

下面是为了本次研究所取样的非政府组织：

昌迪加尔Acharyakul组织：艺术与文化、儿童、公民问题、教育及读写能力、艾滋病、人权、法律意识及援助、农村发展与脱贫、女性发展及赋权。

AAPSI：畜牧业、乳业与渔业、老年人、农业、儿童、公民问题、残疾人、灾难管理、艾滋病、健康及家庭福利。

AAGAZ福利协会：青年事务、女性、儿童、老年人帮助及相关工作。

AASS组织：老年人、农业、生物技术、儿童、残疾人、达利特人①地位提升、教育、艾滋病、住房、人权。

AATM Sammaan基金会：为无法上学的移民家庭儿童提供教育、为区域内没有电脑的家庭妇女提供电脑课程、为区域内妇女寻找工作机会。

“为提升特殊教育创新而行动”组织：残疾人、教育及读写能力。

Anandini组织：儿童、残疾人、教育和读写能力。

Apang Sewa Sanstha组织：艺术与文化、儿童、残疾人、女性发展和赋权。

“安全抵达”组织：儿童、公民问题、灾难管理、教育和读写能力、人权、信息与通信技术、知情权及对其的倡导、科学技术、农村发展与脱贫、青年事务。

Arya Vidhyak基金会：残疾人、教育和读写能力、女性发展和赋权。

专业社工及发展从业者协会：公民问题、残疾人、灾难管理、教育和读写能力、环境与森林、艾滋病、人权、信息及通信技术、法律意识及援助、潘查亚特制度②、知情权及倡导、城市发展及脱贫、职业培训、女性发展和赋权。

教育及志愿行动中心：艺术与文化、教育和读写能力、环境与森林、

---

① 达利特人（Dalit）：又称“贱民”，是印度传统社会及种姓制度中最底层的人。——译者注

② 潘查亚特制度（Panchayati Raj）：在古印度称“五老会”，是管理农村的一种制度。——译者注

艾滋病、人权、知情权及对其的倡导、科学技术、部落事务、旅游、女性发展和赋权、青年事务。

（五）调查方法

调查基于原始数据及二手数据。原始数据通过访问获得。笔者向昌迪加尔 12 家非政府组织（曾与政府部门合作）和昌迪加尔政府部门 15 位直接和非政府组织对接的联络员发放开放性、封闭性问卷进行调查。

三　数据分析

（一）政府与非政府组织间合作计划认知程度

表 1 至表 3 涉及的问题与受访者认知程度有关，包括对于《志愿领域国家政策》及政府与非政府组织间合作计划的认知程度。

表 1 分析了受访者对于 2007 年颁布的《志愿领域国家政策》的认知程度。从受访者回应来看，他们大部分都不知道《志愿领域国家政策》。15 位政府官员中的 10 位和全部收到问卷的非政府组织负责人（12 位）从来没有听说过 2007 年颁布的《志愿领域国家政策》。实际上，他们从调查人员口中才得知有这么一条政策，很多人记了下来，表示之后要学习。

表 2 研究了受访者对于政府与非政府组织间合作计划的认知程度。政府机构和非政府机构的大多数受访者都不了解政府与非政府组织间的合作计划。15 位昌迪加尔政府官员中的 9 位和 12 位非政府组织负责人中的 7 位受访者对此计划并不知情。令人惊讶的是，这些非政府组织正是在此计划下向政府部门申请资金，而政府官员也只有通过这项计划才能向中央部委转交有关申请以及发放资金。

表 3 描述了受访者是否认为政府与非政府组织间合作计划有助于非政府组织领域获得资金，计划是否有益于双方发展合作及伙伴关系。回应本身就说明了合作计划是否成功。15 位政府官员中的 9 位和 12 位非政府组织负责人中的 8 位认为，即便政府发布了合作计划，以促进双方合作，政府对于非政府组织的看法也并没有改变。

（二）合作的本质

表 4、5、6 涉及政府与非政府组织领域间合作的本质。

表 4 呈现了受访者对于非政府组织是否积极参与政府项目的反馈。15 位政府官员中的 8 位和 12 位非政府组织负责人中的 8 位表示，非政府组织和政府部门之间的合作并不活跃。当问及原因时，非政府组织负责人告诉调查人员，政府部门对于非政府组织普遍有态度上的问题。

表 5 展现了非政府组织负责人认为，政府官员并不信任非政府组织（12/12）；如果政府提供资金，必然会干涉非政府组织的运作（8/12）；政府官员对非政府组织遇到的问题缺乏兴趣（5/12）；政府官员对于整个非政府组织领域漠不关心（3/12）。15 位政府官员中有 5 位认为因诈骗、盗用非政府组织相关资金等事件，他们并不信任非政府组织领域；但他们同时承认，已经尽力鼓励非政府组织，并在工作中完全合作。即便如此，政府官员的回应和非政府组织负责人的回应截然不同。15 位政府官员中，只有两位表示他们信任非政府组织领域，并愿意看到非政府组织积极参与政府项目。

当被问及政府与非政府组织无论在什么领域进行合作，其本质是什么的时候，双方之间的相互不信任进一步反映出来（见表 6）。表格分析得出，12 位非政府负责人中的 10 位和 15 位政府官员中的 10 位一致认为，非政府组织寻求资金只是为了开展自己的项目。即便政府一直在政策公告中提及与志愿领域开展合作，谈到志愿领域不可或缺，双方仍未建立战略性合作关系，也没有尝试将非政府组织视作平等的伙伴参与进来。事实上，非政府组织并没有成为执行政府计划的媒介，也不对项目进行评价。

这个情况本身说明了双方间缺乏信任及积极合作的兴趣。

（三）政府与非政府组织间互动程度

表 7、8、9、10、11、12 讨论了政府与非政府组织间的互动程度。

表 7 讨论了两个领域间的互动程度。15 位政府官员中的 7 位认为政府部门与非政府组织间的互动程度为中等，另外 8 位认为程度较低。关于非政府组织多久和政府官员面谈福利项目这个问题，表 8 显示，双方会视需要而定（15 位政府官员中的 8 位和 12 位非政府组织

负责人中的 5 位勾选了这个答案）。即便政府为非政府组织提供资金，两者也几乎不碰面开会。

当被问及是否满意政府与非政府组织间现有的合作时，15 位政府官员中只有 3 位回答不满意，其他的都没有作答。相反，更多的非政府组织负责人表达了自己的观点，12 位非政府组织负责人中的 10 位对双方现有合作并不满意（见表 9）。

对政府官员是否通过咨询和会议征求非政府组织的反馈意见这道问题的答案，进一步印证了双方合作程度较低（见表 10）。15 位政府官员中的 7 位和 12 位非政府负责人中的 10 位告诉调查人员，双方几乎不进行咨询，政府的政策制定者不从非政府组织领域得到反馈。非政府组织几乎不参与政策制定和规划，参与更多是纸上谈兵，而非实际情况。

调查人员向受访者提问，为保证政府部门与非政府组织的合作，政府规则是否灵活变通，12 位非政府组织负责人中 3 位明确表示政府规则毫无变通，但几乎所有受访者都一致认为，这取决于具体跟办的政府官员。如果政府官员对合作感兴趣，他们就会支持开展工作，否则每一条规定都是一道坎。大部分政府官员（15 位政府官员中的 13 位）选择不回答这道问题（见表 11）。

表 12 分析了受访者对于在政府福利项目上缺少合作是否导致负面影响这个问题的回应。两个群体的大多数（15 位政府官员中的 9 位和非政府负责人中的 10 位）告诉调查人员，非政府组织和政府部门间缺少合作没有导致负面影响。他们认为，双方都在各自领域用自己的方式开展工作，没有冲突。非政府组织相信，如果政府部门提供资金，便会对非政府组织特别警惕，干涉他们的工作。另外，由于非政府组织诈骗、盗取资金的案例非常多，政府部门与非政府组织的交往特别谨慎。

受访者还被提问昌迪加尔是否单独为政府机构和非政府组织提供能力培养项目，尝试建立双方的互信和合作。对这个问题，大多数受访者（15 位政府官员中的 10 位和 12 位非政府负责人中的 10 位）称，双方都没有这样的项目。许多受访者勉强承认，如果有这样的项目，兴许可以建立双方间的互信，促成两个领域间的合作（见表 13）。

四 研究发现及政策建议

（一）研究发现

1. 对于政府与非政府组织间合作关系的认知程度

约126家昌迪加尔的非政府机构在规划委员会颁布的非政府组织合作计划下注册；

昌迪加尔当局12个部门都曾与非政府组织合作；

尽管有过合作，非政府组织和政府高级别官员还不了解2007年颁布的《志愿领域国家政策》；

即便是抽样调查的部门负责人也不了解2007年颁布的《志愿领域国家政策》。在不了解这个政策的情况下，他们按照政策要求开展工作，促进双方合作。

2. 合作的本质

非政府组织与政府之间并没有战略性合作；

受访者认为，非政府组织多寻找资金，却没有积极参与政府福利项目；

政府官员意识到志愿领域在国家福利工作中的重要性，但由于非政府组织进行金融诈骗，缺乏透明度和责任制度，双方间不存在互信。因而，政府机构对非政府组织作为战略合作方完全参与其中持怀疑态度。

此外，非政府组织对政府机构必须信任非政府组织，帮助他们提升能力，以更好地在基层提供服务等感到不满；

非政府组织批评政府机构摆官架子，不信任非政府组织。

政府与非政府组织间互动程度；

政府与非政府组织间的互动程度很低；

在制定项目前，政府不会征求非政府组织的意见；

当有需要时，政府才会和非政府组织见面开会，并未将之作为重点事项；

昌迪加尔当局没有对接触非政府组织的官员提供培训，也没有建设非政府组织的能力。

（二）政策建议

政府必须举办培训项目和教育工作坊，增进政府机构与非政府机构间的相互交流和了解；

应该通过简化注册、许可等规章制度，使昌迪加尔非政府组织的筹资过程更加简便；

双方应该针对重大项目，通过反馈或者常规咨询，增强交流；

非政府组织领域应该提出自我规管措施，在政府机构和社区间建立互信。

附录：表格列表

政府与非政府组织间合作认知程度

表1　　是否了解国家志愿领域政策

受访者	是	否	未作答
政府官员（数量：15）	02（0.3）	10（1.5）	03（0.4）
非政府组织（数量：12）	00	12（1）	00

注：括号内数据为百分比。

表2　　是否了解非政府组织合作计划

受访者	是	否	未作答
政府官员（数量：15）	05（0.7）	09（1.3）	01（0.1）
非政府组织（数量：12）	02（0.2）	07（0.8）	03（0.3）

注：括号内数据为百分比。

表3　　是否了解非政府组织合作计划提供的便利

受访者	是	否	未作答
政府官员（数量：15）	00	09（1.3）	06（0.9）
非政府组织（数量：12）	00	08（0.9）	04（0.4）

注：括号内数据为百分比。

合作的本质

表 4　　是否积极参与政府部门的联络

受访者	是	否	未作答
政府官员（数量：15）	02（0.3）	08（1.2）	05（0.7）
非政府组织（数量：12）	02（0.2）	08（0.9）	02（0.2）

注：括号内数据为百分比。

表 5　　政府官员对非政府组织的态度

政府官员的态度	非政府组织（数量：12）	政府官员（数量：15）
令人鼓舞	00	04（0.6）
愿意合作	00	04（0.6）
漠不关心	03（0.3）	00
多管闲事	08（0.9）	00
缺乏兴趣	05（0.6）	00
缺乏信任	12（1.4）	05（0.7）
值得信任	01（0.1）	02（0.3）

注：括号内数据为百分比。

表 6　　合作的本质

合作的本质	非政府组织（数量：12）	政府官员（数量：15）
非政府组织参与策划项目时为战略伙伴关系	00	00
执行项目时为平等伙伴关系	00	00
非政府组织是执行政府项目的媒介	00	00
非政府组织对项目做出评价	00	00
非政府组织寻求拨款，执行自己的项目	10（1.2）	10（1.5）

注：括号内数据为百分比。

政府与非政府组织间的互动程度

表 7　**政府与非政府组织间的互动程度**

受访者	非常高	高	中	低	非常低
政府官员（数量：15）	00	00	07（1）	08（1.2）	00
非政府组织（数量：12）	00	00	00	05（0.6）	07（0.9）

注：括号内数据为百分比。

表 8　**政府与非政府组织开会频率**

受访者	一周一次	两周一次	一月一次	视需要	从不开会
政府官员（数量：15）	00	00	00	08（1.2）	07（1）
非政府组织（数量：12）	00	00	00	05（0.6）	07（0.8）

注：括号内数据为百分比。

表 9　**是否满意政府与非政府组织间现有的合作**

受访者	是	否	未作答
政府官员（数量：15）	00	03（0.4）	12（1.8）
非政府组织（数量：12）	00	10（1.2）	02（0.2）

注：括号内数据为百分比。

表 10　**通过咨询和会议征求非政府组织的反馈意见**

受访者	是	否	未作答
政府官员（数量：15）	01（0.1）	07（1）	07（1）
非政府组织（数量：12）	00	10（1.2）	02（0.2）

注：括号内数据为百分比。

表 11　**与非政府组织对接时政府规则是否灵活变通**

受访者	是	否	未作答
政府官员（数量：15）	02（0.3）	00	13（2）
非政府组织（数量：12）	00	03（0.3）	09（1）

注：括号内数据为百分比。

表 12　　　　在政府福利项目上缺少合作导致负面影响

受访者	是	否	未作答
政府官员（数量：15）	05（0.7）	09（1.3）	01（0.1）
非政府组织（数量：12）	02（0.2）	10（1.2）	00

注：括号内数据为百分比。

表 13　　　　昌迪加尔当局培养非政府组织及政府官员能力的行动

受访者	是	否	未作答
政府官员（数量：15）	00	10（1.5）	05（0.7）
非政府组织（数量：12）	00	10（1.2）	02（0.2）

注：括号内数据为百分比。

参考文献

Abraham, Anita, (2015), Formation and Management of NGOs. New Delhi: Universal Law Publishing.

Bava, Noorjahan, (1997), Non-Governmental Organisations in Development: Theory and Practice. New Delhi: Kanishka Publishers. (75).

Bhatt, Amitabh, (2011), NGOs: Issues in Governance, Accountability, Policies and Principles. New Delhi: Surendra Publications, (v).

Dharmarajan, Shivani, (2007), NGOs as Prime Movers: Sectoral Action for Social Development. New Delhi: Kanishka Publishers. (vi).

Handbook for NGOs: An Encyclopaedia for Non-Government Organisations and Voluntary Agencies (Vol. 1) (2009). New Delhi: Nabhi Publishers, (v).

Mohanty, Manoranjan and Singh, Anil, Voluntarism and Government Policy, Programme and Assistance, Voluntary Action Network India (VANI), pp. 1 – 52.

Mohanty, Tapan, (2004), "Partners in Development: A Reflections on the Role of NGOs", *Indian Journal of Public Administration*, October-December Vol. L, No. 4; 1122 – 1133.

建立南非市政基础设施和融资模式

南非自由州大学　T. 尼兹马奎

【摘　要】南非地方政府的市政服务一直以来频受非议。地方政府是南非重构和发展的重要组成部分。本文通过评估姆贡贡德洛乌市的政府服务作为案例，提出了南非市政基础设施和融资模型。本研究的目的在于探讨造成市政困境的因素，评价市政服务机制并评估地方政府的转向策略。服务供给的复杂程序对国家而言具有重要意义，需要创造性的服务模式来提供快速发展解决方案。本研究主要使用民意调查表来判断当地社区对服务供给的评价。同时我们也对官员进行了调查来确定造成市政困境的根本原因。研究结果显示，国家补助不足以满足被积压的服务供给需求。

市政资源有限，造成不能及时建设市政基础设施。为解决这一困境，政府可以和私营部门组建市政服务合作伙伴体系。本研究强调用全局的视角规划发展，通过建立服务供给模型、建构完善的计划和实施策略等方式来帮助政府履行职责。本文建议市政服务必须是可持续的，而市政商业模型是提供可持续服务的核心。

【关键词】服务供给；管理；融资模式；设施；发展规划；伙伴关系；参与政府

一　引言

合作管理和传统事务部发布的《地方政府状况报告》（2009）指出，

南非市政府存在服务供给积弊、缺乏社区参与、财政管理薄弱和能力不足等问题。该报告进一步指出，南非 278 个城市中有 64 个面临财政困境，导致治理信心加速流失。2009 财年和 2010 财年的审计长报告也指出一些市政府收到的负面评价居多，是审计报告中表现最差的一栏。

《财务困境城市法案》（1987）把市政困境定义为市政府服务供给能力有限，无法做好制度管理并让大众参与社区管理。这就需要地方政府向现代化转变，以保证城市能积极应对社区需求。转变的指导原则参照《公共服务转变白皮书》（1995）、《以人为本发展白皮书》（1997）和《地方政府：市政体系法案》（2000 年第 22 号）。该法案的第六章指出城市必须开发绩效管理系统（PMS）以推动绩效管理文化，管理政治结构、政府部门负责人、议员和市政管理层（RSA，2000）。

经常引发争议的一个问题是城市经常以缺乏技巧为借口为它们未能履行应尽的职责开脱。本文旨在评估姆贡贡德洛乌市的市政服务，探寻市政困境的根源，并提出服务供给的设施和融资模型。本文还将就地方政府服务供给机制的转向战略、市政体系法案和市政融资管理法案（2003 年第 56 号）进行评述。

二 文献综述

南非要实现发展，需要国家和社会各级共同努力，通过综合发展规划来推进服务供给以实现社会正义、经济进步和发展。《南非共和国宪法》（1996）的第 152 条将地方政府定义为负责为社区提供可持续市政服务的机构。西班达（Sibanda，2012）指出市政服务缺乏甚至贫乏的现象正在受到广泛的媒体关注。因此加强对以客户为核心的服务供给的监督是影响地方政府服务供给的重要方式。

阿尔钦（Alchian，2005）称公共服务强调以人为本的合法权利是地方政府职能转变的基础，而人们在日常生活中对服务的体验和认知是评估地方政府的指标。因此地方政府是要把承诺转换为行动，优先考虑并满足它们服务的社区需求。布莱顿和西班庸尼（Bratton and Sibanyoni，2006）称南非必须提供基础市政服务来满足被积压的需求。地方政府正在面临严峻的社会挑战，即贫困、收入不均、食品安全和失业问题。

雷宁格（Leighninger，2009）称南非地方政治的状态表明民主和治理方式正在发生剧变。政府的态度正转向一个更加灵活、民主和负责任的治理策略，强调消除贫困，深化社会正义，同时促进均衡的经济增长。摩根（Morgan，2002）和雷宁格（Leighninger，2009）同意这一观点，他们称这一转变已经导致市民进一步参与政府事务并且创造了新的公共事务处理者和问题解决者。

阿非西斯—库普兰（Afesis-corplan，2011）称，新的治理方式的前提是相信地方层面政府增加互动会导致更好的治理模式并提高服务质量。新的治理模式中，政策规定地方政府建立一种文化，以推动市民和地区组织融入政府事务。例如宪法第152（1）（e）条要求城市鼓励社区和社区组织融入地方政府。

波茨等（Botes et al.，2007）认为，市政困境的普遍原因跟立法和法规相关。穆尼克（Munnik，2011）认为在《地方政府白皮书》（1998）中，地方政府的民主化充斥着社区对糟糕的体制、低质的服务和政府治理不善的不满。宪法第154条要求国家和省级政府提升能力，支持市级政府管理财务并履行各自的职能。拉卡贝（Rakabe，n. d.）称省级政府对地方政府的监管和支持是宪法规定的义务。宪法第139条规定省级政府可以干预辖区内的市级政府。为了履行这些义务，合作治理和传统事务部应运而生，目的就是监管和支持市级政府。

哥茨和加凡塔（Goetz and Gaventa，2001）称支撑机制还未制度化，地方政府的压力正在不断加大，原因是缺少干预后的改善措施，以及政府间的制约和平衡没有有效应用。立法对地方政府决策以及政府部门区别于服务提供商有义务做出的决策类型产生影响。

城市需要寻找合适的服务供应组合。齐库洛（Chikulo，2003）认为应提供有明确标准指引的选项，比如覆盖率、成本、质量和市政社会经济目标。《地方政府白皮书》（1998）提倡将综合发展规划作为提升服务的重要工具。综合发展规划旨在提供全面的、参与性的方法以实现短期和长期地方政府规划。白皮书也推荐应当制定重要的绩效指标，以对照人类发展指数和提供服务的成本效益来衡量市政业绩。加斯塔和斯奎尔斯（Gaster and Squires，2003）认为公共私营合作制将提升市政服务提供并促进公平合理低价用水服务的能力，同时还能维护客户的基本权利。

在设施融资方面，地方政府资金有三个主要来源：

- 政府间转移支付（国家财政收入和补助资金）；
- 自身的财政收入（关税、使用费、有条件的补助、税收和其他费用）；
- 借贷（贷款）。

城市依赖两个主要财政来源履行宪法要求的支出责任，即自身的财政收入及政府间财政转移支付。自身的财政收入来源房地产税，向市政服务用户收取的费用和其他地方税费。泰列伯兰奇（Terreblanche，2002）称由于国家范围内经济不平等，某些城市自身财政资源较少，更加依赖政府间财政转移支付来弥补不平等，以保证它们能够履行提供服务的职能。

《地方政府状况报告》（2009）称，中央政府对地方政府期待过高导致地方政府压力过大，地方政府的困境主要表现在：

- 政治和管理层面的矛盾；
- 满足地方政府需求的能力不足；
- 政党和市政厅的权力没有充分区分；
- 立法权和行政权区分不够；
- 地方民主制度责任措施不充分，以及支撑体系和资源不足；
- 不符合城市立法和行政设施要求。

《审计长报告》（2004）表明数个城市财政状况不佳，无法履行自身的职能。因此贫困城市的财政可持续性应获得关注。《南非地方政府状态报告》（2009）承认一些城市无法实现政府的期待，给城市带来了负担，可能只有其中一些强市才能实现这些目标。这些就是地方和区市政面临的现实情况，这很大程度取决于城市补助和应得的份额。

财政状况不佳的城市不能依靠城市基础设施补助（MIG）和政府均衡分配来提供服务，去除积弊，并将综合发展规划转化为可行的社会经济项目。卢克（Roux，2005）称政府分配总是更偏向于大城市，而忽视其他城市的需求，而中央政府也未能提出可持续性的策略以支持那些本质上有差别并且处在一个异常庞大的经济体中却面临独特问题的城市。

服务供给和基础设施融资模式

最近各市已经在采取行动，但是它们的行动缺少战略方向。因此，政府服务的客户现在质疑政府提供的服务种类，是否已经有公司在提供更为快捷高效的同类服务，为什么市政不能达到同样的服务标准。皮佩斯和罗杰斯（Peppers and Rogers，2005）认为这种趋势正在塑造政府新的思考模式，也正在迫使市政考虑如何在提供服务的过程中使市民的价值最大化。市政府应当认识到它们最终面对的客户是会网上购物、对服务要求极高并且期待多渠道整合的客户。为了满足不断增长的期待，公共服务提供必须有共同标准，使用户感觉不到政府的边界，并且提供一致的客户体验。综合服务供给实现公共价值以保证超常的用户体验。

皮佩斯和罗杰斯（Peppers and Rogers，2005）认为，政府公共服务的质量和竞争力（r＝0.87）、质量（r＝0.74）和市民的信任（r＝0.94）密切相关。效率和储蓄指的是表1中的综合公共服务供给带来的经济效益。

表1　　整合效益

效益	整合
服务供给提升	综合服务一站式解决方案
流程简化	共享服务：区级和地方政府
服务供给成本降低	网上服务
前段和后端办公室简化	简化，删减冗余

来源：皮佩斯和罗杰斯（Peppers and Rogers，2005）。

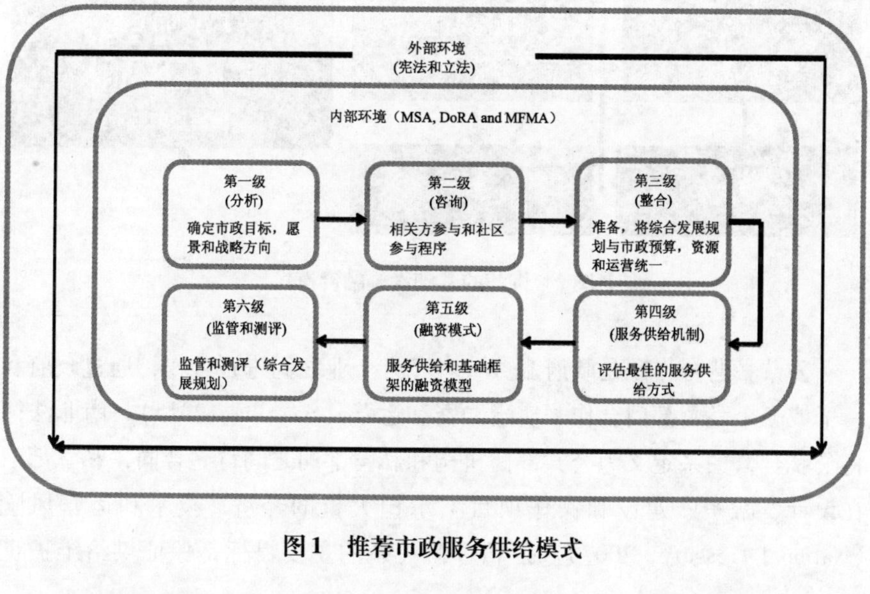

图1　推荐市政服务供给模式

恩索尔（Ensor，2013）称现有的地方政府融资模式对国家市政特有环境不够敏感，并且没有考虑贫困、经济活动水平、处于农村或城市、面积大小、已产生税收和履行自身功能的能力等因素。该模式应当更加灵活以协助面临重重挑战和环境不断变化的市政。中央政府财务支持不能保障大部分的市政服务。市政正在转向（1）自身的财政收入，如税收、行政许可，服务使用费和市政财产以及（2）借贷。

尽管融资的来源有限，但是可利用多种融资机制来使资金的流向和支撑基础设施建设和其后操作及维护所需的费用相匹配。这些机制包括使用一系列（私人或公共）机构的债务和债权。市政更加依赖政府资金（补助和政府分配）以及来自南非发展银行（DBSA）的贷款。市政被认为是高风险的，由于直到现在南非都处于不稳定状态。提议的基础设施融资模式（见图2）被认为是最合适的，也是最佳的可替代性基础设施融资模式。在这个模式下，通过公私领域的合作伙伴关系，风险由另一方承担，同时地方社区继续享受市政服务。

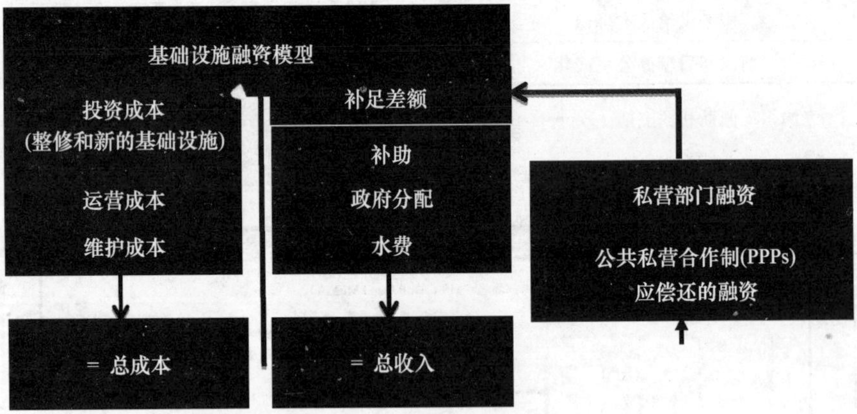

图2　推荐的基础设施融资模式

公共私营合作制是政府服务或者私人企业之间进行合作，通过政府和一个或多个私营部门合作来实现融资和运营（Sawalha，2015）。南非法律将公私合营关系定义为公共部门机构和私营部门之间订立合同，私营部门在设计、融资、建设和操作项目上承担大量的经济、技术和运营风险（National Treasury，2007）。公私合营关系的主要目标是保证供给维护良好、成本适中的公共基础设施或服务，方式是使用私营部门的专业技能，并把风险转嫁给私营部门。执行公私合营关系有两种方式：

- 私营部门履行主要市政功能；
- 私营部门通过使用市政资产来实现自身的商业目的。

然而必须注意的是，本文中公私合营关系并不是创立一个国有的企业来实现公共功能的商业化，也不构成市政的借贷。市政公私合营关系由《市政财政管理法案》（2003）和相关法规管理。国家财政部法规也允许开发具有多种特色的公私合营关系。这些都包括将风险转移至私营部门，让私营部门设计、融资、建立和操作基础设施并提供服务（National Treasury，2007）。

同时，需要不断监管和评估策略的实施以保证策略按照计划进行，需要实施监控措施以保证规划按计划执行。阿尔钦（Alchian，2005）称监管保证结果、程序和经验能够被记录，并且作为引导决策和学习的基础。监管用于检查程序是否按计划进行。通过监管获取的数据用于评估。评估是尽可能系统公正地评价一个完成的项目或程序（或者一个正在进行的项目阶段或已完成的项目）。评估评价能够为战略决策提供信息和数据，以改善未来的项目或程序。总体而言，监控对于评估是必不可少的。

对大部分城市而言，目前的转变都是复杂的。推荐的模式，尽管是假设的，但也可以作为市政提升服务的指南。地方政府最靠近人民，在给社区提供服务，尤其是贫困人口和劣势群体提供服务过程中遭遇无数挑战（Alchian，2005）。

三　研究方法和设计

本研究使用量化研究方法。通过民意调查的方式确定地方社区对姆贡贡德洛乌市服务水平的认知，包括政府如何提供服务，社区多大程度上能参与与它们相关的事务决策（参与管理），并且探寻缺少服务和社区对政府服务不满的根本原因。

我们也对姆贡贡德洛乌市官员进行了调查访谈，以确定社区对政府服务不满的根本原因及影响因素。评估城市使用的服务模式并对能提升城市服务质量的推荐服务模式进行测评。深入使用调查问卷分析城市内部/操作环境以确定城市的竞争优势，内部环境代表城市内部对于组织表现有特殊影响的力量。

数据采集策略

使用数据采集策略来防止采集无用数据。泰列伯兰奇等（Terreblanche et al.，2006）称数据采集包括先使用数据确定信息，然后进行统计分析来评估信息，这样研究员有机会深入研究数据以寻找背后的意义。数据采集前进行采样。

测量工具

调查问卷被用作测量工具。本研究采用统计法来采集数据，研究员基于假设或理论搜集数据。搜集的数据有待核实和验证。

数据搜集

通过调查问卷和采访笔记搜集数据。以姆贡贡德洛乌市作为案例研究对象。市政管理层同意进行调查。量化方法为本研究就受访者的观点提供了更加客观的测量、分析和评估。研究员和受访者进行了面对面的采访，协助受访者以避免对调查问卷有任何疑惑。

受访对象特点

在该研究中，研究员测量研究对象的特点并提及影响不同研究问题的自变量和因变量。通过研究对象报送的信息确认他们所处的年龄组（如变量有性别、年龄、在城市服务的时间等）。

自变量和因变量

因变量或结局变量是衡量市政基础设施和财务模型的方式，也是缓解市政服务困境、改善和改革市政服务的方式。该研究采取实验性研究方法。穆顿（Mouton，2003）称，对于实验性研究而言，自变量主要是表明因变量是何时测量的，是在前期、中期还是后期？如果有控制组（就像在控制试验中一样），组别或试验的性质是另一个关键的自变量。

穆顿（Mouton，2003）又称，像性别、年龄、饮食、训练状态和来自血液或运动测试的变量也能影响试验结果。例如，男性对于试验的反应可能和女性不同。这些变量代表个体对于试验的不同反应，因此把这些考虑进来很重要。该研究中的市政研究对象的自变量是性别、年龄和他们所处的岗位级别。在社区研究对象中，自变量是年龄、性别、人口特征和社会经济状态。

根据研究目标形成了研究方法框架以确定如下内容：

- 造成对市政服务不满的根本原因和因素；
- 衡量目前市政服务模式并提出推荐的服务模式；
- 确定城市的竞争优势；
- 社区对服务层次的认知；
- 缺乏服务的原因，导致对市政服务不满的原因。

社区/市政服务客户调查

研究员独立进行研究，没有招聘外部人员。研究要求基于一个有代表性的样本，可以作为代表性样本对社区的情况进行概括。

社区雇员调研

本文对姆贡贡德洛乌市官员进行了结构性采访。研究员对应试者进行面对面采访。参与者得到协助以避免对调查问卷出现误解。

二级数据

二级数据的来源是关于地方政府服务的杂志和论文。与此研究相关的文献综述来自课本、杂志、姆贡贡德洛乌市文件（统一发展规划、服务供给和预算执行计划及预算文件等）、政府刊物和网站搜索。

实地观察

对姆贡贡德洛乌市多个基础设施项目和服务程序进行观察，了解姆贡贡德洛乌市是如何解决社区需求，调查城市使用的服务模式以及如何与城市综合发展规划、绩效管理系统和预算一致。

报告是用来解读和说明搜集的数据。与私营部门合作被认为是实现发展目标最佳战略解决方案。通过调查和书面分析确定姆贡贡德洛乌市社区和客户的需求及想法。采访市政雇员搜集的数据被累加并用三角网模型处理。

道德考量

研究员称在采访前和采访中都遵守了最高的道德准则，公开坦诚地进行了调查。研究员开诚布公地讲述了进行这项研究的原因以及将如何使用这些研究结果。雷曼夷（Remenyi，2003）指出研究必须为受访者保密。研究员对所有受访者的身份信息保密，而且经受访人同意后方进行调查，确保对姆贡贡德洛乌市的有关研究中：

- 研究搜集的信息只用于研究目的；
- 城市不需要承担经济义务或做出承诺，也没有需要同意参与研究的风险；
- 搜集的信息将保密；
- 城市可随时退出该研究。

此外，社区的受访者是社区服务的客户，也保证他们的信息将会被保密，以及采集到的信息将只用于学术目的。

可靠性和有效性

本研究使用测试—再测试方法来测试调查的可靠性。研究院在不同时间对同一组受访者进行同样的评估。使用两组反馈之间的关联系数对测试可靠性进行量化测量。数值的相关度高于0.7，研究员认为数值是令人满意的。

有效性包括整个试验概念和试验结果是否符合所有科学试验方法的要求。研究员选择使用结论的有效性来保证测量手段的有效性。基于搜集的数据，研究员发现了规划、服务供给机制和城市表现之间的正面联系，以及城市融资模式、服务供给，客户满意度及不满减少之间的正面联系。

统计分析

使用T检验和卡方检验来分析和解读搜集的数据。使用SPSS来搜集、组织和分析数据，用于计算受访者的人数和他们在给城市评分时的认知；描述市政雇员的认知模型以及服务供给的体验，对比在不同层面雇员（例如不同性别、年龄、服务和级别的雇员）的反应。评估人口特征、年龄、性别和社会经济状态不同的社区和客户的反馈。

数据分析

本段对搜集的姆贡贡德洛乌市服务供给数据进行量化分析，以提出推荐的服务供给模式，改善并改革市区服务供给模式。在回答研究问题时给出了研究结果。

市政雇员调查的结果是对比不同层次雇员，对比他们对于市政竞争优势的认知。内部、操作环境代表市政内的力量，这些力量对表现、根本原因和导致市政不满的因素有影响，对衡量市政使用的服务模式以及评估推荐的服务模式也有影响。调查问卷是用来搜集数据的基础工具，发放给市政官员和姆贡贡德洛乌市的社区和客户。反馈中搜集的数据用SPSS 22.0

版本分析，结果使用描述统计学展现。

市区官员调查问卷

共发放100份调查问卷，72份返还，应答率达72%。调查工具包含24项，按照类别或者顺序排列。总体可靠性分数超过推荐的克朗巴哈系数数值0.700。这表明不同研究部分都有可接受的稳定得分。为制定李克特量表进行了因子分析，把因素分解成更小的因子。所有条件都满足因子分析条件。

服务供给调查问卷

调查问卷是搜集数据的基本手段，发放给姆贡贡德洛乌市的居民。搜集的反馈数据用SPSS 22.0版本分析。总共发放了25份调查问卷，19份返还，应答率达76%。调查内容包括24个项目，测量级别类别或者顺序排列。整体可靠性得分（0.902）超过推荐的克朗巴哈系数0.700。这表明多个研究领域内有可接受的一致得分。所有部分的数值超过0.700。

服务供给不满意调查问卷

调查问卷是搜集数据的主要工具，发放给姆贡贡德洛乌市的居民。反馈的数据用SPSS 22.0版本分析。总共分发了20份调查问卷，15份返回，应答率达75%。调查内容包括24个项目，测量水平按照类别或者顺序排列。整体可靠性数值超过推荐的克朗巴哈系数0.700。这表明研究不同部门有可接受的一致得分。所有部分的数值超过0.700。

四　结果和讨论

本文做出的假设是，综合基础设施和融资模型对市政服务有重大的影响。可接受和支持备选假设，不接受零假设，因此研究结果不支持零假设。研究结果显示，综合服务模式、战略性规划方式和完美的市政服务供给之间存在关系。

主要的研究发现是服务供给不达标。这主要是因为规划和服务供给模型不足且分散。此外，人力资源问题、管理、监管和评估，以及社区需求与市政规划之间存在差距，如何统一综合发展规划与市政业绩计划、高比例未收益税、征税策略和基础设施融资模型（不可持续的国家发展银行贷款）都是产生问题的原因。因此调查得出结论，姆贡贡德洛乌市服务质量不能满足社区的预期。需要战略评估和规划以得出最合适的服务形式，这一点至关重要。

尽管姆贡贡德洛乌市没有完全陷入困境，但是如果该市在基础设施供给规划/机制超出财政和管理能力的情况下，不能合理使用市政基础设施补助（MIG）分配和公私合营方式（PPP），而是继续使用国家发展银行贷款，将有可能再次陷入困境。

姆贡贡德洛乌市依赖政府基础设施补助，例如，市政基础设施补助，市政水基础设施补助（MWIG）和地区大项基础设施补助（RBIG）作为基础设施资金来源。市政基础设施补助作为主要资金来源，不能满足姆贡贡德洛乌市的基础设施所面临的积压需求。公私合营关系提供了一种方式，使得基础设施投资独立于市政财政之外（没有产生成本）。公私合营关系将在保证成本效益的前提下进行基础设施建设或提供市政服务，使用私营部门的专业知识并缓解建立及运营基础设施或提供市政服务带来的相关风险。

姆贡贡德洛乌市过去依赖其战略地位来履行其职责，其面临的挑战包括缺乏财政管理系统。在2005—2007财年，AG报告揭露了该市的负面信息，提及财政管理不当、不符合供应链管理要求和预算管理不当等。在2007年12月，姆贡贡德洛乌市陷入困境，无法运营。姆贡贡德洛乌市的状况在如图3中展示。

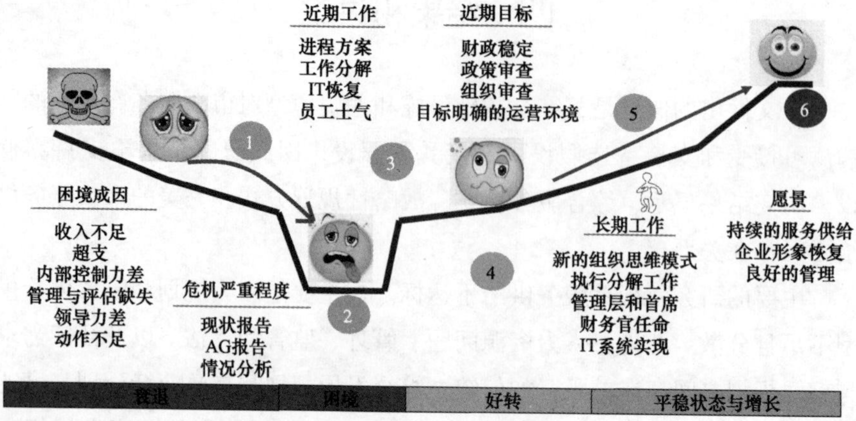

图3　姆贡贡德洛乌市的困境模式

困境原因：税收不足、开支过大、内部控制差、缺少监管和评测、领导力差、运营管理不足；

危机严重程度：现状报告、AG 报告、情况分析；

近期工作：程序方案、工作分解、IT 复苏、员工士气；

近期目标：财政稳定、政策审查、组织审查、集中的运营环境；

长期工作：新组织思维、执行分解工作、任命管理层和首席财务官员、IT 系统生效；

愿景：可持续服务供给、恢复企业形象、良好的管理。

姆贡贡德洛乌市的组织衰落和转向过程可分为如下三个阶段：

- 2007 财年开始下滑；
- 2007 年 6 月和 2008 年 1 月彻底崩溃；
- 2008 年 2 月开始复苏好转。

尽管实施了转向战略，姆贡贡德洛乌市依然面临财政危机，2008 财政年末，姆贡贡德洛乌市反映赤字达 2060 万兰特，另有累计赤字 640 万兰特。政府采取措施以解决此问题，比如改造收费系统。因此通过行动方案来执行转向策略以实现可持续发展。行动方案有四个支柱，即：

- 财政复苏计划；
- 基础设施发展规划；
- 社会经济发展；
- 人力资源发展。

姆贡贡德洛乌市的复兴计划是在三个涉及的层面形成一个复苏和转向策略：1）状况分析；2）短期目标；3）长期战略计划。姆贡贡德洛乌市面临的危机延长了市政短期目标计划，该市需复兴 IT 系统并鼓舞员工士气。姆贡贡德洛乌市行动方案通过组织细化、综合发展规划、绩效管理系统和管理相关的简化战略框架措施得以进一步强化。在复兴的道路上，姆贡贡德洛乌市依然在实现自身愿景和目标方面面临巨大的挑战。

五 建议

本研究得出的在基础设施和财政模式方面应提升服务的建议如下：

合作治理和传统事务部（CoGTA，2009）承认对市民的服务供给受到了复杂的机构设置和冗长的立法程序的阻碍，城市需要经过冗长的立法程序才能执行政策。在服务供给问题上的立法审核问题应当得到及时关注。收费系统也存在严重问题：研究发现，姆贡贡德洛乌市饱受付费系统困扰。在姆贡贡德洛乌市，绝大部分人还在享受免费服务，尽管有的人愿意付费，但是还没有人收费，没有明确的规定如何以及在哪里付费。里士满市的 ePhatheni 区就是这个情况，姆贡贡德洛乌市开发了一个水系统，ePhatheni 区的人们正在享受更高水平的服务（直接连接到后院），但是并没有人为服务付费。

这种模式是不可持续的，并且有可能使姆贡贡德洛乌市再次陷入困境。姆贡贡德洛乌市需要恢复其收费体系并且为用户负责。为了有效地借贷，城市需要采取措施来增加其可信度，并提升其运营的财政可行度，最终目标是以最佳的利率和期限进行借贷。借贷事实上并不是额外的财税来源。获得稳定的财政收入是打造一个可信的城市的关键，能够进一步提升城市的借贷能力，并以有利的条件获取贷款。城市提供服务时必须找到最佳解决方案和城市财政模式。

（一）推荐市政服务基础设施和财务模型

市政服务必须是可持续性的，市政商业模式是可持续服务供给的核心。服务供给和成本之间必须建立明确的联系，只有这样才能保证未来服务得以持续。乔瑟夫（Joseph，2002）指出，为释放服务被积压的需求，利用合作伙伴关系进行融资是南非后隔离时期服务提供的关键。

中央政府补助不足以解决服务供给需求被积压的问题，及时提供市政基础设施受到市政资源的限制，因此城市必须和私营部门形成市政服务伙伴关系（MSP）。例如，姆贡贡德洛乌市和 Umgeni 水公司共同执行地区水务大型项目、运营及维护市政废水工厂。Umgeni 水务缓解了财务压力，并且承担了和提供服务相关的风险。

（二）评估地方政府的转向策略

姆贡贡德洛乌市处在复苏和转向计划的实施阶段，且已经取得了 8 项成果。姆贡贡德洛乌市正在庆祝其计划成功，但它还需要测试和评估其策略，了解服务供给和发展策略的实施情况。

麦金利（McKinley，2011）称由于在地方层面固有的政治和行政混乱，以及大量缺少人力和财政资源来履行既定的供给功能，中央政府需要提供可持续性的财政、基础设施和行政支持以支撑地方政府。地方政府需要打破常规思路，以纠正服务供给模式。

六　结论

城市必须创新服务供给方式，提供合理的服务组合。本研究发现，采用城市商业模式来支撑服务供给将为推动长期发展规划提供一个全面、参与和可持续性的方式。城市开始探索以更新的和更好的方式来为每个人提供服务，这也是势在必行。因此开展咨询并保证程序透明很关键。城市需要进行广泛咨询，然后大刀阔斧地改革。本文强调城市必须依赖财政策略来供给服务（基础设施），通过私营部门的参与以增加财政收入以外的融资。

参考文献

Afesis-Corplan，2011. *The local governance programme：An internal Discussion document*. East London：Afesis-Corplan.

Alchian，T. M.，2005. *Basic issues in public administration and management：The new public administration approach*. Englewood Cliffs，New Jersey：Prentice-Hall.

Auditor-General Report. 2004. *Measuring Fiscal Distress in South African Local Government Sector*. Pretoria：Government Printer.

Botes，L. and Matebesi，S. Z.，2006. *An analysis of the reasons for municipal unrest in South Africa*. Bloemfontein：Centre for Development Support，University of the Free State.

Bloemfontein：Centre for Development Support，University of the Free State.

Botes，L.，Lenka，M.，Marais，L.，Matebesi，Z. and Sigenu，K.，2007. *The New Struggle：Service-related Unrest in South Africa：Two case studies*. Bloemfontein：Centre for Development Support.

Bratton，M. and Sibanyoni，M.，2006. *Delivery or Responsiveness? A popular scoreboard of local government performance in South Africa*. Available online：http：//www. afrobarometer. org.

Chikulo，B. C.，2003. *Development Policy in South Africa：A Review*. DPMN Bulletin：Volume X. Number 2.

Co-operative Governance and Traditional Affairs (CoGTA). 2009. *State of Local Government in South Africa. Overview Report: National state of Local Government Assessments.* Pretoria: Government Printer.

Ensor, L., 2013. *Municipal Funding Model needs a Rethinking.* Business Day (23 April 2013).

Gaster, L. and Squires, A., 2003. *Providing Quality in the Public Sector: A practical approach to improving public services.* Philadelphia: Open University Press.

Goetz, A-M. and Gaventa, J., 2001. *Bringing Citizen Voice and Client Focus into Service Delivery.* Working Paper 138. IDS. University of Sussex. UK. Brighton.

Joseph, C., 2002. *Improving Service Delivery.* Occasional Paper No. 8. Friedrich Ebert Stiftung. South Africa. April 2002.

Leighninger, M., 2009. *Democracy, Growing up. The shifts that reshaped local politics and foreshadowed the* 2008 *Presidential Elections.* Occasional Paper No. 5. Centre for Advances in Public Engagement. Public Agenda.

McKinley, D. T., 2011. *A state of deep crisis in South Africa's local government.* The South African Civil Society Information Service. Johannesburg. South Africa.

Morgan, K., 2002. *A framework for community participation in the planning, implementation, monitoring and evaluation of development programmes at the local level.* Unpublished Masters dissertation. University of Johannesburg.

Mouton, J., 2003. *The Practise of Social Research.* Cape Town: Oxford University Press.

Munnik, V., 2011. *Challenges for Rural Local Government.* Local Government Paper. The Mvula Trust. South Africa.

National Treasury. 2007. Municipal Service Delivery and PPP Guidelines. Pretoria: Government Printer.

Peppers, D. and Rogers, M., 2005. *Return on Customer: Creating Maximum Value from your Scarcest Resource.* New York: Doubleday.

Rakabe, E. (n. d.). *The State of Fiscal Stress in South Africa's Provinces: Improving fiscal performance.*

Remenyi, D., 2003. Central Ethical consideration for masters and doctoral research in business and management studies. *South African Journal of Business Management.* 25 (3): 109 – 118.

Republic of South Africa. 1995. *The White Paper on the Transformation of Public Service Deliv-*

ery. Pretoria: Government Printer.

Republic of South Africa. 1996. *Constitution of the Republic of South Africa of 1996*. Pretoria: Government Printer.

Republic of South Africa. 1997. *The White Paper on Public Service Delivery*. Pretoria: Government Printer.

Republic of South Africa. 1998. *White Paper on Local Government*. Pretoria: Government Printer.

Republic of South Africa. 1998. *Local Government Municipal Structures Act, No 117 of 1998*. Pretoria: Government Printer.

Republic of South Africa. 2000. *Local Government: Municipal Systems Act, No 32 of 2000*. Pretoria: Government Printer.

Republic of South Africa. 2003. *Local Government Municipal Finance Management Act, No 56 of 2003*. Pretoria: Government Printer.

Roux, N. L., 2005. Unrest at the local sphere of government in South Africa: Unrealistic expectations or the inability to implement policies. *Strategic Review for Southern Africa*. 27 (2): 55 – 84.

Sawalha, M., 2015. *Public Private Partnership in Jordan*.

Online: http: //www. tamimi. com/en/magazine/law – update/section – 11/december – january – 2/publicprivate – partnership – in – jordan. html. Accessed on July 2015.

Sibanda, M. M., 2012. Monitoring customer-focused quality service delivery in local government. Conceptual issues and perspectives for consideration. *Africa Public Service Delivery and Performance Review*. 1 (1): 1 – 20. August 2012.

Terreblanche, S., 2002. *A History of Inequality in South Africa*. Pietermaritzburg: University of Natal Press.

Terre Blanche M., Durrheim K. and Painter, D., 2006. *Research in Practice: Applied Methods for the Social Sciences*. Pretoria: Juta.

The Financially Distressed Municipalities Act (*Act of 1987, P. L 246, No. 47*), Philadelphia, USA.

贝卢斯科尼时期中右翼意大利政府的就业和失业救济改革：欧盟在全球金融危机之前对欧盟国家福利改革的影响

日本早稻田大学政治经济学院研究助理
本多麻子

【摘　要】本文分析了欧盟在全球金融危机之前对成员国福利改革的影响。首先，作者提出以“协调”与“协商”的概念分析欧盟各国政府和社会主体的决策风格及决策过程。在欧盟对各成员国的影响方面，作者假设：国家决策的风格和福利政策的特征是由该国执政党派的风格和欧盟的影响两个变量共同决定的。其次，为检验这一假设在右翼政府中的真实性，作者研究了西尔维奥·贝卢斯科尼（Silvio Berlusconi）时期中右翼意大利政府的就业和失业救济改革。最后，作者得出结论，在全球金融危机之前，欧盟和各成员国的国内政治情况均对福利改革有重要影响。此外，本文还提及欧洲非正规就业员工的情况，以及他们在参与福利改革决策过程中遇到的种种困难。

【关键词】欧盟；福利改革；非正规就业

一　引言

全球金融危机过后，对许多发达国家来说，进行彻底的福利改革已是困难重重。欧洲青年的失业问题越发严重，必须尽快着手解决。作为缓解失业的手段之一，非正规就业越来越普遍，但却并不能切实解决失业问题。

阿玛布尔和帕隆巴里尼（Amable and Palombarini，2014）表示，全球金融危机过后，法国和意大利曾试图按照欧盟的政策导向，通过重组福利机构等方式，在拥有技能优势的中上阶层间建立“资产阶级阵营”，以增强全球竞争力，并解决国内政治经济危机。与此同时，二人批判了将非正规就业员工排除在该阵营之外的做法。

从中可以看出，虽然如“政策体制”理论（Przevorski，2004）所示，欧洲左、右翼政府均有意增强劳动力市场的灵活性，但它们在某些福利政策方面还是存在分歧的。比如，倡导再分配政策的民主主义制度在欧洲仍旧拥有群众基础（Streeck，2014：16）。

即使某些国家的国内政治进程备受推崇、右翼政府的某些影响依然存在，欧盟对各成员国福利改革的影响还是越来越大。全球经济危机之前，欧盟对各成员国在某些方面影响深远，在另一些方面则无足轻重，本研究就该现象的原因进行深究，并关注右翼政府的福利改革问题。金融危机前欧盟对各成员国的积极影响也是本研究的重点。

全球金融危机爆发前，即使是罗马诺·普罗迪（Romano Prodi）总理领导下的意大利中左翼政府，也都采用了新自由主义福利政策（Amable & Palombarini，2014）。然而，作者认为，对于危机前的一些福利改革而言，国内政策的影响还是要大于欧盟的。

第二部分就政府、工会、雇主联合会、欧盟国家福利改革决策风格等问题，作者通过分析关于国家党派和社会公约的已有研究，提出了“协调”与“协商”的概念，并通过回顾费雷拉和萨基（Ferrera and Sacchi，2005）的研究，衡量欧盟对各成员国福利改革的影响。以“协调”与“协商”两大概念及费雷拉和萨基的研究为参考，作者做出了相关假设。

第三部分和第四部分为检验这一假设在右翼政府中的真实性，并回答本文的研究问题，作者分析了西尔维奥·贝卢斯科尼时期第二届意大利中右翼政府（2001—2005）的就业改革和失业救济改革。其中，就业政策是福利政策中受欧盟影响最大的，而失业救济政策则是受欧盟影响最小的。作者还指出，由于贝卢斯科尼政府每项福利政策均体现了新自由主义政策导向，因此政府、工会和雇主联合会的决策风格和政策产出并无不同。

全球金融危机之后，即使一些欧盟国家政府及其公民反对新自由主义福利政策，但这些政策还是沿袭下来了。通过本研究，作者指出，各方应在危机前达成协议，而这一点难以做到。此外，工会正试图接纳青年人和妇女等非正规就业员工。从本质上而言，与阿玛布尔和帕隆巴里尼的研究结论相反，作者认为在某些情况下欧盟国家的国内政治状况更加重要；但在欧洲非正规就业员工问题上，作者认同阿玛布尔和帕隆巴里尼的看法——此类员工难以参与国家决策。

阿玛布尔和帕隆巴里尼（Amable and Palombarini，2014）及此前许多关于公共政治和比较政治的研究均将欧盟纳入了研究背景中，但并不将其视为重要变量。此外，部分研究强调欧盟国家中各个党派的作用，另一部分则强调政策导向的统一性，如新自由主义政策导向。相反，作者将欧盟视为重要变量。在就业改革中，欧盟国家的党派问题无足轻重；而在另一些情况下，党派问题则至关重要。也就是说，就全球经济危机爆发前的福利改革而言，国内政治状况更加重要。

本文提出了与现有公共政治和比较政治研究所不同的观点。

二 理论框架

（一）国家决策流程和欧盟对各成员国的影响

作者不认可党派理论①的观点，相反，由于许多欧洲国家的工会一直在积极推动福利改革，在工会抗议呼之欲出的情况下，右翼政府是否会实施削减福利和拉动经济增长的政策尚不明朗。工会在许多欧洲国家都扮演着重要的角色，与中右翼政府相比，它们更愿意和中左翼政府合作（Bale，2008）②。

认识到这一点之后，作者着眼于欧盟各国福利改革中政府、工会和雇主这三大角色，并就三者之间的关系和决策风格提出两个概念。本文中，

① 参见 Hibbs（1974）& Boix（1998）。

② Bale（2008，253）.

“协调”指自上而下进行决策，“协商”指由政府主导、社会主体平等参与的商讨决策。在“协商”的情况下，政府决定是否向社会主体提供参与讨论的机会。如果决定提供此类机会，则应让尽可能多的社会主体参与。

此外，作者回顾了关于欧盟对各成员国福利改革影响的已有研究。费雷拉和萨基（Ferrera and Sacchi，2005）通过研究欧盟不断变动的总体结构特点，阐明了欧盟对各成员国就业政策和社会包容政策的影响。

研究者们以各成员国践行欧盟指导方针为前提，从欧共体条约、政策周期、欧盟建议的角度梳理了就业政策和社会包容政策制定过程中的不同之处，并得出结论：欧盟各国制定就业政策比制定社会包容政策更容易受到欧盟的影响。据此研究可以看出，欧盟对福利政策的不同领域或多或少都有影响。

（二）假设

作者在假设中纳入了上述“协调”和“协商”的决策风格以及费雷拉和萨基（Ferrera and Sacchi，2005）的研究成果，具体如下：国家决策的风格和福利政策的特征是由执政党派的风格和欧盟的影响共同决定的。在这个框架下，研究的自变量为欧盟国家的“执政党派风格”和“欧盟的影响”，因变量为“基于特定决策风格的福利政策”（基于“协调”决策的“灵活性”改革或基于“协商”决策的“灵活安全性”改革）。

表1：自变量与因变量之间的关系（见文末）

本假设中，“灵活性”改革指工人自愿进入或离开劳动力市场，社会福利较少；“灵活安全性”改革指工人类型较多，如果工人愿意在新自由主义政策下工作，获得的社会福利也较多。制定“受欧盟影响较大”的政策时，即不存在党派问题时，左、右翼政府均选择实施基于“协调”决策的“灵活性”改革。然而，制定“受欧盟影响较小”的政策时，即会激发党派争议时，右翼政府会选择基于“协调”决策的“灵活性”改革，而左翼政府会选择基于“协商”决策的“灵活安全性”改革。

此外，由于欧盟在“受欧盟影响较大”的政策上拥有更多的自由裁量权，因此，欧盟国家或会推行体现欧盟意志的此类政策，而非遵从国内社会主体（工会或雇主联合会）的改革偏好。在这种情况下，党派风格就无足轻重了，左、右翼政府都会选择推行灵活性改革。

然而，在“受欧盟影响较小”的政策方面，欧盟国家拥有更多的自由裁量权。因此，国内政策更加重要。在这种情况下，右翼政府偏好灵活性改革，而左翼政府则偏好灵活安全性改革①。

欧盟对各成员国不同的福利政策有着不同的影响，但这种差异难以量化。过去仅有少数研究着眼于此。其中，托洛尼亚特（Tholoniat，2010）的研究是最全面的。他评估了欧盟福利政策的改革方法，并和费雷拉和萨基一样，分析了欧盟对各成员国福利政策的不同影响。其分析表明，在所有的福利政策中，就业政策受欧盟影响最大②。

总体而言，托洛尼亚特指出，就业政策与经济政策和欧盟劳动人口的自由流动息息相关，导致欧盟长时间以来一直在解决相关的政策问题③。尤其需要说明的是，欧洲失业率的降低能够推动经济增长。近期的某些情况表明，增加就业是减少贫困的最佳手段，而托洛尼亚特的研究指标也证实了这一点。

（三）案例选取

本文根据“受欧盟影响较大”的政策和“受欧盟影响较小”的政策，重点分析右翼政府福利改革问题，并回答本研究的核心问题。作者尤其关注贝卢斯科尼时期第二届意大利中右翼政府（2001—2005）的就业政策（受欧盟影响最大的福利政策）和失业救济政策（受欧盟影响最小的福利政策）。在本文中，作者研究了作为欧盟福利改革方法之一的开放式协调法。欧盟采用开放式协调法推行其福利政策。

开放式协调法的运作流程为：1）制定存在政府干预的各个领域的总体目标与指导方针；2）各成员国根据总体目标制定国家层面的周期性行动计划；3）通过同行审议和基准调查监督，评价上述计划的实施；4）由欧盟和欧共体联合开展比较性评估（在就业政策方面或会提出相关

---

①　作者就“为何灵活性改革是通过基于协调的决策流程确定的、为何灵活安全性改革是通过基于协商的决策流程确定的”展开讨论（本多麻子，2016）。

②　Tholoniat（2010，98－99）.

③　Kleinman（2002）.

建议），并提出反馈意见，以完善下一轮总体目标与指导方针的制定①。凭借开放式协调法，欧盟得以向各成员国制定政策导向和指导方针、评估各成员国的政策改革，从而发挥其影响力。

在就业政策方面，开放式协调法的周期为一年，欧盟会向各成员国提出相关建议。在失业救济政策方面，开放式协调法的周期为两年，欧盟不会向各成员国提出相关建议。开放式协调法的政策周期最短时，欧盟各国就不得不在短时间内优化福利政策、评估政策，向欧盟汇报执行情况，因此改革动力也就最大（Ferrera & Sacchi，2005）。这一点与托洛尼亚特的研究结果几乎是完全一致的，凸显了本文案例研究的意义。

作者从案例研究中得出，贝卢斯科尼政府的就业政策同时体现了欧盟的影响和政府自身的新自由主义政策导向，而其失业救济政策则只体现了后者。从本质上而言，案例所涉及的决策过程和政策产出别无二致，但其深层含义却不尽相同。许多已有研究并未探讨这一问题。

表2：所作假设与案例研究之间的关系（见文末）

三 贝卢斯科尼第二任政府的就业政策

本部分作者以贝卢斯科尼政府的就业政策为例，研究"受欧盟影响较大"的一类政策，表明贝卢斯科尼政府通过协调式决策推行新自由主义政策。

（一）欧盟和意大利的就业政策

如前所述，从20世纪90年代起，欧盟就从经济一体化和劳工自由流动的角度深入优化就业政策，并将深入优化就业政策作为预防贫困的手段之一。1997年，在卢森堡召开的欧洲理事会就业峰会根据《阿姆斯特丹条约》启动欧洲就业战略，并引入就业开放式协调法。在欧洲就业战略框架下，欧盟要求各成员国提交年度国家行动计划，并据此开展改革评估工作。2005年，新里斯本战略（2000年里斯本战略的修正案）调整了欧洲就业战略，要求各成员国向欧盟提交年度国家改革规划，代替原先的国

① Ferrera（2005，244－245）.

家行动计划①。

就意大利就业政策而言，男女之间、代际之间、地区之间的就业情况殊异，构成意大利劳动力市场的一大特征。此外，隐性劳动大量存在，个体经营与有偿工作之间界限模糊。欧盟自20世纪90年代就已制定数字化就业目标，而外界普遍认为意大利在完成目标方面捉襟见肘。20世纪90年代，在经济全球化的背景下，推崇技术统治论的中左翼意大利政府为增强劳动力市场的灵活性，进行了较为激进的就业改革。然而，国内问题的解决并非一蹴而就，深化改革势在必行。

（二）各主体对就业政策的不同偏好

2001年1月，在贝卢斯科尼政府组建之前，欧盟就向意大利提出了政策建议。欧盟突出强调，意大利就业率较低（尤其是女性就业率），男女之间和地区之间的就业率存在差距，全国总体失业率偏高，因而有必要整合与税收福利体系、刺激就业、预防失业、性别差异和终身学习有关的政策。②

贝卢斯科尼政府承认这些问题的存在，并根据欧盟的建议和其他报告在《意大利劳动力市场白皮书》（以下简称白皮书）中表明了政策导向和目标。白皮书详细阐述了政府解决问题的方案，包括签订多类型劳动合同（尤其是非正规员工的合同），鼓励就业政策地区化，放松就业服务管制等。此外，虽然白皮书强调了政府与工会二者之间关系的重要性，但意大利政府还是选择追求“灵活性”，指责与工会协商的行为③。鉴于里斯本战略确立了以“激励企业家精神、提升就业能力、强化就业适应性和追求就业机会平等”④ 为优先战略的欧盟共同就业政策框架，在2001年的国家行动计划中，意大利政府多次提及白皮书中关于这四大战略的目标。

这一阶段，意大利政府与欧盟保持距离，在财政政策和货币政策方面

---

① Saari & Kvist（2000，11）.

② 2001年1月19日，理事会就各成员国实施就业政策提出的建议。

③ Blainpain（编）（2002）；Accornero & Como（2003，203 - 204）。

④ 《意大利2001年国家就业行动计划》（http，//ec. europa. eu/social/BlobServlet? docId = 5840 & langId = en，访问时间：2016年5月27日）。

效仿美国资本主义，但也使用欧盟的政策导向为国内的劳动力市场改革正名。意大利政府认可开放式协调法[1]，可以说，当时的意大利政府大体还是支持欧盟就业政策的。

表3：2003年意大利就业政策改革前欧盟和意大利的主要报告（见文末）

意大利工业家联合会是意大利的一家国家级雇主联合会，支持竞争，追求灵活，注重经济全球化。在福利政策方面，意大利工业家联合会偏好激进的劳动力市场和养老金改革，并认为政府、雇主和工会之间的协商机制已不符合时代潮流。尤其需要指出的是，它认为意大利《工人法令》[2]的第18条（以下简称第18条）是导致该国劳动力市场僵化的罪魁祸首，曾要求政府予以废除。此外，尽管意大利工业家联合会同意欧盟所追求的灵活性，但仍对难以让社会主体参与其中的开放式协调法心存疑虑[3]。

意大利三大工会组织——意大利劳工总联合会、意大利工会联合会和意大利劳工联盟，与意大利政府和意大利工业家联合会持相反意见，反对增强劳动力市场灵活性。这三大工会组织不仅要求维持第18条的效力，还要求增加该条所覆盖的工人类型。此外，它们反对意大利政府和意大利工业家联合会偏好的决策流程。尤其需要指出的是，意大利劳工总联合会的反对姿态最为强硬，甚至拒绝参与决策。在欧盟政策的灵活性方面，各工会组织大体达成了一致意见，要求欧盟优化社会救济和失业救济金安排[4]。意大利工业家联合会对难以让社会主体参与其中的开放式协调法心存疑虑，在这一点上，三大工会组织持相同观点。

（三）主体协商

2002年7月，意大利政府、意大利工业家联合会、意大利工会联合会和意大利劳工联盟联合制定《意大利公约》。本节着重分析公约制定前的决策流程。如前所述，意大利政府在白皮书中表态支持社会主体共同协

---

① Sacchi（2007，88）.

② 此条规定：1）如无合法理由而被解雇，员工可重返工作岗位；2）此条适用于拥有15名以上员工的企业；3）此类员工有权获取自解雇之日起的未付工资和福利。

③ Strati（2012）.

④ Massimo Giannini，“La nostra riforma del lavoro”，02/04/2002，La Repubblica.

商。然而，政府内部的意见并不统一，如在“协商”风格和“社会对话”风格方面就存在分歧[①]。意大利内政部长罗贝尔托·马洛尼（Roberto Maroni）倾向于与社会主体“协商”，并获得了意大利工会联合会和意大利劳工联盟的支持。然而，意大利劳工总联合会却持反对意见，导致意大利工会联合会和意大利劳工联盟对意大利劳工总联合会颇有微词。从中可以看出，意大利各工会组织在就业问题上意见不一。

2002 年 2 月，欧盟向意大利重复提出 2001 年的政策建议[②]，突出强调了就业率较低（尤其是女性就业率）、男女之间和地区之间的就业率存在差距的问题。在失业率问题上，欧盟一方面肯定了意大利就业情况的改善，另一方面也指出意大利的失业率仍高于欧盟平均水平。此外，欧盟还提及意大利老年人口就业率较低的问题。2001 年，欧盟曾建议意大利改善税收福利体系、刺激就业、预防失业、促进男女平等就业、提倡终身学习。

根据这些政策建议，意大利在 2002 年的国家行动计划中表示，将通过颁布配套政策来改革劳动力市场、增加就业机会，并通过为工人提供社会保护来提高欧盟就业市场整体上的灵活性[③]。此外，大概从那时开始，意大利政府开始与社会主体严肃协商。2002 年 5 月，各方共同讨论关于劳动力市场、税收体系、南部经济增长和增长迟滞的条款。意大利劳工总联合会并未参与关于“劳动力市场”部分的讨论。然而，意大利工会联合会和意大利劳工联盟均同意政府关于员工解雇等条款的全部提议，以换取其同意撤销就第 18 条的修改意见[④]。

此后，政府、意大利工会联合会、意大利劳工联盟和意大利工业家联合会继续协商，而意大利劳工总联合会则选择退出。2002 年 7 月，协商

---

① 政府认为，与“协商”决策相比，“社会对话”决策中政府与工会之间的关系较弱。

② 2002 年 2 月 18 日，理事会就各成员国实施就业政策提出的建议。

③ 《未来养老金体制国家战略报告·意大利 2002 年》（https，//www. google. co. jp/url? sa = t & rct = j & q = & esrc = s & source = web & cd = 1 & cad = rja & uact = 8 & ved = 0ahUKEwimw_ zurZ_ NAhUEKKYKHcpD1gQFggdMAA & url = http% 3A% 2F% 2Fec. europa. eu% 2Fsocial% 2FBlobServlet% 3FdocId% 3D5458% 26langId% 3Den & usg = AFQjCNFJkQPKCA7zLgKoO1XhqEOd6 jXzLg，访问时间：2016 年 6 月 11 日）。

④ Enrico Marro，“Lavoro e flessibilita”，si tratta senza la cgil，01/06/2002，Corriere della Sera.

以《意大利公约》（以下简称公约）的达成而告终，主要是要增加工作岗位，确保2010年就业率达到70%。为完成这一目标，发展公私就业服务势在必行。此外，四方议定将第18条法规的修订暂缓三年，允许拥有15名以上员工的企业与员工签订开放式合同①。

（四）《比亚乔法》

2003年2月，在公约的基础上，意大利政府颁布2003年第30号法——《比亚乔法》。该法承认更多类型劳动合同的合法性，放松对就业服务的管制，后被视为“增强劳动力市场灵活性改革过程中的巅峰”②。具体而言，《比亚乔法》不仅允许短期就业服务，还允许职业顾问和高等院校为求职者寻找工作。此外，该法还提供原本通过数据交流传递的工作信息，提高工作安置效率。在就业类型方面，《比亚乔法》引入“员工租赁”、“工作共享”和“即时用工”，但并未就第18条是否持续生效做出决定③。

希望增强劳动力市场灵活性的意大利政府和意大利工业家联合会均支持此项改革，而各工会组织对改革效果的评价却不尽相同。曾参与协商的意大利工会联合会和意大利劳工联盟拥有保护工人福利的诉求，诉求得以满足，因而它们也同意进行改革。然而，未参与协商、也未签署公约的意大利劳工总联合会则反对进行改革，认为“工人无非是产品”④。

欧盟在2002年的报告中评价称，公约阐明了缩小地区之间就业率差距的解决方案，并指出，通过引入更多类型的劳动合同，妇女、青少年和老年人的就业情况或会得到改善。欧盟还表示，改革幼托机构和职业培训体系、延长退休年龄也是必要的，且由于劳动合同的类型多种多样，或可降低某些类型劳动合同的重要程度⑤。上述内容在欧盟2003年的政策建

① Accornero & Como（2003，216）.

② Berton等（2012，49）。

③ 见Berton等（2012）就《比亚乔法》其他条款的所述内容。

④ Enr. Ma.，“collocamento privato，debutta il lavoro a chiamata”，06/02/2003，Corriere della Sera.

⑤ COM（2002）.

议中均有体现。此次建议是在《比亚乔法》颁布之后给出的①。

通过分析此案例，作者总结认为，贝卢斯科尼政府决定开展了基于“协调”决策的“灵活性”就业改革，一方面是因为就业政策受欧盟影响较大，另一方面是因为贝卢斯科尼政府偏好新自由主义。

四 第二届贝卢斯科尼政府的失业救济政策

本部分作者以第二届贝卢斯科尼政府的失业救济为例，分析“受欧盟影响较小”的一类政策，表明第二届贝卢斯科尼政府通过协调式决策开展灵活性改革。与就业政策不同，失业救济政策改革仅体现了意大利政府新自由主义政策的导向。

（一）欧盟和意大利的失业救济政策

欧盟将失业救济政策纳入社会保护和社会包容政策中。尽管各成员国认同欧盟政策的必要性，但强烈反对欧盟在政策上对一国体系有所干预，因此，欧盟并未立即着手优化失业救济政策。随着政府在制定失业救济政策时采取了开放式协调法，2000 年的里斯本战略开始发挥与其他福利政策一样的重要作用。在 2000 年 12 月召开的欧盟尼斯会议上，与会国通过了“消除人口贫困、战胜社会排外的目标”，欧盟要求各成员国在 2001 年 6 月前提出为期两年的国家行动计划。

从 2006 年起，欧盟要求各成员国提交国别社会报告（NSR），代替原来的国别行动计划。随着就业政策的不断完善，失业救济政策等社会保护政策问题也逐渐得到解决，欧盟旨在为失业人员提供充分的保障，使他们过上有尊严的生活，并再次拥有走进劳动力市场的勇气。

研究表明，意大利的失业救济政策属于将福利水平与收入水平挂钩的“缴费保险”类②，福利资源和救济对象相对有限（Jessoula & Graziano & Madama，2002）③。20 世纪 90 年代，意大利推行了一些改革，但福利总

① 2003 年 7 月 22 日，理事会就各成员国实施就业政策提出的建议。

② Jessoula，Graziano & Madama（2010，565）.

③ Jessoula & Vesan（2011，142）.

额较低、可获得福利的期限较短，这也就催生了21世纪初期的深化改革进程。

（二）各主体对失业救济政策的不同偏好

贝卢斯科尼政府组建之前，意大利政府发布了《劳动力市场白皮书》，认识到意大利的政策落后于其他欧洲国家，工人之间的失业救济也存在长期性差距。国内体系不健全、用工条件不一是意大利失业救济政策的主要问题。为解决这些问题，政府强调需要提高最低救助标准和标准救济标准，并减少阻碍就业的抑制因素①。

表4：2005年意大利失业救济政策改革前欧盟和意大利的主要报告（见文末）

意大利劳工总联合会、GISL和意大利劳工联盟均要求加大救济力度、缩小用工差距。尽管它们在就业改革上各执已见，但在失业救济问题上却不谋而合。虽然在许多政策上，意大利工业家联合会都希望其能构建高效市场、推动经济增长；但在失业救济政策上也开始认识到改革的必要性。也就是说，意大利工业家联合会是可以与意大利政府和各工会组织通过协商达成共识的。此外，尽管各工会组织和意大利工业家联合会接受欧盟的灵活性倾向，但如同在就业问题中一样，它们反对使用开放式协调法。

（三）主体协商

本节着眼于2002年7月《意大利公约》签署前后的决策过程。工会要求开展失业救济改革，意大利劳工总联合会则尤其批判政府减少养老金而非改革失业救济政策及用一般税收作为失业救济资金来源的做法。然而，由于意大利劳工总联合会也要保护非正规就业员工和专业人员的利益，确保其工作得到重视，因此，与在就业政策方面不同，意大利劳工总联合会表示可与其他主体进行协商②。

由于资源有限，政府在失业救济方面的态度较为消极，但因为白皮书

① Blainpain（编）（2002）。

② Massimo，Giannini，“La nostra riforma del lavoro”，02/04/2002，la Repubblica.

中所指出的问题确实存在，政府也认可改革的必要性，并希望与社会主体开展对话。

与意大利政府和意大利劳工总联合会一样，意大利工会联合会和意大利工业家联合会也非常想就失业救济政策进行协商。意大利劳工联盟关注由第18条法规引发的就业难题，在最初拒绝加入协商。但最终，一些失业救济问题还是在公约中得到了解决①。

在“普通失业救济”方面，政府向多数工人承诺：1）失业后的前6个月，救济金替代率为失业个人上一份工作工资的60%，失业后7—9个月，替代率为40%，失业后10—12个月，替代率为30%；2）5年内，救济期限最长不超过24个月（南部地区不超过30个月），若工人拒绝参加职业培训或接受工作安置，或会失去接受救济的权利；3）“工资保障基金”② 的覆盖范围有望扩大③。

2003年夏，意大利政府向欧盟提交了新一期国家行动计划。在这份行动计划中，意大利政府强调了“家庭”的作用，并支持实施积极的劳动力市场政策。欧盟称，意大利政府在劳动力市场政策方面的支出有所增加，但也提到，绝对数额的增加与政策的实际改善效果之间的关系尚不明朗。此外，欧盟指出，意大利对人口贫困和社会排外状况盲目乐观，地区差距依然存在，可用资源相对有限，且具体的数字化目标仍然缺位④。然而，欧盟的评价并不是约束性的，与就业政策建议不同，这些评价不会对意大利政府的决策造成影响。

公约缔结后，各主体并未过多地讨论失业救济政策⑤。2004年秋，意大利工业家联合会开始要求改革并主动作为。安东尼奥·达马托（Antonio D'Amato）时任意大利工业家联合会主席，意大利工业家联合会认可贝卢斯科尼政府的经济福利政策，但也有些困惑不清。后任主席卢卡·克

① 如前所述，CGIL未签署公约。

② 如有企业陷入危机，被迫停止交易或减小运营规模，其员工可获得“工资保障基金”的救济（Ouchi，2003）。

③ Roberto，Bagnoli，“Lavoro，indennita”，sgravi，i punti dell'accordo'，06/07/2002，Corriere della Sera.

④ COM（2004）.

⑤ Roberto，Mania，“Montezemolo，pressing a tutto campo chiama l'Ulivo e poi tocchera' al Polo”，07/10/2004，la Repubblica.

劳德洛·迪·蒙特泽莫罗（Luca Cordero di Montezemolo）就承担起了修复与各大公会及中左翼党派关系的任务。可以说，意大利工业家联合会的政策导向就是在那时开始发生变化的。

意大利工业家联合会重视重建失业救济体系、开展人员培训、加大创新投资①。此外，它还有意与各工会组织就改革一事达成协议，也真正开启了协商进程②。三大工会也倾向于与意大利工业家联合会一道制定新的协议。

意大利工业家联合会及各工会组织携手合作，在失业救济改革方面寻求让步，但意大利政府持消极态度，认为应推迟开展失业救济改革，并有意削减失业救济预算③。在这种情况下，2005 年春，意大利政府在没有社会主体支持的情况下开启了改革进程。

（四）贝卢斯科尼政府的改革

2005 年 5 月，意大利政府颁布 2005 年第 80 号法，制定了失业救济改革计划。在“普通失业救济”方面，政府决定：1）对于年龄 50 岁以下的失业个人，救济期限为 7 个月；对于年龄 50 岁以上的失业个人，救济期限为 10 个月；2）失业后的前 6 个月，救济金替代率为工资的 50%，失业后 7—9 个月，替代率为 40%，其余月份的替代率为 30%。从本质上而言，对“普通失业救济”的优化程度比公约所议定的更加有限。此外，公约承诺扩大“工资保障基金”的覆盖范围，但这个诺言并未在此次改革中兑现。

意大利政府同样认为优化失业救济体系是必要的，但却因资源有限而逐渐变得消极。尽管如此，也应当看到，实施了的改革确实稍微提高了救济水平，至少是增加了可获得救济的工人的福利。三大工会对改革颇有微词，意大利工业家联合会也提倡再次开展行动④。

---

① “Montezemolo ai sindacati，nuovo patto sociale”，02/10/2004，Corriere della Sera.

② Roberto，Mania，“Ma Epifani frena la grande intesa Non c'e'piu'il Paese del ‘93’”，03/10/2004，la Repubblica.

③ “Maroni riapre la polemica sull'articolo 18”，18/12/2004，Corriere della Sera.

④ Roberto，Mania，“Montezemolo，Basta con i rinvii”，03/03/2005，No al governo dai sindacati.

欧盟也强调深化改革、确保与劳动力市场改革相连贯的必要性。尤其需要指出的是，在与劳动力市场改革连贯一致方面，欧盟称，随着非正规就业员工的不断增长，意大利也需提高此类员工的福利水平①。

与公约中的承诺相比，此次改革所确定的救济金替代率较低、救济期限也较短，且政府并未优化非正规就业员工的相关体系，因而可被视作基于“协调”决策的“灵活性”改革。此外，政府在制定改革项目时，并未得到社会主体的支持或贡献。决策过程和政策产出表明，失业救济政策改革受到欧盟的影响较小。因此，作者认为，此次改革明确反映了贝卢斯科尼政府的新自由主义政策导向。

五 结论

本文中，作者研究了全球金融危机之前某些特定情况下欧盟对各成员国的影响的重要性，尤其是欧盟影响下的右翼政府福利改革问题。此外，作者还提出假设：国家决策的风格和福利政策的特征是由党派执政风格和欧盟影响两个变量共同决定的。为检验这一假设，作者研究了贝卢斯科尼时期第二届中右翼意大利政府的就业和失业救济政策。在就业政策改革和失业救济政策改革中，政府都采取了基于“协调”决策的“灵活性”改革，但意义却有所不同。从本质上而言，就业政策同时反映着欧盟和意大利政府的政策导向，而失业救济政策则只反映意大利政府的政策导向。因此，作者不赞同阿玛布尔和帕隆巴里尼的观点，反而认为在全球金融危机之前，欧盟和成员国国内政治状况均对福利改革有重要影响。

在上述两项改革中，非正规就业员工都不能参与国家决策，无法通过改革充分表达自身的利益诉求。这将导致非正规就业员工中的许多青少年和妇女被边缘化。在这一点上，作者赞同阿玛布尔和帕隆巴里尼的观点，即无论是在危机前还是危机后，让所有利益相关者就欧洲福利改革达成一致意见都是非常困难的，这也是一种很普遍的现象。

① COM (2005).

附　表

表1　　自变量与因变量之间的关系

	（中）左翼政府	（中）右翼政府
受欧盟影响较大	基于“协调”决策的“灵活性”改革	基于“协调”决策的“灵活性”改革
受欧盟影响较小	基于“协商”决策的“灵活安全性”改革	基于“协调”决策的“灵活性”改革

表2　　所作假设与案例研究之间的关系

	（中）左翼政府	（中）右翼政府
受欧盟影响较大	基于“协调”决策的“灵活性”改革	基于“协调”决策的“灵活性”改革就业政策（贝卢斯科尼时期）
受欧盟影响较小	基于“协商”决策的“灵活安全性”改革	基于“协调”决策的“灵活性”改革失业救济政策（贝卢斯科尼时期）

表3　　2003年意大利就业政策改革前欧盟和意大利的主要报告

欧盟	意大利
2001年	2001年 《劳动力市场白皮书》 · 《国家行动计划》
2002年 政策建议 《2002年就业联合报告》	2002年 《国家行动计划》

表4　　2005年意大利失业救济政策改革前欧盟和意大利的主要报告

欧盟	意大利
2001年	2001年 《劳动力市场白皮书》
2002年	2002年
2003年	2003年 《国家行动计划》
2004年 《2004年社会保护与社会包容联合报告》	2004年

参考文献

Accornero, Aris and Como, Eliana, (2003) "The (Failed) Reform of Article 18", Blondel, Jean and Segatti, Paolo, *Italian Politics: A Review*, Berhahn Books, pp. 199 - 220.

Amable, Bruno, and Palombarini, Stefano, (2014) "The bloc bourgeois in France and Italy", Magara, Hideko (ed.), *Economic Crisis and Policy Regimes: The Dynamics of Policy Innovation and Paradigmatic Change*, Edward Elgar, pp. 117 - 216.

Bale, Tim, (2008) "Participation and pressure politics　civil society, organized interests and social movements", Bale, Tim, *European Politics*, Palgrave Macmillan, pp. 238 - 270.

Berton, Fabio, Richiardi, Matteo and Sacchi, Stefano, (2012) *The Political Economy of Work, Security and Flexibility Italy in Comparative Perspective*, The Policy Press.

Blanpain, Roger (ed.), (2002) *White Paper on the Labor Market in Italy, the Quality of European Industrial Relations, and Changing Industrial Relations in Memoriam Marco Biagi*, Kluwer.

COM (2002) *Draft Joint Employment Report 2002.*

— (2004) *Joint Report in Social Protection and Social Inclusion 2004.*

— (2005) *Joint Report in Social Protection and Social Inclusion 2005.*

Ferrera, Maurizio, (2005) *The Boundaries of Welfare European Integration and the New Spatial Politics of Social Protection*, Oxford University Press.

Sacchi, Stefano, (2005) "The Open Method of Co-ordination and National Institutional Capabilities The Italian Experience", Zeitlin, Janathan and Pochet, Philippe (eds.) with Magnusson, Lars, *The Open Method of Co-ordination in Action The European Employment and Social Inclusion Strategies*, P. I. E-Peter Lang, pp. 137 – 172.

Fukuda, Koji (2006) "Lisbon Senryaku to EU Shakairodoseisaku no Shintenkai – —Atarashi Oushugabanansu no Keitai 'Kaihogata Chosei Houshiki (OMC)'", Fukuda, Koji (ed.), *Oushu Kenpo Jouyaku to EU Togo no Yukue*, Waseda University Press, pp. 255 – 279.

Hamaguchi, Keiichiro (2009) "Gurobaruka to EU no Shin Shakaihogo Senryaku – —Kokai Chosei Shuho niyoru Seisaku Kyocho – —", Shimodaira, Yoshihiro and Mieno, Takashi (eds.), *Gurobaruka nonakano Fukushishakai*, Minerva Shobo, pp. 265 – 287.

Honda, Asako (2012) "The European Welfare States from the Point of View of Partisanship and the EU: A Theoretical Consideration of Policymaking Process and Policy Output in EU Member States Based on the Concepts of 'Coordination' and 'Concertation'", *The Waseda Study of Politics and Public Law*, No. 100, August 2012, pp. 15 – 24.

—— (2013) "The Employment Policies of the Berlusconi Government and the Prodi Government in Italy: Convergence and Divergence of Welfare Reforms from the Point of View of Partisanship and the EU (1)", *The Waseda Study of Politics and Public Law*, No. 104, December 2013, pp. 1 – 14.

—— (2015) "Interactions between the EU and Member States in Welfare Reforms before the Global Financial Crisis: Comparison between the Employment and the Unemployment Benefits Policies of the Second Berlusconi Government in Italy", a paper for 36th Annual Conference of European Union Studies Association-Japan.

Honda, Asako (2016) "Interactions between the EU and Member States: The Case of the Labour Market Reforms of the Prodi Government in Italy", *EUIJ Working Paper*, No. 2014 – 1.

Jessoula, Matteo, Graziano, Paolo R. and Madama, Ilaria (2010) "'Selective Flexicurity' in Segmented Labour Markets: The Case of Italian 'Mid-Siders'", *Journal of Social Policy*, Vol. 39, No. 4, pp. 561 – 583.

Jessoula, Matteo and Vesan, Patrik (2011) "Italy: limited adaptation of an atypical system", Clasen, Jochen and Clegg, Daniel (eds.), *Regulating the Risk of Unemployment*, Oxford University Press, pp. 142 – 163.

Kleinman, Mark (2002) *A European Welfare State? European Union Social Policy in Context*, palgrave.

Magara, Hideko (eds.), *Economic Crisis and Policy Regimes The Dynamics of Policy Innovation and Paradigmatic Change*, Edward Elgar, pp. 33 – 55.

Ouchi, Shinya (2003) *Itaria no Rodo to hou Dento to Kaikaku no hamoni*, Nihonrodoken-kyukiko.

Przeverski, Adam (2014) "Choices and echoes: stability and change of policy regimes",

Saari, Juho and Kvist, Jon (2007a) "European Union developments and national social protection", Kvist, Jon and Saari, Juho (ed.) *The Europeanisation of social protection*, European Commission, pp. 1 – 20.

Sacchi, Stefano (2007) "Italy: between indifference, exploitation and the construction of a national interest", Kvist, Jon and Saari, Juho (eds.), The Europeanisation of social protection, The Policy Press, pp. 77 – 97.

Strati, Filippo (2012) "The soft use of the Open Method of Coordination in the Italian social policies", *SRS Working Paper*, July 2012.

Streeck, Wolfgang (2014) "The Rise of the European Consolidation State", a paper for 5th International Symposium on Growth, Crisis, Democracy: The Political Economy of Social Coalitions and Policy Regime Change, Florence, Italy.

Tholoniat, Luc (2010) "The Career of the Open Method of Coordination: Lessons from a 'Soft' EU Instrument", *West European Politics*, Vol. 33, No. 1, January 2010, pp. 93 – 117.

Italian Newspaper

*Corriere della Sera*2002 – 04.

*la Repubblica*2002 – 05.

URL: EUR-Lex (http://eur – lex. europa. eu/homepage. html, accessed on 16 October 2015)

后　记

2015 年 9 月 25 日，联合国发展峰会通过《2030 年可持续发展议程》，规划了未来 15 年各国发展的指导原则、17 个可持续发展目标和 169 个具体目标，其核心是推进经济、社会和环境的可持续发展，确保经济效率与社会公平、经济增长与环境保护、经济福利与人文关怀之间的平衡。

党的十九大报告将可持续发展战略与科教兴国战略、人才强国战略、创新驱动发展战略、乡村振兴战略、区域协调发展战略和军民融合发展战略并列为全面建成小康社会决胜期战略，提出明确全面深化改革总目标是完善和发展中国特色社会主义制度、推进国家治理体系和治理能力现代化。

国际行政科学学会暨国际行政院校联合会 2016 年联合大会以“可持续治理能力建设”为主题，既反映了学界和实践者对全球公共管理改革更加丰富、深刻的认识，也要求我们从改革实践出发，推动可持续治理能力建设，与时俱进，实现可持续发展目标。

联合大会的成功召开得到了中外与会代表的高度评价，树立了我国良好的国际形象，宣传了我国公共行政改革的实践经验与巨大成就，进一步提升了我国在世界公共行政研究领域的影响力，发挥了我国在推动行政科学领域国际学术交流合作方面的积极作用。为充分发挥联合大会的重要影响，荟萃学术精华，中国人事科学研究院精选会议发言材料和一批大会投稿论文进行翻译。

大会共收到论文 556 篇，其中 391 篇被接受为会议发言材料。为充分发挥联合大会的重要影响，荟萃学术精华，中国人事科学研究院组织国内行政科学学界的知名专家对大会论文进行了甄选，挑选出最具代表性的

35 篇文章，组织专家翻译成中文。

中国人事科学研究院院长、联合大会筹委会秘书长余兴安同志主持了论文集的编译工作，副院长柳学智同志提出编译大纲与编译体例，通审文稿。中国人事科学研究院国际合作处处长熊缨同志具体主持翻译工作，王伊、何天纯同志协助进行了组织联络和审校工作。

南开大学周恩来政府管理学院院长孙涛教授、四川大学公共管理学院副院长夏志强教授、清华大学公共管理学院蓝志勇教授、中国政法大学政治与公共管理学院潘小娟教授、中国政法大学政治与公共管理学院吕芳教授等承担了优秀论文甄稿工作。

南开大学周恩来政府管理学院院长孙涛教授，清华大学公共管理学院蓝志勇教授，华中科技大学公共管理学院副院长张毅教授，华中科技大学公共管理学院陈涛教授，上海交通大学国际与公共事务学院吕守军教授，中国政法大学政治与公共管理学院翟校义教授，天津师范大学政治与行政学院韩志明教授，中国人民大学公共管理学院刘颖副教授，对外经济贸易大学英语学院王欣红副教授，中国政法大学李倩副教授，黑龙江大学政府管理学院宋瑞芝副教授，北京工商大学嘉华学院陈叶盛副教授，中国信息通信研究院高级经济师孙春晖，中国政法大学公共管理学院王冬芳副教授，中国人事科学研究院国际处熊缨处长，中国人事科学研究院国际处王伊、何天纯等参与译审工作。参与译审的还有刘乾、马瑞雪、秦佳丽、王晨晨、王梦莹、王莜、王薇、王越、吴小佩、杨阳、袁玥、张翰儒、张庆、朱健、邹磊等。

对于上述领导、专家和同事在本书编写过程中给予的指导、支持和帮助，在此一并表示衷心的感谢！

书中如有疏漏、不妥甚至错误之处，恳请广大读者批评、指正。

2018 年 1 月